JN284694

孫　江　著

汲古叢書72

近代中国の革命と秘密結社

—中国革命の社会史的研究（一八九五～一九五五）—

汲　古　書　院

目　次

第Ⅲ部

第Ⅳ部

近代中国の革命と秘密結社

——中国革命の社会史的研究（一八九五～一九五五年）

序章　脱構築の革命史叙述——秘密結社との関係を手がかりとして

一　問題提起

中国の長い歴史において、二〇世紀は革命の世紀とも言える。中国共産党（以下本書では「中共」と略す）は一九二〇年代初頭に成立してから三〇年足らずにして、「一片の散砂」と言われた中国社会を高度な政治社会（political society）に統合した。共産党のイデオロギー教育や、社会に対する党や国家のコントロールの下で、中国史上長きにわたって存在してきた民間結社——擬似的親族関係の原理に基づいた秘密幇会結社と特定の信仰をもつ秘密宗教結社——は公の舞台から姿を消してしまった。

歴史の歩みはけっして直線的ではない。われわれは歴史の新しいページを捲ろうとする時、しばしばそこに同じことが書かれていることに気づかされる。一九八〇年代、中共がやむを得ず閉ざされていた国の門を開いた後、中国社会は脱政治化に向かって激しく変化しはじめた。そうしたなか、歴史の逆戻りを彷彿させるかのように、長い間けっして社会の表舞台に登場することができなかった民間のさまざまな結社や信仰団体が再び姿を現した。なかでも特に注目されるのは義兄弟の契りを交わし、「血を歃って盟約を結ぶ」という幇会結社の原理に基づいて結成された人と人との横のつながり――筆者はこれを「秘密結社ネットワーク」と称する――が次第に広がっている、ということである。中国公安部門の統計によると、中国国内の秘密結社の数は一九九〇年には五〇〇、一九九二年には一、八〇〇、一九九六年には一〇、〇〇〇にのぼり、メンバーの数は一九九五年には五〇〜一〇〇万人にのぼっているという。[1]これらの結社は、政治的目標をもつごく少数のものを除いて、かつて歴史上存在していた一部の犯罪的秘密結社のように、違法な手段で莫大な利益を手にする「黒社会」(犯罪グループ)的な組織であり、[2]これらによる犯罪活動は拡大の傾向を見せている。

秘密結社による犯罪活動の拡大に対応して、中国では、一九九七年一〇月一日、「中華人民共和国刑法」が改正された。改正後の法律には「黒社会」的な犯罪行為に対する懲罰の強化に関する第二九四条が加えられた。それによれば、「暴力的、威圧的あるいはその他の手段を用いて、組織的に違法活動を行い、地方のボスとして悪事の限りを働き、民衆を威圧し、それに危害を加え、経済や社会生活の秩序をひどく破壊する黒社会的な性質の組織を結成・指導ないし積極的に参加した人に対しては、三年以上、十年以下の懲役刑を与える。これらの組織に参加したその他の人たちに対しては、三年以下の懲役・監禁・管制もしくは政治権力の剥奪などの刑を与える」、とある。この法律は、中国で初めて「黒社会」関連の条文を明確にしただけではなく、法的な観点から「黒社会」的な組織に定義を与えた点も注目に値する。

一方、農村地域を中心に、さまざまな宗教的結社も活発な動きを見せている。中国公安部門の統計によると、一九八一年に「犯罪」や「反革命」の罪で公安部門に摘発された「反動会道門」(宗教的結社)に関わる案件は、前の年より七八・九パーセント増え、一九八二年は一九八一年より三一・四パーセント、一九八三年一月〜八月は前年同期に比べて二九・七パーセントそれぞれ増加した。[3]広西チワン族自治区西部の民間宗教に関する調査研究によれば、田林県の辺鄙な農村地域で活動している「普渡道」・「魔公教」などの宗教結社はすでに民衆の日常生活の一部になっているという。[4]このうち、「普渡道」はかつて「反動会道門」として中共の弾圧を受けた結社である。いずれにせよ、これらの数字は巨大な氷山の一角を表したものに過ぎない。

一九九九年七月に気功宗教団体「法輪功」に対する弾圧事件が発生した後、多くの人は中国社会における非合法的な宗教団体の存在に驚かされた。これらの宗教団体のなかには、歴史上の宗教結社の伝統を受け継いだものもあれば、新しい社会的条件の下で発生したものもある。[5]建国後、このような結社は強い政治的・イデオロギー的な色彩を帯びた「反動会道門」と称されたが、現在は「邪教」という帝政時代の概念が使われている。法輪功事件の前に改正された前掲「中華人民共和国刑法」の第三〇〇条には、「会道門」と「邪教組織」に関する処罰の文言が記されている。[6]

上述のようなさまざまな民間結社の急速な発展は、中国社会の変動期に見られる社会的現象である。これは、かつて社会の末端にまで行き届いていた中共の支配やイデオロギー教育が次第に威力を失い、その代わりに伝統的な擬親族関係や宗教的信仰が人々の社会的結合のなかで一定の地位を占めるようになった、ということを意味し、また、国家権力が一時的にこれらの宗教的組織の活動を禁止しえたとしても、それを根本的に排除することは不可能であることをも意味する。

なぜ、一九五〇年代に中共の厳しい取締りによって姿を消した秘密結社のような組織が数十年後に再び表舞台に登場したのか。近年、中国では、多くの研究者が中国歴史上の秘密結社問題に関心を寄せ、数多くの研究成果を発表した。[7]しかし、秘密結社に関する近年の一連の研究には、歴史上の幇会結社を現在の「黒社会」と同一視し、歴史上の宗教結社を現在の「邪教」と結びつける、いわば直線的な叙述が多く見られる。興味深いことに、秘密結社問題に関する中国政府の態度は、それまでのイデオロギー的な革命史観を百八十度転回させたかのように大きく変化した。階級理論に基づいた中共の正統的な歴史叙述において、秘密結社は長い間「農民蜂起」や「民衆の反抗」と評価されてきたが、今は社会秩序を混乱させる「黒社会」や「邪教」と見なされている。もう一つ注目に値する動きは、海外における「新宗教」(new religion) 研究の隆盛に呼応して、一九九九年、「カルト」(cult) という概念が登場したことである。この年に開かれた「法輪功」の英訳名称に関するシンポジウムにおいて、英語の“cult”が中国歴史上の「邪教」の訳にふさわしい、という意見が主流を占め、法輪功を英語で“cult”と称することが決められた[8]。

中国人研究者の多くが歴史と現実の緊張関係から秘密結社の問題に関心を寄せているのに対して、欧米や日本の研究者たちの中国秘密結社への関心は、中国の歴史上の革命、とりわけ中国共産党の革命に対するそれぞれの国の認識の延長上にあると言える。これまで、欧米や日本では、秘密結社は反体制・反社会的組織であるという認識が主流を占めてきた。これを前提に、中共革命を秘密結社の反乱の伝統のなかで理解し、「反乱―革命」という連鎖関係を通じて中国革命の社会的原動力を解明しようとする傾向がある。このような認識パターンは、今日の中国における秘密結社に対する欧米や日本の学界の認識にも影を落としている。

しかしながら、今日の中国が秘密結社に関して過去と同様の課題に直面しているとはいえ、歴史と現実はけっして直線で結ばれているわけではない。歴史においても、現実の社会においても、正統/異端、科学/迷信、近代/伝統、革命/反革命のいずれの文脈においても、秘密結社と呼ばれる民間結社は公権力とイデオロギーによってうみだされた産物である[9]。従来の革命史観の下で秘密結社の活動を「農民蜂起」として讃えたのと同様、現実のニーズに合わせて歴史的事象を本質主義的に解釈することもまた、中国歴史上の秘密結社の「真の」イメージを曖昧にし、歪曲してしまうことになりかねない[10]。

そしてまた、中国革命と秘密結社との関係も直線的ではない。中国革命の歴史を振り返ってみれば、中共は一九四九年に中国大陸で政権を掌握した後、秘密結社に対して厳しい弾圧を行った。しかし、革命勝利以前の時期においては、中共と秘密結社の関係は動員と弾圧が交錯する複雑な関係であった。したがって、「反乱―革命」という叙述をもって中共革命を解釈するには大きな限界がある。

二　方法としての革命

「共産党がなければ新中国はなし」。これは共産党の功績を讃える歌の文句であるが、この文句を借りて建国後の中国大陸における革命史研究の輪郭を描くと、次のようになる。すなわち、革命の歴史を研究するのは共産党指導の正当性、とりわけ毛沢東に代表される革命路線の正当性を証明するためであり、したがって、中国大陸における革命史研究は資料の整理において多くの蓄積があったとはいえ、歴史に対する解釈はイデオロギーに大きく左右されてきたと言える。

一九八九年の天安門事件は中国の知識人たちに大きな衝撃を与えた。これ以降、中国革命史に関する叙述には次の二つの新しい傾向が現れた。一つは李沢厚、劉再復に代表される流れで、革命への拒絶反応から「革命に別れを告げる（告別革命）」ことを唱えるものである[11]。もう一つは鄒讜に代表される傾向で、革命に対する理性的な反省から革命を「再解釈」しようとするものである[12]。前者は近代中国の歴史における革命の意義を主観的に否定するものであり、革命史観下の歴史叙述への反動と言えよう。それに対して、後者の「再解釈」論は、従来の革命史叙述と異なる「修正主義的な」革命叙述を目指している。鄒讜は戦後アメリカの代表的な中国研究者で、一九八〇年代に中国の最高実力者鄧小平と会談したことがあった。彼は鄧が進めていた改革・開放政策に大きな期待を寄せた。彼が提起した「再解釈」の主張は、方法論的には、中共の革命に関する従来の研究を否定する志向性を内包していた。

以上の二つの流れはある共通の仮説を前提としている。すなわち、中共の革命は広汎な大衆支持を基礎としており、中共の政治革命はもともと社会的に支持を受けたが、天安門事件をきっかけに自らそれまでの立場と反対の極に立つようになった、という前提である。この意味で、「革命に別れを告げる」と主張する人々の主張はもちろんのこと、「再解釈」論者の主張も、中共革命に関する従来の認識パターンから完全には脱出していないといえよう。

第二次世界大戦後、中国大陸だけではなく、中共革命と密接な関係があった日本やアメリカにおいても、中共革命に関する研究は現代中国研究において主要な地位を占めており、日米の中国研究者たちは精力的に中共革命史の研究に取り組んできた。学問の伝統や問題設定は異なるものの、中共革命に関する彼らの関心は、いずれも「中国共産党の革命とは何か」、「中共はなぜ勝利したか」、「現実において中共の革命にどのような変化が起きているか」、などの問題に集中している。

一九八一年、野村浩一はその著『近代日本の中国認識――アジアへの航跡』のなかで、「近代日本の歴史は、中国認識失敗の歴史であった」と述べている[13]。ある意味で、「中国認識の失敗」は、「中共の革命に対する認識の失敗」と置き換えることもできよう。戦後日本の中国研究におけるイデオロギーの対立はさておき、中共革命に対する認識には、近代日本の歴史に対する日本の研究者の認識が屈折して投影されているように見える。

戦後長い間、中国革命に関する日本人の研究は、主として毛沢東指導下の中共革命の研究を中心に行われた。毛沢東主導の中共革命以外の革命の歴史が注目されるようになったのは一九七〇年代末以降のことであった。一九八四年、天児慧は日本の中国研究に次のような新しい動向が現れたと指摘した。すなわち、毛沢東を中心とする中共革命や中国共産党の歴史を中心とした革命を相対化し、中共革命以外の中国現代史に関心を向けると同時に、毛沢東以外の中共の歴史に関する研究や、地方レベルの革命に関する研究への関心が高まっている、ということである。[14]しかし、それから二十数年経った今日では、日本の中国研究において、中国革命に関する研究は完全に中心的な地位を失った。「地方」という視点からの中国革命研究は数えられるほどしかなく、中共革命や中国歴史に関する研究はますます「他者化」しつつあるといえよう。日本の中国研究の文脈からみれば、中国研究の「他者化」には次の二つの意味がある。一つは、日本的な要素を中国史研究に持ち込むことを排除することによって、比較的冷静に中国問題を観察することであり、もう一つは、中国研究の「他者化」と表裏一体のこととして、日本の近代史における中国と密接に関わる部分をも「他者化」しているということである。

これに対して、アメリカの中国研究において、中国革命／中共革命に関する研究は、戦後から今日まで一貫して主要な位置を占めている。冷戦およびポスト冷戦時代の一九六〇～一九七〇年代に見られた、中国革命がなぜ勝利したかをめぐる論争から[15]今日の「中国政治研究――果たして革命に別れを告げることが可能か」をめぐる議論まで、[16]中共革命に関する重要な論争はほとんどすべてアメリカに端を発したものである。

一九八九年、ハートフォード（K. Hartford）とゴールドスタイン（S. Goldstein）は共同編集の論文集のために書いた長い序文のなかで、一九八九年までのアメリカの中共革命研究を簡潔に振り返って、次のように述べている。「私たちは今中国革命研究の新しい転換点にいる。現在形成しつつある新しい世代の研究者は旧い論争を解決し、古い対立を超え、互いに関連のない個々の分析を結合させようとする」。[17]二人はそれまでのアメリカの中国革命研究を次の三つの時期に分けている。すなわち、一九三二年～一九四九年の第一期は多元的で差異に富んだ早期の観察と研究である。中共勢力が急速に拡大する一方で、中共に対するアメリカの認識は中国革命の現実からはかけ離れていた。こうしたなかで、「誰が中国を失ったのか」（Who lost China?）をめぐる論争が行われた。つづいて一九四九年～一九六二年までの第二期においては、中国国内の状況に関心を示したフェアバンク（J. K. Fairbank）など少数の研究者を除いて、大多数の中国研究者は外来要素の介入を強調し、中国革命がレーニン主義原則に基づいたソ連の「組織的武器」（organizational weapon）と日本侵略の「決定的な衝撃」（crucial impact）から受けた影響を重要視した。そして、一九六〇年代〜一九七〇年代の第三期においては、中共革命勝利の原因は、中共が農民のナショナリズムを喚起したことにあるのか、それとも中共が社会改革を行ったことにあるのかをめぐって論争が行われた。なお、ハートフォードとゴールドスタインは、この論文集のなかで収録した数々の論文の共通の特徴として、中国革命における「多様性」の問題——中共革命は異なる時期や地域において、不連続の性格を帯びている——を提起し[18]、毛沢東の一九三〇年の論文「星星之火、可以燎原」のなかの表現を借りて、中国革命はまるで各地に散らばった「星星之火」（single sparks）のようなものであったと述べている。

しかし、周知のように、中共はレーニン主義原則に基づいた「民主集中制」の政党であり、各地域における革命実践はあくまでも党中央の指導の下で行われ、中共の地方組織と党中央との間に理論上高度の統一性が維持されていた。このような高度の統一性はどのように形成し維持されたのであろうか。もし中共の革命が単なる「星星之火」であったならば、なぜ共産党の革命は数億もの中国の民衆や知識人を革命に巻き込むことができたのであろうか。これらの問題はまだ解明されていない。

二〇〇五年一二月、ハーバード大学フェアバンク研究センターの設立五十周年記念シンポジウムにおいて、アメリカの代表的な中国研究者ペリー（E. Perry）は「中国政治研究——果たして革命に別れを告げることが可能か」と題した論文を発表した[19]。彼女は戦後アメリカの中国研究を「革命」と「ポスト革命」の二つの段階に分けて、次のように述べている。すなわち、前半の段階においては、主としてソ連の全体主義と毛沢東主義との関係をめぐって研究が進められた。当時アメリカの中国研究者たちにとって、「ロシア語とソ連の歴史を学ぶことは、中国共産主義の秘密を解読するための踏み台であった」という。したがって、この時期の中国革命研究は事実上ソ連革命の研究の複製品であった。これに対して、「ポスト革命」時代の中国研究は、中国における「文化大革命」批判の影響、および檔案資料の公開や農村地域での調査が可能になったことから、アメリカ人研究者の中国叙述の「赤い色彩」が次第に薄れてきた。そして、この時期アメリカにおける中国国民党史研究の進展も、共産党史の研究に、より広い視野を提供した。つまり、アメリカの中華民国史研究と中共革命史の研究は二本の平行線ではなく、互いに刺激を与え合う関係にある。このように、ポスト革命時代の中国革命研究はそれまでの毛沢東革命の解釈枠組みをうち破ったのである。

ペリーはこの論文のなかで、現在学界で蔓延している「革命に別れを告げる」という傾向を批判し、中国の革命はまだ終わっておらず、中国の「経済奇跡」を理解するにせよ、中国の政治体制と経済体制の変化を考察するにせよ、革命は欠くことのできないキーワードである、と主張した。アメリカの現代中国研究について、ペリーは、「革命に関心を集めた古い二つの世代の研究者に比べて、新しい世代の研究者たちはめったに中共中央の党や政治の運営の在り方を研究しない」と指摘する。現代中国農村の選挙や農村の政治・経済に関するフィールド調査は多くの未知の事実を明らかにしたが、このような微視的研究は「虫の視界」(worm's eye view)のようなもので、そこからは国家制度間の関係について何一つ新しい結論を導くことができない、と厳しく批判している[20]。

「革命に別れを告げる」ことが人々の一方的な願望に過ぎないならば、中共革命の歴史に関する研究は続けなければならない。われわれは戦後中国・日本・アメリカにおける中共革命研究に関する以上のような概観から、以下のような方法論的な示唆を得ることができる。

第一に、大文字の革命叙述、すなわち、中国革命／中共革命を一つの総体と見なし、目的論的に中国革命の発生・

成功・屈折および転換の因果関係を見いだそうとする研究の見直しである。このような大文字の革命叙述に対して、楊奎松、高華、沈志華などの研究者はそれぞれ実証研究を通じて挑戦した。楊は中共革命の正統的叙述の是正を試み[21]、沈はロシアの檔案を利用してソ連と中共革命との関係の解明に取り組んだ[22]。高は毛沢東が延安で行った「整風運動（思想と態度を点検し、それを正すための政治運動）」に対する詳細な考察を通じて、毛沢東の支配権の背後にあった複雑な人事闘争の問題に光を当てた[23]。イデオロギー的に中国大陸と対立する台湾では、毛沢東の延安路線の歴史的真相を解明した陳永発の研究がある[24]。

一方、大文字の革命叙述が重要な地位を占めていた一九八〇年代以前の日本、アメリカの中共革命史研究においては、所謂大文字の中国革命史（History of Chinese Revolution）が確立していた。しかしその後新たな史料が公開されるようになり、また中国革命そのものの複雑な性格への注目が高まったことは、研究者たちが次第に大文字の革命叙述を放棄する客観的な条件となった。他方で、日本、アメリカの中国研究者がそれぞれに学問的立場を堅持し、或いは修正を加えることを通して研究を深化させてきたことも見逃すべきではない。日本では、中共の土地改革に関する田中恭子の研究[25]、新四軍早期の歴史に関する三好章の研究[26]、一九三〇年代中共革命の危機と再生に関する田中仁の研究[27]などが、従来の革命叙述の枠組みを維持しつつも、さまざまな角度から研究を深め、中共革命史に関する従来の研究を一歩前進させた。これに対して、小林一美[28]や福本勝清[29]の研究は、「アンチ革命」という角度から革命の暗部に光を当てた。また、緒形康と石川禎浩は方法論的に日本の中国革命史研究の両極を代表する研究著作をそれぞれ著した。緒形は、一九二〇年代中共内部の革命路線闘争をめぐる「危機のディスクール」を具体的な歴史的文脈のなかで分析しており、その研究手法はポストモダニズム歴史学のテクスト分析の特徴を持つ[30]。これに対して、石川は歴史学の実証主義伝統を受け継ぎ、中国語・日本語・ロシア語・英語の史料の緻密な比較分析を通じて、中共成立前後の知られざる事象を明らかにした[31]。

他方、現在アメリカ人研究者の間では、冷戦時代に比べて、中共革命をめぐるイデオロギー論争や革命に関する善悪判断に対する関心は著しく低下した。前述の一九六〇〜一九七〇年代の中共革命の勝因をめぐる論争の立役者マーク・セルデン（M. Selden）は、かつてその著『延安革命』のなかで中共の社会改革を高く評価したが、後に自らの見解を部分的に修正した[32]。一九七八年以降、セルデンは他の二人の研究者とともに河北省饒陽県五公村で数十回の実地調査を行い、革命以前の時代から一九七〇年代末までのこの村の歴史を通じて国家と社会の関係の変遷について考察し[33]、従来の階級理論や抗日ナショナリズム理論・社会改革理論ではカバーできない中国革命の複雑な様相を描いた。この研究は大文字の革命叙述から脱出し、中国革命の地域的特徴を解明しようとした研究として注目に値する。

第二には、中国革命の地域的特徴を重視すること。大文字の革命叙述に対する修正は、単数な、大文字の革命（Revolution）のヘゲモニーを否定した。それに取って代わるのは複数の、小文字の革命（revolutions）叙述であり、具体的には、異なる地域の革命に関する研究である。中国革命の多様性を見いだそうとするハートフォードとゴールドスタインに先だって、ペリー、陳永発は中国革命の地域研究を始めた。ペリーは淮河流域の生態環境のなかで革命と地域社会の伝統との関係について考察している[34]。陳永発は、中共が華中地域で革命動員を行う際に柔軟かつ有効な戦略を用いたことで最終的に勝利した歴史的経緯を解明した[35]。その後、江西省の革命知識人と山地革命との関係に関するアーベリル（S. Averill）の研究[36]、およびハートフォードとゴールドスタインの論文集に収録された論文はいずれもこのような研究志向を示している[37]。そのほかに、ショッパー（K. Schoppa）は浙江省出身の共産主義革命家沈定一の悲劇的な生涯を通じて、一九二〇年代浙江省の「衙前革命」の様相を描いた[38]。オーストラリア人研究者グッドマン（D. Goodman）は太行山根拠地に関する研究のなかで、延安モデルと異なる「太行山革命モデル」を提起している[39]。また最近、韓国人研究者朴尚洙は、陝北地域の哥老会と蘇北地域の小刀会との比較研究を通じて、これら二つの地域の革命に関するセルデン、ペリー、陳永発の研究に疑問を投げかけた[40]。日本では、馬場毅が一九二〇年代山東省の紅槍会に関する研究に続いて、抗日戦争期における中共と紅槍会との関係を分析した[41]。三谷孝は河南省の紅槍会に関する研究のほかに、フィールド調査や檔案資料を利用して、天門会・一貫道弾圧などの問題についても考察している[42]。高橋伸夫は、一九二〇〜一九三〇年代湖北、河南の中共地方組織の構造と実態について考察した[43]。

このように、一九八〇年代以降、地域的特徴を重視するという視点からの中共革命研究は多くの成果を生み出した。従来の大文字の革命叙述と異なり、革命史研究に「場」という空間的な要素が導入され、革命史研究が個々の地域の具体的な歴史の研究と結びつく傾向が顕著に現れている。こうしたなかで、「社会史」研究が中国革命史研究の新たな方法として研究者たちの視野に入ってきたのは、ごく自然のことであろう。

三　革命の社会史的研究

筆者の知る限りでは、比較的早い時期に社会史研究の視点から中国革命研究を行うことの重要性を提起したのはアメリカ人研究者ワーサーストローム（J. Wasserstrom）である。彼は一九九二年に発表した「中国革命の社会史に向けて」と題した長文のなかで[44]、一六世紀から二〇世紀まで中国社会で起きた大きな変化を「中国革命」（Chinese Revolution）と称し、アメリカの「中国革命」研究における社会史的特徴を次のようにまとめて提示している。それによれば、一九八〇年代末以降、アメリカの中国研究には「新歴史学」（new history）と「新社会史」（new social history）と呼ばれる新しい研究傾向が現れており、具体的には、女性・都市の社会的緊張関係、農村の権力関係における文化的要素などに関する研究が活発に行われ、その結果、社会史研究は中国研究のなかで「最も活力のある分野」となった、という。[45]

筆者は、中国革命を中国の長い歴史的スパンのなかで考察すべきであるというワーサーストロームの意見には賛成であるが、彼が主張したきわめて広い意味での「社会史」にしたがって歴史を書くと、それは「構造的な歴史」(structural history) や「全体的な歴史」(total history) になりかねないことを危惧している。筆者が理解した「社会史」は、「脱構築の歴史」と「非全体的な歴史」である。両者の区別をはっきりさせるために、便宜上これを「新社会史」と称する。

社会史とは何か。新社会史とは何か。これについてはさまざまな見解がある。一般に理解される社会史がモダニズム歴史学の範疇に属しているのに対して、筆者のいう新社会史は、むしろ歴史自身の複雑性と多様性を解明する一つの研究方法である。[46] アナール学派の代表的人物フェーヴル (L. Febvre) は、新歴史学の歴史を振り返って次のように指摘している。すなわち、新歴史学は研究の対象をある特定の領域に限定するのではなく、自由な批判と主体的な精神の下で、「過去の人びとを、彼らが地上に作り上げた極めて多様だが比較可能な（これは社会学の公準である）諸社会の枠の中に時間的に位置づけたうえで、彼らのさまざまな活動と創造を対象にして科学的に行う研究」である。[47] また、「歴史認識論の転回」を経た今日、日本の社会史研究の代表的な研究者二宮弘之は、「社会史という概念は、アンチ・テーゼとして提起されてきている。もともと、自己限定的な概念ではなく、はみ出して行く概念」であると述べている。[48] つまり、社会史／新社会史それ自体は一つの研究方法であって、「実体」と理解されるべきではない。社会史／新社会史は「政治を省略した民衆の歴史」でもなく、[49]「全体の歴史」[50] や「社会の歴史」[51] でもない。むしろ、シャルチェ (R. Chartier) が指摘したような、「社会をつくり上げているさまざまな結合と対立の絡み合いのなかに、特定の切り口からもぐり込んでいくこと」である[52]。

二宮弘之は「戦後の歴史学と社会史」と題した論文のなかで、一九七〇年代以降盛んに行われてきた日本の社会史研究を総括して、日本の社会史研究には三つの転換が起きたと述べている。すなわち、普遍性から地方的知識への転換、抽象的な概念の世界から日常生活の世界への転換、およびヨーロッパ・モデルに対する相対化、である[53]。ここで補足しておきたいのは、筆者が主張する新社会史には、「近代知」(普遍性、抽象的な概念)の形成の問題に関する研究も含まれている、ということである。「近代知」を問い直す目的は、「普遍性」や「抽象的な概念」がいかに構築されたかという問題を解明しようとすることにある[54]。

以上のような考えに基づいて、本書は革命と秘密結社との関係という角度から中国革命史に関する社会史的研究を行うことを課題とする。本書でいう「中国革命」(Chinese revolution)は、主に二〇世紀前半期の国民国家建設という特定の時間・空間のなかで発生した共産主義革命である。この革命は中国歴史上の変革／革命と本質的に異なる性格の革命であり、それ自体「連続性」／「不連続性」、「同一性」／「非同一性」の特徴を持っている。

「秘密結社」の語義や異なるコンテクストにおける秘密結社の概念については本書第一章で詳述するが、差し当たって、本書では秘密結社を「実体」と「言説」の中間に位置づけ、「秘密結社」という概念を中立化し、それを中国社会に普遍的に存在する人間関係および人間関係のネットワークの結節点として位置づけることをここで断っておきたい。

本書では、具体的に以下の三つの問題を取り上げる。

第一は言説(discourse)の問題である。「革命」と「秘密結社」は本書の二つの中心的概念(concept)である。概念史(conceptual history)はドイツで生まれた独特の学問分野である。コーゼレック(R.Koselleck)によれば、概念は言葉から生まれるものであり、ある言葉が社会的、政治的意味を賦与されると、その言葉は概念として成立する。概念史と社会史はいずれもテクストを重視するが、研究の焦点が異なる。概念史が主としてテクストの分析、解釈を行うのに対して、社会史はテクストを分析の道具として使用し、テクスト背後の状況と運動（circumstances and movements）を考察する。[55] 本書の目的は「革命」と「秘密結社」の概念史的考察を行うことではない。社会史の角度からさまざまなテクストにおいて革命と秘密結社がどのように出現し、互いにどのような関係にあったかを分析するのが本書の中心課題である。そこでは、革命言説に関する分析がきわめて重要な意味を持つ。

ここで強調すべきは、本書の大部分の章は異なる時期や地域における革命の事例（小文字の革命）を取り上げる実証研究であるが、本書全体のねらいは「革命」の明確な意味を追求することではない、ということである。本書が目指しているのは、個々の具体的な文脈を通じて、言説化された革命のなかの秘密結社がどのような革命ないし反革命の内容を賦与されたかを明らかにすることである。

第二は「場」（place）の問題である。本書では、中共と秘密結社とのさまざまな「関係」との「結びつき」を手がかりとして、異なる時期、異なる文脈のなかでの革命を考察する。そのために、考察の対象を一定の空間（場）に位置づけ、可能な限り個々の具体的な地域を対象とする事例研究を行う。一九八〇年以降、日本の明清史研究で「場」を重視する「地域社会論」の研究が注目を集めた。しかし一九九〇年代半ば以降、「地域社会論」を積極的に提唱する研究者を含め、地域社会論の「不定型性」が認められるようになった。[56] 一方、ドゥアラ（P. Duara）が提起した「権力の文化的絆」（cultural nexus of power）は、事実上「地域社会論」の有効性に疑問を提起した。[57] 筆者も本書のなかで「地域社会」という語を用いるが、本書でいう「地域社会」は実体よりも方法である。そして、「地域社会」は名詞だけではなく、形容詞としての意味合いもある。本章の第二節で述べるように、筆者は革命史を通じて革命の地域性の解明を目指したい。しかし、地域という概念を相対化し、さらにそれを具体的な研究対象に限定しない限り、革命の地域研究は前述の大文字の革命叙述の縮小版になりかねないであろう。

第三は叙述（narrative）の問題である。歴史は叙述のなかにのみ存在する。過去の「不在」と過去の「実在性」（reality）はつねに緊張関係にある。それによって、歴史叙述はあくまでも不安定な状態にある。ポストモダニズムの出現は、歴史叙述にパラダイムの変革をもたらした。「言語学の転回」（linguistic turn）や「解釈学の転回」（interpretive turn）、そして「修辞学の転回」（rhetorical turn）はそれぞれ言語・意味・解釈の問題と関わっている[58]。筆者は歴史の「実在性」を認め、ポストモダニストたちが主張している「歴史は文学と同じである」（脱文献主義＝dereferentialism）、「テクスト以外は何もない」（脱構築＝deconstruction）のような立場は取らない。しかし、テクストの解釈について言えば、筆者はポストモダニズムの方法は歴史叙述の多様化と深化に役立つものであると考えている。とりわけ本書が取り上げる革命のなかの秘密結社問題については、脱文献主義と脱構築の方法が重要な意味を持っている。

本書は筆者が東京大学に提出した博士学位請求論文を加筆・修正したものである[59]。博士論文の完成から現在までの十年近くの間、筆者は秘密結社に関する表象化された歴史（史料）と再表象化された歴史（歴史叙述）、とりわけ前者についてできるだけ広汎な史料を収集・分析してきた。これは困難に満ちた作業である。史料＝表象化された歴史のなかで、秘密結社はほぼ例外なく「他者」として出現しており、秘密結社の人々は声も文字もない沈黙の「被写体」に過ぎない。彼らがまれに声と文字を残したとしても、その内容はしばしば「他者」（政府の尋問機構・近代知識人・革命家など）を介して伝達されたものである。

では、実証主義歴史学の信念に基づいて根気よく史料を発掘すれば、歴史の「真相」は浮かび上がってくるのだろうか。否。筆者は本書のなかで可能な限り公開、未公開史料を使った。しかし、筆者は史料がすべてであるとは考えていない。スコット（J. Scott）が歴史上のジェンダー問題を研究した際に気づいたように、「歴史の研究者たちは、女についての新しい情報を発掘することによって、長年にわたる無視にたいするバランスを回復できると考えていた。だが、ほとんど素朴実証主義ともいうべき域に達していた実証への信頼は、まもなくその批判へとつながった。新しい事実は過去における女たちの存在を実証するかもしれないが、それは必ずしも女たちの活動にたいして与えられる重要度（もしくはその欠如）を変えることにはならなかったのである」[60]。もともと男性中心の時代・男性中心の叙述のなかで、女性地位の周縁化は理解しがたいものではない。同様に、被写体としての「秘密結社」に関する史料が発掘されればされるほど、それはおそらく秘密結社の周縁化を確認するに過ぎないであろう。テクストの分析、およびテクストとそれが生まれたコンテクストとの関係を解明することこそが本書の最大の主眼である。

四　本書の構成と概要

本書は序章、本文部分（四部、十四章）と終章から構成される。

第一部は予備的考察である。第一章では、時系列に沿って、英語圏・日本語圏・中国語圏における「秘密結社」という言葉の意味について考察したうえで、公権力と近代主義の歴史叙述のなかで「反体制的」「反社会的」な性格を賦与された「差異装置」としての秘密結社と現実の秘密結社との乖離の問題を取り上げる。清朝政府と秘密結社との関係を考察する第二章では、清王朝が求めた一元的、均質的な支配と多元的・非均質的な社会との乖離に由来した、秘密結社をめぐる清朝の律例と現実的な対応の乖離の問題を取り上げ、「会であるかどうかを問わず、匪であるかどうかのみを問う」という清朝政府の秘密結社言説の分析を通じて、後の政治と秘密結社との関連性を提示する。

第二部では、清朝から中華民国への政権交替期における秘密結社と近代政治との関係について考察する。第三章では、革命派が反清排満の政治的目的を達成させるために、秘密結社の「結合」原理を利用して革命の団体や政党を結成し、秘密結社のネットワークを通じて民衆や軍隊を反清闘争に動員した歴史的経緯を考察する。第四章では、秘密結社の合法化をめぐる民国初期の政治的動向、および孫文ら革命派が反袁世凱闘争のために秘密結社を動員した試みとその失敗に至る経緯について考察する。

第三部は六章から構成される。中国共産党の成立から中華人民共和国の成立までの中共革命と秘密結社との関係を異なる時期の六つの断面から考察する。第五章では、共産主義知識人が上海の青紅幇ネットワークを利用して労働運動を発展させた時期から、蒋介石と青紅幇の「四・一二クーデター」によって上海労働運動の指導権を失うまでの経緯を考察する。第六章は、一九二〇〜一九三〇年代中共革命と農村との関係について検討する。まず、紅槍会・土匪に関する中共の階級理論の言説を通じて、農民運動・ソビエト運動における紅槍会、土匪の政治的性格について分析したうえで、ルンペン・プロレタリアートに関する中共の革命理論と、革命の現実におけるルンペン・プロレタリアートを中心とした土匪勢力の利用との乖離の問題を扱う。第七章では、毛沢東革命の発祥地井岡山の土匪出身の紅軍将校袁文才・王佐の波瀾に満ちた生涯を通じて、革命の発生と地域社会との関係、および地域社会に内在する対立がその地域の共産党内部のイデオロギー闘争に発展した経緯を辿る。陝北地域の中共革命と哥老会との関係を扱う第八章では、革命における哥老会ネットワークの役割を概観したうえで、陝北根拠地で開かれた二回の哥老会大会を通じて、中共内部のイデオロギー原則と革命戦略との乖離について分析する。第九章では、日中戦争期河北省永清県で起きた先天道事件と山西省盂県の九宮道事件を取り上げ、紅槍会・日本軍・八路軍の複雑な関係について考察し、「排他性」をもって紅槍会の行動を説明するという従来の研究に疑問を提起する。そして、第十章では、新四軍が日本軍占領地域で青紅幇ネットワークを利用したり、自ら幇会組織を結成したりして抗日活動を展開したことについて考察する。無錫の先天道による反日本軍・反傀儡政権の武装行動の事例を取り上げ、前章の紅槍会と同様に、先天道についても「排他性」からはその性格を説明できないことを指摘する。

第四部は四つの章から構成され、主として中共が全国規模で政権を掌握した後に行った秘密結社弾圧について考察する。第十一章では、中共の革命／反革命言説を分析したうえで、建国初期の「剿匪」と「反革命の鎮圧」における秘密結社の位置づけから弾圧までのプロセスを考察する。第十二章、十三章ではそれぞれ西安と湖南の事例を取り上げて、中共による秘密幇会結社弾圧について考察する。第十四章では、中共の一貫道批判の言説をその歴史的文脈のなかで考察し、中共による一貫道弾圧の歴史的経緯を考察する。

最後に、終章では、「革命言説の緊張」、「媒介としての秘密結社」および「革命に抗して叙述すること」という三つの角度から各章の内容を総括したうえで、今後の課題を述べる。

注

（1）蔡少卿「掃黒必先反腐」、『中国新聞週刊』二〇〇〇年第二十期。「当代中国的黒社会」（未刊）。

（2）「黒社会」的な組織による犯罪については、何頻、王兆軍『中国大陸黒社会』（時報出版公司、一九九三年）に詳細に述べられている。

（3）公安部一局編『反動会道門簡介』、群衆出版社、一九八四年、六〇頁。

（4）王熙遠『桂西民間秘密宗教』、広西師範大学出版社、一九九四年。

（5）拙稿「創造耶蘇――当代中国基督教異端結社素描」、「中国近代社会与秘密結社史国際学術討論会」、上海師範大学、二〇〇四年一二月。

（6）「会道門や邪教組織を結成・利用し、もしくは迷信を利用し、国家の法律や行政命令の実行を乱した者に対しては、懲役三年以上、七年以下の刑を与える。そのうち、罪の重い者に対しては、懲役七年以上の刑を与える」（「中華人民共和国刑法」第三〇〇条）。

（7）そのうち、路遙著『山東民間秘密教門』（当代中国出版社、二〇〇〇年）が特に注目に値する。

（8）「『法輪功』就是 cult――『法輪功』英文称謂研討会紀要」、陳紅星・戴晨京主編『法輪功与邪教』、宗教文化出版社、一九九九年。

（9）拙稿「話語之旅――関於中国叙述中秘密結社話語的考察」、『中国学術』第十八輯、商務印書館、二〇〇四年。

（10）「カルト」という翻訳名に対する批判については以下の論文を参照。子浩（孫江）「欧美語境里的狂信与反狂信運動」、社会問題研究叢書編輯委員会編『論邪教』、広西人民出版社、二〇〇一年。

（11）李沢厚・劉再復『告別革命――回望二十世紀中国』、香港天地図書有限公司、一九九七年。

（12）鄒讜『中国革命再闡釈』、香港牛津大学出版社、二〇〇二年。

（13）野村浩一『近代日本の中国認識――アジアへの航跡』、研文出版、一九八一年、四七頁。

（14）天児慧『中国革命と基層幹部』、研文出版、一九八四年、七頁、一二頁。

（15）Chalmers A. Johnson, *Peasant Nationalism and Communist Power: The Emergerce of Revolutionary China*, Stanford: Stanford University Press, 1962（田中文蔵訳『中国革命の源流』、弘文堂新社、一九六七年）。反論意見の代表作はセルデンの著作である。Seldon, Mark, The Yenan Way in Revolutionary China, Cambridge, Mass., Harvard University Press, 1970（小林弘二、加々美光行訳『延安革命』、筑摩書房、一九七六年）。ジョンソンは前著が発表された十五年後、新たに論文を発表し、自らの著に対する批判をまとめてそれに答えた（Chalmers A. Johnson, "Peasant Nationalism Revisited: The Biography of a Book", *The China Quarterly*, No.72, December 1977）。

（16）E. Perry, "Studying Chinese Politics: Farewell to Revolution"?（ハーバード大学、二〇〇五年一二月、未刊）。

（17）Kathleen Hartford and Steven M. Goldstein, "Introduction: Perspectives on the Chinese Communist Revolution," in

Kathleen Hartford and Steven M. Goldstein, ed., *Single Sparks: China's Rural Revolutions*, New York: M. E. Sharpe, INC, 1989, p.3.

(18) Ibid.

(19) E.Perry, "Studying Chinese Politics: Farewell to Revolution?"

(20) Ibid.

(21) 楊奎松『走近真実——中国革命的透視』、湖北教育出版社、二〇〇一年。「新中国『鎮圧反革命』運動研究」、『史学月刊』二〇〇六年第一期。

(22) 沈志華『毛沢東、斯大林与朝鮮戦争』、広東人民出版社、二〇〇三年。

(23) 高華『紅太陽是怎样昇起的：延安整風運動的来龍去脈』、香港中文大学出版社、二〇〇〇年。

(24) 陳永発『延安的陰影』、中央研究院近代史研究所、一九九〇年。最近の研究について、以下のものを参照。陳耀煌『共産党・地方菁英・農民——鄂豫皖蘇区的共産革命（一九二二—一九三二）』、国立政治大学歴史系、二〇〇二年。黄金麟『政体与身体——蘇維埃的革命与身体、一九二八～一九三七』、聯経出版事業股份有限公司、二〇〇五年。

(25) 田中恭子『土地と権力——中国の農村革命』、名古屋大学出版会、一九九六年。

(26) 三好章『摩擦と合作——新四軍、一九三七～一九四一年』、創土社、二〇〇三年。

(27) 田中仁『一九三〇年代中国政治史研究—中国共産党の危機と再生』、勁草書房、二〇〇二年。

(28) 小林一美「中国社会主義政権の出発——『鎮圧反革命運動』の地平」、神奈川大学中国語学科編『中国民衆史への視座』、東方書店、一九九八年。

(29) 福本勝清『中国革命を駆け抜けたアウトローたち——土匪と流氓の世界』、中公新書、一九九八年。

(30) 緒形康『危機のディスクール——中国革命、一九二六～一九二九』、新評論、一九九五年。

(31) 石川禎浩『中国共産党成立史』、岩波書店、二〇〇一年。

(32) Mark Selden, *China in Revolution: The Yenan Way Revisited*, Armonk-New York-London: M.E.Sharpe, 1995

（33） Edward Friedman, Paul G. Pickowicz, and Mark Selden, *Chinese Village, Socialist State*, New Haven: Yale University Press, 1991.

（34） Elizabeth Perry, *Rebels and Revolutionaries in North China, 1845-1945*, Stanford: Stanford University Press, 1980.

（35） Yung-fa Chen, *Making Revolution: The Communist Movement in Eastern and Central China*, 1937-1945, Berkeley: University of California Press, 1986.

（36） Stephen Averill, *Revolution in the Highlands: China's Jinggangshan Base Area*, Rowman & Littlefield Publishers, Inc. 2006.

（37） Kathleen Hartford and Steven M. Goldstein, ed., *Single Sparks: China's Rural Revolutions*. New York: M. E. Sharpe, INC, 1989. Ralph A. Thaxton, *Salt of the Earth: The Political Origins of Peasant Protest and Communist Revolution in China*, Berkeley: University of California Press, 1997. また、以下の研究を参照されたい。Tony Saich and Hans J.van de Ven, eds., *New Perspectives on the Chinese Communist Revolution*, New York: M.E. Sharpe, 1995.

（38） R.Keith Schoppa, *Blood Road: The Mystery of Shen Dingyi in Revolution China*. Berkeley: University of California Press, 1995.

（39） David S. G. Goodman. *Social and Political Change in Revolutionary China: The Taihang Base Area in the War of Resistance to Japan, 1937-1945*, New York: Rowman and Littlefield, 2000.

（40） 박상수『중국혁명과 비밀결사』심산출판사2006（朴尚洙『中国革命における秘密結社』、深山出版社、二〇〇六年）。

（41） 馬場毅「山東抗日根拠地と紅槍会」、『中国研究月報』第五五三号、一九九四年一二月。馬場毅『近代中国華北民衆と紅槍会』、汲古書院、二〇〇一年。

（42） 三谷孝「反革命鎮圧運動と一貫道」、『近代中国研究彙報』第二十六号、東洋文庫、二〇〇四年。三谷孝『秘密結社与中国革命』、中国社会科学出版社、二〇〇二年。

（43） 高橋伸夫「中国共産党の組織と社会——河南省、一九二七年〜一九二八年」、『法学研究』第七〇巻、第六号、一九九七年六月。「中国共産党組織の内部構造——湖北省、一九二七年〜一九三〇年」、『法学研究』、第七十一巻、第五号、一九九八年五月。「中国共産党、革命、国民国家」、富田広士、横手慎二編『地域研究と現代の国家』、慶応義塾大学出版会、一九九八年。

「根拠地における党と農民—鄂豫皖根拠地、一九三一～一九三四年」（一）、（二）、慶応義塾大学『法学研究』第七十三巻、第三、四号、二〇〇〇年三月、四月。

（44）Jeffrey N.Wasserstrom, Toward a Social History of the Chinese Revolution: A Review, *Social History* Vol.17: No.1, January 1992, No.2, May 1992.

（45）Ibid. No. I, pp.2-3.

（46）筆者はかつて新歴史学とモダニズム・ポストモダニズムとの関係について論じている。拙稿「後現代主義、新史学与中国語境」（拙編著『事件・記憶・叙述』〈新社会史1〉、浙江人民出版社、二〇〇四年）を参照されたい。

（47）リュシアン・フェーヴル『歴史のための闘い』（長谷川輝夫訳）、平凡社、一九九五年、四一頁。

（48）二宮宏之編訳『歴史・文化・表象』、岩波書店、一九九九年、二一七頁。

（49）G. M. Trevelyan, *English Social History*, Longmans, 1946, p.1. 林健太郎訳『英国社会史』（上）、山川出版社、一九四九年、一頁。

（50）周知のように、歴史を全体的に捉える研究を実践したのはフェルナン・ブローデル（Fernand Braudel）である。浜名優美訳『地中海』（〈La méditerranéeet le monde méditerranée à l'époque de Philippe〉、藤原書店、一九九九年）を参照。

（51）Eric Hobsbawm, "From Social History to the History of Society," *Daedalus*（Winter, 1971）, pp.20-45.

（52）Roger Chartier, Le monde comme représentation, in *Annales* ESC, 1989, No.6. ロジェ・シャルチェ「表象としての世界」、二宮宏之前掲書、一七九頁。

（53）二宮宏之「戦後歴史学と社会史」、歴史学研究会編『戦後歴史学再考——「国民史」を超えて』、青木書店、二〇〇〇年。

（54）黄東蘭・孫江「知識社会史的視線」、黄東蘭主編『身体・心性・権力』（新社会史2）、浙江人民出版社、二〇〇五年。

（55）Reinhart Koselleck, *Futures Past: On the Semantics of Historical Time*, translated by Keith Tribe, New York: Columbia University Press, 1985, p.75.

（56）岸本美緒『明清交替と江南社会——一七世紀中国の秩序問題』、「序」、東京大学出版会、一九九九年。

（57）Prasenjit. Duara, *Culture, Power and the State: Rural North China, 1900-1942*, Stanford: Stanford University Press, 1988.

（58）Robert F.Berkhofer, JR., *Beyond the Great Story: History as Text and Discourse*, Cambridge, Mass., Harvard University Press, 1995, pp.4-11.

（59）このうち、中国国民党の国民国家建設と秘密結社との関係に関する部分は本書には収録されていない。

（60）Joan W.Scott, *Gender and the Politics of History*, New York: Columbia University Press, 1988, p.3. 荻野美穂『ジェンダーと歴史学』（増補新版）、平凡社、二〇〇四年、二七頁。

第Ⅰ部

第一章　秘密結社という差異装置

はじめに

秘密結社という言葉を文字通りに解釈すれば、その内部の構成や仕来りが外部に知られていない組織である。狭義の秘密結社は、非合法的かつ黒社会的な組織を指し、広義の秘密結社は公権力や近代イデオロギーに認められていない民間結社を指す。

中国の秘密結社に関するこれまでの研究を振り返ってみれば、次の二つの特徴がある。すなわち、第一に、秘密結社は主流文化によって否定された民間結社であり、反体制的・反社会的性格を具えている。第二に、秘密結社には二つの類型がある。一つは「擬似血縁」の義兄弟関係や師弟関係を結んで成り立つ組織であり、もう一つは公権力に認められた正統宗教（儒教・仏教・道教・イスラム教）以外の民間宗教である。前者の代表として、清代の天地会、哥老会などの会党組織、民国年間の青幇、紅幇などが挙げられる。後者の代表として、明清期以来の白蓮教系統と羅教系統の民間教門、民国期の紅卍字会や紅槍会などが挙げられる。

中国の秘密結社の種類、総数、人数については正式な統計がない。清代の文献によれば、清代の会党／幇会は少なくとも二一五種あり[1]、宗教結社の数は二七〇種を超える[2]。異なった地域に存在し、異なった名前を持つ秘密結社の間に相違があることは言うまでもないが、たとえ同一地域、同一名称の秘密結社の間でも根本的な相違はありうる。そのため、これらの民間結社を「秘密結社」という言語装置の中に当てはめることが妥当かどうかは疑問である。さらに、中国社会に存在する数多くの民間結社に「秘密結社」というレッテルを貼ることと関連して、中国社会とは何か、中国社会をどのように認識し、叙述すべきかという問題が生じる。

筆者は「秘密結社」、「秘密社会」、「秘密宗教」及び「秘密会党」、「秘密幇会」といった言葉に拘泥するつもりはない[3]。以下では、欧米・日本・中国の異なる言語圏における中国の秘密結社に関する研究を整理し、これまでの秘密結社言説の多岐的性格ないし矛盾を指摘したい。秘密結社という用語について、現代中国語では「秘密社会」、「秘密会社」、「秘密宗教」などの言葉が使われ、日本語では「秘密結社」という語が使われている。これらに対応する言葉として、英語では“secret society”という語が使われている。日本語の「秘密結社」という言葉は、現代中国語の「秘密社会」あるいは「秘密会社」という言葉と比べて、古代中国語の用法に近い。実際に、古代中国語にはこのような表現が存在する[4]。中国語の「秘密社会」という語に含まれる「社会」という言葉の意味は曖昧であり、「秘密会社」という語に含まれる「会社」という言葉は異姓結合の結社を指すだけで、民間宗教結社を包含することはできない。「秘密結社」という言葉を使えば、このような誤解が避けられる。そのため、用語の統一性から、以下では「秘密結社」という言葉を使用する。

秘密結社言説について全体的な考察を行う能力は筆者にはない。本章では、議論の対象を異姓結合の結社や宗教結社に考察を加えるのみとし、考察する論著も、中国の秘密結社に関する膨大な量の著作のうち本書の論旨と関連する僅かな部分に止まる[5]。

一　欧米コンテクストにおける秘密結社叙述

中国の義兄弟組織をもっとも早く「秘密結社」という語で表現したのは一九世紀のヨーロッパ人である。中国の秘密結社に関する彼らの知識と経験は、東南アジアのマラッカ海峡植民地の三合会／天地会から得たものである。三合会に関する欧米人の記述・研究はすでに百年以上の歴史を有する。その影響は、オランダ人学者テル・ハール（ter Haar）の言葉を借りていえば、「三合会の名前はおよそ中国人の組織的犯罪の同義語である」というものである。[6]

周知のように、一八世紀後半には「南洋」と呼ばれる東南アジア地域の中国人が激増している。中国人の海外移住に伴って、中国大陸の生活習慣・宗教習俗・組織などが移住地に持ち込まれた。天地会・三合会などの義兄弟組織はその典型である。天地会がいつ成立したかについて、学界では今でも見解が一致しない。天地会がいつ東南アジアに現れたかは、史料の制約から特定することはできない。一九二九年、温雄飛は『南洋華僑通史』の中で、一七九九年ペナン（Penang）のオランダ植民地当局が華人社会に天地会／三合会という名の組織が存在することを発見したと述べている。[7]これは今まで東南アジア植民地の天地会に関する記載の中でもっとも早期のものと見られる。実際に、一七九四年にオランダ領ペナン殖民地当局が成立してからわずか八年、植民地当局はすでに華人社会のなかに一種の秘密組織が存在していることに注意を払っている。華人社会の状況についての報告書のなかに、以下のような記述が残っている。「彼らは誰も聞き取れない言葉を話し、もっとも隠された方法で党派と連合を結成する。それは彼らが賛成していない政府の政策に反対するためである」。[8]つまり、殖民地当局は一七九九年以前、すでに華人の中に天地会に類似する義兄弟組織が存在することを発見した。天地会が東南アジアに流入した時期はこれより早かったと考えられる。

ヨーロッパ人による天地会研究は、マラッカ英華学院院長をつとめた宣教師ミルン（Dr. Milne）から始まる。一八二二年に逝去した彼は生前自らの研究報告を発表することができなかった。彼の研究は著名な宣教師モリソン（Dr. Morison）の整理を経て一八二七年に発表された。[9] 著者は天地会の内部文献に依拠して、三合会の名称・宗旨・組織・儀式と暗号を紹介した。それによれば、三合会（天地会）は初期においてけっして「有害な組織」ではない。しかし、参加者の人数が増えるにつれ、組織の活動の目標が徐々に当初の相互扶助から抗争や殺人、政府転覆に変わっていった。[10] 天地会研究の学術史おいて、ミルンの報告には二つの注目すべき点がある。すなわち、第一に、天地会の会書に基づいて天地会の歴史を叙述するという研究の伝統を開いたこと。この伝統はその後一世紀半の間に多くの研究者によって受け継がれていった。第二に、ヨーロッパのフリーメーソンを天地会の叙述と結びつける伝統を開いたこと。フリーメーソンはヨーロッパにおいてもっとも歴史が長く、かつもっとも規模の大きい相互扶助の組織である。天地会とフリーメーソンには共通点があることから、中国の天地会＝秘密結社が東洋におけるフリーメーソンの発展の産物だと考えるヨーロッパ人がいる。文中でミルンは“secret association”という語をもって天地会／三合会を呼称しているが、後に広く使われたのは“secret society”という言葉である。その後、ヨーロッパ人は「反清復明」の言説を掲げた天地会を清朝による異民族統治に反抗する組織として位置付けた。意図的にか、それとも無意識にか、秘密結社の名を冠された天地会などの義兄弟組織は反体制・反社会的な組織の同義語へと変わった。ここで注意すべきことは、ヨーロッパ人の著作に出現する“secret society”という語は、「邪教」＝民間宗教教派（secret sect）も指すところまで拡大している、ということである。[11]

ミルンの報告が発表されたのち、宣教師や植民地官僚が書いた秘密結社に関する文章が数多く発表され、これらの文章はミルン報告の内容をより充実させている。一八四一年、東南アジア植民地当局の二人の軍人ニューボルド（T. J. Newbold）とウィルソン（F. W. Wilson）は三合会の会簿に基づいて論文を発表し、三合会の盟約・儀式を翻訳・紹介した。彼らは特に三合会のフリーメーソン的な特徴に興味があった[12]。天地会に関する最初の本格的研究は一八六六年に刊行されたシュレーゲル（Gustave Schlegel）の『天地会』である。この著作は一八六三年に警察がスマトラ島のパダン（Padang）にある華僑の家宅から発見した天地会の会簿に基づいて書かれたものであり、そこに天地会の歴史が比較的詳細に記されている。著者は天地会とフリーメーソンとの比較も行っている[13]。天地会会員・マレーシア植民地当局の職員であるピカリング（W. A. Pickering）は、一八七八〜一八七九年に『中国の秘密結社およびその起源』と題する著作を発表した。このなかで著者は、天地会はフリーメーソンの一派であると断定している[14]。スーターリング（W. G. Stirling）とワード（J. S. M. Ward）の共著『洪門・天地会』は、ヨーロッパ人の一世紀にわたる天地会研究の集大成ともいえる。そこでも、著者たちは天地会をフリーメーソンと対比させている。この著作は三巻からなり、後の二巻はイギリス王立人類学協会会員の肩書きを持つスーターリングが単独で完成した。彼は宗教的巫術の視点から天地会を取り上げ、その説明は強いオリエンタリズムの色彩を帯びている[15]。

上述の天地会とフリーメーソンとを比較させるほか、ヨーロッパ人は植民地の天地会を中国本土の天地会と区別しながらも、天地会を中国の民衆蜂起／反乱の歴史に組み込ませている。一八七八年、ヴァウハン（J. D. Vaughan）は華人の生活様式と習俗に関する著作のなかで秘密結社について論及している。彼は三合会と東南アジア植民地の「公司」とは異なるものであると主張している。つまり、東南アジア植民地の「公司」のメンバーは三合会のメンバーと異なって、秘密の盟約や暗号などは持っていなかった[16]。一九〇〇年スタンドン（William Stanton）の著『三合会・天地会』は、「秘密政治結社は多くの国家に存在しているが、世界中で中国ほど秘密結社が広範囲、多方面にわたってきわめて悪い影響を及ぼしている地方はない」と明言している。彼は三合会と歴史上の白蓮教・八卦教などの反乱を一まとめにして、漢代赤眉の乱から清朝末期の太平天国運動・三合会の蜂起まで取り上げている。彼は、海外の秘密結社組織は以前の政治目標を失ったものの、その地に重大な被害をもたらしていると述べている。[17]この二つの著作の発表には二〇年あまりの隔たりがあり、観点の違いははっきりと見て取れる。ここで注目したいのは、東南アジア植民地において、天地会はその成立当初から違法な華人組織と見なされていたわけではなく、植民統治政策の変化がヨーロッパ人の秘密結社認識に重要な影響を与えた、ということである。

アヘン戦争後、欧米人は中国本土の秘密結社を観察できるようになった。清朝支配下、天地会などの義兄弟組織は禁止されていた。一八四六年、長い間中国東南部の沿海地域で活動していた宣教師ギュッツラフ（Charles Gützlaff）は中国本土で収集した三合会の会書を用いて、三合会に関する情況を紹介し、三合会の社会的性格についても言及し、三合会の反清復明の政治的色彩に注目した。それによれば、三合会はどの階層の人間の参加をも排斥しないが、主要な構成員はみな下層社会の人間である。[18]秘密結社との接触、観察によって欧米人の中国秘密結社についての知識が増加し、その結果、多様性に富んだ秘密結社に関する著作が生まれた。ウィリー（Alexander Wylie）は一八九七年に出版した『中国研究』と題した著作のなかで秘密結社に論及している。彼は一八四九年の『中国叢報』が掲載した天地会の盟誓と起源に関する部分の内容を批判し、[19]会書に記されている天地会の歴史が「真正な歴史」（authentic history）であるかどうかに疑問を呈した。[20]もちろん、全体的にいえば、このような見解は少数であった。会書に基づいた研究は二〇世紀中葉以前の欧米人による中国秘密結社著作の主流であった。

ヨーロッパ人は民間宗教結社を含む異姓結拝を“secret society”と見なしていたが、秘密結社の定義や特徴については明確に定義していなかった。[21]彼らは単純にヨーロッパの歴史と照らし合わせて、中国の秘密結社をヨーロッパ史上のフリーメーソン（Freemanson）・カルボナリ（Carbornari）などの秘密団体と類比していた[22]。このような研究は明らかにヨーロッパ中心主義の色彩を帯びている。興味深いことに、ヨーロッパ人の中国秘密結社言説は中国人の自己認識にも影を落としている。つまり、中国人はオリエンタリズムに基づいて自分自身を認識するのである。東南アジアの華人は自らの組織である天地会／三合会を「公司」と呼んでおり[23]、オーストラリアの華人天地会メンバーは自らの組織を「華人共済会」（The Chinese Masonic Society）と称した。これを、単純に華人移民が白人殖民者と良好な関係を保持したいという願望に由来したと解釈することはできない。

二〇世紀初頭欧米人が書いた秘密結社に関する著作のうち、海外の天地会について書かれたものを除くと、もっとも多いのは上海の青紅幇に関するものである。外国租界と青紅幇の関係は、一九世紀末以前のヨーロッパ植民者と東南アジア植民地における天地会／三合会の関係を想起させるものである。上海租界公部局檔案の記載からみれば、欧米人は自分たちと青幇との関係の意味をはっきりと意識していた。彼らからみれば、これらの結社は明確な政治的目標を持っておらず、「社会」の中で果たす役割も黒と白の中間に属するものであった。近年出版されたウェイクマン（F. Wakeman）の近代上海の警察組織についての研究[24]、ブリアン（M. Brian）の杜月笙研究[25]において、いずれも租界当局と秘密結社の間には密接な関係があったことが指摘されている。

第二次世界大戦中、欧米人の中国秘密結社認識は新たな段階に入った。欧米人は中国革命への関心から革命の背後に潜んでいた秘密結社の存在に興味をもつようになった。最初に秘密結社と革命との関係に関心を示したのは、第二次世界大戦前後に中国共産党を訪問した二人のアメリカ人新聞記者であった。一九三七年、スノー（E. Snow）は『中国の赤い星』と題したヒット作を出版し、アメリカ人として初めて毛沢東、朱徳などの経歴を紹介した。明らかに、これらの共産党指導者たち個人の経歴と秘密結社との関係はスノーに深い印象を与えた。毛沢東は井岡山時期の紅軍将校袁文才と王佐がかつて土匪であったことについて、スノーに次のように語った。「私が井岡山に駐留していた時、彼らは忠実な共産主義者であり、党のすべての命令を執行していた。しかし後に彼らが単独で井岡山に残っていた時、彼らは昔の強盗気質を取り戻した。結局、彼らは農民たちに殺されてしまった。なぜなら、その時農民たちはすでに組織され、ソビエト化しており、自己防衛ができたからである」[26]。この本の中で、作者は紅軍将校賀龍の父が哥老会の首領であったことについても記している。もう一人のアメリカ人記者スメドレー（A. Smedley）は朱徳に関する伝記『偉大なる道——朱徳の生涯とその時代』の中で、朱徳が清末期の蔡鍔が率いた雲南新軍にいた時、四川の同郷人と哥老会の儀式にのっとって異姓結拝をしたと記している[27]。中国革命と秘密結社の関係に関するこれらの叙述は、欧米研究者の中国革命の社会的起源に対する興味を呼び起こし、一九六〇～一九七〇年代に欧米で大量の関連研究が出版された。これらの著作から、著者たちが「反乱—革命」の図式で秘密結社を解読しようとする研究姿勢が見て取れる。

シュラム（S. Schram）とシェノー（J. Chesneaux）は中国革命の起源と秘密結社の関係を研究した先駆者である。シュラムは一九六三年に毛沢東の早期論文「中国社会各階層についての分析」の中にあるルンペン・プロレタリアートと秘密結社についての部分、一九三六年七月一五日に毛沢東が発表した「哥老会に対する宣言」に注目した[28]。一九六六年、シュラムは「毛沢東と秘密結社」と題する論文の中で、限りある資料をもとに秘密結社と中共革命の関係について最初の検討を加え、毛の「農民革命思想」と正統なマルクス主義・レーニン主義理論との間に相違が存在することを指摘した[29]。シュラムが政治思想の角度から反乱と革命の関係を探ろうとするのに対して、シェノーは中国民衆の伝統の中から秘密結社の反抗運動と中国革命の関係を引き出そうとした。彼は一九六二年に出版した中国の労働運動に関する著作の中で、青幇が非熟練労働者を中心とする上海労働者の中で有していた影響力に注目し、青幇の秘密な活動方式と迅速な行動力が、一九二五年夏の「五・三〇運動」と一九二七年春の「四・一二クーデター」で役割を発揮したと指摘した。(30) 一九六五年七月、中国の秘密結社に関するシンポジウムがフランスで開催された。このシンポジウムの成果は一九七〇年にシェノー編集の『中国の農民運動と秘密結社（一八四〇〜一九五〇）』と題するフランス語の論文集の中に反映されている。二年後には、この本の英訳版が出版されている。(31) この本には中国革命に関する論文が二篇収録されている。一つはかつて中国人民大学に留学していたポーランド人学者スラウィンスキー（R. Slawinski）が書いた一九二〇年代後期の紅槍会と国民革命との関係についての論文である。この論文の中で、彼は二十七万人の会員を有する河南省農民協会が紅槍会の支持を得たことを指摘している。(32) もう一つの論文はソ連学者ディシューシン（L. Deliusin）が書いた一貫道及び一九五〇年代中国における一貫道弾圧を簡単に論じたものである。(33) この二つの論文は、資料や資料解釈に不足があるものの、革命と秘密結社との関係について新しい研究方向を切り開いた。一九七三年、リーバーサル（K. Lieberthal）は解放後天津における青紅幇弾圧に関する論文を発表した。この論文は文献と口述資料に基づいて天津青紅幇のネットワークについて考察し、特に青紅幇が運送業労働者の中に有していた影響、及び解放後中共が運送業労働組合を再建する過程で青紅幇と闘争したことについて考察している。(34) 一九八〇年、リーバサルは天津に関する著作の中で、反革命鎮圧運動における一貫道について具体的に研究した。これらの研究は一九八〇年以前の欧米における研究の中で最もレベルの高いものといえる。(35)

革命と紅槍会・土匪の関係を研究する上でペリー（E. Perry）の研究は注目に値する。一九八一年、著者はその著『華北の造反者と革命者（一八四五〜一九四五）』の中で、一世紀にわたる淮河流域の民衆反乱を分析し、華北民衆の反乱を「掠奪的な捻軍」と「自衛的な紅槍会」の二つの類型に分類し、一九三〇〜一九四〇年代における紅槍会と中共（新四軍）との関係を検討した。著者は、農民社会に根をおろしている紅槍会は本質的に地域の利益を守り、外部の勢力を拒絶しようとする傾向にあるとしながらも、土匪と紅槍会はそれぞれ「掠奪」と「自衛」という戦略的考慮から中共と手を組んでいたと指摘している。もう一方で、中共は紅槍会と土匪と手を組んだ後、一九四〇年代初期に中共党内のイデオロギー原則に基づいて秘密結社出身者に対して粛清を行った[36]。ペリーは中共と紅槍会の双方から二者の関係を把握することによってこの問題の研究を大きく前進させた。ペリーと同じ時期に、陳永発も中共革命に関する実証研究の中で紅槍会、青幇などの問題に論及し、ペリーの議論を深めた[37]。農村革命と紅槍会問題に関する研究に続いて、ペリーは一九九三年に上海の労働者ストライキに関する著作を出版し、青紅幇が上海の労働者に及ぼした影響及び中共がストライキを行う際に青幇と脆弱な同盟関係にあったことに注目した[38]。

欧米の歴史学界において、シェノーらの研究は長い間多大な影響を有していた。彼を代表とする研究の中では、秘密結社の歴史は反体制・反社会の歴史として描かれている。しかし、秘密結社の反乱の伝統を革命と同一視する彼らの研究は、その後現れた新しい研究によって取って代わられた。ディビス（Fei-Ling Davis）はホブズボーム（E. Hobsbawm）の「原初の造反者」（primitive rebels）という概念を用いて、「原初の革命者」（primitive revolutionaries）という概念を提起し、三合会・天地会は民族革命、階級革命の歴史的性格を有すると強調した[39]。しかし、この試みは図式化の嫌いがあるため成功したとは言い難い。最近、オウンビー（D. Ownby）はシェノーの研究が秘密結社という概念を「急進化」（radicalization）させたと批判し、その原因は「シェノーらがあまりに熱心に革命の意識をすべての非エリート組織に当てはめようとしたことにある」と指摘した[40]。この批判は的はずれなものとは言えない。しかし、秘密結社という概念を急進化させたことをすべてシェノーらの責任に帰することは不公平である。なぜなら、シェノーの見解は中国の秘密結社に対するそれまでの欧米人の認識を受け継いだものであり、当時欧米における中国研究の大方の見解となっていたからである[41]。

言うまでもなく、欧米人の著作の中で描かれている秘密結社のイメージがすべて一面的なものとは言えない。上述の秘密結社を中国の歴史の中に位置付け、それを反乱─革命の文脈の中で捉えようとする傾向と対照的に、幾人かの研究者は秘密結社を、民間秘密宗教を義兄弟組織と区別しようと試みた。一九五三年、トップリー（M. Topley）はある論文の注釈の中で秘密宗教のいわゆる「秘密性」に疑問を呈し、民間宗教教派と義兄弟組織とを区別する必要があると指摘した[42]。一九七六年、ナクァン（S. Naquin）は、三合会はメンバー構成が極めて複雑な疑似血縁的な反社会・反体制の組織であるのに対して、白蓮教は師弟関係で結成される一般の民間宗教教派であると明言している[43]。これとほぼ同時に、オーヴァーマイヤー（D. Overmyer）は白蓮教の研究において、民間宗教教派のいわゆる「秘密性」を否定し、秘密結社の概念は三合会・天地会などにのみ適用されるものと見なした[44]。一九八一年、彼は、各宗教教派の性格はその宗教教派の活動と教義を通して把握すべきだと提起し、蜂起（uprising）と反乱（rebellion）はこれらの組織の長い歴史上の小さなエピソードにすぎない。従って、これらの宗教教派に対する研究はその反乱の表象に惑わされるべきではなく、より広い視野から研究を進めていくべきだと指摘した[45]。一九八二年、アメリカの Modern China 誌に秘密結社に関する特集が組まれた。そのうち、シェク（Richard Shek）は民間宗教教派を前政治的現象（Prepolitical Phenomena）と見なす研究傾向を批判した。彼は黄天道の研究を通して、黄天道が反体制的な組織であるという従来の見解を否定した[46]。ウェラー（R. Weller）は台湾の異端教派に関する研究の中で、民間教派の政治行動について以下のように論じている。すなわち、これらの民間教派はその柔軟性と独立性から、政府に敵対する勢力に利用されがちであり、また逆に保守勢力にも利用されやすい、ということである[47]。これらの研究は秘密宗教の研究にさまざまな視点を提供しているものの、従来の正統─異端の二元対立という観点からの研究枠組みから脱していない。また、これらの研究において、義兄弟組織は依然として反体制・反社会的なものとして位置付けられている。

一九八〇年代後半、アメリカの中国研究において民衆文化研究のブームが生じ、民間宗教教派に関する研究もその主題の一つとなった。ナクランは、政治運動の角度から民間宗教教派を研究するのでなく、これらの宗教教派を絶えず変化し多様性に富む民衆文化の一つとして捉えるべきだと指摘した。(48) この見解は宗教結社以外の組織に関する研究にも反映されている。ムレーとオウンビーを代表とする研究者たちは、檔案資料を通じて天地会などの秘密結社の政治的性格を見いだそうとする研究に疑問を呈した。オウンビーは自らが編纂した華南と東南アジアの天地会・三合会と公司に関する論文集『「秘密結社」再考』の序論の中で、秘密結社を反体制・反社会的民間組織と見なす見解を批判し、異姓結拝・会・秘密結社・公司などは一種の文化的現象であり、その複雑な儀式や政治態度は非エリート社会の一つの現れであると指摘した。(49) この新たな見解は、欧米の著述が従来の秘密結社叙述から脱却しつつあることを象徴する、極めて重要な言説の転換であったと言えよう。オウンビーは『清代初期中期における異姓結拝と秘密結社：一種の伝統的形式』を著わしている。氏は中国大陸の研究者が一九八〇年代に整理した檔案資料を利用し、天地会の宗教的要素及び結社の形式と郷村社会との関係に注目した。(50) しかし、秘密結社を非エリート社会に存在するものと見なす氏の立場は、それまでの欧米人研究者（人類学者のフリードマンを含む）と全く同じである。(51) 私見によれば、エリートと非エリートの区別を強調することは特別な意義を持たない。なぜなら、秘密結社を中国社会における人間関係のネットワークの結節点の一つと見なす場合、エリートと非エリートの区別がはっきりしているとは限らないからである。

最後に、特に注目に値するのはオランダの学者テル・ハールの研究である。オウンビーは、テル・ハールの天地会に関する著作は秘密結社、民間教派及び民衆運動を研究する際の必読書であると称している。(52) テル・ハールは伝統的な漢学の研究方法を用いて民間の文化伝統を研究している。彼は天地会の儀式と神話の文化的背景を重視し、天地会の儀式・暗号の象徴的意味を解こうとした。方法論的に、彼の研究は一世紀前の欧米人研究者が天地会をフリーメーソンと関連させたような研究とも異なるし、中国人研究者が天地会の会書に天地会の起源を探ろうとした研究とも異なる。彼は会書の配列と本文の分析を通じて、中国の民衆文化と宗教文化（道教）の伝統の中から答えを探し出そうとしている[53]。彼の研究の最大の特徴は秘密結社の政治的意義を薄めようとする点にある。従来の研究者が天地会の「反清復明」を一種の政治的復仇あるいは民族主義の産物と解釈したのと対照的に、テル・ハールは「悪魔の救世パラダイム」（demonic messianic paradigm）を提起し、天地会の文化的伝統を六朝時代まで遡り、「反清復明」のスローガンは明朝への追慕ではなく、救世主を求めようとする長い歴史的伝統の現れであると指摘している。この研究に先立って、テル・ハールは『中国宗教史上の白蓮教』を発表し、民間宗教の文化伝統から白蓮教を解釈しようと試みている[54]。テル・ハールの研究は示唆に富んでいるが、疑問点も少なくない。例えば、彼は天地会の会書の中にある観点だけを解読するのではなく、それを中国文化や宗教の歴史の主流の中に位置付けて認識すべきであると指摘した。しかし、彼がいうところの中国文化や宗教歴史の主流と天地会との間にはけっしていかなる媒介もなく相互に説明できる関係はない。天地会のテクストを産み出す地域的コンテクストに対して詳細な考察を行わずに民衆文化と宗教の一般的な特徴から天地会現象を解釈しようとする著者の研究は、結論が先にありきという印象を抱かせかねない。

総じていえば、欧米のコンテクストのなかで、秘密結社という言葉はそもそも反体制的・反社会的性格を帯びており、欧米社会のフリーメーソンの影を纏っている。言うならば、秘密結社言説そのものがオリエンタリズムの産物であった。一九六〇～七〇年代、特に一九八〇年代以来、欧米の一部の研究者は民間宗教教派と義兄弟組織を秘密結社から分離させ、民衆文化の角度から秘密結社問題を把握することを試みた。このような傾向は、欧米の研究者たちが中国を中心に据えて中国の歴史を語ろうとする努力の一環であり、学問のパラダイムの転換という重要な意義を有している。しかし、このような努力は秘密結社言説が内包していた矛盾を解消させたというよりも、その矛盾を回避したに過ぎない。その結果、常識化された秘密結社の反体制的・反社会的イメージを変えることができないばかりか、秘密結社の中から引き剥がされた民間教派と義兄弟組織の中の反体制的・反社会的現象を解釈することすらできない恐れがある。

二　日本コンテクストにおける秘密結社叙述

一九世紀後半、日本人は上述の“secret society”の意味で「秘密結社」という語を使うようになった。それに関して、大里浩秋、並木頼寿両氏は別々の角度から中国の秘密結社に対する明治期日本人の認識を取り上げている。[55]植民地支配を背景に、ヨーロッパの宣教師たちが海外華人の秘密結社に興味を持つようになったのと異なって、一八七〇年代以降、日本近代国家の形成に伴い、日本は欧米列強の後を追い中国を勢力拡張の目標に定めた。中国内部の状況に関する情報を入手するため、陸軍・海軍および外務省は先を争って「調査員」を中国に派遣した。「調査員」が日本に送った調査報告の中には、中国の義兄弟組織と宗教結社について言及したものが少なからずある。報告のなかで、彼らはこれらの民間結社について、清朝体制側の官文書に見られる「会匪」・「会党」・「教匪」・「教党」などの呼称をそのまま用いたり、一括りに「秘密結社」と称したりしている。例えば一八九四年、荒尾精は哥老会・白蓮党（教）・黒旗党・九龍会・天地会・馬賊などを秘密結社とし、「更ニ一種ノ革命党ナルモノアリ。絶対的ニ満清転覆ヲ以テ其終局ノ目的ト為シ。宗教若クハ旧慣ニ由リ、各々盟約ヲ立テ、秘密結社ヲ成セリ」と述べ、これらをすべて清朝の支配体制に反対する組織と見なしている。[56]明治期において、平山周、宗方小太郎らは中国の秘密結社を考察し、比較的詳細な報告書を残している。彼らは外務省の「調査員」でありながら、宮崎滔天らと同じように孫文の反清活動に関わっていた。そのほかに、外務省「調査員」山口昇・西本省三らも中国の秘密結社に関する記述を残した。彼らの報告書には当時日本人の中国秘密結社に関する認識が反映されている。

筆者の見る限り、中国の秘密結社に関する日本語の叙述のうちもっとも時期の早いものは、一九〇三年に「まこと生」というペンネームで発表された「哥老会」と題する文章である。この文章のなかで、著者は哥老会の組織・スローガン・入会儀式・隠語・暗号などについて簡単に紹介している。著者は哥老会を一種の反体制的な「秘密会」と称し、その伝統は漢代まで辿ることが出来るとしている[57]。注意すべきはこの文章が天地会、哥老会の「反清復明」の伝説に言及していない点である。大里浩秋は、この文章が雑誌『黒龍』に発表されたことから、その著者はおそらく宮崎滔天或いはその周辺の人物ではないかと推察している[58]。それに対して、筆者は、平山周がこの文章の著者である可能性が高いと考えている[59]。平山周は一九一一年一一月に匿名で『日本及日本人』の誌上で「支那革命党及秘密結社」と題する文章を発表した。翌年、この文章は中国語に翻訳され、『中国秘密社会史』と題して単著の形で商務印書館から出版された。著者の名前は平山周となっている。この書は本文と付録を合わせて一〇八頁あり、第一、二、三章のうち白蓮教・秘密結社の起源および天地会に関する部分は四八頁を占めている[60]。この部分は体裁、とりわけ三合会に関する内容からみれば、上述したスタンドンの英文著作を参考或いは直接翻訳したものと見られる。残りの第四、五章はそれぞれ哥老会と革命党に関する内容である。この二章は平山が収集した哥老会、革命党の資料をもとに書かれている。平山は、白蓮教と天地会はともに「反清復明」を宗旨とする結社であると指摘している。

平山の他に、宗方も哥老会と接触した自らの経験をもとに秘密結社についての記録を残している。宗方はかつて唐才常の自立軍の蜂起について情報を入手した。彼は一九〇七年に書いた「支那における秘密結社」と題する文章の中で、哥老会・白蓮教・連荘会・塩梟・安清道友会など多くの秘密結社について紹介し、「(哥老会) の宗旨は反清復明、打倒清朝、回復明室」であると述べている。[61]

平山と宗方の調査に続いて、一九一〇年、山口昇と西本省三らが秘密結社について調査を行った。彼等の報告は現在、外務省外交史料館に保存されている。西本省三は江蘇省、安徽省で「会匪」と呼ばれた哥老会・塩梟などの秘密結社について実地調査を行い、「江蘇安徽両地方会匪視察報告」と題する報告書をまとめた。彼は、これらの民間結社は秘密結社と呼ばれてはいるものの、「主義ナク理想ナク其終始ヲ貫スルハ即チ経済上ノ問題ノミ」と述べている。[62]山口昇は哥老会、洪江会・大刀会・小刀会・白蓮教・黄天教・馬賊・土匪を秘密結社と総称し、これらの結社に関する二つの報告書を残している。彼は、「秘密結社の伝説及儀式等について」と題する報告書の中で、天地会の会書に基づいて天地会の伝説と儀式を紹介し、さらに哥老会、江南革命協会などの組織にも言及している。このことは、彼が光復会の革命活動に関する情報を把握していたことを示している。[63]山口は別の報告書「清国情勢及秘密結社」において同じ内容を繰り返しつつ、より詳細に叙述している。直接反満革命に参与していた平山らと比べ、秘密結社に対する彼の見方は幾分客観的であるが、その序文で彼はこう指摘している。「三合会哥老会等ノ大秘密結社ハ今ヤ雲散霧消シテ、又昔日ノ面影ナク。僅ニ下級人民ノ一部ニ其ノ勢力ヲ認メ得ルニ過ギズ。而カモ其名ヲ変ジ其主義ヲ失ヒ多クハ無頼ノ游手ヲ集メテ賭博強窃盗ヲ行ヒ以テ酒色ニ耽ルノミ。(中略) 哥老会中革命ヲ標榜スルモノアリト雖モ極メテ小部分ニシテ孫逸仙一派と相通ズルヤ否ヤモ疑ハシク其他ノ大部分ニ至リテハ迷信的或ハ無頼的小結合ノミ」。[64]

山口の「清国情勢及秘密結社」と平山の『支那革命党及秘密結社』を比較すれば、両者には内容上多くの類似点があることが分かる。平山の報告書の日本語版は一九一一年一一月に出版され、一九一二年に中国語に翻訳された。山口が外務省に報告書を提出したのは一九一〇年一〇月である。そのため、中国のある研究者は「平山周が山口昇の報告を参考にした」と考えている[65]。私見によれば、秘密結社（哥老会）を調査した時間の長さから、さらには秘密結社との接触の深さからみれば、平山は明治期に訪華した日本人の中で屈指の秘密結社専門家と言える[66]。山口は一九一〇年六月に東京を出発して両広、両湖地域を視察し、秘密結社及び秘密結社と革命党との関係について調査した。調査開始から報告書提出までの時間はわずか四ヶ月程度であった。このような短期間で秘密結社の資料を収集するには、当時中国の秘密結社と関わりを持ち、あるいは秘密結社の調査に携わった日本人の助けを借りなかったとは想像しがたい。したがって、報告作成（公表）時期から誰が誰のものを参考にしたことを判断するのは困難である。

山口、西本の報告と前述の平山周、宗方小太郎らの報告書と比較すれば、彼らが同じ「調査員」でありながら、秘密結社に対する見方は一致していなかったことが分かる。これは後者が「一人二役」であったことに原因がある。平山、宗方は日本政府のために調査を行うと同時に、排満革命に対して大きな期待を寄せ、直接に排満革命党の活動に参与していた。このことは、当然、彼らの秘密結社に対する認識に影響を及ぼした。明治末期中国の秘密結社に対する日本人の認識を総括してみれば、並木頼寿が指摘したように、「彼らは、清朝には改革を担う能力がないのではないかと疑い、他方、中国各地に存在していた会党勢力に社会に変化をもたらす可能性があることを発見した」のである[67]。

中華民国期に、中国関連の日本語著作において、秘密結社という言葉は次第に広く使われるようになった。この時期には、秘密結社という語の指す範囲も拡大し、民国に新たに出現した宗教結社と紅槍会などの武装結社をも含むようになっていく[68]。この時期の秘密結社に関する著作においては、紅槍会のような民間組織も取り上げられている。一九二〇年代の代表的な研究は、長野朗が一九二六年に出版した『支那の社会組織』である。長野は秘密結社について、「支那に於ける秘密結社の形式は単純ではない、宗教的色彩を帯びたもの、政治的色彩を帯びたもの、匪徒的色彩を帯びたもの、労働組合的形式を持ったもの等々種々である」と述べ[69]、これらの組織を次の二つに分類した。第一は白蓮教・紅槍会のような宗教的結社である。これらの結社と既成体制との関係は「援助朝廷時代」、「反抗朝廷時代」、「排外時代」、「自衛団体（時代）」とさまざまである。第二は三合会・哥老会・青紅幇などの結社を含む「匪徒的秘密結社」である。これらの結社は「時に政治的意義を持つこともあるが、それは彼等の実相ではない。或るいは野心家に利用された時だけで、彼等本来の面目は義賊的行動にある」[70]。これとほぼ同時に、長野朗は一九二七年国共合作が決裂した後、「江西には共産党と土匪と潰兵との結合が出来て、江西西部を主として各地に跋扈し、……東部は元来平静であったが、潰兵の武装が多く手に入ったので土匪が盛んに起り、共産党がこれと結ぶに至った」と指摘した[71]。このような議論は厳密にいえば学問的なものとはいえないが、辛亥革命以前の時期における日本人の秘密結社認識と比べれば、より客観的な観察と言えよう[72]。当時、田中忠夫[73]、橘樸[74]も長野と共通の認識をもっていた。

ところで、明治維新以降、日本は欧米の政治制度・文化を導入し、近代国家と社会の関係の構築に着手した。明治期において、国家神道・仏教・キリスト教・神道十三教派などの公認宗教以外の宗教信仰は「迷信」・「類似宗教」などと称された。一八七三年（明治六年）に公布された法律で神憑・霊媒の類の行為に対する取締が明文化された。一九一九年（大正八年）三月、「類似宗教」という言葉は、帝国政府宗教局通牒発宗十一号に「神仏道基督教等ノ教宗派ニ属セズシテ宗教類似ノ行為ヲナス者」として始めて登場し、その後次第に習熟した成語となった。その定義は次のとおりである[75]。

現在、行政上の意義における宗教とは、神道・仏教・基督教の三教を謂ひ、其の内神仏道と称するのは教宗派の成立を公認されたもののみを指すことは前述の通である。従つて神仏基三教以外の宗教及神仏基系統にして非公認のものは之を行政上類似宗教と称して別個に処遇する。

ここで注目すべきなのは、国家権力に認められた仏教、基督教および国家神道（天理教などの教派神道も含まれる）以外の民間宗教が、すべて「類似宗教」という「非公認」のものと目されていた、という点である。以降、この言葉は広く使われるようになり、しかも日本人が書いた中国の秘密結社に関する著作においても使用された[76]。一九二〇年代初期において、「類似宗教」という語はもっぱら紅卍字会のような宗教的結社を指す言葉であったが、一九三〇年代になると、すべての秘密結社を指す言葉となった。一九三〇年、華北地区に広く存在した紅槍会の運動に対して、外務省は同年に山東省博山県で発生した黄紗会事件をきっかけに、中国各地の日本領事館に「宗教類似結社の行動」を調査し報告するように命じた[77]。これは明治末期に外務省が人員を派遣し、中国の秘密結社を調査した時以来の最大の調査活動であった。各領事館から送られた報告から見ると、「類似宗教」のうち、紅槍会・大刀会・黄沙（紗）会・神兵等のような宗教的武装結社もあれば、青紅幇・公堂のような秘密幇会結社、さらには、在理教・道徳社・紅卍字会などの宗教結社などもある。「類似宗教」の指すものはほとんど秘密結社と一致する。

興味深いことに、日本占領下の中国東北、華北地域の傀儡政権の秘密結社に対する認識は互いに一致していない。東北地域において、「満州国」で使われた「類似宗教」という言葉は、ある時はルンペン・プロレタリアートを中心とした秘密結社を指し、ある時は修行慈善を中心とした宗教結社を指し、また、ある時は「邪教」も指した。一九四〇～一九四二年の間、華北にある興亜院管轄の華北連絡部などの機構は一部の市・県で調査を行った。しかし、調査の対象になった「秘密結社」には紅槍会と宗教結社などは含まれていない。後者は通常乙種宗教団体と呼ばれた[78]。

満州事変をきっかけとする日本の中国侵略の拡大につれ、占領地域の治安を維持するために、いかに秘密結社を日本軍の支配秩序下に収めるべきかは課題となった。一九三二年、満州国の政治体制を設計した橘樸は、『満州評論』に発表した「土匪とギャング」と題した文章のなかで、「問題は唯如何すれば巧みに彼等の反社会的性質を解消せしめ、且つこれ者を統治の味方たる勢力として農村及都市に於ける左翼勢力と対抗し得るやう組織し訓練し得るかという点にかかる」と述べている[79]。ここで、橘は秘密結社を「反社会」的民間組織と位置づけているが、これは彼が一九二〇年代に長江下流の近代企業内の青幇を肯定した時の態度と明らかに相反している。橘の秘密結社に対する前後不一致の態度は、その政治的立場の変化を反映していると言えよう。一九三一年、橘樸が序を書いた末光高義の著『支那の秘密結社と慈善結社』が刊行された。関東庁警務局に勤務していた末光は一九二三年から中国秘密結社に関する資料の収集を始めた。これは、平山周の「支那革命党及秘密結社」に続く中国の秘密結社に関するもっとも重要な日本語の著作と言える。そこでは、末光は青紅幇・在家裡（青幇）・紅槍会・大刀会・万国道徳会などの組織をすべて秘密結社と称している[80]。満州事変後、末光は、秘密結社は将来の満州の中にしかるべき一席を占めるべきであると考えた。一九三三年、末光高義は末光高峰という名で「秘密結社の指導原理」と題した文章を発表し、秘密結社の政治的役割を次のように高く評価している。「殊に在家裡は単に満洲のみに存在する秘密結社ではなく、支那全土に浸漫する一種の民族的結社であるからである。しかして今日までこの在家裡が屡屡政治運動に、又は社会運動に大なる潜行的勢力を示して来た。その過去の行動に鑑みて、王道政治の満洲国に取つては最も重大な問題でなくてはならぬ。この在家裡を王道政治に依つて馴化せしむることが結局王道政治の基本ともなるのであつて、大きくいえば支那全土の大衆を統一することにもなるのである[81]」。

一方、日本の殖民地当局の秘密結社に対する態度は基本的に否定的であった。例えば、当時上海思想文化研究所所長をつとめた小谷冠桜は青紅幇を「一種の惰性的存在」と見なしている[82]。また、興亜院華北連絡部のある調査報告には、次のような結論が出されている。「凡そ秘密結社を清末より民国迄に就き調査し最も徒党多く長時続きしものは青紅幇・紅槍会・大刀会・藍衣社にして、過去に於ける秘密行為は実に憂慮に堪へざるものあり。若し殲滅の方法を講ぜざれは雑草の如く蔓り、社会安寧に影響すること少からず。而して殲滅せしむる方法は宜しく人心を指導し正道に返へすことなり[83]」。

総じていえば、戦前日本人による中国の秘密結社に関する調査と研究は、日本の中国侵略と支配を背景としたものであった。そのため、研究者の中国社会と秘密結社に対する認識は彼ら自身の政治的立場を反映している。尾崎秀実が『現代支那論』の中で書いた次の一節がその典型である[84]。

支那歴史の区分の場合に見た歴史の一つの段階から次の段階への移り変わりに大きな役割を演じた農民の一揆ないし暴動は、大体において秘密結社を土台として政治的に拡がり、盛り上った運動であるが、かかる秘密結社の発生とその存続の根拠は支那社会の立ち遅れと関連するものであることは問題なきところである。

なお、一九四三年五月、西順蔵は、国民精神文化研究所刊行の『満州国の宗教問題』と題した小冊子の中で、民間宗教結社の排他性、閉鎖性などを批判した後次のように述べている[85]。

宗教結社にはかかる種類の外に純宗教的動機に出づるものもなきには非ざれど極めて稀にて、如何にも現世利益信仰民族らしい。即ち生活の上から、宗教を要請したる著しき徴証である。扨単なる宗教結社は自衛的にして且つ相互扶助、修道、慈善事業をなすに過ぎず概ね穏健であるが、自衛的といふ所から自然排他的閉鎖的となり特に支那に於いては、官に対して反抗的となつて秘密結社となる傾きあり、之に一定の秘密目的が与えられると秘密結社となる。而てその秘密性は結社の中心たる宗教が巫術的秘密的なるものなるにより一層堅固となる。而るにかかる結社は国中更に別個の権威下に封鎖的団体をなすものなれば乱世の所産としてこれが存在は喜ぶべきでない、のみに非ずその害も特に潜行的且堅固なる団結の故に看過し難い。満州国に於てはもと民衆の自衛防御的宗教秘密団体たりしが事変発生後会匪（教匪）となり、建国後も凡そ二、三〇の数にのぼつて、中には純修道的なるものあるが必ずしも皆がさうではない。

また、彼は次のようにも指摘している。「一旦在家裡の組織中に反国家的異分子が潜入せば如何、現になくはなかつた。されば、宗教結社はその秘密閉鎖性の故のみで既に非国家といふべきのみならず、更に又積極的に危険ありといはねばならぬものあり」[86]。このように、西順蔵は類似宗教結社の存在を満州国国家建設にとって不利であったと認識し、それゆえそれを排除すべきである、と主張している。

言うまでもなく、戦時中日本の秘密結社研究はけっして一枚岩のようなものではなかった。飯塚浩二はその著『満蒙紀行』の中で末光高義らと異なる見解を示している。彼は末光の『支那の秘密結社と慈善結社』の秘密結社に関する否定的な叙述を批判し、「秘密結社の研究として、日本人の著書で末光高義氏の『支那の秘密結社と慈善結社』がよく調べのゆきとどいた本であるが、しかし悪い方の面ばかりを取り上げている嫌いがある。結社の本来の目的はそんなところにはないので、彼らが弾圧され、匪化せざるをえなかったときの症状だけをみたのでは間違いである」と批判している[87]。これはきわめて重要な指摘であるが、秘密結社研究においては長い間注目されてこなかった。

強調しておかなければならないのは、中国の秘密結社に関する戦前・戦時中の日本語の著述は、単に植民地という空間に生まれたものではなく、日本近代国家の形成と密接に関連している、ということである。日本人は、日本国内で使用された「類似宗教」・「邪教」・「迷信」などの概念を中国秘密結社に対する認識に持ち込んだ。その結果、彼等の秘密結社認識は近代主義の色彩を帯びているということも指摘しておきたい[88]。

第二次世界大戦後、革命後の中国に起きた大きな変化と戦後日本社会のイデオロギー対立により、日本の中国秘密結社叙述も多様化していった。戦後半世紀あまり、日本の中国秘密結社研究は多くの成果を蓄積している。中国の宗教結社と会党・幇会のうち、前者に関する研究が多い[89]。後者を研究したのは佐々木正哉、渡辺惇[90]等少数の研究者である。酒井忠夫の研究は宗教結社と幇会の両者を包括している[91]。酒井は戦争の末期に外務省東亜研究所調査員として中国に渡り、秘密結社に関する調査を行い、上海で日本の敗戦を迎えた。戦時と戦後の二つの時代を経験した研究者として、中国での調査体験は氏のその後の研究に堅実な基礎を与えた。氏は、上海青紅幇メンバーの大多数が、「一般にいわれるように反社会的行動に出ることは少なく、むしろ歴史上の中国社会をささえる積極性をもった健全な主体的意識をもった民衆の姿」を思わせる[92]、と指摘している。氏は一九四四年に編纂した『近代支那における宗教結社』のなかで、民間結社を「宗教結社」と「宗教的秘密結社」に分類している。氏によれば、前者は救世新教たる悟善社・道院紅卍字会などを指し、後者は紅槍会・青幇・紅幇などを指す[93]。近年、氏は自らの秘密結社に関する研究を修訂して再版している[94]。

戦後日本の中国秘密結社研究を振り返ってみるに、そこで描かれた秘密結社の政治像は大よそ次の三つである。すなわち、第一に、「国家／社会対立」の構図下の宗教反乱に関する研究。この類の研究著作は膨大な量にのぼる。鈴木中正は一九五二年に出版した『清朝中期史研究』のなかで、宗教結社による反乱について、「政治―宗教的な目的を有する特定教派が不断に存続し、反乱はそうした教派によって起こされると考へるのは誤であらう」と述べ[95]、宗教反乱の原因を単なる宗教結社に帰するのを避けようとした。しかし、その一方で、鈴木は宗教反乱の原因が政治社会のほか、宗教結社の異端的性格にもあることを認めざるをえない[96]。このような矛盾は、彼に代表される秘密宗教結社研究が「国家／社会」の二元対立の図式の下で行われていたことから生じたものであろう。

鈴木が陥った理論的な矛盾を克服するため、小林一美は中国の秘密宗教結社に関する一連の研究において、宗教結社の異端的思想体系を正統社会における「構造的負者」と結びつけることによって、白蓮教・義和団の性格、および反乱の原因を解明しようとした[97]。しかし、ここで注目すべきことは、小林の「構造的負者」という概念は鈴木の「国家／社会対立」の構図を否定するものではない、という点である。小林が近年発表した「中華帝国と秘密社会」と題した論文のなかに、「国家／社会対立」の二項対立の構図は一層明白に表されている。

秘密結社とか秘密社会といわれるものの「秘密性」とは基本的には国家権力・政治権力と人間生活・社会との背反的関係性・敵対的関係性のなかから生まれ、その関係性が生み出す二律背反的な場をこそ自己の棲み家にするものであるということである。つまり、両者の非和解的な関係性、敵対的空間をこそ「秘密」と名づけたのだというべきであろう。この秘密の場においては、正統と異端が、主流と反主流が、中心と周辺が、貴族と平民が、金持ちと貧乏人が、互いに敵対抗争し雌雄を決せんとする。[98]

さらに、小林はこう結論づけた。「専制的世界帝国のもと、中国民衆は秘密結社を通して『社会』を創出し、『政治』に迫る」[99]。しかし、果たしてこのような性格をもつ「秘密結社」は歴史的に実在していたのだろうか。小林は上述の鈴木中正の理論的矛盾を回避すると同時に、歴史的実在としての秘密結社から一歩離れて、新たに理念としての秘密結社を作り出したのである。

第二に、「近代革命」の構図下の秘密結社研究。これは主として太平天国（小島晋治[100]）、反キリスト教（里井彦七郎[101]）、義和団（佐藤公彦[102]）、辛亥革命（西川正夫[103]）、国民革命（三谷孝、馬場毅[104]）の研究に代表される。清末期における革命と秘密結社との関係に関する研究を全般的にみると、秘密結社の組織やその具体的な政治行動についてのごく少数のものを除いて、ほとんどの研究は「革命」の枠組みのなかで秘密結社を捉えているため、そこで描かれた秘密結社の政治像は革命もしくは反体制的な色彩が濃く、秘密結社の実像からかけ離れたものになってしまった。このような秘密結社の政治像は、酒井忠夫、渡辺惇に代表される清末秘密結社の実態に関する研究に描かれたそれとの間に大きな相違を生じている。

第三、地域社会論研究に現れた秘密結社の政治像。一九八〇年代以降、明清史研究の分野から発した地域社会論の研究の波は、中国秘密結社の研究にも波及した。この時期の秘密結社研究は、前述の「宗教反乱」と「革命」の構図下における秘密結社研究に対する反動ともいえる。比較的早い時期に、並木頼寿は捻軍に対する官軍の「剿」と同時に、地域のエリートが地域社会の秩序の再編と維持のために「撫」を主張することに注目した[105]。一九九〇年代初期における小島晋治の一連の論文は、民衆文化・地域社会から宗教反乱と太平天国を再認識することを唱えた[106]。また、義和団の研究においても、佐藤公彦の研究が示すように、地域社会に内在する対立から義和団の起源を探ることが試みられた[107]。

地域社会論の観点から秘密結社研究を行う研究者のうち、武内房司は新しい課題に取り組み、山田賢・菊池秀明は従来の研究を再検討することを試みた。武内は、少数民族社会による漢人宗教の受容、および彼らがそれを利用して反漢人、反清朝国家の反乱を起こしたことについて検討した[108]。山田賢は四川地域の移住民社会形成の視点から、白蓮教の反乱の原因について再検討した[109]。また、菊池秀明は広西地域の移住民社会の角度から太平天国農民運動の性格について考察した[110]。注目すべきことに、これらの研究においては一つの共通した傾向が現れている。すなわち、秘密結社を特定の地域において、秘密結社の反乱を見詰め直す作業を通じて、従来の研究における「国家／社会二元対立」の枠組みから逸脱し、それによって秘密結社の反体制、反社会的なイメージを希薄化した、という点である。

しかし、指摘しておきたいのは、同じ地域社会論という流れに属する研究者たちが、必ずしも共通の研究方法をもっている訳ではないことである。たとえば、山田の研究について、菊池秀明は山田賢が「王朝国家の政治権力のあり方をシンボリックに把握し過ぎた」と批判し、地域社会と国家権力との相互関係も考慮に入れるべきだと指摘している[111]。山田賢は鈴木中正・小林一美らが白蓮教反乱を秩序の外にある勢力の秩序に対する抗争として捉えることを批判し、白蓮教反乱の原因を移住民社会内部に探り出そうとした。しかし、移住民社会内部における支配—被支配関係、言い換えれば地域社会に対する国家権力の影響という視点は山田の研究から脱落している。結局、前述の秘密結社研究史における「国家／社会二元対立」のパラドックスは解決されることなく、単に回避されただけと言わざるをえない。

三　中国コンテクストにおける秘密結社叙述

英語の“secret society”、日本語の「秘密結社」に対応する中国語の言葉は「秘密社会」である。中国語の「秘密社会」という言葉の初出は英語・日本語より時期的に遅かった。そのため、欧米の研究者の間では、中国語の「秘密社会」という語は日本から逆輸入されたものであるという説が主流を占めている[112]。しかし、中国語の「秘密社会」の語源が日本語の「秘密結社」にあるという説は十分根拠のある説とは言い難い[113]。管見の限り、最初に「秘密社会」という語を使った中国人は欧榘甲であった。彼は一九〇一年に発表された「新広東」において、反体制的な義兄弟結社や宗教結社を「秘密社会」・「私会」と称している[114]。そして、一九〇五年、孫文が海外華僑の組織致公堂の改組に際して起草した「致公堂新章要義」のなかに、「秘密社会因之日盛」という文句がある[115]。一九一二年、前出の平山周の「支那革命党及秘密結社」は中国語に訳され、『中国秘密社会史』と題して商務印書館から刊行された。以後、「秘密社会」という言葉は次第に広がり、現代中国語として定着していった。民国時期における「秘密社会」という言葉の使用について、一九二四〜一九二五年、国民革命時期において、広東にある農民運動講習所（第五回）の講義項目のうち、「中国秘密社会簡史」が含まれている[116]。また、一九三五年、歴史家蕭一山が編集した天地会関係の資料集『近代秘密社会史料』が出版された[117]。

二〇世紀の中国においては、秘密結社関連の書物は数多く出版された。著者の中には、直接に秘密結社に関わる者もいれば、研究する者もいる。そこでは、秘密結社は、それぞれの時期やそれぞれの政治的姿勢を反映する同時代的な政治像が与えられている。

まず、ナショナリズム言説の中で、秘密結社は民族革命の担い手として描かれている。欧榘甲は『新広東』の中で、「省の自治」を通じて秘密結社をそれぞれの地域における反満闘争のなかに組み入れるべきであると強調した。当時において、彼の主張は留日学生の間で大きな反響を呼んだ[118]。それに対して、陶成章は、儒家の「革命」（＝造反）に関する叙述の中から秘密結社が反満闘争に参与することの合法性を見いだした[119]。ナショナリズム的な色彩を帯びた辛亥革命期の秘密結社叙述は、ある程度歴史的伝説を根拠にしたものであるが、根本的には近代国民国家の産物であった。清末の革命家たちは、儒家の「革命」言説に地域という要素を組み入れることによって、「革命」と秘密結社を巧妙に結びつけたのである[120]。

辛亥革命勝利後、民族革命における秘密結社の存在意義が失われた。独立した多くの省の軍事政権は秘密結社取締りの命令を下した。各省の軍事政権が発布した告示の中で、いずれも清朝の統治はすでに覆り、漢人の統治が回復したため、秘密結社はもはやその存在の必要性がなくなったと強調された。一九一二年五月六日、孫文は広東中国同志競業社で行った演説の中で、秘密結社の主旨は満州人への敵意から民国政府を助けることへと変えるべきだと強調した[121]。一九一三年に宋教仁暗殺事件が発生した後、孫文を始めとする革命派は再び秘密結社に関心を寄せ、反袁世凱闘争において秘密結社を利用しようとした。一九一四年七月、中華革命党が東京で成立した。同年末、孫文は「各埠頭洪門改組為中華革命党支部通告」を発布し、次のような方針を打ち立てた。すなわち、種族＝民族革命はすでに終結し、政治革命が始まった。海外の洪門は時勢の変化に従い、組織全体として革命党に加入すべきである[122]。つまり、孫文は袁世凱政権に対抗する政治的必要性から、民族革命の使命が終結した後、秘密結社に新たな政治革命の意味を賦与しようとしたのである。

一九三一年、日本の関東軍による満州事変が起きた後、抗日ナショナリズムという現実的な必要性から、秘密結社の「反清復明」の言説が再び注目を集めた。ナショナリズムの文脈のなかで秘密結社を描く著作が次々と出版された。一九三七年七月、中華ソビエト人民中央政府主席毛沢東が「哥老会に対する宣言」を発表した。宣言は哥老会の「興漢滅満」と中共の抗日救国とを類比させ、両者の一致性を強調した[123]。当時の代表的な歴史学者蕭一山と羅爾綱の著作においては、満州人の異民族支配に抵抗した秘密結社のナショナリズム的な側面が一層強く指摘されている。蕭一山は『近代秘密社会史料』のなかで、一九世紀中葉の天地会内部の資料を用いて、天地会の歴史は漢民族が満州人の支配に抵抗した「反清復明」に溯ることができると論証した[124]。また、羅爾綱の『天地会文献録』には一九三四年羅が『大公報』に書いた「『水滸伝』と天地会」と題して発表した論文が収録されている[125]。この論文のなかで、羅は明朝滅亡前後の時期に知識人たちが『水滸伝』を「流寇」と「英雄忠義」の象徴と見なしていたことについて、「（明朝の）遺民は国の運命が挽回し難いことから、異族を駆逐する夢を江湖の英雄たちに託した」と述べている[126]。一九三五年、羅爾綱は『益世報』に「明朝滅亡後における漢民族の自覚と秘密結社」と題した文章を発表し、異民族支配に抵抗する秘密結社のナショナリズムの伝統を振り返っている[127]。このように、日本の中国侵略という現実の危機的状況に直面して、知識人たちは異民族支配に抵抗した秘密結社の歴史を復活させることによって、自らの抗日の夢を託していたのである。蕭一山は前掲書の序文において、「今日において、国の情勢は甲申（明朝が滅亡された一六四四年）よりも危ない。（中略）高渓の伝統を受け継ぐ者は必ずしもあるわけではない。（中略）今日に生きることを恥じ、古人に倣うべきである」と述べている[128]。高渓は天地会が「反清復明」の旗を揚げた最初の地である。ここで、著者は天地会の異民族支配に抵抗する精神を讃え、中国人に奮起し、日本の侵略に抵抗することを呼びかけているのである。

ナショナリズム言説の中で展開された秘密結社叙述は、同時期の秘密結社メンバー自身の手による著作の中にも現されている。例えば、一九三三年に初版され、一九三九年に再版された陳国屛の『清門考源』をみてみよう。陳は江蘇省江寧県の出身で、辛亥革命およびその後の「二次革命」・「護法戦争」に参加したが、一方で一九一六年、青幇「大字輩」趙徳成の弟子になっている。著者は初版の「自序」において、「道義」をもって青幇の歴史を綴り、青幇が道義を重んじ、メンバーの相互扶助を原則とする組織であると指摘している。[129] ところが、一九三九年再版の「自序」において、著者は青幇の起源を天地会にまで遡らせ、青幇の三先祖と言われた翁・銭・潘の三人がいずれも天地会のメンバーであったと称し、青幇を設立当初から辛亥革命期まで一貫して清朝支配に抵抗する民族闘争の先駆者として讃え、「清門はそもそも民族革命の組織であった」ことを強調した。[130] 初版と再版の序文内容の相違から、日中全面戦争の勃発を背景とした著者のナショナリズムの意識の高揚が窺える。

秘密結社側のもう一冊の著作は一九四〇年に出版された劉聯珂の『中国幇会三百年革命史』である。著者は洪幇の劉克斌、楊慶山の弟子であった。この書物には杜月笙、張子廉、汪禹丞など青幇、洪幇の著名人たちの題字や序文が載せられている。汪禹丞は「洪門の数百年の歴史は、民族革命の歴史そのものである」と述べている。張子廉は白蓮教・天理教・八卦教、近代の義和団・紅灯照などの秘密宗教を孫文の反清革命、蔣介石指導下の抗日戦争の「民族闘争」の歴史に位置づけている。[131] 歴史的根拠が乏しいこの類の議論は、その後の幇会著作にも多く見られるが、要するに、知識人や秘密結社メンバーは、秘密結社の「反清復明」の歴史に対する再解釈を通じて、抗日戦争における秘密結社の役割を高く評価していたことがこの時期の秘密結社に関する著作からわかる。彼らは、異民族支配に抵抗するという秘密結社の歴史を復活させることと、日本の中国侵略に抵抗するという現実の問題とを結びつけ、秘密結社が抗日団体としての活躍することを望んでいたのである。

一方、日本軍占領地域において、日本軍の支配体制に協力する秘密結社が出現した。このような政治的姿勢を正当化するため、これらの秘密結社は自らの歴史を日本の支配体制に相応しい方向に沿って再解釈した。たとえば、満州国成立後の一九三四年四月、在家裡の総代表馮諫民は、「大満州国正義団本部」の設立大会においてこう語った。「わが満州国執政は正に我等の家裡の旧主人である。満州国に忠勤することはすなわち是れ安清家裡の根本精神である」[132]。ここで、馮は青幇の「安清」という言い伝えを「満州国」に移植することによって、日本軍の支配体制への協力を正当化しようとしている。また、一九四〇年、李子峰が編纂した『海底』の序文には、洪門について次のように説明している。すなわち、洪門には二つの根本的な思想がある。それは、「替天行道」・「行俠仗義」など不変なものと、「反清復明」など各時代の状況に応じたものである。一九四〇年以降、洪門の基本方針はすでに「反清復明」から「興亜反英」と「和平建国」に変わったという[133]。このような政治的な姿勢は日本軍占領地域の秘密結社に共通して見られる。

ところで、近代国民国家建設の過程で、近代主義者たちは秘密結社を迷信的・反近代的・時代遅れの存在として描いた。五四運動期において、秘密結社とりわけ秘密宗教結社は仏教・道教・キリスト教などとともに非科学的な迷信と見なされた。反迷信運動はしばしば思想史上の問題として論及されるが、それが国民党と共産党の政治運動の中でどのように反映されたかという問題は見逃されている。国民革命期において、国共両党の革命戦略における秘密結社の位置付けは異なりこそすれ、秘密結社を非近代的な存在と見なす点に関していえば、両党の立場は一致していた。国民党と共産党はそれぞれの政治目標達成のために秘密結社を弾圧した。南京国民政府が一九二九〜一九三〇年の間に発動した反迷信運動がその典型的な一例である。国民政府はこの運動を通じて自らの権力を基層社会に浸透させせようと試みたが、失敗に終わった。反迷信運動を鼓吹するために編纂された張振之の『革命と宗教』では、紅槍会・神兵・大刀会・小刀会・無極会と同善社などの民間宗教結社は「神怪妖邪」と称された[134]。国民党は宗教結社と民間信仰の合法性を認めておらず、宗教・宗教結社と民間信仰をすべて迷信と見なした。抗日戦争期に傅況麟が主編した『四川哥老会改善之商権』は、重慶国民政府の哥老会政策のジレンマを反映している。国民政府は哥老会取締りの目的を達成できずに、国民党の三民主義のイデオロギーをもって哥老会を改造しようとした[135]。

国民党の政策と比べて、共産党は「革命／反革命」言説の中に秘密結社に対する「動員／弾圧」を巧みに織り込んだ。秘密結社に対する「動員／弾圧」の二律背反は、中共のイデオロギー原理と抗日統一戦線戦略の両者の対立に由来する。硬直したイデオロギーがもたらす政治的孤立を克服するため、中共は可能な限り多くの大衆と民間組織を統一戦線の革命戦略の中に吸収しようとした。そのため、秘密結社を動員しなければならなかった。しかし、イデオロギー的に否定された秘密結社が革命の一員となったときに、イデオロギーの反作用により秘密結社に対する弾圧が展開されることとなる。中華人民共和国建国後、中共は会道門などに対する弾圧運動を通して秘密結社の組織を破壊した。その結果、各種の秘密結社組織は歴史の表舞台から消えていく。

以上のように、秘密結社に関する叙述は、現代中国政治と密接に関係しており、政治環境の変化が秘密結社叙述に直接影響を及ぼしている。中華人民共和国成立後の長い間、中国大陸の学界における秘密結社叙述は互いに矛盾している。階級闘争の言説のなかで、秘密結社はある時は下層階級の生活相互扶助と政治反抗の組織として描かれ、ある時は支配階級およびそのイデオロギーの道具と見なされた[136]。一九八〇年代以来、中国の学界では秘密会党・幇会研究のブームが起こり、数多くの論文と専門著作が出版された[137]。そのなかで宗教結社に関する研究において、二つの流れが現れた。一つは李世瑜の『現在華北の秘密宗教[138]』に代表される研究であり、宗教結社の源流に対する考察と経巻に対する解釈に重きをおくものである[139]。もう一つは宗教結社の反抗運動の研究に重点を置くものである[140]。ここで個々の論著に対する詳細な論評を行う余裕はないが、学術史の角度から秘密結社叙述を追うこととする。

私見によれば、この時期中国大陸における秘密結社研究の特徴を次の二点にまとめることができる。第一点は、直線的叙述（linear narrative）である。すなわち秘密結社という概念を単一化する現象である。異なる思想信仰・組織規範及び政治態度をもつ秘密結社を一括して「大文字の」秘密結社という差異装置の中に組み込み、時間順で整理を行うものである。これは典型的な近代主義の叙述である。研究そのものが一定の学術的意義をもつことは言うまでもないが、しかし、数多くの秘密結社に関する叙述の中で、歴史と現実の区別、「事実」と言説の区別が曖昧になっている。この種の叙述がもつ弊害も否定できない。前文で引用したように、テル・ハールは欧米の著作における秘密結社叙述について、「三合会の名はほとんど中国人の犯罪組織の同義語になっている」と指摘した。これと同様に、中国人の著作のなかでも、歴史上の秘密結社はほとんど現代の組織的犯罪の同義語になってしまっている。

第二の問題点は秘密結社の「真正さ」（authenticity）をめぐる論争に現れている。義兄弟組織である会党に関する研究のうち、もっとも注目を集めるのは天地会の起源に関する研究であろう。長い間、天地会に関する研究は会書に記載された、つまり天地会側の「叙述」を基礎とするものである。しかし、「叙述する者」は誰だろうか。その叙述はどの程度事実を反映しているか。これらの問題はいずれも不明確である。蔡少卿が一九六四年に発表した「天地会の起源問題について」と題する論文はこの難局を打開した[141]。蔡は、天地会の「会書」は天地会の歴史と同一視すべきではないと考え、清朝の檔案に依拠して天地会の起源を探った。彼は天地会の会書の中に述べられている「反清復明」の物語の真実性を否定し、天地会を民衆の「相互扶助」組織と位置付けた。この論文は「文化大革命」以降現在に到るまで続く大論争を巻き起こした。両派はそれぞれ自分の言い分を主張し、真っ向から対立している。一方が秦宝琦を代表とする「相互扶助」説であり[142]、もう一方が赫治清[143]、胡珠生[144]を代表とする「反清復明」説である。この論争は天地会の起源に関する認識を深めると同時に、歴史研究の基本的な問題、すなわち「事実」とは何かという問題を提起した。天地会の起源をめぐる両派の観点は真っ向から対立しているが、両者の歴史に対する認識は驚くほど似ている。両者はいずれも「客観的な」天地会の歴史を構築しようとしているのである。実際には、会書も檔案も表象化された歴史に過ぎない。ある叙述が信憑性をもつかどうかは、その叙述が具体的な歴史的文脈の中に還元できるかどうかによって決められるべきである。この意味で、「相互扶助」説は、天地会起源に関する絶対的、最終的な結論とは言えないものの、歴史的文脈の中で把握可能な解釈と言えよう。一方、「反清復明」説は歴史的に論証することは困難である。言ってみれば、会書に見られる反清復明に関する叙述は、異民族清朝の統治下に置かれた漢人社会の「反清復明」に関する歴史記憶の表象であろう。

一九八〇年代末を境に、台湾の秘密結社研究にも大きな変化が生じた。それ以前の秘密結社叙述は政治的な要素と絡み合っていた。例えば、蕭一山が一九五七年に発表した天地会の起源に関する論文の中で、自らの「反清復明」説を繰り返すと同時に、歴史を現実に比較させ、台湾における国民党の境遇が清初期漢人のそれよりもさらに厳しく、鄭成功や陳永華らが天地会を創設した時期の状況とほぼ同じであると述べている[145]。一方、戴玄之[146]、荘吉発[147]、徐安琨[148]らを代表とする研究が台湾学界の秘密会党研究の堅実な基礎を定めた。一九八〇年代末、台湾の国民党政権が一貫道を含む秘密宗教結社の合法性を認めたことに伴い、「民間宗教」に関する研究が盛んに行われるようになった。

二〇世紀後半の秘密結社叙述が絶えず変化する中で、一部の学者は特定の政治概念をもって秘密結社の歴史を叙述するという研究方法を批判した。王爾敏は民族革命あるいは農民革命の角度から秘密結社を研究する問題設定を批判した[149]。陳旭麓も「異姓結拝」の会党を農民運動の文脈の中で捉えることに反対し、会党は宗族や行会（ギルド）と同様に民間社会の第三の組織であるという説を提起した[150]。両者の説にはいずれも重要な意義がある。確かに、政治的な要素を秘密結社叙述の中から取り除くと、人々の秘密結社認識が深まり、秘密結社に対する偏見や誤解も正されるであろう。しかし、政治的な要素を秘密結社叙述から取り除くことは、秘密結社言説の「空洞化」を招きかねない。そして、結局のところ、政治的な要素を取り除いた秘密結社叙述は不完全な叙述である。そのような意味で、筆者は、浙江省金銭会に関する劉錚雲の研究はきわめて示唆的であると考える[151]。この論文の中で、劉は会党を地域社会の諸勢力間の対立において把握した。そうすることによって、劉の秘密結社研究は「正―邪」の区別や「国家―社会」の二元対立の枠組みから脱却した。筆者自身も長年、「大文字の秘密結社」叙述を批判し、「小文字の秘密結社」研究を行うべきであると主張し、秘密結社を地域社会のコンテクストの中において考察することによって秘密結社と政治権力の関係を解明することを試みてきた。

四　秘密結社に抗して叙述すること

ヨーロッパ人は“secret society”という言葉を中国の「異姓結拝」組織と民間宗教結社の総称とした。漢字圏内では“secret society”に当たるのは日本語の「秘密結社」と中国語の「秘密社会」である。一世紀半にわたる歴史の中で、秘密結社の実態に関する研究は次第に深まってきたが、秘密結社言説自体が内包する矛盾は今もなお解消されていない。この現状に鑑み、問題の原点に戻る必要があるように思われる。

秘密結社の結成の仕方を基準に、秘密結社は、①縦関係の秘密結社、②横関係の秘密結社、③縦横交叉関係の秘密結社に分類することができる。第一に、縦関係の秘密結社とは、宗教信仰に基づいて、師弟間の伝承関係によって結ばれた宗教的組織である。明清時代の白蓮教・羅教を源流とした宗教結社や道院・在理教など民国期に活躍した「救世的」宗教結社・紅槍会・大刀会・神兵のような土匪の掠奪から地域を守る農民の宗教的武装組織はこの類に属する。第二に、横関係の秘密結社とは、契りを交わし、血をすすって盟約を結ぶ義兄弟組織である。その基本的な理念は『水滸伝』に表された相互扶助の思想である。天地会・哥老会・洪幇（紅幇）と称した結社はこの類のものである。第三に、縦横交叉関係の秘密結社とは、「師徒如父子、同参似手足」、すなわち、師弟間の伝承関係と義兄弟関係の両方を重んじる組織である。青幇・安清道友会・安清幇・在家裡・清門などの名目をもつ結社はこの類のものである。右の分類に従って、本書では、①の秘密結社を「宗教結社」、②の秘密結社を「会党」、③の秘密結社を第二類と合わせて「幇会結社」と称する。また、「幇会結社」に属する紅幇（洪幇）と青幇はジャンルを異にするものだが、青紅幇と併記する。もちろん、右の①②③の区別は厳密ではなく、お互いに包含しあうことはしばしばあるが、便宜上、この区別を行文中において使用することとする。

ナイ（M. Nye）は人類学者が「文化」という概念に対して行った脱構築の作業、すなわち「文化に抗して書く」（writing against culture）ことからヒントを得て、「宗教に抗して書く」（writing against religion）という方法を提起した。それによれば、広く社会的に認知された前提の下では宗教という概念を廃棄することはできない。しかし、名詞としての「宗教」を動詞に変えることによって、本来「宗教」という概念に含まれた抑圧的、均質的な部分を振り捨てることができる、という[152]。これと同様の理由に基づいて、筆者は秘密結社の研究においても、「秘密結社に抗して書く」（writing against secret society）こと、すなわち、名詞としての秘密結社を動詞に変えることによって、「秘密結社」という概念が本来持っていた抑圧的・均質的な部分を振り捨てることが必要であると考えている[153]。

何が秘密結社であるか、何が秘密結社ではないのか。なぜ中国社会や海外の中国人社会にこんなにも多くの秘密結社が存在するのか。既述のように、いわゆる秘密結社は歴史的に存在した民間結社の表象化（representation）」の産物であり、今日において一般に認識された秘密結社の歴史は、叙述された結社の歴史に過ぎず、秘密結社の「真正さ」を反映しているとは限らない。そこで、我々が歴史上存在した秘密結社に接近し、その実態を明らかにしようと試みるとき、一次史料によって表象化された秘密結社と、これらの一次資料に基づいて再表象化された秘密結社との両者を含む従来の秘密結社叙述を徹底的に批判する必要がある。表象化された秘密結社に関する叙述は次の二つに分けることができる。一つは「自己」、すなわち秘密結社自身が叙述した歴史であり、もう一つは「他者」、往々にしてそれは政治権力側が叙述した歴史である。秘密結社のメンバーが書いた会書や経巻に現された秘密結社自身の叙述は、われわれの秘密結社認識の基礎を構成している。一次史料は言うまでもなく歴史的事実を含んでいるが、見逃してはならないのは、一次史料それ自体も叙述の産物であり、「幾重にも創造された歴史」ですらある。それに対して、秘密結社に関する数多くの研究論著は、異なる時代、異なるコンテクストのなかで、異なるヘゲモニーを反映したものである。異なるコンテクストでの秘密結社叙述に対して批判的な考察を加えることによって、秘密結社に賦与された知識／権力を引き剥がし、「大文字の」、「単数の」秘密結社叙述を脱構築する必要があるように思われる。このようにして始めて次のようなことが発見される。すなわち、性格も組織も異なる「小文字の」、複数の秘密結社は、思想や信仰において主流社会の価値と対立しないどころか、場合によっては両者の間に共通の構造を持っている、ということである。秘密結社は必ずしも権力に対抗する形で存在し発展してきたわけではない。秘密結社言説の生産と再生産のメカニズムを認識し、中国社会における秘密結社の位置付けや秘密結社（複数の）と政治権力との関係を再び認識することは、中国の社会や歴史に対するわれわれの認識を深め、本質主義的な中国叙述を批判する助けになる。そのためにわれわれが踏み出す第一歩は、「小文字の」、「複数の」秘密結社をそれぞれの地域的コンテクストのなかに還元し、社会科学・人文科学の方法を借りて、それらがいかにして「大文字の」、「単数の」秘密結社に書き換えられたかを考察することであろう。

注

（1）蔡少卿『中国近代会党史研究』、中華書局、一九八七年、二頁。

（2）荘吉発「民間秘密宗教的社会功能」、同『清史随筆』、博揚文化事業有限公司、一九九六年、九頁。

（3）秘密結社という用語に関する議論は以下の論文を参照されたい。王爾敏「秘密宗教与秘密会社之生態環境及社会功能」、同『明清社会生態』、台湾商務印書館、一九九七年、三一八頁。この論文は最初に『中央研究院近代史研究所集刊』第十期（台湾中央研究院近代史研究所、一九八一年）に掲載されたものである。荘吉発『清代秘密会党史研究』、文史哲出版社、一九九四年。

（4）憲政編査館「結社集会律三十五条」、『申報』一九〇八年三月二三日。

（5）天地会に関する先行研究は以下の著書を参照。Dian H. Murray, *The Origins of the Tiandihui: The Chinese Triads in Legend and History* in collaboration with Qin Baoqi, Stanford: Stanford University Press, 1994.

（6）Barend J.ter Haar, *Ritual and Mythology of the Chinese Triads: Creating an Identity*, Sinica Leidencia Vol. 43, Leiden: Brill, 1998, p.15.

（7）温雄飛『南洋華僑通史』、東方印書館、一九二九年、一一一頁。

（8）Wilfred Blythe W. L., *The Impact of Chinese Societies in Malaya: A Historical Study*, London: Oxford University Press, 1969, p.46.

（9）Milne, W. C., “Some Account of a Secret Association in China, entitled the Triad Society”, *Transactions of the Royal Asiatic Society of Great Britain and Ireland*, vol.1（1827）, pp.240-250. また、この文章は同じ題名で *Chinese Repository*（Vol.14, Feb. 1845, pp.59-69）にも発表されている。

この文章は天地会に関する従来の研究においても言及されているが、文章掲載の雑誌名や時期については互いに一致していない。①胡珠生『清代洪門史』（遼寧人民出版社、一九九六年、四頁）と赫治清『天地会起源研究』（社会科学文献出版社、一九九六年、一八頁）においては、ミルン（Milne）のこの論文は *Journal of the Royal Asiatic Society of Great Britain and Ireland* 誌一八二六年第一巻に掲載されたものとされる。②左久梓『中国の秘密宗教と秘密結社』（心交社、一九九三年、一一二頁）では、一九二七年に *Royal Asiatic Society of Great Britain and Ireland* に掲載されたものとされる。③近年出版された Dian Murray 前掲書（p.316）では、雑誌名は正しいものの、出版時期は「一八二六年」と誤って記載されている。

（10）Milne, W. C., "Some Account of a Secret Association in China, entitled the Triad Society", p.241.

（11）"secret associations", *The Chinese Repository*, vol Ⅰ, 1833, p.207. J. J. M. De Groot, *Sectarianism and Religions Persecution in China*, Amsterdam: Johannes Muller, 1903.

（12）T. J. Newbold and F. W. Wilson, "The Chinese Traid Societies of the Tien-ti-huih," *Journal of the Royal Society-Great Britain and Ireland* Ⅵ（1841）, pp.120-156.

（13）Gustave Schlegel, *Tian Ti Hwui, The Hung League or Heaven-Earth-League: A Secret Society with the Chinese in China and India*, Batavia: Lange & Co., 1866.

（14）W. A. Pickering, "Chinese Secret Societies and Their Origin," *Journal of the Straits Branch of the Royal Asiatic Society*, 1878, pp.63-84. 1879, pp.1-8.

（15）J. S. M. Ward and W. G. Stirling, *The Hung Society or the Society of Heaven and Earth*, London, 1925.

（16）J. D. Vaughan, *The Manners and Customs of the Chinese of the Straits Settlements*, Singapore: Mission press, 1879, p.98.

（17）William Stanton, *The Triad Society or Heaven and Earth Association*, Hongkong: KELLY & Walsh, LTD., 1900, p.1.

（18）Dian H. Murray, *The Origins of the Tiandihui*, p.94.

（19）"Oath taken by members of the Triad Society, and notices of its origin," *Chinese Repository*, Vol. 18, No.6., June, 1849, pp. 281-295.

（20）Alexander Wylie, *Chinese Researches*, Shanghai, 1897. p.112.

（21）　東南アジア華人社会のなかの秘密結社に関しては、Wilfred Blythe 前掲書（p.3）と Mak Lau-Fong, *The Sociology of Secret Societies: A study of Chinese Secret Societies in Singapore and Peninsular Malaysia*（Kuala Lumpur: Oxford University Press, 1981）がある。後者は社会学の観点からBlytheなどの秘密結社定義を全面的に検討し、「秘密」を東南アジアの秘密結社研究の焦点とする。

（22）　Charles W. Heckethorn, *The Secret Societies of All Ages and Countries*, New York, University Books INC, 1965.

（23）　「公司」と「会」の関係について、以下の論文を参照されたい。Mary Somers Heidhues, “Chinese Organizations in West Borneo and Bangka: Kongsi and Hui”（in David Ownby and Mary Somers Heidhues eds., *“Secret Societies” Reconsidered: Perspectives on the Social History of Modern South China and Southeast Asia*, New York: M.E. Sharpe, Inc. 1993, pp.68-85）. 武内房司「東南アジア華僑社会と秘密結社――『公司』の源流」（『しにか』特集・中国の秘密結社、一九九五年九月号）。

（24）　Frederick Wakeman, *Policing Shanghai*: 1927-1937, Berkeley: University of California Press, 1995, pp.122-127.

（25）　Martin Brian, *The Shanghai's Green Gang: Politics and Organized Crime: 1919-1937*, Berkeley: University of California Press, 1996.

（26）　Edgar Snow, *Red Star Over China*, New York: Random House, 1938. 斯諾『毛沢東自伝』、解放軍文芸出版社、二〇〇一年、四七頁。

（27）　Agnes Smedley, *The Great Road: The Life and Times of Chu The*, New York, 1972（阿部知二訳『偉大なる道――朱徳の生涯とその時代――』上、岩波書店、一九七七年、九二―九三頁）。

（28）　Stuart R. Schram, *The Political Thought of Mao Tse-tung*, New York, 1969, pp. 245-246, pp.260-261.

（29）　Stuart R. Schram, “Mao Tse-tung and Secret Societies,” *The China Quarterly*, No.27, July-September, 1966, pp.1-13.

（30）　Jean Chesneaux, *The Chinese Labor Movement*, 1919-1927, Stanford: Stanford University Press, 1968, p.226.

（31）　Jean Chesneaux, *Secret Societies in China in the Nineteenth and Twentieth Centuries*, tr. Gillian Nettle, Ann Arbor: University of Michigan Press, 1971. Chesneaux, *Peasant Revolts in China, 1840-1949*, tr. C. A. Curwen, London, Thames and Hudson,

1973. Chesneaux, ed., *Popular Movements and Secret Societies in China, 1840-1950*, Stanford: Stanford University Press, 1972, p. 2.

(32) Roman Slawinski, "The Red Spears in the Late 1920's", in Jean Chesneaux, ed., *Popular Movements and Secret Societies in China, 1840-1950*, p.208.

(33) Lev Deliusin, "The I-kuan Tao society", in Jean Chesneaux ed., *Popular Movements and Secret Societies in China*, pp.230-233.

(34) Kenneth Lieberthal, "The Suppression of Secret Societies in Post-Liberation Tientsin", *The China Quarterly*, April/June, 1973.

(35) Kenneth G. Lieberthal, *Revolution and Tradition in Tientsin, 1949-1952*, Stanford: Stanford University Press, 1980, pp.106-124.

(36) Elizabeth Perry, *Rebels and Revolutionaries in North China, 1845-1945*, Stanford: Stanford University Press, 1980, pp.208-247.

(37) Yung-fa Chen, *Making Revolution: The Communist Movement in Eastern and Central China, 1937-1945*, Berkeley: University of California Press, 1986, pp.484-495.

(38) Elizabeth Perry, *Shanghai on Strike: The Politics of Chinese Labor*, Stanford: Stanford University Press, 1993, pp.70-87.

(39) Eric Hobsbawm, *Primitive rebels: Studies in Archaic Forms of Social Movement in the 19th and 20th Centuries*, Manchester: University of Manchester Press, 1959. Fei-Ling Davis, *Primitive revolutionaries of China*, London: Rout Ledge and Kegan Paul, 1971, pp.176-177.

(40) David Ownby, "Introduction: Secret Societies Reconsidered", in David Ownby and Mary Somers Heidhues eds., op. cit., p.9.

(41) Frederick Wakeman, "Rebellion and Revolution: the Study of Popular Movement in Chinese History," *Journal of Asian Studies*, Vol.36, No.2, Feb. 1977, pp.201-237.

(42) Marjorie Topley, "The Great Way of Former Heaven: A Group of Chinese Secret Religious Sects," in *Bulletin of the School of Oriental and African Studies University of London*, Vol. XXVI, Part 2, 1963, p.388.

（43）Susan Naquin, *Millenarian Rebellion in China: The Eight Trigrams Uprising of 1813*. New Haven: Yale University Press, 1976, p.268.

（44）Daniel L. Overmyer, *Folk Buddhist Religion: Dissenting Sects in Late Traditional China*, Cambridge, Mass., Harvard University Press, 1976, pp.54-62.

（45）Daniel L. Overmyer, “Alternatives: Popular Religions Sects in Chinese Society”, *Modern China*, Vol.7, No.7, April 1981, p. 155.

（46）Richard Shek, “Millenarianism without Rebellion: The Huangtian Dao in North China”, *Modern China*, Vol.8, No.3, July 1982, pp.305-306.

（47）Robert Weller, “Sectarian Religion and Political Action in China,” *Modern China*, Vol.8, No.4, October 1982, p.481.

（48）Susan Naquin, “The Transmission of White Lotus Sectarianism in Late Imperial China”, in David Johnson, Andrew Nathan and Evelyn Rawski, eds., *Popular Culture in Late Imperial china*, Bekerley: University of California Press, 1985, pp.290-291.

（49）Ownby and Heidhues, eds., op. cit,, pp.1-2.

（50）David Ownby, *Brotherhood and Secret Societies in Early and Mid-Qing China: The Formation of a Traditon*, Stnford: Stanford University Press, 1996.

（51）Maurice Freedman, *Chinese Lineage and Society: Fukien and Kwangtung*. London: Athlone Press, 1966.

（52）David Ownby, *Harvard Journal of Asiatic Studies 60: 1*（2000）, pp.324-333.

（53）Barend J.ter Haar, op. cit.

（54）Barend J.ter Haar, *The White Lotus Teaching in Chinese Religious History*, Honolulu: University of Hawai’i Press, 1999.

（55）大里浩秋「日本人は秘密結社をどう見たか」、『現代中国』第六十二号、一九八八年。並木頼寿「明治訪華日本人の会党への関心について」、神奈川大学人文学研究所編『秘密社会と国家』、勁草書房、一九九五年。

(56) 荒尾精『対清意見』、博文館、一八九四年、七四―七五頁。本書は『東方斎荒尾精先生遺作復刻出版』(靖亜神社先覚志士資料出版会、一九八九年一月)に収録。

(57) まこと生「哥老会」、『黒龍』第十四号、一九〇三年七月一日。

(58) 大里浩秋は「まこと生」の文章「哥老会」(『黒龍』第十四号、一九〇三年七月一日)が、二楸庵の「支那の秘密結社」(一、二)(『革命評論』第四号、第五号、一九〇六年一〇月、一一月)と同じ内容であることから、著者が同一人物であると指摘した。そして、『黒龍』と『革命評論』の編集者がいずれも宮崎滔天であったことから、両文は「宮崎自身か、彼に近い人物が書いたと推測できるが、断言はできない」と述べた(大里浩秋、前掲論文、八二頁)。

(59) これについて、筆者は大里浩秋氏のご教示により、「まこと生」が『黒龍』に発表したいくつかの文章を平山周の「支那革命党及秘密結社」と比較することができた。それを通じて、「まこと生」と平山周が同一人物である可能性が高いという結論を得た。理由は以下の三点である。①平山は畢永年とともに湖南省で哥老会について考察した。「まこと生」の文章においても著者は同じことをしたと述べている(まこと生「湖南の曽游」、『黒龍』第十六号、一九〇三年九月一日、二四頁)。②「湖南の曽游」の中に、「余は上海に至りて辮髪胡服の支那人と化けたり、畢君曰ふ、既に支那人となる亦其名無るへからすと、(中略)彼か此かと思案の末、周晦字子明と定め、戯れに七絶を作りて畢君に示せり」という一説がある。ここでの「周」という苗字は平山周の「周」に由来したと思われる。③「まこと生」の上記文章「哥老会」、および「支那の革命党興中会」(『黒龍』第十五号、一九〇三年八月一日)は平山周の「支那革命党及秘密結社」(『日本及日本人』第五六九号、一九一一年一一月一日。長陵書林覆刻、一九八〇年)と幾つかの箇所で内容が重なっている。

(60) 前掲『支那革命党及秘密結社』、四九頁。

(61) 宗方小太郎「支那に於ける秘密結社」、神谷正男編『宗方小太郎文書――近代秘録』(上)、報告第二一四号、一九〇七年九月二八日、原書房、一九七五年、一八七頁。

(62) 西本省三「江蘇安徽両地方会匪視察報告」、外務省外交資料館所蔵「各国内政関係雑集・支那之部・革命党関係・革命党ノ動静探査員派遣」。

（63）山口昇「清国情勢及秘密結社」、明治四三年一〇月二〇日、同右。
（64）同右。
（65）胡珠生『清代洪門史』、遼寧人民出版社、一九九六年、七頁。
（66）テル・ハール（ter Haar）は一九九八年前掲書の中、平山周「支那革命党及秘密結社」（『中国秘密社会史』）と Stanton 前掲書の関係に注意を払い、平山の本を「一つの（悪い）剽窃による翻訳書」（ter Haar, *Ritual and Mythology of the Chinese Triads: Creating an Identity*, p.28.）と断じている。筆者の考えでは、平山書の前半部即ち第一、二、三章は確かに Stanton から翻訳したものであるが、「剽窃」という批判は言い過ぎである。この問題については、稿を改めて論ずることとする。
（67）並木頼寿前掲論文「明治訪華日本人の会党への関心について」、一八一頁。
（68）これらの著作は平山周などの著作を参考にしながら、秘密結社に関わる自らの体験を語るものである。たとえば、宮原民平『支那の秘密結社』（東洋研究会、一九二四年）、馬場春吉『支那の秘密結社』（東亜研究会、一九四三年）。
（69）長野朗『支那の社会組織』、行地社、一九二六年、五三頁。
（70）同右、一六一―一六二頁、一八三頁。
（71）長野朗『土匪・軍隊・紅槍会』、支那問題研究所、一九三一年、一三九頁。
（72）長野朗は一九二四に発表した『支那の土匪と軍隊』において、当時「邪教」と呼ばれた華北地域の紅槍会、大刀会に同情の態度を示し、これらを新型の「宗教団体」と称している（長野朗『支那の土匪と軍隊』、燕塵社、一九二四年、一〇七―一二一頁）。一九三一年、長野は『土匪・軍隊・紅槍会』においてより詳細に紅槍会について論述し、紅槍会の歴史を宋代白蓮教に溯った（長野朗前掲『土匪・軍隊・紅槍会』、二三七頁）。
（73）田中忠夫『革命支那農村の実証的研究』、衆人社、一九三〇年。
（74）橘樸の秘密結社認識については、三谷孝「戦前期日本の中国秘密結社についての調査」（平成七～九年度科学研究費補助金研究成果報告書「戦前期中国実態調査資料の総合的研究」〈研究代表者：本庄比佐子〉、一九九八年四月、一〇三頁）を参照。
（75）池田昭編『大本史料集成』Ⅱ運動編、三一書房、一九八五年八月、二三六頁。

(76) 拙稿「宗教結社、権力と植民地支配――『満州国』における宗教結社の統合」、『日本研究』(国際日本文化研究センター紀要) 第二十四集、二〇〇二年二月。
(77) 「宗教類似結社ノ行動ニ関スル件」昭和五年九月一八、一九日、外務省外交資料館蔵「支那政党結社関係雑件・宗教類似結社ノ行動査報関係」。
(78) 一九四二年、華北政務委員会が行った調査について、第九章を参照。
(79) 橘樸「土匪とギャング」、『満州評論』第二巻、第十九号、一九三二年五月一四日、九―一〇頁。
(80) 末光高義『支那の秘密結社と慈善結社』、満州評論社、一九三二年初版、一九三九年再版。
(81) 末光高峯「秘密結社の指導原理」、『満州評論』第五巻、第五号、一九三三年七月二九日、一五三頁。同『満洲の秘密結社と政治的動向』満蒙評論社、一九三三年、二五頁。
(82) 小谷冠桜『支那の秘密結社――青幇、紅幇に就て』(青年叢書第五号)、上海青年団本部、一九四一年。
(83) 「支那に於ける秘密結社」、華北連絡部、一九四一年一一月、興亜院政務部『調査月報』第三巻、第二号、一九四二年二月、四二頁。
(84) 尾崎秀実「現代支那論」、『尾崎秀実著作集』第二巻、勁草書房、一九七七年、二三七―二三八頁。
(85) 西順蔵『満州国の宗教問題』、国民精神文化研究所、一九四三年五月、四五―四六頁。
(86) 同右、五〇頁。
(87) 飯塚浩二『満蒙紀行』、筑摩書房、一九七二年、一一三頁。
(88) 前掲拙稿「宗教結社、権力と植民地支配――『満州国』における宗教結社の統合」。
(89) 相田洋「白蓮教の成立とその展開」、青年中国研究者会議編『中国民衆反乱の世界』、汲古書院、一九七四年。同「羅教成立とその展開」、青年中国研究者会議編『続中国民衆反乱の世界』、汲古書院、一九八三年。同『中国中世の民衆文化』、中国書店、一九九四年。
(90) 渡辺惇「清末揚子江下流域における私塩集団」、『社会文化史学』六、一九七〇年。同「清末長江下流域における青幇・私塩集団の動向——私塩流通との関係を中心に」、『歴史における民衆と文化——酒井忠夫先生古稀祝賀記念論集』、国書刊行会、一九八二年。同「近代中国における秘密結社——青幇・紅幇」、『中国近現代史論集——菊池貴晴先生追悼論集』、汲古書院、一九八五年。

(91) 中国の秘密結社に関する酒井忠夫の研究は、戦後日本の代表的なものである。その一連の研究は『中国民衆と秘密結社』(吉川弘文館、一九九二年)、『中国幇会史の研究・青幇篇』(『酒井忠夫著作集』四、国書刊行会、一九九七年)、『中国幇会史の研究・紅幇篇』(『酒井忠夫著作集』三、国書刊行会、一九九八年)に収録。

(92) 酒井忠夫前掲書『中国民衆と秘密結社』、二頁。

(93) 酒井忠夫『近代支那に於ける宗教結社の研究』、東亜研究所、一九四四年。

(94) 酒井忠夫『近現代中国における宗教結社の研究』、国書刊行会、二〇〇二年。

(95) 鈴木中正『清朝中期史研究』、愛知大学国際問題研究所、一九五二年、一二二頁。

(96) 鈴木中正は「王朝革命」と「千年王国論」の二つの文脈のなかから宗教反乱の思想的根源を探ろうとした。これについては、氏の『中国史における革命と宗教』(東京大学出版会、一九七四年)と『千年王国的民衆運動の研究——中国・東南アジアにおける』(東京大学出版会、一九八二年)を参照。

(97) 小林一美が提起した「構造的負者」という概念について、氏の「構造的負性の反乱」(『歴史学の再建に向けて』四、一九七九年)を参照。

(98) 小林一美「中華帝国と秘密社会——中国にはなぜ多種多様の宗教結社が成長、発展したか」、前掲『秘密社会と国家』、五九—六〇頁。

(99) 同右、八四頁。

(100) 小島晋治『太平天国革命の歴史と思想』、研文出版、一九七八年。

(101) 里井彦七郎『近代中国における民衆運動とその思想』、東京大学出版会、一九七二年。

(102) 佐藤公彦「初期義和団運動の諸相——教会活動と大刀会」、『史潮』新十一号、一九八二年。『義和団の起源とその運動——

中国民衆ナショナリズムの誕生』、研文出版、一九九九年。

（103）西川正夫「辛亥革命と民衆運動――四川保路運動と哥老会」、野沢豊・田中正俊編『講座中国近現代史』（三）、東京大学出版会、一九七八年。

（104）両氏の長年の研究論文はそれぞれ以下の著書に収録された。馬場毅『近代中国華北民衆と紅槍会』、汲古書院、二〇〇一年。三谷孝『秘密結社与中国革命』、中国社会科学出版社、二〇〇二年。

（105）並木頼寿「著名の匪を撫す――挙人朱鳳鳴の捻軍招撫論について」、『泃沫集』（三）、一九八一年一二月。

（106）小島晋治『太平天国運動と現代中国』、研文出版、一九九三年。

（107）佐藤公彦「華北農村社会と義和拳運動――梨園屯村の反教会闘争」、東京外国語大学アジア・アフリカ言語文化研究所編『アジア・アフリカ言語文化研究』第四十五号、一九九三年。

（108）武内房司「清代プイ族の社会変容――嘉慶王嚢仙反乱をめぐる一考察」、『季刊中国研究』第四号、一九八六年。「清末苗族反乱と青蓮教」、『海南史学』第二十六号、一九八八年。「『明王出世』考――中国的メシアニズムの伝統」、『老百姓の世界』第七号、一九九一年。

（109）山田賢『移住民の秩序――清代四川地域社会史研究』、名古屋大学出版会、一九九五年。

（110）菊池秀明『広西移民社会と太平天国』（本文篇）、風響社、一九九八年。

（111）同右、三三―三四頁。

（112）Jean Chesneaux, ed., *Popular Movements and Secret Societies in China*, p.3. Daniel L. Overmyer, *Folk Buddhist Religion: Dissenting Sects in Late Traditional China*, p.199. Dian H. Murray, *The Origins of the Tiandihui: the Chinese Triads in Legend and History*, pp.89-90.

（113）中国語において、「社」と「会」は互いに独立した意味を有する言葉である。宋代以降、「社」と「会」を併合した「社会」という言葉が使われるようになった。たとえば、『宋会要輯稿』には「近日又有奸滑、改易名称、結集社会」という文句がある（〈清〉徐松編『宋会要輯稿』第七冊、北京図書館影印本、一九五七年、六五五一頁）。ここで「結集社会」は「結社」と

「集会」を意味するもので、「社」と「会」の二文字はそれぞれ「結」と「集」の二つの動詞の目的語であり、現代日本語、中国語の「社会」と異なるものである。

一九世紀末に出版された黄遵憲の『日本国志』には、「社会者、合衆人之才力、衆人之名望、衆人之技芸、衆人之声気、以期遂其志也」と述べられている（黄遵憲『日本国志』、巻三十七「礼俗志四」、近代中国史料叢刊続編第十輯、文海出版社、一九八一年、九一一頁）。ここで注目すべきは、日本人が一八七〇年代にすでに"society"の訳語として今日の意味での「社会」という言葉を使っていたにもかかわらず、外交官として来日した黄遵憲は依然として宋代以降の「団体」の意味を有する「社会」という言葉を使用していた、という点である。

(114) 欧榘甲「新広東」、張枏・王忍之『辛亥革命前十年間時論選集』第一巻、上冊、三聯書店、一九六〇年、二九三—二九四頁。
(115) 「致公堂新章要義」、一九〇五年二月四日。『孫中山全集』第一巻、中華書局、一九八一年、二五九頁。
(116) 「第六届農民運動講習所辦理経過」（一九二六年五月—一〇月五日）、人民出版社編輯『第一次国内革命戦争時期的農民運動資料』、人民出版社、一九八三年、七七頁。
(117) 蕭一山『近代秘密社会史料』、国立北平研究院、一九三五年。
(118) 一九〇三年に、湖南省出身の楊守仁が小冊子『新湖南』を出版した。その主旨は『新広東』とほぼ同じである。
(119) 「龍華会章程」、湯志鈞編『陶成章集』、中華書局、一九八六年。
(120) 拙稿「辛亥革命期における『革命』と秘密結社」、『中国研究月報』第六四五号、二〇〇一年一一月。
(121) 『孫中山全集』第二巻、三五八頁。
(122) 『孫中山全集』第三巻、一四〇—一四一頁。
(123) 中共中央書記処編『六大以来』（上）、人民出版社、一九八一年、七六六—七六七頁。
(124) 蕭一山前掲『近代秘密社会史料』。
(125) 羅爾綱『天地会文献録』、正中書局、一九四三年初版。
(126) 『水滸伝』与天地会」『大公報』、一九三四年一一月二六日。羅爾綱前掲書、七九頁。

(127) 羅爾綱「明亡後漢族的自覚和秘密結社」、『益世報』一九三五年四月三〇日。
(128) 蕭一山前掲書、「自序」。
(129) 陳国屏『清門考源』、初版「自序」、聯誼出版社、一九四六年、香港遠東図書公司、一九六五年。
(130) 同右、再版「自序」。
(131) 劉聯珂『中国幇会三百年革命史』、澳門留園出版社、一九四〇年初版、一九四一年再版。
(132) 末光高峯「青幇の在家裡が満州に政治的活動を始めた」、『満州評論』第五巻、第一号、一九三四年七月一日、一二頁。『満州及支那に於ける地下秘密団体に就いて』(著者不明)、一九三五年一〇月、一二四頁。
(133) 李子峰『海底』、「編輯本書之十大要旨」、澳門興華印物公司、出版時期不明。ちなみに、李子峰はもともと国民党幹部で、一九四〇年に汪兆銘政権の一員となった。
(134) 張振之『革命与宗教』、民智書局、一九二九年。
(135) 傅況麟主編『四川哥老会改善之商権』、四川地方実際問題研究会叢刊之三、一九四〇年五月。
(136) 魏建猷『中国会党史論著匯要』、南開大学出版社、一九八五年。
(137) 周育民・邵雍『中国幇会史』、上海人民出版社、一九九三年。秦宝琦『中国地下社会』、学苑出版社、第一巻、二〇〇四年、第二巻、二〇〇五年。
(138) 李世瑜『現在華北的秘密宗教』、華西聯合大学中国文化研究所、四川大学史学系、一九四八年。
(139) 喩松青『明清白蓮教研究』、四川人民出版社、一九八七年。馬西沙、韓秉方『中国民間宗教史』、上海人民出版社、一九九〇年。路遙『山東民間秘密教門』、当代中国出版社、二〇〇〇年。
(140) 邵雍『中国会道門』、上海人民出版社、一九九六年。劉平『文化与叛乱』、商務印書館、二〇〇二年。
(141) 蔡少卿「関於天地会的起源問題」、『北京大学学報』一九六四年第一期。
(142) 秦宝琦『清前期天地会研究』、中国人民大学出版社、一九八八年。同『洪門真史』、福建人民出版社、一九九五年。ちなみに、天地会の起源をめぐって、Dian. H. Murray は秦宝琦の協力を得て著した前掲書においても先行研究について整理を行った（Dian. H. Murray, *The Origins of the Tiandihui*, pp.116-150）。

（143）赫治清前掲書。

（144）胡珠生前掲書。

（145）蕭一山「天地会起源考」、中国文化復興運動推進委員会主編『中国近現代史論集』第二編、「教乱与民変」、台湾商務印書館、一九八五年、五頁。

（146）戴玄之『中国秘密宗教与秘密会社』、台湾商務印書館、一九九〇年。

（147）荘吉発『清代天地会源流考』、台湾故宮博物院、一九八一年。

（148）徐安琨『哥老会的起源及其発展』、台湾省立博物館印行、一九八九年。

（149）王爾敏前掲論文。

（150）陳旭麓「秘密会党与中国社会」、中国会党史研究会編『会党史研究』、学林出版社、一九八六年。

（151）劉錚雲「金銭会與白布会——清代地方政治運作的一個剖面」、『新史学』第六巻第三号、台北、一九九五年九月。

（152）Malony Nye, "Religion, Post-Religionism, and Religionizing: Religious Studies and Contemporary Cultural Debate", in *Method and Theory in the Study of Religion*, 12, 2000, pp.447-476. 深沢英隆「宗教の生誕——近代宗教概念の生成と呪縛」、『宗教とはなにか』（岩波講座・宗教）第一巻、岩波書店、二〇〇三年、五〇頁。

（153）拙稿「教派叙述与反教派叙述」、『文史哲』二〇〇六年第一期。

第二章　律例言説の射程——清朝の支配における秘密結社

はじめに

前章で見たように、清朝の統治と秘密結社との関係に関するこれまでの研究は、概ね次の二つに分けることができよう。すなわち、第一に、秘密結社の「反乱」の伝統を強調し、秘密結社を公権力に認められた政治的・社会的秩序の「他者」と見なし、それを反社会／反体制の民間組織と位置づける。第二に、秘密結社の「日常性」を強調し、特に「教匪」とされる宗教結社と「会匪」とされる会党との相違を強調する。本章では、清朝の法律、すなわち「律例」と地域社会との関係を切り口に、清朝の統治言説における秘密結社の位置づけについて考察し、清朝の秘密結社言説のメカニズムについて検討したい。秘密結社に対する清朝の取り締まり政策およびそれが直面したジレンマについて、筆者はかつて考察を加えたことがある(1)。その論文が発表される前後に、いくつかの研究が発表された(2)。本章の考察が筆者の研究を含むこれらの先行研究を踏まえたうえで行ったものであることを断っておきたい。

一　自己／他者としての会党

異なる会党組織の間に大きな相違があるとはいえ、これらの組織の間に共通項ともいえるいくつかの基本的な要素が存在している。すなわち、血を歃って盟約を結ぶことによって「異姓結拝」（義兄弟）の関係を結成することである。清朝の官文書と会党（天地会）の内部文書が示すように、「異姓結拝」の儀式を通じて、秘密会党メンバーの間で一種の擬似親族関係もしくは擬似「血縁関係」が結ばれる。(3) しかし、このような儀式は会党の独特の儀式として、会党を「正常な」社会と区別する決定的な要素になるだろうか。筆者の答えは否定的である。

これまでの研究では、宗族内部の人間関係は自然形成的な「血縁関係」によって結ばれたものと考えるのが一般的である。しかし、実際には、宗族内部において、「非自然形成的な血縁関係」が普遍的に存在している。馮爾康はこのような「非自然形成的な血縁関係」を「擬似親族」と「類似擬似親族」関係と称し、このような擬似関係をいくつかの異なるタイプに分類している。すなわち、皇帝から姓を賜られること、祖先を異にする同姓の者同士が「聯宗」すること、異姓の子を養子にすること、血のつながりのない親子関係を結成すること、「異姓結拝」、婿を取って跡継ぎにすること、甥を跡継ぎにすること、雇い主と雇い人の間に生まれた関係、奴僕が主人の姓に従うこと、である。馮は、「擬似血縁親族」と宗族の「血縁親族」は「互いに排斥・吸収しあう対立統一の関係」にあると指摘している。(4)

以上の八種類の擬似親族関係は、異なる宗族間の結合、単一の宗族に向けた結合、およびこの両者の間に介した個人ないし集団同士の結合、の三つに分類することができよう。異なる宗族の間の結合とは、皇帝から姓を賜られることと祖先を異にする同姓の者同士が「聯宗」することを指す。そして、異姓の子を養子にすること、血のつながりのない親子関係を結成すること、婿を取って跡継ぎにすること、甥が跡継ぎになること、雇い主と雇い人の間に生まれた関係、奴隷が主人の姓に従うことは宗族内部の拡張結合である。宗族という原点に帰着する点において、これらの二つの形の結合は共通している。それに対して、「異姓結拝」は往々にして宗族の枠を超えるものであり、そのような結合は宗族の結合と相容れない傾向がある。会党と呼ばれる「異姓結拝」の関係はまさにこれに当てはまるものである。

しかし、天地会に代表される「異姓結拝」の在り方は、宗族の結合の在り方と共通するところがある。「異姓結拝」の典型とも言える天地会の「三十六の誓い」を例にして見てみよう。

「三十六の誓い」は以下の四つの部分から成り立つ(5)。すなわち、第一に、宗族の親族関係に関わるもの（二ヵ条）。「忠孝を第一にし、父母を傷つけてはならない」。「妻妾の話に従って親不孝をしたり、兄弟を恨んだりしてはならない」。第二に、擬似親族関係に関わるもの（三二ヵ条）。そのうち、義兄弟の関係を調整するものが八ヵ条、擬似親族関係の絶対性を強調するものが二ヵ条ある。第三に、自然形成的な親族と擬似親族との関係に関するもの（七ヵ条）。両者が対等的であり、擬似親族関係を侵害してはならないことを強調する。第四に、「反清復明」に関するもの（四ヵ条）。以上のうち、第四の「反清復明」に関するものを除けば（「反清復明」の歴史やそれに関する記憶については、第三章で述べる）、「異姓結拝」の結合はいずれも宗族の結合原理を真似したものである。しかし、天地会などの会党は一般の宗族社会から疎遠され、また、宗族社会に支えられた国家権力の弾圧を受けていた。理論的に、会党の擬似親族関係は、国家権力と宗族を中心とした社会の「他者」となってしまった。なぜこのような状況が起きたのだろうか。

M・フリードマンは、中国東南地域の宗族と社会に関する研究のなかで、会党が一般社会から排除された原因について次のように論じている。すなわち、それは「秘密会党（secret societies）が宗族組織（lineage organization）を切断しただけではなく、異なる宗族の間で裕福な人・権勢のある人と貧しい人・弱い人の間の対立を引き起こそうとした」ことにある、という。[6] フリードマンが意図的に「切断」(cut) という言葉を使ったかどうかはともかく、この言葉は、ヨーロッパにおけるカトリック教会 (church) と教会のなかから分離した教派 (sect) との関係を想起させる。"sect" という語はもともと「切断」という意味がある。フリードマンにとって、会党は宗族のなかから切断されもしくは派生して出来たものであり、宗族と異なる存在である。

一九世紀中葉の反キリスト教の書物『辟邪紀実』に、次のような文句がある。「誓約のなかに、もし (異姓) 結拝した後再び生みの親、同胞の兄弟のことを思う人がいれば、天地も許さない」。[7] 前述の「三十六の誓い」において義兄弟の横の関係が強調されることに照らし合わせれば、このような表現は一見してフリードマンの議論を裏付けたかのように見える。しかし、これは問題の一側面を見たに過ぎない。W・アルバートは、古代の異姓結拝と主流文化との関係は必ずしも対立関係ではなく、異姓結拝を研究する価値があるのは、「異姓結拝」の観念が「土匪の英雄に関する民間の伝説において重要な役割を果たしたからである」と指摘している。[8]

では、なぜ「主流文化」の中から派生した義兄弟結合の伝統がしばしば土匪の「英雄」に関する歴史や記憶のなかに出現するのだろうか。人類学者は会党を宗族社会から逸脱した存在と見なすに止まっている。[9] これに対して、歴史学者は社会史研究の角度から天地会について考察した際に、あることを発見した。すなわち、宗族社会はすべての社会集団 (勢力、存在) を包摂することはできない、ということである。移民社会——とりわけ海外の華人社会や郷村社会——における天地会などの秘密会党の結合は、中国人の「地域的」、「民衆的」結合方式に従ったものである。前章で述べたように、欧米の研究者は華南地域、東南アジア地域の天地会・三合会・公司に関する研究を通じて、天地会の秘密結社を反体制、反社会的な組織と見なす従来の研究の問題点を指摘し、「異姓結拝」の天地会組織を「秘密結社」叙述のなかから「救出」しようとした[10]。陳旭麓が指摘したように、秘密会党に代表される「異姓結拜」組織は宗族、ギルドと合わせて中国社会の三大組織を構成している[11]。

歴史を振り返ってみれば、元末から明代にかけて、小説『水滸伝』に描かれた梁山泊の豪傑たちの異姓結拜や『三国演義』の主人公劉備・関羽・張飛の「桃園結義」は人口に膾炙された物語である。民間において、下層社会の人びとだけではなく、知識人の間でもさまざまな異姓結拜の組織が結成された。これらの異姓結拜はいずれも血を歃って盟約を結ぶ儀式を経て行われた[12]。明清交替後、「反清復明」を掲げる一部の漢人が「血を歃って盟約を結ぶ」という儀式を通じて武装集団を結成した[13]。清朝支配者は漢人社会に対するコントロールを強化するため、「異姓結拜」や結社を禁止する一連の法令を出した。

清朝の法律は「律」と「例」の二つの部分から成り立っている。「律」とは法典のことで、刑を下すときの基準になっている。それに対して、「例」とは具体的な判例のことである。清朝の律は基本的に『大明律』を踏襲したものであるが、「例」の修訂は次の四つの段階を経た。すなわち、順治三年（一六四六年）の『大清律集解附例』、康熙年間の『刑部現行則例』、雍正三年（一七二五年）の『大清律集解』、乾隆五年（一七四〇年）の『大清律例』である。それまでの清朝の律例の集大成ともいえる乾隆朝の『大清律例』では、律と例が明確に区別されている。清朝の檔案資料にしばしば「例載」という言葉が現れるように、実際の審理と判決においては、「律」よりも「例」が基準となっていることが一般的である。したがって、会党に対する清朝政府の態度を知るには、法律の「例文」を考察することが重要である。われわれは、清代において数回にわたって改訂された「例文」の内容の変化を通じて、会党に対する清朝政府の態度の変化を知ることができる。

雍正朝『大清会典・奸徒結盟』には、それまでの清朝各時代の秘密会党に対する政策が記されている。

国朝（清朝）の始めには、異姓同士で交わりを結んで兄弟になった者には鞭百の処罰を加えると定められた。順治一八年に、血を歃って盟約を結び、表を燃やして兄弟になった者に対して、直ちに処刑すると定められた。これは康熙七年に、血を歃って盟約を結び、表を燃やして兄弟になった者は即時処刑とするところを、秋以後の死刑執行にすると改められた。また、交わりを結んで兄弟になっただけで、血を歃って盟約を結んだり、表を燃やしたりなどしなかった者に対しては、例に従って鞭百の処罰を加えると定められた。（康熙）一〇年の規定では、血を歃って盟約を結んで兄弟になった者は、人数の多寡を問わず、謀反を企てようとしたが実行しなかったことに関する律に従って、その主犯は絞首刑ただし執行猶予とし、秋以後に処決する。その従犯は杖百、流刑三千里の処罰を加える。交わりを結んで兄弟になっただけで、血を歃って盟約を結んだり、表を燃やしたりなどしなかった者に対しては、その主犯は杖百、流刑三年、その従犯は杖百の刑を加えると定められた。（康熙）一二年になると、異姓の人が結拝し兄弟になった者のうち、血を歃って盟約を結んだり、表を燃やしたりしなかった者に対しては、その主犯は杖百、その従犯は杖八〇の刑を加えると定めた[14]。

以上引用した部分はきわめて重要である。そもそも順治四年（一六四七年）に発布された清朝最初の成文法典『大清律集解附例』では「異姓結拝」が禁止されているが、そのなかに「血を歃って盟約を結ぶことを禁止する」ことに関する条文は含まれていない[15]。しかし、順治一八年（一六六一年）に、清朝支配者は血を歃って盟約を結ぶことを謀反の兆しと見なし[16]、「異姓結拝」のうちとりわけ血を歃って盟約を結ぶことを厳しく禁止し、違反者に対しては「直ちに処刑する」と定めている。康熙朝に入ってから、法律では、血を歃って盟約を結んだ者のうち、主犯と従犯を区別し、主犯に対しては死刑、従犯に対しては鞭と流刑を処すると規定されている。

従来の研究では、清朝政府は民間の信仰・結社の儀式ではなく、具体的な行動を基準にその信仰・結社が異端であるかどうかを判断すると考える傾向がある。[17] 右に引用した史料から分かるように、「血を歃って盟約を結ぶ」という儀式の有無が、「異姓結拝」が謀反の性質を持つか否かの判断基準であったことは注目に値する。実際、「異姓結拝」とりわけ「血を歃って盟約を結ぶ」ことを禁止する清朝の態度は、会党に対する清朝の態度と一致している。雍正朝『大清会典・奸徒結盟』には、次のような文言がある。[18]

（雍正）三年、今後宿学の士に限って徒弟に講義をし、会考する場合、十人を超えるか否かを問わず、これをすべて許可する。もし生監などが書院に仮託して盟を結んで党を集め、酒におぼれて騒がす者があれば、当該地方官は直ちにこれを捕えて追及し、詳しく調査して処分する。遠くから各府州県の人を集め、社名を立てて、年齢に応じて義兄弟の順位を決め、日を指して誓い、デマを飛ばして悪事を働く者があれば、奸徒結盟の律に照らして、主犯・従犯を区別して処罰する。もしそれを知っていながら故意に放任する地方官がいて、監察官に弾劾され、あるいは他人に告発された場合、その地方官もともに厳しく処罰する。

会党の起源について、これまでの研究では「血を歃って盟約を結ぶ」ことに関連する記述が注目されている。右の引用が示したように、「文字の獄」に端的に象徴される清朝の専制支配は、自らにとって脅威になりうる民間のあらゆる結社に対して容赦ない態度を取っていた。血を歃って盟約を結ぶという行動は、必ずしも明確な政治的目標をもつとは限らない。しかし、統治者からみれば、このような風習の流行は地域社会に対する清朝の支配を脅かすものであった。なかでも、知識人を中心とした結社は何らかの政治的行動につながりかねないと見なされた。したがって、清朝は知識人の集会・結社に対して厳しく禁止する方針を採り、科挙試験を受けるための私塾の生徒の人数を十人前後と限定し、それ以外の集会・盟約をすべて「奸徒結盟」と見なし、その主犯者に死刑を処するとともに、知識人の結社を知っていながら取り締まることに力を入れない地方官に対しても、同様の重罰を加えると定めたのである。

明末以降、民間社会においては「異姓結拝」が盛んに行われるようになった。清期時代に入ると、それに対する清朝の禁止が厳しくなるにつれ、会党の取り締まりに関する「例文」が数回にわたって修訂された。雍正三年（一七二五年）、前述の康熙朝の律例に基づいて、次のような改訂が行われた[19]。

異姓の人が血を歃って盟約を結んで、表を燃やして兄弟になった者があれば、人数の多寡を問わず、謀反を企てるも未遂だった場合の律の規定に従って、その主犯は絞首刑ただし執行猶予とする。交わりを結んで兄弟になったに留まり、血を歃って盟約を結んだり、表を燃やしたりしなかった者に対しては、その主犯に対しては杖百、従犯に対してはそれぞれ刑を一等ずつ減らす。

異姓結拝が盛んに行われた乾隆年間に、「天地会」の名が清朝の公文書に現れるようになった。このことは、清朝統治者にとって会党はますます頭の痛い問題となったことを物語っている。乾隆三九年（一七六四年）、民間の結社に関する例文が再び書き直された。

異姓同士で血を歃って盟約を結び、表を燃やして兄弟になった者は、謀反を図ろうとしたが実行しなかったという律に従って、その主犯に対しては絞首刑執行猶予とし、従犯に対しては刑を一等減らす。もし二十人以上の人を集めた場合、その主犯に対しては直ちに絞首刑を執行し、従犯に対しては雲南・両広（広西、広東）の辺境煙瘴の地に流し、兵役に服させる。交わりを結んで年齢に応じて兄弟になったにだけで、血を歃って盟約を結んだり、表を燃やしたりしなかった者は、四十人以上の人を集めた場合、その主犯に対しては絞首刑執行猶予とし、従犯に対しては刑を一等減ずる。もし年齢に応じて序列を決めるのではなく、年齢の若い人が首位を占めた場合は、（その人が）匪党の頭目と見なす。主犯に対しては直ちに絞首刑を執行し、従犯に対しては雲南、両広の辺境煙瘴の地に流し、兵役に服させる。もし年齢に応じて序列を決めて、盟約を結ぶ人の数が四十以下、二十以上であれば、その主犯に対しては杖百、流刑三千里の刑を下す。その数が二十人以下の場合、（主犯に対しては）杖百、首かせをかけて二ヶ月拘束し、従犯に対してはそれぞれ刑を一等ずつ減ずる。[20]

それまでの例文と比べれば、今回の修訂において「血を歃って盟約を結ぶ」ことを厳しく禁止する内容が踏襲されたことが分かる。しかし、その一方で、右の引用部分からみれば、乾隆朝の例文には次の点において従来の内容と異なっている。すなわち、異姓結拝の人数、および結拝の時に年齢に応じて序列を決めるかどうかが量刑の根拠となっている、ということである。異姓結拝の人数が二十人を超えた場合はその主犯者に対して「直ちに絞首刑を執行する」こと、二十人を超えない場合は「主犯は絞首刑執行猶予とする」ことと定められている。その処罰は四十人を集めた場合の「異姓結拝」の主犯者に対する処罰と同様である。人数に関して詳しい規定が定められた点からみれば、清朝統治者は大規模な「異姓結拝」を特に警戒していたことがうかがえる。それは大規模な「異姓結拝」が宗族同士の械闘につながるか、あるいは清朝の統治を脅かすか、どちらかであったからだろう。「異姓結拝」に関する乾隆朝の例文は、清朝末期までに秘密会党弾圧の法律根拠となっていった。

「異姓結拝」を特徴とした会党の結合原理そのものは宗族社会に由来したものであり、異なる宗族が他の宗族に対抗するために「異姓結拝」の形で新たに結合することはしばしばあった。一方、一部の宗族において、特に清朝の統治を支える宗族において、会党が宗族社会内部の従来の人間関係を否定したことから、「異姓結拝」を排除しようとする傾向があった。会党に対する清朝政府の態度は度重なる修訂作業を経て確立された律例に明確に表されている。[21]清朝政府は律例を通じて会党を他者として位置づけ、会党を反体制的・反社会的な「会匪」としてのイメージを固定させた。しかし、会党に関する律例が実際にどこまで実施されたかを知るには、法律条文の考察にとどまらず、法律の具体的な実施過程に足を踏み込まなければならない。

二　自己／他者としての宗教結社

既述のように、伝統中国の社会には数多くの民間宗教結社――「教門」が存在し、その数は二七〇にも及ぶと言われている。清朝道光年間、浙江省の長生教信者、陳衆喜が書いた『衆喜宝巻』には七十以上の宗教結社の名が連なっている[22]。一九世紀末、山東省済南府を中心に布教活動を行った宣教師ジェームズ（F. H. James）が一八九〇年に書いた文章によれば、当時山東省だけでも宗教結社の数は百を超えていた[23]。

では、中国の宗教の流れのなかで、明清時代の中国社会に存在する数多くの宗教結社はどのような位置を占めるのだろうか。中国の漢人社会の宗教信仰は一般に儒・釈（仏）・道の三教と称されている。しかし、この便宜的な分類法には儒・釈・道以外の宗教を無視してしまう問題点がある。宗教結社についていえば、一部の結社の教義のなかに儒・釈・道の要素のほかに、マニ教のような唐代以降西域を経て中国に伝来した宗教の教義も含まれている。より重要なのは、儒・釈・道の分類法に従って中国の宗教を観察した場合、民間宗教結社の創造的な活動が見落とされてしまうことになる。宗教結社の創造的な活動を無視しては、宗教結社について立ち入った議論を行うことは不可能である。

中国の宗教について、中国、日本、欧米の中国研究はそれぞれ独自の伝統を有するが、概して言えば、中国の宗教を知識人の宗教と民衆の宗教に分類し、宗教経典のテクストあるいは宗教の実践という角度から考察を加えるのが一般的である。欧米の研究者では、楊慶堃の見解が代表的である。楊は中国の宗教を「制度化した宗教」（institutional religion）と「分散化した宗教」（diffused religion）の二つに分類している。楊は、前者が独特な神学観・象徴物・儀式をもち、専門的宗教者によって宗教活動が行われるのに対して、後者は整った神学思想をもたず、世俗社会の制度と結びつき、民衆の生活と密接な関わりをもつ場合がある、としている。[24]

楊の分類法にしたがえば、中国の宗教結社の多くは「分散化した宗教」の類に括られることになる。しかし、見逃してはならないのは、宗教結社のうちには独自の創世神話、儀式および伝承方法をもつものがある、ということである。また、楊の分類法にしたがえば、「分散化した宗教」とされる宗教結社の間の宗教上の信仰と実践の共通点が強調されることになる。[25] しかし実際に多くの宗教結社は自己と他者との間の相違を意識している。たとえば、白蓮教と並んで明清時代の宗教結社のもう一つの源流とされる羅教の教祖羅夢鴻は、自らが書いた書物のなかで白蓮教の修行方法を批判している。[26] また、仏教禅宗の憨山大師は遠回しに羅夢鴻を「外道」と批判した。[27] このように、「制度化した宗教」であれ「分散化した宗教」であれ、宗教結社の間に相違点があることは明らかである。

清朝政府は、宗教、とりわけ宗教結社を既存の政治秩序、社会秩序に組み入れることに腐心した。清朝中期、後期に比べ、初期には仏教・道教が盛んであった。康熙六年（一六六七年）の統計によれば、全国の寺院・道観の総数は七九六二二ヶ所・僧、尼・道士の数は一四〇一九三人であり、一寺院・道観の平均人数は二人にも満たない。[28] 政府に公認された専門の宗教者の人数が限られていたことが分かる。乾隆元年（一七三六年）から四年（一七三九年）までの間、清朝は全部で三四〇一一二枚の度牒（清朝が出家した者に発給した証明書）を発行したが、[29] この数字は仏教・道教の隆盛を意味するのではなく、むしろ宗教者に対して政府がその活動を認可していたことを示しているのであった。その後、度牒の数はほとんど増加していない。仏教・道教に対する清朝の政策は、度牒の数が示すように、元・明と同様に仏教・道教を国家の管理下に置こうとするものであった。

清朝の統治理念からすれば、儒・釈・道三教のうち、イデオロギー化された儒教＝礼教を除けば、仏教・道教は

「異端」的な存在であった。「異端」という語は『論語』の「攻乎異端、斯害也矣」に由来した言葉であり、本来の意味は極端に走らないことであるが、後世では少なくとも次の二つの意味で使われた。すなわち、第一に、同一の思想・経典の解釈をめぐる正統／異端の違いという意味である。異端について、「天地の経と偽り、先王の制に逆らって、六経の奥義を歪曲し、心性を害し、大義を乱すものである」という王夫之の有名な文句がある[30]。ここでいう「異端」は勝手に「六経」を曲解し、人心風俗を汚すことである。禅宗の憨山大師もこのような意味で羅教を「外道」と批判したのである。このような異端に対する態度は、中世ヨーロッパにおけるキリスト教の異端に対する見方に類似するものであろう。

第二に、「礼教」が独尊的な地位を占めるなか、儒家の経典を基準に各種の宗教経典を「正統」もしくは「異端」と判断することである。かつて乾隆帝は次のように述べている。「そもそも釈・道は異端である。（儒家の）経典を読みながら自らの行動を慎まない者は聖賢の教えに背いており、異端よりもひどい。占星術・雑流・回教・天主教などについては、国家はそもそも命令を下してこれらをすべて禁止したわけではなかった。彼らが僧や道となったのは生活のための手段にすぎなかった[31]」。つまり、乾隆帝は儒家以外の宗教信仰をすべて異端と見なしたのである。この場合の「異端」（heterodoxy）は、儒家イデオロギーの礼教にとって容認できる宗教であり、「異教」（heresy）とは異なるものである[32]。

清末期、『清朝続文献通考』の編者劉錦藻は次のように述べている。「臣が謹んで思うに、古来宗教というものは存在しない。釈氏（の教え）が中国に伝わってきてから、その教派は自ら宗とし、そのため、六朝以降はこの説が現れ、しかも儒釈道三教という言い方が現れた[33]」。ここで劉は儒家本位の立場から仏教を傍系末流と見なしている[34]。劉はさらに「邪教と異端は異なるものである。たとえば古代の楊墨や今日の仏老は異端である。漢代の張角や明代の徐鴻儒は邪教である」と述べ[35]、異端と邪教の区別を強調している。張角は漢代太平道の首領で、信者を率いて後漢王朝に対して「反乱」を起こした人物、明代の徐鴻儒は万暦年間に王森の聞香教に入り、その中心的人物の一人となった。教主王森が死去した後、徐は華北地域の聞香教の指導者となり、明天啓二年（一六二二年）秋に蜂起し、逮捕されて獄死した。

劉は「反乱」を起こした宗教組織を「邪教」と呼んだ。清朝統治者の立場は基本的にこれと一致するものであった[36]。しかも、実際に「反乱」を起こさなかった宗教結社であっても、その名称や宗教教義が歴史上の「邪教」と何らかの形で関わった場合、政治的・社会的状況の変化にともなって、いつでも「邪教」として排除される可能性があった。宗教に関する清期の律例からも、劉のいう「邪教」が場合によって「異端」に変わることがあったことが分かる。

以下、『大清律例』を通じて清朝の律例における邪教取締に関する規定について見てみよう[37]。

およそ祈祷師や巫女が偽って邪神を降ろし、札を書いて呪いの水をかけ、扶乩して聖人に祈祷し、自ら端公太保や巫女と称し、むやみに弥勒仏・白蓮社・明尊教・白雲宗などの会と称した者は、すべて邪道異端の術である。あるいは画像を隠して焼香して人を集め、夜に集まって朝に分かれ、善行をすると偽って人をおだて惑わした者があれば、その主犯に対しては絞首刑執行猶予とし、従犯に対してはそれぞれ杖百、流刑三千里の刑を下す。もし軍人や民が神仏に扮し、銅鑼を鳴らして太鼓を打ち、迎神賽会を行った者があれば、その主犯に対しては杖百の刑を下す。もし里長がそれを知っていながら報告しなかったら、それぞれ鞭四十とする。

右の引用文のなかに特に注目すべきは、さまざまな手段を用いて「人をおだて惑わした」「邪道異端」、そして巫術を行った者、弥勒菩薩の生まれ変わりと称した者、および白蓮教と関係のある宗教結社をすべて謀反者や謀反を企てるものと見なして、厳しく禁止し、迎神賽会を行うことも禁止する、ということである。明清時代を通して、歴代統治者は弥勒信仰や白蓮教系統の宗教結社に対して一貫して厳しく弾圧を行った。右に引用した『大清律』を『大明律』（巻十一）の関連部分と比べれば、「主犯に対しては絞首刑執行猶予」とするという規定だけが新しい内容である。

邪教禁止の律例に反した宗教結社が次々と現れるにつれ、清朝統治者による宗教結社弾圧もますます厳しくなった。康熙五年（一六六六年）の例文には次のように規定されている。

人を惑わす邪教に対して、北京においては五城御史、北京以外の地方においては督撫がそれぞれの地方の文武地方官に厳しく検査・逮捕するよう命じる。もし摘発・禁止せず、督撫などが情実にとらわれて庇って報告しなければ、ことが起きたら一つの案件につき関係の官僚は減俸三ヶ月、州県官僚は二等級下げて異動させ、督撫は減俸一年とする。[38]

しかし、律例によって構築された法の秩序を民間社会に推し広げようとした際に、清朝統治者はある困難に直面した。すなわち、「邪教」の数が夥しかったため、地方官だけでは摘発・禁止することができず、地方の保甲組織の力に頼って風俗を正すことで、「教匪」を取り除かなければならなかった、ということである。雍正七年（一七二九年）刊行の『則例新編』では、「今後当該地方官が保甲に命じて責任をもって厳しく取り調べさせる。妖言邪説をもって偽って名目を設けて、徒党を集めてこれに追随する者があれば、直ちに告発し、当該地方官はこれを厳しく逮捕・処罰し、主犯を追究し、律に従って処罰する。もし保甲が（犯人を）隠匿して告発しなかったら、発覚した日に保甲（の人）も一緒に処罰する」[39]。なお、同じ保甲内の人に対する処罰について、雍正一一年（一七三三年）に行われた羅教取締の際に、「検挙・告発しなかった隣人、総甲などに対しては、律に従ってそれぞれ鞭四十の刑を加える」、という例文が加えられた[40]。つまり、保甲の責任者やメンバーが保甲内部の「邪教」を検挙、禁止する責任を負わされることになったのである。

オーヴァーマイヤーは宗教結社と公認宗教を比較して、前者の方がより「正統的な」一面があると指摘した。[41]中国の宗教を「制度化した宗教」と「分散化した宗教」に二分化するという学界の主流的な見解に従えば、宗教結社は両者の間に介在するものと言わざるをえないだろう。なぜなら、宗教教義において、宗教結社は儒・釈・道の教義から思想的影響を受けたが、その一方で、宗教結社は儒・釈・道と明らかに異なった存在だからである。仏教・道教が宗教結社を「外道」と見なし、宗教結社も既存の仏教・道教に不満をもち、批判さえ行った。宗教結社の一般信者、とりわけ字の読めない信者たちにとって、テクスト化された仏教・道教は遠い存在であった。また、宗教結社の形態はさまざまであり、はっきりした師弟関係や広い宗教ネットワークをもつものもあれば、文字通り「分散化」し、それぞれの地域の特定の制度や生活習慣と結びついているものもある。なお、清朝の宗教言説において、多くの宗教結社は「邪教」の系譜に位置づけられている。国家権力が地域社会で活動する「邪教」を禁止しようとしたとき、宗教結社をめぐる諸問題は地域社会内部の問題として現出し、次節で取り上げる如意門取締のケースで見るように、「邪教」禁止の法律がどこまで実行可能かが問われることになる。

三　律例秩序と地域社会

地域社会において、律例が具体的にどのように実施されたのか、そして、王朝国家の会党、宗教結社禁止の律例に対して、地域社会はどのように対応したのか、といった問題については、本書の趣旨からこれらを詳細に論じることはできない。本節では、嘉慶一九年（一八一四年）に山東省武城県徐新荘で起きた「如意門」（「一柱香」ともいう）教案を事例に、清朝の律例の具体的な実施過程について、その一端を考察することにする。[42]

嘉慶一九年夏、山東省巡撫同興は上奏文のなかで、山東省武城県で起きた「如意門」教案について報告している。上奏文の要点は次の六つである。[43]

(1)従来の例文に従えば、紅陽教およびその他の宗教の名目で師弟関係を結んだ者に対する処罰として、その主犯はウルムチに流して奴隷とし、自首した者は、本来受けるべき刑を一等減ずることになる。これに依拠して、如意門の中心人物姜明に対しては杖百、流三年の刑、信者邵得成ら十一人に対しては従犯の罪で杖百、流三年の刑を言い渡した。三人のうち二人が高齢かつ盲目のため、例に従って身請けさせた。曲奉来ら七人は弟子入りをしたものの、期限内に自首したために処罰を免れた。

(2)衙役羅大用ら三人については、「金をゆすったり、庇って放任したりしなかったものの、姜明から謝礼三千文を受け取ったことはひっきょう適切ではない。重い懲罰をかけず、杖八十、処罰して懲戒免職し、その金を没収する」。

(3)告発人徐忻（炘）、劉振東らは、知県に強制的に命じられて姜明を保釈した後、姜明に県城に入るための旅費を請求し、これを拒否した姜明の保甲への編入を拒み、しかもその妻姜常氏を殴ってけがをさせた。これに関して、知県に徐忻を処罰するよう命じた。

(4)姜明の隣近所の劉振東、徐森はことを知りながら告発しなかったが、それは禁教の命令が発布される以前のことであったため、処罰を免除する。張佃九は禁教の命令が発布された後にことを知った（報告しなかった）ため、処罰した。

(5)宋禿子が入会したと偽って供述した、かつての衙役劉文明に対して、杖八十の処罰を加えた。

(6)知県呉士超はことを知りながら放任したわけではなかったため、元の職に戻るよう命じた。

この上奏文から、如意門信者の人数は少なく、謀反を企ててはいなかったことが推察される。清朝に起きた数多くの宗教結社をめぐる「反乱」事件のなかで、如意門事件はごく一般的な事件であった。しかし、なぜ如意門事件が中央から省・府・県まで騒がした大事件になったのか。以下、当事者の供述から事件の経緯を整理してみよう。

如意門教の主要人物姜明は別名姜六和尚、当時六一才で、武城県徐新荘の農民であった。彼の家に雇い人一名がいたことから、姜は多少の土地をもつ富裕な農民と見られる。姜は徐新荘を中心に武城県、恩県で多くの信者を抱えた。嘉慶三年（一七九八年）、姜は病気を患った母親のために天地に祈祷し、まもなく母親の病気が治った。以後、姜は毎月の朔望に必ず焼香し額ずき、これを「平安香」と称した。姜明の供述によれば、嘉慶九年（一八〇四年）正月、外で働きに出ていた同村の邵大稜が村に帰ったとき、姜は邵に弟子入りし、「克心計」と呼ばれる歌を教わった。これがすなわち「如意門」の教えである。翌年の正月一五日、姜は邵大稜の息子邵得成および劉八、劉四、宋文成ら七人を招いて「如意会」を結成した。その日、姜は精進料理とお茶を用意して、一本の香を立てて、自ら偈頌を読み上げて、ほかの人は香に対して額ずいた。以後、毎年麦の刈り入れが終わった後および秋の収穫の後、あるいは信者の家に病人や災害があった時に、みなが姜の家に集るようになった。

如意門はそもそも山東省南河県に住む董四海（董士海ともいう）が康熙年間に創設した宗教結社であった。董四海は字の読めない人に教義を教えるために、簡単な偈頌を作って、信者に一本の線香を立てて長く額ずくこと、そして病気が治っても謝礼をもらってはいけないことを教えた。(44) 姜明らが読み上げた偈頌は勧善免災の内容を中心としたもので、なかには「違法のことはもはやせず、銭糧は早めに納め、郷里において徳を養い、自分に厳しくすることが善行である。人には酒をやめ、淫欲を除き、賭博をしないという三つの善行を勧める」という文句がある。(45) 如意門は仏教の影響を受けたが、経典や図像、呪文はなかった。如意門の「師」とされる姜明はその宗教を如意門と称したものの、同村の人に教わった二つの偈頌をもとに、自らを中心とした小さな信仰集団を作りあげた。したがって、姜明の如意門をほかの同名の教門と同一視することはできない。

如意門事件に登場する人物の名前からみれば、徐新荘が複姓村であることが分かる。如意門が存続した十年の間に、姜明らが同村の住民との間にトラブルがあったり、あるいは地域の住民を対象に積極的に布教を行ったりした形跡は見られない。

しかし、如意門が成立してから十年後に異変が起きた。嘉慶一九年（一八一四年）旧暦正月の四日、武城県の衙役は保甲編成の通達をもって徐新荘を訪れた。如意門事件の告発者である劉文明の供述によれば、衙役は村人に対し、十戸を排として編成し、互いの行動を保証しあうように命じた。もしそのうちの一戸が悪事を働いた場合、同じ排のほかの九戸はそれと同じ罪に問われることになる。劉は「われわれは姜明、邵得成らが普段から邪教を習っているため、彼らを同じ排に編入するのを拒んだ」と供述している[46]。九日、監生徐忻は劉文明と一緒に県衙門に赴き、姜明らが邪教を習っていることを告発した。これを受けて、知県呉士超は翌日に姜明、邵得成、および姜の徒弟張烈、曲東坡（恩県の人）の四人を逮捕した。しかし、尋問の結果、知県は如意門が謀反を企てる邪教ではないことを認識した。姜明の徒弟宋禿子は三〇〇吊あまりの金を衙役に渡した。金を受け取った衙役の口添えで、一三日に知県は徐忻、劉文明、劉振東らを衙門に呼びつけ、姜明、邵得成を保釈するよう命じた。張烈らも姜明の徒弟宋禿子の保釈で家に戻った。事件は一応収拾がついた。

ところが、家に戻った後、姜明は十数日間拘留された屈辱の日々を思い出して、徐忻らに恨みを抱いた。彼は自分の妻を乗せた馬車を徒弟張烈に引いてもらって村中を回らせ、妻が馬車の上で徐忻らのことを罵った。二五日、姜明は徐忻らに対して保甲に編入するよう求めた。徐忻、劉振東はその前に県城に行くための旅費を出すよう姜明に求め、双方は争い、組み打ちとなった。けがをした姜明の妻は県衙門に行って徐忻らを告発した。知県は姜明らがすでに過ちを悔い改めたのに、徐忻らは彼らと同じ排になるのを嫌がり、しかも金をゆすったとし、劉文明、劉振東らに対して板打ち十回、徐忻に対して板打ち二十回の処罰を加え、姜明と和解するよう命じた。

しかし、折檻された徐忻と劉文明は知県の処分を不服とし、北京に上告することを決意した。三月上旬、二人は上京の途中に提督衙門の兵士に問いつめられた。尋問の際に、二人は姜明らが「邪教」を習っているのに知県がこれを庇ったと供述した。提督府がこの事件を重く受け止めたため、三月四日、軍隊は近くで材木の商売を営む邵得成を逮捕した。提督英和は劉文明、邵得成の供述に基づいて、姜明が人を集めて邪教を習い、衙役が賄賂を受け取ってこれを庇ったことを皇帝に上奏したため、皇帝は山東巡撫同興を叱責した。これを受けて、巡撫は自ら如意門の取締に取り組み、如意門の信者を次々と逮捕した。三月一八日、商売のために外出した姜明は如意門取締のことを聞き、衙門に自首した。二ヶ月後に姜明らが前述の処罰を受ける始末になった。

われわれはこの如意門事件からいくつかの興味深いヒントを得ることができる。まず、郷村社会に対する国家権力の浸透という視点からみれば、如意門をめぐるトラブルが発生した直接的な原因は保甲の編成——郷村社会に対する国家の支配——であった。清朝成立後、反乱活動の摘発と治安維持のために、従来の保甲制度が強化されたのであるが、言い換えれば、清朝は保甲の再編成を通じて本来国家が担うべき治安維持の責任を地域社会に押しつけようとしたのであった。興味深いことに、保甲再編は地域社会内部における宗教結社をめぐる対立を顕在化させた。徐忻ら八戸の住民は、自分たちが姜明と同じ排に編入されるのを拒否した。そのうち、徐忻と劉振東は姜明の近隣であった。徐忻らの心配にはそれなりの理由があった。姜の家でしばしば信者の集会が開かれ、姜は普段村外で商売をやるため、交際が広く、時々姜の徒弟と名乗る人がその家に出入りしていた。

次に、地方官の反応についてみれば、事件の処理に当たる知県の態度は意味深長である。知県呉士超は徐忻らの告発を受けた後ただちに姜明らを逮捕したが、その後十数日が経っても結論を出さなかった。彼の心中が穏やかではなかったことは想像に難くない。当時の山東省農村には、如意門のような宗教結社は数多くあり、けっして珍しい存在ではなかった。如意門は経典を持たず、姜明の家を拠点に姜を師とする信仰グループを形成していたに過ぎない。何よりも、口伝えによって受け継がれた如意門の偈頌には反乱と思われる内容は含まれていない。呉知県にとって、この事件を邪教取締案件までに拡大させるのは得策ではなかっただろう。しかし、姜明らに対する「邪教」の告発があった以上、一県の父母官としてそれを見過ごすわけにはいかなかった。なぜなら、万が一将来如意門が邪教として摘発されたら、自分も責任逃れをすることはできない。結局、呉知県が思いついたのは、原告に被告を保釈させ、万が一問題が起きても原告に責任を負わせるという妙案であった。

しかし、知県の策略は二人の当事者によって台無しになった。姜明は如意門が「邪教」として告発され、自分が投獄されたことに不満であった。一方、徐忻は告発が失敗に終わっただけではなく、知県に命じられてやむをえず姜明らを保釈する羽目になった。徐は何とか心の鬱憤をはらし、せめて二度県城に行ったための費用を出してもらうよう姜明に迫った。このことは双方のさらなる衝突を招き、結局、原告であった徐忻が被告となった。呉知県は徐忻を処罰したものの、やはり当事者双方に和解を促した。徐忻は呉知県の二度目の処理にも不満をもち、知県が賄賂を受けとったとの衙役の話を軽信して、「邪教」を取り締まる責務を放棄したと考え、北京に発った。

徐忻らは官府の「邪教」言説を如意門に当てはめることによって姜明と同じ保甲に編入されることを避けようとしたが、知県は事件を邪教案として処理するのを躊躇した。提督衙門と巡撫衙門の反応は知県の態度と対照的であった。報告を受けた提督英和は大きな「邪教」事件がまもなく摘発されると思って、事件を皇帝に密奏した。その結果、巡撫同興が「(事件について)まったく見ず聞かずに、まるで木偶のようであった」と皇帝に叱責されることになった(47)。

これを受けて、同興は呉知県に対して如意門を厳しく取り締まるよう命じる一方、呉知県の職務上の怠慢を叱責し、真っ先に呉知県を解任した。[48] しかし、まもなく同興は呉知県の職務を回復させ、呉知県に引き続き事件を処理するよう命じた。

最終的に、この事件は「邪教」案として処理された。姜明ら如意門の関係者たちは処罰されたが、告発者の一人劉文明も偽った供述をしたとして杖八十の刑を受けた。このことから、地方官が邪教案の摘発者が偽った供述をしたことに反感をもっていたことが窺える。

四　「剿」と「撫」のパラドクス

前節で取り上げた如意門事件に関連して、もう一つ興味深い点がある。それは事件の処理に当たった知県呉士超が一旦罷免処分を受けた後まもなく復職した、ということである。これについて、巡撫同興は呉知県が「悉く例に従って処理」したからであると説明した。しかし、もし呉知県が最初から如意門を邪教と見なさないことが「例に従って処理」したことであるとすれば、その後「刑部が上奏して許可を得た定例」に依拠して、如意門を弾圧したという巡撫の対応はどう理解すべきであろうか。実は、両者の異なる処理はそれぞれ異なった「例」に依拠するものであった。つまり、法としての「例」そのものが自己矛盾しているのである。事件の経緯が示したように、「如意門」が「邪教」であるかどうかが、結局のところ、皇帝の「上諭」によって判断が下されたのである。

清朝時代、「律」と「例」という「法」の他に、皇帝個人の意思に基づいた「上諭」が、しばしば律例をも凌ぐ影響力を持った。[49] 例えば、雍正五年（一七二七年）山西省沢州で起きた白蓮教の翟斌如による「妖言聚衆」事件の場合、翟ら十四人は「不軌の心を持っているが、そのことはまだ発生していない」にもかかわらず、すべて処刑された。[50]それに対して、乾隆一八年（一七五三年）に起きた王会の混元教事件（混元教による「八月刀兵動」とされる事件）の場合、主犯の王会は杖撃の刑で死亡し、共犯者は杖撃、投獄された。[51]この二つの事件の異なった処理が示唆したのは、皇帝個人の意志やその時の具体的な状況が「例」の応用に影響を与えた、ということである。

清朝中期以降、とりわけ清朝統治の最盛期の終焉を象徴する「白蓮教の乱」以降、乾隆朝期に整備を終えた前述の「会党」と「宗教結社」を禁止する「例」の内容にはほとんど変化が見られないものの、「例」そのものが次第に法としての拘束力を失いつつあったことに留意すべきである。これを反映しているのが清朝統治者が打ち出した「教（会）であるかどうかを問わず、匪であるかどうかのみを問う」という新しい原則である。この新しい原則が清朝の統治言説においてどのような意味をもつのか、以下では、二つのエピソードを通じて具体的に見ることにしたい。

まず、嘉慶帝の統治言説における秘密結社についての言及を見てみよう。

嘉慶朝は清朝の「盛世」から「衰世」への転換期であった。北方数省の宗教結社と南方の会党による「反乱」が相次いで発生し、清朝はその対応で窮地に陥っていた。秘密結社による「反乱」事件の回数について、『清実録』の記録によれば、嘉慶六年（一八〇一年）から道光五年（一八二五年）までの二十五年間だけで三五五回にのぼった。[52]夥しい数の「反乱」事件をすべて武力で弾圧することはもはや不可能であるという状況の下で、嘉慶帝は度々「上諭」を通じてなるべく招撫し、帰順させるよう地方官に命じた。

「白蓮教の乱」の対応に困らされた嘉慶帝は自らが執筆した「邪教説」のなかで、「教乱」は地方官が「不善を働き」、胥吏衙役が「至る所でかき乱し」、巷の無頼（ちんぴら）が「理由をつけてあら捜しをした」ことと大いに関係していると言い、「白蓮教は叛逆と異なる」とさえ述べた。[53]このような見解は秘密結社に関するそれまでの律例の内容と明らかに矛盾している。しかし、嘉慶帝のこうした見解は湖北省長陽県出身のある白蓮教信者の供述によって裏付けられている。それによれば、「そもそも師について教を習うのは善を勧めるためであって、違法のことはしていない」のであるが、地方官が邪教を取り締まる際に、胥吏や衙役による恣意的な「需索」、「騒擾」に任せたため、恐れ、かつ恨み憤った信者たちが反乱の道を歩むほかなかった、という[54]。

嘉慶帝の「邪教説」に続いて、これに似たような議論が清朝内部に多く現れた。嘉慶三年（一七九八年）、洪亮吉は上奏文のなかで、民を反乱の道に追いつめたかどうかが、地方官に責任があるかどうかを判断する基準であると述べた[55]。同様に、御史梁上国も「これら数省の匪賊はみな地方官に追いつめられて反抗した民です。なのに（地方官はそれが）邪教であると報告し、重きを避けて軽きを取り、自らが民を反乱に追いつめた罪を隠そうとしたからです」と、地方官の対応を批判した[56]。

嘉慶四年（一七九九年）七月、嘉慶帝は上諭のなかで、「自首した賊のうち、共犯者を免罪するだけではなく、たとえ主犯者であっても、それに対して広く恩恵を施し、すべて赦免せよ」と命じた[57]。また、嘉慶五年（一八〇〇年）、「白蓮教の乱」の弾圧に当たった清朝軍隊の統帥額勒登保に、「目下、もし陝（西）・甘（粛）・（四）川・楚（湖北）の間に逃げ回っている匪賊が罪を悔やみ投降すれば、教に入った者であるかどうかを追究する必要はない」という上諭を下した[58]。この嘉慶帝の上諭は、おそらく清朝末期に広く使われる「教に入ったかどうかを問わず、匪であるかどうかのみを問う」という文句の由来であろう。

嘉慶七年（一八〇二年）、広東天地会の陳爛屐四が一万人を集めて清朝軍隊を撃退する事件が起きた。九月、嘉慶帝は「諭旨」のなかで次のように語っている。「彼ら（天地会衆）は陳爛屐四に惑わされて、それに従って入会した。もし彼らが金を集めて精進をしただけであれば、たとえ禁令を犯したとしても、それほど大きな罪ではない。早いうちに過ちを悟り、自首すれば、会を結んだという罪も一律に追究しない」[59]。ここで特に注目すべきは嘉慶帝の次の言葉である。すなわち、「要するに、すでに反乱を起こした反賊だけを殺し、未だ乱を起こしていない会匪に対しては処罰しない。この点が大切である」、というのである[60]。このような見解に基づいて、嘉慶帝はほしいまま人を殺した両広総督吉慶を厳しく叱責した。それ以外の地方官に対しても、嘉慶帝はしばしば秘密結社に対する対処の仕方が厳しすぎると叱った。同年八月、嘉慶帝は四川総督魁倫に次のような上諭を下した。「朕が思うところ、賊に対処する方法はまず威力を示し、その後徳をもって賊を招撫するのだ。姑息に過ぎてはいけないが、厳しすぎてもいけない。民を害する官吏は必ず退け、民を愛する官吏を宜しく重用すべきだ」[61]。明らかに、嘉慶帝は秘密結社に関する清朝の「律例」を破っていると言えよう。

次に、清朝末期における哥老会と義和団についての清朝の対応を見てみよう。

咸豊元年（一八五一年）、湘軍官僚胡林翼は貴州巡撫喬松年宛ての手紙の中で、「会匪でありながら乱を起こさない者はいるが、大盗のなかに異姓結拜していない者はいない」と述べている[62]。胡はまた「盗賊のなかの会匪であることが分かったとしても、（彼らを）盗賊として追究し、会党であるかどうかは問わない。そうすれば、その謀反の心を落ち着かせ、災いを未然に消滅させることができる」[63]。これは前述の「白蓮教は叛逆と同じではない」、「教に入った者であるかどうかを問う必要はない」、「未だに動いていない会匪に対しては処罰しない」という嘉慶帝の考えと同様である。胡林翼の言葉は後に議論された「会に入ったかどうかを問わず、匪であるかどうかのみを問う」という文句の由来ともなっている。

胡林翼に続いて、曽国藩は部下の湘軍将校に対して次のように述べている。「その者が入会したかどうかを問わず、匪賊であるかどうかのみを追究する」[64]。光緒二年（一八七六年）、御史文格も上奏文のなかで「たまたま入会しても匪ではない者はいますが、匪である者が会にいないことは断じてありえません」と述べている。[65] ただし、ここで指摘しておきたいのは、前述の曽国藩の「会匪」対応策は、主として当時湘軍内部および退役軍人の間に影響力が広がっていた哥老会を対象とするものであって、秘密結社全体に対する政策ではなかった、ということである。哥老会への対応策に関する曽国藩らの意見は「例」の形で明確に表されなかったものの、後の清朝の秘密結社政策に一定の影響を与えた。

「剿」と「撫」は対概念である。秘密結社に対する清朝政府の対応策についていえば、「剿」は律例に基づいた秘密結社弾圧を指し、「撫」は具体的な状況に応じて行われた宥和策を意味する。一九世紀末における義和団の活発な活動に対して、清朝の官僚は中央から地方に至るまで「剿」と「撫」の間で揺れ動いていた。御史鄭炳麟は上奏文のなかで「古来変乱に対処する方法は剿でなければ撫であります。あるいは『剿』『撫』を併用するか、『剿』『撫』の策を前後して用いるかです」と述べている。[66] 義和団勢力の拡大について、刑部尚書趙舒翹らは、「義和団が蔓延し、弾圧してもしきれません。むしろこれを安撫して部隊に編入し、将校をもって統帥するのが宜しいでしょう。そうすれば、その仇教の意に沿い、思い切って行動することができます」と建言している。[67]

一九〇〇年になると、「撫」の政策が次第に優勢を占めるようになった。一月二一日、西太后は「上諭」のなかで次のように指示している。「その者が入会あるいは入教しているかどうかを問わず、匪であるかどうか、そして事件を引き起こしたかどうかのみを追求する」。[68] この「上諭」が実施されたのはごく短い期間であったが、秘密結社の一種である義和団が従来の違法な存在から一変して清朝の庇護を得て、中国史上もっとも激しい排外運動を引き起こした、という点からみれば、西太后の「上諭」に重要な意味があったことは言うまでもないだろう。[69]

秘密結社に対する嘉慶帝・曽国藩・西太后の「撫」の政策は、次の二点を示唆している。第一は「律例」の応用についてである。清朝の律例によれば、妖言を飛ばしたり、「邪教」を広げたり、「異姓結拝」したりすることは「謀叛」と見なされ、それに対して悉く厳しく弾圧すべきである、とされた。しかし、律例の実施はそれぞれの時代における清朝の政治的力の強弱によってさまざまな様相を呈している。清朝の政治的支配力が強い時期においては、秘密結社に対する厳しい弾圧が行われた。清朝の支配力が弱い時期においては宥和策が取られていた。白蓮教蜂起・太平天国運動・義和団事件という清朝史上の三つの大きな政治的危機の時期には、清朝内部において教と匪・会と匪を区別することがしばしば強調された。

第二は「上諭」の重みについてである。清朝統治者は民衆の反乱に対して「剿」「撫」兼用の対策を採っていた。ただし、ここで用いられた「撫」は反乱の主犯者と従犯者を区別し、主犯者だけを厳しく懲罰し、従犯者に対する処罰は比較的寛容にする、ということを意味していた[70]。しかし前述の嘉慶帝、曽国藩、西太后の秘密結社に対する「撫」の方針は、ここでいう従犯者だけに対する「撫」とは本質的に異なるものであり、秘密結社を禁止する律例そのものの変更を意味するものである。

むすび

以上、清朝の律例を通じて、伝統的王朝支配下における秘密結社（会党と宗教結社）の問題について見てきた。清朝は皇帝による一元的・均質的な支配を確立するために、秘密結社禁止の律例を制定した。しかし、多元的・非均質的な現実社会の前で、清朝の支配はしばしばジレンマに陥っている。すなわち、もし律例を文字通り実施すれば、清朝は各種の「教匪」、「会匪」を撲滅するために走り回り、疲弊してしまうに違いない。山東省の辺鄙な農村で十年間細々と活動した如意門という小さな宗教結社が突然「邪教」として弾圧の対象になった。如意門事件に際して、地方官は各々の立場から「例」に対して異なった解釈を行い、当事者を当惑させた。しかし、最終的に如意門が邪教であるかどうかを決めるのは、めったに紫禁城の門を出ない皇帝が下した上諭であった。一篇の上諭が如意門をめぐるさまざまな動きを「邪教案」としてエスカレートさせたのである。

J・K・フェアバンクはその著『中国――新しい歴史』において、「文」と「武」の概念を用いて中国政治を分析している。それによれば、「文」は基本的には文字とその思想、道徳、文化への影響であり、文官秩序（civil order）を意味する。それに対して、「武」は軍事秩序を指し、武力の行使を意味する。伝統中国の政治秩序のなかで、「武」の代表者は皇帝・軍隊・武官であり、「文」の代表者は儒教官僚である。フェアバンクは特に皇帝の役割の不確定性を強調し、「慣例的で、行動の予測できる官僚に対して、皇帝は恣意的・非理性的・行動の予測ができない存在である」と指摘している。(71) 皇帝を「文」と対蹠する「武」の総代表と見なすことにはやや疑問の余地があるが、皇帝を権力システムにおける「恣意的・非理性的・行動の予測ができない存在」と見なすことは妥当であろう。

本章第四節で見たように、一九世紀初期から二〇世紀初期までの清朝の秘密結社政策を振り返ってみれば、秘密結社に対する「撫」の比重が「剿」を上回っていた。言うまでもなく、清朝が律例を変えて秘密結社に対する宥和策を採ったことは、けっして清朝統治の根底にある専制的、暴力的な性格が変わったことを意味するわけではない。清朝の統治力の低下を背景に、清朝政府はやむをえず秘密結社に対する「撫」の政策を遂行したのである。また、西太后が義和団の合法性を認め、義和団勢力を排外行動に利用したのは、新たな政治的動員を行うためであった。すなわち、清朝政権が危機に瀕した時、それまでに不法な存在とされた秘密結社組織を利用し、危機を乗り越えようとしたのである。次章で取り上げるように、清末期の革命党もまた、政治的動員の手段として秘密結社を利用した。

注

(1) 拙稿「清末民初期における民間秘密結社と政治との関係」、神奈川大学人文学研究所編『秘密社会と国家』、勁草書房、一九九五年、九一—九八頁。

(2) 宗教結社に関する先行研究は以下の研究を参照されたい。J. J. M. De Groot, *Sectarianism and Religious Persecution in China*, 2vols., Amsterdam, 1903-1904. 牧尾良海訳『中国における宗教受難史』、国書刊行会、一九八〇年。曹新宇他『中国秘密社会』第三巻、清代教門、福建人民出版社、二〇〇二年、二七七—三二〇頁。野口鉄郎「中国宗教の正統と異端——明・清の場合」(平成二年度科学研究費補助金総合研究(A)研究成果報告書「中国史上における正統と異端」二、平成三年三月、研究代表者安藤正士)。赫治清「清代『邪教』与清政府対策」、『清史論叢』二〇〇三—二〇〇四年号。異姓結拝について、Robert J. Antony, "Brotherhood, Secret Societies, and the Law in Qing-Dynasty China", in David Ownby and Mary Somers Heidhues eds., *"Secret Societies" Reconsidered: Perspectives on the Social History of Modern South China and Southeast Asia*, M.E. Sharpe, Inc. 1993, pp.190-211. 赫治清『天地会起源研究』、社会科学文献出版社、一九九六年、一八一—一九二頁。

(3) 拙稿「想象的血——異姓結拝与記憶共同体的創造」、拙編著『事件・記憶・叙述』(新社会史1)、浙江人民出版社、二〇〇四年。

(4) 馮爾康「擬制血親与宗族」、『中央研究院歴史語言研究所集刊』第六十八本第四分、一九九七年一二月。

(5) William Stanton, *The Triad Society or Heaven and Earth Association*, Hongkong: KELLY & Walsh, LTD., 1900. 蕭一山『近代秘密社会史料』、国立北平研究院、一九三五年初版。

(6) Maurice Freedman, *Lineage organization in Southeast China*, London: Athlone Press, 1958, p.121.

(7) 「哥老会説」、『辟邪紀実』付巻。

(8) Wolfram Eberhart, *The Local Cultures of south and East China*, Translated from the German by Alide Eberhart. Leiden.

E. J. Brill, 1968, p. 325.

（9）G. William Skinner はタイの華人社会についての研究の中で、秘密結社の役割に言及している。（*Chinese Society in Thailand*, Ithaca, N. Y.: Cornell University Press, 1957. *Leadership and Power in the Chinese Community of Thailand*, Ithaca, N. Y.: Cornell University Press, 1958.）。また、彼は、centralplace theory の中で、郷村中国における一つの標準市場（standard market）が物流の中心地だけではなく、秘密結社の活躍の地域とも言える、としている。（G. William Skinner, "Market Town and Social Structure in Rural China," *Journal of Asian Studies*, Vol.44, No.2, Feb, 1985）. Freedman はさらに香港の New Territories が実際には三合会（Triad Society）の活動拠点であると指摘した（Maurice Freedman, *Chinese Lineage and Society: Fukien and Kwangtung*, London: Athlone Press, 1966. p.95）。

（10）David Ownby and Mary Somers Heidhues eds., *"Secret Societies" Reconsidered: Perspectives on the Social History of Modern South China and Southeast Asia*, M.E. Sharpe, Inc. 1993. Barent ter Haar, *Ritual and Mythology of the Chinese Triads: Creating an Identity*, Sinica Leidencia Vol. 43, Leiden: Brill, 1998.

（11）陳旭麓「秘密会党与中国社会」、中国会党史研究会編『会党史研究』、学林出版社、一九八六年。

（12）明末結社の風習について、陳宝良『中国的社与会』（浙江人民出版社、一九九六年、九一頁）、岸本美緒『明清交替と江南社会』（東京大学出版会、一九九九年、八三―八六頁）を参照されたい。

（13）「朱存梧等策画奪取河南府城失敗被捕情形」（順治朝、田海等題本）、中国人民大学歴史系・中国第一歴史檔案館編『清代農民戦争史資料選編』、第一冊（下）、中国人民大学出版社、一九八四年、二一〇頁。

（14）『大清会典』（雍正朝）巻一九四、「刑部・奸徒結盟」、近代中国史料叢刊、文海出版社。

（15）赫治清『天地会起源研究』、社会科学文献出版社、一九九六年、一八一頁。

（16）謀反（謀叛）とは「本国に背く、密かに他国と密通する」意味である。『欽定大清会典事例』巻七七九、「刑部・刑律賊盗」、新文豊出版有限公司。

（17）James Watson, "Standardizing the Gods: The Promotion of Tien'hou 〈Empress of Heaven〉 along the South China Coast,

960-1960", in David Johnson, Andrew Nathan and Evelyn Rawski, eds., *Popular Culture in Late Imperial china*, Berkeley: University of California Press, 1985. 村田雄二郎「孔教と淫祠――清末廟産興学思想の一側面」、『中国――社会と文化』第七号、一九九二年六月。

(18) 前掲『大清会典』(雍正朝)巻一九四、「刑部・奸徒結盟」。

(19) 呉壇『大清律例通考』巻二十三、「刑律盗賊」。馬建石・楊育棠主編、(清)呉壇『大清律例通考』校注、中国政法大学出版社、一九九二年。

(20) 同右。

(21) 嘉慶朝以降、例文に対する根本的修訂は行われていない。最近の研究として秦宝琦『中国地下社会』第二巻(学苑出版社、二〇〇五年、八〇二―八〇八頁)を参照のこと。

(22) 陳衆喜『衆喜粗言宝巻』、張希舜等主編『宝巻』初集(二十)、山西人民出版社、出版年月不明。

(23) F. H. James, "The Secret Sects of Shantung, With Appendix", *Records of the General Conference of Protestant Missionaries of China*, May 7-20, 1890, Shanghai, 1890, p.196.

(24) C. K. Yang, *Religion in Chinese Society: A Study of Contemporary Social Functions of Religion and Some of Their Histor-ical Factors*, Berkeley: University of California Press, 1961, pp. 294-295.

(25) Meir Shahar and Robert P. Weller, *Unruly Gods: Divinity and Society in China*, Honolulu: University of Hawai' I Press, 1996, p.2.

(26) 羅夢鴻は白蓮教について次のように批判した。「求拝日月是白蓮、哄的男女都遭難」。「白蓮教、拝日月、永下無間」(「拝日月邪法品第十八」。羅夢鴻『正信除疑無修証自在宝巻』、王見川・林万伝主編『明清宗教経巻文献』(一)、台北：新文豊出版公司、一九九九、三一一頁、三二九―三三〇頁。また、羅夢鴻『破邪顕証鑰匙』(開心法要版)、王見川・林万伝主編『明清宗教経巻文献』(二)、三一八、三四五頁。

(27) 喩松青『明清白蓮教研究』、四川人民出版社、一九八七年、二六頁。

(28) 劉錦藻『清朝続文献通考』第一冊、台湾商務印書館、一九八七年、八四八七頁。
(29) 同右、八四八九頁。
(30) 王夫之『読通鑑論』巻七、一五頁。
(31) 馬塞北主編『清実録穆斯林資料輯録』上巻、寧夏人民出版社、一九八八年、五三―五四頁。于本源『清王朝的宗教政策』、中国社会科学出版社、一九九九年、一五八頁。
(32) 両者の区別を強調しなかった研究としては以下のものを参照のこと。野口鉄郎前掲文。Richard J. Smith, "Ritual in Ch'ing Culture", in Kwang-Ching Liu, ed., *Orhdoxy in Late Imperial China*, Berkeley: University of California Press, 1990, p.304.
(33) 劉錦藻前掲書、八四八六頁。
(34) 宗教の概念ついて、池上良正他編『宗教とはなにか』(岩波講座、宗教、第一巻、岩波書店、二〇〇三年一二月)を参照されたい。
(35) 劉錦藻前掲書、八四九四―八四九五頁。
(36) 「白蓮教者、漢末張魯之遺也」。厳如熤『平定教匪総論・三省辺防備覧』、賀長齢輯『皇朝経世文編』巻八十九、兵政二十、剿匪。
(37) 前掲『欽定大清会典事例』巻七六六、「刑部・禁止師巫邪術」。
(38) 同右。
(39) 曹新宇他『中国秘密社会』第三巻、清代教門、二八四頁。
(40) 同右。
(41) Daniel L. Overmyer, *Folk Buddhist Religion: Dissenting Sects in Late Traditional China*, Cambridge, Mass., Harvard University Press, 1976, p.181.
(42) 梁景之は『清代民間宗教与郷土社会』(社会科学文献出版社、二〇〇四年、三一三―三一四頁)のなかで、この教案に若干触れている。

(43)　中国第一歴史檔案館所蔵『録副奏摺』嘉慶一九年五月二八日山東巡撫同興奏。
(44)　『録副奏摺』道光三年一二月一五日山東巡撫琦善奏。
(45)　『録副奏摺』嘉慶一九年四月初五日山東巡撫同興奏、付単。
(46)　『録副奏摺』嘉慶一九年三月二二日英和等奏。
(47)　『録副奏摺』嘉慶一九年三月二七日山東巡撫同興奏。
(48)　同右。
(49)　張晋藩主編『清朝法律史』、法律出版社、一九九四年、一五七頁。
(50)　中国人民大学清史研究所他編『康雍乾時期城郷人民反抗闘争資料』(下)、中華書局、一九七九年、六〇六―六一二頁。
(51)　『録副奏摺』乾隆一八年八月二五日方観承奏。
(52)　C. K. Yang, "Some Preliminary Statistical Patterns of Mass Action in Nineteenth Century China", in F. Wakeman and C. Grant (ed.), *Conflict and Control in Late Imperial China*, Berkeley: University of California Press, 1975, p.177.
(53)　清仁宗「邪教説」、中国社会科学院歴史研究所清史室、資料室編『清中叶五省白蓮教起義資料』第五冊、江蘇人民出版社、一九八一年、一六五―一六六頁。
(54)　「覃加耀、張正超続供」、同右、六〇―六三頁。
(55)　洪亮吉「征邪教疏」(嘉慶三年)、賀長齢輯『皇朝経世文編』巻八十九、兵政二十、剿匪。
(56)　梁上国「論川楚教匪事宜疏」(嘉慶四年)、賀長齢輯『皇朝経世文編』巻八十九、兵政二十、剿匪。
(57)　『仁宗実録』巻四九、前掲『康雍乾時期城郷人民反抗闘争資料』(下)、八五九頁。
(58)　『朱批奏摺』嘉慶五年八月一七日領侍衛内大臣、経略大臣額勒登保奉上諭。秦宝琦前掲『中国地下社会』第一巻、七六四頁。
(59)　「諭吉慶督兵進剿陳爛屐四暁諭其衆即早投出」(嘉慶七年九月初五日)、中国人民大学清史研究所・中国第一歴史檔案館編『天地会』(清史資料叢刊・七)、中国人民大学出版社、一九九八年、九頁。
(60)　同右、一九頁。

(61) 『仁宗実録』巻五十、前掲『康雍乾時期城郷人民反抗闘争資料』(下)、八五九頁。
(62) 原文は以下の通りである。「有会匪而不為盗者、无大盗而不拝把者」。胡林翼「論会匪啓黔撫喬」、(清)鄭敦謹、曽国荃纂輯『胡文忠公遺集』(四)、巻五十三、台湾華文書局影印版、一九六五年。
(63) 「官黔書牘二」、前掲『胡文忠公遺集』(四)、巻五十三。
(64) 『曽文正公全集』(雑著)巻二、「営規・禁洋煙等事規」。
(65) 『録副奏摺』、光緒二年七月二五日御史文格奏。
(66) 「鄭炳麟摺」(光緒二六年五月二十三日)、故宮博物館明清檔案部編『義和団檔案史料』(上冊)、中華書局、一九五九年、一五六頁。
(67) 「趙舒翹等摺」(光緒二六年五月初三日)、同右、一一〇頁。
(68) 「上諭」(光緒二六年一月二十一日)、同右、五八頁。
(69) エシェリックはその著『義和団蜂起の起源』のなかで、清朝政府の対義和団政策は「政治上の混乱と法律上の矛盾を含んでいる」と指摘した。Joseph W. Esherick, *The Origins of the Boxer Uprising*, Berkeley: University of California Press, 1987, p.275.
(70) 清朝官吏龔星瀚の『澹静斎文抄』巻二に次の一節がある。「賊に対しては安撫してはいけない。賊の方もまた安撫を受けない。いわゆる『撫』とは、賊に従った百姓を安撫することである。(中略) 今は兵力が衰えているため、宜しく精兵を増やし、慎重に良将を選び、剿と撫を併用すべきである」。前掲『康雍乾時期城郷人民反抗闘争資料』(下)、八五三—八五四頁。
(71) J. K. Fairbank, *China: A New History*, Cambridge Mass., Harvard University Press, 1992, pp.68-69.

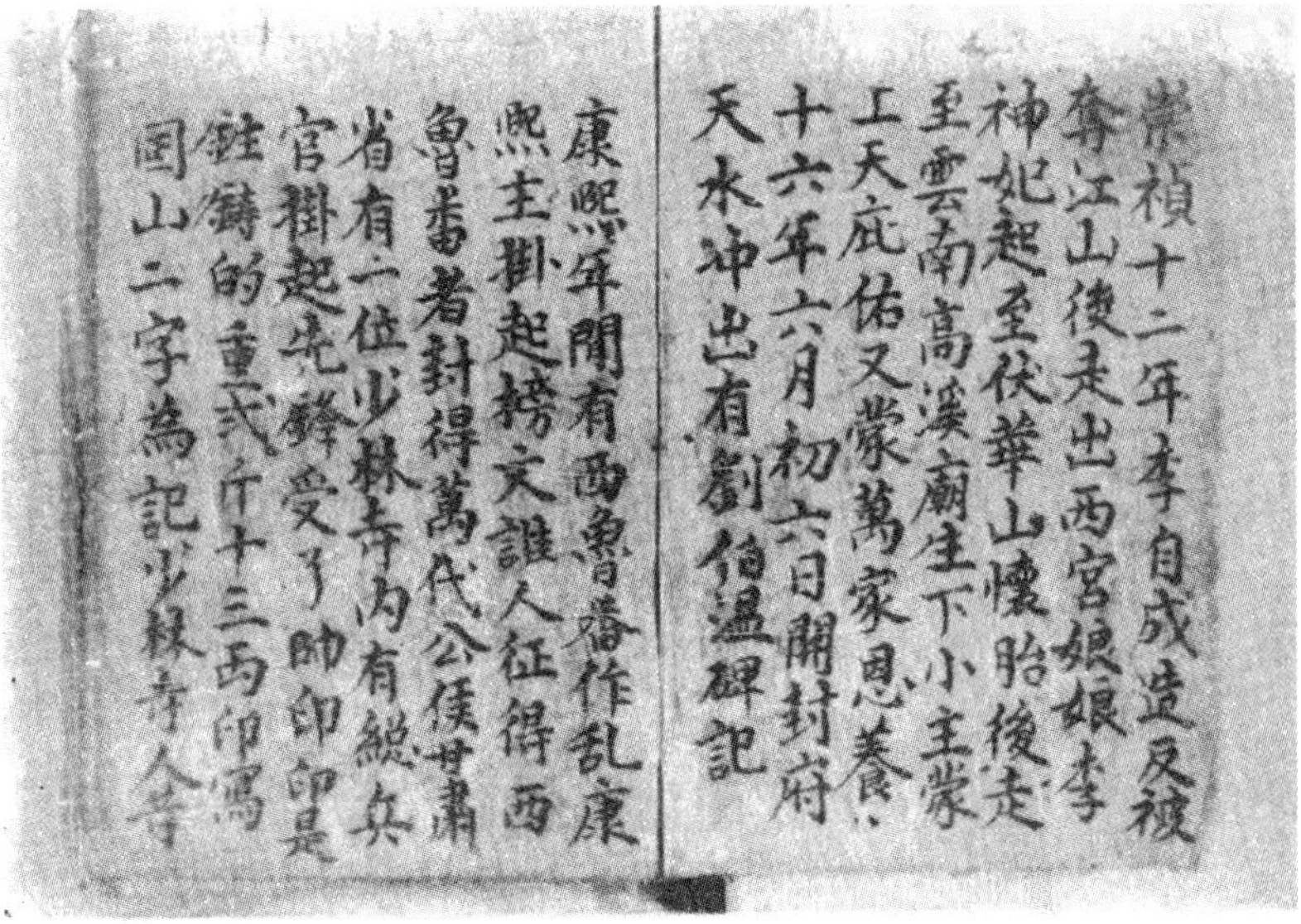

崇禎十二年李自成造反被
奪江山後走出西宮娘娘李
神妃起至伏華山懐胎後走
至雲南高溪廟生下小主蒙
上天庇佑又蒙萬家恩養、
十六年六月初六日開封府
天水沖出有劉伯温碑記

康熙年間有西魯番作乱康
熙主掛起榜文誰人征得西
魯番着封得萬代公侯世襲
省有一位少林寺内有總兵
官掛起先鋒受了帥印印是
鉎鑄的重弍斤十三两印寫
國山二字為記少林寺今寺

1、嘉慶一六年（一八一一年）広西東蘭州姚大羔所蔵天地会会書（現存の最も古い天地会会書と見られる、中国第一歴史檔案館所蔵）

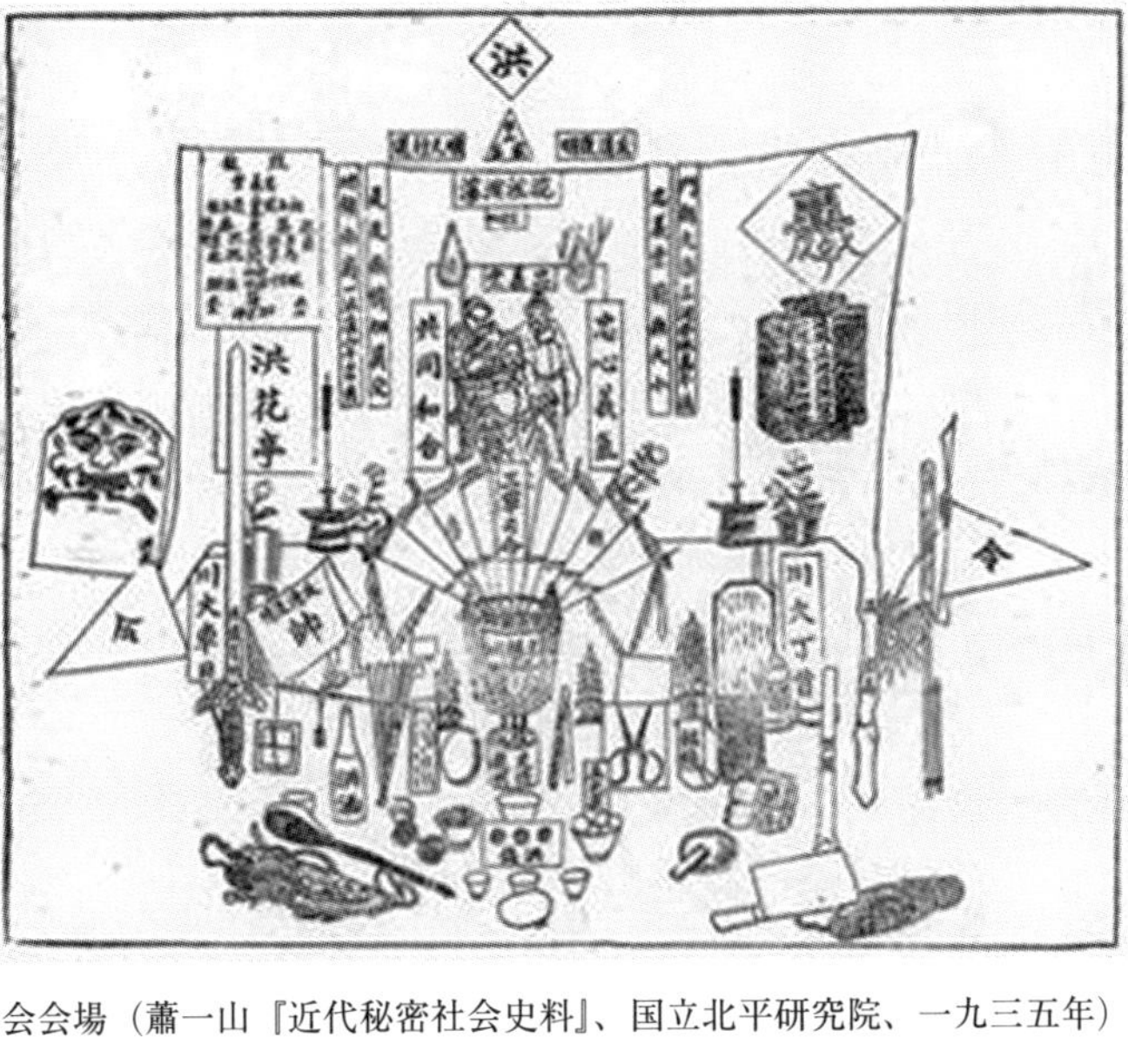

2、天地会会場（蕭一山『近代秘密社会史料』、国立北平研究院、一九三五年）

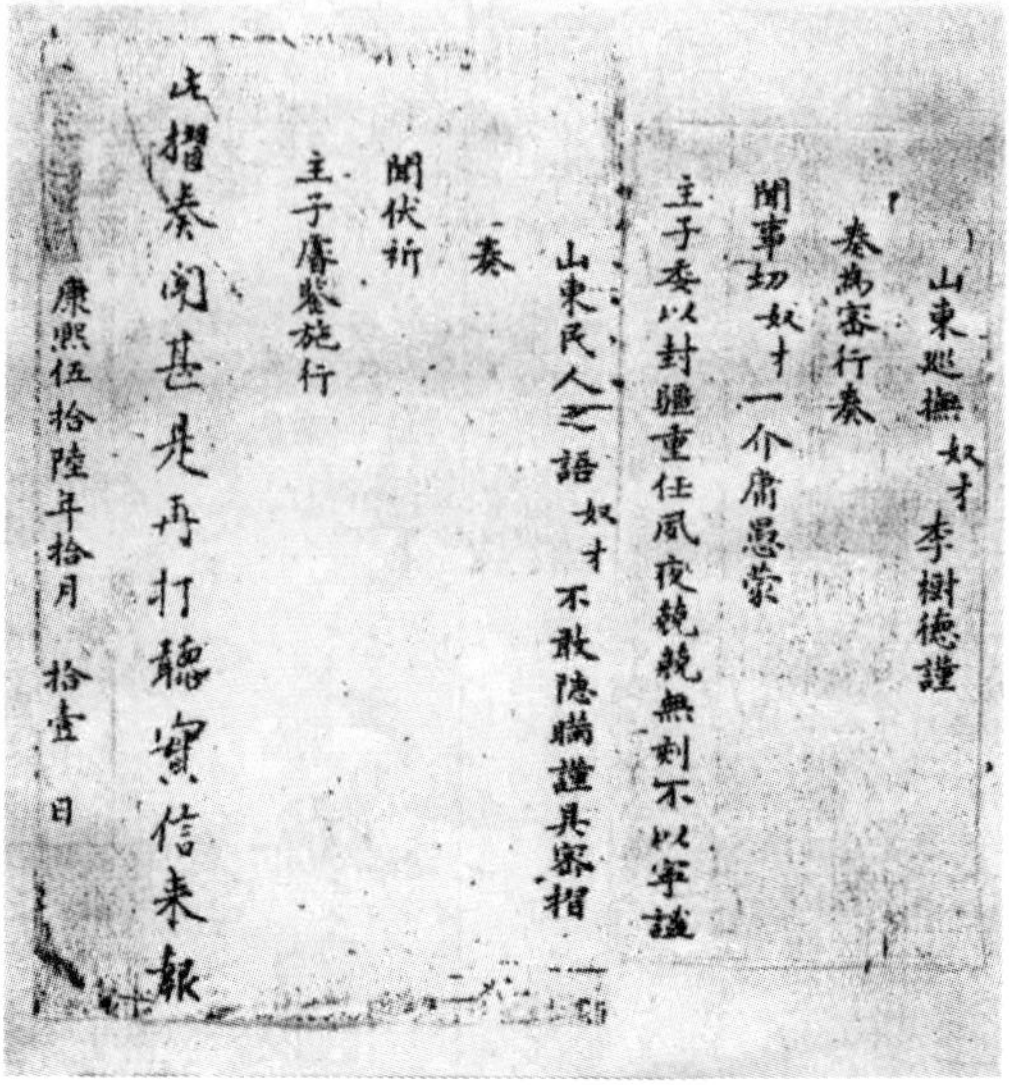

山東巡撫奴才李樹德謹
奏為密行奏
聞事切奴才一介庸愚蒙
主子委以封疆重任夙夜兢兢無刻不以寧謐
山東民人之語奴才不敢隱瞞謹具密摺
奏
聞伏祈
主子睿鑒施行
此摺奏的甚是再打聽實信来報
康熙伍拾陸年拾月　拾壹　日

3、山東巡撫李樹德の上奏文に対する康熙帝の御批（中国第一歴史檔案館所蔵）

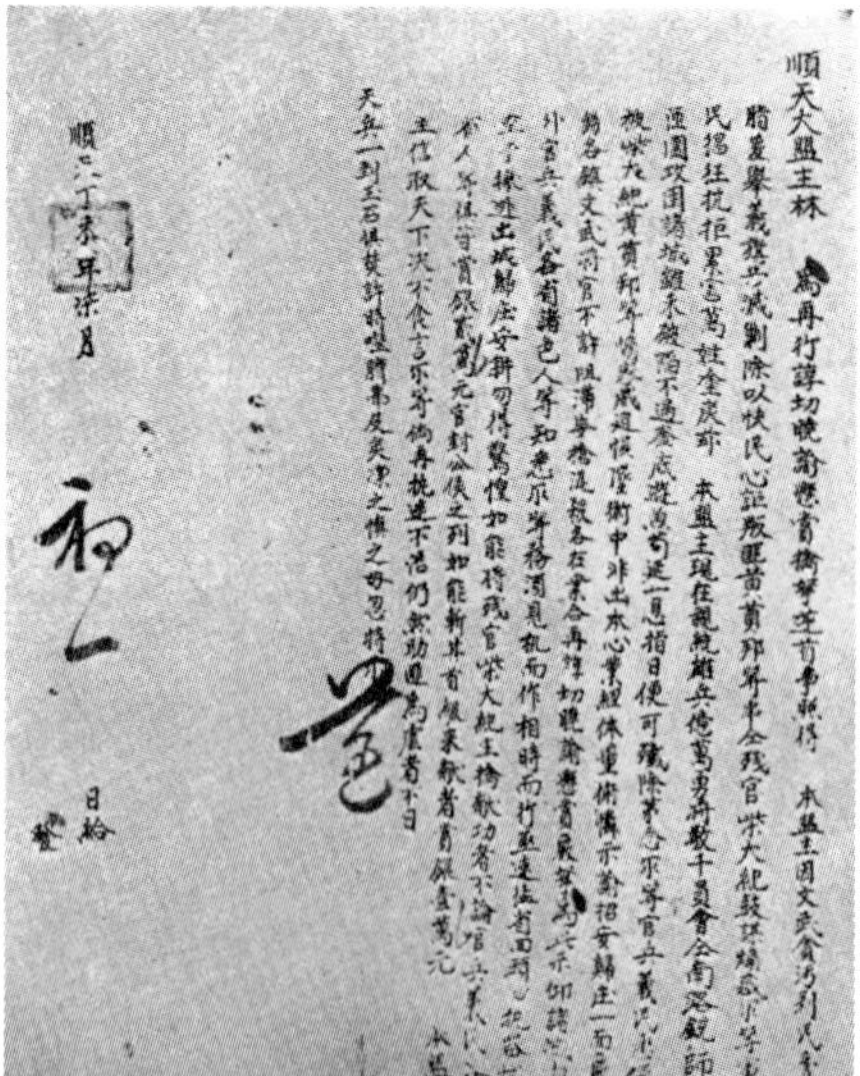

順天大盟主林

4、乾隆五一年（一七八六年）台湾天地会蜂起の首領林爽文の告示文（中国第一歴史檔案館所蔵）

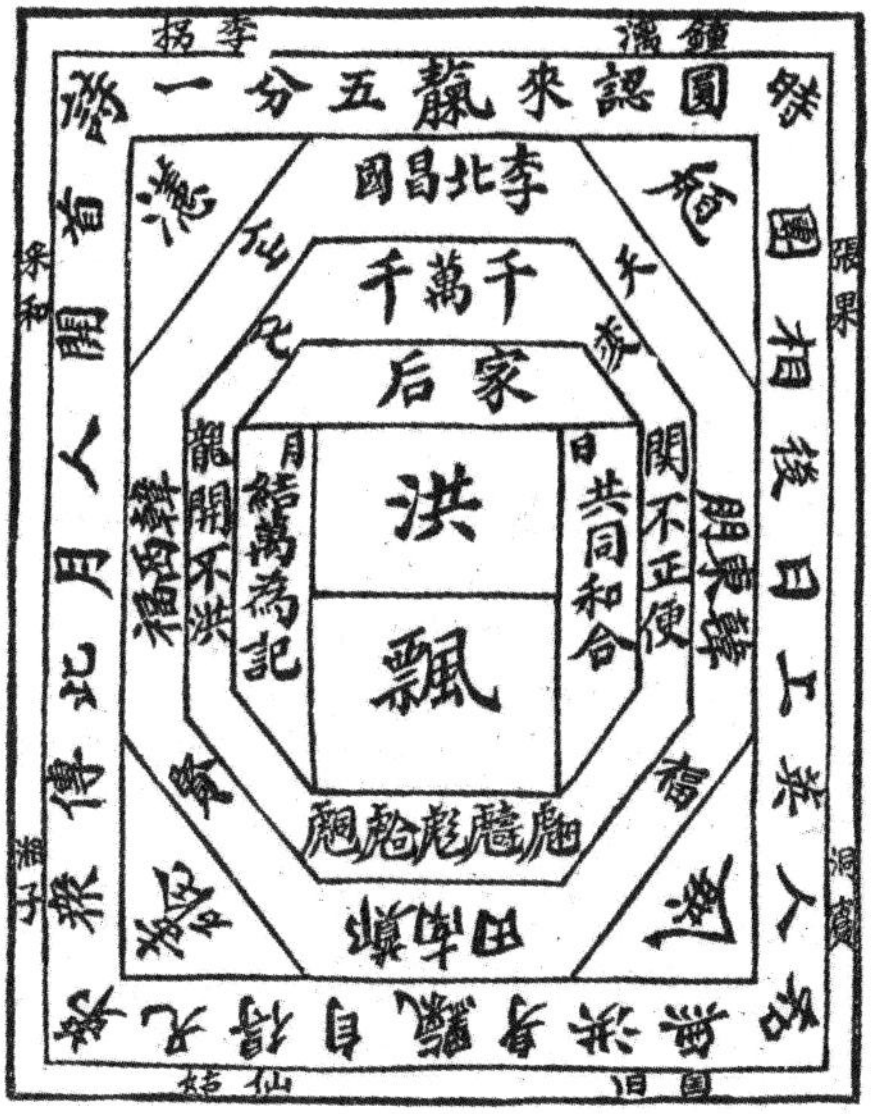

5、天地会会書（Schlegel, Gustave, Tian Ti Hwui, The Hung League or Heaven-Earth-League: A Secret Society with the Chinese in China and India, Batavia:Lange & Co., 1866）

第Ⅱ部

第三章　排満言説、秘密結社と革命の創出

はじめに

清末期の排満革命における秘密結社の役割については、すでに多くの研究成果が蓄積されてきている[1]。そこでは、革命党は辛亥革命以前の段階では秘密結社と連携しており、秘密結社を排満革命に組み込んだというのが大方の見解となっている。それに対して、筆者は、秘密結社と排満革命に関するさまざまなテクストを比較するだけではなく、それらのテクストを具体的な歴史的コンテクストに還元する作業が必要であると考えている。言い換えれば、具体的な政治的、社会的状況のなかで秘密結社の行動を観察する必要がある。異なるテクストの比較に関して、ドゥアラ(P. Duara)は清末の「革命」言説を扱った論文のなかで、陶成章の「龍華会章程」と「教会源流考」を比較し、革命派の秘密結社言説に儒家の伝統的な要素と西洋の進化論的要素が内包されていると指摘した[2]。筆者は、革命派がどのように排満革命の言説を通じて秘密結社を自らの革命戦略に組み込んだかという問題だけではなく、実体としての秘密結社と「作られた伝統」としての秘密結社との違い、そしてこの両者と社会関係のネットワークとしての秘密結社との区別に注意を払う必要があると考える。

本章では、先ず「革命」という語の意味および孫文を始めとする革命派の関心を引いた秘密結社内部の「反清復明」言説の意味を整理する。そして、清末期の欧榘甲、陶成章らの革命言説における秘密結社に関する内容を概観したうえで、革命派がどのように秘密結社をその排満革命の戦略に組み入れたか、辛亥革命において秘密結社が実際にどのような役割を果たしたかについて検討し、秘密結社の原理による革命の創出という新しい視点を提出したい。

一　革命と revolution

一八九五年一一月、興中会が策動した広州蜂起が失敗した後、孫文とその同志たちは日本に亡命し、神戸港に到着した。孫文は日本の新聞で清朝打倒を目標とする興中会の武装蜂起が「革命」と書かれたことをはじめて知った[3]。近代中国の歴史において、この広州蜂起は次の二つの点において重要な意味を持つ[4]。すなわち、第一に、それは近代的教育を受けた中国の知識人たちが初めて秘密結社とともに行った軍事行動であったこと。第二に、興中会の武装蜂起は清朝の法律では死罪を科すべき「謀反」であったが、この行動自体は遙か昔の『易経』に現れた「革命」と脈を通ずるものであった、ということである。

現代中国語の「革命」という語は、英語の“revolution”に対応する言葉であるが、中国語の「革命」という語の歴史的変遷からみれば、この語は必ずしも近代ヨーロッパの“revolution”という語と同じ意味をもつものではない[5]。古代中国語における「革命」は『尚書・周書・多士篇』と『易経・革卦』に由来する。『尚書』には「革殷受命」（殷を革して、命を受く）の句がある。そこには周王朝が天命を受けて殷王朝に取って代わったという政治的な意味合いがある。それに対して、『易経』の「革命」はより広い文脈のなかで使われている。「革は水火相息し、二女同居して、その志相得ざるを革と曰う。（中略）湯武命を革めて、天に順ひて人に応ず。革の時大いなるかな」。ここで、「革命」について、自然（水火）・家庭・社会（二女同居）と政治（湯・武）を例にしてその意味を比喩的に解釈している。それによると、「革」は変化を意味する一種の普遍的な法則である。「信」（信用性）・「当」（正当性）・「時」（時機）という三つの要素が備わると、「革」という行動は「天命」に相応しいものになる。

後世の人々はもっぱら王朝交替の「易姓革命」という政治的な意味合いで「革命」を理解していた。この文脈に沿って、梁啓超は『易経』のいう「湯武革命」がすなわち「易姓革命」であると主張し、日本人が英語の“revolution”を「革命」と訳したのは適訳ではないと指摘した[6]。しかし、梁啓超の「革命」に対する認識は、欧文の“revolution”という言葉が辿った歴史的変化を無視したものである。“revolution”のラテン語の語源“revolvere”はもともと天文学上の用語で、天体の周期的で合法則的な回転運動を意味する。アレント（H. Arendt）によれば、“revolution”という語は本来復古を意味するものであり、イギリスの「名誉革命」（Glorious Revolution）は少しも革命とは考えられず、君主の権力が以前の正義と栄光を回復したことを意味するに過ぎない[7]。この理解が前述の『易経』における「革命」の意味と似ていることは興味深い。一八世紀のフランス革命以降、暴力や破壊に伴う“revolution”は「進化」を意味する言葉として使われ、もともとの「復古」という意味合いが薄れていった。西ヨーロッパに端を発した近代国民国家の形成過程において、“revolution”はしばしば“nation”（国民）と結び付けられることとなる[8]。

清末の知識人は近代ヨーロッパの“revolution”の意味合いで「革命」という言葉を使用していたが、彼らが語った「革命」には、古代中国の『易経』に現れた「革命」の思想と通ずる部分が含まれていた。一九〇三年に書かれ、当時広く読まれていた排満革命を宣伝する小冊子『革命軍』において、鄒容は次のように述べている[9]。

革命とは、天演（進化）の公例である。革命とは世界の公理である。革命とは存亡を争う過渡時代の要義である。

革命とは、「天に順ひて、人に応ずる」ことである。革命とは腐敗を取り除いて良善を残すことである。革命とは野蛮から文明に進むことである。革命とは、奴隷を脱して、主人となることである。

鄒容の場合、「進化」を意味するヨーロッパ的な「天演」と『易経』の「天」とが同じものであるかどうかははっきりしないが、後者の意味合いが含まれていることは明らかである。ここで重要なのは、鄒容が当時中国の知識人の間で広まっていた進化論の文脈で「革命」を捉えながらも、『易経』の「天に順ひて、人に応ずる」という思想を受け継いでいる、という点である。章炳麟は『革命軍』の序文において、中国の歴史における「革命」には「同族相代」（易姓）と「改制同族」（変革）の意味があると指摘し、鄒容のいう「革命」は単なる異民族を駆除するのではなく、政教、礼俗などを変革することをも意味すると解釈している。[10] つまり、章炳麟の理解に従えば、鄒容の言う「革命」は単なる「進化」の意味ではなく、『易経』の「革命」に近いものである、ということになる。[11] このように、清末期において、一部の知識人は近代ヨーロッパの進化論と古代中国の『易経』から「革命＝変革」という論拠を見つけ、排満革命の正当性を主張していたのである。

他方、当時民衆向けの排満宣伝に現れた「革命」言説は、民衆にとってより理解しやすいものであった。一例をあげれば、一九一二年に刊行された『江湖漢流宗旨』と題した哥老会関係の書物のなかで、「革命」という語は次のように定義されている。すなわち、「革命とは、命を捨てることであり、命をかけることであり、命をもとめないことである。革命を行うのは、大害の所在がすでに分かり、心が恨みでいっぱいになったからである。満清の皇帝は王族を大臣にしてその専権に任せ、民の生活を顧みようとしない。通商・布教・土地の割譲・賠償金の支払いなど、亡国亡家の危険に晒されてしまう[12]」。つまり、革命はすなわち「造反」であり、人々が置かれた現実の状況から脱出する手段である、という論理である。伝統中国の思想的文脈で革命を捉える小島祐馬の言葉を借りて言えば、「革命の是認と其の非認とは、政治上における現状打破論と現状維持論との代表的のものと観ることが出来やう」[13]。

二　秘密結社の「反清復明」言説

孫文は最初に秘密結社を排満革命の一員に加えた革命家であった。広州蜂起後の十七年間にわたる海外での亡命生活において、孫文は海外にいる中国人の間の秘密結社（通称洪門もしくは海外洪門）の主要組織である致公堂に参加し、また、中国国内の秘密結社とも頻繁に連絡を取り、幾たびもの武装蜂起を策動した。孫文と同時代の唐才常、欧榘甲、陶成章らも、秘密結社を排満革命の戦略に組み入れるために、秘密結社に革命的な意味合いを付与し、秘密結社と連携することの重要性を語っていた。

秘密結社が「反清復明」の組織であることに基づいて、孫文は海外致公堂を含め、中国の秘密結社を「愛国保種・興漢復讐」の民族主義的団体として位置づけていた[14]。反満革命の方針をめぐって孫文と対立していた浙江省出身の革命派陶成章も、その著名な『教会源流考』において、秘密結社の政治的性質について、「（明の滅亡後）大志を抱く人々は国が塗炭の苦しみをなめるのに忍びなく、秘密の団体を結び、祖国の復興を求め、よって洪門を設けた」と述べている[15]。このような論議は、天地会の会書に現れた「反清復明」の内容と、清朝史上に起きた秘密結社による反清事件を根拠としたものと見られる。

天地会の会書に現れた「反清復明」の内容をめぐって、学界では長い間論争が繰り広げられてきた[16]。天地会の「反清復明」のスローガンには、次のような複数の文脈ごとにそれぞれ異なった意味合いがあったことに注意しなければならない。すなわち、第一に、鄭成功（一六二四～一六六二）に代表される明朝の残余勢力が台湾に撤退し、清朝支配の転覆、明朝の回復を目的に清朝と戦う、という意味での「反清復明」である。この文脈での「反清復明」の流れは一六六二年の鄭成功の死去及び南明王朝の永歴帝が呉三桂に捕殺されたことで終結した。第二は、野蛮と文明、中華と夷狄を対立させる文化的な意味での「反清復明」である。この意味での「反清復明」は種族意識に基づいた「反満復漢」と言うのがより妥当であろう。周知のように、清初期において、明朝の遺老顧炎武、呂留良、王夫之は清朝に協力することを拒否した。その背後には、このような「反満復漢」の思想的背景があった。天地会早期の会書に現れた「反清復明」の言説は、ほとんどが明朝の回復を目指し、清朝の支配に反対するような内容で、種族の観点から異民族の満州人を排撃する「滅満」の論調はごくまれであった。こうしたことからみれば、文化的な意味での「反清復明」の政治意識を持っていたのはごく少数の知識人に限られていた。第三に、象徴的な意味での「反清復明」である。上述の政治的ないし文化的な意味での「反清復明」と異なって、秘密結社は明朝の支配が儒教の秩序に相応しいと強調することによって、自らの存在と行動の正当性を主張していた。呉三桂が一旦清朝に帰順した後、反清の「三藩の乱」を起こしたとき、「反清復明」の旗印を掲げたのはその皮肉な一例である。太平天国運動以前に、広東省のある紳士が書いた「討三合会匪檄」には、次のような興味深い一節がある。[17]

(三合会は) 反清復明を口実としている。噫、汝にとって清は何を裏切ったのか。汝にとって明は何の恩義があるのか。汝の曽祖父・祖父・祖母はみな清に生まれ、汝もまた幸いに清の民である。なぜ三合会に入って罪を受けるのか。

また、太平天国の指導者洪秀全もこう語った。[18]

我は三合会に入っていないが、常にその趣旨が反清復明であるのを耳にする。このような主張は康熙年間に (三合会が) 創設されたばかりのころには間違っていなかったが、それからすでに二百年も経った今、反清を言うことはできるとしても、復明はもう言うべきではない。

以上の二つの資料からみれば、秘密結社の「反清復明」、とりわけ「復明」は象徴的な意味で語られたものに過ぎなかった。この点に関しては、清代白蓮教系統の宗教結社の教義に見られる「牛八説」についても同様である。白蓮教の経典『三教応劫通観統書』には、「日月復来、属大明牛八」という語句（牛八＝朱＝明朝）があるが、『三仏応劫書』では、「牛八」は「十八子」（李）となり、李自成の大順政権の回復を意味するものに変わった。これは天理教蜂起を発動した李文成が、自らを李自成の転生と付会したことに由来する。[19] 清朝の乾隆・嘉慶年間に、河南・湖北省の民間に広がった「牛八教」[20]や、清中期に「牛八を保護する」などのスローガンを掲げ、五つの省において武装蜂起を起こした白蓮教は[21]、いずれも「朱」（元璋）の「明朝」を正統な王朝とすることによって、自らの正当性を訴えるに過ぎず、その政治的目標はもはや明政権の回復とはほど遠いものであった。

もちろん、以上の第二、第三の意味での「反清復明」をはっきり区別することは困難である。一九世紀半ば以降、とくに太平天国の排満宣伝によって、秘密結社の排満の色彩は次第に増えていった。一八五一年、上海、厦門を占拠した小刀会の告示にも、排満の主張が含まれている。同年、黄位は厦門で「漢大明皇帝」と称し[22]、劉麗川は「大明国統理政教招討大元帥」と称した[23]。この両者の場合、「大明」はいずれも「満人」に対抗する「漢人」を意味するものと見られる。北方の宗教結社の場合、咸豊、同治年間の華北白蓮教蜂起軍は清朝支配者を次のように批判している。「今北方の胡人は中原の地を二百年余り支配し」、「民を苦しめている」。その首領である緑旗大元帥楊太の印には「掃清立明」の四文字、黄旗大元帥張継善の印には「滅満興漢」の四文字が刻まれている[24]。南方の会党の場合、一九世紀半ば以降全国各地で活動していた「九龍山」という秘密結社も「反清復明」の政治的意図を持っていた[25]。光緒二年（一八七六年）、この「九龍山」は揚子江中流・下流地域で「剪辮」を行ったが、その反清活動は清末期までに続いたと伝えられる[26]。また、光緒四年（一八七八年）に四川・貴州・湖北の省境の地域で挙兵した哥老会も「反清復明」を表明した。首領呉才標は「出山簡」のなかにこう記している。「中華の害は外夷によって生じた」。「明朝以降、（中略）二百年余り天日が暗い。われわれ兄弟が手を振り上げて高らかに呼びかければ、みな雲の如く呼応するであろう。請う、今日の天下が誰のものとなっているかを[27]」。もちろん、この場合、呉の部下がみな呉と同じ政治的主張を持っていたわけではなく、首領呉才標の政治的意識が高かったため、彼が率いた哥老会が一つの組織として明確な「反清復明」の政治的目標を示しただけであった。このことは当時の多くの「反清復明」を掲げる秘密結社にも当てはまる。

ところで、多くの場合、秘密結社の「反清復明」は一種の物語的な存在であり、それがどこまで秘密結社の現実の反清活動につながったかは疑問である。清末期に孫文らが秘密結社に関心を示したのは、秘密結社の「反清復明」の歴史的イメージ、および秘密結社と現実の民衆「反乱」との関わりという点においてであった。彼らは秘密結社が語った「反清復明」と自らの排満革命との共通性を強調した。しかし、彼らのねらいは秘密結社の「反清復明」の歴史的役割を蘇らせることにあったというよりも、むしろ秘密結社と民衆「反乱」とのつながりを利用して、秘密結社を排満革命の一員に加えようとすることにあった。一九〇五年、孫文はベルギーの中国人留学生たちに対して、次のように述べている。「会党の趣旨はもともと反清復明であったが、近頃それは見えなくなった。われわれはその趣旨を明らかにし、本来の姿に戻すべきである。さらに、あなたたち学生諸君もそれに参加できるように、（会党の）会規や組織を改良したい[28]」。

事実、中国史上多くの民衆「反乱」に秘密結社が関わっていた。宗教結社が関与した「反乱」は一般に「宗教反乱」と称される。しかし、第一章で指摘したように、このような言い方は清朝政府の「会匪」や「教匪」反乱という用語と混同されやすい。また、そうすることによって、秘密結社は一層反体制的な組織と見られるようになる。楊慶堃の統計によれば、一七九六～一九一一年の間に起きた六六四三回の民衆蜂起のうち、清末期の一八九六～一九一一年の間に起きたものは五六六回であった[29]。しかし、これらの事件のうち、秘密結社が実際に関与したものがどれくらいあるかは不明である。一方、劉錚雲の統計では、清朝の歴史において、合わせて九一六件の「会党事件」が起きた。そのうち、半数以上は同治朝以降の約五〇年の間に起きたものである[30]。この数字は一九世紀半ば以降「会党事件」が急増したことを示しているが、清朝版図の広さを考えると、平均して一年に一〇件という数字は決して多くない。しかし、清末の革命党の人々は革命宣伝のため、秘密結社の「反乱」への関与度を誇張していた。一九〇三年一一月、黄興は湖南留日学生の排満団体である華興会の設立大会において、「同じく排満の趣旨をもつ洪門の人々の勢力はすでに久しく蔓延し、固く団結されているが、互いに様子を窺って先に行動することを恐れている。まさに爆弾に火薬がすでに設置され、我が輩が導火線に火を付けるのを待つだけである」と述べ[31]、秘密結社の破壊力を高く評価し、秘密結社を排満革命の同盟者として動員すべきであるという考えを示したのである。

三　排満言説における秘密結社

清朝を倒すことを至上命題とする革命派にとって、「反清復明」、「反清排満」の現実と虚像が交じった秘密結社は、当然恰好の同盟者であった。革命派による排満宣伝と動員によって、秘密結社は排満革命の一員となった。言いかえれば、革命派は秘密結社をその排満戦略のなかに位置づけ、秘密結社に革命的な色彩をもたらしたのである。革命派は秘密結社に対して排満革命に参加するよう呼びかける際、秘密結社の地域的特性と組織としての現実的要求に応じて、以下にみるような「省自立の排満論」と「儒家革命的排満論」という二つの革命戦略を練り出した。

1、「省自立の排満論」――欧榘甲の『新広東』

欧榘甲（一八七〇～一九一二）は広東省帰善（恵陽）県の出身で、康有為の弟子であった。戊戌変法失敗後日本に亡命し、梁啓超が主編をつとめた『清議報』の編集に携わった。一八九九年、梁啓超らが康有為の意向に反して、孫文一派と手を組んで革命行動に取りかかった時、欧榘甲は「最も主張の激しい」一人であったといわれた。(32) 一九〇〇年、康有為が広東、広西で「勤王」の武装蜂起を計画したとき、欧は広東方面の軍事責任者としてマカオに派遣された。(33) 一九〇〇年冬（一説には一九〇一年）、欧は康有為によってサンフランシスコに派遣され、保皇会の機関紙『文興報』の主筆となった。また同時期に欧は致公堂の書記唐瓊昌の資金援助を受けて『大同日報』を創刊した。欧の革命構想を記した書物『新広東』は当初『文興報』に連載されていたが、一九〇二年、横浜の新民叢報社から単行本として刊行された。

『新広東』は、広東省を清朝の支配から切り離し、省の自立を第一歩に、中国全体の保全をはかるという構想を打ち出したもので、従来から清末の地方自治思想の系譜の中に位置づけられてきたが、(34) 本論文の問題意識からすれば、筆者は欧の「省自立の排満論」に表れた秘密結社改造、および秘密結社との連携の思想に焦点を当てたい。このことに関する議論のなかでは、次の三点が注目される。

第一に、秘密結社出現の原因について。欧榘甲によれば、秘密結社は「公会」に対する、一種の「私会」である。「公会とは、その趣旨を天下に表明し、その行動は人々の前に明らかにすることができるものである」。それに対して、「私会とは、その趣旨は天下に表明することができず、その行動も人々の前に明らかにすることができない。（中略）その行動が秘密で、（内部のことを）外部に漏らさないことを誓う。したがって秘密社会とも称する」。欧はこのような「私会」が現れた原因は政治の不公平にあったと指摘している[35]。

第二に、秘密結社の排満的な性格について。欧榘甲によれば、満州人が中国に侵入してから二百年余りの間、「久しく中国というものは存在しない」という。洪門は排満を趣旨とする民族主義的団体である。中国を生き返らせるのは、国内外に広く存在する洪門のような秘密結社のほかにはない。彼は、鄭成功は明王朝の回復を目指し、満州王朝の撲滅のために天地会を設立したと述べ、そのほかに、安清道友会（すなわち青幇）を除いて、斎会・哥老会・大刀会・小刀会などの結社はすべて「滅満扶漢」を主張するものであったと見なした[36]。

第三に、広東の自立と秘密結社の統合について。欧榘甲は各秘密結社の統合が広東自立の前提と考え、そのために秘密結社の統合について方策を打ち出した。欧によれば、広東各地の秘密結社同士、あるいは同じ地域内の秘密結社同士が方言の違いから互いに対立してきたが、これらの結社は実はみな中原地域から移住してきた「源流を同じくする」種族である。同種同源の意識に基づいて各秘密結社を統合すれば、広東の自立を実現することができる。さらに彼は、これらの秘密結社を改造し、豪傑の命令に従わせれば、将来議会政治の基礎となる政党の起点にもなれると、という[37]。

以上三点のうち、特に注目すべきは、広東地域内の秘密結社を統合することによって排満の目標を実現させようとする構想が、秘密結社同士が同じ種族・民族に由来することを根拠にしている、という点である。このような広東自立論は後にしばしば広東独立論と受け止められたが、実際に、欧は広東を中国から独立させようとするのではなく、種族＝民族の同一性の論理を「中国全土はすべて漢人の土地で、漢人はすべて同種である」というところまで拡大させ、自立した省と省が連合して「聯邦」あるいは「独立国」を建設し、さらに、中国全体の自立へとつなげていく、と主張していたのである[38]。

『新広東』が世に出ると、ただちに海外の中国人の間で大きな反響を呼んだ。馮自由は『華僑革命開国史』において、『新広東』が「広東が清朝から離脱し、独立を宣布すべきことを唱える」ことが、「華僑から多いに歓迎された」と記している[39]。一九〇三年、湖南省出身の留学生楊守仁は『新広東』に倣って『新湖南』を発表し、湖南を清朝から独立させるなど『新広東』ときわめて近い主張を提出した。また、楊は「俠」の原理に基づいて会党を再建し、それを湖南自立の基礎とすることを主張し、「党人をもってそれぞれ会党の一部分を占めれば会党が立つ。会党をもってそれぞれ湖南の一部分を占めれば湖南が立つ」と将来を展望した[40]。

2、儒家革命的排満論―陶成章の「龍華会章程」

清末期に排満革命を唱えた人々の中でも欧榘甲の「省自立の排満論」と対照をなすのが、「従来から中央革命を志し[41]」、「漢族の光復」という旗印の下でほかの省の革命派との連携を図っていた陶成章である。

陶成章（一八七八～一九一二）は浙江省紹興府会稽県の出身で、義和団事件後数回にわたって西太后暗殺を図ったが、いずれも失敗した。その後、彼は日本に渡って、浙江省出身の留学生の間で光復会を組織し、排満革命に従事していた[42]。一九〇五年、孫文が東京で興中会、華興会、光復会の三つの反満グループを統一し中国同盟会を設立したとき、陶成章は同盟会の趣旨に賛同せず、孫文個人にも反対する姿勢を取っていた。

一九〇八年前後、陶成章は「革命協会」を設立し、秘密結社の統合をはかった。陶は新たに秘密結社「一統龍華山」を設立し、「漢族同登普渡堂」と名づけた[43]。陶成章とともに活動していた魏蘭によれば、「先生（陶成章）は福建、安徽各地の同志と連絡し、自ら五省（福建・浙江・江蘇・安徽・江西のこと）大都督と称し」、その下に浙東・浙西・江南・江北など十の軍を分け、秘密結社を主力とした武装蜂起を計画していた[44]。陶成章の五省連合の排満計画を欧榘甲の広東自立の計画と比べれば、前者の視野がより広いものであったことは明らかである。

陶成章が起草した「龍華会章程」は辛亥革命以前における革命派の秘密結社動員の思想方針、具体的措置を表す重要なテクストである。「章程」は①檄文、②会規十条、③約章五条、④入会儀式、⑤祭文、⑥入会の順序、⑦付録、の七つの部分から成り立つ。そのうち最も注目すべき点は、排満を儒家の「革命＝造反」の言説として位置づけることによって、秘密結社を排満革命に加えることを正当化しようとした、という点である。

「章程」には次のような書き出しの一文がある。「どうすれば革命となるか。革命とはすなわち造反である。（中略）革命とはすなわち『易経』のいう『天に順ひて、人に応ず』である」[45]。そして、陶は次の二点において儒家の経典を援用しつつ革命の正当性を主張した。すなわち、第一に、現存の政治体制と儒家の教義とを切り離すこと。陶によれば、「造反」が「大逆不道」と見なされることは、実は皇帝が自らの支配と権威を維持するために人為的に創り出した説であり、儒家の『四書五経』のどこにもこのようなことは書かれていない、という。また、彼は、殷の湯王と周の武王の革命だけを「革命」と呼ぶことは、民の造反する権利を奪うことになると述べ、秦・漢以降平民出身の皇帝が数多く存在することを例に、儒家の教義と現実の政治体制とを区別し、それによって従来の皇帝本位の専制体制が儒家の「民為貴」の民本思想に背いたものであることを示し、それゆえに打倒すべきであると主張した[46]。

第二に、「華夷の辨」と種族／民族を結合すること。陶成章の「章程」には「華夷の辨」の色彩が濃厚に表されている。彼によれば、モンゴル人による中国支配は中国史上初めての亡国の経験であった。幸いにして朱元璋がモンゴル人を中国から追い出し、漢人が再び皇帝の座を奪還することとなった。しかし、明末において満州人が中国の内乱に乗じて中国を支配した。太平天国の際に、曽国藩、左宗棠、李鴻章らが満州人を助け、漢人を殺したのは「大逆不道＝造反」であった。続いて、彼は、「外国においては異種人が皇帝になった例は一度も聞いたことがない。たとえ皇帝が同じ種族の者であったとしても、もし彼が民を暴虐したら、人々は起き上がって革命を起こすのである。外国との付き合いがだんだん増えてきた今、この道理は孔子、孟子の言葉と照らし合わせれば一層明白である」と述べている。[47]

陶成章は以上の二つの側面から革命＝造反の正当性を唱えたと同時に、排満復明と儒家の大同思想の実現を「革命協会」（一統龍華山）の趣旨と定めた。「章程」の第一条に、「満洲韃子皇家」＝清朝皇帝を駆逐し、大明の領土を取り戻すこと、第二条に、土地を公有に改め、富豪の独占を許さず、これにより四億の同胞に再び貧富の階級を生ぜしめず、みなが食うに困らない安定した暮らしを営むことができるようにすること、といった内容が書かれている。[48]このように、陶成章は排満と一般民衆の現実的利益を結び付けようとしていたのである。

以上見たように、欧榘甲と陶成章の二つのテクストに現れた革命派の秘密結社戦略は、排満と秘密結社の「反清復明」とを結び付け、秘密結社を排満革命の一員として動員する、というものであった。そこでは、排満論は地域（省）の利益・民衆の利益（生存と社会の公正）と結びけられている。革命派の排満武装蜂起が実際に各地の秘密結社や下層民衆を主力としていたことからみれば、後者はより重要な意味をもっていた。事実、当時、排満革命を掲げる清末知識人の中では、「地域革命」（珠江革命・長江革命など）を主張する者も、「首都革命」（若しくは中央革命）を主張する者も、[49]いずれ中国社会に存在する秘密結社に目を向けていたのである。

四　秘密結社革命の表象

一九〇八年までの数年の間に、革命派の中に秘密結社を利用して武装蜂起を行う「会党ブーム」が現れた。彼らは秘密結社と連携し、排満団体と秘密結社との間にいくつかの中間団体を設立した。興中会は哥老会・三合会と連携し、新たに興漢会を設立した。自立会は哥老会と連携して富有山堂を設立した。[50] 華興会と哥老会は同仇会を、光復会（革命協会）と秘密会党は一統龍華山をそれぞれ設立した。

革命党のメンバーたちは秘密会党と連携して排満の革命政党を設立すると同時に、一部の会党の内部文書を書換えた。たとえば、一九世紀の天地会の文献を収録したとされる羅爾綱編纂の『天地会文献録』の中には、「三点（洪門の『洪』に由来した）には革命の趣旨が密かに隠されている」とある。[51] 近年、民間に伝わる「香花僧秘典」と題した抄本が天地会の起源をめぐる議論の中に波紋を呼んだ。この抄本のなかには「革命」という言葉が使われているが、前述のように現代中国語における「革命」という言葉が一九世紀末に現れたことから、これらのテクストの作成時期は早くても清末の排満革命期と考えられる。[52]

当時、革命派の人々は、秘密結社と連携すれば、反清排満の武装蜂起はただちに勝利を収められるという楽観的な見方を持っていた。自立軍の蜂起の際、唐才常は「長江一帯の兵営の大部分がこれに属し、哥老会の数万人もまたこれに同意せり」と語っている。[53] 黄興は前掲の華興会の設立大会における演説において、秘密結社との連携によって湖南省を根拠地とする、という楽観的な見通しを示した。[54]

このような見解は当時革命派の周辺にいた日本人にも影響を与えた。[55] 宮崎滔天は哥老会の首領について次のように語った。[56]

挙止風貌亦た古色あり、実に読書辯論の士と其趣を異にす、彼曰く世運大に開て国情亦昔日と異れり、豈吾党独り旧態を固守すべけんや、吾徒の来つて諸君の教を乞はんとするは是が為なり。

また、平山周は興中会が三合会・哥老会と連合し、興漢会を設立したことについて、「是れ哥老会の徒が純正革命党と連絡し、以て其思想を変化するの端緒たり」と述べ、革命党が哥老会に変化をもたらすことに期待を寄せた[57]。しかしながら、たとえ秘密結社の首領が排満革命の政治的意識を持っていたとしても、その部下のほとんどは現実の利益のために行動していた。シフリン（H. Schiffrin）の研究によれば、孫文に動員され、一八九五年の広州蜂起に参加した広東省北江・香山・順徳各地の三合会や土匪は明確な思想をもつ組織ではなかった[58]。また、唐才常は富有山堂という秘密結社を設立した時、三十万枚余りの「富有票」をメンバーに配り、蜂起が成功した後で換金できると約束した[59]。孫文の命を受けて哥老会と連絡した畢永年は、当初孫文と連絡した哥老会の首領が後に康有為一派に転じたことから、「会党の友達は利を見れば義を忘れるので、事を共にするに足りない」と指摘した[60]。また、陳天華は「警世鐘」において、哥老会・三合会などに参加した者のほとんどは、「復明滅清」などのスローガンを掲げたものの、大きな志がなく、金儲けだけが目的で、たとえ蜂起しても大して役に立たないと述べ、秘密結社の革命性については否定的見解を表した[61]。一九〇〇年自立軍蜂起が失敗した後、かつて秘密結社に期待を寄せた日本人も、「哥老会を利用せんとしたる唐君（唐才常）は、却て哥老会の為に欺かれ、所謂漢口事件の犠牲となりて、一腔の熱血を荒邱に灑ぎ了れり」と述べ、陳天華と同様の意見を示した[62]。

一九一一年一〇月の武昌蜂起を導火線に、二ヶ月の間に十四の省が清朝からの独立を宣言した。辛亥革命以前の反清武装蜂起、および武昌蜂起後、秘密結社が各省の清朝からの独立に多いに貢献したというのが従来の通説であった。しかし実際には、秘密結社に関する畢永年、陳天華の上述の見解を裏付けるように、辛亥革命以前の段階において、秘密結社が革命派の同盟者として加わった多くの反清武装蜂起のほとんどは、準備の段階で流産してしまった。武昌蜂起後各省の独立においても、主要な役割を果たしたのは新軍であり、秘密結社が実際に各省の独立に加わったのは湖南、陝西、貴州、四川の四つの省に過ぎなかった。

四省のうち、一〇月二二日に起きた湖南省の武装蜂起は新軍を主体とするものであった。湖南省が清朝から独立した後、かつてある哥老会の「龍頭大哥」であった革命者焦達峰が都督に就任した[63]。その時、各地の哥老会は「焦大哥が都督になったから、今日の天下は我が洪門のものだ」と意気揚々であったと伝えられる[64]。しかしその後まもなく焦達峰は湖南省の立憲派が起こしたクーデタで殺害された。関連資料からみれば、焦が都督であったごく短い間の湖南政局はけっして立憲派の言うような哥老会主導のものではなかった[65]。一方、貴州省では、一一月四日に貴陽の陸軍小学校の学生と新軍第一標第二営の兵士が武装蜂起し、貴州の立憲派の拠点であった省諮議局の「自治学社[66]」と「憲政予備会[67]」がそれに呼応し、清朝からの独立を宣言した。この時、革命派と立憲派からなる「自治学社」はそれぞれの政治的目的から哥老会（当時は「公口」と称される）のネットワークの力を借りており、独立後、貴州省の政局を牛耳る「自治学社」と「憲政予備会」は互いに対立し、それぞれ哥老会の山堂を開いた。こうした点から、哥老会のネットワークは辛亥革命前後の貴州政局において重要な役割を果たしたといえる[68]。四川省においては、一九一一年一一月二七日、四川総督趙爾豊が「四川地方自治」を発布し、四川の清朝からの独立を宣言した。この時、哥老会メンバーを主体とした「同志軍」は四川独立の直接的な導火線となる保路運動に参加した[69]。湖南省と同じ日に清朝からの独立を宣言した陝西省では、武装蜂起の中心勢力であった新軍と巡防営のいずれも哥老会を基礎とするものであった。独立後に成立した陝西省軍政府の十七名の要員のうち、「大統領」（ほかの省の都督に相当するもの）を除く全員が哥老会の出身者であった[70]。辛亥革命後に成立した四省の軍政権の中では、陝西省の哥老会が最も大きな役割を果たしていた。

以上のような状況からみれば、辛亥革命前後における秘密結社の役割は主に革命派が秘密結社のネットワークを通じて反清活動を行うことにあった。このことについては、一九〇七年、江蘇巡撫陳夔龍が次のように述べている。

「逆党の存在は憂慮すべきものだが、逆党が盗匪と結合しない限り、その勢いはまだ弱いものである。従って、草莽を殲滅することは逆党を制することよりも急ぐべきである」[71]。実際、清朝の支配体制の内部では義兄弟の契りを交わし、血を歃って盟約を結ぶという秘密結社独特の結合方式が軍隊、巡防営などに浸透し、広い社会的ネットワークを結成していた。このようなネットワークこそが秘密結社が排満革命において果たした役割について考察する際の鍵である。これについては、節を改めて見ることにする。

五　秘密結社による革命の創出

以上のように、清末期の排満革命においては、実体としての秘密結社の役割は限られたものであったが、従来の研究ではその役割が過大評価されてきた。他方、当時の資料を繙いてみれば、秘密結社に関する記述がしばしば目に入ってくる。つまり、秘密結社と革命をめぐる記述と現実の秘密結社との間に、ある種のギャップが存在しているのである。これをどのように理解すればよいだろうか。ここで、反乱／革命の他に社会関係のネットワークとしての秘密結社に目を向ける必要があるだろう。つまり、秘密結社が社会関係のネットワークとして革命派の人々の間、そして革命家と民間社会との間で果たした役割に注目すべきである。一部の革命家は秘密結社の「反清復明」の言説を排満革命の方向に転換させ、秘密結社の組織原理に従って革命組織を作り、そのなかに秘密結社の勢力を吸収することによって秘密結社を革命のなかに取り入れた。結果的に、革命派の人々が秘密結社の伝統を作り直したと言えるのである。

一九二六年、民俗学者江紹原は、「(先秦) 各国の縉紳の間の盟礼は、その後比較的早く廃止された。しかし、私人と私人、団体と団体の間の盟礼は現在もまだ完全に消滅していない。少なくとも一部の風俗は多かれ少なかれ盟約の変形と見られる。三点会やその他の秘密会社に見られる血を歃ることは最も明白な事例である」、と述べている。[72] ここで江紹原は血を歃って盟約を結ぶという秘密結社の儀式が広まり、中国社会における人と人との結合の在り方にまで影響を与えたことに論及しているのである。ただし、「異姓結拜」について指摘しておきたいのは、異姓結拜の儀式に使われる「血」は人々の文化的想像を含むものであって、盟約を結んだ者の間に介在するのは「血」ではなく、滋賀秀三の言う「骨肉」の関係である、という点である。[73] このことは秘密結社内部の文献にも具現されている。たとえば、清代嘉慶年間に出現した天地会メンバー姚大羔の「会簿」には、「心を同じくして骨を結んで兄弟となる」（「洪門詩」）という文句がある。[74] 天地会メンバー劉梅占が保存した赤い布「花帖」には「兄弟の情は骨肉と同じで、同胞に勝る」という文句がある。[75] また、天地会メンバー劉亜貴の「桃園歌」では「同じ日に契りを結んだ者は即ち骨肉同胞である。これは永遠に変わらない」と述べられている。[76] 広西省田林県で発見された道光年間のものと見られる天地会の文献にも「生死を共にする骨肉の親しい関係を結ぶ」という一文がある。[77] 蕭一山の『近代秘密社会史料』に収録された洪門関係の資料にも、「同胞骨肉よりも親しい」という語句がある。[78]

では、秘密結社のメンバーの間の「骨肉」の兄弟関係は、どのような儀式を通じて結ばれたのか。以下、清代乾隆・嘉慶年間の天地会の文献を通じて、秘密結社の組織、入会儀式について概観しておきたい。清朝史史料叢刊『天地会』に記載された数十件の異姓結拜（いずれも血を歃って盟約を結ぶ儀式を伴う）を総合していえば、天地会の入会儀式にはおよそ以下の四つの段取りがある。①卓上、地上もしくは土台の上に香案を設けて、その上にいけにえを供えて、「五祖」と呼ばれる天地会の五人の創設者の像もしくは洪二和尚、関羽、土地菩薩の像を祭る。②刀をくぐったり、火の上を跨いだり、神仏の像が祭られた机の下をくぐったりする。③血を歃って盟約を結ぶ。儀式の参加者はともに血（鶏の血もしくは中指を刺して取った血）の入った酒を飲み、契りの誓約を読み上げる。④暗号を伝授する。[79]

秘密結社の入会儀式は清末期に結成された多くの革命団体に取り入れられた。そのうち、最も時期の早いものは孫文が一八九四年にホノルルで結成した興中会であった。入会者は会員の紹介が必要であり、宣誓しなければならない。興中会は洪門の連絡の際の手振りや暗号を真似して、「天運」という洪門の年号も用いた[80]。

興中会を含む革命の歴史に関する後世の書物には秘密会党の色彩を帯びた儀式がほとんど言及されないため、早期の革命団体の成立の歴史はほとんど知られていない。しかし幸いにも、当事者の手によってわずかながら記録が残されている。一八九九年、孫文が率いる革命党のメンバーは三合会や哥老会の首領を集めて香港で興漢会を結成した。その際に、血を歃って盟約を結ぶ儀式が行われている。出席者の一人宮崎滔天はその時の様子を次のように記している[81]。

議に与るもの総て十二人、曰哥老会〇〇山主〇〇〇君、同じく〇〇山主〇〇〇君、同じく〇〇山主〇〇〇君、同じく〇〇山主〇〇〇、同じく〇〇の股肱〇〇〇君、同じく〇〇の股肱〇〇〇君、同じく〇〇の股肱〇〇〇君、三合会頭目〇〇〇君、同じく〇〇〇君、興中会領袖〇〇君、同じく〇〇〇君、同じく〇〇〇君、機既熟す、議豈長きを要せんや、即ち孫君を推して統領となし、会名を改めて〇〇堂〇〇会と称し、綱領三則を定め、鳩血を啜りて之を誓ひ、印章を作りて孫君に捧ぐ、実に是れ空前の快事なり、但余未だ其詳を言ふ能はざるを恨む、事他人の身上に関するを以てなり。

この記録からみれば、血を歃って盟約を結ぶという秘密結社の儀式が興漢会の設立儀式に大きな影響を与えたことは明らかである。

もう一つの事例は一九〇四年秋、馮自由・秋瑾・劉道一・龔宝銓・王時沢ら十一人の革命派が横浜にある広東商人の店で行った儀式である。当時の情景について、当事者の一人王時沢は後年次のように語っている[82]。

まず馮自由は宣誓の問答語をわれわれに説明し、宣誓の時にそのように答えるよう言った。説明が終わった後、梁慕光が宣誓の儀式を取り仕切った。彼は手に持っていた鋼の刀を宣誓人の頚にかけた。一人一人は順番に宣誓した。最初に宣誓したのは劉道一であった。私の番の時、梁は私に聞いた。「あなたは何をしに来たのか」。私は馮自由が教えたとおりに、「私は食うために兵士になった」と答えた。「あなたには忠誠心があるのか」と梁が聞いた。私は、「ある」と答えた。梁は、「もし忠誠心がなかったらどうなるか」と聞いて、私は「山に登ったら虎に咬まれ、他所へ行ったら強盗に遭う」と答えた。全員が宣誓した後、梁と馮は長さ六、七尺の白い布を横に広げた。布には斗のサイズで「翻清復明」の四文字が書かれていた。一人一人が身をかがめて布の下をくぐって、（革命）主義に忠誠を示した。また、部屋の中で火を起こし、各人が火の上を飛び越えたが、これは水火も辞さないという決心を表すためであった。その後、それぞれ指を刺して血を出し、一羽の大きな雄鶏を殺して、一緒に雄鶏の血の入った酒を飲んだ。その場で馮、梁の二人はこの団体が「三合会」（天・地・人の合一を意味する）であると宣し、私たちにいくつかの規則を説明してくれた。例えば、顔を合わせた時の合図、問答の仕方、屋敷に入る時は右足で前へ踏み出すこと、握手の時は相手の薬指をしっかり握ることなど。その後、一冊の本を劉道一に渡し、私たちに互いに転写をするように言った。私はざっと頁をめくって読んだが、なかには会規が書かれていたほかに、旗幟の様式も描かれていた。最後に、各人が入会費日本円一〇円を払い、儀式は終了した。

この革命組織の入会儀式は明らかに天地会の儀式と同じものであった。唯一異なるところは、天地会では男性だけが契りを結ぶのに対して、この儀式の出席者には秋瑾という女性が含まれており、彼女は「白扇」（軍師、参謀）という称号を与えられた、という点である。女性の入会を認めることは天地会の伝統に対する革新といえる。このような「伝統の革新」は革命派が秘密会党と連携して新しい革命組織を結成する際にしばしば用いられる手法であった。

秋瑾が所属する光復会は浙江地域の秘密会党と共同で「龍華会」という革命組織を結成した。龍華会の入会儀式には、秘密結社の伝統的儀式のほかに、浙江省のローカルな伝統である岳飛崇拝が取り入れられていた。「龍華会章程」によれば、龍華会の入会儀式は次のとおりである。[83]

われわれの協会の入会式はできるだけ岳飛廟で行うべきである。もし（近くに）岳飛廟がなければ、あるいは岳飛廟はあるが場所が適切でなければ、家できれいなところを選んで行っても良い。儀式を行う際に、机を設けてそのうえに少保忠武岳王爺爺の位牌を中央に置き、その左には将軍楊再興の位牌、その右には将軍牛皐の位牌をそれぞれ置く。楊将軍・牛将軍の位牌の下にはそれぞれ王佐、施全の位牌を置く。鶏・ガチョウ・ブタの肉を供える。もしガチョウの肉がなければ、アヒルや羊の肉を使ってもよい。要するに三種類の動物の肉があればよい。また、酒大つぼ一つぼとコップ五つを用意して、それぞれのコップに半分の酒を注ぎ、位牌の前に供える。さらに、一羽の生きた鶏を竿に縛って、それを香炉一つ、蝋燭一対とともに位牌の前に供える。主盟者はまず位牌に向かって四跪四叩頭の礼をする。その後、針で腕を刺して、血を一滴一滴岳飛の位牌の前におかれた酒の入ったコップに垂らす。これが終わった後、主盟者は位牌の左側に坐り、入会者は位牌に向かって四跪四叩頭の礼をした後、立ち上がって針で腕を刺す。血を一滴一滴岳飛の位牌の前におかれた酒の入ったコップに垂らす。これが終わった後位牌の右側に座る。その後、盟約の証人（即ち香堂）が前に進んで位牌の前で四跪四叩頭の礼をしてから、立ち上がって位牌の前に香を立てて、黄色の紙に書かれた祭文を読み上げる。

この儀式のなかで、岳飛は天地会伝説のなかの「反清復明」の英雄やさまざまな神明を超えた、反満英雄の系譜のなかで最も高い位置に置かれている。[84]儀式に参加する人々は岳飛の位牌の前で腕を刺して血をコップに垂らして、血の入った酒を飲み、岳飛の位牌の前で祭文を読み上げて、岳飛の抗金（金は女真族が立てた王朝）＝排満の事跡を謳歌し、誠心誠意に入会し、会の秘密を守り、「兄弟の如く心を一つにする」ことを誓った。[85]

宣誓した後、刑を執行する者は左手で鶏を捕まえて右手に刀を執り、次のように言う。「岳様の英霊や過去の神、そしてわれわれの先祖様、ご高覧下さい。われわれは心を一つにして互いに協力し、満洲人を殺すことを誓い、我が先祖の大きな仇を討ち、禍福を共にいたします。これに従わない者は天罰を逃れられません。これを疑う者はこの鶏を見てください」、と。話しが終わろうとする時、(その人は) 右手に持った刀を左手で捕まえていた鶏の頭を切り取った。鶏の頭が地面に落ちると、急いで鶏の血を位牌の前に置いてあった五つの酒の入ったコップに垂らす。すると、主盟者・証人および刑を執行する者はともに位牌の前に進んで跪いて、再び四跪四叩頭の礼をする。その後、四人は血の入った酒をそれぞれ一杯飲む。真ん中のコップの酒は主盟者と入会者が分けて飲む。飲み終わった後、位牌を焼いて、刑を執行する者は殺した鶏を調理して、(儀式の参加者が) 一緒にこれを食べる。[86]

鶏を殺してその血を取り、血の入った酒を飲むと、儀式はクライマックスを迎える。会衆は「岳様」の遺志を受け継ぎ、清王朝を押し倒すことを誓い、こうして、「反満」を目的とした共同体が誕生したのである。

清末期には、このように秘密会党の組織原理にのっとって結成された団体は他にも多数存在した。一九〇七年に東京で結成された共進会という革命団体もその一例である。共進会の初代会長張伯祥と二代目の会長鄧文翬はいずれも哥老会の首領であった。共進会が結成される際に、血を歃って盟約を結ぶという儀式を行い、洪門のルールに従って「中華山」・「光復堂」・「興漢水」・「報国香」と称する山堂を開いた。[87] こうした点からみれば、共進会は排満の趣旨を掲げる革命団体とはいえ、その組織はもっぱら秘密会党組織の複製と言っても過言ではない。

かつて陝西新軍に参加し、民国初期に白朗の武装蜂起を弾圧した張鈁は次のように回想した。[88]

兵隊になりたいなら義兄弟の契りを結べという当時の諺から、兵士の多くが洪門幇会の者であったことが分かる。

（中略）なぜなら、幇会に入らなかったら、万が一困ったことがあっても誰も助けてくれないからである。（幇会に）参加した人のうち官僚、商人・紳士も少なくなかった。直接参加しなくても、洪門の規則を知っていれば、さまざまな意味で便利である。従って、当時各衙門、機構ないし各階層に洪門の兄弟がいた。

このような状況は陝西省に限らず、湖南・貴州・四川においても秘密結社の結合原理が広く見られ、一種の社会的現象となり、排満革命における革命組織の求心力の増大に役立った。民国期の広西系軍閥、かつて国民政府副総統に任じた李宗仁は晩年自分が一九一〇年に広西陸軍小学校で同盟会に参加した時のことを振り返って、次のように述べている。[89]

同盟会は秘密の革命組織であり、海外にある本部の命令に従って随時革命運動を起こしていた。清朝時代において、革命を行う人はみな反逆者と見なされ、常に死の危険を伴っていた。死んでも悔いがないという革命の精神を表すため、入会の時はそれぞれ申請書を書き、血を歃って盟約を結ぶことによって後悔しないことを示した。私の学校の三期生のうち五十人余りが入会した。民間の住居三部屋を借りて、毎月二回集った。私の記憶では自分はそこで入会した。鋼の針で指先を刺して血を採って誓約した。私は針を指先にちょっと刺しただけで血が出た。それほど痛くはなかった。臆病者の同級生たちは一気に刺す勇気がなく、針で指先を何度もほじっていた。とても痛そうだが血がなかなか出てこない。

ここで注目すべきは、この儀式では、鶏を殺したり、刀の下をくぐったり、血の入った酒を飲んだりする場面はなかった、という点である。指を刺して宣誓する時の血は革命に参加することのシンボルであった。

オランダ人研究者テル・ハールは中国史上の血を歃って盟約を結ぶという儀式を西洋のそれと比較して、次のような見解を提起した。すなわち、中国の場合、儀式は「空洞の儀式」（empty ritual forms）であり、その目的は儀式の際の言葉と文字に含まれた意味と力を強調することである。それに対して、西洋の場合は、儀式の目的は義兄弟の間の血縁関係を作り出すことにある、という。[90]しかし、以上の考察を通じて分かるように、中国人の契りを結ぶ際の儀式には「骨を結ぶ」、すなわち異姓兄弟という役割もある。

では、辛亥革命において、このように秘密結社の原理に基づいて革命を「創造」した、ということが実際にどのような役割を果たしたのであろうか。辛亥革命の際に秘密結社が革命に関わったのは湖南・陝西・貴州・四川の四つの省だけであり、秘密結社と革命との関わりは主として秘密結社のネットワークを通じて現れていた。以下では、湖南、陝西、貴州、四川の四省の事例を通じて、革命派が哥老会のネットワークを通じて新軍のなかで行った活動について検討したい。

武昌蜂起後、四省が清朝からの独立を宣言するに当たっては、新軍の中で革命派は中心的な役割を果たした。特に、実際に革命派をまとめたのは義兄弟の契りを結んだ秘密結社であった。例えば、革命派の焦達峰は湖南新軍のなかでは階級の低い将校であったが、会党のメンバーであったため、新軍のなかで一定の影響力があった。彼が設立した「四正社」という組織は「洪江会」（哥老会）組織の一つであり、そのメンバーには新軍兵士や学生、農民などが含まれていた。[91]また、陝西新軍のなかに、異なる山堂の哥老会メンバーが含まれており、兵士のうち古い者はだいたい会党のメンバーであった。[92]一九一〇年七月九日（陰暦六月三日）、西安新軍の兵士三十六人が西安の大雁塔（大慈恩寺）で「三十六人の兄弟が血を歃って盟約を結ぶ」儀式を行い、これを通じて革命派と哥老会が同盟を結んだ。[93]革命派は血を歃って盟約を結ぶという儀式を通じて新軍のなかの哥老会メンバーとの連携を強めた。

哥老会の結合方式やネットワークは清末貴州省の立憲運動においても重要な役割を果たした。[94]貴州省の新軍は二つの標（後の団＝連隊に相当する）に分かれ、そのうちの一つは四川保路同志会が武装蜂起を行った後四川省に移動させられ、もう一つの標の二つの営（大隊に相当する）のうち第一営は貴陽に駐屯し、第二営は貴州新軍の武装蜂起を策動した。貴州新軍のうち、「新軍頭目（班長＝分隊長）と兵士の九〇パーセント以上が袍哥（哥老会のメンバー）であった」と言われる。(95) 武装蜂起に参加した閻崇階・劉革園は後年貴州の陸軍小学校の学生であったころのことについて次のように振り返った。

二人は同じ学校の学生であった席正銘などと密かに義兄弟の契りを結んで、排満革命の情報を伝えたり、討論したりした。彼らは軍事学校の学生と公立中学、師範学校などで組織のメンバーを増やし、「歴史研究会」という名の組織を結成した。その時、貴州の陸軍小学校と新軍の間に意見の相違が生じ、摩擦が起きた。席正銘・閻崇階・劉革園などは双方の関係を改善し、排満についての共通認識を得るために、一九〇八年春に「皇漢公」（一九〇九年春に「匯英公」に改名）という哥老会組織を結成し、「兄弟の契りを結ぶ」ことによって互いに連絡しあった。「皇漢公」は次第に各種の学校の学生や新軍頭目、および一般の哥老会メンバーのなかでも同志を得たという。(96)

武昌蜂起後、御史趙熙は「四川に続いて湖北省でことが起き、天下がこれに呼応しました。故に四川の乱は湖北の乱の根本でした」と上奏し、四川総督趙爾豊を処刑するよう求めた。(97)「四川における会党の風習は最も盛んである」とも言われている。(98) 哥老会の組織やネットワークは、立憲派が中心を占める諮議局主導の保路同志会や立憲と革命の二つの勢力が合同した保路同志軍のいずれにおいても中心的な役割を果たし、結果的には四川を清朝政府からの独立に走らせたのである。(99)

むすび

以上、「革命」言説の変化、孫文を始めとする清末の革命派による秘密結社動員、辛亥革命期における秘密結社の実像と虚像について検討してきた。本章の考察を通じて明らかになったように、辛亥革命期において、秘密結社は政局の変化と密接な関係があったとはいえ、従来の秘密結社の革命との関係についてのイメージは、秘密結社の実態と大きくかけ離れており、そこには革命党の歴史叙述——秘密結社を自らの革命戦略に合致させ、秘密結社の反体制、反社会的な側面を秘密結社全体の性格として強調すること——が投影されている。革命党が描いた秘密結社の政治像を帝政末期における清朝政府の「会匪」・「教匪」の言説と比べると、両者の共通点は容易に見出せるだろう。

また、実体としての秘密結社が辛亥革命の際に果たした役割を解明しようとする従来の研究と異なって、筆者は本章の考察を通じて、秘密結社の結合原理が果たした、革命派の組織、および革命派と民間勢力、軍隊との関係のネットワーク形成という役割を重視すべきであることを強調したい。秘密結社の結合原理や人間関係のネットワークが一定の役割を果たしたからこそ、辛亥革命後の政治闘争において、実体としての秘密結社が革命の推進力ではなくなった後も、その結合原理は依然として革命組織に反映され、秘密結社はなおさまざまな政治勢力が利用しようとする対象でありつづけたのである。

注

（1）辛亥革命期における革命派と秘密結社との関係については、以下の先行研究を参照のこと。

①革命派と海外洪門との関係。鄧嗣禹「海内外会党対於辛亥革命的貢献」、呉相湘『中国現代史叢刊』第五冊、台北文星書店、一九六〇年。荘政『国父革命与洪門会党』、正中書局、一九八一年。顔清湟著、李恩涵訳『星、馬華人与辛亥革命』、聯経出版事業股份有限公司、一九八二年。黄建淳『新加坡華僑会党対辛亥革命影響之研究』、新加坡南洋学会、一九八八年。

②革命派と中国国内の哥老会、三合会、洪江会などの秘密結社との関係についての研究は多数存在するが、本論文のテーマと直接関係のあるものは次のとおりである。

(1)中国文。蔡少卿『中国近代会党史研究』、中華書局、一九八七年。周育民・邵雍『中国幇会史』、上海人民出版社、一九九二年。胡珠生『清代洪門史』、遼寧人民出版社、一九九六年。秦宝琦『中国地下社会』（第二巻）、学苑出版社、二〇〇五年。

(2)日本文。清水稔「貴州における辛亥革命――哥老会と革命派との出会い」、『名古屋東洋史研究報告』（四）、一九七六年。北山康夫「辛亥革命と会党」、『辛亥革命の研究』、筑摩書房、一九七八年。横山宏章「中国の共和革命運動と秘密結社――孫中山の興中会を中心に」、明治学院大学『法学研究』（三七）、第三九六号、一九八六年四月。中村哲夫『同盟の時代――中国同盟会の成立過程の研究』、人文書院、一九九二年。拙稿「清末民初期における民間秘密結社と政治との関係」、神奈川大学人文学研究所編『秘密社会と国家』、勁草書房、一九九五年。

(3)英文。Mary Rankin, *Early Chinese Revolutionaries: Radical Chinese Intellectuals in Shanghai and Chekiang, 1902-1911*, Cambridge Mass., Harvard University Press, 1971. Jean Chesneaux, eds., *Popular Movements and Secret Societies in China, 1840-1950*, Stanford: Stanford University Press, 1972. Joseph Esherick, *Reform and Revolution in China, The 1911 Revolution in Hunan and Hubei*, Berkeley: University of California Press, 1976. Prasenjit Duara, *Rescuing History From the Nation: Questioning Narratives of Modern China*, Chicago: University of Chicago Press, 1995.

（2）Duara, op. cit., pp.125-133.

（3）陳少白『興中会革命史要』、中央文物供応社、一九五六年、一二頁。

（4）陳徳仁と安井三吉によれば、当時神戸の新聞は孫文の革命については報道しなかった（陳徳仁・安井三吉『孫文と神戸』

（補訂版、神戸新聞総合出版センター、二〇〇二年、三四―三五頁）。孫文が革命思想に接したのはこれより数年後のことであった（陳建華『「革命」的現代性――中国革命話語考論』、上海古籍出版社、二〇〇〇年、六二頁）。しかし、長い間、このエピソードは近代中国の知識人と革命とのドラマティックな出会いとして論じられることは、それ自体興味深いことである。

（5）朱浤源『同盟会的革命理論――「民報」個案研究』、中央研究院近代史研究所専刊、一九八五年、一三―一五頁。陳建華前掲書はリディア・リュウが提起した「言語横断の実践」（translingual practice）」という概念（Liu, H. Lydia, *Translingual Practice: Literature, National Culture and Translated Modernity*, Stanford: Stanford University Press, 1995）を中国革命の研究に応用して、革命という言葉の語義の変遷を辿り、革命言説の「近代性」の形成過程を論じた。しかし、そもそも文学研究のなかで提起されたこの概念を歴史研究の分野に適用することには限界があるように思われる。なぜなら、革命をめぐる言説が「旅する」際に、その内容は必ずしも時空の変化に従って変化するとは限らない。語義の変化が生じたとしても、革命が発生する具体的なコンテクストを分析しなければ、語義の変化を精確に把握することは困難であろう。異なるコンテクストにおける革命言説の相違をさておき、視線を降下させて民間レベルにおける革命について考察すれば、まずわれわれの目に入るのは革命の「近代性」というよりも、むしろ革命の「伝統性」――「創られた伝統」（invented tradition）である。これについては、本章以下の部分で秘密結社と革命の関係を取り上げて論じたい。

（6）中国之新民（梁啓超）「釈革」、『新民叢報』第二十二号、光緒二八年一一月一五日、「論説」、一頁。

（7）Hannah Arendt, *On Revolution*, Penguin Books, Lotte Koeler, 1991. ハンナ・アレント『革命について』、志水速雄訳、筑摩書房、ちくま学芸文庫、一九九五年、五九頁、六五頁。

（8）「revolution」概念の変遷について、以下のものを参照。Raymond Williams, *Keywords, A Vocabulary of Culture and Society*, New York: Oxford University Press, 1985, pp.270-274. Peter Calvert, *Revolution and Counter-Revolution*, Open University Press, 1990.

（9）鄒容「革命軍」、張枬・王忍之編『辛亥革命前十年間時論選集』（以下『時論選』と略す）第一巻、三聯書店、一九六〇年、六五一頁。

(10) 章炳麟「革命軍序」、前掲『時論選』、六五〇頁。

(11) 「革命」に関する章炳麟のこのような理解は、当時革命派以外の人々にも共有されていた。立憲派の代表的な人物張謇は、辛亥革命最中の一九一二年一月一一日に書いた「革命を論ず」と題した文章のなかで、中国史上湯武以降に起きた「革命」を次の四つのタイプに分類している。(1)聖賢革命、(2)豪傑革命、(3)権奸革命、(4)盗賊革命（張謇研究中心他編『張謇全集』第五巻、「芸文」上、江蘇古籍出版社、一九九四年）。また、「革政」と「革命」に関する章炳麟の考えについては、湯志鈞『近代経学与政治』（中華書局、二〇〇〇年、二四六―二九九頁）を参照。

(12) 『江湖漢流宗旨』、一九一二年刻本、著者不明。

(13) 小島祐馬「儒家と革命思想」（上）、『支那学』第二巻、第三号、大正一〇年一一月。（下）、第二巻、第四号、大正一〇年一二月。

(14) 孫文「致公堂重訂新章要義」（一九〇五年二月四日）、『孫中山全集』第一巻、中華書局、一九八一年、二五九頁。

(15) 陶成章『教会源流考』、国立中山大学語言歴史学研究所、一九二八年、三頁。湯志鈞編『陶成章集』、中華書局、一九八六年、四一五頁。

(16) 今までの研究において、天地会の起源について主に次の三つの見解がある。(1)蕭一山、羅爾綱は天地会内部の文書に依拠して、天地会が「反清復明」の組織であると主張した（蕭一山『近代秘密社会史料』、国立北平研究院、一九三五年。羅爾綱『天地会文献録』、正中書局、一九四三年）。それに対して、赫治清、胡珠生は清朝の档案も含めて、天地会側の資料に基づいて、同じ見解を示した（赫治清『天地会起源研究』、社会科学文献出版社、一九九六年。胡珠生『清代洪門史』、遼寧人民出版社、一九九六年）。(2)蔡少卿、秦宝琦らは天地会の会書と天地会に関する歴史事実とを区別すべきであるとし、天地会は「反清復明」の政治的目標をもつ組織ではなく、相互扶助を目的とした下層民衆の結社であると主張した（蔡少卿『中国近代会党史研究』、中華書局、一九八七年。秦宝琦『清前期天地会研究』、中国人民大学出版社、一九八八年。Dian Murray, The Origins of the Tiandihui, The Chinese Triads in Legend and History, Stanford: Stanford University Press, 1994.）(3)以上の二つの見解を折衷した意見として、次のような研究がある。荘吉発『清代天地会源流考』、台湾故宮博物院、一九八一年。同

『清代秘密会党史研究』、文史哲出版社、一九九四年。

(17)「討三合会匪檄」、佐佐木正哉編『清末の秘密結社』（資料編）、近代中国研究委員会、一九六七年、一〇八頁。

(18) 韓山文「太平天国起義記」、中国史学会主編『太平天国』（六）、神州国光社、一九五二年、八七二頁。

(19) 喩松青『明清白蓮教研究』、四川人民出版社、一九八七年、六二—六三頁。

(20) 嘉慶、道光年間の牛八教禁止について、中国第一歴史檔案館「朱批奏摺」の以下の部分を参照。
①方手印等在湖北伝習牛八教案（孫玉庭等奏）、嘉慶二一年八月二八日。
②武維金等在襄陽伝習牛八教案（馬慧裕等奏）、嘉慶二一年二月二一日。
③黄起能等在襄陽伝習牛八教案（周天爵等奏）、道光一九年八月二六日。
④黄起順等在襄陽伝習牛八教案（周天爵等奏）、道光二〇年正月二〇日。

(21) 中国社会科学院歴史研究所清史室、資料室編『清中期五省白蓮教起義資料』第一冊、江蘇人民出版社、一九八一年、三—四頁。

(22) 中国歴史博物館編『中国近代史参考図録』上冊、上海教育出版社、一九八一年、一七六頁。

(23) 同右、一七三頁。

(24)「楊太告示」（一、二）、「左臨明供詞」、国家檔案局明清檔案館編『宋景詩檔案史料』、中華書局、一九五九年、三一—三二頁、七三頁。

(25) P・キューンは、乾隆朝の“soul stealers”に扱った著作のなかで、清朝支配者が「剪辮」など政治的規範を逸脱した行動を満州人の支配に対抗するものと見なしていたと指摘した。Philip Kuhn, *Soul Stealers: The Chinese Sorcery Scare of 1768.* Cambridge Mass: Harvard University Press, 1990, p.224. 谷井俊仁・谷井陽子訳『中国中世の霊魂泥棒』、平凡社、一九九六年、二七三頁。

(26) 拙稿「『九龍山』秘密結社についての一考察」（『中国研究月報』第五五三号、一九九四年三月）を参照。

(27) 中国第一歴史檔案館所蔵「録副奏摺」、光緒四年九月初九日丁宝楨奏。

(28)「与旅比中国留学生的談話」（一九〇五年二月）、前掲『孫中山全集』第一巻、二七一頁。

(29) C. K. Yang, "Some Preliminary Statistical Patterns of Mass Action in Nineteenth Century China," in F. Wakeman and Grant, eds., *Conflict and Control in Late Imperial China*, Berkeley: University of California Press, 1975, p.177.

(30) 劉錚雲「清代会党時空分布初探」、『中国近世社会文化史論文集』、中央研究院歴史語言研究所、一九九二年、四三八頁。一八五〇―一八九三年の間、比較的に規模の大きな秘密会党（洪門）による武装蜂起は三十一件に数えられる（張玉法『清季的革命団体』、中央研究院近代史研究所専刊、一九七五年、六四頁）。

(31)「在華興会成立会上的講話」（一九〇三年一一月）、湖南省社会科学院編『黄興集』、中華書局、一九八一年、二頁。

(32) 馮自由『革命逸史』初集、中華書局、一九八一年、五〇頁。

(33) 康有為「致欧榘甲書」（一九〇〇年六月二〇日）、上海市文物保管委員会編『康有為与保皇会』、上海人民出版社、一九八二年、一二四頁。

(34) 黄東蘭『近代中国の地方自治と明治日本』、汲古書院、二〇〇五年、一一三―一一五頁。

(35) 欧榘甲『新広東』、前掲『時論選』、二九三―二九四頁。

(36) 同右、二九四頁、二九六頁。

(37) 同右、三〇六―三〇八頁。

(38) 同右、三〇九―三一〇頁。

(39) 馮自由『華僑革命開国史』、商務印書館、一九四六年、六二―六三頁。

(40) 湖南之湖南人（楊篤生＝守仁）『新湖南』、一九〇三年、前掲『時論選』。

(41)「浙案紀略」巻五、前掲『陶成章集』、三三九頁。

(42) 一九〇五年以前の陶成章の生い立ちについては、湯志鈞「陶成章年譜」（初稿）（前掲『陶成章集』、四六六―四九六頁）、大里秋浩「陶成章年譜（稿）」上、中、中国民衆史研究会編『老百姓の世界――中国民衆史ノート』第二号（一九八四年）、第三号（一九八五年）を参照。

(43)「龍華会章程」（一九〇八年）、前掲『陶成章集』、一三五頁。
(44)魏蘭「陶煥卿先生行述」、前掲『陶成章集』、四三二頁。
(45)「龍華会章程」、前掲『陶成章集』、一二九頁。
(46)「龍華会章程」、前掲『陶成章集』、一二九―一三一頁。
(47)「龍華会章程」、前掲『陶成章集』、一三一―一三二頁。
(48)「龍華会章程」、前掲『陶成章集』、一三五頁。
(49)萱野長知『中華民国革命秘笈』、帝国地方行政学会、一九四〇年、八八頁。
(50)自立会の性格については、従来学界において「革命」と「勤王」の二説があるが、筆者は「革命」説を取る。その理由は、自立会の文書と行動に清朝を押し倒す「革命」的な性格を有するほかに、富有山堂、富有票の「富有」という言葉自体にも「革命」の意味が隠されていると思われるからである。「富有」という言葉は金銭的なものと理解されがちであるが、この言葉は次の二つの出典がある。①『易経』の「富有之謂大業、日新之謂盛徳」という文句があるが、ここで「日新」は『易経』の「革命」と同じ意味である。②『中庸』には「尊為天子、富有四海之内」という語句があるが、ここで「富有」は「天下を有する」という意味である。
(51)羅爾綱前掲『天地会文献録』を参照。
(52)秦宝琦『洪門真史』（増補版）、福建人民出版社、二〇〇〇年、三九九頁。
(53)「井上雅二日記」、一八九九年七月三一日、『国家学会雑誌』第九十八巻、一―二合併号、一六〇頁。
(54)前掲『黄興集』、二頁。
(55)言うまでもなく、当時孫文など革命派の人々と密接な関係をもつ日本人は、革命派と異なった角度から中国の秘密結社に関心を持っていた。この問題については、並木頼寿「明治訪華日本人の会党への関心について」（前掲『秘密社会と国家』、一六二―一八一頁）を参照のこと。
(56)宮崎滔天「三十三年之夢」、『宮崎滔天全集』第一巻、平凡社、一九七一年、一五二頁。

(57) 平山周「支那革命党及秘密結社」、『日本及日本人』第五六九号（一九一一年一一月一日）、五〇頁。

(58) Harold Z. Schiffrin, *Sun Yat-Sen and the Origins of the Chinese Revolution*, Bekerley: University of California Press, 1968, p. 55.

(59) 蔡少卿前掲書、二七三頁。

(60)「畢永年削髪記」、馮自由『革命逸史』初集、七五頁。

(61) 陳天華「警世鐘」、中国史学会主編『辛亥革命』（二）、上海人民出版社、一九五七年、一四一頁。

(62) まこと生「湖南の曽游」、『黒龍』第十六号、一九〇三年九月一日、二四―二五頁。

(63) 閻幼甫「関於焦達峰二三事」、中国人民政治協商会議全国委員会文史資料研究委員会編『辛亥革命回憶録』（二）、中華書局、一九六二年、二一二頁。

(64) 子虚子「湘事記」、前掲『辛亥革命』（六）、一五五頁。陳浴新「湖南会党与辛亥革命」、『文史資料選輯』第三十四輯、一二五頁。

(65) 馮自由は「湖南都督焦達峰」の中で焦達峰に対する非難を批判した。前掲『革命逸史』第二集、二六三頁。

(66) 劉毅翔「略論貴州自治学社与憲政予備会」、『辛亥革命与近代中国――記念辛亥革命八十周年国際学術討論会論文集』上、中華書局、一九九四年。

(67) 憲政予備会については劉毅翔前掲文を参照されたい。ただし、この論文では、憲政予備会の設立時期については従来と同様に誤って記述されている。『申報』（一九〇九年一二月三〇日）に掲載された「貴州発起憲政予備会大会紀詳」と題した記事では、一九〇九年一一月二八日と記されている。

(68) 貴州独立前後の哥老会については多くの回想文が発表されている。そのうち最も詳細なものは次の二文である。(1)胡寿山「自治学社与哥老会」、前掲『辛亥革命回憶録』(三)。(2)閻崇階「貴州陸軍小学辛亥革命活動回憶」、貴州社会科学院歴史所編『貴州辛亥革命資料選編』、貴州人民出版社、一九八一年。

(69) 四川の辛亥革命における哥老会の役割について、西川正夫は「辛亥革命と民衆運動――四川保路運動と哥老会」（野沢豊・

田中正俊編『講座中国近現代史』三、東京大学出版会、一九七八年）と題した論文のなかで詳細に論じているので、参照されたい。

（70）「陝西辛亥革命中的哥老会」、前掲『辛亥革命回憶録』（五）、中華書局、一九六三年、一〇八―一〇九頁。

（71）「江蘇巡撫陳虁龍奏」（光緒三三年六月初三日）、前掲『辛亥革命』（三）、一七三頁。

（72）江紹原「『盟』与『詛』」（一九二六年）、『江紹原民俗学論集』、上海文芸出版社、一九九八年、一二九頁。

（73）滋賀秀三『中国家族法の原理』、創文社、一九六七年、三五―三八頁。滋賀の議論および筆者の考えについて、以下の拙稿を参照。「想象的血――異姓結拜与記憶共同体的創造」、拙編著『事件・記憶・叙述』（新社会史1）、浙江人民出版社、二〇〇四年。"Imagined Blood, The Creation of a Community of Memory through Sworn Brotherhood", *Chinese Sociology and Anthro-pology* (M. E. Sharpe, New York), Winter 2004-5/Spring, 2005, Vol.37, Nos.2-3.

（74）「姚大羔所蔵天地会会書」、中国人民大学清史研究室、中国第一歴史檔案館編『天地会』（一）、中国人民大学出版社、一九八〇年、一八―一九頁。

（75）「劉梅占所蔵紅布花帖」、前掲『天地会』（六）、中国人民大学出版社、一九八七年、三〇四頁。

（76）「劉亜貴所蔵桃園歌」、前掲『天地会』（七）、中国人民大学出版社、一九八八年、二二四頁。

（77）庾裕良・陳仁華他篇『広西会党史資料匯編』、広西人民出版社、一九八九年、四八七頁。

（78）蕭一山『近代秘密社会史料』巻二「洪門小引」。

（79）「閩浙総督汪志伊奏獲汀州天地会首謝佩成等人摺」（嘉慶一六年二月初七日）、前掲《天地会》（六）、一七四頁。「閩浙総督汪志伊奏審擬武平県天地会首朱士達等人摺」（嘉慶一七年五月二八日）、同右、一七八頁。

（80）荘政前掲書、八五―九三頁。

（81）宮崎滔天「三十三年之夢」、前掲『宮崎滔天全集』第一巻、一五四―一五五頁。

（82）王時沢「回憶秋瑾」、前掲『辛亥革命回憶録』（四）、中華書局、一九六二年、二二五頁。

（83）「龍華会章程」、前掲『陶成章集』、一四〇頁。

(84) 中国の歴史における岳飛の叙述について、孫江・黄東蘭「岳飛叙述、公共記憶与国族認同」(『二十一世紀』、香港中文大学、総八六期、二〇〇四年一二月号）を参照。
(85) 「龍華会章程」、前掲『陶成章集』、一四一頁。
(86) 同右。
(87) 鄧文翬「共進会的原起及其若干制度」、『近代史資料』一九五六年第三期、科学出版社、一七頁。
(88) 張鈁「辛亥革命時陝西的洪門幇会」、同『風雨漫漫四十年』、中国文史出版社、一九八六年、六一頁。
(89) 李宗仁口述・唐徳剛撰写『李宗仁回憶録』、広西人民出版社、一九八八年、三七頁。
(90) Barend J.ter Haar, *Ritual and Mythology of the Chinese Triads: Creating an Identity*, Sinica Leidencia Vol. 43, Leiden: Brill, 1998, p.151, p.158.
(91) 閻幼甫「関於焦達峰二三事」、前掲『辛亥革命回憶録』(二)、二一二—二一三頁。
(92) 張鈁「憶陝西辛亥革命」、前掲『風雨漫漫四十年』、四頁。
(93) 結盟の時期については一般に一九一〇年と記されたが、前掲張鈁の回顧録によれば、一九一一年即ち辛亥革命の年であることが推測される。
(94) 清水稔前掲「貴州における辛亥革命——哥老会と革命派との出会い」を参照。
(95) 閻崇階前掲「貴州陸軍小学辛亥革命活動回憶」、四二〇頁。
(96) 閻崇階前掲文、四二〇—四二三頁。胡寿山「自治学社与哥老会」、前掲『辛亥革命回憶録』(三)、四八三—四八六頁。
(97) 戴執礼編『四川保路運動史料』、科学出版社、一九五九年、四七五頁。
(98) 「職員王朝鉞為懇委行営査滅四川会党碼頭事致総督稟」(宣統元年一二月一九日)、中国第一歴史檔案館・北京師範大学歴史系編『辛亥革命前十年間民変檔案史料』(下冊)、中華書局、一九八五年、七九二頁。
(99) 四川総督趙爾豊は宣統三年七月一〇日に内閣に送った電報のなかで次のように述べている。「四川人の性質はもともと大げさで、(中略) 会匪は至るところにあり、平素結社することを好む。立憲の説が鼓吹されてから、人々はみな自由の観念を持つようになった。日本から帰ってきた留学生の多くはでたらめな議論をしている。鉄道が滅びるやら国が滅びるやらと言い、これが一般人民の心に浸透し、大衆がみな疑念をもって憤慨している」。戴執礼編前掲書、二九七―二九八頁。

第四章　統合と動員——民国初期における政治と秘密結社

はじめに

一九一二年二月二五日上海『時報』の「滑稽余談」コラムに「中華民国緑林党」と題した記事が掲載されている。文章の「縁起」部分において、著者は「盗賊にも盗賊の道がある」、「聖人が死ななければ大盗がとまらない」という荘子の言葉を引用して、「方今漢人の運勢が高まり、胡虜の運勢が果てた。あっという間に党派が次々に現れたが、ふと思ったら、唯一ないのが盗賊の党である」。ゆえに「同人らが腹を立てて」、「五大民族の暴客を集めて、天の代わりに道を行い、富者から金を奪って貧者に与える。専ら汚職官吏を殺し、金儲けをしようとする奴をねらうことを趣旨とする」緑林党の設立を訴えている(1)。

右の引用は一見荒唐無稽なように見えるが、この記事の執筆者は清朝から中華民国へ政権が交替した後の政局の混乱ぶりを諷刺しているのである。この執筆者の目に映ったのは、民主や共和の看板を掲げた政党が利益を追い求める「緑林党」に堕落してしまった、という混乱した政局であった。辛辣な文字の背後には、秘密結社に関する重要な問題が提起されている。すなわち、秘密結社を含む「緑林党」は、民国初期の政治舞台において利益を得ていないだけではなく、反社会・反秩序の組織として弾圧さえ受けた。秘密結社は新しい政治秩序のなかで合法的な地位を得ていない。では、民国初期において、各省の政権はどのような政治言説をもって秘密結社に対する弾圧を正当化したのだろうか。革命党は秘密結社を憲法に定められた民衆の「自由な結社」として位置づけていたのだろうか。民国初期の政治闘争が始まった後、孫文を始めとする政治勢力がなぜ再び会党に接触しようとしたのだろうか。そして、孫文はなぜ最終的に会党と決別をしなければならなかったのだろうか。これらの問題について、従来の研究ではほとんど政治勢力と個々の会党との関係について論じるに留まり、[2]民国初期の政治舞台における革命党と秘密結社との関係の全貌はまだ解明されていない。本章では、先行研究の成果を踏まえつつ、一次資料の分析を通じて、共産主義革命が中国で発生する以前の民国初期における秘密結社と政治との関係を考察したい。

一　排満革命の終焉

辛亥革命のドラマティックな成功にともなって、武装組織としての秘密結社の存在は、中央政府や各省の政権を悩ます大きな問題となった。革命党内部から、「貴州・四川では公口・山堂が、広東・広西では洪門や三点会が盛んに活動した結果、貨物の運輸が妨げられ、人民の生活のよりどころがなくなった。それは、革命党が相手の知識・道徳を問わず、暗殺・破壊などをする暴力主義の者ならすべて招致し、満洲人を排除することのみを目的にしたからである」と反省の声があった。[3]

一九一二年、秘密結社問題を解決するために、多くの省で秘密結社取締の命令が発せられ、秘密結社に対する弾圧が行われていた。ここで秘密結社弾圧の理由として挙げられたのは、秘密結社の「反清復明」＝「排満革命」の政治的目標がすでに達成されたため、秘密結社が存在の根拠を失った、というものであった。秘密結社取締に関する命令のなかで、従来は清朝政権の圧迫に対抗する際に秘密結社の破壊力が役に立ったが、革命後の新政権の下では、秘密結社の存在を許すわけにはいかない、ということが強調されている。

秘密結社の掠奪行為の禁止に関する最初の命令は陝西省兵馬都督張雲山が発したものである。張雲山本人はもともと哥老会組織の一つである「通統山」の首領であったが、陝西省が清朝からの独立を宣言した後、張の部下による掠奪事件が頻発した。張は部下に対して、「現在、我が陝西の旗人（満洲人）は殺し尽くされた。（中略）われわれ兄弟は大義をわきまえず、あちこち事件を引き起こしている。これは興漢滅旗の趣旨にそぐうものではない。このままでは、今われわれは他人《ひと》の命を革しているが、将来他人がわれわれの命を革することになりかねない」と述べ、法を犯した者には厳しく懲罰するよう警告した[4]。そして、江西都督李烈鈞は一九一一年一二月に発した通告のなかで、「現在、漢民族が光復し、すでに十八の省がそれにこれに応じた。軍人と民衆はすべて我が同族である。（中略）以前のあらゆる会はすべて速やかに解散し、自ら票布を焼き捨てて、密かに隠匿してはならない。さもなければ、匪徒と見なし、けっして許さない[5]」。湖南都督譚延闓も一九一二年一月に発した会党禁止令のなかで、秘密結社の「反清復明」の歴史を振り返った上で、「（会党は）どこで発生し、どこで広げたかを問わず、すべて自発的に組織を解散しなければならない」と述べている[6]。このように、秘密結社の「反清復明」という使命がすでに達成されたという文句は、当時各地の省レベルの軍事政権が発した秘密結社禁止令の常套句となった[7]。

一九一二年二月一五日、臨時大総統を辞任する直前に、孫文は明太祖朱元璋の墓である明孝陵を参拝した。彼がかつてハワイで洪門に加入し、海外の洪門から多くの支援を得たことからみれば、明孝陵参拝には、洪門「反清復明」の歴史的使命の達成を報告する象徴的な意味があるといえよう。しかし、孫文は二篇の祭文のいずれにおいても、洪門＝秘密結社については一言も言及しなかった(8)。後述するように、孫文が海外洪門の国内における合法化の要求を却下したことと合わせれば、このとき、孫文はすでに秘密結社との決別を意識していたと考えられる。

一方、一九一二年三月に中華民国大総統に就任したばかりの袁世凱にとっては、中央政治の安定が主な関心事であったため、南方各省で起きた秘密結社をめぐる権力闘争を顧みる余裕がなかった。この年の九月、袁世凱は大総統令の形で秘密結社に関する方針を表明した。九月二九日、袁世凱は各省の都督、民政長宛てに「秘密結社を厳しく取り締まることに関する通達」を下した。通達は、「中華民国臨時約法」に結社や集会の自由があると定められているとはいえ、けっして秘密結社の存在を認めるわけにはいかないとし、次のように述べている。

調べによると、近頃長江沿岸や沿海地方には、未だに巧みに口実をつけて、さまざまな名目で結集する者がいる。それらの結社はすべて秘密裏のものであり、趣旨も政治的綱領もなく、ただ党徒を集めるだけである。それは彼らが（新しい）名前を借りて、自由を誤解したからである。「約法」で定められた自由に関しては、手紙の秘密を守る以外、国民が見ることのできないものは一つもない。従って、東西の立憲各国は自由のレベルの如何を問わず、いずれも秘密結社を制限する法律条文を設けている。我が国では、国体が変わったばかりで、人心が未だに不安定である。これらの秘密の集会や結社に対して、もし事前に予防しなければ、社会を害するのみならず、国を危うくしかねない。各省の都督、民政長は軍隊、警察を率いて厳しく調査し、もし秘密の組織が人を集め、乱を起こそうとする者がいれば、その組織の名を問わず、一律に法律に基づいて解散させねばならない。解散後もし再び密かに組織を結成し、民衆を集め、乱を起こそうとし、秩序を妨害するようなことがあれば、これを直ちに悉く逮捕し、法律に基づいて懲罰すべきだ(9)。

ここでいう秘密結社の活動は、九月二四日に湖北省の南湖で起きた騎馬隊によるクーデター(10)、および後述する中華国民共進会に代表される新しい秘密結社の動きを指している。秘密結社の集会に関する複数の報告を受けた袁世凱は一一月九日に再び秘密結社の集会を解散する命令を発した。その中に次のような一文がある[11]。

調べたところによれば、多くの場合、各秘密の会は当初明代の遺老が国が破れたことを痛み、仕方なくこれを作ったという。今や民国が成立し、五つの民族が連合し、同じ家族のようである。（中略）以前密かに会に入った者はもし悔いて自首し、会を解散するならば、以前のことは一切追及しない。結社の改組を願い、しかも法律に違反せず、社会の治安を乱さなければ、自ずと保護の対象になる。

以上の二つの命令からみれば、清朝時代の律例と同様に、袁世凱政権も秘密結社の存在を認めず、その活動を禁止していた。ただし、一一月に発布された秘密結社解散令は、九月の命令と異なって、組織の改造と法律遵守を前提に秘密結社の合法的な存在を認める点で注目に値する。秘密結社解散令の発布と同時に、袁世凱政権は応桂馨に金を与えて味方に引き入れ、江蘇・浙江・上海の秘密結社の状況を把握していた。その後、袁世凱は広東都督胡漢民から次のような報告を受けた。「各省では心が歪んだ輩が度々二次革命を口実に活動している。そのうちの一つ二つを厳しく処罰しなければ、騒ぎのきざしを食い止めることはできない[12]」。これを受けて、袁世凱は各省の都督、民政長宛てに「およそ革命を呼びかけて、国民の共通の敵になろうとする者は、調査して事実であれば、ただちに法律に従って厳重に処罰する」よう通達した[13]。

こうした秘密結社取締令は往々にして地方の軍事長官の報告に基づいて作られ、具体的な政治混乱に対応するためのものであったが、以下の二つの点が重要である。すなわち、第一に、地方の政局が秘密結社によって脅かされるのを防ぐために、政治的性格をもつ秘密結社を厳しく禁止すること。第二に、秘密結社そのものを消滅させるため、政治的性格を有しない秘密結社を改造すること、である。前者の政治的性格をもつ秘密結社の取締は、各省の都督と民政長に代表される地方レベルの軍事、民政機構の政治的意向と一致した。各地の省政権は中央の秘密結社禁止令を受けて、それぞれの管轄区域内で秘密結社の取締に関する告示を発した。浙江都督朱瑞、江蘇都督程徳全、湖北都督黎元洪などが発した秘密結社禁止令には、いずれも中央政府の秘密結社解散令が引用されている。[14]また、後者の秘密結社改造について、北京政府の方針は、「結社・集会の自由」という憲法の条項を踏まえて、秘密結社が従来の秘密の盟約、信条、および違法行為を放棄し、近代的な社会団体に転身すれば、その存在を認める、というものである。

一方、一定の社会的、政治的条件の下で生まれ、地域社会において長く存在した民間秘密結社は、経済状況の改善や政治の安定が実現しない限り、短期間に改造・吸収・消滅させることは困難であった。たとえいくつかの秘密結社組織が政治勢力によって改造・吸収されることがあったとしても、青紅幇、哥老会などの名をもち、そのネットワークが社会に根をおろした数多くの秘密結社をすべて統合することは不可能であろう。以下では、民初期における秘密結社合法化の動きについて見てみたい。

二　秘密結社合法化の試み

前述の秘密結社の弾圧とは対照的に、民国初期、一部の地方有力者は秘密結社の改造や新たな結社の結成によって、それらを法秩序のなかに取り込もうとした。一九一二年五月六日、孫文は広東中国同志競業社で行った演説のなかで、「漢族（の支配）がすでに回復した現在においては、その会の方針を変更させ、満州人を敵視する心を我が民国政府を助ける力に化すべきである」と述べている。[15]この歳の夏、戴季陶は秘密結社の救済について、「国家の立場からすれば、秘密会党禁止の命令を解除すべきである。社会の立場からすれば、会党のメンバーたちの生計を立てる策を講ずるべきである。秘密会党自身については、（中略）正当な団体に改組すべきである」と述べている。[16] 以下では、同胞社・崇正団・中華国民共進会・社団改進会などの団体を通じて、政治勢力による秘密結社改造について検討したい。

1、同胞社

　秘密結社側の記述によると、武昌蜂起直後の一九一二年初、黎元洪は地方の治安を維持するために、湖北・四川・貴州・雲南、および長江沿いの各省から秘密結社の代表約一万人を集めて、武昌で同胞社の設立大会を開いた。湖北省出身の潘家壁が同胞社の社長に就任した。[17] 当時、軍隊をはじめ、湖北省各地において秘密結社的な組織やネットワークが広く存在し、江湖会が湖北省北部で武装蜂起を起こした事例に見られるように、時には政治秩序を脅かす存在であった。黎元洪が同胞社を設立したのは治安維持のためだけではなく、江湖会を懐柔するねらいもあった。[18] 同胞社の参加条件は以下の三つである。①家系に犯罪者がいないこと。②自分自身が過去に犯罪歴がないこと。③保証人を立てること、である。同胞社は江湖会をベースに作られた組織であるが、従来のように江湖会の各「大爺」（リーダー）が独自に山堂を開き、弟子をもつことを禁止した。[19]

　やがて袁世凱と孫文が率いる南方の革命勢力との間の和平交渉が成立し、袁世凱の北京政権による政治統合が実現しつつあるなかで、黎元洪は一九一二年八月に湖北各地における同胞社分社の設立を禁止する命令を発し、[20] 翌年には同胞社そのものを解散する命令を下した。その理由については次のように述べられている。[21]

　清朝末期、哥老会は山堂を旗印に密かに結集し、（その組織は）湖北省にも多く存在した。一説によると、洪秀全、楊秀清の残党が巻き返しを謀ったが失敗し、これ（哥老会――引用者）を作ったという。（武昌）蜂起後、彼らは公にこれに呼応した。共和制が成立したころ、地方の安寧を保つために彼らが省都で同胞社を設立することを許可した。彼らの行動を束縛するために、（結社の）名称を決め、章程を定め、メンバーを集めた。数年《ママ》来、（同胞）社は（昔の）習慣を改めて名誉を傷つけないことを念頭に置いてきた。ただし、国家政令の統一からいえば、その組織は当然廃止すべきである。先刻その社長が正式に（組織の）解散を求め、今後もしその社名を借りて、はったりをきかせてむやみにトラブルを起こす者がいたら、軍法に基づいて処罰するように要請した。

右の引用が示したように、当初黎元洪が同胞社を設立したのは「地方の安寧を保つ」ためであった。同胞社は従来の秘密結社の組織を変えて、新たに章程を定め、法律にしたがって行動する合法的な結社に転身したが、結局国家の政令統一という政治的なニーズによって取締の対象となった。

同胞社の存続期間はわずか一年に過ぎなかったが、秘密結社の歴史において、同胞社は省レベルの地方軍事長官によって設立された合法的な秘密結社の嚆矢として重要な意味を有する。[22]当時、駐沙市日本領事館事務代理の橋口貢が外務大臣牧野伸顕に送った手紙の中で、「今回ノ清国大変乱ニ際シテハ、同会徒ハ革命軍ニ好意ヲ表シ、殊ニ革命軍兵隊ノ大部分ハ哥老会ニ属シタルヲ以テ、共和民国成立以後ハ哥老会徒モ民国ノ一分子ナリトシ、公然大手ヲ振リ誰憚ラズ」と報告し、沙市の同胞社ついて、「文字頗ル温言慰撫ノ気ニ充ツル」ところからみれば、黎元洪の同胞社解散令が「到底根底ヨリ同社ノ解散ナド出来ル効力アルニアラズ、単ニ形式上公然ノ行動ヲ停止セシメ得タル位ニ止ラン、同社ハ広ク下級社会ニ其根底を有」すると述べ[23]、組織としての同胞社が解散された後も、そのメンバーが依然として活動を続けるであろうと推察した。

2、中華和平会崇正団

排満革命を志した革命派たちは、民国成立後、今度はかつての同盟者であった秘密結社の影響を一掃し、共和制の下での秩序再建を目指した。中華和平会の成立はこのような構想の具体的な現われであった。中華和平会の設立章程によると、孫文が南京臨時政府大総統在任中の一九一二年二月に、旧同盟会のメンバー陳其美、于右任、李燮和、張継、呉敬恒、譚人鳳、宋教仁ら三十七人がこの組織を発足させた。このうち、陳其美は滬軍都督で、後の中華国民共進会の発起人でもあった[24]。譚人鳳は当時南京臨時政府の高官であり、後に社団改進会を結成した。宋教仁は当時南京臨時政府法制院の院長をつとめ、熱意をもって議会政治に身を投じた。秘密結社の処遇について、彼は平山周の「支那革命党及秘密結社」の中国語版『中国秘密社会史』に寄せた序言のなかで、「その群を節制し、その宗旨を広げ、それを欧米の民党工会のような組織に転じようとする」という秘密結社合法化の案を打ち出した[25]。

中華和平会の章程によれば、その設立趣旨は、「共和に協力し、社会を改良し、党派を解消して世界の平和を維持し、人権を保護し、以て国民の生活を向上させる」というものであった（「章程」第一条）。しかし、この組織が設立された本当の目的は、秘密結社を改造し、数多くの無職の流民に職をあてがうことにあった。この点については、「章程」の第四条にある中華和平会内部の組織として崇正団を設立するという条文の内容からも明らかである。それによれば[26]、

およそ従来三点会・三合会・哥老会・天地会・八卦会・大刀会・小刀会・安清道友会・紅須幇・在理教など光復以前の各種の会党は、例外なく復讐主義を抱いている。今日、この目的がすでに達成した以上、一律に従来の名目を改め、本会崇正団の団員になって一大団体をなす。本会より徽章の発給を受け、名簿を集めて政府に提出し承認を求めるならすべて優待する。本団に加入した後、本会の会員による選考・審査の結果、確かに知識のレベルの高い者と認められた者は本団の職員とし、職のない者には本会が代わりに生計を与える。あるいは市町の警察制度に倣って民団に勤務させ、あるいは資本金を貸して農・工・商・販の途につかせる。（中略）もし依然として党派に分かれ、治安を危うくし、あるいは密かに盟約を結び、違法行為をたくらみ、民国の公敵になろうとするなら、（中略）その解散を命ずる。

また、「章程」の第十七条においては、「およそ各党や会の首領が従来の各種の名目を廃棄して本会に入会した以上、自ずと密かに党や会を設立してはならない。なかに本当に知識がきわめて豊富で、独立した精神のある者は、本会の推薦により団長に任じるたり、本会が行う各種事業に従事させたりする」と述べ、入会した後メンバーが独自に会を開くことを禁止している。

中華和平会は上海に総会をおき、各省で分会を設立する計画を立てており、具体的な活動内容として国民厚生銀行や工芸工場の設立が含まれていた。このように、辛亥革命後、南京臨時政府の要員となった元同盟会のメンバーたちは、当時の混乱した社会的状況を打開するために秘密結社問題に目を向け、従来の秘密結社を改造することによって秘密結社組織を新たな秩序に組み入れようとしたのである。

3、中華国民共進会

民国初期の秘密結社合法化をめぐる様々な動きのなかで、最も注目すべきは一九一二年六月に成立した中華国民共進会の活動であった[27]。

中華国民共進会は陳其美ら旧同盟会のメンバーが青幇と連携して、上海で発足させた組織である。一九一二年六月一九日、陳其美、応桂馨ら二十人が署名した中華国民共進会の設立広告は、『申報』、『民立報』など上海の主要新聞に掲載され、秘密結社を新型の団体へと改造することが会の趣旨であると述べられている[28]。七月一日に開かれた成立大会の席上で、湖南省出身の元哥老会首領張尭卿が演説し、「公口と青紅幇の諸同志の美意によって、三家が一つの大きな団体を結成した」と述べている[29]。その後、応桂馨を会長とした中華国民共進会は総本部を上海におき、江蘇、浙江二省で多くの支部を設立し、わずか数ヶ月の間に数万人の規模に拡大した。

中華国民共進会内部では、青紅幇の旧い仕来りの代わりに、会員同士が互いに先生・学生と呼び合うこととなった[30]。

しかし、当時特に人びとの目を引いたのは、むしろ各地で共進会に関わる違法事件が頻繁に発生したことであった。そのため、共進会が設立されてまもなく、江蘇省・浙江省の都督は共進会の活動を禁止する命令を出した。一九一二年九月六日、中華国民共進会浙江分会が杭州で成立大会を開き、四、五千人が出席した。浙江都督朱瑞は軍人の共進会への入会を禁止した[31]。しかし、共進会浙江分会成立後わずか十数日の間に入会者の人数が七二〇人にのぼり、しかもその大半は法政学堂の学生や各学校の卒業生であった[32]。共進会について、当時日本の外務省に次のような報告が寄せられている。「同会ハ支那人下層社会ニ於ケル不逞不良ノ分子ヲ巧ミニ駆リ集メタル代表的団結ニシテ、之ヲ禁絶スルハ到底不可能事タルヘク。今後時局紛乱ニ際シ、更ニ活動シ来ルヘク。又更ニ大ニ彼等ヲ利用スルモノアルヘキハ疑ヲ容レス[33]」。

共進会成立後まもなく、応桂馨は黎元洪を倒すためのクーデターを企てたが、失敗した。その後、応は袁世凱に頼って積極的に北京政府の秘密結社弾圧の手先となった。応は一九一二年一二月に北京に入り、袁世凱と国務院総理趙秉鈞に対して、「共進会のメンバーはみな青、紅二幇であり、帰順させることができないし、いくら殺しても殺しきれない。（中略）ただちに方法を設けてこれを解散させ、その勢いを抑えるにほかならない」と進言した[34]。応は共進会の解散費用として五万元をもらった後、翌年三月に武士英を雇って宋教仁を暗殺した[35]。

江蘇省では、共進会をめぐる事件は次の二つのタイプに大別される。一つは秘密結社・土匪が共進会の名を借りて起こした事件[36]、もう一つは票布を配って結党するという罪名で摘発された事件である[37]。江蘇省共進会の会長宜天順（後に莫献之が会長に就任した）は無錫東郷の芙蓉山で山堂を開き、無錫を中心に活動し、常州・宜興・江陰・上海などで勢力を伸ばし、一時期は「会衆数万人」を数えたといわれる。これを知った応桂馨はただちに江蘇都督程徳全に報告し、処分するよう求めた[38]。

中華国民共進会は民国初期における秘密結社合法化の典型といえる。秘密結社改造の目的は青紅幇を合法的な社会団体に改造することであったが、実際には従来の青紅幇に新しい名称を与えただけで、組織はそのまま継承された。しかも、共進会は事実上袁世凱政権のコントロールの下に置かれていた。

4、社団改進会

社団改進会は中華国民共進会に続いて成立した団体で、その目的は秘密結社そのものを消滅させることであった。創設者は長江巡閲使譚人鳳であり、揚州駐在の陸軍第二軍軍長徐宝山も協力者の一人であった。北京政府の承認と湖南都督譚延闓の許可を得て、社団改進会はまず湖南省で支部を設立した。(39)「社団改進会草案」によれば、この組織は「従来の秘密会党を改良し、地方の治安の恒久的維持を目的とする」とされた。「洪門」(「反清復明」を目的とする秘密結社は「洪門」とも呼ぶ)のメンバーが入会手続きをすれば誰でも入会できる。組織は総理一名、副総理二名、その下に幹事部と評議部が置かれる。(40)

社団改進会湖南省支部は湖南都督譚延闓の批准で一九一三年二月二三日に設立された。(41)その際、譚人鳳は「洪門」に対して次の趣旨の声明文を発した。すなわち、すべての結社を解散し、その再開を禁止する。密かに活動するものに対しては、社団改進会がこれを調査し、官に報告して懲罰する。各地の支部(「糧台」)を一斉に撤廃し、その資金を社団改進会が湖南公立銀行に預け、実業を行うための資金に充てる。入会者は誓約書に署名しなければならない。会員はそれぞれの故郷に赴き、調査・説得に従事すべきである。(42)

譚人鳳は秘密結社改造の理由について次の五点を挙げている。すなわち、第一に、共和制の成立によって洪門の最大の目的である「排満」はすでに達成した。そのため、従来「洪門」が用いた破壊の手段も変えるべきである。第二に、従来は「洪門」内部に独自の規則があったが、現在では、国家の統一した法権の下で、当然それにしたがって私制の法律を放棄すべきである。第三に、昔の会党は政府に敵対していたため、党規を秘密にしていた。現在、国が結社、集会の自由を認めているため、会党も自ずと党規を改めるべきである。第四に、従来、会党は勢力の拡張を目指して手段を選ばなかったが、これからは新旧メンバーに対して教育・誘導し、不良分子の入会を防ぐべきである。第五に、財を軽くみて義を重んじるのは会党の最大の特徴であるが、利を分けて利を生まなければ、社会全体に怠ける風習が生まれる。国民の生計は国家の盛衰と密接に関わっており、ゆえに実業を振興することは、会党メンバーの生計だけではなく、国家のために新たな財源を拓くことにもなる[43]。

しかし、こうした理念と裏腹に、実際には社団改進会は生活に困る下層の遊民や軍人を集めた組織に過ぎず、ごく少数のリーダーを除けば、一般会衆は明確な参政意識を持っていなかった。また、実業を通じて会衆を団結する点についても、社団改進会は実際には実業を経営していなかった。したがって、教育、実業を通じて秘密結社を改造するという譚人鳳の計画は結局のところ絵に描いた餅に過ぎなかった。

社団改進会が設立されてまもなく、宋教仁暗殺事件およびそれをきっかけとする反袁世凱政権の「二次革命」が起きた。その結果譚人鳳は湖南独立の策動者として袁世凱政権に指名手配され、これに伴って社団改進会は姿を消してしまった[44]。

社団改進会消滅の直接的な原因は政局の変動であったが、その組織の性質からみればそれは避けられないことでもあった。社団改進会湖南分会が設立された後も、湖南各地に「票匪」・「叛匪」・「拳匪」といわれる各種の土匪組織が依然として頻繁に活動していた[45]。また、以下の様な例もあった。一九一三年五月、湖北省の土匪首領劉桂林が改進会のメンバー任玉和の紹介で湖南省社団改進会に入会した。劉は「密かに兵を挙げることを準備」したが、地方の紳士がこれを譚延闓に報告し、譚は社団改進会に劉の身柄を渡すよう命じたが、その時劉はすでに逃走した。これについて、改進会は劉の行動が「個人的なもの」であり、会と何の関わりもないと主張した。[46] この事件から明らかなように、社団改進会はメンバーの行動をコントロールする力がなかったし、地域社会の支持も得ていなかったのである。[47]

5、中国社会党

民国初期に成立した政党のなかで、秘密結社に最も近いのは中国社会党であった。武昌蜂起後の一一月五日、江亢虎は「中国社会党宣言」を発し、「民軍が蜂起し、種族革命を借りて社会革命を行った。ただし、政治は社会によって作られるため、社会革命は万事の根本である」と述べている。[48] ここで、「民軍」や「社会革命」という言葉は辛亥革命の際の青紅幇、哥老会と無関係ではない。一九一二年一一月、江亢虎は中国社会党成立一周年の際に出した「中国社会党宣言」のなかで、「今日の中国において、最も純粋な社会主義を求めるなら、秘密結社に求めるにほかならない」と述べている。[49]

「秘密結社」という言葉が社会党の宣言文に現れたのは興味深いことである。中国社会党が掲げた社会平等の思想は秘密結社の「貧富を均しくする」という宗旨との間に共通点がある。そして、中国社会党は社会革命を成し遂げるために、民衆を動員しなければならない。この二点が中国社会党と秘密結社との接点であった。中国社会党が上海で成立した後、各地で次々と支部が設立された。一九一二年八月、中国社会党北京支部成立の際に配布されたビラは、社会党が四百の支部、二十万人を抱えていると称している。[50] 翌年天津支部設立の際に、支部が四九〇、党員数が五十二万人に増えたと言われる。[51] 中国社会党の驚異的な発展ぶりは多くの秘密結社メンバーの入党によるところが大きかった。以下、四川哥老会を例に見てみたい。

中国社会党四川支部は一九一二年三月に重慶で成立し、その勢力はさらに成都まで広がっていた。四川支部長の唐廉江を含む党員の多くは元哥老会メンバーであった。唐はまもなく党名を「漢流唯一社」と改め、自ら社長となり、社会主義思想を宣伝する『国是報』を発行した。成都の社会党と哥老会の関係について、当時の新聞は次のように記している[52]。

成都には哥老会が林立し、雑駁で整然としない。警団が成立してから、哥老会組織（「公口」）は疣となってしまった。民政部巡警庁はこれを合法的なものにするために、「社会」に名を改めるよう命じた。江南館総公口は連合自治同盟会に名を改められた。現在、張知競が重慶からやってきて、（哥老会の）改良の方法について考案し、政治に参与しやすいよう、社会党に名を改めることを決め、総会に協力して中華国民社会党を設立しようとしている。四川本部からみれば、その組織は社会党の名を踏襲するものの、哥老会の実を行うものである。組織のなかには社会党の学説や綱領を深く理解した者は含まれていない。

そして、別の記事には次のように述べられている[53]。

成都に公口が設立された後、その名が上品でないために「社会」と改められ、現在はまた「社会党」に改められ、中華民国国民社会党四川本部と名づけられた。機関誌は『社会新聞』であって、内部の人員はみな哥老会のメンバーである。袍哥や漢流は社会主義のことが分かっておらず、その名前だけを借りて自分自身が高尚な組織であることを示そうとし、陰暦三月二〇日に設立大会を行うことを決めた。

以上の二つの記事が示したように、成都の社会党は名称だけを変えた哥老会組織であって、そのメンバーは社会党の思想や理念よりも、社会党の看板に興味を抱いていた。当時、成都の地方長官、かつての「大漢公」のリーダーであった尹昌衡は世論の圧力で哥老会取締の命令を下した[54]。これを受けて、哥老会の山堂はそれぞれ「太平弭兵会」・「少年強国会」・「紅黄十字会」などに名を改めた[55]。結局、遺産相続の廃止など急進的な綱領を打ち出した中国社会党は北京政府の承認を得られないまま、一九一三年八月に袁世凱の解散命令で活動を停止した[56]。

6、致公堂

民国初期における秘密結社合法化を背景に、「致公堂」と称したアメリカの「洪門」（＝秘密結社）は中国国内に代表を派遣し、政府に合法化の立案を求めた[57]。広東が光復した後、国民党勢力が主導する広東省政府は、三合会などの秘密結社を主体とする「民軍」の処遇問題に悩まされていた。排満革命において功を奏したにもかかわらず、政治舞台に登場できなかったことに不満を持つ一部の秘密結社のリーダーが反発行動を起こしていたが、その矢先に、アメリカ致公堂の代表黄三徳が帰国し、革命前に孫文に支援金を出したアメリカ華僑の名簿を提出し、革命を援助した功労者の立場から致公堂を合法的な団体として中国国内での活動を承認するよう求めたのである[58]。黄三徳が著した『洪門革命史』によると、黄が上海に上陸した後、孫文は息子の孫科を通して黄に広東で面会するよう伝えた。黄は広東で「致公堂立案事」と題した書類を孫文に手渡した。孫文はこのことを当時の広東都督胡漢民に任せたが、胡は黄の要求に応じなかった。黄は広東で一ヶ月も待たされた。孫文が広東を離れて北京に行く際に、黄は再び孫文に助けを求めたが、孫はまた胡漢民に相談するように言った。胡漢民の態度は以前と変わらなかった。その後、黄三徳は孫文が北京から送った二通の手紙を受け取った。そのうちの一通は胡漢民宛のもので、黄はそれを胡に渡したが、今度も相手にされなかった。窮地に陥った黄三徳は胡漢民に洪門のメンバーたちが以前革命軍に寄付した支援金を返すよう求めたが、「胡は償還の責任を孫文に押し返した」だけであった。結局、黄三徳は何も手に入れないまま広東を離れ、アメリカに帰ってしまった[59]。黄三徳が広東を離れる前に、一九一二年一月九日、カナダ・ビクトリアに拠点をおく致公堂は孫文の臨時大総統就任に祝電を出した[60]。一月二九日、カナダ致公堂が孫文に書簡を送った。そのなかに、次のような一節がある[61]。

謝君秋、梁翼漢を帰国させ、大総統に会見し、政党のことを処理させる。大哥が花亭の秘密、高渓で血を歃って結んだ盟約のことを思い出すのを願っている。大総統は洪門の総領である以上、（洪門の）政党を設立し、もって陳近南、鄭成功の霊を慰め、同人の追慕の思いをかなうべきである。

カナダ致公堂からみれば、致公堂を政党として認めることは、中華民国の大総統になった洪門の「長兄」（「大哥」）孫文にとっては全く問題にならないはずであっただろう。しかし、結局謝、梁も黄三徳と同じように何も得られなかった。

なぜ、孫文は合法的な政党になるという海外致公堂の要請に応じなかったのだろうか。孫文は後の一九一五年二月に、黄三徳が孫文を非難するビラを流布させたことでサンフランシスコにある中華民国総公会に手紙を送り、海外致公堂の要請を拒んだ責任は陳炯明と胡漢民にあると弁解した(62)。実際には、すでに臨時大総統の座から退いた孫文は海外致公堂の合法化を認める権限を持っていなかったし、また、たとえ彼にそのような権限があったとしても、致公堂の合法化は許すべきことではなかった。なぜなら、孫文は清朝の滅亡で洪門の歴史的使命はすでに達成したと考えていたからである

総じていえば、民国初期において、五つの勢力が秘密結社を合法的な団体に改造することに積極的であった。すなわち、黎元洪が湖北省で結成した同胞社、湖南省を中心として活動した社団改進会、元同盟会のメンバーたちが結成し、長江下流地域で活動を展開していた崇正団、共進会、四川の哥老会組織をベースに結成した社会党、および北米の洪門組織致公堂であった。同胞社が秘密結社に対する政治統合を目指したのに対して、社団改進会や崇正団、共進会は秘密結社の統合を通じて、秘密結社を合法的な社会団体に転換させようとした。そして、致公堂は民国の政党政治の舞台に登場しようとしたが実現できなかった。

宋教仁暗殺事件を引き金とした「二次革命」が失敗した後、袁世凱は国民党を解散し、秘密結社を含む反袁世凱勢力の弾圧を始めた。一九一三年一〇月三日、袁世凱は「湖南会党を厳禁し解散させる命令」を発布し、そのなかで次のように述べている[63]。

湖南には従来から会匪が多く、譚人鳳は社団改進会を設立し、無頼を集め、徒党を組み、謀叛の機関を設立しようとした。（中略）その他、自由党・人道会・環球大同民党などが同時に兵を挙げた。これらは悉く間違った行動である。一律に調査して明らかにし、厳しく取り締まり、もしくは解散させて秩序を保つよう湖南都督に命じる。このような状況は湖南一箇所に限らないことに鑑みて、合わせて各省の都督、民政長に一律に調査し取り締まるよう命じる。

袁世凱は譚人鳳が湖南省で先頭に立って袁世凱に反旗を翻したことに恨みを持ち、社団改進会などの政治的秘密結社に対しても取締を強化した。これは翌年一月九日に発せられた「哥老会を厳しく禁止する命令」に現されている[64]。

今後各省においてもし再び哥老会が活動拠点を設立したり、山堂を開いたり、あるいは共進（会）や改進（会）などの名目の結社を設立したりする者がいれば、これを逮捕し厳罰に処する。部下に通達し、一律に厳しく処罰するよう当該省の都督、民政長に命じる。すでに設立したところでは、対策を講じて速やかにこれを解散して騒乱のきざしを途絶させる。これはきわめて重要である。

このように、袁世凱は政治的異分子を退けると同時に、二次革命以前と比べて、「反逆分子」の社会的基盤とされる秘密結社に対する弾圧を一層強めた。

三　「二次革命」と秘密結社

一九一三年三月の宋教仁暗殺事件後から数ヶ月の間に、袁世凱は国民党系の江西都督李烈鈞、広東都督胡漢民、安徽都督柏文蔚を相次いで罷免した。これに対して、広東省に拠点をおいた孫文らはいわゆる「二次革命」を発動し、北方の袁世凱政権と対決する姿勢を示した[65]。反袁世凱の軍事行動の準備期において、孫文らは秘密結社や土匪武装に注目し、それを反袁世凱の政治闘争に組み入れようとした。

孫文らによる一連の秘密結社工作の中では、湖北省における公民討賊団をめぐる動きが特に注目に値する。五月中旬、湖北都督黎元洪は漢口で軍隊による反乱を摘発し、事件に関わった数百人を逮捕・処刑した。その際に押収された公民討賊団の票布には、「(清朝の崩壊によって)我が民は専制から逃れ、共和の幸福を享受できるようになったと思っていたが、(政治を行う)あらゆる人々が権力を後ろ盾に苛酷な政治をほしいままにし、その行動は清朝の専制時代よりも甚だしく、百姓の怨声は絶えない。われわれは逆賊を討伐し、法律を改め、もって民生を保つことを天に誓って告げる」と書かれている[66]。逮捕された関係者の一人は、自分が九龍山という秘密結社に派遣された者で、南北の対立を機に「民国を押し倒し、帝国を回復させる」ことをねらっていたと供述した[67]。

公民討賊団は秘密結社の「改進団」(前述した社団改進会とは異なる)の外廓団体であった。改進団は季雨霖(陸軍中将、湖北軍第八師団師団長)、熊秉坤(陸軍中将、退役)などの将校を中心とした軍隊内部の組織であり、団長は季雨霖であった。公民討賊団は黄興の意向を受けて、「湖北の軍政を改進させ、革命の事業を継続させる」という目標を掲げた[68]。宋教仁暗殺事件後、改進団は袁世凱政権に対抗して公民討賊団を結成した。現役の将校・軍人を中心とした改進団とは異なり、公民討賊団は主として退役将校・軍人、および秘密結社の会衆からなる組織であった。リーダーの紀雲は清末期に秘密結社に参加し、後に軍隊の下級将校となった人物である。[69]公民討賊団が摘発された後、季雨霖らは新たに討袁臨時鄂省機関部を設立し、挙兵を計画したが挫折に終わった。[70]

他方、土匪武装勢力も反袁革命勢力の注目を集めた。江蘇省で挙兵した黄興は「九龍山」と称する秘密結社と連携したと伝えられている。[71]一九一三年七月一五日、黄興は「江蘇討袁軍総司令」と称して兵を起こした。二〇日、黄は部下の闇潤巷らに白朗に手紙を送らせ、「劫富済貧」を唱える白朗に対して、反袁部隊に協力し、鉄道の破壊などによって南下する袁世凱部隊を牽制するよう要請した。[72]これを受けて、白朗は自ら大都督と称し、「中華民国扶漢討袁軍」の名義で布告を発した。[73]

「二次革命」以降の革命勢力と秘密結社、土匪との協力関係は次の二つの事例に代表される。一つは柏文蔚の残存部隊が安徽省で秘密結社、土匪を動員して「江淮侠義討袁軍」を結成し、武装蜂起を発動した事件である。[74]もう一つは革命党が青紅幇を策動して騒乱を起こして逮捕される事件で、具体的には、一九一四年三月一八日、南京の青紅幇首領馬泰山が「乱党（国民党）」に協力したとして逮捕された事件である。[75]また、「二次革命」の際に黄興の参謀をつとめた祁望は、青幇・土匪と連携して、軍事暴動を計画した罪で逮捕された。[76]徐州巡閲使張勲は袁世凱宛の電報のなかで、鎮江と上海の間を行き来し、国民党と連絡して土匪の代わりに軍事物資を買いつけた疑いで何廷貴を逮捕した、と伝えている。[77]なお、二次革命後、逮捕された李楚江は九龍山の「土匪」と報じられたが、後に南京国民政府下の江蘇省政府は彼を「革命烈士」と称えている。[78]

「二次革命」失敗後、国民党の建て直しをめぐって孫文、黄興ら国民党の指導者たちの間では意見が激しく対立した。一九一四年七月、孫文は東京で中華革命党を設立し、メンバーに対して孫文への忠誠を誓う誓約書を書くように要請した。黄興らはそれに反発して加入を拒否し、第一次世界大戦の勃発を機に「欧事研究会」という組織を発足した。この時期、秘密結社を動員するために、孫文は辛亥革命に掲げた排満を趣旨とする「民族革命」ではなく、袁世凱の独裁政治に反対する「政治革命」という新しい理念を打ち出した。

まず、中華革命党の設立をきっかけに、孫文は海外の洪門組織と再び連絡を取った。一九一四年七月二九日、孫文は東南アジアの洪門組織に中華革命党を支援するよう呼びかけた。彼は、「諸同志が固く団体を結び、精神を奮い立たせ、再び革命の工作に従事するよう願っている。党を愛し、国を愛することは洪門の責任であり、私の熱い願いでもある」と述べ[79]、中華革命党と中華民国とを同列に論じ、海外洪門を中華革命党に統合する意欲を示した。さらに、同年末に発布された「各埠頭の洪門を中華革命党支部に改組することに関する通告」のなかで、孫文は次のように述べている[80]。

民国成立以前、我等洪門は自由な組織で活動し、数百年にわたって国のために辛苦を嘗め尽くしてきた。辛亥の役によって満州政権が倒れ、種族（革命）の目的は完全に達成された。（中略）我が洪門の当初の主義はすでにきわめて明らかになった。今後も引き続き協力すべきである。政治革命は種族革命と性質が異なっており、種族革命の場合は、秘密の組織を多く設立し、それぞれが手分けして活動してもよいが、政治革命は公明正大であるため、堂々と進めなければ、国民の注意を引きつけて外国の干渉を避けることはできない。（中略）私は洪門の一員であり、洪門と密接な関係を持っている。そのため、私は洪門の各団体が素早く行動を起こして追いつき、共に革命の事業を行い、また、洪門のすべてのメンバーが誓約書を書き、中華革命党に加入するよう願っている。各自の組織は対外的な連絡をする時には従来の名前を用いてもよいが、組織内部は一律に（中華革命党の）章程に従い、中華革命党の支部に改組し、意思の疎通を進めて相互に援助しやすいようにすべきである。

この長文には次の三つのポイントがある。すなわち、第一に、「種族＝民族革命」はすでに終わり、広い意味での「政治革命」が始まった。第二に、海外の洪門はこのような政治状況の変化に適応して、自らの組織を変革しなければならないこと。第三に、変革の方法は中華革命党に参加することである。しかし、海外の洪門を中華革命党に吸収しようとする孫文の構想は、部分的な成果しか得られず、また、前述のように、孫文はかつて、中国国内で支部を設立し、合法的な組織になるという海外洪門の要求を拒んだことがあったため、北米洪門の一部のメンバーは強く反発し、孫文の呼びかけに応じなかった(81)。

四　中華革命党と秘密結社

中華革命党成立後、孫文は自ら大元帥となり、各省にそれぞれ軍事責任者を任命して各地に残された国民党の軍事勢力と連絡を取り、海外で集めた資金で軍事暴動の準備に取り組んだ。

安徽省北部（以下皖北と略す）と江蘇省北部（以下蘇北と略す）は中華革命党が秘密結社、土匪勢力を動員する主な地域であった。皖北地域では、辛亥革命及び二次革命時期に青紅幇、土匪と関係があった寿州出身の張匯滔は、中華革命党が成立する前に反袁世凱の勢力が組織した新華社の中心メンバーとなった。張は密かに皖北に入り、鳳台、懐遠、寿県一帯で「三義会」と称する秘密結社を設立し、一九一四年秋に各地で武装蜂起を起こしたが、いずれも失敗に終わった(82)。そのため、張は「江北皖北司令長官」を罷免された(83)。

蘇北は南北交通の要路として、従来兵士や土匪が集まる地域であった。二次革命失敗後、前出の新華社が揚子江南北の軍隊や「在野の勢力」を結集し、再挙をはかった。革命組織「新華社」の社長には復霊、副社長には韓恢と蔡鋭霆が就任し、総部は上海のフランス租界におかれた(84)。蔡鋭霆らは東京に赴き、中華革命党の設立の準備に携わり、中華革命党上海支部を設立し、新華社のメンバー全員が中華革命党に参加した。蘇北地域の「在野勢力」を動員するため、泗陽県出身の韓恢は蘇北に入り、泗陽、沭陽、宿遷一帯の三元会と連絡した(85)。一九一四年八月、これらの地域の土匪、秘密結社は「大元帥韓」の旗印の下で挙兵し、「三次革命」を行ったが、まもなく弾圧された(86)。

中華革命党の秘密結社、土匪工作のもう一つの中心は香港であった。中華革命党広東支部の支部長朱執信は、広東を支配した袁世凱一派の龍済光を打倒するために、広東地域での秘密結社、土匪の策動に力を入れた(87)。朱は一九〇八年の広州蜂起以来、長年にわたって民間武装勢力の動員に携わっていた。秘密結社・土匪出身の軍事首領李福林、陸領、陸蘭清、張炳などはいずれも朱の部下であった(88)。朱は広東支部の鄧鏗とともに秘密結社、土匪の武装勢力に対する動員工作を行った。一九一四年一〇月末、鄧鏗が派遣した洪兆麟は恵州・増城・龍門の土匪勢力を率いて挙兵した。しかし、中華革命党に動員された龍済光部隊の一部が約束どおりに応援に来なかったため、まもなく失敗した。一一月、朱執信は土匪武装を動員して仏山県で挙兵したが、同様に失敗に終わった(89)。また、袁世凱が皇帝に即位した後、広東に入った李烈鈞の「護国軍」の軍事行動に呼応して、一九一六年二月、朱執信は番禺・清遠・花県・東莞で数千人の土匪武装勢力を策動し、挙兵した。しかし、龍済光の部隊に鎮圧された(90)。

中華革命党の政治革命では、次の二点が注目に値する。第一は革命と破壊の問題である。中華革命党にとって、秘密結社や土匪勢力はその社会的破壊性がゆえに革命的な性格を有すると考えられた。何海鳴（後に袁世凱の手先となった）は中華革命党成立後に書いた「討袁計画書」において、秘密結社・土匪を「中国社会における最も大きな破壊勢力」であると述べ、具体的には、三合会・三点会・大刀会・洪門・馬賊などの秘密結社の首領と連絡し、彼らを通じて軍法に基づいてその部隊を統率すれば、これらの軍事勢力は革命党の軍事暴動に協力しうる勢力に転じる。そのため、中華革命党は各会党の統一に力を注ぐべきであると主張している[91]。前出の新華社の幹部査昆臣も江西省南昌一帯の洪江会の破壊性に言及した。それによれば、秘密結社・土匪は主に無職者あるいは失業者によって構成され、生きるためには命を惜しまない者が多い。また、その多くは元軍人であるため、ただちに戦闘に加わることができる。ゆえに、中華革命党にとって、これは最も動員しやすい対象である、という[92]。

民国初期、孫文らは秘密結社に対して否定的な態度を示したが、二次革命後、袁世凱の軍隊に対抗するために、一時の政治的手段として再び秘密結社、土匪の動員に乗り出した。一九二一年、長期にわたって軍隊や土匪の策動に従事していた韓恢は、「土匪を兵士に化し、それを通じて省を救う。成功した後、兵士を労働者に化し、それを通じて国を救う」ことを軍隊、土匪の策動工作の目標に掲げた[93]。

もう一つの注目すべき点は、中華革命党の革命の地域性の問題である。中華革命党の各省支部はその省の出身者から構成され、中華革命党が各地に派遣して秘密結社、土匪工作に関わった党員はそれぞれの地域の出身者であった。番禺県出身の朱執信、寿春県出身の張匯滔、泗陽県出身の丁明清（韓恢）がその例である。そのうち、丁明清は自分が泗陽一帯の土匪丁明思（斯）の兄弟であるという関係を利用し、土匪の信頼を得た[94]。また、張匯滔が動員した青紅幇・土匪の首領の多くは、彼がそれまでに率いた淮上軍の兵士であった。朱執信は故郷の地縁関係を利用して、土匪の信頼を得た[95]。

中華革命党に動員された秘密結社、土匪は、ごく少数の首領が政治的抱負をもっていたのを除けば、ほとんどの人は革命党からの武器や資金支援を望み、あるいは革命党から委任状を受けて将来政治的舞台において一席を占める、といった利益に引き付けられていたに過ぎない。中華革命党もこれらの民間武装勢力を自らの革命目標に完全に従うような勢力に改造することができなかったため、両者の協力関係の基盤はきわめて脆弱であった。これは辛亥革命以前とほとんど変わらない状況である。一九一五年三月、広東省南韶連鎮守使に逮捕された土匪の欧龍、盧百妹、李道新の供述によると、三人は辛亥革命以前には三点会を結成し、財物掠奪で生計を立てていた。三人は辛亥革命の際に広東省の「民軍」に参加したが、「民軍」解散後、再び元の土匪生活に戻った。一九一五年旧暦の正月、香港から来た中華革命党の代表何克夫が三人と連絡を取り、革命が成功したら三人に官位を与えることを約束し、金と武器を三人に渡し、武装蜂起を行うよう働きかけた[96]。この事例が示したように、中華革命党と秘密結社・土匪との協力基盤はきわめて脆弱であった。

このように、主に急進的な知識人が結成した中華革命党は、秘密結社・新軍と連絡し、武装蜂起を起こすという辛亥革命以前の道に戻った。「二次革命」から「護国戦争」までの間に、中華革命党は政治の表舞台に登場しなかった。広東省以外の地域では、その影響力はごく限られていた。袁世凱が一九一六年六月に死去した後、中華革命党は「反袁世凱」という政治的目標を失い、その後活動が停滞した。一九一九年、党の再建をはかって、孫文は中華革命党を解散し、党名を元の国民党に改めた。

五　結びにかえて――孫文と秘密結社との決別

本章の考察が示したように、中華民国成立後の数年間、政治権力と秘密結社との間にはかつてないほど複雑な関係があった。まず、二次革命以前、中央政府や省政権は社会的、政治的統合を実現するために一連の秘密結社取締令を出した。一方、かつて排満革命の勢力として秘密結社を動員した革命党は、革命勝利後、秘密結社を統合することによって、これを合法的な社会団体として位置づけようとした。しかし、このねらいは民初期の政治闘争のなかでついに実現できなかった。二次革命後、孫文らは「革命に立ち戻る」際に再び会党を利用するという辛亥革命以前の手段を用いた[97]。

孫文はその革命の生涯において、一貫して秘密結社を動員して軍事行動を起こしたが、いずれも失敗した。その教訓から、彼は政治勢力としての秘密結社の役割に疑問を感じ、やがては秘密結社そのものに対しても否定的な態度に転じた。一九一八年、孫文は「建国方略」において、辛亥革命以前の秘密結社について次のように述べている[98]。

国内ニ伝布スルコトノ困難ナルハ推シテ知ルベキデアル。当時革命排満ノ言ヲ聞イテ怪ト為サザリシハ只ダ会党ノミデアッテ、而モ彼等ハ皆知識程度低ク団結力薄弱ニテ何等頼ムニ足ラズ、共鳴ハ望ミ得ルモ用イテ革命ノ原動力タラシムルコトハ出来ナカッタ。

ここで、孫文は秘密結社を否定する理由として次の二点を挙げている。すなわち、第一に、秘密結社メンバーのほとんどは下層階級の人間であり、教養も政治的意識も持っていない。第二に、秘密結社の山堂が林立し、互いに統轄、従属の関係を持たず、革命団体としての素質を欠いている。そのため、秘密結社は革命の原動力にはならない。一九一九年一月一四日、孫文は、『国史前編』を編集している蔡元培、張相臣に送った手紙のなかで、「（秘密結社の）内部は専制的な組織で、階級が厳しく、共和の原理や民権主義については全く知らない。また、会党と共和革命との関係に関しては、別冊で『秘密会党史』を編纂したほうがいい。それらを民国の歴史に混じり込ませてはならない」と述べている[99]。秘密結社に関する孫文のそれまでの言論と正反対のこうした議論は、実は、孫文の秘密結社との決別の宣言であった[100]。

では、秘密結社が革命の原動力ではなかったら、誰が革命の原動力であろうか。孫文にとって、それは三民主義の目標を掲げた中華革命党（＝国民党）にほかならなかった。一九二四年、孫文はレーニン主義の原理に基づいて国民

革命党による秘密結社、土匪動員（一九一三～一九一六）

時　期	地　域	秘密結社、土匪	革　命　党	備　考
1913.5.28	湖北	改進団		公民討賊団
1913.6.27	皖北寿春	幇会、土匪	柏文蔚	討袁軍
1913.9	蘇北灌云	土匪	黄興の名を借りて	都督団長制
1913.9	蘇北阜寧	土匪	黄興	二次革命
1913.10	蘇北	九龍会	黄興	討袁軍
1913-14	河南	白朗	黄興	討袁軍
1914.2	蘇北	土匪	乱党	軍事物資購入
1914.3	皖北	土匪	柏文蔚	江淮討袁侠義軍
1914.3-4	皖北定遠	土匪	叛党	告示を発布
1914.3.19	南京	青紅幇	乱党	
1914.3.27	南京、鎮江	青幇	黄興、祁望	
1914.4.7	皖北	元兵士	柏文蔚部下	討袁鉄血団
1914.5.18	皖北鳳陽	土匪	柏文蔚部下	淮上飛虎軍、第三次革命
1914.8	皖北鳳台等	三義会	張孟公	青紅幇、社会会社、革命党
1914.9	蘇北	土匪	韓恢	
1914.9	蘇北淮陰	土匪	乱党（王波）	江北陸軍討袁軍
1914-1916	蘇北	三元会、土匪	韓恢	三次革命、討袁軍
1914.8	浙江仙居	土匪	乱党	討袁軍
1914.9	湖南華容	改進会、自由党	孫文	討袁
1914-1915	浙江台州等	土匪	乱党	討袁
1915.1.7	湖南石門	会党	新民党（鄒代藩）	鄒は譚人鳳親戚
1915.1.27	湖南湘潭	土匪	乱党	黄興に追随
1915.4.19	山東鰲山	土匪	指揮者は日本人	討袁軍
1915.8.1	湖北	土匪	乱党	
1915.4	山東曹州、青島	土匪	乱党	
1915.5	福建徳化、龍渓	土匪	孫文	福州攻略を計画
1916.2	蘇北、皖北省境	土匪	乱党	安徽護国軍、鳳徐護国軍
1916.4.10	陝西	土匪		討袁軍

出典：中国第二歴史档案館蔵陸軍部・内務部档より作成。

党を改造し、「扶助農工」、共産党との合作の道を選んだ。彼は広東省で革命根拠地を建設し、革命軍隊を通じて革命の主義を実現させようとし、秘密結社・土匪動員・利用の策略を最終的に放棄した。同年、秘密結社との決別の具体的な方策として、孫文は遊民・土匪の改造、および土匪軍隊の受け入れの禁止に関する一連の命令を発した[101]。

ところで、一九一九年、若き毛沢東は「民衆の大連合」と題した文章のなかで、秘密結社について次のように述べている。「辛亥革命は一見して民衆の連合のように見えるが、実際にはそうではなかった。辛亥革命は最初は留学生たちが発動し、哥老会がそれに呼応し、新軍と巡防営の兵士たちが実行したものであって、われわれ大多数の民衆とは無関係である[102]」。孫文と異なった時代、異なった政治理念をもつ毛沢東であったが、秘密結社について同じ結論を得たのである。しかし、孫文が秘密結社に別れを告げたのに対して、毛沢東と彼の同時代の共産主義知識人たちは、革命を行う際に秘密結社は避けて通れない存在であると認識した。

注

（1）「中華民国緑林党」、『時報』一九一二年二月二五日。

（2）小島淑男「民国時期における江浙地区の会党――中華国民共進会を中心に」、『中嶋敏夫先生古稀記念論集』（下巻）、汲古書院、一九八一年。胡縄武「民初会党問題」、魏建猷「試論社団改進会」、中国会党史研究会編『会党史研究』、（学林出版社、一九八七年）に収録。陳剣安「民国時期孫中山与会党関係研究」、『歴史研究』、一九九〇年第二号。周育民・邵雍『中国幇会史』、上海人民出版社、一九九三年、四三六―四四九頁。胡珠生『清代洪門史』、遼寧人民出版社、一九九六年、五二四―五三三頁。

（3）「陳警天呈孫中山論広東弥盗之法摺」（一九一二年四―六月間）、黄彦・李伯新編『孫中山蔵檔案選編』（辛亥革命前後）、中華書局、一九八六年、五三一頁。

（4）「兵馬都督張雲山安民演説」、中華民国開国五十年文献編纂委員会編『中華民国開国五十年文献』第二編第三冊、「各省光復」（上）、正中書局、一九六三年、一一五―一一六頁。
（5）「贛都督破除党見」、『民立報』一九一一年一二月三〇日。
（6）「湘都督消除会党之文告」、『申報』一九一二年一月一八日。
（7）「厳禁問公口山堂告示」（一九一二年二月）、曽業英編『蔡松坡集』、上海人民出版社、一九八四年、三〇六頁。
（8）「祭明太祖文」（一九一二年二月一五日）、「謁明太祖陵文」（一九一二年二月一五日）、『孫中山全集』第二巻、中華書局、一九八二年、九四―九七頁。前掲『中華民国開国五十年文献』第二編第三冊、「各省光復」（上）、六六―六七頁。
（9）「通飭厳禁秘密結社文」（一九一二年九月二九日）、章伯鋒・李宗一編『北洋軍閥』第二巻（一九一二～一九二八）、武漢出版社、一九九〇年、一三六〇頁。
（10）クーデターに関する新聞記事は、武漢大学歴史系中国近現代史教研室編『辛亥革命在湖北史料選輯』（湖北人民出版社、一九八一年、六六〇―六六四頁）を参照。
（11）「通飭厳禁秘密結社集会文」（一九一二年一一月九日）、章伯鋒・李宗一前掲『北洋軍閥』第二巻、一三六三頁。
（12）「厳懲倡言二次革命党徒令」（一九一二年一一月二六日）、章伯鋒・李宗一前掲『北洋軍閥』第二巻、一三六四頁。ここでの「二次革命」は、一九一三年に起きた反袁世凱の「二次革命」とは異なる。
（13）同右。
（14）周育民、邵雍前掲『中国幇会史』、四二〇―四三五頁。
（15）「在広東中国同志競業社歓迎会的演説」（一九一二年五月六日）、『孫中山全集』第二巻、中華書局、一九八二年、三五八頁。
（16）戴季陶「秘密会党之救済」、『戴天仇文集』（呉相湘主編『中国現代史料叢書』第一輯、『建立民国』）、文星書店、一九六二年、五〇―五一頁。
（17）中国第二歴史檔案館編『民国幇会要録』、檔案出版社、一九九三年、二七三頁。『中国幇会』、現代出版社（香港）、一九八〇年、一〇一頁。

(18) 江湖会が老河口で起事した後、黎元洪は馬牧良を該地に派遣し、同胞社の分社を設立させ、江湖会が公に活動することを容認した。華中師範学院歴史系編『江湖会資料選輯』(一九六一年)、一一二頁。
(19) 同右、一一二―一一三頁。
(20)「厳禁軍人結会党」、『民立報』一九一二年八月二五日。
(21)「黎副総統為解散同胞社通電」、『時報』一九一三年一月九日。
(22) 二次革命後、王固定が武昌で同胞社を組織した事件が摘発された。『二次革命史料』、『革命文献』第四十四輯、台北中央文物供応社、一九六八年、四五九頁。
(23)「哥老会即同胞社解散ニ関シ報告ノ件」(在沙市領事館事務代理橋口貢、大正二年二月二七日)、外務省外交資料館所蔵「支那政党及結社状況調査一件」第五巻、大正二年二月～大正五年一二月。
(24) 陳其美は辛亥革命以前から上海の青幇と密接な関わりを持っていた。このことについては彼自身それを隠さなかった(「滬都督覆徐震書」、『民立報』一九一二年一月一三日。上海社会科学院編『辛亥革命在上海史料選輯』、上海人民出版社、一九八一年、九六〇頁。
(25) 平山周『中国秘密社会史』(商務印書館、一九一二年初版)、「序二」。
(26) 黄彦・李伯新前掲書、三八八―三八九頁。
(27) 中華国民共進会に関する先行研究として、小島淑男前掲「民国時期における江浙地区の会党――中華国民共進会を中心に」を参照。
(28)「中華民国共進会広告」、『民立報』一九一二年六月一九日。
(29)「張克卿宣講共進会之理由」、『神州日報』一九一二年七月四日。
(30)「浙省共進会発達」、『申報』一九一二年九月二七日。
(31)「浙都督注意共進会」、『申報』一九一二年九月一二日。
(32) 前掲「浙省共進会発達」。

(33)「中華国民共進会」（著者不明、大正二年）、外務省外交資料館所蔵「支那政党及結社状況調査一件」第五巻、大正二年二月—大正五年一二月。
(34) 章伯鋒・李宗一前掲『北洋軍閥』第二巻、一二五頁。
(35) 周南陔口述「宋教仁被刺案之秘密」、章伯鋒、李宗一前掲『北洋軍閥』第二巻、一一五—一二四頁。
(36) たとえば、江蘇省宜興県の幇会首領馬洪明、馬三胖らが共進会の名の下で「二次革命を揚言した」（「幇匪無法無天」、『民立報』一九一三年一月一六日、「馬賊将為大害」一月二四日、「盗犯亦可賄縦乎」一月二九日、「宜興幇匪猖獗記」二月一二日）。
(37) たとえば、共進会松江支部調査員趙金林は、もともと青紅幇のメンバーであり、共進会の名義を借りて、票布を配って、結党したという罪名で指名手配された（「会匪聞信遠颺」、『民立報』一九一三年一月三〇日）。松江の共進会は一九一二年九月一〇日に成立した。その日、約千五百人が参列した（『申報』一九一二年九月一三日）。
(38)「無錫共進会会長逮捕記」、『時報』一九一三年三月一一日。
(39) 魏建猷「試論社団改進会」、前掲『会党史研究』、一九六—二一〇頁。
(40) 中国第二歴史檔案館編『中華民国史檔案資料彙編』第三輯、政治（二）、江蘇省古籍出版社、一九九一年、八〇六—八一二頁。
(41)「改良秘密結社」、『民立報』一九一三年三月二三日。
(42)「譚人鳳敬告洪家党派文」、同右。
(43) 前掲『中華民国史檔案資料彙編』第三輯、政治（二）、八〇四—八〇六頁。また、「社団改進会意見書」（『歴史檔案』一九八二年、第一期）を参照のこと。
(44)『二次革命史料』、『革命文献』第四十四輯、四六三頁。
(45)「湘中匪患之調査」、『民立報』一九一三年五月一一日。「湘中匪患之調査」、五月一二日、「憔悴湘潭草木兵」五月二五日。また、「満清回復」を掲げる洪江会も現れた。Joseph W Esherick, *Reform and Revolution in China: The 1911 Revolution in Hunan and Hubei*, Berkeley: University of California Press, 1976, p.252.

(46)「湘中匪患之調査・改進会」、『民立報』一九一三年五月一二日。

(47) 陳浴新「湖南会党与辛亥革命」、『文史資料選輯』第三十四輯。

(48) 中国第二歴史檔案館編『中国無政府主義和中国社会党』、江蘇人民出版社、一九八一年、一七五頁。

(49)『社会党月刊』第四期、章伯鋒・李宗一前掲『北洋軍閥』、第一巻、二七三頁。

(50) 前掲『中国無政府主義和中国社会党』、一八四頁。

(51) 同右、一九〇頁。

(52)「哥老会変社会党」、『民立報』一九一二年三月三一日。

(53)「公口社会」、『民立報』一九一二年四月八日。

(54) 陳祖武「煊赫一時的風雲人物尹昌衡」、『文史資料選輯』第七十七輯。

(55) 前掲「公口社会」。

(56) 中国社会党は一九二〇年代に活動を再開した（前掲『中国無政府主義和中国社会党』）。

(57) 陳剣安「民国時期孫中山与会党関係研究」、『歴史研究』一九九〇年第二期。周育民、邵雍前掲書、四四七—四四九頁。

(58)「黄三徳致孫中山函」、黄彦・李伯新前掲書、四三八—四三九頁。

(59) 黄三徳『洪門革命史』、出版元不明、一九三六年、二三—二五頁。

(60)「域多利致公堂致孫中山電」（一九一二年一月九日）、黄彦・李伯新前掲書、四三一頁。

(61)「域多利致公堂等致孫中山函」（一九一二年一月二九日）、黄彦・李伯新前掲書、四三七—四三八頁。

(62) 周育民、邵雍前掲書、四六四—四六五頁。

(63)「厳禁解散湖南会党令」（一九一三年一〇月三日）、章伯鋒・李宗一前掲『北洋軍閥』第二巻、五三五—五三六頁。

(64)「厳禁哥老会令」（一九一四年一月九日）、同右、五四〇頁。

(65) Hsueh, Chun-tu, *Huang Hsing and the Chinese Revolution*, Stanford: Stanford University Press, 1961.（薛君度『黄興与中国革命』、湖南人民出版社、一九八〇年、一五八—一六〇頁）。

(66)　『時報』一九一三年五月二八日。
(67)　「匪機関之破獲」、『民立報』一九一三年五月二九日。
(68)　「中国大事記」、『東方雑誌』第九巻、第十一号、一九一三年、三二頁。「鄒永成回憶録」、『近代史資料』一九五六年第三期、科学出版社。「時事匯報」、『庸言』第一巻第十二期、一九一三年、一頁。
(69)　「匪首紀雲歴史」、『民立報』一九一三年五月二九日。また、『時報』一九一三年五月二八日を参照。
(70)　改進団幹部の処分をめぐる黎元洪と袁世凱の往復電文は『近代史資料』（一九六二年第一期、一四―二四頁）を参照。
(71)　「広州電報」、『民立報』一九一三年七月二一日。中国第二歴史檔案館所蔵陸軍部檔（以下「陸軍部檔」と略す）、「灌雲県議会等致大総統及陸軍部参衆両院電」、一九一三年九月一一日。蒋雁行致大総統及陸軍部総長密電」、一九一三年九月二三日。「蒋雁行致大総統及陸軍部総長寒電」、一九一三年一〇月六日、一〇月七日、一〇月一一日。湖南省社会科学院編『黄興集』、中華書局、一九八一年、四九七頁。
(72)　前掲『黄興集』、三四三頁。
(73)　杜春和編『白朗起義』、中国社会科学出版社、一九八〇年、三五頁、二二四―二二六頁。『時報』一九一四年二月二三日。「鄒永成回憶録」、閑云「白朗始末記」、『近代史資料』一九五六年第三期。白朗蜂起について数多くの研究は存在する。欧米研究者の主な関心は「社会的土匪」（social bandit）と革命との関係の問題である。Elizabeth Perry, "Social Banditry Revisited, The Case of Bai Lang, a Chinese Brigand", *Modern China*, Vol.9, No3, July, 1983. Edward Friedman, *Backward Toward Revolution: The Chinese Revolutionary Party*, Berkeley: University of California press, 1974, pp.144-164. 日本の研究は主に「農民革命」（坂野良吉「白朗起義の歴史的意義をめぐって――民国初年の反軍閥闘争」、『歴史評論』第二四三号、一九七〇年一〇月。嶋本信子「白朗の乱にみる辛亥革命と民衆」（上）、青年中国研究者会議編『中国民衆反乱の世界』、汲古書院、一九七四年。）と「土匪集団」（今井駿「白朗の乱についての一考察――白朗集団の組織的実態について」、静岡大学人文学部『人文論集』第四十二号、一九九一年）に焦点を当てる。
(74)　張俠他編『北洋陸軍史料』（一九一二～一九一六）、天津人民出版社、一九八七年、五二九―五三〇頁。陸軍部檔「李紹臣牛維霖電」、一九一四年五月三日。
(75)「一八日申刻南京専電」、『時報』一九一四年三月一九日。
(76)「拿獲乱党祁望謀陥海州之往来電報及其供詞」、『時報』一九一四年三月二七日。
(77)陸軍部檔、「徐州巡閲使張勲東電」、一九一四年三月一日。
(78)「李楚江為革命犠牲発還遺産」、『江蘇省政府公報』第四一号、一九二八年七月九日。九龍山に関しては、当時の新聞で多く報道されている（拙稿「『九龍山』秘密結社についての一考察」、『中国研究月報』第五五三号、一九九四年三月号）。なお、当時南京駐在の日本外交官が外務省に送った事件に関する報告は、ほとんど当時の新聞記事によるものであった。「九龍山（秘密結社）ニ関スル件」（在南京領事船津辰一郎、大正二年二月二十日）、日本外務省外交資料館所蔵「支那政党及結社状況調査」。「九龍山（秘密結社）首謀者処分ニ関スル件」（在南京領事船津辰一郎、大正二年二月二十五日）、同右。
(79)「致南洋各埠洪門同志函」（一九一四年七月二九日）、『孫中山全集』第三巻、中華書局、一九八四年、一〇四―一〇五頁。
(80)「各埠洪門改組為中華革命党支部通告」（一九一四年一一月）、『孫中山全集』第三巻、一四〇―一四一頁。
(81)黄三徳『洪門革命史』、二三―二五頁。黄彦、李伯新前掲書、四三七―四三九頁。
なお、黄三徳の『洪門革命史』には、孫文が民国三年一二月三〇日に出されたとされる手紙の一部が収録されている。そのなかに次のような一節がある。「私（孫文）は同志を集め中華革命党を組織した。党の総章は十二ヵ条あり、最初の挙兵に参加した党員はすべて元勲公民として参政と執政の権利を有する。各地の洪門が洪門の各団体がすばやく行動を起こし追いつき、共に革命の事業を行い、また、洪門のすべてのメンバーが誓約書を書き、中華革命党の支部に加入するよう願っている。そうすることによって、互いに意思疎通ができないことを防ぎ、指と腕が助け合うよい効果を収められる。諸公が迅速に準備を行い、返事するよう願っている。もって正式に任命するに便する」（黄三徳前掲『洪門革命史』、三一―三二頁）。
(82)陸軍部檔、「倪嗣衝致大総統密電」、一九一四年八月一二日。
(83)「王孟楽為述張孟介受同志責難上総理函」、一九一五年一月一五日、『中華革命党時期函牘』、『革命文献』第四十八輯、中央文物供応社、一九六九年、一三七頁。「許崇智請更委江蘇革命軍軍務人員上総理呈」（一九一五年二月一五日）、同右、一二七頁。

(84)「新華社贛支部長査昆臣報告書」(一九一四年一二月二三日)、前掲『中華革命党時期函牘』、一四二―一四五頁。「中華革命党上海支部新華社史略」、『討袁史料』(一)、『革命文献』第四十六輯、中央文物供応社、一九六九年、一七六頁。

(85) 陸軍部檔、「張勲致大総統密電」、一九一四年六月二六日。

(86) 陸軍部檔、「張勲致大総統統率辦事処密電」、一九一四年八月二〇日。「沭陽電局致交通部総次長電」、一九一四年八月二三日。「宿遷電局致交通部管理局電」、一九一四年八月二三日。「馮国璋致陸軍部密電」、一九一四年八月二八日。「張勲致統率辦事処陸軍部電」、一九一四年九月一日。「張勲致大総統等電」、一九一四年九月四日。

(87) 深町英夫『近代中国における政党・社会・国家』、中央大学出版部、一九九九年、一三八―一四二頁。

(88) 朱は長年にわたって広東で民間武装勢力の動員に携わり、一九二〇年死去までには李福林・陸領・陸蘭清・張炳など秘密結社・土匪出身の軍事首領は、いずれも朱の部下であった(呂芳上『朱執信与中国革命』、東呉大学中国学術著作奨助委員会、一九七八年、一二三頁)。

(89)「朱執信経営粤事史略」、前掲『討袁史料』(二)、中央文物供応社、一九六九年、三五二―三五三頁。呂芳上前掲『朱執信与中国革命』、一八五―一八六頁。

(90) 前掲『討袁史料』(二)、三五四頁。

(91) 何海鳴「討袁計画書」、『近代史資料』総六十一号、中国社会科学出版社、一九八六年、一五〇頁。

(92)「新華社贛支部長査昆臣報告書」、前掲『中華革命党時期函牘』、一四三頁。

(93) 蒋作新「韓恢事略」、『中華民国史事紀要』(民国一一年一〇月三〇日)八六三頁。原文:「化匪為兵以救省、事成則化兵為工以救国」。

(94)「紀泗匪丁明斯之末路」、『時報』一九一五年九月二一日。

(95) 呂芳上前掲『朱執信与中国革命』、一八九頁。

(96) 陸軍部檔、「広東南韶連鎮守使提訓逮案欧龍盧百妹李道新供詞」、一九一五年三月二八日。

(97) Edward Friedman, *Backward Toward Revolution: The Chinese Revolutionary Party.*

(98) 孫文「建国方略」、訳文は外務省調査部編『孫文全集』(上)、原書房、一九六七年、六二三頁。
(99) 「復蔡元培、張相文函」(一九一九年一月一四日)、前掲『孫中山全集』第五巻、中華書局、一九八五年、八頁。
(100) にもかかわらず、革命の策略として、孫文はその後も引き続き秘密結社、土匪の武装勢力を動員しようとした。一九二〇年五月、孫文は広西の軍閥勢力を討伐する際に、東江の郷団、緑林勢力を利用するよう指示した。同年八月、孫文は朱執信らに「各地の民軍」を発動し、その真偽を検証するよう命じた。「致許崇智電」(一九二〇年五月一四日)、同右、二六一―二六二頁。「致朱執信、周之貞電」(一九二〇年八月一九日)、同右、三一三頁。
(101) 「感化並収容游民土匪提案」(一九二四年一月二九日)、『孫中山全集』第九巻、中華書局、一九八六年、一六七―一六八頁。「厳禁収編土匪令」(一九二四年四月一七日)、第十巻、中華書局、一九八六年、八一―八二頁。
(102) 毛沢東「民衆的大連合」(一九一九年)、竹内実監修『毛沢東集』一、北望社、一九七一年、六五頁。

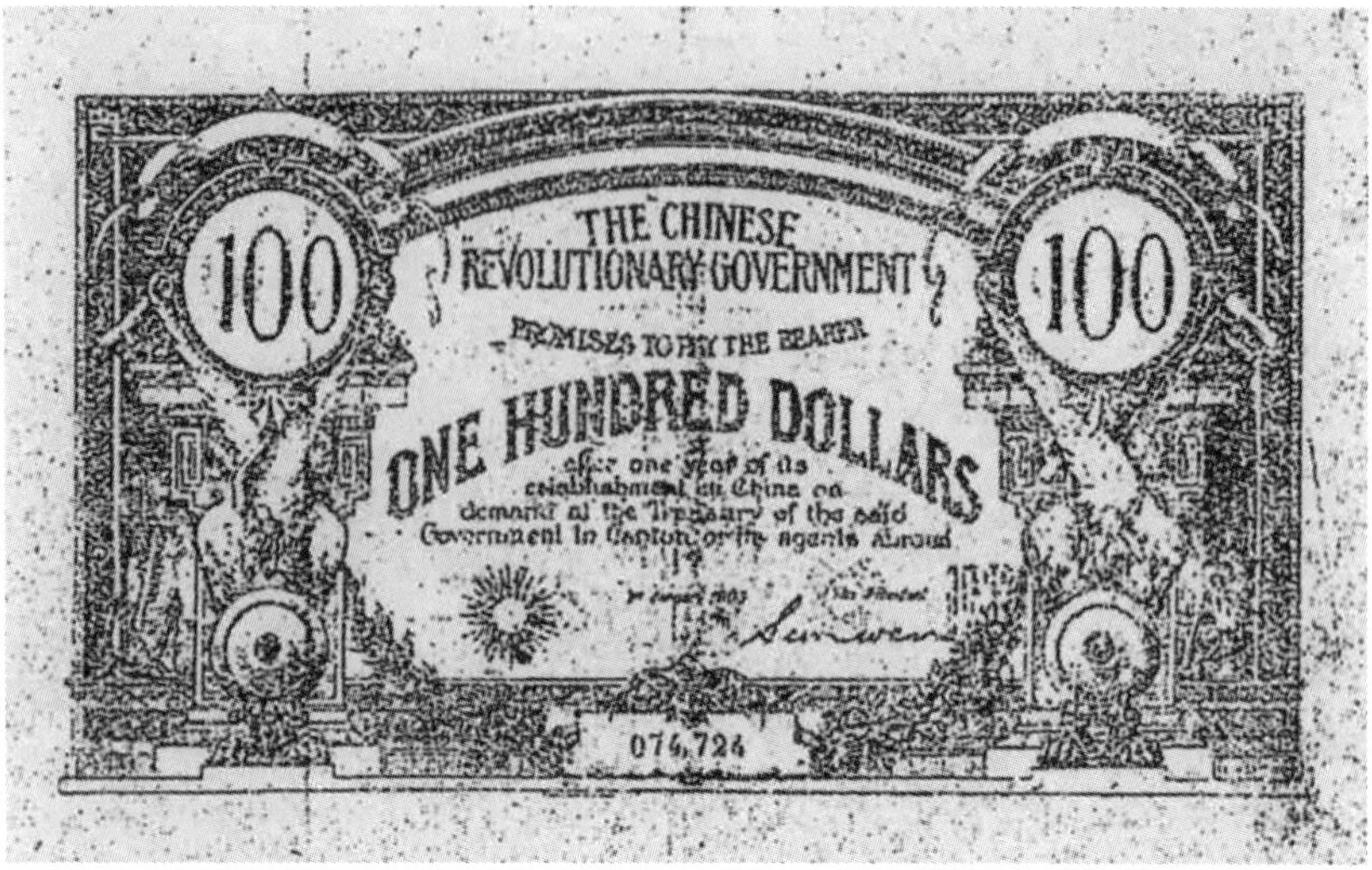

1、革命党の軍票（表）（平山周「支那革命党及秘密結社」、『日本及日本人』第五六九号、一九一一年一一月）

2、革命党の軍票（裏）（平山周「支那革命党及秘密結社」、『日本及日本人』第五六九号、一九一一年一一月）

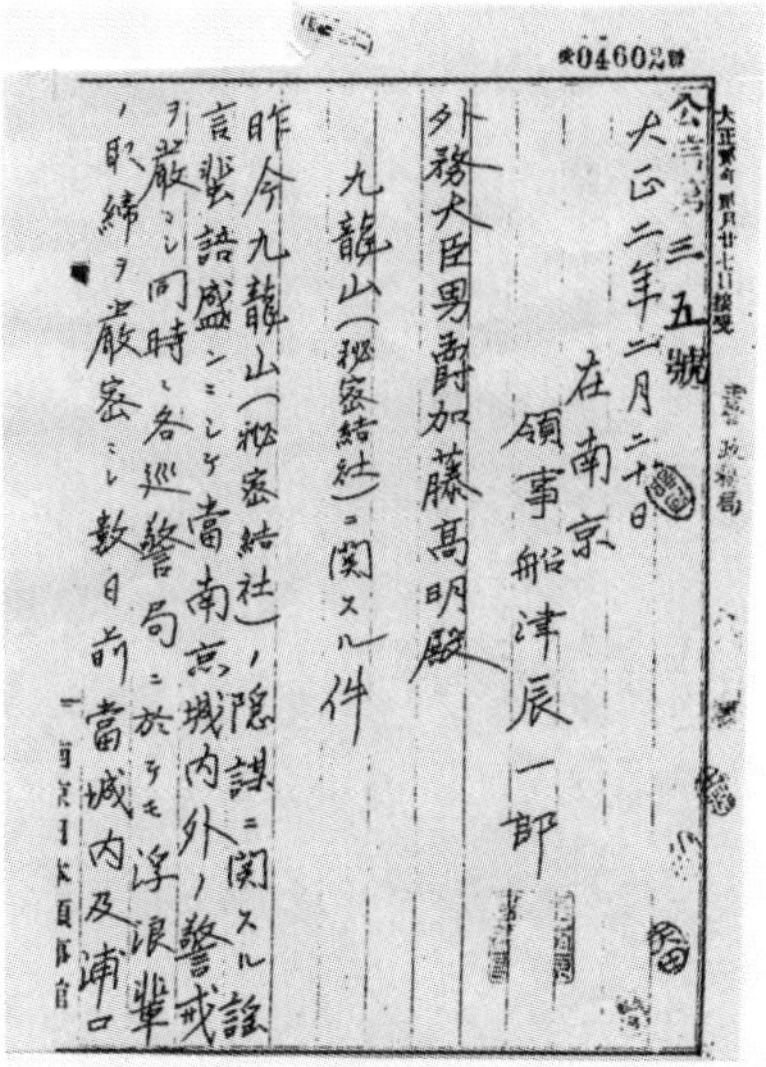

公信第三五號
大正二年二月二十日
在南京領事船津辰一郎
外務大臣男爵加藤高明殿
九龍山（秘密結社）ニ関スル件
昨今九龍山（秘密結社）ノ陰謀ニ関スル謠言盛ンニシテ當南京城内外ノ警戒ヲ厳ニシ同時ニ各巡警局ニ於テモ浮浪輩ノ取締ヲ厳密ニシ数日前當城内及浦口

3、一九一三年在南京領事船津辰一郎の加藤高明宛の報告（日本外務省外交資料館所蔵）

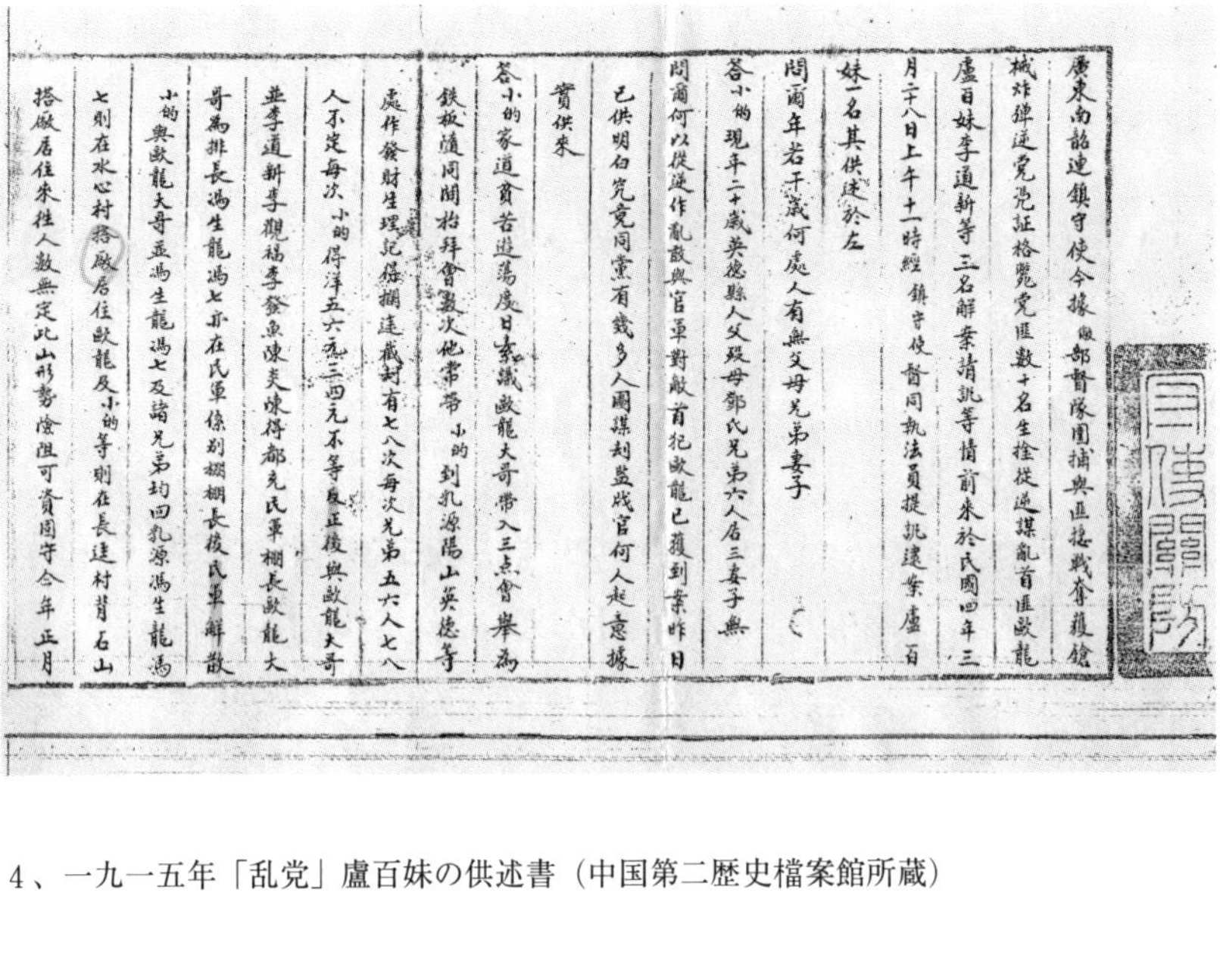

廣東南韶連鎮守使令據始興縣部營隊圍捕與匪接戰奪獲鎗
械炸弾逆党死匪格斃党匪數十名生擒從逆謀亂首匪歐龍
盧百妹李通新等三名解案請訊等情前來於民國四年三
月二十八日上午十一時經　鎮守使督同執法員提訊逆案盧百
妹一名其供述於左
問爾年若干歲何處人有無父母兄弟妻子
答小的現年二十歳英德縣人父歿母鄧氏兄弟六人居三妻子無
問爾何以從逆作亂敢與官軍對敵首犯歐龍已獲到案昨日
已供明白究竟同党有幾多人同謀刦盜戕官何人起意據
實供來
答小的家道貧苦遊蕩度日素識歐龍大哥帶入三点會舉為
鉄板隨同開枱拜會數次他常帶小的到乳源陽山英德等
處作發財生理記得搶刦連截封有七八次每次兄弟五六人七八
人不定每次小的得洋五六元三四元不等反正後與歐龍大哥
並李通新李觀福李發魚陳夫陳得都充民軍棚長歐龍大
哥為排長馮生龍馮七亦在民軍係別棚長後民軍解散
小的與歐龍大哥並馮生龍馮七及諸兄弟均回乳源馮生龍馮
七則在水心村將敵居住歐龍及小的等則在長廷村背石山
搭廠居住來往人數無定此山形勢險阻可資固守今年正月

4、一九一五年「乱党」盧百妹の供述書（中国第二歴史檔案館所蔵）

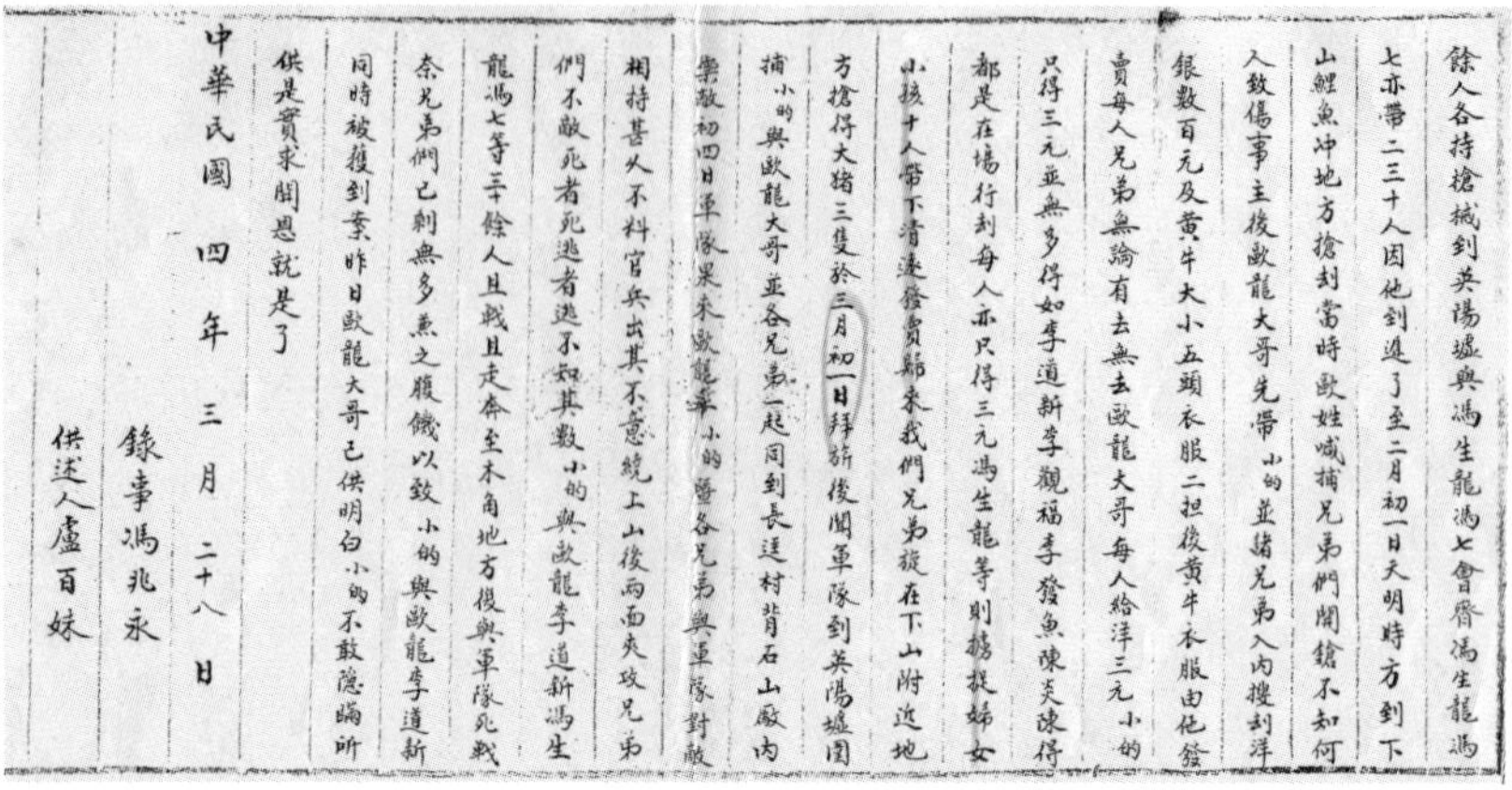

餘人各持槍械到英陽墟與馮生龍馮七會齊馮生龍馮
七亦帶二三十人因他到遲了至二月初一日天明時方到下
山鯉魚冲地方搶刦當時歐姓喊捕兄弟們開鎗不知何
人致傷事主後歐龍大哥先帶小的並豬兄弟入內搜刦洋
銀數百元及黃牛大小五頭衣服二担後黃牛衣服由他發
賣每人兄弟無論有去無去歐龍大哥每人給洋三元小的
只得三元並無多得如李道新李觀福李發魚陳英陳得
都是在場行刦每人亦只得三元馮生龍等則擄捉婦女
小孩十八人帶下清遠發賣歸來我們兄弟旋在下山附近地
方搶得大豬三隻於三月初一日拜新後聞軍隊到英陽墟圍
捕小的與歐龍大哥並各兄弟一起同到長廷村背石山嚴內
擊敵初四日軍隊果來歐龍李小的暨各兄弟與軍隊對敵
相持甚久不料官兵出其不意繞上山後兩面夾攻兄弟
們不敵死者死逃者逃不如其數小的與歐龍李道新馮生
龍馮七等二十餘人且戰且走奔至木角地方復與軍隊死戰
奈兄弟們已剩無多兼之腹餓以致小的與歐龍李道新
同時被獲到案昨日歐龍大哥已供明白小的不敢隱瞞所
供是實求開恩就是了
中華民國　四　年　三　月　二十八　日
錄事馮兆永
供述人盧百妹

5、一九一五年「乱党」盧百妹の供述書（中国第二歴史檔案館所蔵）

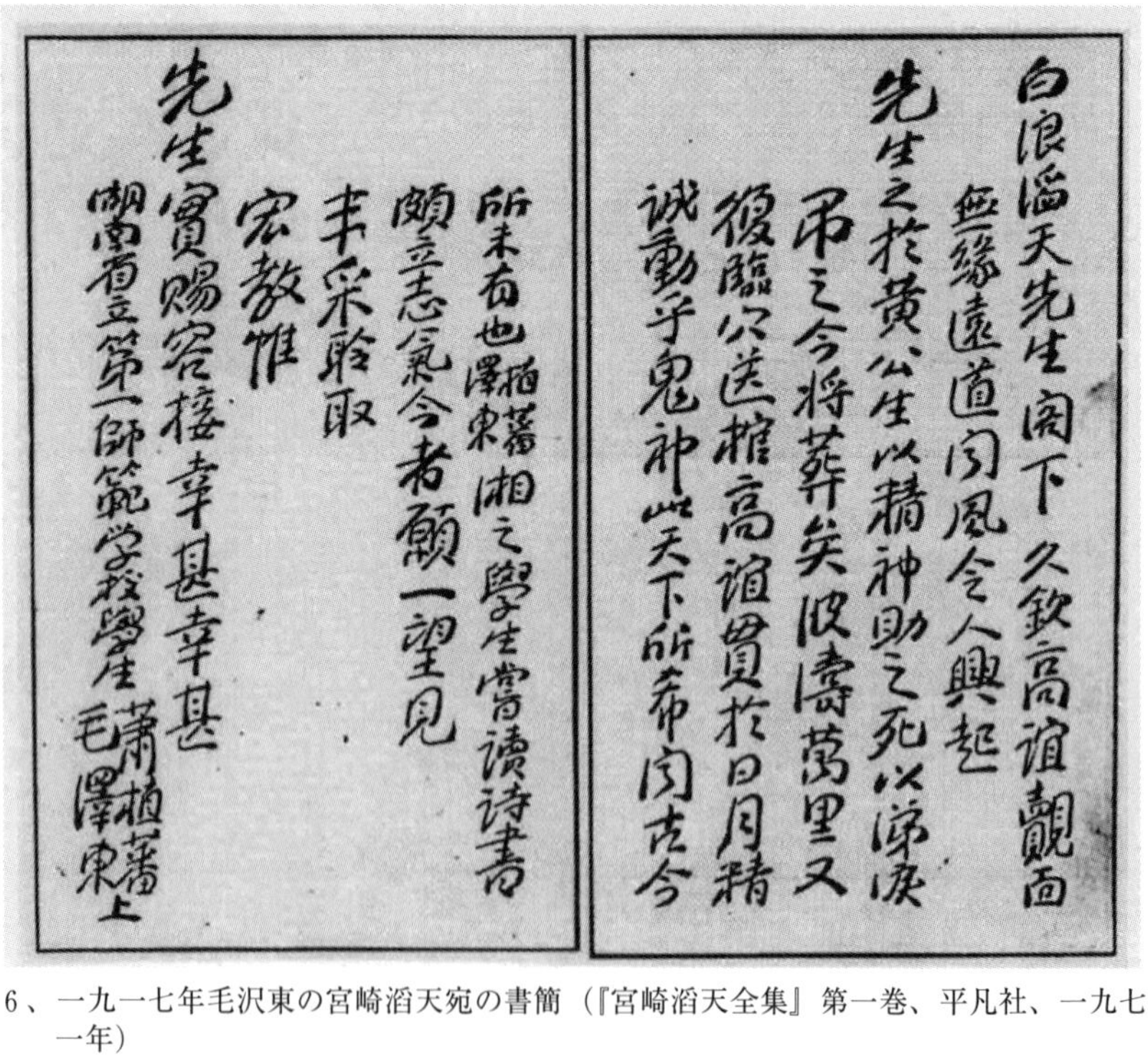

白浪滔天先生閣下　久欽高誼覿面
無緣遠道聞風令人興起
先生之於黃公生以精神助之死以涕淚
弔之今將葬矣　先生又
復臨穴送棺高誼貫於日月精
誠動乎鬼神此天下所希聞古今
所未有也植蕃澤東湘之學生嘗讀詩書
頗立志氣今者願一望見
丰采聆取
宏教惟
先生實賜容接幸甚幸甚
湖南省立第一師範學校學生　蕭植蕃　毛澤東　上

6、一九一七年毛沢東の宮崎滔天宛の書簡（『宮崎滔天全集』第一巻、平凡社、一九七一年）

第Ⅲ部

第五章　共産主義者・労働者・青紅幇——上海における労働運動の展開と挫折

はじめに

一九二〇年代のはじめに十数人の共産主義知識人が中国共産党の設立を宣言した後、三十年足らずにして、中共は労働者、農民を主体とする大きな政党となり、国民党政権に代わって中国の広大な国土を支配することになった。マルクス・レーニン主義イデオロギーに基づいて、中共は都市部の労働者を革命の主体と見なしていた。これまでに、中共の労働運動について、すでに夥しい数の研究が発表された。中には中共と秘密結社との関係を扱ったものも数多く含まれている。一九二〇年代中共の労働運動と秘密結社との関係に関して、中国では、蔡少卿[1]が先駆的な研究を行った。欧米では、シェノー（J. Chesneaux）[2]とペリー（E. Perry）の研究が注目を集めた[3]。ペリーは、上海労働運動に関する研究のなかで、地縁政治、政党政治、および産業政治の角度から中共の労働運動を研究し、中共革命に呼応した労働者は主に産業労働者すなわち熟練労働者であったと指摘した。また、近年、ブリアン（M. Brian）は青幇と国民党との関係を扱った研究のなかで、「四・一二クーデター」前後の中共と青幇との関係について考察した[4]。本章は、これらの先行研究を踏まえつつ、一次資料の分析に基づいて、一九二〇年代労働運動における中共の青紅幇工作の展開とその特徴を明らかにしたい。

一　青紅幇ネットワークと上海社会

一九世紀末以降、近代工業の発展と都市化の進展に伴い、中国の都市において労働者集団が次第に形成された。中国の共産主義知識人は、労働者集団の地域的、産業的特徴に合わせて労働運動を推進した。地域別でみれば、中共の労働運動は北部の華北地域、中部の揚子江流域の湖南・湖北・江西・東部の上海・南部の広州を中心に行われた。産業別でみると、鉄道・炭鉱・機械・紡績・海運などの近代産業部門が運動の中心であった。これらの産業における秘密結社の具体的な状況についてはまだ不明な点が多いが、近年、上海のほかに、天津[5]・漢口[6]・成都[7]などの近代都市の発展に関する研究が進展を見せている。青幇・洪幇の活動や都市労働者と青幇、洪幇との関係も研究者の関心を集めている。

上海の幇会＝秘密結社組織のうちよく知られているのは青幇と洪幇である。両者はしばしば青紅幇と併称される。両者の共通するところは、擬似親族関係によって結ばれ、義兄弟関係を重んじる組織である、という点である。上海の青幇、洪幇の特徴や歴史についてすでに多くの研究があるが、筆者が本書第一章で指摘したように、従来の研究では異なる地域の異なる結社をすべて「秘密結社」という差異装置に入れる傾向があるため、上海という地域の青紅幇組織の特徴は見逃されてしまいがちである。上海近代都市の出現、および人口の大量流入にともなって形成された上海の青紅幇は、農村や商業市鎮で活動した従来の会党とは大きく異なっていた。いわば都市型の秘密結社である青紅幇は、近代都市上海という社会的、歴史的背景から切り離して理解することはできない。

上海の労働者は主に江蘇省北部と華北地域（たとえば山東省）・華南（たとえば広東省）および江蘇省南部・浙江省からの移住者によって構成されていた。近年、「蘇北人」に関するホーニグ（Emily Honig）の研究[8]や同郷会に関するグッドマン（B. Goodman）の研究[9]が、上海社会内部の異なる地域的背景をもつ人々の境遇、および互いの関係を考察している。上海の労働者について、ペリーは次のように指摘している。「上海では、労働者は明らかにいくつかの階層に分かれていた。南方から来た熟練工が安定的かつ収入の高い仕事に従事するのに対して、北方から来た農民は人力車夫、埠頭の荷役工、紡績工などで糊口をしのがなければならなかった。もちろん、実際に、職業の違いに比べて、（労働者の）地域分布はより複雑で、流動的であった[10]」。地縁関係や職業と密接に関わったのは、各種の同郷組織や同業組織、および両者の内部に存在しながら、しばしば両者をまたがる青紅幇のネットワークであった[11]。「幇」と呼ばれるこれらの組織は次の四つの特徴をもっている。すなわち、①原則的には特定の幇頭、頭目を中心とする集団であること、②相互扶助的な機能をもつこと、③一定の規範を重んずること、④一定の宗旨を持つこと[12]、である。平野義太郎は中国社会の特徴を把握するために「幇」の存在を見逃してはいけないと主張し、次のように述べている[13]。

支那の社会組織の基本をなすものは、第一に家族及び宗祠を中心とした共同祭祀を営む血縁的集団の宗族、第二に、それらが基礎をなす村廟を聚落結集の中心として形成せられてゐる自治的な部落・会・村落と村落とが社会圏をつくる連圏、連荘又市集、第三に村落を離れた支那人が特に都市にあって形造る幇・会館・公所等、この血縁・地縁・人縁の三結合である。支那の民族道徳も宗教規範もそして法的慣行もこれらの基本的な三縁の社会結合をして緊密に組織し、社会成員の連帯性と統一性とを保たしめることが、その機能である。

そのうち、第三として挙げられている「結合」は「人縁」に属する青紅幇のネットワークの役割を理解するうえで重要なポイントである。なお、「幇」について、大谷孝太郎は一九二八年に次のように指摘した。「幇には凡そ三義あり。一には同郷部類をいひ、二には同郷部類の同業部類をいひ、三には流匪賊乞食を下位の極限とする労働者のギルドをいう」[14]。

青紅幇はこの場合第三に属すと考えられるが、しかし、ほかの二つとも深く関わっていることは強調しなければならない。一九二〇年、『共産党』雑誌に掲載された「上海労働界的趨勢」には次の一節がある[15]。

上海は中国の最大都市であり、工場の数が最も多く、労働者の数は五十万人を超える。しかし、労働者のほとんどが各地域から来たため、成分は非常に複雑で、言語、習慣および考え方もかなり異なっている。彼らのなかには、青幇と紅幇の別があり、広東幇・寧波幇・揚州幇・蘇州幇および江北幇の違いが存在する。労働者は所属する幇が異なると、その考え方も異なってくる。それ故、互いの押しのけあいが絶えず、かえって互いの共通の敵が資本階級であることを忘れてしまう。それ故、彼らが階級利益のために団結するのを望むのは非常に難しい。

右の指摘から、青紅幇がほかの地縁組織、同業組織とひとくくりにされていたことが分かる。多くの場合、「幇口」（＝地縁組織）と青紅幇は互いに絡み合っていた。

では、五十五万人の上海労働者のうちどれぐらいの人が青紅幇に加入していたのだろうか。橘樸は、「上海や無錫の如き大工業地の労働者はその八割迄青幇に属するらしい」、また「上海の労働者達の八分通りは、白蓮教を除いた他の四種の秘密結社の何れにか属して居ると云ふことであるが、中にもとりわけ大きいのは青幇である」と述べた[16]。中共早期のリーダー瞿秋白は「上海の労働者のほとんど半数以上が青紅幇などの秘密組織に属している。工場の労働者さえもこのような状況である。もちろんクーリーは言うまでもない」と述べた[17]。上海にある中共の秘密機関が一九三八年に行った調査によると、男性労働者の七～八割が青紅幇に参加しており、「老頭子」（青幇が自分の首領を指す語[18]）を拝し、関羽を奉じていた[19]。一九二七年『晶報』の記事によれば、青紅幇組織に加入した上海の労働者は少なくとも二十万人以上であった[20]。ただし、これらのデータは調査に基づいたものではなく、同業・同郷団体に入った者も青紅幇として数えられた可能性もある、ということは指摘しておかねばならないだろう[21]。ブリアンは上海に十万人のならず者がいたと見たのに対して[22]、ウェイクマンはその数は二万人前後であったとした[23]。数字が一致しないとはいえ、これらのデータは青紅幇が上海社会、とりわけ労働者を含む上海の下層社会に広く存在したことを物語っている。

筆者は、青紅幇の人数よりも、社会の各階層を結びつけるネットワークとしての青紅幇の存在をより重視したい。一九二〇年代上海フランス租界の黄金栄、公共租界の張仁奎、閘北・虹口一帯の顧竹軒はそれぞれ地区ごとに縄張りをつくり、青幇の社会的ネットワークを築いていた。三者の関係は非常に微妙なものであった。かつて軍閥政府の南通鎮守使に任じた張は当時上海の青幇頭目のなかで唯一社会的地位が高く、青幇での「輩份」の高い「大字輩」の人物であった。「通字輩」の黄金栄と陳世昌（杜月笙の親方）はいずれも張の弟子であった。顧竹軒は黄金栄の弟子であった[24]。このような複雑な「人縁」関係にある青幇勢力は互いに必ずしも利益が一致するとは限らないが、それぞれの勢力が青幇ネットワークの網の目として機能し、利害関係が拡大するにつれ、互いの関係が強化される可能性がある。例えば、一九二〇年代中期上海で台頭した「三大亨」と呼ばれた黄金栄、張嘯林、杜月笙の三人は一、二万人の弟子を抱え、その勢力はフランス租界、公共租界および中国人の居住地域に広がった。彼らの弟子たちの中には、官吏・探偵・賭博師・商店主・工場の親方・俳優・弁護士・町の組合のメンバー（members of street unions）、および武装窃盗犯、誘拐者など、各業界の者が含まれていた[25]。

黄金栄、張嘯林、杜月笙の三人は上海青幇の大親方として名を広く知られた。この三人は上海青幇に関する著作に必ずといっていいほど登場する[26]。三人の関係についていえば、黄金栄と杜月笙は間接的な師伝関係にあった。青幇「通字輩」の張嘯林はこの二人と何の「人縁」もなかった。「上海護軍使何豊林は浙江督軍盧永祥の部下であった。黄、杜、張の三大亨の協力関係のなかで、浙江省の出身である張はもっぱら盧永祥と何豊林との連絡を担当し、彼らと結託して煙土（未精製のアヘン）を売買していた。黄、杜はもっぱらフランス租界の当局と付き合っていた[27]。三人はアヘン売買を媒介に互いに結びつき、フランス租界に覇を唱え、上海青紅幇のなかで大きな勢力を築いた。そのほかに、青幇頭目常玉清も一定の影響力があった。常は山東省出身の青幇「大字輩」の曹幼珊の弟子であり、上海の日系綿工場の職工頭であった。一九三二年五月上海事変の時、常は胡立夫とともに親日の上海北区市民維持会を組織した。しかし、まもなく胡が国民党の上海駐在の秘密工作員に暗殺されたため、常は大連に逃げた[28]。その後五年余りの間、常は曹幼珊の青幇ネットワークを通じて大連で活動した。日中戦争勃発後、常は再び上海に戻り、日本の大陸浪人とともに「黄道会」を組織し、抗日運動に参加した中国人数人の暗殺に関わった。彼は一九三八年に南京で「安清同盟会」を設立し、一九四六年五月に漢奸として処刑された[29]。

労働運動が始まる前の上海では、労働者のストライキのほとんどは青紅幇によって組織されていた。一九一九年、「五・四運動」が上海に広がったとき、青紅幇の頭目たちはストライキの時に邪魔をしないように労働者に指示していた[30]。ペリーの研究によれば、一九二〇年代、上海の紡績女工の間で青紅幇は大きな影響力をもっており、一九二二年夏、製糸業労働者のストライキにおいて主役を演じていた[31]。青紅幇組織とその「人縁」のネットワークについて労働運動を行う共産主義知識人たちはどのように認識し利用していたのだろうか。これは中共労働運動の起源と密接に関わる問題である。

二　共産主義知識人と青紅幇との出会い

一九二一年七月に開催された中共第一回全国代表大会において[32]、労働運動に関する中共史上最初の決議案が提出された[33]。

本党の基本任務は産業労働組合を設立することである。産業部門の数が一つ以上のところではいずれも労働組合を作るべきである。大きな産業がなく、一つか二つの工場しかないところでは、その地方の条件に合わせてその工場の労働組合を結成してもよい。党は労働組合のなかに階級闘争の精神を注ぎ込むべきである。党は労働組合がほかの党派の傀儡にならないように警戒しなければならない。そのため、党はとりわけ労働組合がほかの党派の政治路線を実行しないよう機敏に注意しなければならない。手工業組合に対しては、速やかに党員を派遣し、できるだけ早く改組工作を始めるべきである。

ここでは、産業労働組合を組織し、これを通じて労働者に階級闘争の観念を植え付けることが党の基本任務とされている。この決議案は青紅幇には触れていないが、「階級闘争」観念の植え付けへの言及は注意すべきである。なぜなら、青紅幇のネットワークのなかで、一般労働者が階級意識を持っているか否かにかかわらず、経済的地位の違いに由来した「階級」は実際に存在していたからである。このような不平等な関係は、共産主義知識人に幇会のなかで青幇のボス＝包工頭を通さないかたちで、労働者を動員しストライキを行うチャンスを与えた。

そして、労働者の地縁組織の問題について、七月に上海で成立した中国労働組合書記部の宣言文には次のように述べられている[34]。

労働者たちは自らを寧波幇・広東幇・江北幇などに分けている。これはあってはならないことである。このような自己分裂の団体がある以上、どうして資本家と戦うことができるのか。地域や老若男女の区別をせずに、労働者たちを産業ごとに産業組合に組織しなければならない。

ここで言及される「○○幇」とは、前述した労働者の間に自発的に成立した出身地域、方言に基づいた地縁組織であり、「幇口」とも言う。一九二〇年、中共の著名な労働運動指導者鄧中夏は、その著『中国職工運動簡史』において、中国の労働者の間に、行会・幇口・青紅幇などの組織が併存していることに注意を喚起している[35]。幇口の問題に関心を払うことによって、共産主義者は中国における労働運動の特徴を探究する重要な一歩を踏み出した。

中共早期の決議文や宣言文のなかに、直接青紅幇に触れるものはほとんど見られない。しかし、この時期の中共の労働運動指導者たちの著作からは、青紅幇の問題に対する彼らの関心がうかがえる。例えば、一九二〇年、陳独秀は『新青年』に発表した論文のなかで青幇の問題を取り上げて、青幇は上海の数多くの労働者、とりわけ運輸業の労働者をコントロールしており、上海社会において多大な影響力をもっていると述べている[36]。

では、労働運動の発動、指導に当たって、中共はどのように青幇に接していたのだろうか。これについては、先の陳独秀の文章に次のような一節がある[37]。

彼ら（青幇のメンバー）の団結は物質生活の必要性から生まれたものであって、政治的・法律的な力でそれら（青幇）を消滅させるべきではない。それらを消滅させる根本的な方法は労働組合が彼らの存在を認め、彼らを団結させるところにある。彼らの生活問題を解決すれば、彼らの秘密団体は自然に解体するであろう。

また、中国労働組合書記部の幹部包恵僧は後に回想録のなかで次のように述べている[38]。

われわれは何回も会議を開いたが、なかなか打つ手が見つからなかった。われわれは数人の同志を青幇もしくは洪幇に参加させることにした。しかし、当時われわれの同志はみな学生出身で、（中略）青幇に入って「老頭子」を拝し、洪幇に入って「小兄弟」になるのはそう簡単なことではなかった。まず頭を下げて彼らの規則や戒律を学ぶことから着手し、遠回りして工作を展開しなければならなかった。誰もそのような根気がなかったし、またその方法を見つけるのも容易ではなかった。

この一節からも見られるように、初期中共の幹部たちにとって、労働運動を行う際、青紅幇は避けて通れない存在であった。当時の状況からみれば、労働者の間に大きな影響力をもっていた青紅幇に比べ、成立早々の中共は人数も少なく[39]、しかも全国各地に分散していた。中共は労働運動のなかで青紅幇に対抗するほどの力を持っていなかった。しかも、当初の中共党員のうち、労働者出身の者は鄭凱卿（ただし、産業労働者ではない）一人だけで、残りはすべて知識人であり[40]、初期の中共は労働者の間にほとんど何の影響力もなかった。したがって、中共の労働運動は最初の段階においては何の進展もなかった。中共の第一回全国大会に参加した張国燾は、北京の共産主義グループと労働者との最初の接触について次のように記している[41]。

どこかの炭鉱労働者がストライキをやったと聞いて、私はただちに羅同志（羅章龍――引用者）と一緒に汽車に乗って現地に赴き、彼らの力になろうとしていた。しかし、彼らは外の者から助けをもらえるとは信じておらず、逆にわれわれのことをスパイと疑い、われわれに対して警戒をもっていた。したがって、私たちの試みは失敗に終わった。

これは中共初期の労働運動史上の典型的な事例であったといえよう。それ故、当時共産主義知識人たちは労働者を動員する際に、そこに存在する青紅幇のような組織を無視することはできなかったのである。

三　「拝老頭子」と「做小兄弟」――労働運動の始まり

青紅幇の影響が強い産業で労働運動を行う第一歩として、中共は「工人学校」（労働者学校）や「工人倶楽部」（労働者クラブ）を設立し、これらを通じて労働者に接近した。ストライキを行う時に、青紅幇組織は避けて通れない存在であった。中共の二人の幹部李啓漢と李立三はそれぞれ江西・上海で青紅幇を相手とする工作に取り組んでいた。

共産主義者はどのように幇会の門を叩き開いたのだろうか。上海西部の小沙渡は紡績工場が集中する地域であり、北京の長辛店と名を並んで中国共産党の労働運動の「出発点」と見なされる。中共は成立後、上海で中国労働組合書記部を発足させた。小沙渡を拠点に労働運動を始めようとした李啓漢は、労働者に受け入れられないために手も足もなかったときに、偶然のチャンスに恵まれて労働者に近づくことができた。前出の包恵僧の回想録によれば[42]、しばらくしたら、李啓漢は工人補習学校に学ぶ紡績女工と知り合い、仲良くなった。その時彼女はすでに幇会に入っていた。彼女の紹介で李啓漢はその師傅を拝して、青幇に入った。その後、彼は小沙渡の紡績工場から楊樹浦の各紡績工場、および浦東の煙草工場とも連絡が取れて、上海の労働者の間に根を下ろした。これで工作はようやく進展を見せた。

李啓漢は共産主義知識人が青幇に参加し、青幇組織を利用して労働運動を行った最初の一人であった。これをきっかけに、小沙渡は中共の労働運動の拠点となった。

また、中共幹部らにとって、青幇組織の内部に入ったことは紡績業以外の業種に入ることにも役に立った。一九二一年七月下旬、英米煙草工場にストライキが起きた時、把頭（親方）王鳳山（青幇「老頭子」）は資本家の側に立って労働者に職場に戻るよう呼びかけた。李啓漢は労働者に対して、青幇頭目でありながら資本家の味方になるという王鳳山の行動は青幇の幇規に反しており、王を倒すべきであると説いた。しかしそのために、李啓漢は青幇頭目の告発で一九二二年六月に警察に逮捕されてしまった[43]。

ところで、江西省の安源炭鉱は漢冶萍公司の子会社で、当時省内最大規模の企業であった。洪幇は数万人の炭鉱労働者の間で大きな勢力を持っていた。一九〇六年同盟会による萍瀏醴洪江会蜂起に参加した安源炭鉱の約一万人の労働者の多くは洪幇メンバーであった[44]。一九一五年、洪幇はドイツ人技術者が労働者を虐待した把頭を庇ったことに抗議して、ストライキを起こした[45]。当時の安源炭鉱では、労働者はごく一部を除いて、すべて把頭の下で働いていた。把頭は労働者と資本家の間に立って、資本家から仕事を請け負い、それを労働者に分配する。彼らは労働者の人数、生産高、消耗品などの数を水増しして炭鉱側に報告し、資本家から余分の利益をもらう一方、炭鉱から受け取った労働者の給料を中間搾取する存在であった[46]。

一九二一年一二月、毛沢東、李立三は中国労働組合書記部の派遣で安源炭鉱を視察した。李立三は安源炭鉱に到着後ただちに洪幇勢力の強さに気付いた。彼は翌年一月には工人補習学校、五月一日には工人倶楽部を設立し、李は倶楽部の主任に選ばれた。この工人補習学校・倶楽部を通じて彼は洪幇の門を叩き開いたのである。それについて、彼は一九五九年北京大学歴史系教員とのインタビューで次のように振り返っている[47]。

当時最も力が強かったのは幇会（洪幇）であった。それに入らない人は仕事がもらえないため、ほとんどの労働者がそれに参加した。把頭は洪幇の頭目であった。当時、洪幇を味方にするよりほかに道がなかった。

工人倶楽部は、労働者の利益を保護する組織として炭鉱当局に対抗し、九月一三日に未払い賃金の支払いを要求するストライキを起こしたが、その前に、李立三は洪幇頭目のところを訪ね、ストライキに協力するよう要請した。これについて、李は一九六三年に行われた人民大学歴史系教員とのインタビューで次のように述べている[48]。

洪幇の頭目は炭鉱の顧問であって、ほとんどの把頭は彼の徒弟であった。炭鉱の資本家は彼らを利用して労働者を圧迫していた。彼らは「義気を重んじる」ことや「貧しい者を保護する」こと、そして「貧しい者の幸福をはかる」ことなどを説いて労働者を騙していた。われわれの説得を受けて、一、二人の洪幇頭目が共産党に入った。

（中略）われわれの影響を受けた洪幇の小頭目に案内してもらって、私はおみやげを持って洪幇頭目のところへ行った。彼は喜んで、私のことを李主任（倶楽部主任）と呼んだ。私が持っていった鶏の血を一緒に飲んだ後、私はストライキの話しを持ち出した。また、ストライキは貧しい労働者兄弟の幸福のためであり、貧しい者を守るためであった旨の話をし、彼に義気を講じて助けるよう求めた。彼は胸を叩いて「必ず協力する」と言った。私はただちに三つの要求を出した。①アヘン館を閉めること、②賭博場をなくすこと、③強盗事件を起こさないこと。彼は胸を三回叩いて、「第一条は私が全責任を負う。第二条も、第三条も私が全責任を負う」と言った。また第一、二条を布告に書いた。

この李立三と洪幇頭目との会見は実に興味深い出来事である。洪幇の幇規にしたがって鶏の血が入った酒をその頭目とともに飲むことはすなわち洪幇への入会（入幇）儀式であった(49)。これを通じて、二人の間に義兄弟関係が結ばれ、李は洪幇頭目の信頼を得たのである。なお、把頭（洪幇頭目）が李立三の三つの要求に応じてストライキを阻止しなかったもう一つの原因は、李立三らがストライキの際に提出した十七条の要求のほとんどが資本家側に対してのものであり、把頭に不利なものは入っていなかったためであった(50)。ストライキ期間中、把頭たちは資本家側の要請に応じて、労働者たちに職場に戻るよう説得したが、効果はなかった。このことは、中共勢力が安源炭鉱に入った後、労働者に対する洪幇頭目の影響力が低下したことをも意味している(51)。

ところで、血を歃って盟約を結ぶという秘密結社（洪幇）のしきりは、共産主義知識人が労働者の出身地域感情をうち破ることに役に立った。ペリーは紡績工場で労働者を動員してストライキを行った共産党員陶静軒の事例を分析した。それによれば、陶は、異なる五つの地域を背景とした安徽幇・湖北幇・蘇北幇・山東幇と紹興幇のリーダーたちに同時にストライキを行わせるため、彼らを工場の近くにある小さな寺院に集めて、血を歃って盟約を結ぶ儀式を行った。彼らは鶏の血が入った酒を一緒に飲み、五人はみな陶を「兄貴」と呼んだ。この義兄弟の結拝儀式は一九二五年二月に起きた紡績工場のストライキで力を発揮した(52)。

一九二三年、中共はコミンテルンに「われわれ中国共産党は一年前には知識人を中心とした一つの宣伝組織に過ぎなかったが、今ではすでに中国の労働者大衆と密接に結合している」、と報告した(53)。以上見てきたように、中共幹部李啓漢は上海の小沙渡で青幇に入って「老頭子」を拝し、李立三は江西省の安源炭鉱で洪幇に入って「小兄弟」になったことを通じて、中国の共産主義知識人は労働者の仲間入りをし、労働運動を発動、指導したのである。

四　「五・三〇運動」——労働運動の展開と青紅幇

一九二三年二月に京漢鉄道ストライキが失敗した後、中共指導下の主要な産業労働組合の多くは閉鎖され、労働運動は低調に陥った。中共の統計では、一九二五年五月までの一年間に三十六回のストライキが起きた。そのうち、産業労働組合が発動したものはわずか二回に過ぎず、残りはすべて手工業労働者による小規模なストライキであった(54)。一九二四年に成立した国共合作を背景に、国民革命は南から北へ急速に展開し、中共指導下の労働運動の気運も再び高まった。李立三は上海に派遣され、李啓漢に続いて青幇との連繫を通じて労働運動に着手した。この時期の青幇工作について、李立三は後に次のように述べている(55)。

上海における労働者工作の最大の問題は青幇問題であった。労働運動に取りかかった当初、われわれは青幇を無視したが、結局、資本家が青幇を利用したため、われわれは浦東の日華紗廠（日系の紡績工場）の闘争で敗北を喫した。その後、李啓漢は青幇に参加したが、青幇を過信したために青幇頭目に裏切られて、やはり失敗した。私は上海に着いた後、上海の労働運動の歴史を研究し、青幇を無視してもいけないし、青幇に参加してもいけないという結論を得て、別の方法を取った。青幇のなかの弟子たちは抑圧された人々であった。私は青幇の下層と連合して「老頭子」に反対する、すなわち青幇内部で階級闘争を行うという方法を取った。「老頭子」たちはみな帝国主義に手なづけられた者で、弟子たちは抑圧された者である。五・三〇の時に私を保護したのはみな青幇の弟子たちであった。

この一節には二つの注目すべき点がある。一つは「青幇を無視してもいけないし、それに参加してもいけない」と述べられていること、もう一つは青幇内部で階級闘争を行うとされていることである。前者について、中共幹部張維楨によれば、次のようなことがあった。当時上海のならず者たちの勢力はとても強く、新閘路新閘橋辺りの風呂屋のボスはその最たる者であった。彼は李立三に徒弟になるよう強要した。中共は労働運動の局面を打開するため、李の青幇への入会を許可した[56]。この青幇のボスはほかではなく前述の常玉清である。つまり、李立三は杜月笙と同様に青幇の「悟字輩」であった。当時、李立三以外に、張維楨ら十人の中共幹部も洪幇頭目馬良恵と義兄弟の契りを交わした[57]。

ところで、一九二五年五月一五日に日系資本の紡績企業の資本家は中国人労働者顧正紅を銃殺し、これをきっかけに、中国人労働者が抗議デモを行った。そして五月三〇日に、イギリス人警察が抗議デモに参加した中国人を銃殺したのを引き金に、上海で大規模な対外抗議運動「五・三〇運動」が始まった。五月一五日から七月下旬まで、上海で合わせて二〇六回のストライキが起き、参加者の数は二十万人を越えた[58]。一連のストライキの参加者には幇会メンバーが多数含まれた。この時期、中共の青紅幇工作は従来の「拝老頭子、做小兄弟」から労働組合を主体とする青幇工作へ転換した。ペリーは「五・三〇運動」期に中共と青紅幇が「脆弱な同盟」関係にあったと指摘した[59]。関連資料を仔細に分析すると、両者の関係は非常に複雑であって、次の三つのタイプに分けることができる。

第一に、中共の労働運動指導部である上海総工会内部にいた青紅幇メンバーをめぐる関係。当時、上海総工会の委員長だった李立三は労働運動反対派から攻撃を受けており、外出の時にはいつもボディガードを同行させていた。「五・三〇事件」後のある日、李は待ち伏せていた何者かに狙撃されたが、総工会に勤務した二人の「青幇の弟子」に守られた(60)。この事件について、上海公共租界工部局の『警務日報』には、「青幇と紅幇の二つの秘密組織はすでに閘北の労働者と結託して、悪名高い労働者リーダー李立三の命令に従っている」と記されている(61)。このような関係は、ペリーが指摘した一部の幇会組織と中共との同盟関係に当たるであろう。

第二に、「工賊」（労働運動の裏切り者）・「包探」（密偵）・「流氓」（ならず者）と称される青紅幇組織との関係。なかには外国系企業の把頭・通訳もいれば、非政治的な労働組合のリーダー、租界当局に雇われた探偵、各種の犯罪事件を起した犯人もいた。中共にとって、こうした人たちは労働運動の妨げであった。たとえば、一九二五年二月、把頭、通訳は日系企業が集中する小沙渡、楊樹浦地区の大康紗廠でストライキを起こした。巡捕房（租界の警察当局）の「密偵」陳海標は楊樹浦方面で勢力が強く、いたるところに弟子がいた(62)。彼は労働者と資本家の間で調停しながら、巡捕房に情報を提供した。また、同興紗廠のストライキが起きる前に、日本人経営者は五十人あまりの「密偵」、「ならず者」を雇い、ストライキに参加する労働者のリーダーを殴打した(63)。七月二一日、李立三のかつての親方常玉清は「労働者の代表」として弟子の李立三が「労働者救済金」を着服したと言いふらし、二万人あまりのストライキ労働者に工場に戻るよう呼びかけた。その翌日、李陸家宅で労働者代表の会議が開かれたが、その席上では「常玉清追放」、李立三の委員長留任を求める声が高まった(64)。

第三は、中共指導下の上海総工会といわゆる黄色工会を含む工団連合会との間の闘争。工団連合会はいくつかの同業、同郷組織が共同で設立した機構で、上海総商会の支持を得ていた[65]。上海総工会成立後も、工団連合会はいくつかの青紅幇組織を抱えていた。その責任者である青幇の包某は総工会の帳面に問題があると称し、総工会の印鑑を返すよう李立三に迫ったが、李は断固として断った。そのため、工団連合会は総工会を打ち壊し、前述の李立三狙撃・暗殺の計画を立てた。李立三暗殺の計画の張本人は洪幇頭目龍襄三であった。八月一一日、龍は滬西洋務労働組合など三十七の組織や個人の名義で、李立三が労働者への救済金を横領したと主張した。しかし、その訴えは中共の上海総工会に反駁された。八月二二日、龍は武器を持った五、六十人を率いて上海総工会に突撃し、職員を殴打しけがを追わせ、財物を壊した。李立三は二人の青幇弟子に守られて屋上にのぼってやっと難を逃れた[66]。一九二五年二月以降、九月一八日に総工会が閉鎖されるまでの間に、この様な事件がたびたび発生した。その多くに幇会勢力が関わっていた。

以上の三つの側面からみれば、上海の青紅幇はきわめて複雑な組織であった。「五・三〇運動」において、中共はそのうちの一部の支持を得たが、一部からは反対された。ここで一つの新しい動きが注目に値する。すなわち、労働運動が盛んに興るにつれ、幇会のネットワークが従来の影響力を失いつつあり、労働者に対する指導権を失った一部の幇会首領は中共の労働運動にならって自ら労働組合を組織し、中共指導下の上海総工会に対抗した、ということである。しかし、幇会首領のねらいはいずれも失敗に終わった。

五　武装蜂起——国共の反目と青紅幇の選択

「五・三〇運動」を通して中共は上海の労働者の間で影響力を確立した。その後中共は北伐軍の到来に呼応して国民党左派と連携し、上海の支配権を獲得するために武装蜂起の準備に着手した。一九二六年一月、中共は全国労働運動討論会を開き、労働運動に関する十四の決議文を出した。そのうち、「産業労働組合の発展と統一の問題」と題した決議文は直接秘密結社の問題に触れ、海運・埠頭・炭鉱労働者のなかに青紅幇などの秘密結社メンバーが多数いるため、宣伝、教育を通じて弊害を防止し、彼らを利用して労働組合の基礎を固めるべきであるという方針を打ち出した(67)。これは中共史上最初の幇会結社に関する明確な綱領というべきものである。さらに、その半年後の七月に、中共中央拡大会議で可決された「上海工作計画決議案」において、「工作員を青洪幇など各種の秘密結社に派遣し活動を行う。それを通じてわれわれの組織を固め、われわれに反対する側の勢力を弱める」という具体的な措置が出されている(68)。

一九二六年、広東革命政府が「北伐」で次々と勝利を収めていた時、中共は労働者を中心に、社会各階層が参加する地方政府の設立に力を入れた。中共上海区委員会は武装蜂起によって政権を奪取するという方針を決め、一九二六年一〇月から翌年三月までの間に、上海で三回にわたって武装蜂起を計画した。その具体的な方策は、まず幇会組織と連携してストライキを起こすことであった。

第一次上海武装蜂起の際、中共は「ならず者、密偵を物色し、彼らの組織を利用して、最も素早く群衆を動員し、ストライキに参加させる」という方針を決め(69)、労働者の武装組織である「工人糾察隊」の設立に工作の重点をおいた。当時、虞洽卿に代表される上海ブルジョワ勢力が組織した保衛団も計画に参加した。国民革命軍の北伐が進むにつれ、国民革命軍と軍閥勢力との間にどちらの立場を取るべきかをめぐって、上海のブルジョワの間で意見が分かれていた。上海総商会会長傅篠庵は軍閥張宗昌の「安国軍」と孫伝芳の部隊を支持し、北伐に対抗する姿勢を取っていた。それに対して、保衛団を掌握した虞洽卿は軍閥と対抗して上海の「自治」を求めた。と同時に、彼は中共の影響力の強い上海総工会とも連絡を取り、青紅幇勢力の支持も得ていた(70)。しかし、保衛団は資金が不足し、軍事力も弱かった。

国民党側の態度はより積極的であった。国民党左派の幹部鈕永鍵は一九二六年九月に上海に入り、上海の地方勢力に国民政府の北伐の軍事作戦に協力するよう要請した。鈕は孫伝芳の部下、浙江省長夏超を説得し、孫からの独立を促した。また、鈕は上海総工会と接触し、中共が掌握した「工人糾察隊」の出動を確認した。なお、彼は中西女塾の国語教員という公の身分を隠れみのに、杜月笙、黄金栄、張嘯林ら上海の幇会頭目を通じて、青幇メンバーを中心に数千人の武装勢力を結成した[71]。

第一次武装蜂起の開始時間は一九二六年一〇月二四日早朝と決められた。参加する各勢力のうち、共産党系の「工人糾察隊」（その一部は幇会分子）二千人はライフル一三〇丁をもっていた。参加者のうち武器を扱える者はみな幇会分子であった。国民党側では、鈕永鍵が青紅幇の勢力を含む三千人を動員することを計画した。また、虞洽卿の保衛団も五百人の兵力があった。しかし、一〇月二二日、前出の夏超が国民党に通じて上海に突入しようとしたが失敗し、そのために第一次武装蜂起は失敗した。保衛団と青紅幇は終始動かなかった[72]。

計画失敗直後の一〇月二六日、中共上海区委員会は武装行動に関する決議文のなかで、幇会の行動について、「游民のプロレタリアート階級・退役軍人、および青洪幇を合わせればその数は数万人にのぼる。今回の行動に当たって彼らの態度はとても良かった。暴動直前にも（われわれと）連絡を取り、助けを申し出た」。武装蜂起が間近になると、彼らは「役人になって金を儲けるために積極的に行動した」が[73]、「危険があったのですぐ逃げた。実にこっけいで無組織であった」と述べ、鈕永鍵ら国民党「左派」を批判している[74]。

一回目の計画が失敗した後、一九二七年二月二二日、中共は単独で二回目の武装蜂起を計画したが、自らそれを中止した。三月二一日、中共は三回目の武装蜂起を発動した。河北、山東系軍閥に対抗するための今回の計画は労働者、市民、国民党、ブルジョワなど各方面の支持を得た。国民党側は当初計画に反対していたが、中共が国民革命軍の北伐を歓迎し、民主選挙による市民政府の成立を支持したことから、その計画に参加した。労働組合の指導力を強化するため、中共は事前に特務委員会（特別委員会）と「工人糾察隊」を組織した。二四日に武装蜂起は勝利を収めた。

この時の武装蜂起に際して、杜月笙ら上海の青幇勢力は、新しい政権の下でしかるべき地位を占めるべく、中共とその指導下の労働組合に近寄った。当時、フランス租界で「巡捕」をつとめた杜月笙は労働組合を保護すること、そして、中共がフランス租界で労働組合を組織することを認めると中共と約束した。また、彼は笛を用意して、中共党員が逮捕される危険に遭遇した場合、その笛で杜に知らせること、逮捕された場合は杜が釈放の方法を探ることも約束した。[75]中共のストライキが租界に波及しないことを望む杜月笙は、三月二日にフランス租界の警察当局を代表して労働組合側と連絡を取り、フランス租界の治安問題について話し合った。[76]三月四日、杜月笙は孫伝芳の部下、淞滬鎮守使李宝璋がまもなく中共の重要人物陳独秀、羅亦農を逮捕するという重要な情報を中共に洩らした。また、彼は弟子を遣って中共機関の所在地に電話を取り付けた。[77]

一方、軍閥勢力や共同租界はフランス租界の巡捕房に協力を要請し、青幇勢力を通じて労働者側に圧力をかけるよう求めた。アヘンの密輸、密売を通じて莫大な利益を得た杜月笙ら青幇の頭目たちは、政局の変動によってその利益が損なわれるのを恐れていた。杜月笙は、アヘン取引禁止の問題に触れないこと、たとえその問題に触れたとしても、新聞に発表しないことを中共に求めた。その見返りに、彼は上海のあらゆる青紅幇組織をまとめ、中共の指揮下においてもよいと提案した。[78]これに対して、蜂起の組織者周恩来は、「広東におけるアヘン売買の公開化を彼（杜月笙）に伝え、もし彼が金を用意したら将来アヘン専売を請負わせてもよい」と部下に指示した。[79]しかし、同時に蒋介石とも交渉をしていた杜月笙は、この時すでに蒋介石と手を結んで中共指導下の労働運動を鎮圧する立場に転じた。

一九二四年、孫文は国民党を改組し、「連俄連共」政策の下で国民革命を推進するなかで、従来の秘密結社連合の工作を停止した。しかし、孫文の死後、蒋介石が国民党内の権力闘争で優位を占めるにつれ、国民党と秘密結社は再び手を結ぶこととなった。蒋介石が策動した「四・一二クーデター」を境に、それまでに共産党と国民党の間で中立を保とうとしていた上海の青紅幇は、自らの利益のために蒋介石に協力する道を選んだ。

一九一〇年代末、蒋介石は上海で青幇首領黄金栄の弟子となり、青幇の人脈を利用して生計を立てていた。一九二一年、投機の失敗で蒋介石は数千元の債務を負ったが、黄金栄の援助で債務を償還し、広州に赴き孫文の門下に投じた[80]。一九二〇年代半ば、杜月笙は勢力を急速に伸ばし、陳果夫、楊虎など国民党の要人と親しい関係を築いた。杜月笙が国民党に接近したのは、主にフランス租界で事実上青幇が握っていたアヘン専売権を維持するためであった。一九二六年後半の上海では、軍閥孫伝芳、共産党、国民党の勢力が併存し、政局が混乱していたが、こうしたなか、それまで孫伝芳の保護を得ていた杜月笙、黄金栄らのアヘン密輸は危うくなった。一九二七年二月、蒋介石はフランス租界の青幇を「特別機構」として優遇することを許諾し、これを受けて、黄金栄、杜月笙らは最終的に蒋介石を支持することで意を固めた[81]。こうした一連の流れからみれば、黄金栄、杜月笙ら上海の青幇頭目は蒋介石集団との個人的つながりを通じて、アヘン専売権を確保し、これと引き換えに、国民党支持の道を選んだのである[82]。

一九二七年四月一二日のクーデター前後、国民党の幇会工作の責任者は北伐軍東路指揮白崇禧であった[83]。その下で、すでに青幇「通字輩」のメンバーとなった楊虎、陳群は上海にある共産党の指導機関を打ちこわすことを計画した。四月五日、楊虎、陳群は黄金栄、杜月笙とともに上海の幇会と連合し、蒋介石支持を趣旨とする「中華共進会」を設立した。会長は青幇「通字輩」の蒲錦栄で、総指揮は洪幇頭目張鳳岐であった。実際に、この組織の実権は黄金栄、杜月笙らが握っていた。中華共進会は民国初年の中華国民共進会の宗旨を継承した組織と自称し、その成立宣言には、「三民主義に服従し奮い立つ。我が子弟は自ら進んで先駆けとなって凶悪な魔物を一掃する」と、反共の強い決心を示した(84)。その後、杜月笙の弟子万墨林は中共幹部、上海数十万人の労働者を指揮する上海総工会委員長汪寿華を宴会に招くと偽って、汪を生き埋めにして殺害した(85)。四月一一日夜、国民党側の楊虎、陳群、王伯齢と「青幇三大亨」の黄金栄、杜月笙、張嘯林は杜月笙宅で義兄弟の契りを交わし、血を歃って盟約を結んだ。数時間後、一五〇〇人の幇会武装勢力が上海の閘北、南市に入り、共産党系の「工人糾察隊」を攻撃した。白崇禧が率いた第二十六軍は労働者同士の「乱闘」を止めさせることを口実に「工人糾察隊」の武装を解除した(86)。その日、「工人糾察隊」隊員一二〇人が死亡し、一八〇人が負傷した。共進会側からも百人あまりの死者が出た(87)。四月一二日午後、二十六軍側は事件を「工人と莠民との械闘」であったと称し、自らの責任を回避した。二十六軍に協力した共進会は「莠民」と称されたことに不満を示したが、結局、杜月笙の説得で事態は沈静化した(88)。四月一四日、上海市清党委員会が設立された。その後、中華共進会は姿を消した。蔣介石は上海青幇の「三大亨」に少将参議と行政院参議の肩書きと勲章を与えた(89)。

このように、「四・一二クーデター」を境に、上海の青紅幇はアヘン専売権を始めとする自らの利益を確保するために、蔣介石集団を支持する立場を取った。裏返して言えば、「四・一二クーデター」は、上海青紅幇が政治の表舞台において中共と決別する道を選んだ象徴的な出来事でもあった。もちろん、これは青紅幇の上層人物の選択であり、上海青紅幇そのものの政治化を意味するものとはいえない。「四・一二クーデター」後、中共は青幇頭目との関係を断ち切り、階級闘争の観点から、「青洪幇の組織に対してある種の策略をもたなければならない。彼ら全体を攻撃してはならない。労働者の一部を掌握してならず者の一部に対抗し、青幇のならず者たちの内争を煽るべきである」という、正面から青紅幇と戦う策略を打ち出した(90)。

むすび

以上、いくつかの事例を通じて一九二〇年代中共と幇会との関係について考察した。これらを通じて、中共労働運動のいくつかの特徴を見いだすことができる。すなわち、第一に、初期の中共は少数の知識人がロシア革命をモデルに、都市部の労働者を革命の中心勢力と見なしていたということである。近代的産業の発展にともなう労使対立の拡大と国民政府による「北伐」の推進は、中共の労働運動の展開に有利な環境を提供した。共産主義知識人たちは労働者の間で大きな影響力をもつ青紅幇に入り、「拝老頭子」、「做小兄弟」を通じて幇会首領の信頼を得て、そこから徐々に労働運動を広げた。このプロセスにおいて、中共自身も知識人政党から労働者を主体とする政党に転換した。第二に、労働組合を中心とする労働運動が急速な発展を遂げたなかで、幇会の影響力は次第に低下したということである。「五・三〇運動」と上海武装蜂起の事例が示したように、労働者に対する中共の影響力が拡大するにつれ、中共は青紅幇を労働運動から排除する方向に政策を転換した。

他方、中共の労働運動が推進されるなかで、労働者の間に存在していた同郷・同業関係に基づいた青紅幇のネットワークは次第に衰退し、その代わりに、近代的労働組合が影響力を拡大した。これにともなって、青紅幇を紐帯とした組織はブルジョアの支持の下で中共にならって労働組合を結成し、自ら労働者の利益の代弁者と称して中共の労働運動に対抗した。「五・三〇運動」の際に中共を攻撃した青幇の常玉清と洪幇の龍襄三の失敗は、従来の幇会勢力が近代的労働組合に対抗することができなかったことを象徴している。しかし、労働組合の力に対する過信から、「四・一二クーデター」の直前、中共は黄金栄、杜月笙、張嘯林ら青幇「三大亨」の勢力が蒋介石と手を組んで中共に対抗することを防ごうとしなかった。杜月笙らの幇会頭目はアヘン売買などの利益を失うことを恐れて、一変して蒋介石のクーデターに協力したのである。武装勢力を持たない中共は、「四・一二クーデター」で蒋介石に弾圧され、結局その勢力は都市部から追い出されていった。

一九二七年秋以降、中共はそれまでの都市部での労働運動から農村での武装闘争へと革命運動の方針を転換した。農村革命が新しい局面を迎える一方で、中共の労働運動は次第に低調になり、労働組合を中心とした青紅幇工作も一段落した。

注

（1）蔡少卿『中国近代会党史研究』、中華書局、一九八七年。

（2）Jean Chesneaux, *The Chinese Labor Movement, 1919-1927*, Stanford: Stanford University Press, 1968.

（3）Elizabeth J. Perry, *Shanghai on Strike: The Politics of Chinese Labor*, Stanford: Stanford University Press, 1993.

（4）Martin Brian, *The Shanghai Green Gang: Politics and Organized Crime: 1919-1937*, Berkeley: University of California Press, 1996.

（5）Gall Hershatter, *The Workers of Tianjin, 1900-1949*, Stanford: Stanford University Press, 1986, pp.128-131. 渡辺惇「近代天津の幇会」、『駒沢史学』第五十二号、一九九八年六月。

（6）William Rowe, *Hankow: Conflict and Community in a Chinese City, 1796-1895*, Stanford: Stanford University Press, 1989.

（7）Di Wang, *Street Culture in Chengdu, Public Space, Urban Commoners, and Local Politics, 1870-1930*, Stanford: Stanford University Press, 2003.

（8）Emily Honig, *Creating Chinese Ethnicity: Subei People in Shanghai*, New Haven: Yale University Press, 1992.

（9）Bryan Goodman, *Native Place, City, and Nation: Regional Networks and Identity in Shanghai, 1853-1937*, Berkeley: University of California Press, 1995.

（10）E. Perry, *Shanghai on Strike: The Politics of China Labor*, p.27.

（11）J・シェノーは労働者の組織を会館（同郷会）、幇口（幇会）と秘密結社の三種類に分けている。Jean Chesneaux, *The Chinese Labor Movement*, p.117.

（12）『支那社会組織の単位としての幇・同郷会・同業公会について——上海を中心として』、太平洋協会調査局、一九四四年六月、三—四頁。

（13）同右、二頁。

（14）大谷孝太郎「上海における同郷団体及び同業団体」、『支那研究』、東亜同文書院支那研究所、一九二八年一二月、二三五頁。

（15）「上海労働界的趨勢」、『共産党』第六号、一九二一年七月七日。中共中央党史資料征集委員会編『共産主義小組』（上）、中共党史資料出版社、一九八七年、一七八頁。

（16）橘樸「在満企業家の労働政策定立に就て」（下）、『満鉄調査時報』第六巻、第三号、一九二六年三月、六一頁、六三頁。

（17）瞿秋白「中国革命中之争論問題」、『瞿秋白文集』（政治理論編）第四巻、人民出版社、一九九三年、四七〇頁。

（18）彭阿木「上海の一考察」（社会悪に就きて）、『卅周年記念論文集』、上海東亜同文書院支那研究部、一九三〇年、五八六頁。

（19）朱邦興・胡林閣・徐声編『上海産業与上海職工』、上海人民出版社、一九八四年、一一二頁。

（20）『晶報』一九二七年五月三日。『四・一二反革命政変資料選編』、人民出版社、一九八七年、四三六頁。

（21）朱学範「上海工人運動与幇会二三事」、中国人民政治協商会議上海市委員会文史資料工作委員会編『旧上海的幇会』、上海人民出版社、一九八四年、四頁。

（22）Martin Brian, *The Shanghai Green Gang: Politics and Organized Crime*, p.35.

（23）Frederick Wakeman, *Policing Shanghai: 1927-1937*, Berkeley: University of California Press, 1995, p.28.

（24）薛畊幸「我接触過的上海幇会人物」、前掲『旧上海的幇会』、八七頁、九六頁。

（25）F. B. Gerrard to Mr. Consul-General Brenan, 10th January, 1931, Shanghai Municipal Police, FO371/1s476/10s947.

(26) Y. C. Wang, "Tu Yueh-Sheng (1888-1951): A Tentative Political Biography," *The Journal of Asian Studies*, Vol.26, No.1-4 (1966-1967).
(27) 薛畊莘「我接触過的上海幇会人物」、前掲『旧上海的幇会』、九四—九五頁。
(28) 「工部局捕房刑事股副探長致警務所報告」、一九三八年一一月、『档案与歴史』一九八九年第二号。一九三三年七月、常玉清は在家裡訪日団の一員として日本に滞在していたとき、このことについてこう語った。「上海事変の折には私は日本軍の為めに身命を賭して働きました、その為めに同志の一人は殺されたが私はやつと逃れて生命を完（した）」（利部一郎『満州国家理教』、泰山房、昭和八年一〇月、四六頁）。拙稿「宗教結社、権力と植民地支配——「満州国」の政治統合における宗教結社」（『日本研究』、第二十四集、二〇〇二年、国際日本文化研究センター紀要）を参照。
(29) 上海档案館編『日本帝国主義侵略上海罪行史料匯編』、上海人民出版社、一九九七年、三三〇—三三一頁。また、常玉清について以下のものを参照。薛畊莘「我接触過的上海幇会人物」、前掲『旧上海的幇会』、一〇六—一〇七頁。
(30) 「上海罷工的将来」、『星期評論』一九一九年六月一五日。
(31) E. Perry, *Shanghai on Strike: The Politics of Chinese Labor*, pp.171-173.
(32) 中国共産党成立の経緯については、石川禎浩の『中国共産党成立史』（岩波書店、二〇〇一年）を参照。
(33) 「中国共産党第一個決議」（一九二一年）、中共中央档案館編『中共中央文件選集』（一）、中共中央党校出版社、一九八九年、六頁。
(34) 中華全国総工会・中国職工運動史研究室編『中国工会歴史文献』（一）、工人出版社、一九五八年、二頁。
(35) 鄧中夏『中国職工運動簡史（一九一九〜一九二六）』、人民出版社、一九五七年、一—四頁。
(36) 陳独秀「四論上海社会」、『新青年』第八巻第四号、一九二〇年一二月一日。
(37) 同右。
(38) 『包恵僧回憶録』、人民出版社、一九八三年、六七頁。
(39) 陳独秀が一九二一年六月にコミンテルンに送った報告書によれば、初期の中共の党員数は次のとおりである。一九二一年には五〇人余り、一九二二年六月には一九五人（そのうち国内一七五人）。「中共中央執行委員会書記陳独秀給共産国際的報告」（一九二二年六月三〇日）。前掲『中共中央文件選集』（一）、四七頁。また、一九二三年第三次大会の時には二〇〇人余りまで増えた（そのうち一三〇人は工場労働者）。「陳独秀在中国共産党第三次代表大会上的報告」（一九二三年）、同右、一六八頁。

(40)『革命史資料』第六号、上海人民出版社、一九八七年、一五五頁。

(41)「北京共産主義小組的報告」、前掲『中共中央文件選集』（一）、一七頁。

(42) 前掲『包恵僧回憶録』、六七頁。

(43) E. Perry, *Shanghai on Strike: The Politics of Chinese Labor*, pp.145-147. ちなみに、一九二七年四月一五日、李は国民党の「清党」運動（共産党弾圧運動）において広州で殺害された。

(44) 蔡少卿前掲書、三三六―三三七頁。Jean Chesneaux, *The Chinese Labor Movement*, p.127.

(45) 鄧中夏前掲書、四頁。

(46) 劉少奇、朱少連「安源路鉱工人倶楽部略史」、中共萍郷市委『安源路鉱工人運動』編纂組編『安源路鉱工人運動』（上）、中共党史資料出版社、一九九〇年、一一四―一一五頁。

(47) 北京大学歴史系のインタビュー、一九五九年一月一〇日。同右、九〇〇頁。

(48) 人民大学教師のインタビュー、一九六三年六月。前掲『安源路鉱工人運動』（下）、九〇四頁。

(49) 拙稿「想像的血――異姓結拝与記憶共同体的創造」、拙編著『事件・記憶・叙述』、浙江人民出版社、二〇〇四年。

(50)「萍郷安源路鉱工人罷工宣言」、前掲『安源路鉱工人運動』（上）、一二一―一二二頁。

(51) 安源鉱山のストライキの勝利を機に、中共指導の労働運動は大きく進展した。しかし、炭鉱労働者に対する中共の影響力の増大は、洪幇に取って代わることにはつながらなかった。一九二四年夏、千人以上の労働者が新たに洪幇に入った。中共中央はこのことに大きな関心を示していた。「安源地方報告」（一九二四年五月一四日）、前掲『安源路鉱工人運動』（上）、二三五頁。前掲『中共中央文件選集』（一）、二七〇頁。

（52）E. Perry, *Shanghai on Strike: The Politics of Chinese Labor*, p.78.

（53）第七一号文件「東方部就一九二三年第一季度的工作向共産国際執行委員会出席団的報告」（一九二三年四月四日）、『聯共、共産国際与中国（一九二〇～一九二五）』第一巻、李玉貞訳、東大図書公司、一九九七年、一九六頁。

（54）「中央局報告」（一九二四年五月一四日）、前掲『中共中央文件選集』（一）、二五四頁。

（55）「李立三同志対二月罷工和五卅運動的回憶」、上海社会科学院歴史研究所編『五卅運動史料』第一巻、上海人民出版社、一九八一年、一四三—一四四頁。

（56）「張維楨同志談五卅運動」、『党史研究資料』第一集、四川人民出版社、一九八二年。

（57）同右。

（58）前掲『五卅運動史料』第二巻、上海人民出版社、一九八六年、七〇頁。

（59）E.Perry, *Shanghai on Strike: The Politics of Chinese Labor*, pp.81-84.

（60）前掲『五卅運動史料』第一巻、一四六—一四七頁。なお、この襲撃事件の時間について、李立三の回想録では一九二五年六—七月とされるが、上海共同租界工部局の『警務日報』には八月二二日と記載されている。上海市档案館編『五卅運動』第二輯、上海人民出版社、一九九一年、四二七—四二八頁。

（61）『警務日報』一九二五年八月三日。前掲『五卅運動』第二輯、三六九頁。また、ストライキに参加した労働者、共産党と手を組んだ青紅幇組織が起こした強盗、拉致事件は、運動の対立面である外資系企業に勤める人びとに危険を感じさせたことも報じられた（同右）。これについて、日本側の調査資料にも同じ結論が出されている（これについては、上海日本商業会議所編『五卅事件調査書』第二輯、一九二五年一一月三〇日、五—七頁を参照）。

（62）「共青団上海地委関於小沙渡楊樹浦日商紗場工人総同盟罷工経過情形的報告」（一九二五年三月二六日）、前掲『五卅運動』第一輯、八—九頁。

（63）「上海総工会関於工会被封閉後工作概況的報告」（一九二六年七月）、同右、二二七頁。

（64）『警務日報』一九二五年七月二三日。前掲『五卅運動』第二輯、三三五—三三六頁。

(65) たとえば、潘冬林の「工人倹徳会」は虞洽卿がバックアップしたものであった（「中共上海区委関於反対直系軍閥和総商会圧迫工人的通告」（一九二五年一一月一二日）、前掲『五卅運動』第一輯、一一九頁）。
(66) 邵雍『中国秘密社会』第六巻・民国幇会、福建人民出版社、二〇〇二年、一四二―一四三頁。
(67) 「産業工会的発展与統一問題」（一九二六年）、前掲『中共中央文件選集』（二）、二一〇―二一三頁。
(68) 「上海工作計画決議案」（一九二六年七月）、同右、二六二―二六三頁。
(69) 「上海区委主席団会議記録」（一九二六年九月七号）、許玉芳・卞杏英編著『上海工人三次武装起義研究』、知識出版社、一九八七年、一六〇頁。
(70) 許玉芳、卞杏英前掲書、一五七頁。
(71) 周尚文・賀世友『上海工人三次武装起義史』、上海人民出版社、一九八七年、三四頁。
(72) 周尚文・賀世友前掲書、四三―四九頁。許玉芳・卞杏英前掲書、一八―二六頁。
(73) 上海市档案館編『上海工人三次武装起義』、上海人民出版社、一九八三年、五四頁。
(74) 周尚文・賀世友前掲書、五八頁。
(75) 前掲『上海工人三次武装起義』、二二〇頁。
(76) 同右、二五三頁。
(77) 同右、二七三頁。
(78) 「上海区委特委会議記録」、一九二七年三月一九日、『革命史資料』第六号、上海人民出版社、一九八七年、四頁。
(79) 同右。
(80) 程錫文口述・楊展成整理「我当黄金栄管家的見聞」、前掲『旧上海的幇会』、一五七頁。
(81) Martin Brian, *The Shanghai Green Gang: Politics and Organized Crime*, pp.99-112. Frederick Wakeman, *Policing Shanghai*, pp. 122-127. 章君谷著・陸京士校訂『杜月笙伝』第一冊、伝記文学叢刊之九、栄泰印書館、一九六八年、二七七―二七八頁。
(82) 蒋介石グループは軍事力を頼りに国民党内部の権力闘争において優位を占めたが、下層社会においてはほとんど影響力がなかった。蒋介石の軍隊は九江から長江に沿って安慶、南京、上海を攻略したとき、いずれも青幇分子を頼りにしていた。たとえば、安慶出身で洪幇に所属する楊虎は安慶で洪幇のならず者を手なずけ、一九二七年三月に一連の暴力事件を起こして国民党左派や共産党系の労働組合を攻撃し、蒋介石の安慶支配の急先鋒となった。郭沫若「請看今日之蒋介石」（一九二七年四月九日）、前掲『四・一二反革命政変資料選編』、八二―九二頁。章君谷前掲『杜月笙伝』第一冊、三〇九―三一〇頁。

(83)『白崇禧先生訪問紀録』、中央研究院近代史研究所口述歴史叢書四、下冊、一九八四年、九一〇頁。

(84)「中華共進会恢復進行」、『申報』一九二七年四月五日。「中華共進会宣言」四月八日。

(85)章君谷前掲『杜月笙伝』第二冊、四―一二頁。陸立之「我在『四一二』政変前後」、『百年潮』二〇〇〇年五月号。

(86)蘇智良・陳麗菲『近代上海黒社会研究』、浙江人民出版社、一九九二年、八七頁。

(87)同右、八八頁。章君谷前掲『杜月笙伝』第二冊、四七―四八頁。

(88)章君谷前掲『杜月笙伝』第二冊、四三―四四頁。

(89)上海社会科学院政治法律研究所社会編写組『大流氓杜月笙』、群衆出版社、一九六五年、二七頁。

(90)「我們在上海的策略」、前掲『革命史資料』第六号、一七頁。

第六章　共産党・農村社会・秘密結社
――農民運動・ソビエト運動における紅槍会・土匪

はじめに

清末期以降十数年間の「兵乱」・「匪乱」を経て出現した民間武装勢力について語るとき、「紅槍会」と「土匪」はしばしば対概念として取上げられる。紅槍会は地縁関係と民間信仰を紐帯に結成された民間の武装結社の通称である。その本来の目的は外部の「兵匪」（元兵士からなる土匪）の侵入から郷村社会を守ることにあると見られる。[1] 紅槍会と敵対的な存在である土匪は、主に失業農民、浮浪者など「流氓無産階級」＝ルンペン・プロレタリアートと呼ばれる階層を中心とした武装集団であり、その内部は基本的には義兄弟の原理に基づいて構成される。土匪のうち、元兵士からなる武装土匪は軍隊と似たような組織をもつ。[2] 農民運動を展開しようとする中国共産党にとって、こうした武装勢力は見逃せない存在であった。

中共の農民運動における紅槍会の問題に関する研究を振り返ってみれば、一九二〇年代の華北地域に端を発した紅槍会については、中国・日本・欧米の研究者が多くの業績を残している。そのうち、共産党と紅槍会との関係について、中国では戴玄之、申仲銘、喬培華、[3] 日本では、田中忠夫、馬場毅、三谷孝、[4] 欧米ではスラウィンスキー、ビアンコ、ペリー[5]の研究が注目に値する。これらの研究を総合すれば、次の結論が導けるであろう。紅槍会は民間の自衛組織であり、軍閥・国民党・共産党などあらゆる外来勢力を排斥する傾向があり、そのため、共産党の紅槍会工作は失敗の連続であった、と。

一九二〇年代の華北地域では、紅槍会があるところには必ず土匪があり、土匪が出没するところには必ず紅槍会があった。紅槍会と土匪は自衛／略奪という一種の共生関係にあった。しかし、その一方で、後に見るように、紅槍会はある地域においては自衛を目的とする組織であるが、その行動範囲がその地域を超えると、「槍匪」（土匪化した紅槍会）に転じる可能性がある。より重要なのは、複数の政治勢力が外部から侵入してきた場合、その地域の紅槍会は地域の政治力学に応じて、往々にして自らにとって有利な外来勢力のうちの一つもしくは二つ以上と結びつく道を選ぶ傾向がある、ということである。

一般に、土匪は法律の範囲を超えて行動し、明確な政治的目的をもたず、略奪、身代金目的の拉致などの手段で生計を立てる集団と見なされる。異なる集団（宗族や利益集団）が激しく対立する地域では、一部の土匪は自分が属する地域集団以外の人を略奪の対象とする。また、もっぱら裕福な家を略奪の対象とする「義賊」もある。義賊について、イギリスのマルクス主義歴史学者ホブスボームは「社会的土匪」＝「義賊」（social bandits）という概念を提起した。それによれば、「社会的土匪」とは、第一に、抑圧や搾取に甘んじず反抗し、もっぱら金持ちを略奪の対象とする「梁山泊」やロビンフッドのような土匪である。第二に、イデオロギーをもたず、革命を含む近代的な社会運動に適応することができない武装組織である。「社会的土匪は拒んで屈従しない農民であって、革命者ではない」[6]。このような定義は多くの論議を呼んだ。中国研究の分野では、ペリーは民国初期の土匪白朗に関する研究を通じて、白朗の土匪軍隊は政治革命を支持し、ブルジョア革命の同盟者になったと指摘し、ホブスボームの「社会的土匪」という概念を批判した[7]。民国期の土匪を研究したビリングズリーは、土匪と革命勢力は協力関係にあったと指摘する一方で、両者は世界観が異なるため、互いの関係は不安定であったとも述べた[8]。

　本章では、農民運動・ソビエト運動期における中共と紅槍会、土匪との関係を取り上げ、革命の重点を都市から農村へ転換した直後の中共の土匪やルンペン・プロレタリアートに対する認識、ソビエト根拠地建設における中共と紅槍会・土匪との関係を考察し、共産党のイデオロギーと現実とのずれ、およびそれに対する中共の対応などの問題について検討したい。

一　階級言説における農村社会

　中共の第一回全国代表大会で、共産党早期の幹部の一人陳公博は広州の共産主義グループが『新村』雑誌を創刊し、農民を対象に宣伝活動を行ったことについて報告した[9]。一年後の第二回大会の宣言文には、中国の農民こそが「革命運動の最大の要素である」と書かれている。そこで、農民は次の三つのタイプに分けられている。すなわち、①豊かな農民＝地主、②独自に生産を営む小農＝自作農、③小作人と雇農、である。そのうち、①の数が最も少なく、②と③の貧しい農民は全体の九五パーセントを占めている。「もし彼らが困境から脱出しようとしたければ、起ちあがって革命を行うよりほかに道はない。多くの貧しい農民が労働者と手を握れば、中国革命は確実に勝利を収められる[10]」。

　そのほかに、共産党は農村の游民・秘密結社・土匪なども視野に入れていた[11]。土匪について、共産党は次の二つの側面から認識していた。一つは土匪の略奪性に注目し、土匪を農民と対立する立場に位置づけ、彼らこそ農民の貧困の原因であると見なした[12]。もう一つは、土匪問題を農民の反抗運動の変形として捉える認識である。一九二四年二月四日、中共幹部惲代英は『中国青年』に文章を掲載し、次のように述べている。[13]

土匪、ルンペン・プロレタリアートは、一般に生活する権利をもたない人々であり、彼らは食うことだけが好きで怠けて仕事嫌いだったから土匪・ルンペン・プロレタリアートになったと思われがちだが、実際には生計が日に日に窮屈になり、仕事も見つからないため、仕方なく土匪、游民に落ちぶれたのである。

また、中共幹部鄧中夏は社会的な原因で落ちぶれて土匪になったことを「農民の形を変えた反抗運動」と見なしている。[14] 以上の二つの認識は、一九二四年五月に開催された中共の第四回全国代表大会において確認された。土匪問題について、大会は農民運動に関する宣言文において次の三点の対策を打ち出した。すなわち、第一に、農民の反抗に力を貸す土匪とは適切な関係を持つこと。第二に、地主に利用されて、農民を圧迫する土匪に対しては、正面から攻撃するだけでは農民と失業農民との単純な対立に陥ってしまい、背後にある地主の陰謀を看過してしまうので、武力をもって彼らに対抗すると同時に、地主の陰謀を暴き出すことにより、地主に利用されていることを彼ら自身に理解させること。第三に、「土豪」（大地主）に身を寄せて、もっぱら農民を圧迫する土匪に対しては、農民自衛軍を訓練しそれに対抗すること、である。[15] これは中共の歴史上初めて打ち出された土匪政策であった。

しかし、農民運動を拡大するために土匪・ルンペン・プロレタリアートなどと連携する共産党のやり方は国民党の攻撃の対象となった。これを受けて、共産党中央は一九二六年九月に各地の支部に指示を下し、「たとえ農民を抑圧していない土匪であっても、彼らを農民協会に入会させてはいけない。（中略）なぜなら、土匪が農民協会にまぎれこむことは農民組織の腐敗につながりかねず、しかも外に攻撃の口実を与えてしまうからである」と述べている。[16]

要するに、この時期、共産党は土匪を失業農民による武装勢力であり、農民と地主の間を浮遊する社会勢力と見なしていた。共産党にとって、土匪は農民運動において利と不利の二面性をもつ存在であり、土匪との連合・対抗の二つの方針を取っていた。

一方、一九二〇年代における中共の紅槍会認識と、前述の土匪認識との間には根本的な違いがあった。華北の紅槍会に対する中共の認識については、三谷孝や馬場毅の論文においてすでに述べられている[17]。一九七三年、三谷孝は「国民革命における中国共産党と紅槍会」と題した論文において、スラウィンスキーの研究を次のように批判した[18]。

スラウィンスキー氏は、この結社に依拠して階級的農民運動を組織しようとする中共が出くわした困難（槍会の中央集権主義、秘密主義、地方的感情など）を指摘しながら、同時に「河南省における農民協会の創設は紅槍会の恩恵をうけていた」とした相矛盾する結論を並列している。これは中共が直面した困難にどう対処したことによってその「恩恵」をうけたのかという具体的な工作の過程を考慮にいれることなしに、表面的な農民協会加入者数の増加という「事実」に無批判に従ったことから生じている。

この一節において、次の二点が指摘されている。すなわち、①紅槍会の「中央集権主義、秘密主義、地方的感情」と中共の紅槍会工作の成功との間に矛盾があること、②中共の紅槍会工作の成功を裏付ける資料の信憑性に問題がある、である。これは正鵠を射た論であろう。しかし資料の制約により、三谷自身は同論文のなかで、河南省南部における共産党の光蛋会工作の成功に言及しながらも、その原因については十分に説明していない[19]。馬場毅は山東省、河南省の紅槍会を対象に、紅槍会の性質、一九二〇年代における紅槍会の発展過程について考察した[20]。その後、馬場は山東省陽穀県で起きた中共・紅槍会・土匪による暴動を具体的な事例として分析し、自身の紅槍会研究を一歩前進させた[21]。総じて言えば、これらの研究は、いずれも「自衛」や「排他性」の枠組みから紅槍会を捉えることには限界があるように思われる。以下、本章の趣旨に基づいて、ルンペン・プロレタリアートを主体とした土匪に対する中共の認識と、農民を主体とした紅槍会に対するそれとを比較したい。

一九二六年三月以降、中共の機関紙『嚮導』には紅槍会に関するいくつかの文章が掲載されている。三月、「神州」と署名された文章は紅槍会の偉大さを再認識する必要があると指摘した。[22] 六月、陳独秀は、紅槍会の行動を放任するか指導するかは「中国の差し迫った喫緊の問題の一つである」と強調した。[23] この間、李大釗は山東、河南、陝西地域の紅槍会の状況に基づいて、紅槍会の特徴を①排外的で、②神（真主）を求め、③迷信にとらわれている、の三点にまとめ、これらはいずれも共産党の趣旨に反するものと述べながらも、階級闘争の観点から紅槍会会員を教育し、彼ら自身の階級的地位を認識させれば、その排外的な性格を帝国主義および軍閥政治に反対する方向へ、神を求める特性を労働者・農民との団結の方向へ、迷信を講ずる特性を現代的武器の掌握、農民自衛団、農民協会の武装の方向へ転換させることができ、そうすることによって紅槍会は中共の農民革命の一部分になることも可能である、と指摘した。[24]

李大釗の意見は、一九二六年九月に開かれた中国共産党第三回中央拡大執行委員会で出された紅槍会運動に関する決議文に取り入れられた。決議文において、紅槍会は軍閥政治の産物、農民の原始的組織と位置づけられている。河南・山東の紅槍会は農民の組織、土匪の組織、および土豪に利用された組織という三つのタイプに分類され、軍閥に反対するという共通点から互いに連合戦線を結成することを促すべきである。もしそれができないのであれば、まず農民の紅槍会組織を強固なものにし、それによって土匪・土豪に反対すべきである、と指摘されている。つまり、紅槍会は民族革命と民衆による反軍閥の闘争にとって有利な存在であるので、積極的に紅槍会を組織・指導すべきであり、紅槍会の迷信活動は「彼らの団結の要素」であるので、反対すべきではない、というのが中共の紅槍会工作の方針である。[25]

ここで、特に注目すべきは、中共が階級闘争論の角度から紅槍会を三つのタイプに分類したことである。中共は紅槍会のなかに土匪の性質を有するものの存在を指摘したものの、全体的に、紅槍会は土匪と異なる存在であると認識した。[26] 一九二七年一月、中共は、北方の山東・甘粛・河南・陝西各地の紅槍会・黒槍会・緑槍会・黄沙会・大刀会・連荘会などの結社には、「純然たる農民の組織であり、兵匪に抵抗することを目的とするものもあれば、盗賊行為が交じって強盗で生計を立てるものもある。それらはいずれも農民の反抗運動の一部である」、という認識を示した。[27]

以上のように、一九二〇年代中共の農民運動の一環として、その土匪、紅槍会政策は二つの異なった類型を呈している。一つは南方における農民協会を中心とする土匪、秘密会党工作であり、もう一つは北方における紅槍会を通じた農民運動の展開、それによる「改造」、というものであった。

二　農民協会の秘密会党・土匪工作

一九二〇年代、中共指導下の農民運動は「減租減息」の要求の実現を目標に展開されていた。その結果、南方の農村地域は中共の階級闘争と政治闘争の渦に巻き込まれ、数年の間に劇的な変化を遂げた。

広東省の農民運動は全国でも先駆的な存在であった。[28] 一九二二年七月、中共幹部彭湃は海豊県で広東省最初の農民協会「赤山農会」を結成した。その後、海豊県に総農会が組織され、翌年に近くの陸豊・恵陽・紫金・五華・潮州・普寧などの県にも農民協会が設立された。一九二三年七月、広東省農民協会が設立され、彭湃は執行委員長となった。

農民運動の発動に当たって、彭湃はまず会党、土匪の問題から着手した。広東省の農村地域には、従来から各種の名目の会党、土匪組織が存在していた。一九二〇年代には、三合会（三点会）・大刀会・大交会（小刀会）など多くの「堂口」（組織）が活動していた。[29] 赤山県農会設立の準備段階において、彭湃は地元の黒旗集落と赤旗集落の対立を緩和させるため、農会の旗の色を黒と赤の二色に決めた[30]。また、恵陽県で一定の影響力をもつ三合会の首領黄星南は、一九二三年八月の「減租運動」において、彭湃の影響を受けて運動に参加し、その地域の農民運動の中心人物となった[31]。

この時期、共産党の農民運動は農民協会を組織することによって、農民協会を中心に展開されていた。農民協会の設立とその勢力の拡大によって、農村社会の従来の秩序は一変した。上述の広東省の例が示したように、一部の会党組織は農民協会に吸収された。また、毛沢東は、湖南農民運動に関する考察報告において、「農民協会の勢力が盛んな地域には、（匪賊の）影も見当たらない」。「会党はすべて農民協会に加っている。彼らが農民協会のなかで公に威張り散らしたり、グチをこぼしたりすることができるため、山・堂・香・水といった会党も必要ではなくなった」と述べている[32]。

他方、土地などの財産を没収された地主たちは土匪と手を組み、あるいは自ら会党を結成することによって農民協会を攻撃した。湖南省では、一九二七年に省農民協会が各地の農民協会から受けた報告のうち、「土豪劣紳」が土匪を集め、鶏の血を歃って、「農民協会を打倒し、特派員を殺し尽くす」と天に誓った、という内容が九割を占めた[33]。なお、一九二七年初、湖北省陽新県では、地主が数百人の会党メンバーを率いて、農民協会、労働組合の幹部を殺す事件が生じた[34]。湖北省の麻城・黄安・孝感・応山などの地域でも同様の事件が発生し、地主が自ら「秘密団体」を組織することもあった[35]。表一は一九二七年三月までに湖北省に起きた同様の事件の部分的な統計である（「土豪」「劣紳」はいずれも原文のままである）。

以上のうち、「土豪劣紳」を中心とした土匪・会党による反農民協会の各事件の実態はまだ解明されていないが、表一から、農民協会によって粛清の対象とされた地主の、農民協会に対する強い反発の態度が見て取れる。こうした

表一　湖北省の反農会事件統計

県名	策動者	参加者	事件
京山	劣紳	硬肚会（流氓、土匪組織）	区農会の数人を捕まえた。
武昌	劣紳	土匪	区農会を打ち壊し、糾察隊員を殴打した。
	土豪	流氓	農会を包囲した。
蒲圻	土豪	流氓	農会のデモ隊を包囲・殴打した。
鐘祥	土豪劣紳	硬肚会（流氓、土匪組織）	農民数十人を殺し、二人を捕まえた。
咸寧	土豪劣紳	流氓	農会を解散させた。農会委員殺害計画未遂。
陽新	劣紳、土豪、県当局	紅灯会	農会委員九人を殺害した。
夏口	土豪劣紳	流氓	農会委員数人を捕殺した。
沔陽	劣紳	土匪	農会襲撃、七人死、一六人負傷
監利	土豪、県知事	硬斗会	農会を打ち壊し、委員をひどく殴打した。
孝感	劣紳	流氓	農会を打ち壊し、委員数十人に重傷を負わせた。
天門	土豪、軍隊	土匪	農会委員数人を銃殺した。
漢川	土豪、軍隊		省特派員を捕まえた。
広済	陳文元の軍隊		農会委員に傷害を負わせた

出典：鄧雅声「是誰過火了」（一九二七年三月一三日）。中央檔案館・湖北省檔案館編『湖北革命歴史文献彙集』（十一）、湖北人民出版社、一九八七年、八三－八五頁。

事態について、一九二七年五月二日、国民党第十七回政治委員会において、武漢国民政府司法部長徐謙は、「目下のところ各県の党部、労働組合と農民協会は、つねに工賊（労働運動の裏切り者）と土豪劣紳を銃殺している」と語り、農民協会の過激な行動にブレーキをかけるよう呼びかけた。(36)

一方、北方の農民運動は南方とは対照的であった。一九二六年以降、河南・山東・甘粛などの地域において、共産党は土匪など既存の民間組織を利用して農民を組織しようとした。(37)一九二七年一月、共産党は「河南の農民運動」と題した文章において、紅槍会は主に北方の直隷・山東・陝西・河南などの省で影響が大きく、「河南省の各級の農民協会の多くはこの種の秘密結社の組織から変形してできたものである」との認識を示している。(38)そして、共産党は山東、直隷で紅槍会、黄沙会などの秘密結社に関する調査を行い、思想宣伝を行った[39]。その結果、一九二七年三月までに、共産党は河南省百万人の紅槍会員のうち二、三十万人を動員した。しかし、なかにはしばしば独自に行動し、共産党の命令に従わないものもあった。中共は広東省の農民運動講習所から河南省出身の学生四十名を河南省に派遣したが、期待どおりの効果は得られなかった[40]。

その原因について、武漢国民政府が河南省に派遣した農民運動の幹部鄧良生は、報告書において、河南農民の保守的性格が新しい思想を受け入れる妨げとなり、彼らが地主の命令に絶対的に服従し、国民党や国民革命を信奉しない（当時、共産党の幹部は国民党員の名義で農民運動を行っていた）、と指摘した[41]。馬場毅の研究によれば、「農民の眼には国民革命軍、呉佩孚軍、奉天軍の差異を見出すことは難し」く、「農民を抑圧する地主を打倒せよ」などの湖北で通用したスローガンは、「河南の農民には受け入れられなかった」のである[42]。

しかし、その一方で、一部の紅槍会は国民党左派と共産党の指導を受け入れ、軍閥の軍隊に対しても一概に拒否したわけではなかった。この点については、三谷孝、馬場毅の論文も触れている[43]。一九二八年、王鏡銘は河南省磁県の民間武装勢力を紅槍会・黄沙会・天門会の三つに分類し、そのうち、紅槍会・天門会が「某軍」と敵対したり友好関係を持ったりしたのに対して、黄沙会があらゆる軍隊に対して中立を保ち、戦争に巻き込まれなかったことに注目した[44]。外来勢力の前で、磁県の三つの民間武装勢力は各々の利益に基づいて、異なった政治的姿勢を示したのである。共産党と紅槍会との関係もこのような政治力学のなかで位置付けることができよう。天門会に関する喬培華の研究によれば、共産党は天門会工作において、迷信反対や地主打倒のスローガンを掲げず、天門会に武器弾薬を援助し、軍事訓練にも協力した。その結果、天門会の首領韓欲明は南方の国民革命軍に好感を示した[45]。これらの事例が示したように、紅槍会のような農民の武装勢力は、土匪や「苛捐雑税」の徴収に抵抗する自衛的な性格を有するものの、外来の勢力を一概に拒否する組織とは言えない。地域政治の力学が変化するなか、これらの勢力は自らにとって有利な方向を選択していたのである。

このことは北方に限らず、農民運動が発達した南方地域にも見られる。広東省高要県の「神打」という農民組織は一九二五年に農民協会を攻撃したが、国民革命軍によって撃退された後、農民運動を擁護する立場に転じ、自ら農民協会も設立した[46]。湖北省広寧県の「減租減息」運動において、地元の大刀会が地主を支持して農民協会を攻撃するのを防ぐため、中共は大刀会を味方に付けようとした[47]。したがって、紅槍会が排他的な組織であったという通説で、中共と紅槍会との関係を説明することは困難である。

三　武装革命の担い手

一九二七年秋以降、中共はそれまでの都市部における労働運動から農村での武装闘争へと革命運動の方針を転換した。七月、中共中央は各地の党組織に対し、北方の紅槍会・大刀会、南方の会（三点会）・匪（土匪）も民衆動員工作の対象とするよう指示した[48]。八月三日に、「秋収暴動」に関する行動大綱のなかで、中共は土匪・秘密結社を含む農村のあらゆる勢力に接近し暴動を行うという方針を定めた[49]。その数日後に開かれた中共の「八七会議」も、貧農を中心に、失業の貧民、会党などの勢力と連合する策略を打ち出した[50]。ルンペン・プロレタリアートと会党を革命の勢力と見なすことは、「秋収暴動」およびその後のソビエト根拠地建設において、中共の民衆運動の方針の一つとなっていった。

この方針は湖南省で最も早く実施された。八月九日、中共中央は党の組織を拡大させるため、「秋収暴動」に参加した者のうち、「たとえ会匪のメンバーであっても、革命性を持っていれば、彼らを多く紹介して入党させるべきである」と指示した[51]。八月二三日、中共中央は湖南省委員会に対して、辺鄙な西部地域で「土匪・農民軍を組織し、湖北省の部隊がその地域に入った時大暴動を起こすことに備える」ようにと指示した[52]。土匪・秘密結社利用の具体的な方法について、中共中央は八月二九日の「両湖暴動計画決議案」において、土匪を農民協会あるいは革命委員会の下で組織し、暴動の補助的な勢力とする、暴動が成功した後、それを改編・吸収する、という方針を決めた[53]。このような方針は中共湖南省委員会が一〇月五日に出した農民暴動に関する指示において一層明確に表されている[54]。

われわれは土匪・会党と緊密に協力すべきである。われわれが活動するすべての地域において会党と連絡を取り、土地革命を宣伝し、彼らの協力を求めるべきである。土豪劣紳から没収した財産を彼らにも分け与え、彼らが農民協会を組織してもよい。（中略）われわれが土匪の組織に入ってもいいし、彼らが（共産）党に入って、ほかの支部と接触しない特別な支部を組織してもよい。

このように、一九二七年の「秋収暴動」に際して、共産党は土匪と会党の存在を重視し、革命のためにこれらの勢力を改編し、共産党軍隊に吸収したり、共産党員を土匪・会党に加入させたり、会党を中心とした農民協会を組織したりするなど、さまざまな手段を駆使する方針を定めた。その後、このような方針は湖南・湖北地域に限らず、揚子江下流の江蘇省・浙江省・北方の河南省などの地域においても実行された[55]。以下、江蘇省を例に見てみよう。

一九二七年九月以降、中共江蘇省委員会は三回にわたって農民運動に関する決議案を出した。そのうち、江蘇省南部、北部、および上海に隣接する地域の農民暴動をめぐる一回目の決議案には、「土匪運動と相呼応する」という内容が含まれている[56]。そして、「江北農民暴動計画」は、前述の両湖（湖南省と湖北省）の暴動に関する中共中央の土匪政策の方針を繰り返し、「できるだけ土匪を引きつけ、われわれのために役に立たせるべきである」と述べている[57]。

また、中共江蘇省委員会は土匪・秘密結社の問題を論ずる決議案を出し、農民暴動における土匪の役割について次の三つの方針を明らかにした(58)。すなわち、第一に、土匪、ルンペン・プロレタリアートを農民群衆の補充的な力とすること。第二に、土匪・ルンペン・プロレタリアートと関わりのある労働者、農民を通じて彼らと連絡を取り、とりわけ下層の土匪と連絡を取ること。第三に、土匪の武装勢力を収容し、「農民革命軍」に改編すると同時に、土匪武装勢力のなかに中共の指導員を派遣すること、である。特に注目すべきは、中共江蘇省委員会は紅槍会・大刀会・小刀会などの組織を掠奪的なものと自衛的なものとに分け、前者に対しては連合する、後者に対しては「抗租」、「抗捐税」などのスローガンを掲げて民衆を動員し、地主に反対する、という方針を示した、ということである(59)。

以上のように、中共は都市部を中心とする暴力革命から、農村地域におけるソビエト根拠地建設へ路線を転換する際に、土匪・ルンペン・プロレタリアートを最も利用しやすい勢力と見なしていた。

他方、会党に対しては、現実的な利益をもって会党を誘導するだけではなく、それぞれの会党の特徴に応じて、まずは義兄弟の契りを結ぶことによって会党に接近し、その内部において階級闘争を行い、一般の会衆を共産党側に引き込む、という策略を取っていた。安徽省の六安県と霍邱県における大刀会工作(60)、江西省興国県における三点会工作(61)において共通して見られるように、共産党は土匪・紅槍会・会党に対する指導権を掌握することによってソビエト根拠地を建設したのである。

ところで、共産党の階級革命の理論からすれば、土匪・ルンペン・プロレタリアートは革命階級ではなく、会党の義兄弟原理も中共のイデオロギーとは一致していなかった。こうしたずれを解消するため、一九二八年六月から七月にかけてモスクワで開催された中国共産党第六回代表大会（以下「六大」と略す）は、プロレタリアート（労働者と農民）革命の立場から、「秋収暴動」を「民衆動員の基礎を欠いた軍事冒険」と批判し、それまでの中共の秘密結社、土匪政策にも修正を加えた。「六大」決議文のうち、中共紅軍と土匪武装の関係に関する次の一節が目を引く。[62]

土匪もしくはその類の団体と手を結ぶのは武装蜂起以前に限って使われる方法である。武装蜂起後には彼らの武装を解除し、彼らを厳しく鎮圧すべきである。これは地方の秩序を維持し、反革命の首領の再起を防ぐための手段である。彼らの首領は反革命の首領と見なすべきであり、たとえ彼らが武装蜂起に役に立ったとしても彼らをすべて殲滅すべきである。

これと対照的に、紅槍会・大刀会などの農民武装については、「六大」は、これらの組織と連携し、一般の会衆と首領との対立関係を利用してその組織を解体させ、その部隊を改編したうえで、共産党の軍隊に吸収するという方針を打ち出した。[63]

（紅槍会など）宗教迷信の色彩を帯びた農民の武装組織に対して、われわれは民主化のスローガンを掲げて工作を行い、その群衆を引き付けると同時に、その首領の行いを暴き、彼らを孤立させ、群衆と分離させる。われわれはこのような軍隊を常設の紅軍に改編する方法を堅持すべきである。彼らが作戦の際に紀律を守り、しかも新政権に忠誠を示すことが証明されれば、その部隊を全部（紅軍に）とどめるべきである。

つまり、ルンペン・プロレタリアートと農民とを明確に区分し、前者からなる土匪武装に対しては、その武装勢力を利用した後粛清・鎮圧し、後者からなる紅槍会に対しては、主としてそれを改造・吸収する、という方針である。

「六大」のこうした方針はモスクワから中国国内の各ソビエト根拠地に伝えられた後、次第に共産党の土匪・紅槍会工作に影響を及ぼした。一九二八年八月、中共中央は共産党湖南省委員会に指示を下し、「彼ら（土匪）に頼って土地革命を行うのは幻想に過ぎない」と述べ、「土匪の調子に合わせて闘争の指導権を放棄してはならない」と指示した。[64]土匪に対するこのような否定的な態度はその後次第に各ソビエト根拠地に浸透し、一部の地域において、それは土匪に対する「無条件の、断固とした粛清」につながっていった。

しかし、近年公開された各ソビエト根拠地の資料からみれば、「六大」以降も中共と土匪・紅槍会とは複雑な関係をもっていた。次節以降に見るように、各地域の具体的な状況に応じて、地方の共産党組織は土匪、紅槍会などの民間武装勢力と連合したり、対抗したりしていた。[65]

四　ソビエト運動における土匪

中共リーダーのなかで、農民出身の毛沢東は、共産党革命におけるルンペン・プロレタリアート・土匪・会党の「革命性」をも最も高く評価する一人であった。[66]国民革命期に、毛沢東はこれらの人々が勇敢奮闘の精神の持ち主で、適切に指導すれば革命の勢力になれると指摘し、農村社会の各種のルンペン・プロレタリアートを貧農階級の一部と見なし、「革命の先駆け」とさえ称した。[67]実際に、ソビエト運動期には、土地を失った多くのルンペン・プロレタリアートが共産党の革命に参加した。宍戸寛の統計によれば、紅軍兵士のうち、貧農・労働者のほか、ルンペン・プロレタリアート、土匪などが多数存在していた。[68]
表二のうち、「兵士」出身者のなかに「兵痞」（兵士くずれのごろつき）も含まれるとみるべきであろう。「兵痞」が土匪とほとんど同じ性質のものであったことからすれば、紅軍兵士のうちルンペン・プロレタリアートの占める割合は表二の数字よりもっと高いと見られる。毛沢東が一九三〇年一〇月に江西省興国県で行った調査によれば、九種類のルンペン・プロレタリアートは「一般には革命を歓迎している。革命に反対するものは一人もおらず、そのうちの十人が区・郷の政権の指導的な存在である。一人は遊撃隊の指揮者となった」という。[69]以上の資料から、ルンペン・

プロレタリアート、土匪出身者は紅軍および中共のソビエト政権において一定の地位を得ていたと言えよう。

ところで、各ソビエト根拠地において、「六大」の土匪政策の実施は必ずしも一様ではなかった。たとえば、湖北・河南の省境にある鄂豫ソビエト根拠地第一回代表会議に提出された「軍事問題決議案」には、土匪の一般会衆を動員してその首領に反対させ、土匪組織を動員して土地革命に参加させる一方、土匪の首領たちに対しては、必要な時に限りその身柄を拘束してもよいが、彼らを処刑してはならない、という政策が打ち出されている(70)。また、共産党鄂西ソビエト根拠地第二回代表会議においては、従来の土匪に対する「完全なる信頼」と「完全なる排斥」の二つの偏りを批判し、あらゆる漢流（哥老会）・土匪組織の会衆を動員すべしとし(71)、軍隊から離脱した兵士に対しても、従来のように彼らを「兵痞」と見なすのではなく、彼らこそ連合すべき群衆であるという立場が確認された(72)。

表二　紅軍兵士の階級成分

	貧農(%)	兵士(%)	労働者(%)	ルンペン・プロレタリアート、その他(%)
第一軍	六〇	一五	三	二二
第二軍	四〇	二五	二・五	三二・五
第三軍	八〇	一〇	四	六
第四軍	六〇	三〇	六	四
第五軍	七〇	二〇	四・五	五・五
第六軍	八五	五	三	七
第七軍	一〇	八〇	三	七
第八軍	三〇	六〇	二・五	七・五
第十一軍	六〇	二〇	五	一五
第十二軍	八〇	一五	二	三
第十四軍	六〇	二五	五	一〇

出典：宍戸寛『中国紅軍史』、河出書房新社、一九七〇年、三三六頁。

一九三〇年二月に鄂豫皖根拠地が成立した後、同年九月、鄂豫皖中央分局はそれまでの土匪・秘密結社に対する排斥・弾圧の政策を批判しながらも、一部のソビエト根拠地、遊撃隊、および共産党の基層幹部に哥老会・ならず者・土匪出身者が多いことに懸念を示し、これらの人々の属する階級、彼らの政治的立場、および彼らに対する群衆の態度という三つの基準から彼らを再評価し、引き続きソビエト根拠地に残れるかどうかを判断するよう指示した(73)。

毛沢東、朱徳が率いる紅四軍の土匪・ルンペン・プロレタリアート政策も、「六大」の土匪に関する方針と必ずしも一致していなかった。後に述べるように、一九二八年二月、毛沢東の部隊は井岡山地域の袁文才、王佐の土匪武装を改編、吸収した。「六大」の土匪に関する決議文が伝えられた後も、紅軍部隊の生存のために、それまでの土匪政策が継続されていた。一九二九年、毛沢東、朱徳が率いる紅四軍は井岡山根拠地を離れ、福建省西部に入った。その年の夏、紅四軍は兵力補充のために「緑林の兄弟たちに告げる」を配り、沿路の土匪に対し紅軍に入るよう呼びかけていた。そのなかで、紅軍と土匪の共通点について次のように述べられている(74)。

共産党と紅軍はあなたたちのことを嫌ってはいない。土匪という名は土豪劣紳があなたたちに付けた罪名に過ぎない。これは何でもないことだ。われわれはともに耕す土地もなく、なす仕事もなく、食う飯もなく、住む家もない貧しい友達同士だ。われわれの苦難の根源は土豪劣紳・汚職官吏・軍閥の抑圧にある。したがって、われわれがともに土豪劣紳や軍閥に反抗するのは当たり前のことだ。

ここで、紅四軍は土匪を革命軍隊に引き入れるために、中共部隊と土匪が共通の境遇におかれ、共通の敵をもつ「友達同士」であることが強調されている。

ところが、土匪が紅軍に入ると、その散漫な習性がたちまち問題になった。このことについて一九三〇年六月、紅四軍前敵委員会と中共贛西特別委員会は連合会議を開き、紅軍内部のルンペン・プロレタリアート・土匪の問題についての決議文を出した。それによれば、ルンペン・プロレタリアートは通常土匪・盗賊・兵隊ごろなど三十種以上の職業に従事しており、その人数は約二千万人にのぼり、およそ全国人口の五パーセントを占めている。ルンペン・プロレタリアートの特徴については、①生産から離脱していること、②職業がまっとうではなく、不安定であり、詐欺や騙り、掠奪が著しいこと、③生活が無紀律であることが挙げられ、青紅幇・三点会・哥老会・紅槍会・在理会などはいずれもルンペン・プロレタリアートが組織した団体であり、その組織が散漫かつ統一性を欠いているため、一般に反革命的な性格をもっている、と述べ、ルンペン・プロレタリアート組織の首領だけではなく、必要な時にはその会衆の一部ないしすべてを消滅すべきであるという方針が決められた[75]。このような紅四軍の土匪・ルンペン・プロレタリアート政策の転換は、「六大」の決議文にしたがったものというよりも、多くの土匪・ルンペン・プロレタリアートを抱えたことが紅四軍の生存を脅かした、という現実の問題への対処と見てよいだろう。

要するに、土匪・ルンペン・プロレタリアートの問題をめぐる中共の政策は、往々にしてイデオロギー原則と現実との間で揺れ動いており、また、各ソビエト根拠地の具体的な状況に左右されたため、それを一つのパターンにまとめることが困難である。一般に、ソビエト根拠地内部の土匪に対しては、それを消滅させる傾向が強く、国民党支配の地域の土匪に対しては、それが国民党軍と衝突を起こす可能性があるため、土匪内部の分裂を促し、一般のメンバーを共産党指導下の遊撃隊に改編するのが共産党の方針であった[76]。共産党の勢力が弱小で、外部からの圧力が大きい時には、紅軍は「革命においては行動方式を論じない」とした。一九三〇年一月一日には、中共湖北省漢川県委員会の代表大会において、「土匪と結託する」現象が指摘されている[77]。一九三三年、福建省連江地区の中共遊撃隊は資金と武器を入手するために、地元の住民に対して無分別の掠奪を行ったことが報告された[78]。

五　ソビエト運動における紅槍会

一九二〇年代の国民革命時期と同様に、ソビエト根拠地建設期においても、共産党は積極的に紅槍会のような農民の自衛組織に働きかけていた。一九二七年七月二〇日、中共は従来の紅槍会工作の方針を受け継ぎ、紅槍会を革命の協力者と見なし、階級闘争の方法で紅槍会の首領を攻撃したり、紅槍会の活動を迷信活動として反対したりしてはならないと強調し、紅槍会の首領だけを工作の対象とする従来の方針を否定した[79]。しかし、その後も中共の紅槍会政策は一貫しなかった。一九三一年三月、ソビエト根拠地で繰り広げられた「紅五月運動」という政治運動において、共産党は南方の北極会、硬肚会などの民間武装組織を「反革命」的な組織と見なしていたが[80]、数ヶ月後、中共中央は革命運動における北方の紅槍会・大刀会・小刀会の役割を高く評価した[81]。このような政策の相違は、ソビエト根拠地の間の地域差に由来したと見られる。以下、具体的な事例を通じて考察したい。

北方の河南省においては、ある共産党幹部の話を借りれば、中共は従来紅槍会、特に紅槍会の首領のみに関心を示し、真の意味での農民運動には力を入れなかった[82]。中共は農民協会を拠点に紅槍会工作を展開しようとしたが、注目すべき成果は得られなかった[83]。それに対し、一定の成果をあげたのは河南省・安徽省での光蛋会工作であった。ペリーは、紅槍会のような「自衛的な組織」とは対照的に、光蛋会のような土匪・ルンペンによる失業農民を主体とする「略奪的な組織」は中共の土地革命に同調しやすく、共産党の指導を受けやすいという現象に注目している[84]。

他方、ソビエト運動の中心地域だった華中・華南地域においては、中共と紅槍会、大刀会との関係には次の二つの特徴が見られる。第一に、中共のソビエト根拠地建設に際して、一部の紅槍会は共産党の土地革命・階級闘争に同調してその主力となった。それに対して、地主主導の一部の紅槍会は共産党に対抗した。第二に、ソビエト根拠地が設立された後、その周辺地域の紅槍会は国民党に動員され、ソビエト政権に対抗する勢力となった。以下、鄂（湖北省）豫（河南省）皖（安徽省）ソビエト根拠地、閩（福建省）贛（江西省）ソビエト根拠地の事例を通じてみてみる。

まず、湖北省・河南省・安徽省の隣接地域において、共産党は一九二七年初に「革命紅学」という名の紅槍会を組織した。蒋介石の「四・一二クーデター」後、共産党は河南省光山県の南部地域で貧しい農民を中心に紅槍会を組織し、豪紳地主の紅槍会勢力に対抗した。(85)一九二八年、共産党はこの地域で紅学司令部を設立し、「告紅学学友書」を発布、地元の紅槍会を中心に「柴山保根拠地」を設立した。(86)また、安徽省北部の六安県一帯の山地で活動した大刀会はかつて「自治軍」を設立し、軍閥政権からの離脱を宣言したが、(87)この時期、六安県農民協会の九割は大刀会によって設立されたものであった。(88)以上の二つの事例に示されるように、地主と農民が激しく対立する地域において、共産党の土地改革政策は比較的容易に農民の支持を得た。しかし、地主の勢力が強い湖北省黄安県のような地域では、地主のコントロール下にある紅槍会は暴動を起こした武装農民と数ヶ月にわたって「血戦」を行った。共産党は地主や軍閥の手先となった紅槍会を消滅すべきであると主張したが、暴動を起こした武装農民には共産党の呼びかけに応じる動きは見られなかった。(89)

鄂豫ソビエト根拠地では、一九二九年一二月に開かれた中共鄂豫辺区第一回代表会議で可決された紅槍会に関する決議文は、「六大」の紅槍会方針を受け継ぎながら、紅槍会の首領を通じてその会衆を引き付ける、あるいは紅槍会の首領を国民党支配下の「白区」に派遣するなどの具体的な対策を案出したが、大きな成果は得られなかった。(90)

他方、ソビエト根拠地成立後の紅槍会による共産党への反抗のケースとしては、閩贛ソビエト根拠地の事例が最も代表的である。ソビエト政権の周辺地域では、蒋介石は「七分政治、三分軍事」の手法で地主中心の靖衛団（民兵）、保甲を組織した。(91)これらの組織には、大刀会・紅槍会・北極会・一心会などの名目の組織が含まれている。(92)紅槍会などの民間武装勢力は紅軍・赤衛隊（共産党側の民兵）と国民党との対立のなかで国民党に協力した。たとえば、一九三二年九月、江西省南部の広昌県、石城県において、一心会はソビエト地域を襲撃したが、紅軍の第四方面軍と赤衛隊によって撃退された。(93)また、一九三三年八月、二百人の大刀会メンバーは共産党が占拠した太寧県城を襲撃し、共産党部隊と激戦の末、敗退した[94]。同年一〇月、広昌県・赤水県一帯の大刀会は共産党部隊に撃退された後四散したと報じられた[95]。一心会・大刀会のメンバーは、昼は山の奥に身を隠し、夜は露営し、二日に三食あるいは三日に二食の苛酷な生活を余儀なくされても、地主首領にしたがって共産党と戦っていた[96]。共産党は軍事力でこれらの武装勢力を消滅させることは困難であると認識し、土地分配と迷信打破を通じてその組織を崩壊させようとした。一九三二年九月、周恩来は南豊・広昌中心県委員会書記に宛てた手紙のなかで、大刀会打倒の最も重要な方法は民衆を引き付けることであり、民衆を引き付ける最も重要な方法は土地を民衆に分配することであると指示した[97]。具体的な方法として、武装した兵士と民衆が国民党支配の地域に行って、豪紳地主の畑の作物を収穫し、それをその地域の一般民衆に与える。「彼らがそれを受け入れるのを恐れる場合は、その家の玄関の前に置く[98]」。そうすることによって、共産党は国民党支配地域の民衆の階級意識を喚起しようとしたのである。と同時に、共産党は大刀会の「刀槍不入」の神話を打破するために宣伝を行い、その会衆を脱会させることを図った。また、ソビエト根拠地内の中共幹部や一般民衆に対しても、迷信打破の思想教育を通じて、大刀会・紅槍会と戦う決心を固めさせようとした[99]。資料の制約によりこの地域における共産党の土地分配と迷信打破の具体的なプロセスや効果については不明であるが、これらの大刀会・紅槍会武装組織が地域社会に深く根を下ろしていたことから考えれば、共産党の目標は容易に実現できなかったことが推測される。

むすび

二〇世紀二、三十年代の農民運動とソビエト運動の歴史を振り返ってみれば、共産党は農村地域で階級革命を行う際に、二つの民間武装勢力に遭遇した。一つは民間の宗教信仰を紐帯とし、村落を基本単位とする紅槍会・大刀会のような組織である。これらの組織の内部には共産党が望むような階級対立がなく、紅槍会に入った農民と地主の関係は往々にして地主と運命共同体の関係であった。もう一つはルンペン・プロレタリアートを主体とする土匪武装であった。中共の階級闘争の言説において、土匪は抑圧・搾取される階級に属しながらも略奪を目的とする武装組織である。中共の農民運動とソビエト運動が展開されるなかで、土匪と紅槍会に対する共産党の政策には一定の連続性が見られたが、ソビエト運動が農村地域で広がるにつれて、中共と土匪、紅槍会との関係が複雑な様相を呈するようになっていった。

中共はそのイデオロギーの観点から、土匪に比べて紅槍会により大きな期待を寄せた。一九二六年～一九二七年の間、共産党は紅槍会が国共合作下の国民革命の勢力に転化することを期待していた。しかし、実際に紅槍会と接触した結果、中共は紅槍会について次のような結論を得た。すなわち、紅槍会のなかには真の農民武装もあれば、地主を中心とした武装もある。場合によっては土匪武装も含まれている。言い換えれば、中共は紅槍会という階級装置と現実の紅槍会との間にギャップがあることを認識したのである。興味深いことに、紅槍会組織のうち、実際に中共と関わりがあったのは共産党が敵対勢力と見なした地主を中心とした紅槍会でもなく、中共が高く評価した武装農民としての紅槍会でもなく、土匪化した紅槍会であった。地主を中心とした紅槍会組織や農民武装としての紅槍会に対して、共産党は紅槍会の内部で階級闘争を引き起こすことによって紅槍会を革命勢力に転換させようとしたが、あまり効果がなかった。

従来の紅槍会研究において、紅槍会を排他的な「自衛組織」と見なす傾向がある。しかし、あらゆる武装組織は多かれ少なかれ「自衛的」・「排他的」な性格を有する。単に「自衛的」・「排他的」という視点から中共と紅槍会との関係を分析することは不十分であろう。むしろ紅槍会がどのような状況の下で「排他的」もしくは「非排他的」な態度を選択したか、そのような選択はどのような利害関係や政治力学の影響を受けたか、という視点が有効であろう。一九二七年以降、湖北・安徽・河南の省境地域において、中共は農民を中心とする紅槍会組織を結成し、地主の武装との戦いに勝利した。それに対して、福建・江西の省境地域では、共産党は地主の大刀会勢力の攻撃を受けた。そして、第九章と第十章で見るように、異なる政治勢力が交錯する日中戦争期においても、紅槍会、大刀会と中共のこのような複雑な関係が見られた。

土匪が革命勢力になれるかどうかという問題について、中共は基本的に否定的な認識をもっていた。しかし、一九二七年に武装革命を中心とした革命路線が確立された後、中共は土匪の存在に関心を示すようになった。中共の武装革命やソビエト根拠地の建設において、土匪勢力は重要な役割を果たした。一部の紅軍部隊のなかでは、土匪やルンペン・プロレタリアート出身の兵士が多数を占めていた。高橋伸夫が述べたように「党組織は厳格な中央集権主義的組織の構築を目標としていたにもかかわらず、実際には驚くほど『散漫な』構造をもっていた。各地方組織は自立的であり、その活動は主として既存の社会集団から得られる資源に依存していた」[100]。実際、共産党自らも認めたように、国民党の軍隊や地主武装の「囲剿」(包囲攻撃)を受けた際の一部の紅軍部隊の行動は土匪のそれと全く同じであった。中共「六大」の決議文において、土匪は革命の担い手から排除されている。それを受けて、一部の中共根拠地において土匪に対する弾圧が行われた。次章で取り上げる中共農村革命の発祥地である井岡山地域で起きた袁文才、王佐殺害事件は、その一例である。

注

(1)　この点について論じた研究としては、以下の二つの著書を参照されたい。馬場毅『近代中国華北民衆と紅槍会』、汲古書院、

二〇〇一年。三谷孝『秘密結社与中国革命』、中国社会科学出版社、二〇〇二年。

（2）一九一〇～一九二〇年代の土匪に関しては、以下の研究を参照されたい。菊池一隆「陝西省の民衆運動とその背景――土匪反乱の史的意義」、青年中国研究者会議編『続中国民衆反乱の世界』、汲古書院、一九八三年。Phil Billingsley, *Bandits in Republican China*, Stanford: Stanford University Press, 1988・山田潤訳『匪賊――近代中国の辺境と中央』、筑摩書房、一九九四年。呉恵芳『民初直魯豫盗匪之研究（一九一二～一九二八）』、台湾学生書局、一九九〇年。蔡少卿主編『民国時期的土匪』、中国人民大学出版社、一九九三年。「遊民」についての研究は、池子華『中国近代流民』（浙江人民出版社、一九九六年）を参照。

（3）戴玄之『紅槍会』、食貨出版社、一九七三年。この書は後に同『中国秘密宗教与秘密会社』上巻（台湾商務印書館、一九九〇年）に収録。中仲銘編著『民国会門武装』、中華書局、一九八四年。喬培華『天門会研究』、河南人民出版社、一九九三年。

（4）田中忠夫『革命支那農村の実証的研究』、衆人社、一九三〇年。三谷孝「国民革命時期における中国共産党と紅槍会」、『一橋論叢』第六十巻、第五号。馬場毅「中共と山東紅槍会」、『中嶋敏先生古稀記念論集』（下巻）、汲古書院、一九八一年。

（5）Roman Slawinski, "The Red Spears in the Late 1920's", Lucian Bianco, "Secret Societies and Peasant Self-denfense, 1921-1933", in Jean Chesneaux, eds., *Popular Movements and Secret Societies in China, 1840-1950*, Stanford: Stanford University Press, 1972. Elizabeth J. Perry, *Rebels and Revolutionaries in North China, 1845-1945*, Stanford: Stanford University Press, 1980.

（6）E. J. Hobsbawm, *Bandits*, London: Weidenfeld and Nicolson, 1969, p.24.

（7）Elizabeth Perry (1983): Social Banditry Revisited, The case of BaiLang, a Chinese Brigand, *Modern China*, Vo1.9 No.3.

（8）Phil Billinsley, *Bandits in Republican China*, p.227.

（9）「広州共産党的報告」、中共中央檔案館編『中共中央文件選集』（一）、中共中央党校出版社、一九八九年、二四頁。

（10）「中国共産党第二次全国大会宣言」（一九二二年）、同右、一一三頁。なお、同年一一月、中共は、「もし中国共産党が農民から離れたら、大きな民衆的政党になることは困難になる」ことを強調した（「中国共産党対於目前実際問題之計画」（一九二二年一一月）、同右、一二四頁）。

(11) 緒形康『危機のディスクール――中国革命、一九二六～一九二九』、武照舎、一九九五年、一七二―一七六頁。
(12) この認識は一九二三年七月に開かれた中共の第三回全国代表大会の「農民問題決議案」に表されている（前掲『中共中央文件選集』、一五一頁）。また、一九二四年五月の「農民兵士間的工作決議案」においても、「農民を略奪する独立した武装の失業農民（いわゆる土匪）の問題」に言及した（同右、二四七頁）。
(13) 惲代英「評国民党政綱」、『中国青年』第十八―十九号、一九二四年二月。
(14) 鄧中夏「労働運動復興期中的幾個重要問題」、『中国工人』第五号、一九二五年五月。
(15) 「対於農民運動之議決案」（一九二五年）、前掲『中共中央文件選集』（一）、三六三―三六四頁。
(16) 「農民運動議決案」（一九二六年九月）、前掲『中共中央文件選集』（二）、一九八九年、二一二頁。
(17) 馬場毅前掲書、三谷孝前掲書。
(18) 三谷孝「国民革命時期における中国共産党と紅槍会」、『一橋論叢』第六十巻、第五号、一九七三年、四三一―四三三頁。
(19) また、三谷は一九七八年に発表した論文においても、河南省北部の天門会と中共の相互利用の関係についていくつかの事例を紹介したに止まる。三谷孝「伝統的農民の闘争の新展開」、野沢豊・田中正俊編『講座中国近現代史』（五）、東京大学出版会、一九七八年、一三五―一三七頁。
(20) 一九八一年、馬場は「中共と紅槍会」と題した論文のなかで、中共の紅槍会政策だけではなく、その政策が生まれた背景についても分析し、国民革命期およびソビエト政権期における中共の紅槍会工作がいずれも失敗したと指摘した（馬場毅「中共と山東紅槍会」、『中嶋敏先生古稀記念論集』（下巻）、汲古書院、一九八一年）。
(21) 馬場毅「陽穀県坡里荘暴動について――続中共と山東紅槍会」、『中国近現代史の諸問題――田中正美先生退官記念論集』、国書刊行会、一九八四年。
(22) 神州「国民軍第二軍之失敗」、『嚮導』第一四七号、一九二六年三月二七日、人民出版社、一九五四年復刻。
(23) 陳独秀「紅槍会与中国的農民暴動」、『嚮導』第一五八号、一九二六年六月一六日。
(24) 李大釗「魯豫陝等省的紅槍会」、『李大釗選集』、人民出版社、一九五九年。

(25)「対於紅槍会運動議決案」、前掲『中共中央文件選集』(二)、二一六―二一八頁。

(26) このような認識は、当時国民党左派が主導した国民党農民部の紅槍会認識と一致していた(戴玄之、前掲書、四七九―四八三頁)。一九二六年一二月、譚平山はコミンテルン執行委員会第七次拡大会議において、紅槍会は土匪組織ではなく、農民の組織であるとの考え方を示した(「在共産国際執行委員会第七次拡大全会上的報告」、『譚平山文集』、人民出版社、一九八六年、四一六頁)。

(27)「全国農民運動概観」、『中国農民問題』、一九二七年一月。人民出版社編輯『第一次国内革命戦争時期的農民運動資料』、人民出版社、一九八三年、一一頁。

(28) 広東省の農民運動に関しては、その集大成的な著作として Fernando Galbiati, *P'eng P'ai and the Hai-Lu-Feng Soviet* (Stanford: Stanford University Press, 1985) がある。

(29)「広東農民運動報告」(一九二六年六月)、広州農民運動講習所旧址紀念館編『広東農民運動資料選編』、人民出版社、一九八六年、三一―三三頁。

(30) また、官府の方形の印鑑と区別するため丸型の印鑑を使った(彭湃「海豊農民運動」、広東省農民協会編、一九二六年一〇月。前掲『第一次国内革命戦争時期的農民運動資料』、一五八頁)。

(31) 華南農学院馬列主義教研室・広東海豊県紅宮記念館『彭湃伝』編写組編『彭湃伝』、北京出版社、一九八四年、八九頁。

(32) 毛沢東「湖南農民運動考察報告」、竹内実監修『毛沢東集』一、北望社、一九七二年、二四五頁。

(33)「湖南農民運動真実情形」、『向導』、第一九九期、一九二七年六月二二日。前掲『第一次国内革命戦争時期的農民運動資料』、三八九―三九〇頁。

(34)「湖北省農民協会第一次全省代表大会為陽新惨案宣言」、『湖北省農民協会第一次全省代表大会日刊』第十一期、同右、四八一頁。

(35) 蔡以忱「湖北農運之困難及最近策略」、『漢口民国日報』一九二七年六月一二、一三日。同右、五一八―五一九頁。

(36) 北村稔『第一次国共合作の研究』、岩波書店、一九九八年、一八六頁。

(37)　河北省の革命活動について、以下のものを参照。陳燿煌「内生抑外塑：河北地区的共産革命、一九二一―一九四九」、国立政治大学歴史系博士論文、二〇〇五年一二月。
(38)　「河南的農民運動」、『中国農民問題』一九二七年一月。前掲『第一次国内革命戦争時期的農民運動資料』、六三〇―六三一頁。
(39)　「山東的農民運動」、『中国農民問題』一九二七年一月、前掲『第一次国内革命戦争時期的農民運動資料』、六三〇頁。「直隷的農民運動」、同右、六三五頁。
(40)　戴玄之前掲書、四七九頁。
(41)　同右、四八〇―四八一頁。
(42)　馬場毅前掲論文、七六四頁。
(43)　三谷孝「国民革命時期の北方農民運動――河南紅槍会の動向を中心に」、野沢豊編『中国国民革命史研究』、青木書店、一九七四年。馬場毅「紅槍会運動序説」、青年中国研究者会議編『中国民衆叛乱の世界』、汲古書院、一九七四年。
(44)　王鏡銘「磁県紅槍会、黄沙会、天門会一年来歴史」、『晨報』一九二八年四月一一日、一二日。
(45)　喬培華前掲書、一〇三―一〇五頁。
(46)　「高要農民運動的経過」、『広東農民運動経過概況』、一九二七年一月。前掲『第一次国内革命戦争時期的農民運動資料』、二三二―二四〇頁。
(47)　「広東農民運動報告」（一九二六年六月）、前掲『広東農民運動資料選編』、七三頁。
(48)　「目前農民運動総策略」（一九二七年七月二〇日）、前掲『中共中央文件選集』(三)、二二〇―二二一頁。
(49)　「中央関於湘鄂粤贛四省農民秋収暴動大綱」（一九二七年八月三日）、同右、二九五頁。
(50)　「最近農民闘争決議案」（一九二七年八月七日）、同右、二九七頁。
(51)　「中央致湖南省委信」（一九二七年八月九日）、同右、三〇八―三〇九頁。
(52)　「中央復湖南省委函」（一九二七年八月二三日）、同右、三五一頁。ここで言う「湖北省のあの部隊」は張兆豊（師長）が率いる国民革命軍第二集団軍第三師を指す。

(53)「両湖暴動計画決議案」(一九二七年八月二九日)、同右、三六六頁。

(54)「湘省目前農民運動(農民暴動)行動綱要」(一九二七年一〇月五日)、中央檔案館編『秋収起義』、中央党校出版社、一九八二年、一〇六頁。

(55)蔡少卿前掲書、三四四—三五四頁。

(56)「江蘇農民運動工作計画(第一次)」(一九二七年九月)、江蘇省檔案館編『江蘇農民運動檔案史料選編』、檔案出版社、一九八三年、三一—四三頁。

(57)「江蘇省委江北農民暴動計画」(一九二七年一〇月)、『中央政治通訊』第十八号。

(58)「江蘇省委関於土匪、流氓運動工作大綱」(一九二七年一〇月)、『中央政治通訊』第十八号。

(59)「江蘇農民運動工作計画」(一九二七年一一月)、前掲『江蘇農民運動檔案史料選編』、六四—六五頁。

(60)『鄂豫皖蘇区歴史簡編』編写組編『鄂豫皖蘇区歴史簡編』、湖北人民出版社、一九八三年、六二—六三頁。

(61)陳奇涵「興国的初期革命闘争」、『星火燎原』第一集上冊、人民文学出版社、一九五八年、四〇九頁。Philip Huang, "Intellectuals, Lumpen Proletarians, Workers and Peasants in the Communist Movement: The Case of Xingguo County, 1927-1934", in Philip Huang, Lynda Bell and Kathy Walker, eds., *Chinese Communists and Rural Society, 1927-1934*, Berkeley: University of California Press, 1978, pp.7-8.

(62)「蘇維埃政権的組織問題」(一九二八年七月一〇日)、前掲『中共中央文件選集』(四)、一九八九年、三九九頁。

(63)同右、四〇〇頁。

(64)「中央給湖南省委的指示信」(一九二八年八月八日)、『平江起義』選編組『平江起義』(資料選編)、中共中央党校出版社、一九八四年、一八頁。平江暴動について、三好章「平江暴動——湘鄂贛ソビエト区成立前史」(『中嶋敏先生古稀記念論集』、上巻、汲古書院、一九八〇年)を参照。

(65)この問題については、高橋伸夫の以下の論文を参照されたい。「中国共産党の組織と社会——河南省、一九二七年〜一九二

八年」、『法学研究』第七〇巻、第六号。「中国共産党組織の内部構造——湖北省、一九二七年～一九三〇年」、『法学研究』、第七十一巻、第五号。

(66) Stuart Schram, “Mao Tse-tung and Secret Societies”, *The China Quarterly*, No.27, July-Sepetember, 1966.

(67) 李維漢『回憶与研究』(上)、中共党史資料出版社、一九八六年、一〇一頁。

(68) 宍戸寛『中国紅軍史』、河出書房新社、一九七〇年、三三六頁。

(69) 「興国調査」、『毛沢東農村調査文集』、人民出版社、一九八二年、二三〇—二三三頁。

(70) 「鄂豫辺第一次全区代表大会軍事問題決議案」(一九二九年一二月二日)、中央檔案館・湖北省檔案館・河南省檔案館・安徽省檔案館編『鄂豫皖蘇区革命歴史文件彙集』甲(二)、湖北人民出版社、一九八七年、三七頁。

(71) 「中共鄂西第二次代表大会関於漢流土匪活動決議案」(一九二九年一二月)、中央檔案館・湖北省檔案館・湖南省檔案館編『湘鄂西蘇区革命歴史文件彙集』甲(四)、湖北人民出版社、一九八七年、二三五—二三六頁。

(72) 「中共鄂西第二次代表大会関於兵変問題決議(草案)」(一九二九年一二月)、同右、二四八頁。

(73) 「鄂豫皖中央分局通告第十三号——対青紅幇、小馬子、流氓、土匪的策略」(一九三一年九月二〇日)、前掲『鄂豫皖蘇区革命歴史文件彙集』甲(一)、二九六—二九八頁。

(74) 「告緑林弟兄書」(一九二九年)、江西省檔案館・中共江西省委党校党史教研室選編『中央革命根拠地資料選編』(中冊)、江西人民出版社、一九八二年、四七三頁。

(75) 「流氓問題」(一九三〇年六月)、同右、五一二頁。

(76) 湖南省・湖北省・四川省・貴州省檔案館、湖南省湘西土家族苗族自治州党史辦公室編『湘鄂川黔根拠地歴史文献彙編(一九三四～一九三六)』、湖南人民出版社、一九八四年、二九七—二九八頁。

(77) 「中共漢川県代表大会之経過」(一九三〇年一月一日)、中央檔案館・湖北省檔案館編『湖北革命歴史文件彙集』(省委文件、一九二七～一九三一年)、湖北人民出版社、一九八五年、一六四頁。

(78) 「中共福州中心市委関於巡視連江工作報告」(一九三三年一一月一〇日)、中央檔案館・福建省檔案館編『福建革命歴史文件彙集』（福州市委文件、一九三三年～一九三四年）、（甲十三）、福建人民出版社、一九八七年、一五三頁。

(79) 「中央通告農字第九号——目前農民運動総策略」（一九二七年七月二〇日）、前掲『中共中央文件選集』（三）、二二〇—二二一頁。

(80) 「蘇維埃区域紅五月運動的工作決議案」（一九三一年三月二一日）、前掲『中共中央文件選集』（七）、一九九一年、一九九頁。

(81) 「中央給紅軍党部及各級地方党部的訓令」（一九三一年六月一〇日）、同右、二九二頁。

(82) 「劉明仏対豫西工作視察報告」（一九二七年七月一五日）、中央檔案館・河南省檔案館編『河南革命歴史文件彙集』（省委員会文件、一九二五年～一九二七年）、（甲二）、河南人民出版社、一九八七年、四六頁。

(83) 「河南農運報告——対槍会運動之分析」（一九二七年八月三〇日）、同右、七八—八〇頁。「河南省委報告——関於目前政治状況、党内工作情形及槍会問題決議」（一九二七年九月四日）、同右、八五—九一頁。「河南省委対於槍会的決議」（一九二七年九月二四日）、同右、一〇三—一〇六頁。「河南省委関於農民運動決議案」（一九二七年九月）、同右、一一七頁。「河南省委関於農民運動情況的報告」（一九二七年九月）、同右、一二八頁。

(84) E. Perry, *Rebels and Revolutionaries in North China*, p.223.

(85) 『陳再道回憶録』、解放軍出版社、一九八八年、四二—四三頁。

(86) 時光主編『星火燎原』（一九二七～一九三一）、上海人民出版社、一九九四年、五八八頁。

(87) 拙稿「蘇魯豫皖地区的土匪」、蔡少卿主編前掲書。

(88) 「巡視六安中心県委工作報告」（一九三〇年）、前掲『鄂豫皖蘇区革命歴史文件彙集』（四）、六九頁。

(89) 「中共湖北省委関於各県工作決議案」（一九二八年一月一〇日）、前掲『湖北革命歴史文件彙集』（省委文件、一九二八年）、二四一頁。

(90) 「鄂豫辺第一次全区代表大会群衆運動決議案」（一九二九年一月一二日）、前掲『鄂豫皖蘇区革命歴史文件彙集』（一）、四六—四七頁。同じ方針は「鄂東北各県第二次聯席会農民運動決議案」（一九二九年六月九日、『鄂豫皖蘇区革命歴史文件彙集』〈五〉、一〇五—一〇八頁）にも表されている。

(91)　William Wei, *Counterrevolution in China: The Nationalists in Jiangxi during the Soviet Period*, Ann Arbor; Michigan University Press, 1985, p.158.

(92)　中華蘇維埃共和国中央革命軍事委員会編『遊撃隊怎様動作』(一九三二年九月)。

(93)　「広石地方武大敗一心会」、『紅色中華』第三十四号、一九三二年九月二〇日。

(94)　「太寧刀匪又被我軍撃潰」、『紅色中華』第一〇四号、一九三三年八月二二日。

(95)　「赤広残余刀匪又遭惨敗」、『紅色中華』第一二四号、一九三三年一一月一一日。

(96)　「中国共産党広昌中心県委員会為告大刀会弟兄門幾段話」。

(97)　「関心群衆影響群衆──致余沢洪・聶照良」(一九三二年九月一四日)、『周恩来書信選集』、中央文献出版社、一九八八年、八一頁。

(98)　同右。これと同じ内容は、前掲の『遊撃隊怎様動作』にも見られる。

(99)　李才運「大刀会的欺騙和死亡」、『紅的江西』第十三、十四号、一九三二年九月二二日。

(100)　高橋伸夫「中国共産党、革命、国民国家」、富田広士、横手慎二編『地域研究と現代の国家』、慶応義塾大学出版会、一九九八年、二六一頁。

第七章　井岡山の「星星之火」——革命、土匪と地域社会

はじめに

袁文才と王佐は江西省の井岡山地域を拠点に活動した土匪首領で、一九二八年に毛沢東の中央紅軍によってその勢力が改編・吸収され、中共史上最初の根拠地井岡山根拠地の建設に貢献したという独特な経歴をもつ人物であった。一九三〇年二月中旬、彭徳懐が率いる紅五軍は中共江西省永新県委員会の幹部と合議し、会議を開くと偽って袁・王を部隊から誘い出し、二月二三日早朝、二人が泊まっていた宿を突然襲撃した。袁文才は即死し、王佐は銃声を聞いて慌てて外に逃げたが、誤って川に転落して水死した[1]。

この事件が発生した約一ヶ月後の一九三〇年三月二九日、中共贛西南委員会第一回代表大会が開かれたが、会議の決議文には、「袁文才・王佐は分田（土地の再分配）に反対し、ソビエト政権の建設にも反対した。彼らは茶陵県の靖衛団（「挨戸団」）と結託して、騒乱を起こし永新の赤い政権に害を加えた」とあり、二人に対する処分が正式に承認された[2]。また、四月二七日、紅五軍政治委員滕代遠は、袁文才と王佐が「土匪の性格を万分の一も改めようとしない」ため、多くの民衆と中共地方組織の要求に応じて二人を殺害したと中共中央に報告した[3]。袁・王の冤罪がはらされた

のは事件発生からおよそ二十年後のことであった。

袁・王の数奇な運命、および二人が紅軍の革命史に占めた重要な位置から、この事件は従来から研究者の関心を集めてきた。この事件に関しては、多くの調査、研究が発表されているが[4]、そのうち、最も注目に値するのは、中共寧岡県委員会の「袁文才・王佐の誤殺に関する報告」である。報告の作者は丹念な調査に基づいて事件の経緯を詳細に述べ、事件の原因を①中共党内の「左傾」路線、②井岡山地域の土着民と移住民との対立、③袁・王部隊の不良な習性という三点にまとめたうえで、事件の直接的な責任は彭徳懐が率いた紅五軍にあった、としている[5]。

本章の目的は袁・王殺害事件の経過と二人の死因を探ることではない。筆者は「土匪――紅軍将領・革命家」という二人の生涯を通して、中共革命の地域的特徴、とりわけ中共党内のイデオロギー闘争と地域社会従来の対立との間の関係を明らかにしたい。そして、それによって、井岡山革命という二〇世紀中国史上の重要な出来事をローカルなコンテクストのなかで位置づけ、社会史の観点から再考察を試みたい。

一　「土」「客」の対立と貧富の差――井岡山地域社会の特徴

湖南省と江西省の省境にある羅霄山脈の中部に位置する井岡山は、毛沢東が率いる中央紅軍の発祥地として、二〇世紀中国の歴史において大いに注目を浴びてきた。寧岡・永新・遂川などいくつかの県を含む井岡山地域には、従来から土匪が多く出没している。この地域の階級関係について、一九二八年一一月、毛沢東は「井岡山前委対中央的報告」と題した文章のなかで次のように述べている。湖南と江西の省境の地域において、土地の六〇パーセント以上が地主に握られ、農民の手にあるものは四〇パーセント以下に過ぎない。江西省では、土地が最も集中しているのは遂川県で、約八〇パーセントの土地が地主のものであり、永新県はそれに次ぎ、約七〇パーセントが地主のものである。寧岡県などでは、自作農が多いが、やはり地主の土地が多くて、約六〇パーセントを占める。[6] 井岡山地域は湖南、江西両省の政治的中心地から離れ、宗族の勢力は地域社会で大きな影響力を持っていた。なかでも、「土籍」と「客籍」—土着民と移住民—との対立は激しかった。平地に住む土着民が経済的に比較的に裕福であったのに対して、山地に住む移住民は貧しくて、土匪になる者が多かった。

前出の調査報告のなかで、毛沢東は井岡山地域における土着民と移住民の対立について次のように述べている。[7]

ここの土着民と数百年前に北方から移ってきた移住民との間には大きな溝がある。歴史的にその対立は非常に深く、時には激しい争いが引き起こされる。このような移住民は福建と広東との省境から、湖南・江西両省の省境にそって、湖北省南部にいたるまでの間に、およそ数百万人はいる。移住民は山地を占有しており、平地を占有している土着民に圧迫され、日ごろ政治的には無権利である。

これと対照的に、井岡山地域における土着民と移住民の対立の問題について、一九二九年二月、紅軍の井岡山根拠地を一時期占領した国民党の何健部隊の二人の師長は別の見方を示している。それによれば、[8]

井岡の民は土と客に分かれている。土の民は勤勉で農業に励み、自力で生計を立てている。客の民は狡猾でよく乱を引き起こす。袁文才・王佐の二人の土匪はその最たるものであった。これらの客の民をほかのところに移すべきである。

さらに、井岡山地域の土着民と移住民の対立については、第三の見方もあった。寧岡県出身の石鑑は、一九三一年八月三〇日『江西民国日報』に発表した寧岡の「土籍」「客籍」対立に関する文章のなかで、次のように論じている。寧岡の土着民と移住民の対立は明末期に溯ることができる。寧岡県はもともと永新県に属しており、明末期に永寧県として独立の行政単位となり、民国成立後寧岡県と改められた。従来より永新の地に住む者は土籍で、後に広東・福建から移住してきた者は客籍であり、故地の方言を話す。そのため、移住民と土着民との間には自ずと溝が横たわり、互いに対立していた。「土籍」「客籍」の対立について、彼はさらに次のように述べている。[9]

土籍は人口が比較的多いため、往々にして県政を操る。そのため、客籍は（土籍に対して）兼ねてから恨みを持ち、ともに天を戴きがたいという。客籍は国家が混乱に陥る度に城や郷を攻撃し、土籍を皆殺しするのが常であった。彼らは周囲数県の客籍と連絡し、血を歃って強固に会を結成している。

ここで特に移住民が土着民に対抗するため、互いに血を歃って盟約を結ぶという点に注意する必要がある。この方法が土着民にも使われていたことは想像に難くない。また、井岡山地域の土着民と移住民の対立は、地主と小作農の間の階級対立を一層複雑にし、人々が土匪になったことの一因でもあったと考えられる。

このように、井岡山の地域社会には土着民と移住民の対立、貧富の対立が存在した。資料の制約により、この二つの対立の具体的な様相や両者の相互関係を明らかにすることは困難であるが、異なる宗族集団の間の対立によって貧富の対立が一層複雑になったことは推察できる。土匪は必ずしも前述の観察者が述べたようにすべて移住民によって構成されたわけではなかった。実際に、土匪になった者には、「土籍」の出身者も「客籍」の出身者もいた。土匪による被害については、「蓄えのある家は土客を問わず難を蒙る」といわれるほどであった。[10]つまり、従来の「土籍」と「客籍」の対立のほか、貧富の差から生まれた階級間の対立も無視できないものである。本章の二人の主人公袁文才と王佐は、当時井岡山地域で名を知られた十数名の土匪の中でも典型的な存在であった。[11]

袁文才（一八九八～一九三〇）は別名選山、選三と言い、寧岡県茅坪馬源村に生まれた移住民の子で、幼い頃断続的に村塾に通っていた。その家は土着民地主の圧迫を受けていた。一九一七年、袁の妻が土着民地主謝冠南の息子に奪われた。このことは袁の土着民の地主に対する恨みを一層深めた。一九二一年、袁は永新県の禾川中学に合格したが、まもなく父親が病死したため学校を辞め、一九二三年に地元の土匪胡亜春（客籍）と義兄弟の契りを結び、胡の率いる「馬刀隊」に入った。袁文才は読み書きができ、謀略に長じていたため、数年後胡に取って代わって「馬刀隊」の首領となった[12]。

王佐（一八九八～一九三〇）は別名王雲輝、字は南斗と言い、江西省遂川県下荘村の貧しい農家に生まれた。王佐は土着民の父親と移住民の母親という家庭に生まれた[13]。王は幼い頃に父親が死去したため、母親の伯父の家に預けられた[14]。十五才ころから裁縫を習いはじめ、拳法も学んだ。一九二三年、王佐は井岡山の土匪の首領朱孔陽（広東人）と知り合い、朱の「水客」（探偵）となった。翌年、王佐は朱の元を離れ、自らに土匪武装を組織し、まもなく井岡山地域で名を知られる存在となった。一九二五年、王佐の部隊は一時期遂川県保衛団に改編されたが、まもなく土匪の世界に戻った。その後、王は袁文才と知り合い、二人は義兄弟の契りを結んだ[15]。

土着民と移住民が激しく対立する寧岡県で育った袁文才は移住民の土匪首領として、地元の移住民の土匪組織を統合して武装勢力を作り、それを率いて土着の地主を攻撃した。それに対して、井岡山を隔てて寧岡県に隣接する王佐の故郷遂川県では、土着民と移住民の間の対立はそれほど激しくなかった。王佐は「土籍」と「客籍」が混在する家庭に生まれたが、地元の王・羅・李・郭などの宗族と行動をともにした[16]。これらの宗族の具体的な状況については不明であるが、少なくとも王一族は移住民＝「客籍」として行動したのではなかったと見られる。王佐に比べて、袁文才の経歴や彼と土匪武装との関係は井岡山地域における土着民と移住民の対立をより鮮明に表している。それ故、井岡山地域の革命の歴史上、袁文才の行動は強烈な宗族集団の色彩を帯びていた。だからこそ、永新県・寧岡県の土着民出身の中共幹部にとって、袁文才は王佐以上に恨むべき存在であった。

二　「土籍の党、客籍の槍」——革命の井岡山

当時、寧岡県・永新県をはじめ、井岡山地域の中共党員は土着民が多数を占めていた。土着民は経済的に比較的裕福なため、その子弟は移住民の子弟より教育を受ける機会に恵まれていた。土着民の子弟の一部は、長沙・吉安・南昌などの都会で勉学している間に中共に参加し、故郷に帰った後農民運動に従事した。毛沢東は井岡山地域の中共組織内の宗族観念について、「社会組織はどこでも姓を同じくする同族組織である。村落内の党組織は、居住の関係から、多くは同姓の党員によって一つの細胞を作り、細胞会議は同時に同族会議のようなものである」と述べている。(17)また、中共湘贛辺界特委書記楊克敏（字開明）は、中共中央に提出した報告書のなかで、次のように述べている。(18)

以前、辺区で人夫を強制的に徴集するために党員を招集した。往々にして一村に一つの党支部があった。支部会議はまるで家族会議を開くようであった。ソビエト組織も同じであった。これは辺界工作が進展しにくい主な原因でもあった。

つまり、中共は井岡山地域で宗族勢力を借りて党の組織を拡大していたが、宗族勢力はかえって党の発展の妨げでもあった。宗族勢力を基礎とした党の組織のなかで土着民と移住民がそれぞれ占める割合については不明であるが、楊克敏の別の報告書によれば、中共寧岡県党委が管轄した四つの区のうち、三つが平地にあり、一つが山地にあった。このことから、平地の土着民が井岡山地域の中共党員の大半を占めたことが推察できる。(19)このことは、当時井岡山地域に流行していた「土籍の党、客籍の槍」という言い伝えによっても裏付けられる。

寧岡県において、最初に袁文才にエールを送った中共幹部は土着民出身の龍超清であった。江西省省議会の議長の

父親をもつ龍は裕福な家庭に生まれ育ち、学生時代に省都南昌で国民革命の影響を受けて中共に参加し、後に故郷の寧岡に戻って党の組織の発展に従事した。龍は寧岡県で「文明社」を結成し、地主の利益を代弁する地元の「新民社」と対立していた。龍は父親の影響力を利用して、袁文才の部隊を県保衛団に改編するよう県長の沈清源と地元に駐在した軍閥部隊の大隊長劉漢濤を説得した。一九二五年九月、袁は「改編は受けるが、武器は渡さない」ことを条件に改編を受け入れ、県の総保衛団団総に就任し、三十人余りの部下を率いて茅坪に進駐した。[20]

一九二六年七月、国民政府の北伐軍が湖南、江西に入ったのを機に、袁文才は龍超清の意向を受けて寧岡県で挙兵した。蜂起軍は県長を退け、寧岡県行政委員会を設立した。龍が主席、袁が農民自衛軍総指揮にそれぞれ任じた。この部隊は軍閥、「貪官汚吏」、「土豪劣紳」打倒のスローガンを掲げ、数回にわたって地主の武装勢力の攻撃を退けた。この年の末、袁文才は龍の紹介で中共に参加した。[21] 翌年、国共決裂後、袁文才は井岡山に入って土匪の生活に戻った。

井岡山地域における中共と土匪の結合について、毛沢東は前出の文章において次のように述べている。[22]

一昨年（一九二六年）と昨年の国民革命に対して、移住民はこれを歓迎し、日の目を見る時が近づいたと考えた。しかし、革命の失敗により移住民はあいかわらず土着民の圧迫を受けている。（中略）一昨年から昨年にかけて、寧岡県の土着民の革命派は移住民と結びつき、共産党の指導を受けて、土着の豪紳の政権を覆し、全県を掌握した。

龍超清と袁文才が土着民・移住民の対立を超えて結合しえたのは、地主支配の打倒という共通の目標があったからである。しかし、両者の結合によって地域社会に従来からあった土着民・移住民の対立が根本的に解消したわけではない。毛沢東が率いる紅軍が井岡山地域に進駐した後、革命政権が樹立され、その影響力も次第に拡大した。こうしたなかで、地域社会に内在する土着民と移住民の対立は次第に革命政権内部の路線闘争に形を変えた。結果的に、かつて同盟関係にあった龍と袁は反目して仇敵となった。

「秋収暴動」失敗後の一九二七年九月、毛沢東は七、八百人の紅軍部隊を率いて江西省永新県に撤退した。毛沢東は複雑な構成の農民軍隊を中共の統一指導下に置かれる正規の軍隊に改造するため、三湾村で著名な「三湾改編」を行った。これと同時に、毛沢東は井岡山を中共軍隊の活動拠点にするために、袁文才・王佐の土匪武装勢力に働きかけた。当初、袁文才は毛の部隊を警戒し、部下を率いて茅坪の山の奥に入った。毛は袁に百丁のライフルを贈り、その部隊の訓練をも手伝った。[23]また、毛沢東は袁文才を通じて王佐に接近し、王に七十丁のライフルを贈った。[24]そして、中共部隊は王佐の宿敵である地主尹道一の民団勢力を消滅させた。さらに、毛沢東は幹部何長工を王の部隊に派遣して、細かな工作を通じて王佐の疑念を解消した。[25]一九二八年二月、袁文才・王佐の部隊は紅軍第一軍第一師第二団（同年六月、紅四軍第三十二団となった）に改編され、袁・王はそれぞれ団長・副団長となった。これは井岡山が中共革命が全国に広がる「星星之火」の発祥の地になるきっかけであった。

各方面の資料を総合的に検討すれば、袁文才・王佐の部隊に対する改編、吸収のプロセスにおいて、中共寧岡県・永新県委員会の役割はごく限られたものであった。寧岡県委員会書記龍超清は当初袁文才側の代表の一員として毛沢東と接していた。[26]袁文才・王佐が最終的に毛沢東の紅軍に入ったのは、上述の中共側のきめ細かい工作のほかに、二人が毛沢東の個人的な魅力に魅せられたことも大きな要因であった。王佐は毛沢東の学問を羨み、[27]袁文才はかつて「私は毛委員（毛沢東）の命令にしか従わない」と言っていた。[28]さらに、袁文才・王佐に関する資料のなかには、いずれも次のような重要な事実が述べられていない。すなわち、一九六五年五月、数十年ぶりに井岡山を訪れた毛沢東の話によると、当時、袁文才・王佐の部隊は紅軍に改編・吸収された後も、それまでの内部構造を継承し、一定の行動の自由を保っていたのである。[29]

袁文才・王佐の土匪武装の改編が井岡山の土匪の間で大きな反响を呼び、そのことが土匪勢力の分化・統合を加速させたことは容易に推察される。多くの土匪武装勢力――その多くは移住民である――が革命軍隊に改編・吸収された結果、革命の根拠地となった井岡山は「土籍の党、客籍の槍」と言われるような新しい局面を迎えた。寧岡県の軍事を掌握した袁・王の第三十二団の兵士のほとんどは移住民の子弟であった。それに対して、中共寧岡県委員会のメンバーのほとんどは土着民であった(30)。

では、井岡山ソビエト政権が建設されるなかで、このような新しい局面は井岡山地域に内在する土着民と移住民の対立関係にどのような影響を与えたのだろうか。あるいは、土着民と移住民の対立は中共革命が井岡山地域で推進する際にどのように変化したのだろうか。前出の「袁文才・王佐の誤殺に関する報告」では、土着民と移住民の対立に関する三つの具体的な事例があげられている(31)。第一は人事権をめぐる対立である。寧岡県労農兵政府の初代主席は土着民出身の文根宗であったが、任期終了後、移住民の甘金皇が取って代わった。しかし、一ヶ月後、土着民が多数を占める県の党委員会は甘の教育レベルが低いことを理由に彼を免職した(32)。第二は「打土豪」をめぐる対立である。寧岡県農民協会は八人の大地主を闘争の対象と決めたが、そのうち、土着民が六名、移住民が二名であった。これに対して土着民の党員は不満を持っていた。第三は巽峰書院焼き討ち事件である。当時、寧岡県では土着民と移住民の溝は非常に深く、それぞれの子弟は異なった学校に通っていた(33)。巽峰書院は土着民子弟が通う学校であった。袁文才はこの書院が土豪劣紳の総本山であったことを理由にそれを焼き打ちした。このことは竜超清など土着民出身の党員らの不満を買った。

以上の三つの事件はそれぞれ異なる意味を有する。人事権争いは井岡山の土着民と移住民の間の政治的利益配分の問題に関わっている。井岡山地域において、従来県政権は土着民によって独占されたが、移住民が革命後の新しい政権に加わり、地方政治において土着民と対等に振る舞うようになった。土着民の幹部に比べて、移住民出身の幹部は教育のレベルが低く、指導者としての資質を欠いていたが、土着民と移住民の利益配分の問題が微妙に絡んでいるため、移住民出身の幹部を罷免することは、土着民・移住民の間の溝を深めることにつながりかねない。周知のように、「土豪を打倒する」という方法はソビエト革命が貧しい民衆を動員する最も有効な手段であった。前述のように、井岡山地域は従来から土着民が比較的豊かで、移住民のなかに貧困者が比較的に多かった。このことから、地主の多数を占めたのは土着民であった。革命が始まった後、彼らは当然農民協会が打倒しようとする対象になる。しかし、「土豪を打倒する」という農民協会の行動に対して、土着民の心境は複雑なものであった。最も象徴的な出来事は書院の焼き討ち事件であった。土着民からすれば、袁文才による書院焼き討ちは土着民の文化的シンボルを取り壊すものであった。このように、革命の観点からすれば、三つの事件にはそれぞれ理由があった。しかし、事件の背後には宗族間の対立だけではなく、異なる宗族がこの事件を通じて、単なる階級や革命利益という観点からではなく、地域社会における従来の利益関係という観点から革命闘争を理解していた。

ところで三つの事件がいずれも一九二八年に発生したのは偶然ではなかった。これらの事件は、井岡山の革命が進むにつれて井岡山地域の異なる宗族同士の対立が深まり、軍隊の主導権を掌握した「客籍」が優勢を占め、党の主導権を掌握した「土籍」が不利な地位に置かれていったことを背景としていた。土着民出身の中共幹部たちにとって、これは喜ばしいことではなかった。彼らは兵権を握る「客籍」に対する鬱憤を晴らす日を待っていた。一九二九年一月、遙かモスクワで開催された中共「六大」（第六回代表大会）の決議文が辺鄙な井岡山に伝わり、井岡山の土着出身の党幹部が兵権を掌握する移住民に報復する根拠となった。この「六大」の決議文が、やがて袁文才・王佐の死亡判決書となった。

三　イデオロギー闘争と土客対立——袁文才・王佐の死をめぐって

「六大」決議文が井岡山に伝えられた時、井岡山革命根拠地の中共幹部、紅軍はどのような反応を示したのだろうか。まず、当時井岡山地域に駐在した紅軍の構成を見てみよう。この時期、井岡山地域の紅軍は①「秋収暴動」の部隊を改編した毛沢東の部隊、②朱徳、陳毅の部隊、③袁文才・王佐が率いた在地の土匪勢力を改編した部隊、④一九二八年一二月に湖南省の平江・瀏陽から井岡山に入った彭徳懐、滕代遠の紅五軍、という四つの部隊から成っていた。改編後の袁・王の部隊は一九二八年四月に朱徳、陳毅の部隊と合流した。その結果、①②③が紅四軍と称されることとなった。一方、紅五軍が井岡山に入った後、物資供給をめぐって他の各紅軍部隊との間にトラブルが生じた。前掲の毛沢東の回顧談によれば、「(井岡)山の上に人が多くて、食糧と居住はいずれも困難であった。(中略)紅軍内部のトラブルも増えた」という[34]。

モスクワから「六大」の決議文が井岡山に伝えられた後、土匪の経歴をもつ袁文才と王佐は真っ先にその矢面に立たされた。中共中央の指示をめぐって、井岡山の紅軍指導者の間で意見の対立が生じた。紅五軍、中共永新県、寧岡県委員会がただちに袁・王を除去すべきであると主張したのに対して、紅四軍の毛沢東は、袁文才・王佐はともに共産党員であり、しかも中共の井岡山根拠地の建設に大いに貢献した人物であるため、彼らを殺すべきではないと考えた。一九二九年一月四日、紅四軍、紅五軍の幹部と中共寧岡県・永新県委員会との連合会議が開かれ、出席した毛沢東、朱徳、陳毅、彭徳懐、譚震林、陳正人、永新県委員会書記王懐、寧岡県委員会書記龍超清の間で、袁・王の処分について激しく議論した。後に、陳正人は「王懐と龍超清は袁・王の宿敵であって、二人を処刑すべしと強く主張した」と述べている[35]。前述の龍超清と袁・王の対立からこの時の龍の態度を想像することは難しくない。また、滕代遠の報告によれば、紅軍の主要責任者は袁・王をただちに処刑すべきであると主張したが、毛沢東の説得により、袁文才・王佐に対する寛容な意見が多数を占めた[36]。つまり、「主要責任者」彭徳懐も龍超清と同じ意見であったことが分かる。興味深いことに、袁文才・王佐の処分に関する彭徳懐の態度については、ほとんどの調査資料や回想文が意図的に言及を避けている[37]。

毛沢東のこうした意見は、ソビエト革命の特殊性に関する彼の理解に基づいたものである。井岡山革命根拠地の建設に当たって、袁文才が毛沢東に感服したのと同様に、毛沢東も「客籍」の袁文才を高く評価していた。一九二九年二月、毛沢東は紅四軍の主力部隊を率いて井岡山を離れる際に、わざわざ袁文才を呼び出して、袁に対し、参謀長に任命するから主力部隊と同行するよう言った。これに対して、毛沢東は王佐の三十二団は井岡山に残し、彭徳懐部隊とともに留守をするよう命じた。こうした決定から「客籍」の袁文才を守ろうとする毛沢東の意図がうかがえる。しかし、紅四軍の部隊が湖南省南部に到達する前に、袁文才は「六大」の決議文の内容を知り、ショックを受けた。これをきっかけに、もともと故郷を離れることをためらっていた彼は革命に対して疑念を持つようになった。彼は密かに部隊を離れて井岡山に戻った。それを知った何長工は、王佐とともに紅軍に戻るよう袁文才を説得した。これを受けて、袁文才は再び王佐と一緒に三十二団を指揮するようになった。

この時、死神はすでに袁文才と王佐に近づいていた。朱徳、毛沢東の部隊が井岡山を離れた後、井岡山の革命情勢は根本的に変化した。中共寧岡県委員会と永新県委員会、彭徳懐が率いる紅五軍、および中共中央が派遣した視察員彭清泉が共謀して、袁文才・王佐殺害の計画を練った。

一九二九年二月二五日、前出の楊克敏は、袁文才・王佐が土匪の出身でかつ「非常に狡猾で」、「濃厚な小ブルジョワ的階級意識を持っている」ことを理由に、一刻も早く二人を殺害すべきであると主張した。われわれと彼らとの利益衝突は、いずれは爆発するだろう。早めに彼らの一派を刈り取らないと、現在の工作に支障が出るだけではなく、われわれの前途にとっても非常に危険である。（中略）急いで土匪の首領を解決する（殺す）ことは辺区における最も緊急な課題である。[38]

同年五月～八月の間、湘贛辺区特別委員会書記鄧乾元は土匪について次のように述べている。[39]土匪は辺区を脅かす最大の勢力である。辺区の政権はもともと土匪との連合政権であり、真の意味での共産党指導下の政権ではなかった。現在、土匪の問題が次第に深刻になり、袁・王はわれわれに対して深い恨みを持っている。袁はわれわれから離れる傾向がある。王の影響を受けて、袁とわれわれとの関係は悪くなる一方である。従来の土匪懐柔の政策はもはや適切ではなくなった。

彭徳懐は一時期袁・王を殺すべきではないという毛沢東の意見に従ったとはいえ、それに賛成したわけではなかった。毛沢東は後にこう語った。「われわれの軍隊内部も一丸ではなく、派閥が存在していた。（中略）井岡山時代にも紛争があった[40]」。これは彭徳懐のことを指すものと見られる。一方、彭徳懐は後に書いた回想録において、袁文才・王佐殺害の責任をすべて当時の湘贛辺区特別委員会書記朱昌偕、秘書長陳正人に帰している。[41]だが、袁文才・王佐が襲撃を受けた一九三〇年二月二三日当日の状況からみれば、袁文才・王佐に対する処分の最終決定権は疑いなく当時の紅五軍軍長彭徳懐にあった。

ところで、袁・王の殺害に当たって、中共永新県・寧岡県委員会の土着出身の幹部たちはきわめて重要な役割を果たした。陳正人によれば、袁文才は個性が強く、寧岡県委員会の書記龍超清と永新県委員会の書記王懐のことを見下していた。そのため、彼らの間には意見の対立があった。[42]当時のもう一人の幹部陳伯鈞は後に次のように証言している。[43]

寧岡の土客籍の間の争いは非常に激しく、土籍は客籍を山の麓にまで追い払った。土籍にも一部進歩的な人がいた。たとえば県委員会の書記龍超清、団委員会の書記蕭子南はこのような傾向に断固として立ち向かった。袁文才が武装を掌握した後、彼らは袁文才に対して少し不信感を持った。彼らの間の闘争は旧社会の余波である。以上の話を裏づけるものとして、袁・王殺害を主張した中共贛西南特別委員会の幹部劉作撫も、この事件にはやや客籍人排除の色彩があると認めている。[44]

袁文才・王佐の死後、紅五軍は彼らの部下の兵士たちに一人五元ずつ金を配り、その部隊を解散、再編した。[45]しかし、まもなく、袁・王の死の真相を知った袁・王の部下は再び結集した。袁文才の部下謝角銘は保衛団を結成し、国民党側に投じて、共産党の部隊と激しく戦うようになった。[46]王佐の弟が率いる土匪武装は、王佐が殺害された後井岡山を占領した。一九三二年七月、中共湘贛省委員会の報告書には次の一節がある。[47]

寧岡で大隴、柏路、礱市の三つの区に革命委員会が新たに設立された。井岡山の山奥に隠れていた袁・王の残部はしばしばやみ夜のなかに現れて、略奪したり人を捕まえたりして騒がしていた。数回山を捜査したが、（彼らは）その気配を感じると逃げてしまったため、あまり効果がなかった。寧岡県の党は不健全で、群衆を味方にする工作は非常に不十分であった。一部の群衆は紅（軍）が来れば紅（軍）に投じ、白（軍）がくれば白（軍）に投じるという態度を持っていた。党は反革命の陰謀をあばき、群衆を動員して戦うことができなかった。

中国の共産主義革命を育んだ井岡山の「星星之火」は、やがて国民党部隊に投降した袁文才、王佐の残部と中共のソビエト政権との対立のなかで消えていった。

むすび

本章では、第六章に続いて、中共の革命を中国社会の複雑なローカルなコンテクストのなかに位置づけ、社会史の視点から理解・解釈することを試みた。本章で取り上げた土匪出身の中共党員、紅軍将校袁文才・王佐が中共の手によって殺害された事件は、単なる中共党内のイデオロギー闘争という視点から説明することは困難である。井岡山地域社会に従来存在した異なる社会勢力の対立——土着民と移住民との対立——は二人の死に深い影を落とした。革命を地域社会、すなわち井岡山革命根拠地の具体的な状況のなかで考察することは、中国革命に関する以下の二つの重要なポイントを示唆してくれた。すなわち、第一に、革命と地域社会との関係について。井岡山ソビエト革命根拠地は中共が行った最初の武装闘争の試みであった。その試みは最終的に失敗に終わったとはいえ、後の中共革命の貴重な遺産となった。従来、井岡山時期の中共革命の歴史、そして中共革命の歴史そのものを党内の「左」「右」二つのイデオロギーの対立から理解・解釈する傾向があった。しかし、革命をローカルなコンテクストのなかに還元して考察すれば、けっして単一のモデルで革命を説明することができないことが明らかである。井岡山で起きた袁文才、王佐殺害事件をめぐるイデオロギー闘争と地域社会に内在する対立関係はその恰好の事例であろう。

第二に、「革命階級」という概念の曖昧さについて。ローカルなコンテクストのなかで革命を考察した結果、革命「階級」と反革命「階級」の間の境界線が曖昧であるという問題が提起される。たとえば、ルンペン・プロレタリアートが革命の階級になれるかどうかという問題をめぐって、中共の認識は必ずしも一貫したものではなかった。経済的状況からすれば、ルンペン・プロレタリアートは搾取される階級に分類されるべきで、当然革命性を有する。しかし、その一方で、「階級」というイデオロギー装置に入れられた人々の革命に対する態度は必ずしも一様ではない。そのうち、革命勢力に加わった者もあれば、反革命勢力の一員になった者もある。そのため、土匪・ルンペン・プロレタリアートの問題をめぐって、中共の政策は往々にしてイデオロギーと現実の間で揺れ動いていた。

井岡山の「星星之火」は党内のイデオロギー闘争と地域社会に内在する対立のなかで消えたが、中共革命が陝北、華北、華中地域に推進するにつれて、井岡山革命の歴史的経験は時に繰り返されてゆくことになる。

注

（1）中共江西省寧岡県委党史資料征集領導小組辦公室「関於錯殺袁文才・王佐的調査報告」、中共中央委党史資料征集委員会征集研究室編『中共党史資料専題研究集』（第二次国内革命戦争時期）二、中共党史資料出版社、一九八八年、二二三頁。

（2）「贛西南特委通告」（一九三〇年四月九日）、江西省檔案館・中共江西省委党校党史教研室選編『中央革命根拠地資料選編』（中冊）、江西人民出版社、一九八二年、一九一頁。

（3）「紅五軍滕代遠報告」、上海、一九三〇年四月二七日。

（4）中国で出版されたもののうち注目すべき研究は以下の三冊である。(1)張侠・李海量『湘贛辺秋収起義研究』、江西人民出版社、一九八七年。(2)余伯流・夏道漢『井岡山革命根拠地研究』、江西人民出版社、一九八七年。(3)黄仲芳・李春祥『王佐将軍伝』、解放軍出版社、一九九一年。

日本人学者の研究は次の二つである。(1)宍戸寛『中国紅軍史』、河出書房新社、一九七〇年。この著者の使用する資料は古いが、滕代遠の報告を用いていることは注目すべきである。(2)今井駿「土匪と革命——王佐小伝」、『人文論集・静岡大学人文学部社会学科・言語文化学科研究報告』四十五〜一、一九九四年七月。これは黄仲芳・李春祥の『王佐将軍伝』をベースにした袁文才・王佐の伝記である。欧米の研究としては、次の二つは代表的なものである。Phil Billingsley, *Bandits in Republican China*, Stanford: Stanford University Press, 1988, pp.258-259.（フィル・ビリングズリー『匪賊——近代中国の辺境と中央』、山田潤訳、筑摩書房、一九九四年、三三七―三三八頁）。Gregor Benton, Mountain Fires: *The Red Army's The Three-Year War in South China*, 1934-1938, Berkeley: University Of California Press, 1992. p.383. しかし、これらの二つの研究は袁、王事件の背後にある井岡山地域の複雑な対立を看過している。

（5）前掲「関於錯殺袁文才・王佐的調査報告」、前掲『中共党史資料専題研究集』（第二次国内革命戦争時期）二、二二九―二三三頁。

（6）毛沢東「井岡山前委対中央的報告」、竹内実監修『毛沢東集』二、北望社、一九七一年、四六頁。

（7）同右、五四―五五頁。

（8）「永除井岡匪患之設計」、『上海民国日報』一九二九年二月二五日。

（9）石鑑「寧岡歴年来惨遭棄禍之真相」（一）、『江西民国日報』一九三一年八月三〇日。

（10）同右。

（11）以下、袁文才・王佐に関する記述は基本的に中共側の資料に基づくものであるが、国民党側の『江西民国日報』に掲載されている二つの記事も参考した。⑴退隠者叙「寧岡匪共蹂躪記」、『江西民国日報』一九三一年八月一五日、八月一六日、八月一七日。⑵石鑑「寧岡歴年来惨遭棄禍之真相」、『江西民国日報』一九三一年八月三〇日、八月三一日、九月一日。

（12）陳培均・呉直雄「袁文才」、中共党史人物研究会編『中共党史人物伝』第二巻、陝西人民出版社、一九八一年、二八五―二八七頁。李春祥「袁文才」、星火燎原編輯部編『解放軍将領伝』第六集、解放軍出版社、一九八八年、四五七―四六〇頁。

（13）黄仲芳・李春祥前掲書、二一―三三頁。従来王佐の家が土着民か移住民かについては二つの説がある。王佐・袁文才部隊の中共党代表何長工は、王佐の家が土着民であったと述べた（何長工『難忘歳月』、人民出版社、一九八六年、五三頁）一方、王佐と面識のあるもう一人の中共幹部、遂川県出身の陳正人は、王佐の家が移住民であったと記している（陳正人「毛沢東同志創建井岡山革命根拠地的偉大実践」、『江西文史資料』第一輯、江西人民出版社、一九八〇年、三七頁）。また、王佐の原籍は安福県金田村で、祖父の代から移住してきた、という説もある。呉直雄・郭徳宏「王佐伝略」、『革命資料』十一、党史資料出版社、一九八三年、一三二頁。

（14）劉暁農・陳培均・宋俊生「王佐」、前掲『中共党史人物伝』第七巻、陝西人民出版社、一九八三年。黄仲祥・李春祥前掲書を参照。
（15）前掲「王佐」、前掲『中共党史人物伝』第七巻、一七一—一七三頁。黄仲芳「王佐」、前掲『解放軍将領伝』第五集、解放軍出版社、一九八七年、一—七頁。
（16）黄仲芳・李春祥前掲書、九一—九二頁。
（17）毛沢東前掲文、五五頁。
（18）楊克敏「関於湘贛蘇区情况的綜合報告」（一九二九年二月二五日）、前掲『中央革命根拠地史料選編』、一四頁。
（19）同右、四四頁。
（20）李春祥前掲「袁文才」、前掲『中共党史資料専題研究集』（第二次国内革命戦争時期）二、四六〇—四六二頁。前掲陳培均・呉直雄「袁文才」、同書、二八八—二八九頁。退隠者叙「寧岡匪共蹂躪記」（一）、『江西民国日報』一九三一年八月一五日。
（21）李春祥前掲「袁文才」、前掲『中共党史資料専題研究集』（第二次国内革命戦争時期）二、四六三頁。「熊寿祺談関於袁文才・王佐的情況」（一九六〇年一二月、黄有益他整理）、陝西省檔案館所蔵。
（22）毛沢東「井岡山的闘争」、前掲『毛沢東集』二、一一八頁。
（23）李春祥前掲「袁文才」、前掲『中共党史資料専題研究集』（第二次国内革命戦争時期）二、四六九—四七〇頁。陳培均、呉直雄前掲「袁文才」、同書、二九五頁。
（24）黄仲芳前掲「王佐」、前掲『中共党史資料専題研究集』（第二次国内革命戦争時期）二、九頁。
（25）何長工前掲書、五七—五八頁、六一頁。
（26）李春祥前掲「袁文才」、同書、四六八頁。陳培均、呉直雄前掲「袁文才」、前掲『中共党史資料専題研究集』（第二次国内革命戦争時期）二、二九四頁。
（27）何長工前掲書、五九頁。
（28）前掲「関於錯殺袁文才・王佐的調査報告」、前掲『中共党史資料専題研究集』（第二次国内革命戦争時期）二、一三二頁。

(29)『汪東興日記』、中国社会科学出版社、一九九三年、二二〇頁、二二七頁。
(30)前掲「関於錯殺袁文才、王佐的調査報告」、前掲『中共党史資料専題研究集』（第二次国内革命戦争時期）二、二三〇頁。
(31)同右、二三〇―二三一頁。
(32)余伯流、陳鋼『喋血井岡山――毛沢東的崛起』、中国人事出版社、一九九三年、一〇三頁。
(33)陳正人前掲文、四九頁。
(34)汪東興前掲書、二二一頁。
(35)陳正人前掲文、三九頁。
(36)前掲「紅五軍滕代遠報告」。
(37)彭徳懐は失脚後書いた回想録のなかで、袁文才・王佐処分に関する当時の自らの立場については触れていない（『彭徳懐自述』、人民出版社、一九八一年、一一五頁）。
(38)前掲『中央革命根拠地史料選編』上冊、五〇―五一頁。江西省檔案館編『井岡山革命根拠地史料選編』、江西人民出版社、一九八六年、一四〇―一四一頁。
(39)前掲『井岡山革命根拠地史料選編』、一六一頁。
(40)汪東興前掲書、二三二頁。
(41)前掲『彭徳懐自述』、一四四頁。
(42)陳正人前掲文、三八頁。
(43)張侠・李海量前掲書、二八七頁。
(44)「贛西南劉作撫同志給中央的総合性報告」（一九三〇年七月二二日）、前掲『中央革命根拠地史料選編』上冊、二二八頁。
(45)前掲「紅五軍滕代遠報告」。
(46)退隠者叙「寧岡匪共蹂躪記」(三)、『江西民国日報』一九三一年八月一七日。丁国屏修・陳家駿纂『寧岡県志』、「後志」巻一、一九三七年、成文出版社影印本、一九七五年、七〇〇頁、七〇五頁。

（47）「中共湘贛省委関於三個月工作競賽条約給中央局的総報告」（一九三二年七月一七日）、前掲『湘贛革命根拠地』（下）、三三一五頁。

第八章　陝北高原の「赤い星」——革命、哥老会と地域社会

はじめに

一九三五年一〇月、毛沢東が率いる中央紅軍は国民党軍隊の幾重もの包囲を突破し、「長征」を終えて陝西省北部に到達すると、陝北高原で革命根拠地の建設を始めた。その八ヶ月後の一九三六年八月二六日、共産党の呼びかけで八十名の哥老会メンバーが出席する山堂大会が陝甘（陝西、甘粛の省境地域）根拠地の河連湾で開かれた。この大会では、哥老会が共産党の指導の下で抗日を行うなど十ヵ条の綱領が打ち出された[1]。会議は、一〇月一五日に陝甘根拠地志丹県の馬頭山でさらに大規模な哥老会大会を開催することを宣言した。八月の哥老会大会の開催は、共産党支配地域（「蘇区」と呼ばれる）と国民党支配地域（「白区」と呼ばれる）で大きな波紋を呼び、中共内部においても論議を醸した。

中共はなぜ秘密結社である哥老会のメンバーを集めて山堂大会を開いたのか。哥老会は陝北における革命根拠地建設にあたってどのような地位を占めていたのか。これらの問題を解明することは、中央紅軍が陝北に到達する以前の陝北革命の歴史や毛沢東の「延安革命」の社会的背景を理解するうえで重要な意味がある。

　中共の延安革命に関する先行研究の中でも、早期の陝北革命と哥老会・土匪との関係は早い時期から研究者たちの関心を集めてきた[2]。例えば邵雍は共産党の哥老会工作の歴史に関する研究のなかで、本論冒頭に述べた一九三六年の哥老会大会について言及している[3]。その後、筆者は哥老会大会を中心に中共の革命言説と地域社会との関係について考察した博士論文を（一九九九年に）発表した[4]。ちょうどその頃韓国人研究者朴尚洙が陝北、寧夏地域の県レベルの檔案館で豊富な資料を収集しており、二〇〇五年に一九三〇～一九四〇年代の陝甘寧根拠地の革命と秘密結社との関係に関する論文を発表した。その中で朴は、中共が哥老会大会を開催したのは哥老会を「政治化」しようとしたからであると指摘している[5]。哥老会大会に関するこれらの研究では基本的に同じ資料が使われているが、中共の哥老会政策の転換のプロセスに関する認識は必ずしも一致していない。哥老会大会について、邵雍、朴尚洙両氏はいずれも中共による哥老会動員の側面に注目し、哥老会大会開催前後の中共内部の動きには十分な注意を払っていない。そのため、後に述べるように、哥老会大会の背後に隠された中共党内のイデオロギー闘争と地域革命との複雑な関係、哥老会の「政治化」の背後に隠された中共自身の「土着化」の問題が見逃されている。

　以下、本章では、陝甘地域社会の様相と中央紅軍が陝北に到達する以前のこの地域の革命との関係について概観した上で、中共による哥老会動員のイデオロギー的動機と地域戦略、および哥老会工作をめぐる中共の政策転換の背後にあるイデオロギーと現実との齟齬について分析する。最後に、根拠地における中共による哥老会統合のプロセスについて考察したい。

一　陝甘地域社会と革命

陝甘地域の共産主義革命の歴史を語る時、劉志丹、謝子長などの革命家と土匪・哥老会との関係は避けて通れない問題である。井岡山革命を扱う第七章で指摘したように、革命は地域社会の具体的な状況と密接に関連しているため、地域社会の特徴は共産党の革命推進のプロセスに色濃く反映される。この点に関して、本章で扱う陝北地域の革命も例外ではない。陝西の地域社会との密接な関わりがなければ、劉志丹、謝子長は早期陝北革命の代表者にはなれなかったであろう。以下は劉志丹、謝子長の経歴である。(6)

劉志丹（一九〇三～一九三六）は陝西省北部に位置する保安県のある裕福な家に生まれ、一九二二年に陝北連合県立楡林中学校に入学した。楡林中学校の校長は著名な愛国者杜斌丞であった。(7)在学中、劉志丹は教師魏野疇、李子洲（いずれも共産党員）を通じて革命の理論に接し、李が設立した社会主義青年団に入った。一九二五年、劉志丹は広東の黄埔軍校に入った。翌年、劉志丹は馮玉祥の依頼で共産党の代表として国民連合軍第四路軍の馬鴻逵の部隊に入り、政治処処長となった。一九二七年春、劉は馮玉祥の代理で陝西省と河南省の隣接地域で軍閥劉鎮華の部隊を改編した。これが翌年五月に劉が「渭華蜂起」を策動するきっかけとなった。

謝子長（一八九七～一九三五）は保安県北部に位置する安定県の裕福な家に生まれ、一九一九年に陝西省立第一中学校に入り、翌年に楡林中学校に転入学した。一九二二年、謝は小学校を創設するために故郷に帰ったが成功しなかった。同年秋、謝は閻錫山が山西省太原で設立した「太原学兵団」に入った。一九二四年、謝は安定県に戻って民団を設立し、自ら民団の頭領（「団総」）となった。翌年、謝は北京で中国共産党に入り、同年末に故郷に戻り、引き続き民団を指揮した。その後、安定県の共産党員李象九の紹介で、謝の率いる民団は軍閥井岳秀の部下である石謙の部隊に編入された。石謙の部隊には多くの革命者がおり、このことが謝の一九二七年一〇月の「清澗蜂起」の基礎となった。

中共が武装闘争を開始した一九二七年一〇月、謝子長は陝北の清澗県で井岳秀に反旗を翻し、「西北工農革命軍遊撃隊」を設立したが、翌年一月には敗北した。一九二八年五月、劉志丹らが陝西と河南が隣接する渭華県で武装蜂起し、「西北工農革命軍」を設立したが、これもまもなく失敗に終わった。その後、劉志丹は保安県に戻り、民団の団総となった。(8) 一九二九〜一九三一年の間、劉志丹、謝子長は陝西、甘粛省境の軍閥部隊の内部でクーデターを数回行ったがいずれも失敗した。劉志丹の伝記の著者は、「これらの蜂起の多くは単なるクーデターに過ぎず、農民運動と結合していなかった」と指摘している。(9) 一九三一年末以降、劉、謝は部隊を率いて陝西、甘粛の省境地域に入ってゲリラ戦を始めた。これをきっかけに、彼らは地元の土匪勢力と直接関わるようになった。

陝北地域の土匪は主に破産した農民からなる組織である。南京国民政府行政院農村復興委員会が一九三三年に陝西省の渭南・鳳翔・綏徳の三県で行った調査によれば、いずれも貧農が三県の人口の大多数を占める一方、地主は極めて少なく、しかも日に日に減少している。貧農のなかでも、綏徳県の小作人の比率が最も高く、約半数を占めていた。渭南県と鳳翔県では貧農の人数は（綏徳県に比べて）少ないが、その人数は急速に増加していた。(10) 三県に関する調査からは、連年の自然災害のほか、重い捐税負担が貧困の直接的な原因であることが分かる。(11)「陝西各県では捐税を支払えないために、小役人や保衛団に身柄を拘束されるのは、少しも珍しいことではなかった」のである。(12) この調査は三つの県を対象としたものではあるが、これを通じて一九二〇〜一九三〇年代の陝西農村の貧困状態を垣間見ることができる。(13) 陝西省では、自然災害や官吏、軍隊の搾取に耐えられず、土匪になる者が多数おり、解散した軍隊の兵士が土匪に加わるケースもまれではなかった[14]。

一九二七年秋、武装蜂起に関する中共中央の指示が陝西省に伝わると、中共陝西省委員会は陝西省農村の状況を次のように分析している。すなわち、「農村経済の破綻はすでに収拾のつかない状態である。ただし、(陝西省は)辺鄙なところに位置するため、戦争の渦に巻き込まれていない。地方の治安状況は比較的よく、陝北人はもとより気の弱い性質で、反抗精神に欠けている。したがって、革命の意欲は甚だ弱い[15]」。また、「西北は交通が不便で文化が後れているため、農民も比較的立ち後れている。その大部分は反抗の精神に欠けている。陝西の北部と西部は特にそうである。民間にこういう言い回しが伝わっている。『安穏に暮らすことさえできれば、重捐雑税でもかまわない[16]』」。こうした状況に鑑み、中共陝西省委員会は陝西省で武装蜂起を起こすには、時期がまだ熟していないと主張した。

劉志丹、謝子長がゲリラ闘争を行った陝西・甘粛が隣接する地域は、北は定辺県、南は淳化県、耀県の橋山山脈までの地域である。華北農村の一部と同様に、この地域の村落は「高度に分化されかつ分散化した」状態にあり[17]、軍閥・土匪が身を隠す場所であった。劉志丹はかつて次のように述べている。「土匪でさえここではのさばることができる。軍閥は、これはどうしようもない。われわれ共産党がここで革命を行えないことがあろうか[18]」。実際、土匪と共産党軍隊の活動地域はほぼ重なっていた。このことは国民党軍隊の「剿匪」報告にも表されている。謝子長、劉志丹が率いる紅軍が活動していた一九三二年の陝西・甘粛省境の寧県・合水県では、土匪・兵匪武装勢力の活動も盛んであった[19]。一九三二年八月現在、甘粛省寧県には四つの土匪勢力があった。千人以上の土匪勢力が三つ、三百人以上の土匪勢力が一つであったが、これに対して共産党の軍隊は七百人あまりであった。同年八月、謝子長、劉志丹などの軍隊が寧県に入り、「道中財物を略奪し、赤化(共産主義)を宣伝している」ことが報告されている。また、国民党側のスパイの報告によれば、謝子長部隊は自動機関銃三、四丁、手動式機関銃五、六丁、ブローニング自動拳銃二、三十丁を擁し、弾薬も十分持っていた。[20] 謝子長、劉志丹の紅軍は寧県県城を襲撃した後、ただちに撤退した。九月、百人あまりの別の共産党部隊が陝西省から寧県北部に入り、「当地の民団を破り、行く先々で騒ぎを起こした」という。[21]

共産党軍隊と土匪との関係について、共産党側の資料によれば、慶陽・安塞・合水などの大部分の共産党ゲリラ部隊は土匪・流民によって成り立った。[22] 国民党側の資料では、陝西・甘粛地域で活動した劉志丹・謝子長は地元の土匪・哥老会と手を組んで活動したとされている。[23] また、セルデン（M. Selden）は劉志丹などの若い革命家の行動には「土匪の下位文化（bandit subculture）」が浸透していたと述べた。[24] 早期の共産党と土匪・哥老会との関係について、エシェリック（周錫瑞）は土匪が共産党勢力の拡大に大きな役割を果たしたと指摘し、ほかの地域と同様に、陝西地域早期の革命の歴史は、革命思想を持つ知識人と農村社会の「境界人」が結合した産物である、としている。また、共産党の行動方式には土匪の習慣と特徴が色濃く残されていることをも指摘している。[25]

このように、これまで多くの研究者は土匪と哥老会を同等に扱ってきた。しかし筆者は、確かに土匪集団も哥老会のように義兄弟の契りを結ぶが、略奪を目的とする武装集団たる土匪を、人間関係のネットワークを擁し地域社会と密接な関係を持つ哥老会と決して同等に扱うべきではないと考える。一部の地域では、哥老会に入ることは恥ずかしいことではなかった。つまり、哥老会は「下位文化」（subculture）ではなく、地方文化（local culture）であった。たとえば、保安県永寧山の「大爺」馬錫五は教師の経歴があったため、地元では一定の威信があった。そのため、劉志丹が陝北で革命活動を行った際に、馬と哥老会のネットワークは大きな役割を果たし、二百人の哥老会メンバーが革命に参加した。[26]

日中戦争期に、駐包頭日本軍特務機関の西村透は、「西北漢回軍ノ百分ノ九十、民衆中百分ノ七十八哥老会会員デアルトシタラ、此ノ問題ノ哥老会工作ガ如何ニ重要ナルカヲ窺ウ事ガ出来ト思ウ」と述べている。[27] これは明らかに誇張した記述だと思われるが、一部の地域や集団に関しては当時の状況を反映していると言える。一九三六年、国民党軍隊に対する工作活動を担当する中共西北局「白軍工作処」の鄧穎超の調査報告によると、陝西省の保安・合水・固原地域には、威武山・辛亥山などの哥老会が存在し、保安から合水一帯には三十あまりの「龍頭」がいた。環県・合水県の民衆は十人に九人が哥老会に参加し、国民党軍隊の高双城、馬鴻賓の部隊の兵士もほとんど哥老会のメンバーであった[28]。

鄧穎超によれば、陝甘地域の哥老会は魏・徳・福・起・宣・松・柏・一・枝・青という十の堂（「輩」ともいう）に分かれていた。そのうち、「西派」とも呼ばれる魏の輩分が最も高位であった。徳は魏より下の輩分で、東派とも呼ばれる（以下類推）。それぞれの堂には上、下それぞれ八つの歩（すなわち八人の兄弟）があり、「上八歩」は乾・坤・坎・艮・震・巽・離・兌、「下八歩」は孝・弟・総・信・礼・義・廉・恥に分かれる。それぞれの山堂には山主と副山主がいる。哥老会のなかでも名声の高い人物が山堂を開くことができ、山堂を開いた人は「龍頭」と呼ばれる。哥老会に加入するためには、恩・臣・保・引の四人の義兄弟の紹介が必要になる。「哥老会のなかの人間同士が初対面の時でも、その人の身分を証明するものを見せれば、互いに家族兄弟のように親しくなり、助け合うようになる」という[29]。このような義兄弟関係のネットワークをもつ哥老会は、陝甘地域に対して影響力を持つ社会組織となった。また、「合水・保安一帯では、子供や女性も哥老会に入っている」と言われるほど[30]、哥老会は地域社会と密接な関わりがあった。「哥老会のなかに農民は少数で、ちんぴらや土匪が多数を占める。しかし、農民と哥老会はとてもよい関係にあった。哥老会は自分の村を略奪しないだけではなく、それを守っている」とも言われていた[31]。

このような哥老会の形態は、当然、陝北地域で革命運動を行おうとする早期の共産党員たちの関心を引いた。劉志丹、謝子長を始めとするこの地域の共産党幹部は哥老会と何らかの関係を持っており、哥老会のメンバーも一部にはいた。劉志丹と謝子長がかつて哥老会に参加していたことは広く知られることである。一九二八年、劉志丹は渭華蜂起失敗後故郷の保安県に戻り、陜甘地域で活動していた哥老会の首領（「金鼎大爺」）馬錫五と知り合いになり、馬の紹介で馬海旺を「龍頭大爺」とする哥老会山堂に入り、「行義智大爺」（哥老会下八歩「孝字輩」に属する）と名づけられた。劉志丹は三百人以上の人を哥老会に紹介し、哥老会を革命の拠点とした[32]。志丹県の哥老会「龍頭」羅連臣、馬海旺は、劉の部隊に対して食料の運搬、武器の調達および負傷兵士の保護などを行っている[33]。

中共革命が陜甘地域で展開されるなかで、義兄弟の契りを結ぶという哥老会の儀式は人間関係の強化に役立った。一九三一年末、幾つかの地方武装勢力（山西省西部から陜西省に入った閻紅彦、楊重遠などが率いる武装勢力、楊鼎、師儲傑が率いる地方武装勢力、および劉志丹が招集した武装勢力）を改編してできた紅軍部隊を強化するため、師儲傑、楊祺、楊重遠、謝子長、劉宝堂、劉志丹、馬雲沢、閻紅彦の八人は年齢順に義兄弟の契りを結んでいる[34]。

一方、林立する山堂が互いに独立し、利益が交錯する哥老会組織の内部では、しばしば衝突が生じることもあった。前出の鄧顕超の報告は、中共が陜北の一部の地域で哥老会メンバーを殺害したことに言及している。それによれば、第二十六軍は陜北のある地域に入った時、地元の哥老会組織と衝突を起こした。そのため「特に陜北哥老会の人たちは私たちに対して懐疑的であり、今でもわれわれに接近するのを恐れている。中にはわれわれに対して恨みを持っている人々もいた」のである[35]。

一九八六年、中共幹部李立森は若い時自らが加わった陜北地域の革命の状況について、次のように振り返っている[36]。

一九二二年、すでに青年になった私は周囲の人々の影響を受けて哥老会に入った。努力の結果、私はまもなく哥老会のなかで名声を高め、各方面の哥老会メンバーと知り合った。一九三四年春、私は張廷芝の連隊に入った。その間、私は何人かの共産党員と知り合った。その年、私は共産党の協力を得て連隊の一部の同志たちと一緒に武装蜂起し、紅軍に参加して革命の道を歩み始めた。一九三五年、私は中国共産党に参加した。後に私は赤源県ソビエト政府の保衛局につとめた。なぜなら、当時哥老会大爺の身分を利用して治安工作を行うのはたいへん効果的であったからである。当時陝北には多くの哥老会があった。なかには哥老会の名前を利用して地方の有力者となった者もいれば、土匪・盗賊になった者、紅軍や遊撃隊に参加した者、蘇区で仕事をした者、国民党の官僚や兵士になった者もいた。つまり、哥老会内部はきわめて複雑であり、ちょっと油断すると、命を落とす危険があった。

李のこうした経験は陝北早期革命における哥老会ネットワークの役割の大きさを物語っている。特に「哥老会の内部はきわめて複雑であり、ちょっと油断すると、命を落とす危険があった」という一節からは、哥老会ネットワークは革命活動の展開に有利に働いた一方で、哥老会組織が互いに支配したり従属したりせず、それぞれに利害関係があったため、哥老会ネットワークが場合によっては革命活動を妨げることもあったことが分かる。

この点については、筆者が東洋文庫で閲覧した「陝北共産党発展的概況」と題した手書きの資料に、当時の状況がリアルに反映されている。それによると、一九三二年、早期革命家の一人高朗亭が政治委員をつとめた部隊が、銃五十丁余り、兵士五十人余りの規模にまで拡大した頃には、「十数人の哥老会分子が混じり込んでいる」状況であった。哥老会メンバーは部隊の指導権を奪うため、「四月一八日夜、司令官劉善忠を暗殺し、（中略）政治委員高朗亭の銃を取り上げたうえ、政治委員の制度を廃止し、高朗亭を名ばかりの傀儡司令官にした。哥老会はすべての権力を握った」[37]という。部隊は翌一九日に林鎮という村の攻撃に失敗し、「わずか数日の間に、労働者、農民出身の兵士や学生ら三、四十人が脱走したり、銃をもって逃亡したりした」[38]。士気がゆるみ、部隊は完全に土匪化してしまったのである。実権を失った高朗亭は負傷のために労山に取り残されたが、体力が回復すると延川に駐屯していた部隊に合流しようとした。彼が目にしたその時の部隊の様子はこうであった[39]。

見ると、（部隊には）わずか兵士十七人、銃十二丁しかなかった。いい労働者、農民分子や党員、団員はほとんどすべて取り除かれてしまった。残っている者の多くは哥老会のメンバーであった。このような状況でこの土匪部隊に残って活動をするのはとても難しかった。第一に、彼ら哥老会分子は外の人間を仲間に入れようとしない。（高は）あの手この手を使ってようやくこの一群のなかに入れてもらった。その後、高朗亭は辛うじて哥老会メンバーのなかの比較的いい分子、彼と個人的に仲のいい人たちとつながりをつけて、彼らを味方にし、自分の周りに結集した。（中略）時間が経つにつれ、（高は）この一群のなかで多くの人の信頼を得て、次第に、（部隊を）変えていった。その結果、哥老会の勢力はだんだん小さくなった。最後に、今年（一九三二年）六月二七日夜に大きな変動があった。（彼らは）四人の哥老会の頭目を殺した。こうしてようやく部隊内部（の悪い勢力）を粛清し、銃と兵士を高朗亭の指揮下においた。

この文字の識別しにくい手書きの資料は、陝北地域の早期革命家高朗亭がさまざまな手段を使って哥老会分子を部隊から一掃した経緯を生々しく伝えている[40]。ここから、われわれは革命の早期段階の具体的な状況を垣間見ることができよう。なお、後述するように陝西省委員会が陝北の早期革命家を土匪と見なしたのは、彼らと哥老会、土匪との間にこのような関係があったことと無縁ではないと考えられる。

劉志丹の紅軍第二十六軍、謝子長（および謝の後継者）が率いる紅軍第二十七軍は、共産党陝西省委員会と不即不離の関係にあった。一九三三年一二月、中共北方局は陝西省米脂県出身の郭洪濤を代表として陝北に派遣したが、彼は陝西地域の革命路線をめぐって劉志丹と意見が対立している。劉志丹が農村でゲリラ戦を行うべきであると主張したのに対して、中共中央の指示を受けた郭洪濤は正規戦と都市攻撃をすべきであると主張した。双方の対立は中共北方局代表朱理治が到来したことによって一層激しさを増した。翌年の七月には、郭は劉の革命を「濃厚な土匪的な色」を帯びるゲリラ戦であると批判している[41]。

陝甘地域の革命史において、一九三五年は節目の年であった。この年の二月二一日、謝子長は病逝した。一九三五年九月、徐海東が率いる紅軍第二十八軍は「長征」を終えて陝北に到着した後、共産党陝西省委員会は二十六軍・二十七軍を徐海東の指揮下におき、三つの紅軍部隊を紅軍第十五軍に再編した。徐は軍団長、程子華は政治委員、劉志丹は副軍団長兼参謀長となり、また、陝西省と山西省は中共の「陝晋省」となって、朱と郭はそれぞれ書記（長）と副書記（長）に任じられた。陝甘地方で革命の指導権を失った劉志丹は、かつて井岡山の袁文才、王佐がそうされたのと同様に、党内で「梢頭主義（土匪）」と批判された。同年一〇月には、劉志丹は陝西省委員会に逮捕され、また、その部隊の大隊長以上の幹部や陝甘地域の共産党組織の責任者も全員逮捕された上、その一部は反革命の罪で殺害された[42]。ところが、ちょうどこれと時期を同じくして、一〇月一九日に中央紅軍を率いて毛沢東が陝北の呉起鎮に到達した。彼は国民党の新聞を通じて陝甘地域で革命を行っている劉志丹のことを知り、陝甘寧を紅軍の根拠地にすることを決めた。劉志丹は毛沢東の中央紅軍が陝北に到着した後釈放された。毛沢東にとって、中共の革命を如何に黄土高原に根付かせ、そして陝北高原の赤い星を中国各地に広げるか、ということがきわめて重要な課題となった。

二　「統一戦線」における秘密結社の位置づけ

日本軍による中国侵略が加速し、中国の抗日ナショナリズムが高まるなかで、陝甘地域を拠点とした中共中央は新たな革命の方向性を模索し始めた[43]。一九三六年四月二五日に、中共は「全国各党派の抗日人民戦線の創立に関する宣言」を発布し、全国各党派に対して、日本軍の侵略に抵抗する「人民戦線」を結成するよう呼びかけ、抗日人民戦線の設立を趣旨とする宣言文を発布した。そこに列挙された四十三の党派のなかには、青幇・洪幇・哥老会・理門の名が並んでおり[44]、秘密結社を抗日運動の一環に組み入れるという中共の方針が明らかにされている。

中国共産党の階級闘争のイデオロギーからすれば、「民族主義」という言葉は、階級の存在という事実を無視するものであり、支配者に利用されやすい狭隘な政治的道具であった。ソ連とコミンテルンの影響の下で、共産党の民族理論は、世界プロレタリアート革命の理論の枠組のなかに組み込まれていた。この点は一九二五年中共の「民族革命運動に関する議決案」のなかに表明されている。それによれば、封建階級とブルジョワ階級の民族運動は民族と国家の利益に立脚したもので、根本的には、それぞれの階級利益を優先するものであった。そのため、このような民族運動は他民族からの帝国主義侵略に反対・抵抗すると同時に、自国のプロレタリアート階級を圧迫するという限界性も持つ。これに対して、プロレタリアートの民族革命は、「世界全体の資本主義の圧迫を押し倒すと同時に、自国の資本主義にも反対する立場を取り、しかも民族革命をプロレタリアート世界革命の方向に発展させることを目標とする。ゆえに、このような世界革命の性格をもつ民族革命は民族解放運動と称し、けっしていわゆる民族主義的な運動ではない」、と主張している[45]。このように、中共は民族革命から世界革命への転換を通じて、「中華民族」の利益と共産主義イデオロギーとの間の緊張を緩和させ、さらに、国内における政治闘争の指導権を握ろうとしていたのである。

中共が設定した民族革命の目標において、労働者と農民を主体とするプロレタリアート階級は指導階級であり、反資本主義、反封建主義的な傾向をもつルンペン・プロレタリアートは民族革命の同盟者と見なされる。なぜなら中共は、兵士・土匪・会党などに参加する者の多くは破産した農民と手工業者であり、プロレタリアートの指導の下で、彼らは民族革命に力を発揮できると考えていたからである[46]。ここで注目すべきことは、共産党が階級理論の角度から、プロレタリアート階級の同盟者としての秘密結社の位置づけを認めた上、外国の侵略に抵抗する民族革命における秘密結社の役割をも認識していた、ということである。

しかし、これまでの章で見てきたように、中共は労働運動・農民運動・ソビエト運動を展開するなかで、青幇・洪幇・紅槍会・大刀会などの民間結社と関わりを持ったものの、革命の現実においては、秘密結社と総称されるこれらの民間組織と共産党との関係は非常に複雑で、これらの民間組織は共産党の期待どおりの役割を果たすことはできなかった。革命運動が進むにつれて、中共は秘密結社を「立ち後れた」勢力、あるいは資本家、地主階級の手先と見なして、その役割を否定するようになった。

一九三一年九月一八日に起きた「満州事変」をきっかけに、中国の抗日ナショナリズムは空前の高まりを見せたが、中共中央は相変わらず民族解放の立場を堅持し、対秘密結社工作を講じていた。ここで中共閩贛省（福建・江西を含む地域）主席邵式平が一九三三年一〇月二一日に発した宣伝ビラ「革命に関する一通の手紙」の内容を通して、中共の秘密結社認識に注目したい。この手紙の趣旨は、ソビエト政権の支配地域における大刀会の会衆に向かってソビエト政権を支持するよう呼びかけることであり、その内容は主に次の四点である。第一に、日本、イギリス、フランスなどの帝国主義国家が中国を侵略しえたのは、国民党政権の手助けがあったからである。第二に、地主階級と国民党は一体である。第三に、大刀会は土匪組織である。ソビエトの管轄地域で土匪行為を行うことは紅軍とソビエト政権に敵対することであり、このことはすなわち帝国主義・土豪地主の手先になることである。第四に、大刀会の会衆は立ち上がって大刀会の頭目と土豪地主を殺し、武器をもって紅軍に参加し、ともに帝国主義を打倒すべきである。(47) つまり、帝国主義打倒を目標とする民族革命を実現するには、まず地主階級・国民党政権を打倒しなければならない、という。

このような硬直した認識は、モスクワにいた中国共産党の代表が一九三五年八月一日に「抗日救国のために全国同胞に告げる」(「八一宣言」とも称する)を発布したことをきっかけに大きく変化した。この宣言文において、中共は「中国のすべてのことは中国人自身によって解決すべきである」という立場を表明している。中共は抗日の「国防政府」の下で、国民党政権打倒の方針を放棄し、国民党と連合して「大中華民族」の抗日運動を行うことを宣言した。[48]その結果、「民族解放」のイデオロギーを政策面において放棄し、抗日民族統一戦線の結成を目標とする中共にとって、華南・西北地域のソビエト根拠地の社会的、政治的構造を変えることが大きな課題となった。これをめぐって、中共内部に激しい意見対立が生じ、最終的には、一九三五年一二月の「瓦窰堡決議」で意見が統一された。[49]この決議文は「中国のソビエト革命がすでに新しい時期に入った」ことを前提に、中国の革命が世界革命の一部分であることを強調する一方、地主階級・民族ブルジョワ階級の一部の抗日要求にも応じて、彼らと抗日の民族統一戦線を結成することが可能であると述べている。また、中共は「中華民族を代表する」立場を強調するため、それまでの「ソビエト工農共和国」を「ソビエト人民共和国」へと名称を変え、富農の財産・土地を没収する政策を放棄した。[50]

上述のような中共の革命言説の変化にともなって、革命運動における国内各階級・集団の役割に対する中共の認識にも変化が現れた。すなわち、それまでのソビエト運動期の秘密結社政策を一変させ、再び秘密結社の革命的性格を強調し、またナショナリズムの立場から、抗日戦争における秘密結社の役割を再定義したのである。

ところで、陝甘寧根拠地の中共中央は、根拠地の哥老会をどのようにコントロールすべきかという切実な問題に直面していた。一九三六年の「全国各党派の抗日人民戦線の創立に関する宣言」が発布されてまもなく、中共西北局「白軍工作処」の幹部鄧潁超は陝甘寧中共の地方組織に「哥老会工作の重要性および方法」と題した報告を送った。そのなかで、陝甘寧根拠地における哥老会の位置づけについて、次のように述べている。[51]

哥老会工作の問題はまだ日程にのぼっていないし、それについての体系的な研究もなされていない。現在、党はすでにこの工作に関心を示し始めた。われわれがこれまでに把握した初歩的な資料からみれば、哥老会の組織は陝西・甘粛・寧夏・綏遠など西北諸省の至る所にある。その会員は農村・都市・敵の軍隊・白区・蘇区に分散しており、その組織や団結力は今もなお存在している。したがって、哥老会組織とその影響下にある多くの群衆を抗日救国の広い道に載せることは、きわめて重要な任務である。張廷滋（芝）、史文華などわれわれの北にある敵は、蘇区をかき乱すための道具、前哨として、すでに哥老会を利用したり哥老会を組織したりしている。したがって、哥老会工作は重要であり、敵との戦いのなかで哥老会工作を行うことはより重要である。

ここで、鄧顯超は哥老会工作の重要性を次の二点にまとめた。第一に、「哥老会組織とその影響下にある多くの群衆を抗日救国の広い道に載せる」ことである。これは前述の一九三六年四月二五日中共の「全国各党派の抗日人民戦線の創立に関する宣言」の趣旨を受けて、哥老会を抗日救国戦争の一員として位置づけているものと見られる。第二に、陝北地域で中共と戦う「敵」はすでに哥老会組織を中共攻撃の道具として利用している、ということである。では、どのようにして哥老会を「抗日救国」の道に導くべきであろうか。鄧顯超の手紙によれば、哥老会は明末清初期に形成され、明の遺老たちが明王朝を復活させるために作った組織である。当初、哥老会は「扶明滅清、興漢滅満」を方針に、富者の財産を奪い、貧者を救済するスローガンを掲げて行動していたが、時代の変化にともなって次第に当初の方針を失い、下層の民衆組織へと変身した。しかしながら、「現在上述の目的およびスローガンを抱える正統分子が未だにいる」ことを指摘し、「哥老会の大部分を無頼漢と見なし、哥老会の扶明興漢の民族性や彼らの豪侠義気的な役割を認識することができない」、と陝北共産党の幹部を批判した。続いて、鄧顯超は次のように述べている。[52]

われわれの方針は、基本的に哥老会を味方にすること、そして哥老会と連合することである。彼らがもつ扶明興漢の趣旨を、中国を興し、日本を打倒する民族戦線の方向に利用し、彼らのもつ豪侠義気、生死、困難を共にする精神を漢奸、売国奴を取り除く方向に誘導し、（中略）彼らと団結し、彼らが抗日救国の一勢力になるように努力せよ。

この一節は、孫文などの革命家がかつて秘密会党の「反清復明」を強調したことを連想させ、会党を「排満」という装置に組み入れた孫文の思考パターンは鄧潁超の手紙からも読みとることができる。さらに、鄧潁超は哥老会組織を以下の三つに分類した。①漢口から上海までの揚子江中流、下流地域で活動する紅幇、②漢口、通州地域で大きな勢力を持つ青幇、（その多くは「理門」〔「在理教」とも言う〕に入っている）、③哥老会（原文には哥老会の活動地域については言及されていないが、文脈からみると、西北地域を指すものと見られる）[53]。つまり、鄧潁超は哥老会をすべての青幇、洪幇、理門組織の源流と見なしたのである。

鄧潁超は、全国範囲における抗日救国戦略のほかに、共産党の「蘇区」と国民党の「白区」の対立の中で哥老会をどのように利用すべきかについても明確な方針を打ち出した。具体的には、「蘇区」の中では新たに哥老会組織を設立しないこと、「蘇区」の哥老会を通じて「白区」で哥老会工作を展開すること、「哥老会に加入したことがあり、哥老会のなかで比較的に名声と地位のある党員・団員を哥老会に派遣し工作を行わせる」こと、「白区」の「龍頭」を「蘇区」に招いて「面談」し、「われわれの主張と態度を説明し、われわれと親しい兄弟のように団結させる」こと、場合によっては「白区」で新たに山堂を開き、哥老会の「好漢」を招き寄せることを通じて、次第に「革命の大きな道理」と「抗日救国」を宣伝すること、最後に、紅軍のなかで「抗日戦線部」もしくは「地方工作部」を設立し、紅軍が活動する地域あるいは活動する予定の地域で哥老会工作を行うこと、である[54]。概していえば、抗日統一戦線における哥老会工作の目的は以下の二点に集約することができる。第一に、哥老会の「興漢排満」言説を「抗日救国」につなげること、第二に、「白区」と「蘇区」の対立のなかで哥老会を通して「白区」への工作を進めること、である。鄧穎超の報告の日付は不明であるが、手紙のなかの「保安県」の三文字から、この手紙は一九三六年六月以前のものと推察される。なぜなら、この年の六月、中共中央は劉志丹の死を追悼するために保安県を「志丹県」に改めたからである。[55]なお、この手紙や前出の四月二五日の宣言文はいずれも青幇・洪幇・理門・哥老会に言及しており、両者の間に一定の関連性があると見られる。鄧穎超の報告と照らし合わせると、四月の宣言文がこれらの幇会結社を救国の「党派」と見なしたのは、中共はすべての秘密結社が哥老会に起源をもち、哥老会はもともと「反清復明」を趣旨とする組織であると認識したからである。鄧穎超の報告は、秘密結社の伝統と現実的な行動には革命的な要素が含まれていると指摘し、秘密結社に対する認識転換の理論上の可能性を論じている。以下に見るように、この報告はその後の哥老会工作の方針に直接的な影響を与えた。

一九三六年七月一五日、中華ソビエト人民中央政府主席毛沢東の名義で「哥老会に対する宣言」が発せられ、哥老会メンバーに対して兄弟義気をもって国難に赴くよう呼びかけた。宣言が陝北の謝子長、劉志丹部隊を哥老会と称していることも興味深い。宣言の次のような一節は注目に値する。[56]

汝たちは興漢滅満を主張するが、われわれは抗日救国を主張する。汝たちは打富済貧を唱えるが、われわれは地主を打倒し、その土地を（農民に）分け与えよと唱える。汝たちは財を軽んじて義を重んじ、天下の英雄を好むが、われわれは身を捨てて中国と世界を救おうとし、全世界の被圧迫、被剥奪の民族や階層と手を結びたい。われわれと哥老会は互いの観点、主張もほぼ同じだし、同じ敵、同じ未来を有する。

つまり、中共は哥老会を動員するため、民族・社会・道徳の三つの次元において哥老会との共通性を極力強調し、哥老会にエールを送っているのである。内容からみれば、この「宣言」は前述の鄧穎超の報告と一脈通ずるものである。「宣言」の末尾で、毛沢東は「白区」の哥老会メンバーに次のように呼びかけている[57]。

ソビエト政府は抑圧された全中国の人民の政府である。われわれは責任をもって、国民党政府に踏みにじられたり指名手配されたりした人をすべて招待し守る。したがって、哥老会はソビエト政府の下で公に存在することができる。われわれは哥老会招待所を設けて、白区に立脚できない英雄好漢、義侠心に富む人々を招待する。われわれは各山堂の哥老会山主大爺、四方の好漢兄弟が代表を派遣しあるいは自ら来て、われわれとともに救国の大計について協議することを希望し、求め、歓迎する。われわれは汝たちの到来を熱烈に待ち望み、歓迎している。われわれは大声で叫んでいる。

哥老会のかつての革命精神を発揚せよ。

哥老会は全中国の人民と団結して日本をうち破り、中華を興そう。

中華民族解放万歳。

この熱烈な呼びかけは、哥老会を中共主導の統一戦線に組み入れようとする中共の差し迫った心情を如実に表している。

しかし、共産党と哥老会の「同一性」を強調することは、中共の高度に集権的な組織を損ないかねない行為であった。七月一六日、中共中央書記処は中共の各機関に「哥老会工作に関する中央の指示」を下した。それによれば、哥老会は青紅幇・礼門・三合会・紅槍会など数多くの秘密結社の一つであり、清代初期に「民族思想」に富む知識人と「下層社会」とが結合してできた組織である。下層社会の農民・手工業者・兵士・遊民は「政治的、経済的にもっとも抑圧、剥奪を受けた階級と階層である」がゆえに、哥老会は「民族の利益と群衆の利益（『興漢滅満』、『打富済貧』）」を代表する組織である。「人民統一戦線の原則」から、哥老会は抗日・反売国奴の勢力になることができる。したがって、「蘇区」における哥老会の公の活動を容認することができる、とされた[58]。しかし、その一方で、この「指示」は共産党と哥老会の間の相違をも強調している。まず、哥老会の「反動的」・「封建的」な思想と組織形態から、哥老会が時に「反革命の道具」として利用されている面も指摘され、哥老会を共産党を中心とした抗日統一戦線に吸収し、それによって哥老会の「革命」的な側面を発揚し、「反革命」的な側面を取り除くべきであるという方針が明らかにされている。具体的には、第一に、ソビエト地域における哥老会の存在を合法化し、哥老会メンバーを「蘇区」の各種の団体に参加させ、彼らに土地や生活必需品を配給する。そして、これを通じて哥老会の経済的基盤を崩し、哥老会組織を自然に消滅させる。第二に、国民党政権の支配地域において、哥老会が山堂を開くのを助け、まず一つの地域において中共が哥老会組織内部の指導権を握り、次第に哥老会の組織を「革命的な」組織へと転換させる、ということである[59]。党内の哥老会分子の処分について、「指示」は、哥老会に参加したことのある党員・紅軍将校・兵士、およびソビエト政権下の民衆には、「多かれ少なかれ哥老会の遅れた思想と習慣が残っている可能性がある。われわれは政治教育を強化し、同志の間の親しい友愛と団結を提唱することによってそれを取り除くべきである」、と述べている[60]。

以上の「同一性」と「相違」をめぐる二つのテクストは哥老会に対する認識において大きく異なっているものの、「白区」の哥老会が「蘇区」に来るのを歓迎する点においては共通している。

三　赤い中国の哥老会大会（1）——河連湾哥老会大会

毛沢東の「哥老会に対する宣言」が発せられた後、ソビエト根拠地で国民党支配地域からの哥老会メンバーを招待するための招待所が設置され、哥老会に対する動員工作が始まった。

ソビエト根拠地の哥老会は中共の呼びかけに一定の反応を示した。中共の機関紙『紅色中華』によれば、一九三六年八月、「蘇区」の志丹県呉堡区で哥老会大会が開かれ、哥老会の名義で民団と国民党軍隊内の哥老会メンバーを対象に工作を展開することが決められた。会議はソビエト政府に代表を派遣し指導するよう求めた[61]。これとほぼ同時に、「哥老会に対するソビエトの呼びかけが発せられた後、華池県の哥老会は積極的に抗日救国に参加するようになった」。華池県哥老会の九人の首領が会議を開き、三十余人のメンバーを数える華池県の「抗日救国会」が設立された。しかも、哥老会の関係を利用して「白区」と「辺区」（「白区」と「蘇区」の境）でより多くの哥老会のメンバーに参加してもらうよう働きかけることが決定された[62]。

国民党支配地域の一部の哥老会も中共の呼びかけに応じた。「白区」では、寧夏の軍閥馬鴻逵の部下である哥老会首領劉某と馬某が、中共が「三辺」（定辺・安辺・靖辺）に設けた哥老会招待処に赴いた。「馬某」は回族出身の馬懐蘭のことで[63]、かつて馬鴻逵の部隊で副連隊長をつとめていた。中共の報道によれば、この二人は「馬鴻逵が日本軍に投降し、寧夏を売り渡したことに反対したため、馬鴻逵は彼らを『内賊』（回し者、ちなみに紅軍は『外賊』と呼ばれた）と見なし、指名手配した。居場所がなくなった二人は三辺の哥老会招待所に来て、地元の哥老会首領とともに『反日興中』のスローガンを掲げた[64]」という。

しかし、中共の呼びかけに対する哥老会の反応は熱烈とは言えない。その原因はさまざまであるが、呉堡区の哥老会大会に参加した中共幹部の報告から分かるように[65]、志丹県の哥老会は動員されたものの、「（共産）党とソビエトの本当の姿を把握していないため、一部の（哥老会）会員はまだ迷って」いた。華池県では哥老会招待所が設立され、十数人の「江湖抗日遊撃隊」も結成されたが、武器がないため、共産党に資金援助を求めた。逆に、慶陽県一区の哥老会は四、五丁のライフルをもつ部隊を組織したが、まもなくその武器は中共の県委員会によって没収された[66]。その一ヶ月後の八月一九日に、哥老会工作を速やかに展開するため、中共陝北省委員会は「中華江湖抗日救国籌備委員会」の名義で各地の哥老会メンバーに抗日救国のために「蘇区」に集まるよう呼びかけた。その要約は次のとおりである[67]。

我が中国はすでに滅亡の寸前にある。（中略）われわれ江湖兄弟は、そもそも「滅洋興中」（侵略した外国人を滅ぼし、中国を興し）、「鋤奸扶弱」（奸を取り除き、弱を扶助する）の志を持っている。ただちに起きあがって日本に抵抗し国を救い、漢奸を取り除き民衆を救うために旗を挙げよ。そのため、哥老会同志はここに集まり、中国を救うという従来の趣旨を受け継ぎ、過去の救国の偉業を発揚し、すでに江湖抗日救国委員会を発起し、江湖抗日救国軍を組織する籌備会を設立した。まずは各碼頭（連絡場所）にこのことを文書で通達し、急いで我が漢流兄弟をここに集め、ともに抗日救亡の大計を議論せよ。

毛沢東の「哥老会に対する宣言」と比べてみると、この通達の特徴は秘密結社の「鋤奸扶弱」という言説、および「滅洋興中」の排外主義的なスローガンを踏まえた点にある。しかし、この通達は「宣言」よりもっとさし迫った口調で次のように述べている。「各所の馬頭で緊急に漢流（哥老会）兄弟を集めてともに抗日救国の大計について協議する。時はすでに迫ってきた。情勢はすでに危うい。この手紙が届いたら、くれぐれも遅延しないように。直ちに代表を派遣し、参加時宜について相談してくだされば幸甚である」[68]。その一週間後、哥老会大会が開催された。

八月二六日、慶陽県・環県と「白区」から計八十名の哥老会メンバーが参加する哥老会大会が陝北省委員会所在地の河連湾で開かれた。そのうち、二十人あまりが西峰鎮など「白区」からの参加者である。中共中央の機関誌『紅色中華』は会議の内容について次のように報じた[69]。まず、中共陝北省ソビエト政府主席馬明方が中央政府の「哥老会に対する宣言」の内容について説明した[70]。そして、中共陝北省委員会の代表が当面の情勢と共産党の抗日救国の方針、哥老会政策について報告した。「省委員会の代表の報告が終わると、拍手の音がしばし鳴りやまなかった」という。その後、西峰鎮哥老会の徐大爺など哥老会の首領が発言し、「過去における哥老会の趣旨や今後ソビエトの指導の下で抗日工作を行うこと、過去に辛亥革命に参加した栄光の歴史を再び発揚することなどについて説明した。演説は非常に盛り上がった。哥老会の兄弟はみな興奮して腕を振るおうとし、共産党の指導を支持し、一致して抗日救国を行い、山堂大会を召集するよう提言した」。午前の会議が終わった後「省委員会で会食した」。午後の会議では、以下の十の問題について討論した。

一、日本と戦って中国を救うこと。
二、日本帝国主義者と漢奸の財産を没収し抗日の経費とすること。
三、貪官汚吏を取り除くこと。
四、漢奸、売国奴に反対すること。
五、四方の英雄を団結させ、富者を倒し貧者を救うこと。
六、過去の革命精神を発揚し、断固として日本と戦い、売国奴と戦うこと。
七、心を一つにして互いに助け合い、抗日の人民を守ること。
八、断じて国民党の苛捐雑税と壮丁攤款に反対すること。
九、各地に散在する武器を集め、抗日のために使うこと。
十、共産党の抗日武装を擁護すること。

これらの問題をめぐって、哥老会の首領たちは熱烈に議論した。「特に慶陽から来た大爺は民衆から金銭財物をゆすり取り、搾り取った汚職官僚の行状を余すところなく訴えて、満場の聴衆の心を奮い立たせた。最後に、馬主席は哥老会招待所を設立し、積極的に抗日に参加する「龍頭大爺および江湖好漢」を招待することを宣布し、大会が終わった。

『紅色中華』の報道からみれば、哥老会の首領たちは抗日統一戦線の結成という新しい政治的局面における自らの役割を見い出し、大いに興奮していた。しかし、右の十ヵ条の内容をみれば、あまり筋道が通っておらず、実施の具体的な方法も提示されていない。このことから、陝北省委員会はこの哥老会大会を召集はしたものの、具体的な指導力は欠いていたと言うことができよう。そのため、哥老会メンバーが河連湾大会の開催に興奮し、仲間たちを誘って馬頭山大会に参加しようとした時、中共陝北省委員会内部では、馬頭山大会を通じて哥老会をコントロールする計画を立てるために、哥老会工作の方針をめぐって激しい論争が展開された。

四　イデオロギーと哥老会動員――哥老会大会の波紋

河連湾大会の開催は哥老会メンバーの間で一定の反響を呼んだ。共産党に対して半信半疑であった一部の哥老会首領は、共産党の指導の下で大いに腕を振るう機会があると思うようになった。しかし、その一方で、哥老会大会後、共産党にとって憂慮すべき言動も現れた。共産党支配地域において、哥老会の地位はかつてないほど高まった。当時、哥老会の間では、「哥老会なら通行許可証は要らない」（新城県）、「哥老会兄弟ならソビエト地域に行けばアヘンがもらえる」（志丹県）、「紅軍が勝ち戦をしたのも哥老会の力だ」（靖辺）、「地方ゲリラ部隊を拡大するには、哥老会の力を借りなければならない」、などの噂が広がっていた。(71) このことは、周恩来が陝北省委員会に宛てた、哥老会問題に関する手紙からもうかがえ、「現在各方面からまもなく馬頭山で各山堂の会議が開かれると噂されている。『蘇区』の哥老会兄弟はみなそれに出席すると言っている。この情報は哥老会の碼頭を通じてきわめて速く、広がっている。志丹県では、各山堂の会議を開くのはこれまでのどの記念行事よりも人々の関心を集めている」と述べられていた。[72]

周恩来の手紙は、ゲリラ部隊の指導権をめぐる共産党と哥老会との衝突についても言及している。環県曲子一帯に新しく成立したゲリラ部隊は「われわれの工作が不当であったため、全員敵に投じ」、安定県、華池県の哥老会ゲリラ部隊も敵に投降した。また、第八十一師、第二十九軍など一部の紅軍部隊では、内部の哥老会の勢力が大きかったため、共産党の命令が有効に実施されないことがあった。第八十一師と第二十九軍はいずれも陝甘地域地元の共産党軍隊であった。前述のように、徐海東が率いる紅軍と劉志丹の第二十六軍が合流した後第十五軍が結成された。その下に第二十五軍第七十五師団、第二十六軍第七十八師団、第二十七軍第八十一師団がおかれた。[73] 第八十一師団の師団長と政治委員をつとめたのは賀晋年、張達志で、兵士の大多数が陝甘地域出身の貧しい農民であった。[74] さらにそのなかには軍閥部隊の脱走兵や地方民団の団員、哥老会メンバーも含まれていた。[75] 共産党にとって、これらの人々をイデオロギー的に教育するのは困難であった。それに対して、第二十九軍は一九三六年一月に陝西省富県の直羅鎮でいくつかの独立大隊を合わせて編成された部隊である。中共陝甘省軍区軍事部長肖勁光が軍団長を兼任し、後に謝嵩が軍団長に任じた。共産党側の資料によれば、この部隊は「約半月の整備と訓練を通じて党の基層組織を健全化し」、「雑多な色の服装を廃棄し、統一の黒い軍服と赤い襟章に替えて、帽子には赤い布の五角の星形をつけた」という。[76] しかし、周恩来一〇月六日の手紙から判断すれば、この部隊における共産党の指導権は依然として確立されていなかった。

共産党にとって心配なのは、哥老会の間で、「紅軍であれ、白軍であれ、いつでも哥老会には食うものがある」という言葉が流行っていたことであった。哥老会メンバーの間に、「紅軍はわれわれに日本と戦ってほしいし、白軍（国民党軍隊）もわれわれに日本と戦ってほしい。われわれは紅軍についてもいいし、白軍についてもいい」という高揚した不敵な雰囲気が漂っていた[77]。

共産党にとってもう一つの不安だったことは、哥老会の山堂会議を開催する計画は、「蘇区」だけではなく国民党が支配する「白区」でも広い関心を集めていたことである。実際に国民党の地方実力派高桂滋、高双成は西峰鎮で哥老会が山堂を開くなどの公の活動を認め、哥老会を手なずけて、中共が「蘇区」で開いた哥老会大会に対抗した。慶陽県で開かれた哥老会大会に出席した「李大爺」は国民党から金をもらって、各地の哥老会に「帖子」(通達文)を配り、「陰暦九月三日に西峰に集まって会議を開く」ことを呼びかけた。この「李大爺」は河連湾哥老会大会で「土豪劣紳」と国民党の罪状を激しく批判した「李大爺」と同一人物の可能性が大きい。

共産党の哥老会山堂会議に対抗して、国民党の地方実力派も「紅軍の一連隊を引き入れた者には連隊長のポストを与え、武器を持ち込んだ者には二ヶ月分の給料を与える」と宣言し、積極的に哥老会を引きつけようとしていた[78]。共産党側の資料によれば、国民党軍隊と地方民団に手なずけられた哥老会のスパイが「蘇区」に入って活動していたという[79]。このように、共産党と国民党の政治的対立の下で、哥老会は双方の利用・争奪の対象となったのである。

結局のところ、共産党と哥老会との共通性を強調する毛沢東の「宣言」は中共の哥老会動員の初志に反するものであり、ソビエト政権の建設にとってマイナス的な影響を及ぼした。このことは、もとより哥老会に対して懐疑的であった中共党内の一部の党員が哥老会工作を批判する理由となった。最初に反対意見を述べたのは中共陝北省委員会書記郭洪濤であった。前述のように、河連湾哥老会大会の司会は中共陝北ソビエト政府主席馬明方であった。それぞれ中共ソビエト政府主席と中共陝北省委員会書記をつとめる馬明方と郭洪濤の間の意見対立は、中共の党とソビエト政権の間の対立でもあった。

実は、郭洪濤と馬明方の対立は毛沢東が率いる中央紅軍が陝北に到着する以前にすでに水面下で始まっていた。前述のように、共産党陝西省委員会は一九三五年一〇月に劉志丹をめぐる「反革命事件」を演出し、劉志丹部隊の第二十六軍の大隊長以上の幹部、中共陝甘辺県委員会書記などを逮捕した。この事件を作り出した張本人の一人は郭洪濤であったが、逮捕者の中には陝甘工農民主政府主席馬明方も含まれていた（そのほかに、高岡、習仲勛、劉景範なども含まれる）。劉志丹は彼ら（朱理治、郭洪濤）が「土地革命のなかから成長した紅軍を信じず、長期にわたる闘争で鍛えられた幹部を信じない」ことが事件の原因であると述べていた(80)。

興味深いことに、中央紅軍が陝北に進駐した後、事件の被害者たちの名誉はすべて回復され、劉志丹、高岡、馬明方、習仲勛、劉景範などは毛沢東を中心とする中共ソビエト政権の高官となった。しかし、毛沢東は朱、郭を処分してほしいという被害者たちの要求を不問に付し、朱、郭を同年一一月に成立した中共陝甘省委員会と陝北省委員会の書記にそれぞれ重用した(81)。

一九三六年四月一四日、長期にわたって陝西・甘粛の省境地域でゲリラ戦を行っていた劉志丹は毛沢東によって山西省に派遣され、閻錫山の部隊と戦った。中陽県三交鎮で、一発の銃弾が劉志丹の心臓に命中した(82)。国民党の大軍に包囲され、陝北ソビエト根拠地を強化しなければならない中共にとって、劉志丹の死は言うまでもなく大きな損失であった。しかし、その一方で、劉志丹を革命のシンボルとして讃えることが、中共にとってより重要な意味を持つこととなった。劉志丹の死がその後の中共の哥老会工作にどのような影響を与えたかを説明する資料はないが、劉の死後における中共の哥老会政策の展開を時系列に沿って仔細に吟味すれば、両者の間にある関連性があることがうかがえる(83)。

①四月二四日、陝北根拠地の中心地の瓦窰堡で劉志丹の追悼大会が開かれ、数千人が出席した。

②四月二五日の「為抗日救国告全体同胞書」が哥老会を「党派」と見なし、抗日戦争における哥老会の役割に言

及した。その後、鄧顯超が所属する中共「西北中央局」は哥老会工作の方針を打ち出した。
③六月、劉志丹の故郷保安県の名前が志丹県に改められた。
④七月一五日、毛沢東は「宣言」のなかで、特に「謝子長、劉志丹などの同志は、軍のリーダーであっただけでなく、哥老会のなかの模範でもあった」ことを強調した。

以上の①から④までの経過から読みとれるように、中共は陝北地域社会と密接な関係をもっていた劉志丹を通じて、ソビエト内部の統合を強化しようとした。その連結点はまさに劉志丹がかつて参加していた、地方社会に大きな影響力を持つ哥老会組織とそのネットワークであった。

しかし、陝北省委員会の所在地で開かれた哥老会大会は、哥老会の山堂大会のような厳粛な雰囲気でもなく、共産党の大会のような緊張感に満ちた雰囲気でもなく、時にがやがやと騒がしい雰囲気であった。かつて劉志丹が指摘したように、陝北省委員会の書記郭洪濤にとって、地元陝北出身の幹部は目障りであった。省委員会の所在地で哥老会大会が開催されることを、郭は半ば蔑む気持ちで見ていたであろう。彼は河連湾大会以降沈黙を保ったが、馬明方主導の対哥老会工作に多くの問題が露呈したのを見て、ついに沈黙を破り、新しい哥老会対策を打ち出した。

おそらく九月末もしくは一〇月初頭、郭洪濤は数万字の報告書を起草し、「哥老会を見方に引き入れるために、どうしても哥老会を改造しなければならない」と強く主張した。具体的には、第一に「哥老会を革命群衆の組織に変える」ことが挙げられた。彼は、「(哥老会の)革命の部分のみを見て、その反革命の部分を見ない」、「(哥老会が)反革命に利用される部分のみを見て、革命的な性質の部分を見ない」という二つの傾向を批判した。第二に、「哥老会を人民の革命闘争の味方に引き入れ、『白区』、『白軍』(国民党軍隊)のなかで発展する組織に変える」ことを主張した。郭はまもなく開かれる馬頭山大会は「白区」の哥老会兄弟を十分に召集しておらず、「蘇区」哥老会の大会になりかねないと批判し、このことが「客観的に蘇区内の哥老会の発展を助長することになる」と指摘した。郭洪濤は、次のような哥老会改造の七つの具体的な方法を提出した(84)。

①馬頭山山堂会議の際に「西北江湖抗日救国会籌備会」の設立計画を撤廃し、引き続き「哥老会」の名称を使用すること。

②時期的に馬頭山の山堂会議が「白区」の哥老会の大会参加にとって不利であることを認め、これを補うために、会議の後に代表を「白区」に派遣し、多くの山堂、香堂を設置すること。

③日本と戦い、漢奸、貪官汚吏を取り除くなど新しく十ヶ条の哥老会の闘争綱領を設けること。

④哥老会の旧い会規を放棄し、新しい会規を定めること。

⑤哥老会メンバーに会員証を配り、彼らを「白区」に派遣し工作を行わせる。このことは、同時に「蘇区」における哥老会の発展を抑制し、哥老会をコントロールする効果が期待される。

⑥「白区」と「辺区」の間に連絡点として「碼頭」を設置すること。

⑦香堂を設けて、「白区」と「辺区」で会員を召集すること。

右の七つの意見のうち、第一条は陝北ソビエト政府がそれまでの二ヶ月半の間に行った哥老会工作を否定する内容であった。第二条は、「白区」で哥老会組織を拡大することに関する「指示」の具体的な実施に関する内容で、第三条～第五条は哥老会の改造に関する具体的な意見、第六、七条は哥老会を利用して革命勢力を拡大させることに関する具体的な方法である。

郭は自分の意見を述べる前に、前出「哥老会工作に関する中央の指示」（七月一六日）の内容を長文引用している。彼は「指示」を根拠として、それまでの陝北ソビエト政府の哥老会工作を否定しようとしたのである。郭洪濤の意見は陝北省委員会の二人の幹部の支持を得て、三人の連名で中共中央に上呈された。これは周恩来の有力な支持を得た。一〇月六日、周恩来は郭洪濤ら三人および陝北省委員会に手紙を送り、ソビエト政府主導の哥老会工作について次のように批判している。「われわれは哥老会の龍頭・大爺・兄弟に白軍・白区の中へ行って、停戦・抗日の宣伝をやってもらい、彼らがもつコネを利用して白軍の官兵と群衆を団結させ、停戦・抗日を促進する会及びほかの抗日団体を結成すべきである。しかし、哥老会による単独の政治組織や武装組織の形成は許すべきではない」(85)。つまり、周恩来は郭洪濤らの意見を基本的に肯定したうえで、哥老会動員に関する新しい方針を打ち出したのである。このことは、中共の哥老会政策の転換を意味した。

哥老会政策の転換の理由について、周恩来は手紙のなかで次のように説明している。周は、「場所・時間・告示のいずれの条件にも制約され、会議は蘇区内の哥老会兄弟の集会に限られてしまっている。そのため、会議は事実上蘇区の哥老会の集まりとなり、蘇区における哥老会の活動と発展に弾みをつけた」と述べ、馬頭山で哥老会山堂会議の開催を決めた陝北ソビエト政府を批判した(86)。そして周恩来は哥老会工作をめぐる陝北ソビエト政府の錯誤を次の三点にまとめた。すなわち、第一に、共産党の幹部（特にかつて哥老会に参加した者）は党の階級闘争の立場を失い、哥老会の立場に立って共産党を指導している。これは哥老会によって「蘇区」が支配されることを意味し、結局、紅軍が破壊されてしまう結果になりかねない。かつて哥老会に参加した一部の党員や幹部は、党の秘密会議の後その足で哥老会の会議に出席した。このことはソビエト政権下の「二重政権」にもつながる。第二に、哥老会工作の責任者は哥老会工作の目的が国民党軍隊を対象とした反革命闘争にあることを知らず、もっぱら「蘇区」内において哥老会工作を行ってきた。そのため、華池県の哥老会は共産党に参加し（共産党員も哥老会に参加する）「蘇区」で活動を行い、哥老会が武装を保持しながら紅軍と連合することを求めた。一部の哥老会分子は哥老会招待処で無料の接待を受けたにもかかわらず、なお接待が周到でないと不満を洩らした。第三に、哥老会を動員する際は、哥老会の首領よりも哥老会の群衆の方を動員し、それを通じて反動的な首領を改造することがより重要である。しかし、一部の共産党幹部はこれを認識していない、という[87]。

以上の三つの問題をめぐって、周恩来は馬頭山の山堂会議が間近に迫る頃、次の三点の意見を陝北省委員会に提示した。第一、哥老会首領の共産党に対する疑念をなくすために、形式上共産党員が哥老会に加入することを避ける。共産党幹部を訓練し、党の立場に立って哥老会に参加した共産党員を指導させる。そして、重要な発言をするときは、哥老会に参加したことのない党員によって、ソビエトの代表の名義で発言させる。第二、「興中反日」を哥老会の最も中心的なスローガンとし、しかも「蘇区」と紅軍ではなく、「白区」を哥老会の活動範囲とすること。第三、哥老会に対する指導を強化し、哥老会の組織を改造し、その名称を「江湖抗日救国会」に変える。「蘇区」における哥老会の存在は許すが、その組織の発展を禁止する、ということである[88]。周恩来は哥老会の山堂を開くこと自体には反対しなかったが、多くの哥老会首領が一堂に集まって会議するのではなく、会議の場所も「蘇区」と「白区」が隣接する「辺区」を選ぶべきであると考えていた。周によれば、それには次の二つの利点がある。①哥老会の各山堂が別々に会議を開くなら、哥老会に対する中共のコントロールがしやすい。そして②「辺区」で哥老会の山堂会議を開くなら、「白区」の哥老会分子に影響を与えやすい、ということである[89]。

「江湖抗日救国会」の名称を残す点を除けば、周恩来は郭洪濤の意見をほぼ全般的に支持した。その後、陝北ソビエト政府に取って代わって、陝北省委員会は哥老会工作の指導権を握るようになった。一週間後の馬頭山大会を控えて、一〇月五日と一〇日の『紅色中華』に哥老会に関する記事が連載されている。一〇月五日の記事には哥老会に関する次のような興味深い「三問三答」の内容が含まれている[90]。

問：哥老会はどのような組織であるか。

答：哥老会は中国に存在する多くの秘密結社の一つであり、歴史上の各時期にそれぞれの統治者に不満を持つ知識人・農民・手工業者・兵士・遊民によって結合された群衆組織である。

問：われわれは哥老会に対してどのような態度を取るべきであるか。

答：われわれは哥老会の革命精神を発揮させ、彼らを統一戦線に吸収し、抗日救国の運動に参加させるべきである。したがって、われわれは蘇区の哥老会を認め、白区においては抑圧されているすべての哥老会の江湖好漢を受け入れ、これを起用する。

問：しかし、われわれは蘇区内の哥老会に参加すべきであるか。

答：蘇区内においては、あらゆる抗日救国の群衆運動はソビエト政府の指導の下におかれているし、また、工会、互済会などの群衆による革命組織もわれわれの利益を保つので、哥老会に参加する必要はない。

つまり、哥老会は階級抑圧に反抗し、革命的精神をもつ組織であり、哥老会メンバーは抗日救国の統一戦線のなかで役割を発揮することができる。しかし、ソビエト政権の下にはさまざまな民衆組織が存在しているため、民衆は哥老会に加入する必要はない。要するに、中共は哥老会の合法性を認めながらも、根拠地内部における哥老会勢力の拡大を警戒していたのである。

また、一〇月一〇日の記事には、哥老会に関する次のような「三問三答」が掲載されている。(91)

問：白区にいる哥老会の兄弟たちの生活はどうであるか。

答：白区にいる哥老会の兄弟たちは最も抑圧された階層で、経済的には行き詰まっており、政治的には完全に圧迫された状況におかれている。彼らは生存のために危険を冒して造反したが、国民党が彼らを社会のくずとして殺している。このような状況の下では哥老会の兄弟たちには生きる道がない。
問：蘇区にいる哥老会の兄弟たちの生活はどうであるか。
答：蘇区にいる哥老会の兄弟たちにはそれぞれの必需品が分配された。彼らは土地や家畜・家を与えられた。彼らは失業の苦しみもなく、あらゆる政治的圧迫から解放された。ソビエトこそ哥老会や抑圧・略奪されたすべての人民の救いの星と未来である。
問：現在蘇区のあらゆるところに山堂が開かれている。軍閥の毛炳文、馬鴻逵らも山堂を開きたいという。これはどういうことであるか。
答：蘇区で山堂を開くのは白区の哥老会兄弟に革命工作に参加し、ソビエト勝利のために戦ってもらうためである。これと違って、軍閥の毛炳文らが山堂を開いたのは蘇区に進攻し、ソビエト政権を破壊し、哥老会の兄弟たちを殺そうとするためである。もし哥老会の兄弟たちが毛炳文を頼って蘇区を攻撃するとしたら、哥老会の兄弟たちは利益を得るどころか、死に追い込まれるにちがいない。

この問答は先の問答とは異なり、「蘇区」と「白区」の哥老会メンバーの政治的、社会的地位の相違を比較することによって、ソビエト政権が哥老会の保護者であることを強調し、哥老会に対して婉曲的に次のような警告をも発している。すなわち、もし哥老会が「白区」の国民党軍隊と結託すれば、何の利益も得られないどころか、抜け出ることのできない破滅の道に行くことになる、という警告である。

五　赤い中国の哥老会大会（2）——馬頭山哥老会大会

中共は哥老会に対する公の宣伝攻勢とは別に、開催間近の馬頭山哥老会大会を中共のコントロール下におくために水面下の活動を活発に進めた。しかし、前述の河連湾哥老会大会と違って、中共中央の機関紙『紅色中華』には一〇月一五日に開かれた馬頭山大会についての報道すら見当たらない。およそ二ヶ月後の一二月一三日の『紅色中華』の記事が引用した「安塞通信」によって、馬頭山会議においては、共産党は哥老会工作の重点を「蘇区」から「白区」に移したことがわずかにうかがえるのみである。(92)

では、馬頭山の哥老会大会はどのような雰囲気のなかで開かれたのか。これについては、大会直後の報告と半世紀後当事者たちが語った内容との間にかなり大きな違いがある。

出席者が大会後に報告したところによれば、大会前に「われわれの党の多くの同志は哥老会を味方にするために哥老会に加入した」とされる。一部の哥老会組織は中共の哥老会政策の転換に警戒心を持っていた。甘洛県から来た哥老会代表の話では、もとより連絡の取れる哥老会メンバーは多くないし、連絡が取れた人でも、「われわれの真相が分かっていないため、恐れていて来なかった」という。馬頭山大会の際、「われわれの同志は多くの条件を出したが、私から見れば、閣老会（＝哥老会）の一部のメンバーはこれを理解したが、一部はまだ疑問をもっている」。「山主」を選挙する際に、閣老会の一部の「大爺」は中共陝北省が予め決めた人選に反対した。そのため、中共は大会開会の前夜に準備大会を開き、抗日救国の任務が重大で、「才能のある人に責任をもって山主になってもらいたい。ゆえに、白区で全般的に閣老会を味方にするための工作を進めていく」ことを強調した。(93)

しかしながら、半世紀後に公にされた参加者による回顧談のなかでは、馬頭山の哥老会大会は成功した大会として語られている。中共の代表として会議に参加した張崇徳は一九八〇年代にこう語った。「各地の山主たちはみな腕を振るいたくて自信満々であった。彼らは日寇に対する満腔の怒りの炎を抱いて、（共産）党と毛主席の指導の下で積極的に抗日戦争救国運動のなかに身を投じ、日本帝国主義を打倒し、蒋（介石）汪（兆銘）売国奴を根こそぎすることを決心した」[94]。しかし、馬頭山会議当時、「毛主席」という呼称はまだ一般的に使われておらず、汪兆銘もまだ日本側に身を預けていない。

同じ時期、もう一人の馬頭山大会の出席者劉守義は次のように当時を振り返っている。「馬頭山会議で（共産）党が哥老会に働きかけた結果、陝甘寧の隣接地域の哥老会組織は党や毛主席の指導と劉志丹同志の導きの下で、甘辺（甘粛省境）と陝辺（陝西省境）革命根拠地の設立に手柄を立てた。それに（彼らは）抗日戦争の始めころにも貢献した。彼ら（の功績）を讃えるべきである」[95]。ここにも「毛主席」という呼称が使われているし、特に劉志丹に関する記述は時系列が前後している。「劉志丹同志の導きの下」云々とあるが、馬頭山会議が開かれた時、劉志丹はすでに死去している。

当事者の回顧談にはこうした不満が残るものの、彼らの話の資料的価値をすべて否定することはできない。これを通じて、七〇年も前に中共が陝北で開催した哥老会大会の詳しい状況をうかがうことができるからである。まず、会議の事前準備について、会議の主導権を握り、会議を中共の意図にそって進行させるため、多くの共産党員が哥老会メンバーとして大会に参加した。前出の張崇徳はその一人であった。彼の話によれば[96]、

一九三六年春、私は延安県高橋工作委員会の書記をつとめていた。陝北省組織部王達成部長、白区工作部賈托（拓）夫部長は私を志丹県委員会副書記兼白区工作部部長に移動させた。就任後まもなく陝北省委員会白区工作部から通知がきて、志丹県の関係者が永寧区で開かれる碼（馬）頭山の山堂会議に出席するよう命じた。私は一行の責任者の一人であった。通知を受けた後、（志丹）県委員会はただちに会議を開いて、県内すべての党・政治・軍事機構の幹部のうち、かつて哥老会に加入したことのある同志を一律に会議に参加させ、山堂会議の中核

になることを決定した。また、旦八寨子を包囲攻撃した部隊から一つの遊撃隊（兵力は一つの小隊に相当する）を会議の警備に当てることも決定された。県の党・政府・軍隊・民衆団体の幹部約二十人余りに遊撃隊員を加えると、全部で六十人余りいた。統一戦線工作のため、高橋工作委員会にいた時、私は中央工作委員会の許可を得たうえで、元紅二十九軍の軍長、中央第二工作委員会委員、哥老会龍頭大爺の李仲英の紹介で哥老会に入った。（李は）哥老会の海底（文書）や会員同士が会った時に使う暗号や暗語を伝授してくれた。（中略）会議を成功させるため、党中央と上級機関の指示を受けて、私と幹事李鳳才ら数人は会議が開かれる前の数日間、それを学んだ。

このように、中共はかつて哥老会に入ったことのある人を会議に参加させると同時に、哥老会大会のために警備部隊を配置し、厳重な監視態勢を整えた。そして、緊急事態に対応するために、警備に当たる兵士は共産党の指示で哥老会大会の前に哥老会に入会し、哥老会の暗号やしきたりを習った。

馬頭山会議に関するもう一つの回想資料は、こうした周到な準備が実際に重要な意味があったことを物語っている。馬頭山会議のもう一人の中共側の参加者孫玉貴はもともと赤安県遊撃隊第三支隊に所属する兵士であった。旦八寨子の包囲攻撃中の一〇月一一日、彼は志丹県の馬頭山に行くよう命じられた。馬頭山大会について、彼は後に次のように述べている[97]。

私たちの支隊は五十人余りの部隊で、いくつかの小さなグループに分かれて、各方向で順番に警戒に当たっていた。一四日、各方向から人が大勢やって来た。まず哥老会のしきたりに従って相手と会話を交わさなければならない。場所ごとに哥老会の暗号に詳しいメンバーがいて、相手と話をする。合い言葉が合っている人だけ山に登ることができる。合っていない人は容疑者として逮捕される。おそらく一九日の午後、ある歩哨所の前にやって来た南方からの数人は合い言葉が間違っていた。上司の指示を仰いでから彼ら全員の身柄を拘束した。最終的にどう処理したかは知らない。われわれの歩哨所は（会場から）三里離れたところまで置かれ、きわめて厳しく取調べを行った。われわれは一瞬の油断もなく警戒していた。指導部から派遣された人がしょっちゅう巡視しに来て、状況を調べた。

合い言葉を間違った人を逮捕したのは、国民党やその他の敵対勢力が哥老会大会を機に「蘇区」に浸透するのを防ぐためであった。このように、馬頭山大会は中共部隊の厳しい監視の下で行われたことがうかがわれる。

そして、会議の時の様子について、張崇徳は次のように述べている。中共陝北省白区工作部長賈拓夫による開幕のあいさつに続いて、中共中央の代表龔逢春(98)があいさつした。その後、陝甘寧省ソビエト主席・哥老会大爺の馬錫五が動員報告を行った。その後、中共の代表や哥老会各山堂の大爺が相次いで発言した。また、「興隆山」を「興華山」に、「忠義堂」を「救国堂」にそれぞれ名前を改めて、「打富済貧（金持ちをやっつけ、その財産を貧しい人に与えよ）」というスローガンを「駆逐日寇、鏟除漢奸（日寇を駆除し、漢奸を根こそぎせよ）」に改め、中華江湖抗日救国会を設立した。最後に、会議が閉幕する前に数名の山主が選ばれたが、馬海旺もそのうちの一人であった。黄色い布に印刷された会章が参加者全員に配られた。会議は七日間開かれ、六百人余りが出席した(99)。

なお、劉守義が語ったところによれば(100)、

一九三六年陰暦九月はじめ、私は組織の指示で哥老会メンバーとして馬頭山の山堂大会に参加した。私の記憶では、会議の状況は次のようである。会議は一九三六年陰暦九月はじめに開会し、七、八日間続いた。会議を主宰したのは陝北省で、中央からは数人の代表が派遣された（私はそのうちの二人を知っていた。一人は龔逢春、もう一人は馬錫武〈馬錫五〉）。陝西・甘粛二省および各地から来た哥老会メンバー六百人余りが会議に出席した。そのうち保安県から来た人が最も多かった。（中略）会議中、山主が選ばれ、興隆山が興華山、忠義堂が救国堂にそれぞ

れ改められた。そして、救国堂の会員章程が制定され、印刷された章程が出席者たちに配られた。会議中、中華江湖抗日救国会が設立され、会議後にやるべきこととしていくつか挙げられた。一つは土匪を改編することによって抗日救国の力を大きくすること、もう一つは「打富済貧」、「俠義肝丹（義俠心をもって肝胆相照らせ）」、であった。

もう一人の当事者李立森は次のように述べている(101)。

> 一九三六年一〇月はじめ、私は靖辺県政府白区部から通知を受け、陝北省白区部が志丹県永寧の馬頭山で開かれる哥老会の会議に参加するよう命じられた。通知を受け取った後、私は一〇月一〇日（陰暦）ころに出発した。一緒に会議に出席した人のうち、私たち数人の幹部を除けば、五十人余りはみな哥老会のメンバーであった。私たちは一〇月一三日午前に馬頭山に到着すると、会議の招待員が予め決められた場所に案内してくれ、食事と宿も手配してくれた。（中略）私は大会が始まった後やっと今回の会議は尋常ではないことが分かった。軍人、農民、労働者、地方の幹部約七、八百人が会議に参加した。そのうち東北軍の哥老会メンバーや高双成、高桂茲、井岳秀らの部隊の哥老会メンバーがいた。私は以前石子俊の旅団で仕事をしたことがあったため、一部の軍人とは面識があり、しかも仲がかなり良かった。講壇に坐っていた馬錫武、馬海旺はもともと哥老会の大爺で、比較的信望があった。彼らはみな今回の会議で重要な講演をした。

以上の回顧談の内容はほぼ一致している。これらを通じて明らかになったように、事前に周到な準備が行われたため、馬頭山大会は終始中共の意図に沿って展開されていた。いわば馬頭山哥老会大会は中共が哥老会をコントロールする手段の一つとなっていたのである。

中共側の公式の見解によれば、馬頭山の哥老会山堂会議は八月一五日から七日間にわたって開かれた。大会では以下の十カ条が決められたが、その内容は河連湾大会の決議と基本的に同じものである(102)。

①日本帝国主義を打倒し、我が中華人民を救う。

②漢奸の財産を没収し、これを抗日の基金にする。

③□□を取り除き、国のため、民のための政治を行う。

④金持ちには血も涙もない。土豪劣紳は我が漢流の敵である。

⑤四方の好漢を招待し、金持ちをやっつけ貧しい人を救済する。

⑥義侠心に基づいて困っている人に金を分けて、漢流は心を一つにする。

⑦救国救民のために紅軍の抗日を援助する。

⑧あらゆる苛捐雑税と壮丁割り当てに反抗し、これに従わない。

⑨各地に分散した漢流武装団は自ら抗日のための武器を集める。

⑩我が漢流兄弟は本会の規定を守るべし。

また、大会では「中華江湖抗日救国会」の簡単な規則と軍隊武装に関する簡単な規則が承認され、さらに「日本侵略者を駆逐し、漢奸を取り除く」、「中華の英雄が一同に集まり、一気団結して中国を救う。民主共和をもって解放を求め、連合戦線を結成して独立を勝ち取る」という綱領を打ち出した。そして、対内的なスローガンとしては「江湖義侠心」、対外的なスローガンとしては「革命精神」が定められた。会議では正式に「中華江湖抗日救国会」と「抗日救国軍」の設立を決めた。

以上のように、馬頭山大会は哥老会の山堂大会の形をとったものの、内容からみれば、従来の哥老会組織とまったく異なるものであった。この意味で、馬頭山の哥老会大会は「哥老会を改造する」という郭洪濤の期待に沿うものであった。

馬頭山大会が残した唯一の成果は、中共が哥老会を利用して「白区」で活動するという従来の方針を確認した、ということである。これはその一週間後に開かれた中共中央政治局会議に表されている。一〇月二三日、周恩来は中共中央政治局会議の際に、哥老会を利用することは「白区」の民衆を引きつける補助的方法の一種に過ぎないと述べた。[103]

このように、「空前の盛況」とされる河連湾の哥老会大会に続いて、六百人余りが参加する馬頭山の哥老会が静かに幕を閉じた。毛沢東の「宣言」の発布からまる三ヶ月が経っていた。

ところで、馬頭山会議閉会後の状況は、前出の劉守義によれば次のようなものであった。[104]

馬頭山大会の後、中華江湖抗日救国会はただちに抗日救国義勇軍を派遣した。私たち十数人は隊長李春発に率いられて、土匪収容・改編のために甘粛省の合水県に行った。李春発は合水県に到着した後まず県長商玉山と連絡を取り、合水県で中華江湖抗日救国会外交部を設立した。部長は郭鴻（郭大爺）であった。抗日義勇軍は外交部の指導の下で積極的に工作を展開し、一一月に土匪三十人を収容・改編し、その後徐志礼儀ら十二名の土匪を収容・改編した。李春発が率いた抗日義勇軍は合水県に来てから二年余りの間、合わせて百人余りの土匪を収容・改編し、二つの抗日義勇隊を結成した。

なお、李立森は次のように述べている。[105]

会議が終わった後、会議に出席した中心メンバーは「四保」（四つのグループ）に分かれ、それぞれ個別で行動するよう呼びかけた。当時、「東保」の責任者は井岳秀部隊のある哥老会大爺、「南保」の責任者は東北軍のある哥老会大爺、「西保」の責任者は曹という人で、みなは彼のことを曹大爺と呼んでいた。「北保」の責任者は白大爺と私であった。帰った後私は県の白区部に会議の内容を報告した。当時私は革命幹部だった。具体的なことに携わるため、組織で討論した結果、賀大爺が宣伝・動員を、私が会計を、それぞれ担当することになった。統計によれば、県内で哥老会に属するのは三百人余りであった。（われわれは）すぐに彼らを組織し訓練した。一九三七年秋、私は志丹県保衛局に配属された。県内に七百人余りの哥老会メンバーがいた。まもなく哥老会メンバーのうち問題を起こした人がいて、上級機関は哥老会組織を解散し、その活動を一律に停止するよう通知した。

馬頭山会議に関するこれらの回想はいずれもその後の中共の哥老会工作に言及しているが、その具体的な状況については資料の制約によりなお不明である。関連資料からみれば、馬頭山会議以降、中共は計画的に「蘇区」の哥老会に対する統合を強めると同時に、周恩来の指示に基づいて哥老会の利用工作を「白区」内に限定するようにした。こうした哥老会政策の方向転換は、この時期の国民党側の資料からもその一端をうかがうことができる(106)。

六　結びにかえて——根拠地における哥老会の統合

以上、本章では、哥老会大会に焦点を当てて、中共の陝北革命と地域社会の関係について考察した。そこから以下のいくつかの結論が得られる。

第一に、陝甘地域社会と陝甘地域の早期革命との関係について。陝北革命の創始者謝子長、劉志丹は相次ぐクーデターの失敗を経て、陝甘地域で大きな影響をもつ哥老会および哥老会のネットワークを通じて革命を行う道を選んだ。しかし、これをめぐって、中共陝西省委員会内部において終始意見の対立があった。哥老会を利用することと哥老会に参加することとの間の境界線は必ずしも明確ではなく、謝子長、劉志丹らの活動はしばしば「土匪主義」と批判されていた。一九三五年九月、陝西共産党内部のイデオロギー闘争が激しさを増し、劉志丹は囚われの身となった。毛沢東が率いる中央紅軍がちょうどこの時期に陝北に到着しなかったら、劉志丹はかつて井岡山根拠地の袁文才と王佐を襲ったような悲劇の犠牲者になっていたかもしれない。

第二に、統一戦線と共産党支配の対立の問題について。陝甘革命は、毛沢東の中央紅軍が「長征」を終えて陝北高原に到着したことで第二幕を開けた。中共にとって陝甘地域に根を下ろし確固たる根拠地を建設することにより、より大きな政治舞台へと駒を進めることが課題となった。中共は抗日民族統一戦線の構想を打ち出して、国民党との政権争いのなかで有利な立場に立った。毛沢東の「哥老会に対する宣言」をきっかけに、陝甘地域の哥老会は「党派」として中共の抗日民族統一戦線に組み込まれた。

ところが、抗日ナショナリズムが哥老会動員の理論的根拠となったものの、陝北ソビエト政権は根拠地で対哥老会工作を行う際、共産党の絶対的な指導を堅持する中共陝北省委員会の反対に遭い、河連湾哥老会大会後には反対意見が優勢を占めるようになった。陝北省委員会宛の周恩来の手紙をきっかけに、中共の哥老会政策は一転した。統一戦線の角度から共産党と哥老会の共通点を強調する毛沢東の「対哥老会宣言」とは対照的に、周恩来の手紙は共産党のイデオロギーに基づいて共産党と哥老会の相違を強調した。この同一か相違か、という対立には、中共の統一戦線思想と党のイデオロギーとの緊張関係が反映されているように思われる。

第三に、「蘇区」と「白区」の哥老会工作について。河連湾哥老会大会後、中共は再び「哥老会は友かそれとも敵か」という問題に直面した。中共陝北省委員会は「蘇区」という政治空間における哥老会の存在意義を否定した。しかし、中共は「白区」という別の政治空間における哥老会の存在意義を全面的に肯定し、哥老会のネットワークを通じて国民党と戦うことに関する具体的な政策をも打ち出した。馬頭山大会がひっそりと幕を下ろした後、中共の哥老会政策はかつて鄧穎超が提起した「白区」における哥老会工作に戻った。その一方で、「蘇区」では、哥老会組織が消滅させられ、共産党の内部から哥老会の影響が取り除かれるようになっていった。

一九三六年末、西安事変の解決をきっかけに、国民党と共産党は抗日統一戦線の形成に合意した。翌年七月の盧溝橋事件後、国共の合作はより現実的なものとなった。中共を取り巻く政治状況が変化するなかで、中共は根拠地内の土匪武装を粛清し、支配下の各級組織を固めることに力を注いだ[107]。哥老会を根拠地から締め出すのもその一環であった。一九三七年四月、中共統一戦線工作の責任者李維漢は次のように指摘している。「このような組織（哥老会を指す）は封建制度下の遺物である。組織の形は反民主的であり、内容は反動的なものばかりである。そのため、われわれはこの種の組織を擁護してはならない[108]」。これは根拠地における哥老会組織の存在そのものを根底から否定することを意味した。

一九三七年七月一五日、中共陝甘寧辺区党委員会は「哥老会工作に関する指示」を下し、「特区」と「友区」（抗日統一戦線成立後、従来の「辺区」と「白区」はそれぞれ「特区」と「友区」と改称された[109]）内の哥老会に対して異なる政策を実施する方針を打ち出し、五つの側面から「特区」と「友区」で実施すべき哥老会政策について指示した。その要点は以下の二つである[110]。まず、哥老会の性質について。哥老会は歴史上の「秘密結社」の一種で、その下層分子は哥老会組織を通じて支配階級に反対する階級闘争を行っているため、哥老会は「革命的な役割」を有する。一方、哥老会組織のなかには土匪、ちんぴらが含まれるため、その思想と組織は保守的・迷信的・封建的・反動的色彩を帯びており、それゆえしばしば反革命の野心家に利用される「反革命の道具」でもある、とされた。次に、哥老会工作の策略について。「友区」の哥老会に対しては、誘導と離間を併用する策略を取り、最終的には哥老会を抗日民族統一戦線内の大衆団体に改造する。それに対して、「特区」の哥老会に対しては、誘導・離間などの策略を併用し、哥老会の組織を消滅させる。「指示」の最後の部分は、哥老会に追随して共産党の立場を捨てるという右の傾向に反対する一方で、哥老会の反動的な部分のみに注目してその革命的部分を無視するという左の傾向にも反対することを強調している。このような哥老会政策における二元的な立場は、中共が党内、党外の哥老会、「特区」と「友区」の哥老会、そして哥老会とその他の結社を区別し、多方面における対哥老会工作を展開する道を開いた。

ところで、哥老会とそのネットワークが早期の陝甘地域の革命において一定の役割を果たしたものの、陝甘寧根拠地の政治統合を行おうとする中共にとって、哥老会組織は好ましくない存在であった。一九三九年一〇月五日の統計によれば、「辺区」の共産党員三六一三一名、すでに除名された一二五七名の党員のうち哥老会分子が一五二名を占めている[111]。また、同年一〇月二七日の統計では、各種の党派に参加したことのある中共党員は一二九一名で、そのうち八二〇名が哥老会出身であった[112]。中共は根拠地における哥老会の活動を警戒したもの[113]、「哥老会全体がわれわれと対立することを避けるために」、明確な反哥老会のスローガンは掲げなかった[114]。このことは、中共が陝甘寧根拠地で行った仏教会、一心会などの宗教結社の取締とは対照的であった[115]。

このように、中共の異なる政治空間のなかで、哥老会は異なる役割を賦与された。すなわち、共産党政権から離れるほど、哥老会は統一戦線内部の「自者」になり[116]、逆に、共産党政権に近いほど、イデオロギー統合の「他者」になったのである。

注

（1）「盛況空前的哥老会大会」、『紅色中華』、第三〇一号、一九三六年九月一八日。

（2）Stuart R. Schram, “Mao Tse-tung and Secret Societies”, *The China Quarterly*, No.27, July-September, 1966, pp.1-13. 菊池一隆「劉志丹与陝北革命」、『中国近現代史の諸問題――田中正美先生退官記念論集』、国書刊行会、一九八四年、三四一―三四

三頁。
(3) 周育民、邵雍『中国幇会史』、上海人民出版社、一九九三年、六二〇—六二七頁。邵雍『中国秘密社会』第六巻・民国幇会、福建人民出版社、二〇〇二年、二一六—二二五頁。
(4) 拙稿「近代中国の革命と秘密結社、一八九五〜一九五五年」、東京大学博士論文、一九九九年三月。
(5) 朴尚洙「二〇世紀三四年代中共在陝甘寧辺区与哥老会関係論析」、『近代史研究』二〇〇五年第六期。
(6) 劉志丹、謝子長の革命生涯については、主に以下の叙述に依拠している。①李振民、張守憲「劉志丹」、②李振民、張守憲、梁星亮「謝子長」(中共党史人物研究会編『中共党史人物伝』第三巻、陝西人民出版社、一九八一年)。
(7) 杜斌丞は共産党史の叙述のなかで「愛国主義者」として称えられたが、当時は反共産党的な立場を取っていた(「陝西省委関於陝北軍事行動与決議案」〈一九二八年一月〉、中央檔案館・陝西檔案館編『陝西革命歴史文件彙集』〈一九二五〜一九三六〉乙一、一九九二年、九三頁)。
(8) 張培礼「劉志丹競選民団団総」、陝西省文史研究館編『三秦軼事』、上海書店、一九九四年、八—九頁。
(9) 前掲李振民、張守憲「劉志丹」、二〇二頁。
(10) 行政院農村復興委員会編『陝西省農村調査』(一九三三年)、近代中国史料叢刊三編第八十輯、文海出版社、一四三頁。
(11) 同右、一四三—一四四頁、一五二—一五三頁。
(12) 同右、一五六頁。
(13) 中哲「陝西土匪何自来」、『共進』第六十五期、一九二四年七月一〇日。中国共産党陝西省委員会党史資料徴集研究委員会編『共進社和「共進」雑誌』、陝西人民出版社、一九八五年、二四二—二四四頁。
(14) 魏野疇「陝西之政治経済状況」、『西安評論』第八期、一九二五年九月一日。陝西省革命烈士事跡編纂委員会編『魏野疇伝略・回憶・遺文』、陝西人民出版社、一九八一年、二〇二頁。菊池一隆「陝西省の民衆運動とその背景——土匪反乱の史的意義」(青年中国研究者会議編『続中国民衆反乱の世界』、汲古書院、一九八三年、三七五—三八九頁)を参照。
(15) 前掲「陝西省委関於陝北軍事行動与決議案」(一九二八年一月)、前掲『陝西革命歴史文件彙集』(一九二五〜一九三六)、乙一、九一頁。

(16)「団陝西省委対党策略討論的経過与決議」（一九二八年一月八日）、前掲『陝西革命歴史文件彙集』（一九二五～一九三六）、乙一、八六頁。

(17)黄宗智『華北的小農経済与社会変遷』、中華書局、一九八六年、三一四頁。

(18)前掲李振民、張守憲「劉志丹」、前掲『中共党史人物伝』第三巻、二〇〇頁。

(19)一九三一年秋、高桂滋部隊の蒲子英らはクーデターを起こし、兵士を率いて陝西と甘粛の隣接地域で劉志丹のゲリラ部隊と合流した。「陝甘寧辺区実況」、著者、作成年不明、東洋文庫所蔵筆写史料。

(20)中国第二歴史檔案館所蔵「甘粛省最近匪患実況及剿辦情形調査表」、民国二一年八月。

(21)同右、「甘粛省最近匪患実況及剿辦情形調査表」、民国二一年九月。

(22)「陝甘工作に関する文献」、波多野乾一『中国共産党史』第五巻、時事通信社、一九六一年、六七二頁。

(23)陳言『陝北調査記』、北方雑誌社、一九三六年、八〇頁。

(24)Mark Selden, *China in Revolution: The Yenan Way Revisited*, Armonk-New York-London: M. E. Sharpe, Inc. 1995, p.33. Mark Sheldon, *The Yenan Way in Revolutionary China*, Cambridge, Mass., Harvard University Press, 1970・小林弘二・加々美光行訳『延安革命』、筑摩書房、一九七六年。

(25)周錫瑞「従農村調査看陝北早期革命史」、南開大学歴史系中国近現代史教研室編『中外学者論抗日根拠地』、檔案出版社、一九九三年。

(26)馬文瑞「群衆領袖、革命楷模――緬懐劉志丹同志」、『馬文瑞文選』第一巻、陝西人民出版社、一九九八年、五四一―五四二頁。蓋軍、李東朗「劉志丹対西北革命根拠地党的建設的貢献」、劉志丹紀念文集編委会編『劉志丹紀念文集』、軍事科学出版社、二〇〇三年、五〇〇―五〇二頁。

(27)防衛庁防衛研究所戦史資料室所蔵「西北哥老会ニ就テ」、包頭陸軍特務機関員西村透、満洲・満蒙八九、作成年代不明、文中「昭和一四年一二月二〇日」の事件を取上げていることから一九四〇年以降のものと推測できる。

(28)　鄧顯超「争取哥老会的重要及方法」(一九三六年)、中共中央檔案館所蔵。
(29)　同右。
(30)　同右。
(31)　同右。
(32)　張光「劉志丹改造哥老会」、前掲陝西省文史研究館編『三秦軼事』、一―二頁。
(33)　同右、二頁。『志丹県志』編纂委員会編『志丹県志』、陝西人民出版社、一九九六年、七六〇頁。
(34)　馬雲沢「創建陝甘寧地区革命武装的一些情況」、『陝西文史資料』第十四輯、陝西人民出版社、一九八四年、一二頁。
(35)　前掲「争取哥老会的重要及方法」。
(36)　李立森「回憶我参加馬頭山哥老会大会的情況」、一九八六年。志丹県党史辦公室所蔵。これらの資料は朴尚洙教授が筆者に提供したものである。ここに記して感謝の意を表したい。
(37)　「陝北共産党発展的概況」、著者不明、一九三五年、九頁、東洋文庫所蔵筆写史料。
(38)　同右、一〇頁。
(39)　同右、一一―一二頁。
(40)　この歴史は中共側の正式な記述の中には見られない。中共楡林地委党史研究室・中共陝西省委党史研究室「陝北革命根拠地的創建」、『中共中央北方局』資料叢書編審委員会編『中共中央北方局』(土地革命戦争時期巻)、下冊、中共党史出版社、二〇〇〇年、一一四六頁。
(41)　郭洪濤は陝西北部の米脂県に生まれ、劉志丹と同じ楡林中学で学んだ。彼と劉の衝突について、晩年、自己弁明を含め以下のものを記した。郭洪濤「陝北烽火」、『革命資料』五、文史資料出版社、一九八一年。「第二次国内革命戦争時期陝北革命斗争史実回憶」、『陝西文史資料』第十二輯、陝西人民出版社、一九八二年。
(42)　この事件の経緯については、前掲李振民・張守憲「劉志丹」を参照。但し、当事者認識の食い違いに関して、以下のものを参照。聶洪鈞「劉志丹同志冤案的産生」、『革命資料』一、文史資料料出版社、一九八〇年。聶洪鈞「一九四二年一一月在高

幹会上関於陝北粛反問題的発言摘録」、『聶洪鈞回憶与文稿』、中共党史出版社、二〇〇五年、四一―四七頁。程子華「我対聶洪鈞同志文章有些歴史不符的説明」、『革命資料』三、一九八一年。また、以下のものも参照。「陝甘寧辺区実況」、著者不明、作成年代不明、東洋文庫所蔵筆写史料。『王首道回憶録』、解放軍出版社、一九八七年、一六六―一七二頁。

(43) ソビエト革命路線の挫折と「抗日民族革命」との関係について、田中仁『一九三〇年代中国政治史研究――中国共産党の危機と再生』（勁草書房、二〇〇二年）を参照。

(44)「為創立全国各党各派的抗日人民陣線宣言」（一九三六年四月二五日）、中共中央檔案館編『中共中央文件選集』（十一）、中共中央党校出版社、一九九一年、一七頁。

(45)「対於民族革命運動之議決案」、前掲『中共中央文件選集』（一）、三三〇頁。

(46) 同右、三三三頁。

(47) 邵式平「革命的一封信」、一九三三年一〇月二一日。

(48)「為抗日救国告全体同胞書」（一九三五年八月一日）、前掲『中共中央文件選集』（十）、五一八―五二五頁。

(49) Lyman Slyke, *Enemies and Friends: The United Front in Chinese Communist History*, Stanford: Stanford University Press, 1967, pp.55-59.

(50)「瓦窰堡決議」（一九三五年一二月二五日）、前掲『中共中央文件選集』（十）、五九八―六二三頁。

(51) 前掲「争取哥老会的重要及方法」。

(52) 同右。

(53) 同右。

(54) 同右。

(55) 前掲『志丹県志』、五六―五七頁。

(56)「中華蘇維埃中央政府対哥老会宣言」（一九三五年七月一五日）、中共中央書記処編『六大以来――党内秘密文件』上、人民出版社、一九八一年、七六六―七六七頁。

(57) 同右。
(58)「中央関於争取哥老会的指示」(一九三六年七月一六日)、前掲『六大以来』上、七六八—七七〇頁。
(59) 同右。
(60) 同右。
(61)『紅色中華』、第二九七号、一九三六年八月二九日。人民出版社影印本、一九八二年。
(62)「華池哥老会開会討論抗日救国会工作」、『紅色中華』、第三〇二号、一九三六年九月二三日。
(63) 中共中央檔案館所蔵「関於争取閣老会的経過」(一九三六年)。内容から八月二六日「馬頭山哥老会大会」後作成したものと推測できる。
(64)「辺白区群衆擁護蘇維埃」、『紅色中華』、第三〇一号、一九三六年九月一八日。
(65) 前掲「関於争取閣老会的経過」。
(66) 根拠地の中共にとって武器以上に重要なものはない。武器をもって逓走することはこの時期の紅軍においては珍しいことではなかった。そのうち有名なのは許世友ら三十人の逓走事件であった。許は戦功を重ねていたため、無期懲役に処せられた。『新中華』(一九三七年一月二七日に『紅色中華』は『新中華』に改名)第三六五号、一九三七年六月九日。第三八五号、一九三七年八月一九日。
(67)「中華江湖抗日救国委員会通函」、『紅色中華』、第三〇一号、一九三六年九月一八日。
(68) 同右。
(69) 前掲「盛況空前的哥老会大会」。
(70) 馬明方の経歴について、陝西省中共党史人物研究会編『陝西近現代名人録』(西北大学出版社、一九八八年、五—八頁)を参照。
(71) 中共中央檔案館所蔵「恩来対哥老会工作指示信」(一九三六年一〇月六日)。この手紙の一部は『周恩来統一戦線文選』に収録されている(人民出版社、一九八四年、二四—三〇頁)。

(72) 同右。
(73) 李赤然「紅二十七軍戦闘歴程的片断回憶」、『陝西文史資料』第六輯、陝西人民出版社、一九七九年。
(74) 李赤然「紅二十七軍八十一師在東征、西征中」、『陝西文史資料』第十輯、陝西人民出版社、一九八一年、四五頁。
(75) 哥老会大会後、かつて、「八十一師」の二四三団の団長を務めた李仲英は安塞工作委員会に対して哥老会の関係を利用して地方武装民団を見方にするように指示した。陝西省檔案館所蔵「利用閣老会関係発動民団家属写信争取民団」(一九三六年九月)。
(76) 劉宝璋「陝甘寧区二十九軍紀事」、『陝西文史資料』第十四輯、陝西人民出版社、一九八四年、一七—三五頁。
(77) 前掲「恩来対哥老会工作指示信」。
(78) 同右。
(79) 同右。
(80) 劉志丹「三辺事変的経験与教訓」、『闘争』第八十二号、前掲李振民、張守憲「劉志丹」、二二二頁。
(81) このような人事配置は、外来の幹部をもって地元出身の幹部を牽制する効果があった。郭華倫編著『中共史論』第三冊、中華民国国際関係研究所、一九六九年、一二〇—一二一頁。
(82) 裴周玉「劉志丹同志犠牲紀実」(『革命資料』八、一九八二年)を参照。
(83) 劉志丹が死去する前に、地元の共産党軍隊の一部は「外来」の毛沢東の軍隊に対する不満を抱き、「叛乱」を起こした(前掲「陝甘寧辺区実況」を参照)。
(84) 中共中央檔案館所蔵「怎様改造哥老会適合於我們争取的目的」(郭洪濤)、一九三六年一〇月二日。
(85) 前掲「恩来対哥老会工作指示信」。
(86) 同右。
(87) 同右。
(88) 同右。

(89) 同右。
(90) 「哥老会是什麼」、『紅色中華』第三〇四号、一九三六年一〇月五日。
(91) 「哥老会是什麼」、『紅色中華』第三〇五号、一九三六年一〇月一〇日。
(92) 『紅色中華』第三一五号、一九三六年一二月一三日。
(93) 前掲「関於争取閣老会的経過」。
(94) 張崇徳「参加碼頭山山堂大会情況的回憶」、一九八七年。志丹県党史辦公室所蔵、史炳忠整理、以下同様。
(95) 劉守義「参加碼頭山哥老会大会的情況回憶」、一九八六年、志丹県党史辦公室所蔵。
(96) 前掲「参加碼頭山山堂大会情況的回憶」。
(97) 孫玉貴「回憶我保護馬頭山会議的情況」、一九八六年、志丹県党史辦公室所蔵。
(98) 当時龔逢春は中共志丹県県書記であった。陝西省中共党史人物研究会編『陝西近現代名人録』(続集)、西北大学出版社、一九九一年、二九八頁。
(99) 前掲「参加碼頭山山堂大会情況的回憶」。
(100) 前掲「参加碼頭山哥老会大会的情況回憶」。
(101) 前掲「回憶我参加馬頭山哥老会大会的情況」。
(102) 前掲『志丹県志』、七六一頁。
(103) 『周恩来年譜』、中央文献出版社、人民出版社、一九八九年、三二七頁。
(104) 前掲「参加碼頭山哥老会大会的情況回憶」。
(105) 前掲「回憶我参加馬頭山哥老会大会的情況」。
(106) 以下の資料を参照。中央調査統計局編「半年来陝甘寧及川康辺境赤匪之竄擾概況」、一九三七年。中央調査統計局編「各辺区赤匪流竄之概況」、一九三七年。
(107) 一九三七年日中戦争勃発の際に、陝甘寧根拠地内の大きな土匪勢力はほとんど根拠地から追い出され、一九三九年末まで

にはほぼ粛清された。「毛沢東、朱徳電」（一九三七年七月七日）、西北五省区編纂領導小組・中央檔案館編『陝甘寧辺区抗日民主根拠地』文献巻（上）、中共党史資料出版社、一九九〇年、二六九頁。肖勁光「関於剿匪問題」（一九三九年一一月一八日）、同右、二七四—二七五頁。

(108)「特区統一戦線工作中的幾個問題」（一九三七年四月二五日）、『李維漢選集』、人民出版社、一九八七年、七九頁。

(109)「陝甘寧特区党委関於注意使用統戦名詞的通知」（一九三七年一二月六日）、中央檔案館・陝西省檔案館編『中共陝甘寧辺区党委文件彙集』（一九三七～一九三九年）、甲一、出版元不明、一九九四年、九五頁。

(110)「関於哥老会工作的指示草稿」（一九三七年七月一五日）、前掲『陝甘寧辺区抗日民主根拠地』文献巻（上）、一五五—一五八頁。前掲『中共陝甘寧辺区党委文件彙集』（一九三七～一九三九年）、甲一、九—一三頁。

(111)「党員数目統計表」（一九三九年一〇月五日）、前掲『中共陝甘寧辺区党委文件彙集』、甲一、三三八頁。

(112)「党内参加過其他派別団体教会党員調査表」（一九三九年一〇月二七日）、同右、三三三頁。

(113)哥老会に対する中共の警戒については、前掲『中共陝甘寧辺区党委文件彙集』（甲一、三三六頁、三六四頁、四一七—四一八頁、四四七頁）を参照。

(114)「陝甘寧辺区党委関於回民工作給隴東分委的指示」（一九三八年）、同右、一九四頁。

(115)陝甘寧辺区政府主席林伯渠は仏教会、一心会を「名義上は宗教団体であるが、実際には漢奸集団である」とし、これらの団体を禁止する法令を発布した。「禁止仏教会、一心会活動」（一九三八年七月一五日）、陝西省檔案館・陝西省社会科学院編『陝甘寧辺区政府文献選編』第一輯、檔案出版社、一九八六年、八二—八三頁。陝西省淳耀県では、一心会のメンバー張積善は「三期普渡」と称し、香堂を開いて、「日本人が来ても、菜食の者は殺さないから、本堂に入れば何も恐れがない」と人々に呼びかけた。また、山西省と隣接する延川県では、哥老会のメンバーたちは「前清（清朝）は倒れたが、後清はまた来る。日本は宣統皇帝の即位を擁護する立場を取っている」と言い、また、日本人は弁髪の人を殺さないので人々に弁髪を蓄えるよう説得した。房成祥・黄兆安主編『陝甘寧辺区革命史』、陝西師範大学出版社、一九九一年、一三六頁。

(116)陝甘寧辺区以外の地域においては、中共のそれまでの哥老会方針は依然として実施されていた。この点については、一九四三年夏に国民党支配下の甘粛省に生じた哥老会暴動事件に関する興亜院の調査から窺える。(「甘粛に於ける哥老会中心の叛乱」、大東亜省編『情報』第八号、一九四三年九月一五日。「西北地区哥老会暴動情況」、同誌第十一号、一九四三年一一月一日)。

第九章　華北――八路軍、紅槍会と地域社会

はじめに

紅槍会は、華北農村地域の民衆がその居住する「郷土」を中心に、地域特有の民間宗教を精神的ささえとしながら、「防匪御兵」を目的として結成された武装結社である。日中戦争期における紅槍会と中国共産党との関係に関しては、一九七〇年代以来数多くの研究成果が蓄積されているものの、残されている課題も少なくない。日本軍および八路軍との関係もその一つである。日中戦争期、各種の政治権力にとって、華北地域に広く存在していた紅槍会は無視できない存在であった。日本軍と八路軍はいずれも紅槍会に強い関心を示し、紅槍会を自らの支配秩序に組み入れようとした。中共と紅槍会との関係を解明するには、日本軍と紅槍会との関係についても検討する必要がある。[1]次に、中共と紅槍会との関係に関する従来の研究では、農民の保守性に起因する紅槍会の排他性が強調される一方、具体的な事例研究に基づいて両者の関係を双方向的に捉える研究は欠けているように思われる。[2]実際には、史料からうかがえるように、紅槍会は、いくつかの政治勢力のいずれかを選択しなければならない状況におかれたとき、ほとんどの場合、外来勢力を排斥することなく、諸勢力のうちの一つを選択するか、あるいは複数の政治勢力の間でバランスをとろう

とする、という政治姿勢を取っていた。

本章は、先行研究を踏まえつつ、これまであまり利用されていない一次史料に基づいて、華北農村地域における各種の宗教結社を類型的に概観したうえで、日中戦争期における日本軍・八路軍と紅槍会との関係を明らかにすることを主眼とする。具体的には、先ず、華北地域で「東亜新秩序」の樹立を目指す日本軍および傀儡政権の紅槍会への認識と政策を考察し、これに対する紅槍会側の反応を河北省永清県の先天道の事例を通して検討したい。次に、抗日根拠地の建設を目的とする中共・八路軍の紅槍会認識と政策を分析し、これに対する紅槍会側の反応を山西省盂県の九宮道の事例を通して分析してみたい。これらを通じて、従来の紅槍会研究で強調されてきた紅槍会の「排他性」とは異なる状況があったことや、紅槍会の政治的選択については各々の時期や地域の政治力学のなかで捉える必要性のあることが明確になると考える。

一　華北農村の宗教結社

華北農村の民間宗教結社について、当時日本大使館で調査官を務めた武田熙によれば、「華北には純正な宗教団体として可なるもの七十二種あり、いわゆる雑宗教団体に入るべきもの実に九十六種」が存在した、という(3)。なお、八路軍第一二九師が一九三八年に河北南部地域に入ったとき、そこには一二〇種あまりの「会門」、「道門」といった宗教結社が存在したと言われ、その中でも一貫道・和平会・六離会・大刀会・紅槍会の勢力が大きかったという(4)。ただし、これらの数字は調査に基づいたものではない。戦前および戦時中、華北宗教結社に関しては以下のような四種類の調査が行われた(5)。

①外交駐在員の報告。一九三〇年七月、山東省博山県において、黄沙会が日本人が経営にかかわった炭鉱を襲撃した事件が起きた[6]。これをきっかけに、日本の外務省は中国各地に駐在する領事館に対して、「宗教類似結社ノ行動」について、その名称・教義・人数・武装、および活動を調査・報告するよう命じた[7]。現在、外務省外交資料館には、天津・芝罘・青島・済南・南京の領事館からの報告書が保存されている[8]。

②村単位の調査。李景漢を中心とした調査グループと金陵大学農業経済系の調査チームによる調査がその代表である。河北省定県の六十二の村を対象とした李景漢らの調査によると、六十二の村に普済仏教会・背糧道・聖賢道・九功道・老師道・五里門・香門道・坐功道・静心道・金香道の十種類の秘密宗教結社が存在する[9]。また、金陵大学農業経済系が行った、安徽省北部の宿県の二十四の民間組織を対象とした調査によると、連荘会・紅槍会は県の全域に広がり、そのほか、三元会・霊山道・坐家修などの秘密宗教結社が存在したという[10]。

③華北一部の市・県を対象とした調査。日本軍が華北地域を占領した後、一九三八年一二月に、北京に興亜院が設立された。興亜院所轄の華北連絡部などの機構は一九四〇～一九四二年の間に華北地域で実地調査を行った。なかでも特に北京・天津・青島、及び華北京漢鉄道沿線の市・県における秘密結社に関する現状調査が注目される。しかし、この調査の対象地域が限られており、調査内容も秘密結社内部の状況には及ばなかった。調査の結果は興亜院編纂の『調査月報』と『情報』に掲載された八つの報告書にまとめられている[11]。

④華北大部分の市、県を対象とした調査。これは一九四二年に傀儡政権華北政務委員総署が所轄の河北・山東・山西・天津特別市など各市、県の調査資料をまとめた「華北乙種宗教団体調査表」である。いわゆる乙種宗教団体とは、民間の宗教信仰に基づいて結成された各種の団体を指すものである。この調査に携わった武田熙によると、華北政務委員会は民間（民俗）宗教を甲、乙、丙の三種類に分類し、甲種には、仏教・道教・ラマ教・回教・天主教・東正教・

基督教、乙種には、紅卍字会・先天道会・一貫道などの秘密宗教結社、丙種には土地廟・娘娘廟・関帝廟などいわゆる街頭信仰が含まれている[12]。この資料は筆者がこれまで見た同類の資料のなかでもっとも詳細なものである。具体的な調査の内容は、宗旨・宗教系統・崇拝対象・組織情況・リーダーの経歴・機関所在地・布教範囲・信者人数・歴史沿革・経費来源・付属事業の計十一の項目に分かれている[13]。「乙種宗教」に関して、調査側の主な関心は宗教結社の系統及び当局への登録の有無の二点にあった。調査者は華北の宗教結社を仏教・道教・儒教、および二つ以上の宗教に付会するもの、の四つの系統に分類している[14]。当局への登録の有無に関する調査の背後には、宗教結社を日本軍の華北支配に役立たせようとするねらいが隠されている。

私見によれば、当時華北農村地域に存在する宗教結社あるいは宗教に付会する結社は、主に次の二つのタイプに分類することができる。すなわち、第一に、先天道・未来和平宗教会のような「政治型」の宗教結社。このような結社のリーダーたちは積極的に日本軍の支配政策に迎合し、傀儡政権に協力した。この意味で、この類の組織は政治化された宗教結社というべきである。しかし、この類の宗教結社の下部組織は必ずしもその上層部と同じ政治的姿勢を取るとは限らなかった[15]。

第二に、紅槍会・黄沙会のような「自衛型」の民間武装結社である。本来、この類の結社は地域において大きな勢力を持ち、地域の安全を保つために、武力をもって外部勢力の侵入に抵抗する傾向が強い。日本軍・八路軍はいずれも紅槍会に強い関心を示し、紅槍会のような結社を自らの軍事的、政治的目標に従わせようとした。結局、「自衛型」の武装結社はこれら外部の諸勢力の間で政治的選択をしなければならなかった。

日本軍、八路軍の「秘密結社」工作の重点はいずれも紅槍会、黄沙会のような武装宗教結社におかれていた。

二　「東亜新秩序」下における日本軍と紅槍会

一九三〇年代、華北地域の紅槍会運動はすでにピークを過ぎていたとされている。しかし、紅槍会のような民間武装結社、なかでも数多くの民間宗教結社は依然として地域社会に大きな影響力を持っていた。当然、それらの結社を自らの支配体制に取り入れることは日本軍の華北支配において重要な意味を持っていたと考えられる。

日本軍は一九三八年以降、華北地域でいわゆる「東亜新秩序」の建設に取りかかった。その際、日本軍は華北の村々に根を下ろした紅槍会に対して慎重な対策を取っていた。戦争末期、草野文男は、

紅槍会の従来の観念からすれば、日本とか中国とかと云ふ国家的民族的分別は殆どないに近く、あるものはただ自己利益の保全のみである。これを犯すものがあれば、日本勢力に対しても或は又支那勢力に対しても猛然と噛みついて来るが、さうでない限り彼等は原則として常に中立している。ここに紅槍会を戦争に利用する困難があると共に、日本側の支那農村の治安を維持することに慎重たらねばならぬところである。[16]

と述べているが[16]、この見解は当時における日本側の紅槍会認識を代表するものとして興味深い。このような認識は「北支那方面軍」戦史資料からもうかがえる。当時、日本占領軍における軍紀の乱れから、各地で日本軍による強姦事件が頻発し、民衆の猛烈な反発を招いていた。これに対して、一九三八年六月二七日、「北支那方面軍」司令部は[17]、

由来山東・河南・河北南部等ニ在ル紅槍会、大刀会及之レニ類スル自衛団体ハ古来軍隊ノ掠奪強姦行為ニ対スル反抗熾烈ナルカ特ニ強姦ニ対シテハ各地ノ住民一斉ニ立チ死ヲ以テ報復スルヲ常トシアリ（昭和一二年一〇月六日方面軍ヨリ配布セル紅槍会ノ習性ニ就テ参照）従テ各地ニ頻発スル強姦ハ単ナル刑法上ノ罪悪ニ留ラス治安ヲ害シ軍

全般ノ作戦行動ヲ阻害シ累ヲ国家ニ及ホス重大反逆行為ト謂フヘク……。

という内容を含む通牒を発した。日本軍と紅槍会との関係に限るならば、この通牒では次の二点が注目されよう。すなわち、第一に、日本軍側が一九三七年一〇月にすでに「紅槍会ノ習性ニ就テ」という文書を配布したことからみて、日本軍は比較的早い時期から紅槍会の存在に目を向けていたという点である。第二は、日本軍による華北占領と支配において、紅槍会は無視できない存在であった、と考えられる。

それでは、日本軍は華北地域の紅槍会に対して実際にどのような対策を取っていたのであろうか。北京のクロニクル紙の記事によると、一九三八年八月、「山西省の紅槍会匪一千五百人は降服を致し、彼等の代表者十二名は日本駐屯軍の処に至り、一千五百名の紅槍会員を寄托する書状に署名を為した」という[18]。なお、山西省南部に駐屯した「北支那軍」牛島兵団の戦史資料によると、一九三八年七月上旬から「山西南部ニアリテハ紅槍会ヲ巧ニ利用シ治安粛正上多大ノ便宜ヲ受ケツツアリ[19]」、また、山西省南西部の絳県においても、日本軍は国民党にも共産党にも協力しない二万人を擁する紅槍会に対して帰順工作を行った。「日本軍は進駐以来、長年をかけて帰順工作を実施した結果、紅槍会会長を絳県県長とし、郷土自衛紅槍会とした。その後、周辺の郷村にも同じものが生れて、その下部組織となったので、県の行政組織に強靭な筋金が入ることになった[20]」のである。一九三九年、山西省南部の中条山脈、汾河北岸地域では、「東鎮付近ノ紅槍会ハ其ノ後益々堅実ナル発達ヲ遂ゲ其ノ数約一万ニ増加シ克ク皇軍ノ命ニ遵ヒ保境安民ニ力ヲ致シ」た、という[21]。

日本軍は、紅槍会の武装反抗に対しては厳しい弾圧を加える一方で、以上のように、紅槍会に対する懐柔、手なずけ工作を行っていたのである。日本軍の華北支配体制が形成された後、こうした紅槍会工作は各地の傀儡政権の手に引き継がれていった。一九四〇年三月三〇日に「華北政務委員会」が発足すると、管轄下の省・道・県・市の各級の行政機構は紅槍会を保甲・自衛団のような組織に改造することに着手した[22]。それと同時に、日本軍の特務機関によって作られた新民会（一九三八年三月に設立）も紅槍会工作に加わった。また、すでに日本軍・傀儡政権に協力姿勢を表明した先天道のような政治的宗教結社も、各地の分会を通して紅槍会に働きかけた。新民会・先天道の紅槍会工作についいては、従来の研究ではほとんど言及されていないので、以下その点に触れておきたい。

まず、新民会の紅槍会工作の任務に関しては、一九四〇年に「北支那方面軍」が配布した「華北ニ於ケル思想戦指導要綱」には、次のような一節がある[23]。

農村及都市ニ於ケル民衆組織工作ノ監督指導ハ、其地駐屯日本軍司令官（小地区指揮官以上）ノ内面指導ニ於テ其地行政長官之ヲ行フ。但シ各行政長官ハ各々其地新民会指導者タラシムル如ク指導スルモノトス。

この「思想戦指導要綱」は紅槍会に直接触れてはいないものの、紅槍会が新民会の「民衆組織工作」の一つとなったことは想像に難くない。また、一九四〇年四月、日本軍北支那方面軍司令部が配布した「華北における思想作戦指導要綱」は、次のように述べている[24]。

教別ノ聯合機関ヲ組織セシメ、統制ヲ厳ニスルト共ニ、相互ノ連絡強調ヲ保タシメ、而シテ之カ布教ハ都市偏重ヲ排シテ文化程度低キ農村地方ニ主力ヲ注カシメ、民衆ノ実生活ニ即シタル施設ヲ併セ行ヒ、徐々ニ宗教精神ノ浸潤ヲ図リ以テ防共親日ノ恒久的温床タラシムル様ヲ指導ス。

以上から分るように、宗教結社の利用・統合は日本軍が中国に対する侵略戦争を遂行するための重要な手段として位置づけられている。

一九四二年、新民会のメンバー池上留義は河南省紅槍会の実態を調査して、「従来中央地方を通じて（紅槍会に対して――引用者注）一貫せる指導方針なく然も各々誤れる独善的行動を犯し本日に至ったものである」と指摘したのち、紅槍会の利用価値を認めて、今後紅槍会を新民会の末端組織にすることにより、「紅槍会のもつ宗教的信念を（「東亜新秩序」の――引用者注）新しき理念と結合せしめつつ指導し新民政治を浸透せしめ、秘密結社を改革する」ことを提言している[(25)]。

次に、先天道などの政治的宗教結社の役割について触れたい。先天道は一九三九年三月に日本軍の意向で設立されたもので、会長江洪濤をはじめ、三十二名の中心メンバーのうち大半は河北省出身で、その活動は河北省を中心に展開されていた。先天道の宗旨は、「人心を化育し社会を安定ならしめ民衆を覚醒し以て防共救国・友邦親善・東亜新秩序の建設を図るを目的とす」るものである[(26)]。また、「先天道の文会は香を焚き念仏し、道義を唱え人心を正す。共産邪説の駆除と世界平和の祈祷を宗旨とする。武会は武術を習得し連荘会を結成し、共産党の打倒と人民治安の維持を宗旨とする[(27)]」とあるように、文と武の二つの側面をもっていた。先天道は、華北農村の紅槍会・大刀会・黄沙会・天門会・黄旗会・白槍会がすべて先天道の会衆によって設立された「武会」であると称して、積極的に紅槍会に働きかけていたのである。

しかし、このような華北地域における紅槍会工作は複数の部門、団体によって担われていたので、政策の統合は困難であり、矛盾も避け難かった。実際、一九四三年五月から八月にかけて、未来和平宗教会事件をめぐって、傀儡政権下の山東省夏津県政府と当地に駐屯する日本軍との間に意見の対立が生じている。太平洋戦争勃発後、日本軍は華北地域で「東亜聖戦に協力するための銅鉄献上」運動を発動し、夏津県の未来和平宗教会は積極的にそれに応じた。しかし、未来和平宗教会が地元の黄沙会を利用して自衛団を組織し、強制的に食糧を徴収するなどの行動に出たことに危惧を感じた夏津県は、該会の主要メンバーを逮捕し、該会に対する取締を求めた。ところが、逮捕者は日本軍側の意向で釈放された[(28)]。なおそこには、さらに深刻な問題が存在していた。それは、紅槍会は「東亜新秩序」に組み込まれた後、過重な負担に不満を持ち、反発したということである。しかも、そうした事件は特に八路軍と隣接する地域に多発していたと思われる。この問題を次に、永清県先天道会を例にみておきたい。

三　紅槍会統合の限界――河北省永清県先天道の事例

一九四三年に起きた河北省永清県の「紅槍会叛乱事件」は、当時の日本軍・傀儡軍、八路軍と紅槍会の複雑な関係を明白に示している。この事件について、三谷孝は日本側の資料に依拠して、「一九四三年三月に河北省永清県に起きた紅槍会叛乱の一例は、日本軍の努力によってすでに善導・利用された紅槍会が、実際には共産党方面とずっと連絡を保っていた」と述べるとともに、この事件とは関連性のないと思われる中共側の回想録を、「この叛乱の実情を裏付けた」資料として扱っている。[29] しかし、事件に関連する各方面の資料を照らし合わせてみれば、三谷氏の資料引用と解釈には問題があるように思われる。

この事件に関わる各方面の立場を反映していると思われる一次資料は複数存在する。すなわち、①永清県知事郭長年の報告(篠代電)、②先天道総会会長江洪濤の内務総署宛の報告書、③河北省公署民政庁視察王徳輝、警務庁綏靖科長宋甲三、津海道道尹李少微の合同調査報告、④日本軍の支那駐在歩兵第二連隊の戦史史料の関連記録、の四つである。以下、これらの資料から事件の全容を検討してみたい。

(1) 事件の経緯：紅槍会と永清県警備隊の衝突

まず事件の経緯についてであるが、永清県知事郭長年の報告によると、一九四三年三月五日、永清県警備隊が日本軍の命令を受けて後奕鎮に移駐したとき、紅槍会領師趙宗賢(先天道メンバー)の率いる衆に襲われ、衝突中に、趙は県警備隊に殺された。その後、知事は双方の盲動の阻止に努める一方、先天道永清分会副会長張桓之と協議したが、彼らはうわべは従ったが陰では従わなかった。また、第四区の紅槍会会員数百人が東羊八荘にある警備隊第二中隊を襲撃し、そのとき紅槍会会員一名が警備隊の銃撃を受けて死亡した。その後、紅槍会会員は県城周辺三、四里の電線を切断し、警備隊の通行を禁止し、県畝捐を徴収した数人の警備隊員の身柄を拘束した。同報告は結論として、事件の責任はもっぱら紅槍会の方にあると断じている(30)。

これに対して、先天道側の事件陳述はこれとまったく対立している。江洪濤が事件発生後に先天道永清県分会から得た情報に基づいて書いた報告によると、三月五日、王禄祥配下の県警備隊は、県城に戻った日本軍と入れ替わりに後奕鎮に駐屯することとなった。そのとき、たまたま交通公司の日本人職員後藤和衛ら四人が「路愛護村の村民」を慰安する企画を催し、それに応じた先天道永清分会会長趙宗賢が会員を集めて参加し、一同で「聴講し、観劇した」。そのとき、王禄祥は部下を率いて紅槍会全員に所持する刀と矛を差し出すよう命じるとともに、副会長楊蘭廷の家族および劉姓の老婦人を生き埋めにした。従って、事件の責任はもっぱら県警備隊にあるという(31)。

一方、河北省公署民政庁視察王徳輝、警務庁綏靖科長宋甲三、津海道道尹李少微の合同調査報告によると、事件発生後、津海道道尹李少微は代表を永清県に派遣し、事件の処理に着手した。河北省公署は王徳輝、宋甲三を永清県に派遣した。事件の経緯について、王、宋の両名は日本軍大隊長日野原の話に基づいて報告した。それによると、三月一八日に紅槍会と県警備隊の衝突が拡大し、二三日に日本軍が出動して、先天道副会長張桓之その他十七名を逮捕した。張などは日本軍に命じられ各村に行って宣伝演説をし、三千余りの刀と矛を日本軍に引き渡した。四月一日、王禄祥の部下で、李家口に駐屯していた県警備隊の小隊長陳銘は日本軍の命令で十一名の兵士を率いて各村に赴き、「人を雇って遮断壕を掘る」作業中、もっとも抵抗の強い馮金栄部の先天道会員に包囲され、陳銘が刺殺され、警備隊員三名が負傷したほか、武器を取りあげられた。その後、馮は自ら日本軍と交渉し、武器の返還を求めた。[32]

以上の三つの史料を照らし合わせてみると、この事件の経緯について、三月五日に起きた紅槍会と県警備隊との衝突、三月一八日の事件拡大、四月一日の余波、の三段階に整理することができよう。

（2）事件の原因：紅槍会は八路軍と通じていたか

紅槍会はなぜ県警備隊と衝突したのであろうか。紅槍会の背後に共産党の影響があったのであろうか。この二つの問題が事件を理解する重要なポイントとなろう。これらについて、日本軍側の資料をみると、[33]

昭和一七年秋以来、河北先天道会に属する永清県紅槍会は支那側県所属武装団体との間に確執あり、地区隊は同会が県民数万を擁し、信仰団体の立前たると共に、一応わが軍に服しあるを以て、かねてこれが善導に努めつつありし関係上、県側との間に立ちて調停に当り、昭和十八年一月、一旦繋争解決せられしが、三月に入り再び衝突し、遂に治安維持に任ずるわが永清警備隊に抵抗し、三月一八日国分見習士官以下の死傷を生ずるに至れり。

とある。このように、紅槍会と県警備隊との衝突は偶発的なものではなく、以前からすでに確執があった。また、日本軍は後変鎮駐屯中、紅槍会に対して武器の引き渡しを要求しなかった。三月五日の紅槍会と県警備隊との衝突が日本軍と県警備隊の駐屯交代の際に生じたことからみれば、事件は紅槍会と県警備隊との間に日ごろ存在する不信感の爆発であったと言えよう。このような不信感が生じた背景には次の二点があったと考えられる。一つは、地域の農民に「攤款」など過重な負担を課した永清県当局に対して、農民の利益を代表する紅槍会が強い不満を持っていたことである。いま一つは、前出の三谷論文の指摘にあるように、紅槍会が八路軍の煽動を受けた可能性である。前者については、ここでこれ以上論じるに足る史料は持ち合わせていない。ただ後者の三谷説については、各方面の資料を総合的に検証した結果、疑問が生じたので触れておきたい。

紅槍会に対する八路軍の影響について、上述の資料では三ヶ所でそれに言及している。①前述の河北省公署の調査報告に引用された日野原大隊長の話では、「該先天道会最近の蠢動は、不良分子の惑わし若しくは匪共の煽動によるもの」[34]とある。②該調査報告の作者は、「該県先天道会は完全に解散したとはいえ（事件発生後、永清県先天道会は北京の先天道総会の命令で解散した――引用者注）、該部会員のうち少数の不良分子が該地の土匪と結託することはしばしばある」[35]とする。③日本軍側の資料によれば、三月二一日に日本軍が集結した後、李少微と江洪濤に対してそれぞれ県警備隊と紅槍会の行動を収束させるよう命じたが、「南部の紅槍会は帰順を誓ひしが、北部紅槍会は疑心暗鬼して即時帰順せず、却って武装して各地に結集し、且つ永定河付近の共産軍東進縦隊に救援を求めあること明らかとな」ったということになる[36]。

以上のうち、①と②ではいずれも「不良分子」や「匪共」、「土匪」などの曖昧な言葉が使われているが、それを裏付ける十分な根拠を提示していない。ここで注目すべきは、③の述べる、事件拡大後、紅槍会が共産党部隊に救援を求めたという内容である。つまり、これらの史料から明らかになるのはせいぜい事件発生後の紅槍会と八路軍との関係であり、三谷氏の言った紅槍会が「共産党方面とずっと連絡を保っていた」ことを証明するまでには至らないのである。ところで、八路軍側の資料に、紅槍会と八路軍との関係を否定するものが存在するのは興味深い。一九三八年に永清県で紅槍会工作を行っていた八路軍幹部董振明の回想文「改造紅槍会」によれば、当時最も困難なのは趙総領師と小隊長馮金栄部の工作であった。一九三八年七月、八路軍は永清県の紅槍会を改編したが、そのとき、改編に反対した趙総領師は中共の許可を得て部隊から離脱し家に帰ってしまった。馮金栄は「部下を率いて部隊を離脱しようとしたが、共産党に発覚し実現できず、後に脱走し、恥ずかしい裏切り者になってしまった」[37]という。「趙総領師」と趙宗賢が同一人物であるかどうかまでは確定できないが、前述した王徳輝、宋甲三の調査報告による限り、永清県の「紅槍会叛乱事件」に際して最も激しく県警備隊に抵抗したのはまさにこの馮金栄であった。ただ、かつて八路軍から脱走した馮金栄が八路軍に唆されて「叛乱」を起したとは考えにくい。

また、県警備部隊の王禄祥部隊が八路軍と関わっていたことを示唆する資料も存在する。一九四〇年代に河北省中部地域で抗日活動を行っていた八路軍幹部曠伏兆は、後に書いた回想文で王禄祥について次のように述べている。王は土匪出身で、一九四一年以前に日本軍に迎えられ、その部隊は県警備隊に改編された。王が日本軍に身を投じた目的は政治的なものではなく、もっぱら現実的な利益のためであった。八路軍が永清県に戻ってゲリラ活動を再開したとき、王は密かに八路軍と関係をつけた。曠伏兆によれば、王禄祥部隊に対する工作は当時八路軍の傀儡軍工作のなかで最も早く成功した例の一つであった(38)。ここでは、王禄祥部隊がいつ八路軍と関わりを持つようになったかという点が重要であろう。曠伏兆によれば、八路軍が河北省中部地域で敵工組を設立し、傀儡軍工作を始めたのは一九四二年夏であった(39)。もし前述の王禄祥部隊と紅槍会との確執（一九四二年秋）、およびその後の衝突拡大（一九四三年三月）が王部隊と八路軍との関係が成立した後のことなら、事件は王部隊が八路軍の指示を受けて、八路軍と戦っていた先天道会＝紅槍会を攻撃したものと見ることもできるからである。しかし、今のところこれを証明する直接的な証拠を見出すに至っていない。従って現段階では、県警備隊と紅槍会との衝突についてはこれが政治的な事件ではなく、双方にあった日ごろの「確執」を背景とする爆発と見るのが妥当ではないだろうか。

以上の分析を通じて次の二点を明らかにできたと思う。すなわち、第一に、事件は共産党勢力の「煽動」によるものではないということである。第二に、日本軍と八路軍対峙の地域において、紅槍会は両者の力の消長に応じて、往々にして優勢を占める方に近寄った立場を取る。しかし、過重な負担によって民衆の利益が損なわれたとき、紅槍会は支配勢力に反発することもありうる。永清県紅槍会の事件を通じて注目すべきことは、紅槍会の反発は、一般に言われる紅槍会の「排他性」によるものではなく、紅槍会が日本軍に服従した後起きた反発である、ということである。

四　抗日戦争下における八路軍と紅槍会

戦時中の日本軍の支配と紅槍会との関係に関する考察から、日本軍およびそれに協力する傀儡政権にとって、八路軍支配地域に近い地域の紅槍会を「東亜新秩序」の支配体制の末端に組み込むのは容易なことではなかった、ということが明らかとなった。ただ、ここで問題になるのは、たとえ組み込めたとしても、それをいかに長続きさせるかということである。中国共産党・八路軍においても同様であり、紅槍会を抗日戦争の戦略に取り入れようとすれば、同じ難題に直面したのであった。

一九三七年九月、八路軍は陝甘寧根拠地を発し、華北の日本軍占領地域に勢力を伸ばそうとした。賀龍が率いる八路軍第一二〇師は山西省の西北地域に、林彪の第一一五師と劉伯承の第一二九師はそれぞれ山西省の東北、東南地域に進駐した。翌年、八路軍勢力はさらに河北・山東・河南省に至り、華北地域で相次いで晋察冀、晋冀魯豫、晋綏の三つの根拠地、およびその後の山東根拠地を設立した。中共の紅槍会認識については、馬場毅[40]と喬培華[41]の先行研究ですでに重要な指摘がなされている。以下、日中戦争期における中共の紅槍会認識、および中共と紅槍会との関係について筆者なりに整理しながら、見ることとしたい。

（1）八路軍の紅槍会認識と両者関係の概観

まず、抗日戦争初期の一九三八年初、八路軍は華北の平野地帯で根拠地の建設を始めた。同年四月二一日、毛沢東、洛甫（張聞天）、胡服（劉少奇）などが八路軍総司令朱徳宛の電報のなかで、「会門、土匪に対しては慎重に対処すべきである。具体的な可能性に応じて彼等を改造すべきである」と指示した[42]。つまり、八路軍の紅槍会工作のポイントは「改造」という点にある。数ヶ月後、劉少奇は紅槍会の政治的態度について、「彼らはすべての問題について自身の利益から出発し、誰であろうと彼らを騒擾掠奪に来れば、それに反発しそれを消滅させる」。「日本軍・傀儡軍、抗日軍隊、省政府、土匪、いかなる党派に対しても、彼らの政治的立場は中立的である[43]」と述べている。ここで、紅槍会を中共と行動を伴にする組織に「改造」しようとする中共のねらいと、紅槍会の「自衛的な」性格に対する中共の認識との間に、明らかに大きなギャップがある。その後の八路軍の紅槍会工作の重点は、このギャップを埋めることにあった。

紅槍会の性格について、彭真は「冀魯豫紅槍会工作を論ずる」と題した文章のなかで次のように前述の劉少奇の紅槍会認識とほぼ一致した指摘をしている。すなわち、紅槍会は華北農民が迷信儀式の習慣に基づいて結成した民間武装組織である。その目的は「苛捐雑税」や土匪、兵士の騒擾、および官吏の剥奪に対抗することにある。紅槍会に対しては、少数の漢奸分子を除く一般会衆には、①紅槍会の迷信の側面を尊重し、その経済的な負担を軽減すること。②抗日部隊の規律を正しくし、一般会衆との関係をよくすること。③紅槍会会衆の民族意識を高めること、を指示した[44]。この文章は中共が国民党支配地域で発行した唯一の理論的刊行物『群衆』に載せられたもので、中共の方針を現わすとはいえ、イデオロギーの色彩がかなり薄められているように思われる。しかし、紅槍会の経済的な負担を軽減するという指示は当時の実際の状況からはかけ離れていた。実際には、当時八路軍の補給は悉く地元から徴用されており、たとえば、華北平野の平漢鉄道、同蒲鉄道沿線に進駐した八路軍の場合、地元住民から強制的に食糧などの物資を徴収していた[45]。

一九三七年から三八年にかけて、国民党の敗退と日本軍の南下によって、華北地域には政治権力の「空白」が生じた。それを埋める勢力となった中共・八路軍の紅槍会工作はかなり成功していた。中共は大量の紅槍会の武装を改編し、数多くの農村青年を八路軍に吸収した[46]。その人数は河北省中部地域だけでも数万人にのぼるといわれる[47]。中共に対抗する紅槍会組織も、八路軍の強力な戦闘力を前に崩れてしまった[48]。

次に、抗日戦争中期における中共の紅槍会認識についてみてみよう。一九三九年、日本軍による「治安強化」の結果、華北地域では日本軍―傀儡軍の支配網が次第に形成されていった。この時期の紅槍会に対して、中共は、紅槍会の一部が日本軍―傀儡軍の支配網に組み入れられ、抗日から親日へと立場を逆転したと認識していた。これを背景に、八路軍の紅槍会認識も自ずと従来の固定観念を変化させていった[49]。中共の紅槍会認識を代表するものとして、一九四〇年一月中共冀魯豫辺区党委員会の幹部王従吾の「如何進行会門工作」と題した文章が注目される。この文章において、王は河北省南部と河南省北部の三十余りの紅槍会組織を次のように分類している。すなわち、①公然と日本軍に身を投じて漢奸になったもの、②土匪の侵害から身を守るためのもの、③郷民を圧迫し、デマを飛ばし、恐喝などをするもの、④日本軍、傀儡軍に対抗する進歩的なもの、という四タイプである[50]。前述の劉少奇、彭真の紅槍会認識と比べ、この認識は、日中戦争における紅槍会の現実を反映していたものと言えよう。

このような紅槍会認識は、中共の紅槍会対策にも現れた。王従吾によれば、そのポイントは「積極的に彼ら（紅槍会）を味方につける」ことと「適度に彼ら（紅槍会）に打撃を与える」ことの二点である。「積極的に彼らを味方につける」ことは、親類・友人・同郷・同僚・同業などの関係を利用して「彼らの組織に入り、彼らと一つになる」ことである。紅槍会内部で指導権を握れば、その組織全体を瓦解させることが可能になる。「適度に彼らに打撃を与える」ことは、密かに漢奸や国民党と連絡を取った紅槍会の首領たちの行動を暴き出して、彼らを逮捕し、公然と漢奸活動を行った紅槍会には軍事的な打撃を与えることである[51]。王従吾は、従来土豪劣紳が主導権を取っていた滑県の聯荘会

（大公団）が中共のコントロール下に置かれたこと、東明県の紅槍会が八路軍の攻撃に敗れた後、八路軍を擁護する立場に転じたという二つの事例を挙げて、中共の紅槍会対策を評価している[52]。続いて、王従吾は紅槍会の組織を瓦解させた後、救国会・自衛隊などの進歩的団体を設立し、紅槍会会衆に対して政治的教育を行い、かれらの生活の向上に力を入れることの必要性を強調している[53]。

しかし、現実の状況からみれば、王の紅槍会認識はやや楽観的すぎるものであった。紅槍会に対する「適度な打撃」の効果は当初のねらいからかけ離れたものである。前出の東明県の紅槍会は中共に改編された後も、中共による徴兵とその他の負担増加に反発して再び集結した。滑県の大公団も解散後、会衆は抗日戦争への参加という中共の呼びかけに消極的であった[54]。河北省南部・山東省西部地域にもこのようなことが見られる[55]。

最後に、抗日戦争後期における中共の紅槍会認識についてみてみよう。一九四〇年に八路軍が日本軍を攻撃した「百団大戦」は、華北の日本軍に打撃を与えた。これに対抗して、日本軍は翌年三月から一九四二年一〇月までの間に五回にわたって「治安強化運動」を発動し、軍事・政治・経済・文化・思想の諸側面から支配強化をはかった[56]。日本軍は華北地域を「治安区」、「準治安区」、「非治安区」の三つに分類し（それに対して八路軍はこの地域を「根拠地」・「接敵区」、「敵占区」と称する）、「準治安区」において傀儡政権・傀儡軍を組織した。「非治安区」では、日本軍は大規模な「掃蕩」を行い、悪名高い「三光政策」（殺光・焼光・搶光）を実施した。こうしたなか、きわめて厳しい状況に置かれた華北地域の八路軍は、紅槍会工作においても困難な局面に陥った。

一九四二年五月に、中共冀魯豫辺区党委員会は「敵占区と接敵区における工作の方針と政策」と題した内部指示を下した。それによれば、華北地域には「会門」とも呼ばれる連荘会・紅槍会・白槍会・緑槍会・黄槍会・黄沙会・大刀会・長毛道・無極道など十数の名目の結社が存在している。これらの武装勢力は日本軍・傀儡軍・親日派に利用され、中共の抗日作戦にとって不利な存在であった。指示はこれらの結社の性格を次の四点にまとめている。

第一に、会門は帝国主義（とりわけ日本帝国主義）と軍閥・官僚・地主の圧迫と搾取に対する農民の原始的な反抗運動から生まれたものであるが、組織自体は封建的である。そのため、最初は反帝国主義、反軍閥の積極的な意義をもっているが、次第に地主劣紳に利用され、農民を搾取する道具と化してしまうことが多い。これらの組織はとくに日本軍・漢奸、および頑固分子（国民党）に利用され、八路軍と敵対する行動をしがちである。第二に、会門は封建的な迷信組織であるとはいえ、民衆の間に広い支持基盤を有する地域的組織である。それゆえ、自らの独自性を有し、必ずしも特定の党派、勢力に従属するわけではない。第三に、会門組織は広い支持基盤をもつ大衆組織であるため、その一般メンバーのなかに抗日分子もいる。彼らは日本軍、漢奸を恨み、親日派や反共派に不満を持ち、少数の会道門の頭目にも不満をもっている。第四に、会門の一部は大衆による武装組織である。そのため、敵・我・友のいずれもそれに関心を持っている[57]。

続いて、指示は会門に対する具体的な対策を提示した。すなわち、第一に、一般の会門組織は直接あるいは間接的に日本軍、傀儡軍と関わっているが、八路軍はこのような関係を諒解し、会門と八路軍が互いに助け合うという目的を達成するために彼らと口頭もしくは書面の協議を結ぶべきである。第二に、過去の経験からすれば、会門に対して単なる打撃と鎮圧の手段を用いても、彼らを敵の側に押してしまうだけで、たとえ一時的に効果があったとしても、会門は日本軍と漢奸の煽動の下で再び現れる。第三に、会門の活動地域に入った中共部隊は補給面においては自給自足を原則とし、地元の住民に対する食糧、物資の強要を禁止すること、であった[58]。

以上から明らかなように、中共の会門認識は従来と基本的に変わらず、依然として階級論・民族論（抗日戦争）に基づいたものであった。中共にとって、紅槍会をはじめとする華北の会門結社は社会的・政治的に独立ないし半独立的な性格をもつ組織であった。

他方、日中戦争期の複雑な政治的状況の下で、各種の政治勢力の利用対象となった紅槍会は政治的に流動的な姿勢を取っていたことは明らかであろう。これに対応して、中共の紅槍会対策もいくつかの様相を呈した。まず注目されるのは紅槍会工作における中共政策の矛盾である。中共は、イデオロギーの原則と現実の利益との間で、ときには前者を重視して紅槍会の迷信的・封建的・反動的性格を批判するが、ときには後者を重視して紅槍会との連携を強調している。それゆえ、前述したように、日本軍・傀儡軍に協力する姿勢を示した一部の紅槍会に対しても、中共はその政治的立場を諒解し、「互いに助け合う」ことを求めていた。このような政策のずれから、中共の紅槍会工作にはいくつかの矛盾が生じた。

(2) 日本軍占領地域における八路軍の紅槍会工作

中共の紅槍会認識、及び両者の関係は、地域によって異なった様態を呈していた。中共の言う「接敵区」、「辺区」、「遊撃区」は、日本軍と八路軍の勢力消長の影響を受けて、中共の根拠地になったり、日本軍の支配地域になったりしていた。以下、中共の紅槍会工作を日本軍の「占領区」と八路軍の根拠地に分けて分析してみる。

中共は日本軍占領地域の紅槍会を、日本軍に接近するものと傀儡軍に吸収されたものに二分した。前者に関して、一九四〇年に陸定一は、[59]

会門はそのメンバーが地元の民衆である点において傀儡軍と違う。会門の首領の多くは日本軍の訓練を受けた漢奸である。しかし、全部がそうだとはいえない。従って、会門を対象とした工作は慎重に行わなければならない。日本軍と漢奸の離間の罠にはまらず、政治的影響や紀律を通じて会門をわれわれの方に引きつけるべきである。

と分析している。つまり、中共の意図は紅槍会の一般会衆と日本軍に協力する少数の首領とを区別し、たとえ日本軍占領地域の紅槍会を攻撃しても、攻撃対象を少数の分子に限ることで、一般会衆を敵に回すことを避けたい、ということになろう。

八路軍の工作は傀儡軍の内部にも及ぶことになった。日本が華北地域を占領した後、治安軍・皇協軍・新中央軍などと称する傀儡軍が組織された。退役軍人・土匪などを含め、傀儡軍の構成分子はきわめて複雑であった[60]。日本軍は一九三八年武漢を占領した後、東北地域と北京、天津出身の将校を通じて傀儡軍を改造する計画を打ち出した。しかし、これらの将校たちと兵士の出身が異なったため、両者の間には対立が生じた。八路軍はこれを利用して、傀儡軍瓦解工作に力を入れた。一九四〇年九月、八路軍副総司令官彭徳懐は中共の北方局高級幹部会議において、「宗教会門の関係を通じて」傀儡軍瓦解工作を行うことを指示した[61]。八路軍第一二九師は「大胆かつ慎重に白面客（アヘン吸飲者）・会門・流氓・土匪を利用して、彼らをわれわれと傀儡軍との間の架け橋にする」よう指示した[62]。また八路軍第一二〇師は、「敵を工作の対象とする幹部は広く『友人』を作り、絶対敵を作ってはいけない。士紳・地主・ちんぴら・流氓・農工商学、いい人とも悪い人ともみな友人になれ」と指示した[63]。このように、八路軍は傀儡軍を崩壊させるために、会道門を含めてさまざまな人的ネットワークを利用していたのである。

具体的に言えば、八路軍は傀儡軍と関わりのある紅槍会首領を傀儡軍内部に派遣し、傀儡軍の将校・兵士と義兄弟になる方法で彼らに接近したのである。河北省南部の傀儡軍工作に関する報告には[64]、

> 封建大頭目（紅槍会頭目を指す）は傀儡軍の上層・下層の間でとても威信のある存在である。多くの傀儡軍将兵は彼らの徒弟輩である。もしこれらの老頭子を味方に付けたら、傀儡軍との関係は非常にうまくなる。（中略）派遣される幹部は慎重に選択すべきである。本人がかつて封建団体に参加していたり、家族が封建団体と関わりを持っていたり、あるいは封建団体の内幕が分かったりする者でないと、彼らとの仲がうまくいかない。必要など

きには、政治部門の批准を得てからその団体の内部に入ると、工作がうまく行く。

とある。八路軍が紅槍会を通じて傀儡軍の分裂工作を行なったことについては、資料に限りがあってこれ以上事実関係の検討を進めることができないが、この時期に出された中共の各種の文献、報告から見る限り、このような関係が存在すること自体は疑いのない事実であろう。

（3）八路軍の根拠地における紅槍会工作

すでにみたように、中共の統一戦線理論においては、抗日のためにあらゆる勢力と団結することが重要であった。その一つとして、紅槍会工作において、中共は再三にわたって紅槍会と良好な関係を保つことを強調している。しかし、これは根拠地以外の地域に適用される原則であり、根拠地内の紅槍会に対する政策は、多くの場合、これと相反するものであった。すなわち、紅槍会内部に浸透し、最終的にそれを消滅させる、というものである。このことについては、一九四〇年四月、中共冀魯豫辺区党委員会幹部信錫華は、(65)

今日われわれの地域において、会門のほとんどはいささかの革命性も帯びていない。会門は反動政府に対抗する手段をもってわれわれ抗日の進歩的政府に対抗し、金も食糧も出そうとしない。われわれの立場からすれば、これはもはや反革命的行動に等しいものである。いわんや、そもそも会門は遅れた封建的組織であり、敵や頑固派に利用されやすいものである。

と述べている。つまり、中共はイデオロギーの原則と革命の現実的必要から会門組織を否定し、それらを中共軍隊に協力しない「反革命的な」結社と見なしていたのである。その結果、根拠地において、中共は宗教・結社・出版・言論の自由を保障することを強調したが、宗教結社、とりわけ武装会門についてはその対象と認めなかった。一九四二年三月、中共晋冀魯豫辺区政府は会門取締の命令を発した。その理由として、会門は遅れた迷信組織であることと、抗日活動を破壊することの二点が挙げられている。[66]これについては一九四二年一二月の冀魯豫中共高級幹部会議において黄敬が、[67]

敵に占領された地域の会門組織と根拠地内の会門組織とは性質が違う。後者が根拠地秩序を妨害し破壊するのに対して、前者は敵の秩序を妨害し破壊する革命的な役割を果している。（中略）民族矛盾を主要矛盾とする党の立場からすれば、（両者に対して）異なった方針を取るべきである。すなわち前者と団結し、後者を粛清することである。

と発言していることにも表れている。このように、中共の抗日統一戦線の言説とその革命の現実との間には緊張した対立関係が生じていた。現に、中共根拠地および遊撃区においては、宗教結社、会門武装に対する弾圧事件が見られる。この種の事件は主に、民衆大会を通じて宗教結社の会衆に脱会するよう呼びかけることと、[68]武装弾圧という二つのパターンに分けることができる。[69]一九四三年一〇月に河北省東部の八路軍活動地域で起きた大仏教、一貫道弾圧事件は後者の典型であると考えられる。[70]

五　紅槍会の反発——山西省盂県九宮道会の反八路軍事件

中共は根拠地の会門武装を改編・吸収し、抗日の武装勢力として動員していた。しかし、紅槍会が根拠地における負担増と宗教政策に反発し、日本軍、傀儡軍と手を組んで反中共の軍事行動を起こした例は少なくない。[71]ただ、それに関する記述はいずれも当事者の後年の回想録によるものであり、具体的な事実に関しては曖昧不明な点が多い。以下では、当時の『晋察冀日報』の記事をもとに、一九四二年四月に山西省盂県で起きた紅槍会（九宮道）の反八路軍事件を取り上げたい(72)。

（1）事件の経緯

盂県は日本軍の「準治安区」と八路軍の「接敵区」が重なる地域であった。日本軍が盂県の県城を中心に自らの勢力範囲を広げようとしていた時、八路軍は農村地域を拠点に抗日活動を行っていた。盂県の紅槍会（九宮道）は日中戦争以前にすでに存在したが、日中戦争初期にその活動は一時期沈静化した(73)。日本軍が盂県の県城を占拠した後、少数の紅槍会首領が日本軍の傘下で活動を再開した。一九四〇年、獐児坪村の地主謝家岱は県城で仏教会（日本軍の承認を得たもの）に入り、三ヶ月の訓練を受けた。一九四一年日本軍の第四次「治安強化運動」の後、井溝村に外から五人の外村人が来て、仏堂建造、「坐工」（修行）、「練武」および武器製造など一連の活動を行い、この地域に紅槍会の組織を広げた。各村における紅槍会の活動は仏堂を中心に展開されていた。仏堂は「文堂」と「武堂」に分かれ、「文堂」の活動は主に老人と女性による素食、念仏であり、「武堂」の活動は主に青年、壮年の「練武」である（「文堂」と「武堂」の構成は親日の先天道ときわめて類似している）。堂は堂主あるいは正・副主任を責任者とした半宗教・半軍事的組織であった。

一九四二年四月八日、盂県の井溝村、紫牛荘一帯の紅槍会（九宮道）会衆数百人が集まって、中共の幹部・偵察を捕まえ、合作社の公糧を奪った。彼らは仏堂を設けて、強引に農民を入会させた。また、獐児坪村で三十一名の女性が強姦され、四月九日から一一日にかけて、盂県北部の禅房村などにも同じことが起きた。紅槍会の会衆は「（紅槍会に）入らない者はすなわち八路軍と結託するものである。八路軍と結託するものは容赦なく殺す。（紅槍会に）入らない村には、二倍の人力と財力を出してもらう」とも言った。

この事件について中共は無知の紅槍会会衆が日本軍の煽動を受けて起こしたものと受け止めた。四月一八日に、八路軍は工作団と武装宣伝隊を盂県に派遣し、民衆大会を開き、宣伝・説得工作を行った。五月二一日、八路軍は事件の中心地域を包囲し、二八日に武力で各村の仏堂を壊した後、杜本善など事件に関わった七、八人の主要分子を処刑した。六月初め、さらに李樹ら九人を逮捕・処刑した。また、日本軍のスパイといわれた地主謝家岱の財産の一部を没収した。(74) 盂県が中共の模範根拠地とされる晋察冀根拠地に位置するがゆえに、中共はこの事件を重大視したのであろう。事件後、二百名の基層幹部を中心とした千人以上の工作団が盂県に派遣され、この地域における支配秩序を回復させるために民衆の説得に当たったのである。(75)

（2）事件の原因――紅槍会はなぜ中共に反対したのか

山西省盂県は北に正太鉄道（山西省の省都太原と河北省の省都石家荘間を結ぶ鉄道）に接する。この事件が発生したとき、その中心地域は中共の支配下にあった。しかし、この地域が地理的に日本軍の占領地域に近かったこともあって、一部の人は親日の仏教会を通じて日本軍の影響を受けていた。中共は盂県紅槍会を「日本軍のスパイ・別働隊」と見なしていたが、紅槍会は八路軍と日本軍の間で中立を保とうとした。最初、地元の人たちは「日本も悪い、八路軍も悪い。やはり自分でやる」という考えから、「刀槍不入」を目指して武術を練り、公糧を納めるのを拒否し、「軍糧・軍靴を納めず、軍差に応じない」というスローガンを掲げていた。このスローガンからみれば、紅槍会は八路軍による負担増に不満を持ち、自らの力で自衛する強い傾向をもっていたと思われる。次第に、「九宮道に参加すれば、日本人が来てもその人の家を焼かない。その人の財物を奪わない。かりに財物が奪われたとしても、取り戻すことができる」とのうわさが流れるようになり、「まずは八路軍を殺し尽くす。その後漢奸、日本軍を消滅する」ともいわれるようになった経緯からも、紅槍会の政治的姿勢が変わっていったことがうかがわれよう。

中共によれば、盂県紅槍会の反八路軍「叛乱」は日本軍の圧力によるものである。四月、日本軍は土塔、紫牛荘一帯の紅槍会首領を逮捕し、「皇軍に忠誠を尽くす」ことを強要した。これが四月八日の事件につながったという。

しかし、これは事件の唯一の原因ではなかったと思われる。事件に関する中共側の報道も認めたように、紅槍会がわずか半年の間に四十余りの村において三千人以上の農民を動員し、大きな影響力をもつようになった背後には、農民の厭戦感情、中共の「統累税」と「新兵役」の実施、および中共幹部の強引な態度に対する農民の不満があったと考えられるからである。「統累税」は一九四一年以降晋察冀根拠地で採用され、辺区政府は税収を増やすために、徴税の対象を社会の各階層に拡大した。その結果、従来中共の「合理負担」や「救国公糧」の徴税政策の下で負担がきわめて軽かった貧農・雇農も負担が増えることとなった。その結果、当然のことながら、中共に対する不満をもつ人が増大することになった。

なお、中共は「百団大戦」の際に正太鉄道の沿線地域で二万の民兵を五十の大隊に編成し、作戦を遂行した[76]。さらに、一九四一年一月から八路軍の「精兵」政策の一環として「新兵役」が導入され、根拠地内に居住する十八才以上三十五才以下の男子は等しく兵役の義務を負うこととなった。中共は「予備兵」と民兵の組織を通じて、農民の「保衛家郷」の意欲を「保衛根拠地」の目的に結び付けようとしたのである[77]。しかし、この「新兵役」制の実施によって、盂県の民衆は日本軍に敵対し、日本軍・傀儡軍の脅威に晒される立場におかれるようになったのである。

以上の点をまとめれば、盂県紅槍会の反八路軍事件は、主に徴税・徴兵など中共による負担増に対する農民の不満に由来したものといえよう。事件が政治的な原因によるものではない点においては、前出の永清県紅槍会と県警備隊との衝突事件と類似している。八路軍と日本軍が対峙するなか、盂県紅槍会は一時期どちらにも近寄らない独自性を保持しようとしたが、結局のところ現実の利益と日本軍の圧力の下で反中共の方向に走ったのである。

むすび

以上、本章では、日中戦争期における日本軍・八路軍と紅槍会との関係について双方向的に考察してきた。それによって、以下の三点が明らかにできたと考える。

第一に、戦時中、日本軍は自らの支配を社会の末端に浸透させるために、弾圧や懐柔などさまざまな政治的手段を用いて、紅槍会を「東亜新秩序」に組み入れようとした。そのなかで、日本軍に協力する傀儡政権の県行政機関、新民会のほか、先天道・未来和平宗教会などの政治化された宗教団体も、日本軍の紅槍会工作の重要な手段として利用された。しかし、傀儡政権内部において一体性を欠いていたため、日本軍の紅槍会工作も一貫性に乏しいものとなった。特に強調すべきことは、日本軍と八路軍との隣接地域において、武力を後ろ盾にした日本軍の支配は、民衆に過重な負担を強いたため、紅槍会の武力を伴う反発を惹き起こした、ということである。

第二に、中共の抗日闘争に対して、農民を主体とする紅槍会の姿勢は消極的で、ときには対立的なものであった。そこで、農民の階級意識の欠如に悩まされた中共は、階級分析の方法を用いて、紅槍会内部を「革命」と「反革命」の二つの部分に分けて捉えようとした。中共の紅槍会認識は、それぞれの時期における中共の革命戦略とも絡み合っていた。革命戦略が変わるたびに、革命の担い手も変化する。八路軍が根拠地内の紅槍会を「反革命的組織」、日本軍占領地域の紅槍会を「革命的組織」と規定したことからもわかるように、中共の紅槍会政策は一貫したものではなく、各々の具体的な政治状況に応じて変化し、互いに矛盾するところが目立つ。一言でいえば、「動員—弾圧」の繰り返しという様態を呈した紅槍会に対する中共の政策は、中共の硬直したイデオロギー原則と変化に富む現実的策略との緊張関係を表わすものであると言えよう。

そして第三に、従来の研究においては、在地の紅槍会と外来勢力との関係は、主として紅槍会の「排他性」という歴史的性格に基づいて捉えられてきたため、紅槍会の置かれた社会的・政治的状況の相違が見逃されがちであった。事実、本章の考察から浮びあがったように、日本軍と八路軍が隣接した河北省永清県で起きた先天道事件、および山西省盂県で起きた九宮道事件は、いずれも日本軍もしくは八路軍の支配体制、具体的には過重な負担に対する民衆の反発が事件の直接的な原因である。したがって、紅槍会の政治的姿勢についてその組織の「排他性」という視点だけで分析するのではなく、紅槍会が各々の時期や地域の政治力学に応じていかなる政治的な選択を行ったかという視点に立ってそれを問うべきであろう。

注

（1）これに関する数少ない研究の中には、資料上の解釈の相違により同意できかねる見解も見られる。三谷孝「抗日戦争中的紅槍会」、南開大学歴史系編『中外学者論抗日根拠地』、檔案出版社、一九九三年。なお、三谷氏の研究の問題点については、後に詳述する。

（2）三十年代の紅槍会に関する先行研究のうち、以下の研究は特に示唆に富む。①Elizabeth Perry, *Rebels and Revolutionaries in North China, 1845-1945*, Stanford: Stanford University Press, 1980, pp.208-247. Yung-fa Chen, *Making Revolution: The Communist Movement in Eastern and Central China, 1937-1945*, Berkeley: University California Press, 1986, pp.484-495. ②喬培華「抗日戦争時期的豫北天門会」、前掲『中外学者論抗日根拠地』、五〇一—五一一頁。喬培華『天門会研究』、河南人民出版社、一九九三年。張洪祥、王璇「略論抗戦初期冀中区的聯荘会和会門武装」、前掲『中外学者論抗日根拠地』、四九一—四九九頁。③馬場毅「山東抗日根拠地と紅槍会」、『中国研究月報』第五五三号、一九九四年三月。

(3) 武田熙「支那宗教の実態及其の対策」、皇典講究所華北総署庁『惟神道』第二巻、第二冊、一九四三年二月、七三頁。
(4) 李達『抗日戦争中的八路軍一二九師』、人民出版社、一九八五年、一〇六頁。
(5) 三谷孝の「戦前期日本の中国秘密結社についての調査」(平成七～九年度科学研究費補助金研究成果報告書「戦前期中国実態調査資料の総合的研究」〈研究代表者・本庄比佐子〉、一九九八年四月)と題した論文のなかには、そのうちの一つ興亜院の調査について言及されている。
(6) 町田万二郎「黄紗会擾乱状況」、昭和五年八月在博山日本総領事館出張所。同「博山県ニ於ケル黄紗会ノ行動」、昭和五年九月一一日、外務省外交資料館蔵「支那政党結社関係雑件・宗教類似結社ノ行動査報関係」。
(7) 外務省より在支各公館長宛「宗教類似結社ノ行動ニ関スル件」、昭和五年九月一八、一九日、同右。
(8) 「宗教類似結社ノ行動ニ関スル件」というタイトルの下に、次の五つの報告書がある。
①「在天津総領事代理田尻愛義」、昭和五年一一月一〇日。
②「在青島総領事川越茂」、昭和五年一一月一九日。
③「在済南総領事西田畊一」、昭和五年一一月二四日。
④「在芝罘領事田五郎」、昭和五年一二月四日。
⑤「在南京領事上村伸一」、昭和五年一二月一二日。
(9) 李景漢編『定県社会概況調査』、中国人民大学出版社、一九八六年、四四四頁。
(10) 金陵大学農学院農業経済系『安徽宿県原有郷村組織之概況』、一九三三年六月。
(11) この八つの調査のタイトルは次のとおりである。
①「華北京漢沿線各市県に於ける社会団体、政治団体及其他分化団体竝に宗教調査」、『調査月報』第二巻、第二号、一九四一年二月、華北連絡部、二二三八―二三三三頁。
②「山東省魯西各県事情(下)」、『調査月報』第二巻、第四号、一九四一年四月、華北連絡部、七九―一三四頁。
③「北京、天津思想団体調査(上)(中)(下)」、『調査月報』第二巻、第四号、一九四一年四月、二一五―二六八頁。第二

巻、第五号、一九四一年五月、三〇六―三七五頁。第二巻、第六号、一九四一年六月、三八五―四六〇頁、華北連絡部。
④「支那に於ける秘密結社」、『調査月報』第三巻、第二号、一九四二年二月、華北連絡部、一―四二頁。
⑤「青島に於ける支那側宗教活動状況調査」、『調査月報』第三巻、第四号、一九四二年四月、華北連絡部青島出張所、四九―一二九頁。
⑥「山東に於ける宗教結社の現勢」、興亜院編『情報』第十二号、一九四〇年二月一五日、六一―七一頁。
⑦「青島に於ける青幇」、『情報』第十九号、一九四〇年六月一日、七三―七六頁。
⑧「青幇の過去と現在」、『情報』第二十九号、一九四〇年一一月一日、四七―七〇頁。

(12) 武田熙・村上知行・石橋丑雄「中国に於ける民間信仰」、前掲『惟神道』第二巻、第二冊。武田熙は当時外務省の調査武官を務め、王揖唐・江朝宗など当時華北の傀儡政権の大物たちと親交を持っていた。武田は興亜院の宗教政策に深く関わっており、一九四一年に『華北宗教年鑑』（新民印書館、一九四一年三月）を主編した。また、武田と当時中国の宗教界との関わりについて、中国側の資料にも言及されている（趙了空口述・趙玉珂整理「日本侵華時期石家荘的反動道会門内幕（一）」、『石家荘文史資料』第二輯、一〇二―一〇三頁）。なお、武田氏（当時九十八才）は、一九九八年七月一三日に筆者のインタビューに応じて下さった。ここに記して感謝の意を表したい。

(13) この資料は中国第二歴史檔案館所蔵の「華北政務委員会総署檔」に保存されている。なお、一九四三年に大東亜省編『調査月報』に掲載されている「山西省に於ける教育宗教の現況」（第一巻、第六号、一九四三年六月）、「山東省に於ける教育宗教の現況」（第一巻、第七号、一九四三年七月）は上記の檔案の山西、山東省の「乙種宗教」の内容と部分的に一致している。

(14) たとえば、檔案資料によると、河北の秘密結社はその宗教的源流からみると、第一に、理門に属する各種の公所、善堂など仏教に付会する結社が合わせて二十六あった。これらの結社は観音大士を拝むもので、ほとんど河北各県に存在する。雄県・房山県・束鹿県・獲鹿県などには無極仏会・一貫道仏堂など各種名称の仏堂がある。そのほか、各県には「先天道会」・「先天道防共救国会」のような傀儡政権がバックアップした結社の分会が設けられている。河北省南部地域には「華北農民仏教先天道和平防共会」という組織が郷村社会に広がっている。先天道に比肩するのは中華共進会であった。この組織は日本軍の飯沼部隊が統轄した七十三の県に分会が設立された。また、局地的に存在する組織としては、保定・宛平県の洪道会、衡水県に設立された天津安清総会の分会、保定の華北安清道義総会の河北省分会が挙げられる。第二は、道教に付会するものである。この類の結社は分布の区域が限られ、故城県の紅陽門、保定の道徳救災社などがあった。第三は、儒教に付会するものである。衡水県の道徳学社、大名県の孔孟道、滄県など七つの県に存在する万国道徳会などである。そのうち、万国道徳会は比較的に規模が大きかった。第四は、二つ以上の宗教に付会するものである。たとえば、新城県の中国三教聖道会、灤城県の三教救生会、新河県の広化壇普仁社、大名県の十善社、生成堂、成安県の恵春慈善社、塩山など五県の一貫道（別名孔孟聖道）、薊県の親民至善総会、撫寧・定県など三県の同善社、撫寧県の道徳会、正定県の万原善壇、清苑・正定県の皈一道、正定県の三心護元門、獲鹿県の還香道、石門市など八県の世界紅卍字会、衡水県の道徳聖会（別名紅槍会、二坎会）などである（中国第二歴史檔案館所蔵、「内務総署処理地方宗教等会諮詢事項答案」、一九四二年）。

（15）たとえば、山東省南部の沂県・昌楽県・益都県一帯の茹素団（首領王晋藩、会衆一万人）は一貫道の教義を奉じるが、親日の一貫道上層部と異なって反日的な政治姿勢を示し、国民党の地方部隊によって三県辺区自衛総団に改編された（「魯南邪教盛行」、一九四五年八月四日。中統局編『党政情報』）。

（16）草野文男『支那辺区の研究』、国民社、一九四四年、一三九頁。

（17）防衛庁防衛研究所戦史資料室所蔵、北支那方面軍司令部「軍人軍隊ノ対住民行為ニ関スル注意ノ件通牒」、一九三八年六月二七日。吉見義明編『従軍慰安婦資料集』、大月書店、一九九二年、二一〇頁。

（18）「紅槍会の背景とその現状」、ノルマン・D・ハンウエル述『エシア・マガジン』所載、興亜院編『情報』第三号、一九三九年一〇月一日。

（19）防衛庁防衛研究所戦史資料室所蔵、北支那方面軍司令部「山西南部（牛島兵団地区）ニ於ケル紅槍会利用ノ現況」、一九三八年一〇月三〇日。三谷孝前掲「戦前期日本の中国秘密結社についての調査」、一〇六頁。

（20）防衛庁防衛研究所戦史室『北支の治安戦』（一）、朝雲新聞社、一九六八年、二三六頁。

（21）「第二十師団管内晋南治安状況」、昭和一四年一月一日、防衛庁防衛研究所戦史資料室所蔵、「支那・支那事変・北支・一八二」。

(22) 汪兆銘政権成立後、日本軍が扶植した華北地域の傀儡政権「臨時政府」が解散され、これに代わって「中央」と「地方」との中間機構ともいうべき「華北政務委員会」が設立された（前掲『北支の治安戦』〈一〉、二九三頁）。

(23) 同右、二八七頁。

(24) 「華北における思想作戦指導要綱」、北支那方面軍司令部、昭和一五年四月二十日、防衛庁防衛研究所戦史資料室所蔵、「支那・支那事変・北支・七〇〇」。

(25) 池上留義「紅槍会指導の一考察」、『新民運動』九月号、一九四二年九月一日、新民書局、八五―九七頁。

(26) 「北京天津思想団体調査」（中）、前掲『調査月報』第二巻第五号、三三九―三四八頁。前掲『華北宗教年鑑』、四九四―四九六頁。

(27) 中国第二歴史檔案館所蔵、華北政務委員会総署檔（以下、「総署檔」と略す）「先天道会山東省泰安県分会調査」、一九四二年。

(28) 総署檔、「夏津県知事王晋卿呈山東省公署」、一九四三年五月。「未来和平宗教会呈山東省公署」、一九四三年八月九日。

(29) 三谷孝前掲「抗日戦争中的紅槍会」、五一八頁。

(30) 総署檔、「永清県知事郭長年篠代電」、一九四三年三月。

(31) 同右、「先天道総会会長江洪濤呈内務総署報告」。

(32) 同右、「河北省公署民政庁視察王徳輝、警務庁綏靖科長宋甲三、津海道道尹李少微聯合調査報告」、一九四三年。

(33) 前掲『北支の治安戦』（二）、二三五頁。

(34) 前掲「河北省公署民政庁視察王徳輝、警務庁綏靖科長宋甲三、津海道道尹李少微聯合調査報告」。

(35) 同右。

(36) 前掲『北支の治安戦』（二）、二三五頁。

(37) 董振明「改造紅槍会」、星火燎原編輯部編『星火燎原』（六）、解放軍出版社、一九八七年、七六頁、七九―八〇頁。

(38) 曠伏兆「厳冬過後是春天」、前掲『星火燎原』(六)、一六〇頁、一六三頁。
(39) 同右、一五九頁。
(40) 馬場毅前掲「山東抗日根拠地と紅槍会」、二九頁。
(41) 喬培華前掲『天門会研究』、一七五—二〇五頁。
(42) 「在河北山東平原地区大量発展遊撃戦争」、一九三八年四月二一日、『毛沢東軍事文集』第二巻、軍事科学出版社、中央文献出版社、一九九三年、二一八頁。
(43) 劉少奇「堅持華北抗戦中敵後武装部隊」、『解放』第四十三・四十四号、一九三八年七月一日。
(44) 彭真「論冀魯豫紅槍会工作」、『群衆』第二十二期、一九三八年五月一四日。
(45) 八路軍第一一五師師長聶栄臻は一九三八年四月にこれを批判した(聶栄臻「幾個月来支持華北抗戦的総結与我們今後的任務」、一九三八年四月、『晋察冀抗日根拠地』史料叢書編審委員会・中央檔案館編『晋察冀抗日根拠地』第一冊(文献選編上)、中央党史史料出版社、一九八八年、一一三—一一四頁。また、中共中央が聶栄臻部隊に派遣した幹部黄敬は、聯荘会・紅槍会は農民と地主の共同組織であり、一部の地域にかけた過重な負担が地主の不安と反抗を募ったことを指摘し、ある地域を完全に支配する前にその地域の紅槍会に対して、武器収奪や食糧徴収、資金集めはしないよう、八路軍部隊に警告した(黄敬「地方党五個月工作総結与今後工作方針」、一九三八年四月、前掲『晋察冀抗日根拠地』第一冊(文献選編上)、一四四頁。なお、中共側の統計によれば、冀魯豫地域の紅槍会武装は二〇万丁の銃をもっていた(彭真前掲「論冀魯豫紅槍会工作」)
(46) 李夢齢「冀中区争取聯荘会的経験教訓」、『八路軍軍政雑誌』第一巻第九号、一九三九年九月二五日、八七頁。
(47) 張洪祥、王璇前掲「略論抗戦初期冀中区的聯荘会和会門武装」、四九八—四九九頁。
(48) たとえば、一九三八年五月、河北省南部の南宮地域の六離会は八路軍と衝突し、敗退した(李達前掲書、一一一—一一四頁。中仲銘「南宮六離会反乱事件」、同編著『民国会門武装』、中華書局、一九八四年、一〇六—一一三頁)。数ヶ月後、棗強県の白吉会も八路軍に敗れ、解散に追い込まれた(『李聚奎回憶録』、解放軍出版社、一九八六年、一九五—一九六頁)。
(49) 当時の八路軍の会門政策には、日本軍・傀儡軍と関係のある紅槍会組織をすべて漢奸組織と見なす傾向が現れた。これに対して、林山「怎様接近群衆」（『八路軍軍政雑誌』第一巻第二号、一九三九年二月一五日）はこのような認識上の偏りを「犯罪行為に等しい」ものと批判した。これについては、「善於応付遊撃区内的一切封建迷信組織問題」（重慶『新華日報』、一九三九年一一月一五日）も参照のこと。

（50）王従吾「如何進行会門工作」（一九四〇年一月三日）、『中共冀魯豫辺区党史資料選編』工作組辦公室、中共河南省党史工作委員会編『中共冀魯豫辺区党史資料選編』第二輯、文献部分（上）、河南人民出版社、一九八九年、一三七頁。

（51）同右、一四〇―一四一頁。

（52）同右、一三九―一四一頁。

（53）同右、一四一頁。

（54）「五個月的工作報告」、一九四〇年三月一〇日、前掲『中共冀魯豫辺区党史資料選編』第二輯、文献部分（上）、一八七頁。

（55）中央檔案館所蔵資料（以下、中共檔と略す）、宋任窮「冀南討逆工作簡略報告」、一九四〇年一一月二一日。

（56）前掲『北支の治安戦』（一）、四九四―四九五頁。

（57）中共檔、冀魯豫辺区党委「敵占区与接敵区工作的方針与政策」、一九四二年五月。

（58）同右。

（59）中共檔、陸定一「在敵占区行動部隊的政治工作」、一九四〇年六月。

（60）当時、八路軍は傀儡軍の構成を、①土匪・流氓・②民団・保安隊、③紅槍会・大刀会など、④解散された軍隊の兵士、⑤一般民衆の五つに分類した。（劉型「争取偽軍反正的幾点意見」、『八路軍軍政雑誌』第一巻第八号、一九三九年八月二五日）。国民党側の資料にもほぼ同じ分類法が見られる。これについては、秦孝儀主編『中華民国重要資料初編――対日抗戦時期』第六編・傀儡組織（四）（中国国民党中央委員会党史委員会、一九八一年、一五〇三―一五〇四頁）を参照のこと。

（61）河北省社会科学院歴史研究所他編『晋察冀抗日根拠地史料選編』上、河北人民出版社、一九八三年、四一九頁。

（62）中共檔、「関於敵軍工作的指示」、一九四二年一月一日。

（63）中共檔、「敵偽軍工作」、一九四二年二月七日。

(64) 中共檔、「冀南区偽軍工作経験介紹」、一九四三年三日。
(65) 信錫華「目前的政治形勢与辺区党委的任務」(一九四〇年四月)、前掲『中共冀魯豫辺区党史資料選編』第二輯、文献部分(上)、二五九頁。
(66) 「晋冀魯豫辺区政府取締非法秘密教門防止敵奸利用活動」、『解放日報』、一九四二年三月三〇日。
(67) 黄敬「辺区的形勢与任務」、一九四二年一二日、『中共冀魯豫辺区党史資料選編』第二輯、文献部分(中)、三九三頁。
(68) 「徐定開反『偽仏教』大会『盤主』等均紛紛宣誓退教」、『晋察冀日報』、一九四二年九月一五日。
(69) 『陳再道回憶録』、解放軍出版社、一九八八年、三六八—三七二。
(70) 李文驊「冀東公安組織的建設及鋤奸保衛工作」、冀熱遼人民抗日闘争史研究会編輯室編『冀熱遼人民抗日闘争』(文献・回顧録)第三輯、天津人民出版社、一九八七年、二八二頁。
(71) 根拠地における会門「暴動」事件のほとんどは経済的な原因によるものであった。中共山東省荷沢地委党史資料徴集研究委員会(張宝英執筆)「平息湾楊紅槍会暴乱」、前掲『中共冀魯豫辺区党史資料選編』第二輯、専題部分、山東大学出版社、一九九〇年、四二二—四三〇頁。賽治水「瘋狂一時的『三坎会』」、『棗強文史資料』第三輯、一九八九年、一八六—一九六頁。経済的な原因のほかには、中共による宗教信仰の弾圧も紅槍会「叛乱」の原因の一つであった。蘇振華「開辟敵占区工作初歩総結」、一九四一年四月七日、前掲『中共冀魯豫辺区党史資料選編』第二輯、文献部分(上)、五六七頁。中共山東省泰安市委党史資料徴集研究委員会(呉緒倫執筆)「泰西紅五月運動」、前掲『中共冀魯豫辺区党史資料選編』第二輯、専題部分、四五七—四六九頁。王志道・劉書友「黎城県粉砕離卦道暴乱記」、『山西省文史資料』総四十三輯、一九八六年第一輯、一六七頁。
(72) 翁才「盂県紅槍会叛乱的経過和真象」、『晋察冀日報』、一九四二年九月一五日。この記事は「盂県紅槍会叛乱経過」と題してほぼ全文『解放日報』(一九四二年一〇月二三、二四日)に転載されている。
(73) 九宮道は清末期山西省五台山の普済和尚によって創立され、民国初期に盂県に伝えられた民間宗教結社である。盂県の紅槍会は九宮道をベースに組織されたものである(盂県史志編纂委員会編『盂県志』、方志出版社、一九九五年、四四二頁)。

(74) 謝家岱の表記について、『盂県志』では「謝嘉岱」としている（同右、四四三頁）。
(75) 同右、四四三頁。
(76) 同右、五五八頁。
(77) 宍戸寛他『中国八路軍・新四軍史』、河出書房新社、一九八九年、五一七—五一八頁。Kathleen Hartford, "Repression and Communist Success: The Case of Jin-cha-ji, 1938-1943", Kathleen Hartford and Steven M. Goldstein, ed., *Single Sparks: China's Rural Revolutions*, M. E. Sharpe, 1989, pp.107-112.

第十章　華中――新四軍、大刀会・青紅幇と地域社会

はじめに

中共革命と秘密結社との関係において、新四軍は重要な位置を占めていた。新四軍は日本軍・傀儡軍、国民党軍隊、および各種の地方軍事勢力が混在する長江下流地域や淮河流域において、大刀会・小刀会などの郷村武装勢力（以下では、史料引用を除いて「大刀会」と称する）や青紅幇組織と複雑な関係をもっていた。以下、本章では、まず新四軍の「抗日根拠地」とされる政治的空間について概観したうえで、宗教信仰を精神的紐帯とし、郷村社会を活動の場とする大刀会と新四軍、日本軍・傀儡勢力との関係について検討する。そして、「幇会組織を利用する」と「幇会組織になる」という二つの側面から新四軍と青紅幇との関係を分析する。

一　「抗日根拠地」という政治空間

抗日戦争下、国民党と共産党合作を背景に、それまでに南方の八つの省の隣接地域で活動していた共産党指導下の

紅軍とゲリラ部隊は国民革命軍陸軍新編第四軍（一般に「新四軍」と称する）に改編された。国民党が決めた作戦地の限られた空間のなかで、新四軍は数年の間にいくつかの抗日根拠地を建設した。そのうち、本章の内容に関連するのは長江流域、淮河流域の「蘇南根拠地」・「蘇中根拠地」・「蘇北根拠地」・「淮南根拠地」である。これらの地域は中共の革命史叙述においては「抗日根拠地」と呼ばれるが、新四軍が実際に支配可能な地域はそのなかの限られた部分であった。新四軍は日本軍、傀儡軍からの脅威だけではなく、国民党軍隊――中共はこれを「頑固派」と称した――からも攻撃を受けていた。[1]

共産党の蘇南根拠地は江蘇省内の長江より南の地域と浙江省、安徽省の一部を合わせた地域を指す。一九三八年五月、粟裕が率いた新四軍の先遣支隊は江蘇省南部に入り、同年六月、陳毅・張鼎丞の第一、第二支隊がそれぞれ江蘇省と安徽省の省境地域に入った。こうして新四軍による根拠地建設が始まった。

新四軍の活動範囲は国民政府第三防衛区の一部の地域と決められていた。そのため、「越境」の問題をめぐって新四軍と国民党軍隊の衝突がしばしば発生した。一九三一年三月、周恩来は安徽省南部の新四軍部隊を視察した時、中共中央を代表して、新四軍に対して「われわれは日本軍と傀儡軍が駐在しており、友党友軍（国民党軍隊）が活動しにいかないところに行く。そうすれば、摩擦を回避することができ、抗日戦争にとって有利である」と述べた。[2]また、周恩来は、新四軍駐在地域の大刀会や青幇に対する工作を強化するよう指示した。[3]一九三九年八月、新四軍江南指揮部が設立され、陳毅・粟裕がそれぞれ指揮官、副指揮官に任じられた。江南指揮部は蘇南根拠地を強化し、蘇北地域へ勢力を拡大する方針を定めた。新四軍が江蘇省南部でゲリラ戦を行った茅山・丹陽・江寧など六つの地域には土匪が多く存在していた。これらの地域では、従来土匪から財産や生命を守るために大刀会が結成されてきた。なかでも溧陽・溧水・句容・武進四県の大刀会の数がもっとも多かった。[4]茅山地域では、成年壮丁の八割が幇会に参加したという。[5] 新四軍は一九三九年一一月から長江以北の地域へ進み、一九四〇年七月、新四軍江南指揮部の三つの連隊の主力が長江を渡って蘇中根拠地の建設に向けて動き始めた。

一九四〇年三月三〇日に汪兆銘の傀儡政権が成立した後、蘇南地域の新四軍は傀儡政権と国民党の軍隊の両方から挟み撃ちされるようになった。一九四一年一月国民党軍隊が新四軍本部を襲撃した「皖南事変」が発生した後、国民党と共産党の争いが表面化した。同年五月、傀儡政権は「清郷委員会」を設立し、同年七月以降の二年あまりの間、日本軍・傀儡軍は鉄道・道路・川を中心に、城・鎮を拠点として、籬や鉄条網で封鎖区を作り、保甲組織や郷村自衛団を作るなどして、新四軍が活動する蘇南地区で厳しい弾圧を行った。[6] その結果、新四軍は窮地に追い込まれた。

長江以北の蘇中抗日根拠地は、東は黄海に瀕し、西は大運河に接し、北は塩城・淮陰に隣接する。新四軍が入る前にも、広大な蘇北地域にはすでに国民党第八十九軍（軍団長韓徳勤）、魯蘇皖辺区ゲリラ総指揮部（総指揮官李明揚、副総指揮官李長江）、国民政府財政部税警総団（団長陳泰運）などの武装勢力が駐在していた。新四軍の主力部隊が蘇北に移った後、新四軍と日本軍・傀儡軍、および国民党軍隊との間で熾烈な戦いが繰り広げられた。一九四〇年秋、新四軍は韓徳勤部隊との戦闘で勝利し、蘇北地域で次第に有利な地位を占めるようになった。一九四一年三月からは、中共はこの地域を「蘇中区」と称した。以降、新四軍は蘇中地域の十四の県で根拠地を建設し、日本軍・傀儡軍、国民党軍隊との闘争を展開した。[7] 蘇中地域は河川が縦横に流れる平野で、歴史上青紅幇が盛んに活動するところであった。前出の国民党部隊の李長江は「抗戦が始まってから幇会を一手に握り、広く弟子を集め、義兄弟の契りを結んだ。部隊の多くは彼が募集したものである」[8] という。新四軍はこの地域の青紅幇に対して高い関心を示していたのである。

一方、淮海区、塩阜区二つの地区を含む共産党の蘇北抗日根拠地は蘇中根拠地の北に位置し、北は八路軍の山東抗日根拠地に接していた。一九四一年一月の「皖南事変」で壊滅的な打撃を受けた新四軍は、蘇北地域で本部を再建しようとしたが、繰り返し日本軍・傀儡軍の「囲剿」を受けた。一九四三年三月、新四軍第四師団と第二、第三師団の一部の兵力は、山子頭で蘇中根拠地開設以来の最大の敵である韓徳勤部隊の主力部隊とその本部をうち破った。

歴史的に、江蘇省北部は土匪が盛んに活動する地域であり、大刀会の組織も各地に広がっていた。中共は根拠地を建設する際に、正面からは大刀会の攻撃を受けなかったものの、韓徳勤部隊が小刀会・青紅幇などの幇会組織を利用して新四軍の根拠地を攻撃し続けていたため、中共にとって大刀会は軽く見ることのできる相手ではなかった。[9]

蘇中根拠地の西側にある「淮南根拠地」は安徽省と江蘇省が隣接する地域に位置し、東は大運河に接し、西は淮南鉄道、瓦埠湖に至り、北は淮河に瀕し、南は長江に接する。真ん中に天津と南京（浦口）をつなげる津浦鉄道が走る。一九三八年四月、司令官高敬亭が率いる新四軍第四支隊が湖北省から安徽省中部、東部に進んだ。一九三九年四月、新四軍は安徽省東部を中心とする「皖東抗日根拠地」を設立した（一九四二年以降は「淮南抗日根拠地」と改められた）。五月上旬、葉挺が率いる安徽省南部の新四軍が長江を渡って北上し、江北指揮所を設立した。この間、中共は安徽省東部の和県、含山県などで県レベルの党組織（県委員会）を設立した。

蘇北根拠地などと同様に、皖東＝淮南根拠地も日本軍・傀儡軍、国民党軍、新四軍の四つの勢力が競り合う地域であった。国民党の李品仙部隊、韓徳勤部隊は新四軍が安徽省で遭遇した主な敵であった。淮南根拠地には国民党の支持を得た民間の武装勢力大刀会組織があった。また、津浦鉄道の沿線地域に青紅幇のネットワークが広がり、ほとんどの家が青紅幇と関わりがあった。国民党は幇会勢力を利用して新四軍を消滅しようとした。新四軍の報告によれば、国民党の軍隊が津浦鉄道の西側で「幇会を利用してわれわれの部隊に入って、（兵士の）脱走を計画していた」とされる。[10]また、江蘇省六合県の津浦鉄道沿線地域において、「傀儡政権の自衛団の基礎はほかでもなく安清幇であった。（中略）当時長江沿岸一帯で比較的に勢力の大きい反動派の頭目はみな青幇のリーダーであった。たとえば、六合城内の警察局長周子盛が幇会の大親方であった。瓜埠自衛団のリーダー趙松亭（三つの中隊を率いた）、南圩自衛団のリーダー王広遠（二つの中隊を率いた）、横梁甸自衛団の団長孫乃聡などもそうであった」という。[11] このような状況の下で、新四軍は幇会の存在を無視できなかった。

以上述べたように、新四軍の「抗日根拠地」は多くの政治勢力が競り合う地域であった。日本軍・傀儡軍のほかに、新四軍は当時「友党友軍」と呼ばれる国民党の軍隊からも攻撃を受けていた。こうした複雑な政治状況の下で、「抗日根拠地」における新四軍の支配は不安定なものであった。これは次節で取り上げる新四軍と大刀会、青紅幇との関係にも影を落としていた。

二　新四軍と大刀会の関係

複雑な政治環境の下で、新四軍は生存と発展の空間を求めるために、さまざまな手段を用いて大刀会などの民間武装結社に接しなければならなかった。それに対して、大刀会組織も自らの生存のために新四軍と対立・協力関係を展開させた。

新四軍と大刀会との関係についてはすでにいくつかの研究が発表されている。淮北地域における革命運動を取り上げたペリーと陳永発はそれぞれの著作のなかで大刀会と新四軍の関係を取り上げており、それによると、淮北地域において、七五パーセントの連荘会、四三パーセントの大刀会が共産党側に立ち、数千人の紅槍会員が新四軍の支隊として戦っていたという。[12] しかし、おそらく資料の制約により、二人の研究にはいずれもなぜ大刀会が新四軍を支持もしくは反対する態度を採ったかについての言及がない。また、劉平は近年刊行された新四軍関係の資料を利用して、中共の大刀会・幇会政策の分析を通じて抗日戦争期における中共の大刀会工作・幇会工作を論じている[13]。以下では、筆者は数少ない中共側の資料に依拠して新四軍と大刀会の対立・協力関係、および新四軍による地域支配の在り方についで検討したい。

1、衝突

抗日戦争期、江蘇省南部の茅山地域は江南地域における新四軍の活動の中心であった。一九三八年、中共が南京—鎮江一帯に部隊を派遣してゲリラ作戦を展開し、茅山・瓦屋山を中心とした根拠地を建設することを決定した後、新四軍の指導者項英は大刀会工作について次のように述べている[14]。

大刀会についていえば、われわれは彼らが政治的に抗日の民衆武装組織になることを目標とする。封建的・迷信的な部分を取り除き（初めは迷信にも反対せず、師父にも反対しない）、政治的進歩分子を育成して指導的な地位を獲得し、次第に迷信的、悪い上層分子を取り除いていく。そうすることによって、（大刀会を）名実ともにわれわれが指導する抗日的民衆武装にするという目的を実現する。

しかし、新四軍は茅山地域で根拠地を建設する際に、大刀会武装組織との間でしばしば衝突を起こしていた。当時、江寧県の大刀会首領朱永祥は国民党第一挺進隊司令官でありながら、日本軍と気脈を通じ、「小日本」と呼ばれていた。幾度かの敗北を喫した後、中共は一九三八年七月にようやく朱の大刀会を打ち破った[15]。江寧県のもう一人の大刀会首領熊三麻子は、二千人の大刀会員を結集して新四軍と戦おうとしたが、中共の宣伝と威圧の結果、結局熊が動員できたのはわずか五、六十人にすぎなかった。その後、熊はその弟を新四軍に遣って謝罪した[16]。この二つの事件が示しているように、新四軍の大刀会改編は必ずしも順調に進んだわけではなかった。

一九四〇年七月、国民党江寧県党部の策動により、江寧・当涂・溧水三県の県境にある横山で、十万人と言われる大刀会員が新四軍を攻撃する「横山暴動」が起きた。この事件で新四軍新三団の主力は大きな打撃を受けた[17]。衝突が起きた原因の一つには、新四軍がもたらす負担の増加に対する農民の不満があった。この点においては、第九章で見た華北の八路軍と紅槍会との衝突と同様であった。しかし、大刀会の反新四軍行動の背後に、国民党軍・日本軍の姿が見え隠れていることも見逃せない。大刀会の政治的立場はこれら三者の力関係に左右され、揺れていた。

各種の政治勢力の争いのなかで、大刀会はけっして受動的な存在ではなかった。実際に、大刀会は地域の政治力学の変化に応じて自分にとって有利な政治的選択を行っていた。これについて、新四軍将校陳毅は次のように分析している[18]。

（日本軍は）従来の原始的・封建的迷信組織を利用して、農村で勢力を拡充しようとしている。大刀会・清紅幇・同善社・仏教会などは表面的には自分が抗日戦争と無関係で、消極的かつ中立の立場を守っていると宣伝しているが、実際には（日本軍が）農村に入ったら彼らの会員に対して殺す、焼くというようなことをしないという保証を皇軍から得ていた。これは（中華）民族の抗戦意識を容易に消滅させるやりかたである。（中略）（彼らは）国民政府の軍隊を惑わし、灰色の方法で漢奸の秘密行動を援護し、農村に深く入って、抗日軍隊と民衆の連合を破壊することによって、農村を安定させるという日本軍の目的を達成させようとしているのである。

つまり、大刀会は、国民党の軍隊と日本軍の対立のなかで日本軍の焼く、殺す行為から村を守るために、優勢を占めた日本軍に近づいた、ということである。

このような事例は長江北部地域にも見られる。一九四〇年八月、張雲逸・羅炳輝が率いる新四軍第四、第五支隊の合わせて三つの連隊が洪沢湖より東、運河より西の地域（淮北・淮南をつなげる高郵県・宝応県）に進駐し、「淮宝根拠地」を建設しようとした。その時、新四軍は不意に地元の小刀会に襲撃された[19]。これについて、新四軍将校張勁夫は後年次のように語っている[20]。

彼らは呪文を唱えて、大刀を振りかざして大勢押し寄せてきた。初めわれわれは彼らの多くを欺かれた群衆と見て宣伝工作を行った。しかし、小刀会の頭目たちはだいたい国民党から金をもらって味方に引き入れられた者たちだった。彼らは刀会の会衆を煽動して、われわれの宣伝を顧みず、しきりに突進してきた。われわれの一部の部隊は経験不足のため、一定の損失を受けた。以降、われわれは新しいところに進駐するたびに、小刀会の襲撃に備えて塹壕を掘ったりやぐらやとりでを建てたりした。（中略）戦闘中、われわれは騎兵隊を攻撃するやり方で、一列の兵士が腹這いになって、一列が跪いて、一列が立って、一斉に発砲して集中的に射撃した。その他に、われわれは優れた射手を使ってもっぱら頑迷な頭目を撃った。このように数回交戦した後、小刀会の刀槍不入の神話がうち破れ、刀会は次々と瓦解した。（中略）われわれは淮宝で小刀会と大小十数回戦った。そのうち最も激しいのは新集での戦闘であった。羅炳輝と私はそこにいた。

ここで述べられているように、新四軍は歓迎されないよそ者として、地元の小刀会の襲撃を受けた。小刀会に対する思想宣伝は効果がなかったため、新四軍は小刀会との正面作戦に迫られた。また、新四軍は小刀会の襲撃を防ぐために、占領地域で軍事工事をやらなければならなかった。十数回の正面作戦を経てようやく小刀会を敗退させたのである。新四軍は一九四一年に江蘇省の儀征・六合に進駐する際にもこのような状況を経験した[21]。

小刀会はなぜこのように激しく新四軍に抵抗したのだろうか。右に引用した「小刀会の頭目たちはだいたい国民党から金をもらって味方に引き入れられた者たちだった」という文句から、小刀会が国民党から何らかの形で支持を得ていたことが推測できる。つまり、共産党と国民党が対立するなかで、小刀会は国民党を支持する立場を選んだのである。

以上見てきたように、新四軍と大刀会の間で起きた軍事衝突の背後には、日本軍や国民党の軍隊が影を落としている。熊三麻子が戦わずに新四軍に投降したのは新四軍の思想宣伝が功を奏したというよりも、熊が新四軍の武力を恐れていたからであろう。したがって、もっぱら大刀会の「排他性」から新四軍と大刀会との関係を論ずることには限界があると言わざるを得ないであろう。

2、協力

新四軍と大刀会の関係において、大刀会が新四軍に協力し、新四軍によって改編された事例もある。新四軍の「皖東根拠地」に属する無為・巣県・廬江・含山、和県の県境の山地で活動していた十万人の大刀会会員は新四軍に改編された。以下はその具体的な経緯である[22]。

抗日戦争初期、新四軍、国民党、および日本軍・傀儡軍はいずれも巣県南部の大刀会勢力に関心をもち、それぞれ代表を派遣し、大刀会と連絡を取ろうとしていた。巣湖地域に四千人の部下をもつ土匪馬玉山の勢力も例外ではなかった。当時、巣県南部の大刀会は三つの部分に分かれていた。①任家山とその周辺地域における士紳任紹堂の勢力、②項家山とその周辺地域の巣南大刀会総堂長・総指揮項挙鼎の勢力、③省都合肥周辺の地方実力派・国民党系の鄭旭初の勢力。新四軍はこの地域に三、四十人の工作員を派遣したが、すべて殺害された。中共側の記述によると、国民党第一三八師の将校が民衆を煽動し、この事件に関与していた。

次の事件は共産党の大刀会工作の打開において決定的な意義を有する。ある日、土匪馬玉山は項挙鼎の部下二人を殺害し、三人を拉致し、その財物を略奪した。新四軍は馬玉山の拠点を襲撃し、項側の人質を救出し、財物を奪還した。この事件は新四軍に対する項挙鼎の態度を一変させた。また、新四軍の遊撃隊長任醒凡は任紹堂の息子と同級生だった縁により、任の息子を通じて任と連絡を取った。これと同時に、国民党側も積極的に任紹堂を味方に付けようとしたが、結局任は共産党側に立った。その後、新四軍はビラを配り、「新四軍と協力し、心を一つにして抗日せよ」と呼びかけた。最終的に、項挙鼎は新四軍と連合する道を選んだ。

一九三九年一二月、新四軍は項挙鼎ら九人の大刀会代表と次のような趣旨の協定を結んだ。すなわち、大刀会は抗日自衛総隊とともに巣南独立団に改称すること、新四軍は項挙鼎管下の一八〇の堂口（下部組織）を抗日・救国・保家の組織として認めること、新四軍は巣南抗日根拠地内の民衆の財産や宗教信仰を保護し、「三大紀律八項注意」を守ること、である。また、一九四〇年三月、大刀会との同盟関係を固めるため、新四軍は任紹堂、項挙鼎を新四軍の江山遊撃隊の駐屯地に招き、中共党員蒋天然は二人と義兄弟の契りを交わし、血を歃って盟約を結んだ。新四軍が国民党系の鄭旭初一派を破った後、一九四〇年に、巣南地域の大刀会はすべて新四軍の配下に入った。同年五月に成立した新四軍第七師の大半の兵士はかつて大刀会のメンバーだった。

これは「皖南事変」以前の新四軍の大刀会工作の中で最も成功した事例である。このケースにおいては、各種の政治勢力が大刀会武装を味方に引き入れようとしたが、共産党が大刀会と土匪の対立を巧みに利用して、馬玉山を攻撃することによって項挙鼎を新四軍に近寄せた。そして、個人的な関係を築くことによって項挙鼎の信頼を得て、血を歃って盟約を結ぶ儀式を通じて両者の関係を強化したのだった。

3、支配下の大刀会

では、新四軍の支配地域において、新四軍と民衆との関係はどのようなものであったのだろうか。以下、塩城県を中心に蘇北地域の状況について見てみたい。

民国成立後、この地域で土匪が頻繁に活動するようになった。土匪の被害から身を守るため、村々で紅槍会・大刀会のような民衆の自衛組織が結成された。一九四〇年一〇月、新四軍が国民党の韓徳勤部隊に壊滅的な打撃を与え、蘇北地域で根拠地の建設に着手した。しかし、塩城・阜寧を中心とした塩阜根拠地の建設は地主・富農を中心に地域の人々に大きな負担をかけた。これに関して、一九三九年一二月の興亜院華中連絡部の調査報告に次のような一節がある。(23)

新四軍活動区域ノ民衆ハ高度ノ税金ニ依ッテ苦痛ヲウケテイルト謂ハレル。事実税金ハ徴集シ其ノ成績ハ甞テノ国民政府時代ヨリ良好ノ由ナルモ之ハ国民党軍ノ駐屯地ニ於テモ同様テ特ニ新四軍ノ高率ノ課税ヲシテ□イル訳テハナイ、マタ新四軍ハ地主ノ土地ヲ没収シ農民ノ利益ノミ擁護スルノテ地主層ト深刻ナ対立ガアルト謂ワレル。

当時の中共側の資料と照らし合わせてみれば、右の引用は新四軍の支配地域の状況を反映したものではない。塩城、阜寧地域の場合、韓徳勤時代の田賦率は上等田は一ムー当り〇・四二元、下等田（アルカリ性田）は一ムー当り〇・一二元であったが、新四軍占領後はそれぞれ〇・八元と〇・二元になり、ほぼ倍増した。(24)

しかし、蘇北地域では、地元の大刀会による新四軍の負担増に反発する事件はほとんど見られない。その原因はおそらく以下の三点と考えられる。第一に、村を単位とする蘇北の大刀会は華北・蘇南地域の紅槍会、大刀会と異なって、組織的な緊密性に欠け、地域においては強い影響力がなかった。当時、この地域では、日本軍が来る時や土匪の活動が頻発する時には、数人のリーダーが人々に呼びかけて集め、組織を結成するのが一般的であった。(25)第二に、この地域の中共基層政権は農民だけではなく、地主や富農層からも一定の支持を得ていた。確かに、中共がこの地域で「減租減息」政策を実施した結果、貧農の負担が減り、地主・富農の負担が増加した。しかし、その一方で、新四軍塩阜根拠地の一二三五人の郷長、鎮長のうち、地主が四四人、富農が六四人、中農が六三人、貧農が四人、他が六十人の割合で地主・富農層の割合も高かった。(26)「減租減息」によって負担が増えた地主や富農は、中共根拠地の基層政権に参加することによって、ある程度は利益を得た可能性もある。数回にわたって土地清丈が行われたにもかかわらず、多くのところで土地の面積、所有者などは依然として不明なままであった[27]。これは郷長・鎮長などのポストを占める地主・富農、および中農が、実際の土地面積をごまかしたためであるとも考えられる。第三に、民衆はたとえ共産党の根拠地政権に不満をもったとしても、新四軍の強力な軍事力を恐れていた[28]。中共側の資料には、日本軍占領地域の地主は日本軍・傀儡軍に田賦と食糧を納めず、新四軍に納めたことが記されている[29]。また、江蘇省北部の新四軍第二師一九四〇年一〇月の報告では、抗日政府による田賦徴収の範囲は日本軍・傀儡軍が駐屯した県城のすぐ近辺にまで及んだ[30]。

一般に、新四軍は根拠地の建設において、郷村社会では従来の権力関係を次第に断ち切る方針を執った。一九四一年六月、劉少奇は塩城県で開かれた第二回参議会大会での報告のなかで、当時根拠地で広がっていた新四軍が「三頭」政策を採る——始めは磕頭（額ずくこと）、次は揺頭（相手の要求を拒否すること）、最後は殺頭（相手を殺すこと）——というデマを取り上げて批判した[31]。これは中共と大刀会の関係を言ったもので、新四軍がある地域に入った時には、衝突を避けるために、まずは郷村社会の従来の権力関係を利用して、大刀会との連合や富裕層に対する優待政策を採った（磕頭）。政権基盤が固まってきて、新四軍と地域社会従来の勢力との力関係が逆転すると、大刀会を解散し、地主などの富裕層に対して「減租減息」を要求した（揺頭）。そして、共産党は党内のイデオロギー闘争の一環として共産党の根拠地支配に対して不満をもつ土匪・大刀会・青紅幇メンバー・地主を粛清した（殺頭）、というものである。

しかし、根拠地における新四軍の支配はけっして均質的なものではなかった。また、日本軍・傀儡軍、国民党軍との角逐のなかで、根拠地を支配する勢力も流動的であった。一九四二年二月、共産党と国民党はいずれも土匪・大刀会工作を強化した。当時の中共淮海区地委会の書記金明は中共華中局委員会に次のように報告している。「過去においてわれわれは韓徳勤と戦うために、土匪や大刀会を利用するなどいくつかの方策を採った。これらの手段は彼ら（国民党）も使った[32]。そして、共産党の土匪・大刀会工作の具体的な状況について、金明は、土匪を対象とした「秘密工作」において、新四軍と土匪の関係は「とても良好であった。（中略）そのため、土匪はわれわれの絶対的な敵ではなく、われわれも（土匪を）完全に粛清すべきというスローガンを掲げてはならない。なぜなら、頑固分子（国民党勢力を指す）もそれを利用しており、もしわれわれが（土匪を）やっつけ過ぎたら、土匪は頑固分子の方に逃げてしまうからである」と述べている[33]。

淮河地域の土匪について、金明は次のように述べている。「淮河地域には三十万を数える土匪があった。一部の村では全員が土匪になったところがある。一部の土匪は自分の村では略奪をせず、よそのところに行って略奪をする。しかも土匪と封建勢力（その政治的代表は国民党である）や地主との関係は非常に複雑である。地主はしばしば土匪を利用している。土匪が地主と手を組むこともしばしばある[34]」。これに鑑みて、金明は、「土匪はわれわれの敵ではない。土匪がわれわれに反対したのは、この地域に対するわれわれの統治が他の勢力の利益と対立したからである」と結論づけた[35]。土匪工作に従事する中共幹部のこのような認識が「六大」以降の土匪工作に関する中共の方針と一致していないことは注目に値する。

大刀会について、淮河地域では平均して一県に一つの大刀会組織があった。金明によれば、沭陽、泗陽二県にはそれぞれ三百人あまり、程道口には六五〇人あまり、灌雲には三〇〇―四〇〇人あまり、淮陰には四〇〇人あまり、宿沭海三地には一〇〇〇人あまり、横盤にも一〇〇〇人あまりの大刀会会員がいた。なかには新四軍に対して友好的な人物もいた[36]。金明は、大刀会は最も地主に利用されやすいとはいえ、「始めから封建勢力が組織した団体とは限らず、徐々に封建勢力に利用され、封建組織になったのである。大刀会は始めは群衆の盲目の闘争（組織）であった」と述べている。たとえば、沭陽県城付近の大刀会はこの地域が日本軍、土匪からの被害を受けた後に結成された組織で、首領のうち一人は店の経営者、もう一人は糞便拾いであった[37]。

このような分析から、金明は土匪・大刀会はいずれも「中間勢力」であると結論づけた。つまり、地域における政治権力の消長のなかで、中共と大刀会の関係は単純な対立・協力関係ではなく、より複雑であった。日本軍・傀儡軍・国民党軍隊の存在はつねに根拠地に対する新四軍の支配を脅かしていた。そのため、新四軍はその地域の大刀会や土匪勢力と一定の共存関係を保たなければならなかったのである。

三　「幇会を利用すること」と「幇会になること」

抗日戦争開始後、国民党と共産党はいずれも日本軍・傀儡軍の占領地域の青紅幇ネットワークの役割を重視していた[38]。日本軍・傀儡政権も青紅幇を通じて支配基盤を強化しようとした。

蘇南地域において、日本軍は協力者たちが山堂を開き、徒弟を召集することを支持した。その結果、「区長、警察所長・特務隊長・傀儡軍将校・日本軍の将校はみな弟子を抱えた[39]」。傀儡軍の兵士構成は、元国民党軍や軍閥軍隊の兵士・土匪・ルンペン・プロレタリアート・青紅幇メンバーなど、きわめて雑多であった[40]。新四軍にとって、青紅幇を味方にすることは、日本軍占領地域で活動の空間を広げ、日本軍・傀儡軍を瓦解させることにつながる重要な手段であった。当時、新四軍の方針は「幇会の頭目を尊敬し、その上層を味方に付け、下層を団結・分化し、その利益を損なわない」こと[41]、青幇のメンバーとして傀儡軍とその支配下の基層組織に入り込み、情報収集や逮捕された共産党員を救出すること、であった。実際に、新四軍の参謀陳志は青幇メンバーとして丹陽県警備隊の偵察大隊長となった[42]。

新四軍の秘密結社工作は主に青幇を対象としたものであるが、洪幇工作もその一環であった。南京地域で名を知られた大亜山の堂主朱亜雄の門下には、多くの共産党の幹部がいた[43]。前述のように、巣南の大刀会改編の際に、共産党の幹部は大刀会の頭目と義兄弟の契りを結んだ。このような事例はほかの地域にもあった。たとえば、蘇北沿海地域の新四軍幹部陳玉生、葉飛は国民党政権・傀儡政権の間で揺れ動いた地方武装勢力陸洲航の部隊を改編した後、陸らと義兄弟の契りを交わした[44]。

共産党、新四軍の幇会工作のもう一つの側面は、共産党が日本軍占領地域で山堂や香堂を開くことを通じて青紅幇になることであった。つまり、共産党・新四軍が自ら青紅幇のネットワークの網目となっていた。以下では、新四軍がかつて大刀会を改編した安徽省中部の和県の事例を取り上げたい[45]。

一九三九年から、新四軍は青幇出身者を通じて幇会工作を始めた。その典型的な人物は趙鵬程であった。趙は安徽省和県の出身で、一九三〇年に蕪湖で青幇組織に参加した。抗日戦争勃発後、趙は青幇の身分を利用して国民党の脱走兵を収容・改編し、和県抗日遊撃隊を設立した。その後、趙は新四軍に入り、その部隊も和県地域における新四軍の主要勢力となった。一九三九年前半、趙は和県共産党の指導者孫仲徳の指示を受けて香堂を開き弟子を招き、「十大幇規」を訂立した。以降、趙の門下に数多くの弟子が集まった。一九四三年、新四軍の責任者傅秋濤は趙にさらに三千人の弟子を召集するよう指示した[46]。趙が設立した幇会組織は新四軍の軍事作戦に積極的に協力し、蕪湖・南京・上海各地で軍事物資を購入し、密かに安徽・山東などの新四軍根拠地に転送した。趙が開いた幇会は義兄弟の契りを交わす洪幇結社であった。三千人といわれる弟子たちがどのような人々であったかは知る術がないが、趙が開いた山堂に共産党員が少なからずいたこと、そして、山堂そのものが新四軍将兵の隠れ家となったことは、新四軍の幇会工作において重要な意味がある。

新四軍が青幇が盛んに活動した地域で青幇の香堂を開いた事例は数多くある。一九四一年五月、中共華中局（書記・劉少奇）は蘇中第三分区司令官・蘇中行署保安司令官陳玉生が青幇の「老頭子」として香堂を開き、弟子を招くことを許可し、鎮江・丹徒など県レベル以上の中共軍事・政治責任者が幇会の名目で弟子を集めることも認めた。新四軍江南第六師は率先して新しい幇会を設立し、多くのメンバーを集め、「甚だ大きな収穫を得た」という(47)。一九四三年一月二一日、中共蘇中区委員会は江南地域での経験に基づいて、青紅幇工作に関する指示を下した。すなわち、分区を地域の単位として、青紅幇の状況に詳しい共産党員をリーダーとすること。幇会の組織形態を利用して、集中制を強調すること。忠・孝・仁・義という幇会の趣旨を利用して、国家への忠誠、民族への孝、政府や新四軍への信義を強調すること。そして、幇会を裏切って敵に身を投じた会員を厳しく制裁するなどを幇規（幇会の規約）に加えること、などである(48)。

一九四三年秋、中共淮南津浦路東地区委員会は南京近辺の江浦県、六合県一帯に浦六工作委員会を設立し、書記長陳雨田は後にこの地域で忠義社という青幇組織を設立し、徒弟を召集した。青紅幇に参加したことのある者なら、誰でも忠義社に入ることができる。「初めて香堂を設けた時、入社の儀式に来てくれた人のなかには、普通の農民もいれば、中流、上流階層の子弟もいるが、社会のくずのような連中も入っていた」という(49)。忠義社の成立後、その勢力は急速に拡大し、長江沿岸一帯の会員数が千人にのぼった。かつての幇会首領楊玉堂、袁漢三は忠義社の発展ぶりを目にして、自ら進んで忠義社と連絡を取り、香堂の開設に加わった。傀儡軍の将校趙松亭、王広元も忠義社と関係をつけようとした。瓜埠に駐屯する十数人の傀儡軍兵士が忠義社に入った(50)。

劉平の統計によれば、一九四一年から一九四三年末までの間に、新四軍将校と県長クラス以上の共産党幹部で香堂を開き、弟子を抱えた者は江蘇省だけで十二人いた。すなわち、陳玉生、陳志（丹陽偵察大隊長）、洪天寿（中共鎮句県長、以下言及される県はいずれも中共が設置したもの）、韋永義と管寒濤（蘇南保安司令官）、張志強（澄西県県長）、趙文豹（山北県県長）、呉翼（山南県県長）、施光前（楊中県県長）、顧維衡（武進県県長）、董必成（鉄道工委副書記）、樊玉琳（茅山地区専員）、である。[51] これらの新しい幇会組織の人数は資料不足のため不明であるが、洪天寿、韋永義、董必成の弟子はそれぞれ二千人を越えると言われ、前出の趙鵬程の三千人、陳雨田の千人を加えると、五人が合わせて一万人を越える弟子を抱えたと見られる。

では、新四軍が開いた香堂はどのようなものであったのだろうか。傀儡軍内部に潜入した中共の幹部は、もちろん公には抗日の旗印を掲げることができない。傀儡軍外部の中共幇会については、趙鵬程、洪天寿のケースを見てみると、趙の「十大幇規」のなかに、抗日を結社の目的とする内容が含まれている。しかし、中共の指導を受けることについては触れていない。[52] これと同様に、蘇南の茅山地域で活動した洪天寿の「新生社」（一九四三年設立）の「十大幇規」にも抗日が強調されているが、共産党の指導には言及されていない。洪は、自らが弟子を召集するのは「役人になるためでもなく、金持ちになるためでもなく、新四軍になろうともしない。目的はただ一つ抗日である」と述べた。[53] 実際には、日本軍占領地域あるいはその周辺地域において、共産党系の青紅幇が公然と抗日の旗を掲げることは、自らの組織の生存を考えれば不可能であったろう。これらの幇会はいわゆる「白皮紅心」だった。すなわち傀儡軍と密接な関係をもつものも含めて、表面的には一般の幇会と同じであるが、実際には幇会の内部に共産党の抗日分子が隠れていたのである。

中共が幇会を開いたのは一九四一年から一九四三年までの時期であった。これは日本軍・傀儡軍による度重なる「清郷」と時期的に重なっている。傀儡政権委員長汪兆銘によれば、「清郷」の目的は「けっして共産党の勢力を排除することだけではなく、共産党の組織が再び発生しないこと」であった。[54] こうした背景を考えてみれば、日本軍占領地域の中共組織や新四軍にとって、党と新四軍に幇会組織というカムフラージュをつけて、厳しい「清郷」をかわすことが幇会開設の直接的な目的であったであろう。日本軍・傀儡政権の「清郷」運動が終わった後や抗日戦争末期に共産党と新四軍が新しい活動の空間を獲得すると、共産党は「幇会になる」のではなく、再び幇会のネットワークを「利用する」ようになった。一九四五年、鄧子恢は次の三つの側面から都市部における青紅幇工作の重要性を分析した。①日本軍の占領とそれによって生じた社会的混乱は、青紅幇に未曽有の発展の好機を与えた。②青紅幇はすでに半公開的な状態にあり、その勢力も傀儡軍の軍事・行政機構の内部に及んでいる。そのため、青紅幇を掌握することは、傀儡軍を瓦解させる重要な手段である。③青紅幇内部には傀儡政権に対して不満をもつルンペン・プロレタリアートが多数存在する。彼らは中共にとって利用しやすい工作対象である。(55)

四　江蘇省無錫の先天道事件

一九四五年二月、江蘇省常熟県に隣接する無錫県の安鎮一帯で、「刀会」もしくは「先天道」と呼ばれる宗教結社による武装襲撃事件が発生した。付近の民衆は頭に黒い頭巾をかぶって、大刀や長い矛を手にし、当地の傀儡政権の保安隊員や警察を追い払い、日本軍と戦い、国民党の「忠義救国軍」とも衝突した。事件は日本軍・傀儡軍の「剿」と「撫」を受けて、五月中旬になってようやく沈静化した。

この事件は従来「先天道暴動」（以下では「先天道事件」と呼ぶ）と称される。無錫の先天道は第九章に登場した江洪濤の先天道の無錫支部であった。先天道事件と前章で取り上げた河北省永清県の先天道による反傀儡軍襲撃事件は、発生した時空も異なるし、性格も同じではなかったが、政治的性格をもつ宗教組織による武装事件という点において共通している。

先天道事件に関する資料は以下の二種類に分かれる。一つは事件発生直後のもので、それを通じて事件に関する日本軍・傀儡政権、共産党側の認識を知ることができる。もう一つは一九五〇年代以降刊行された当事者たちの回想に基づいたものである。[56]以下、無錫の先天道事件を通じて日本軍・傀儡政権支配地域の大刀会と各種の政治勢力との関係について検討する。ただし、資料の制約により、すでに公刊された事件関係の資料の分析に重点をおきたい。

1、事件の背景

先天道事件の舞台となる無錫・江陰・常熟は、従来「魚米の郷」と呼ばれる江南の豊かな地域であったが、戦乱のなかで民衆の生活は窮地に陥った。一九四二年二月、南京の汪兆銘傀儡政権が進めた第三期「清郷」運動は、江陰・無錫・武進三県と昆山から無錫までの鉄道以南の地域に広がった。傀儡政権は民間に竿を徴用して籬を編み、隔離区を作った。[57]無錫が「滬寧（上海―南京）鉄道の要衝にあたり、新四軍の茅山根拠地に隣接する」ため、この地域での「清郷」は一九四三年になってもまだ続いていた。[58]日本軍・傀儡政権は日本軍や保安隊、警察の給養物資を維持するためにさまざまな形で捐税を徴収した。そのうち、「軍米」は「人民にとって最も重い負担」であった。「壮丁を徴発して傀儡軍に充てる」ことも「人民を極度に驚きあわてさせた」[59]。傀儡政権下の郷村行政についていえば、県政権が郷政権を統轄することができず、「郷民らは苦しみを訴えようとしても行くところがない。県政府に訴えても、県長はそれ（郷長）を虎のように恐れており、調査して処罰をすることは聞いたことがない」という。[60]

民衆にとって、日本軍・傀儡政権のほかに、国民党軍隊の壊走兵からなる半ば兵士、半ば土匪の「忠義救国軍」も大きな脅威であった。この地方には、包漢生、包福顔の率いる部隊、包部隊の主力で後に日本軍・傀儡政権に投じた章暁光部隊、孫紀福部隊、胡肇漢部隊の四つの忠義救国軍部隊が駐在していた。「それぞれの部隊はさらにいくつかの小さな部分に分かれており、各部分も互いに意見の相違があった。それは主に経済上の対立であった。納めた税や人質から取った身代金の取り分をめぐるトラブルであった」[61]。忠義救国軍はそれぞれの駐屯地域で主に捐税を徴収するほか、身代金目的の誘拐もしばしばあったという[62]。

事件発生一年前の一九四四年、江南地域は凶作に見舞われ、四月一四日、一五日、大刀や長い矛で武装した常熟県大河、王荘の大刀会会員数千人は義橋に駐屯していた傀儡政権の保安隊を襲撃した。しかしまもなく弾圧され、大刀会から百人近くの死者が出た。その後、傀儡政権の県政府は大刀会会員に対し届け出を出したうえで、一人当たり米三石を納めるよう命じた[63]。

2、事件の経緯

先天道事件に関する最も詳細な資料は一九五〇年代以降に刊行された当事者の回想録である。中華人民共和国建国後、一部の当事者は抗日戦争期に勇敢に日本軍・傀儡軍に抵抗した「革命群衆」として高く評価され、先天道事件も当該地域の革命史叙述の重要な部分として記憶されてきた[64]。一方、事件の主役である宗教結社先天道は建国後「反動会道門」と見なされ、一九五三年二月に弾圧を受けた[65]。逮捕された先天道リーダーの供述は事件の一側面を知るためのヒントになっている[66]。以下は事件の主な経緯である[67]。

一九四五年正月（一月一二日）のすぐ後、大刀を手にした先天道の信者たちが無錫三里許の傀儡政権の郷長喬厚坤を追い出した。その一ヶ月後、三千人の先天道信者が安鎮を攻撃した時、「八大先生」（先天道のリーダー）の一人朱昇明（一説は朱勝明）が銃弾に倒れた。二九日、朱の仇を討つため、一万人の先天道会衆が安鎮を包囲し、日本軍兵士三名、傀儡軍兵士二名を射殺し、傀儡軍の隊長を生け捕りにした。四月三日、「護路軍」と称する十数名の日本軍・傀儡軍は地元の住民に食べ物を請うた。住民はただちに銅鑼を鳴らして、付近の住民が多数集まってきた。先天道会衆が日本軍、傀儡軍を包囲し、そのうちの七名を大刀で殺した。残りの日本軍・傀儡軍は逃走した。

事件のきっかけとなるのは、三里許の郷長・地主喬厚坤と先天道のリーダー範禄（または緑）宝との間の些細なもめごとであった。喬厚坤は範禄宝に「あなたたち先天道はいつも刀槍不入と言い張っているが、今日試してみないか。私は衛兵に発砲させて、あなたたちが生きていられるかどうかを見たい」と言った。この言葉に先天道会衆は激怒し、凶作や日本軍・傀儡政権の徴発、徴兵に悩まされていた民衆の日本軍・傀儡政権に対する不満が一層高まった。

では、先天道とはどのような結社であったのだろうか。無錫先天道の創設者倪子才は安鎮の出身で、若いころに地元の仏教結社同善社に入った。一九四三年、倪は「土匪部隊周某」に拉致されて金銭をゆすられた。彼は先天道に入れば刀槍から身を守ることができると聞いて、同善社の元幹部徐粋初に紹介を依頼して先天道に入った。徐粋初は倪ら数人を連れて北上し、まず済南にいた先天道の連絡員張智先を訪ね、張の紹介で一行は北京で先天道総会長の江洪濤に会った。江洪濤は倪の要請に応じて弟子の辺宝倉、連絡員梁鐘卿などを徐とともに無錫に行かせた[68]。一九四四年七月、無錫で先天道の「華中総分会」（別名「仏力保家会」）が設立された。同善社の「首士」夏維宗、「副首士」徐粋初はそれぞれ会長・副会長となり、辺宝倉は「伝導師」となった。辺は八卦の「乾坤震巽坎離艮兌」の八つの方位にちなんで、無錫の恵山公園で倪子才、範禄宝、朱昇明など八人の弟子に教義を伝授した。その後、彼は「八卦をそれぞれ二つに分けて」、さらに十六人の弟子、五人の女弟子に教義を伝授した。これらの「伝導師」は無錫を中心に、宜興・常州・常熟・蘇州などの郷村地域で支部を設立し、教義を広げた[69]。もともと無錫で一定の影響力をもつ同善社の首領倪子才が先天道に加入していた後、人々は先天道が標榜した「仏の力で家を守り、刀槍不入」に惹きつけられて、ごく短い間におよそ九万人が先天道に参加した[70]。

日本軍占領下の江蘇省で日本軍・傀儡政権の黙認ないし支持がなければ、先天道組織が短期間に拡大することは不可能であろう。それ故に、無錫で起きた先天道事件は日本軍・傀儡政権に大きな衝撃を与えた。

3、日本軍・傀儡政権の反応

資料の制約により、先天道事件に対する日本軍・傀儡政権の反応を直接知ることはできない。しかし、当時の『申報』や共産党側が刊行した『蘇中報』、『解放日報』の記事を通じて、それを垣間見ることができる。

先天道事件が静まった後の五月一九日、傀儡政権の江蘇省政府は先天道を解散する命令を発した。これについて、翌日の『申報』は「蘇州一九日中央社電報」として、次のように報じている。[71]

先日江蘇省政府は、各地方に対し、邪教をもって妖言で大衆を惑わす先天道を解散するよう命じた。最近邪教先天道の信者たちの行動が以前よりいっそうひどくなった。地方の治安を維持するために、先天道取締の実施方案を定め、各県にこれを実行するように命じた。その趣旨は剿撫兼用の原則をもって先天道の指導者を厳しく処罰する一方で、愚弄された民衆を説得し、迷いから覚めさせ、恐れる心をもつよう促すことである。と同時に、各県の政府に管下の警備保安部隊を移動配置する権限を与えることによって、地方に駐在する軍隊とともに徹底的に討伐させる。（事態が）全面的に広がるのを防ぐと同時に、都市や農村、鎮の各鍛冶屋が邪教の信者のために刀や剣を作ることを厳しく禁止する。また、奨励と懲罰の規則を定めることによって、過ちを改め、心を入れかえて生まれ変わるチャンスを民衆に与える。

ここで事件に関する日本軍・傀儡政権の認識が示されている。すなわち、事件発生後、日本軍・傀儡政権は先天道を「邪教」と見なし、先天道の解散を命じた。事件の範囲が広がるにつれ、日本軍・傀儡政権は「剿」「撫」併用の手段を用いて、先天道を厳しく取り締まらざるをえなかった。

傀儡政権下の『中央日報』に掲載された「愚民邪教を徹底的に撲滅せよ」と題した社説は、当時の状況を次のように分析している。「現今無錫・江陰・常熟の先天道は官税を納めず、治安を攪乱し、状況は甚だ深刻である」。「邪道邪教の問題はけっして楽観視してはならない」。「その邪教は純粋な道会（宗教）ではなく、政治的役割を果たしており、逮捕や処罰を命じるだけで粛清できるものではない」[72]。ここで特に重要なのは、日本軍・傀儡政権にとって、先天道事件は単純に経済的な目的で税を納めることを拒むのではなく、その行動はすでに「邪教」の類に属すとみなされ、ゆえに一定の「政治的な役割」を果たしていると認識されたことである。

先天道の「政治的な役割」について、共産党の『解放日報』が引用した傀儡政権の『文編週報』四月一五、二二日の記事に、次のような内容がある[73]。

暴動団体の名は天仙会といい、すでに三万人あまりにまで拡大した。なかには青年農民・知識人・女性なども含まれている。「烽火が四方に起こっており、それを目にした人を驚かせた」。捐税を納めるのを拒み、収拾がつかない。

先天道事件の原因が「捐税を納めるのを拒む」ことにあるという認識のほかに、この記事について次の点が注意すべきである。すなわち、「暴動団体」の名前が先天道ではなく、「天仙会」となっている。しかも、「烽火が四方に起こっている」ことから、各地で「暴動」に関わった組織は先天道以外にほかにもあることが分かり、先天道は厳密な構成をもつ均質な組織ではなかったことが示唆される。これは、日本軍・傀儡政権が先天道を「邪教」と見なし、取締を命じた後、無錫の先天道分会が各地の会衆の行動をコントロールできなかったことの一因と見られる。このような状況は河北省永清県の先天道の場合と同じである。

安鎮の事件が発生した後、先天道総会会長江洪濤は無錫の先天道分会に対し、「友軍（日本軍）・政府（傀儡政権）と協力する」よう命じた。四月六日、先天道無錫分会会長倪子才は安鎮に赴き、日本軍警備隊の鈴江、憲兵隊宣撫班班長亀山、および傀儡政権が任命した無錫県長張修明の投降勧告を受け入れた。彼は六カ条の「誓約書」を起草して、「仏力保家会を解散し、会員を自衛団に改編する」こと、先天道分会の本部を事件の発生地張涇橋にある日本軍警備隊の駐屯地に移し、「友軍と政府に協力し」、重慶の国民党軍隊や共産党の新四軍勢力に抗するなどを約束した。四月二〇日、この「誓約書」は各新聞に掲載され、各地の農村に配られた(74)。しかし、無錫城内の双河上、無錫北部の長安・張村、西部の井亭の先天道会衆は「誓約書」を受け入れることを拒み、半月の間に十八回も日本軍・傀儡軍の駐屯地を襲撃した(75)。これはつまり前出の『申報』の報道にあった「最近邪教先天道の信者たちの行動が以前よりいっそうひどくなった」ことを示すものであろう。

事態を収拾するため、日本軍・傀儡政権は先天道の徐粋初、倪子才などを逮捕した。さらに、五月九日には、先天道会衆に対し、二十日以内に武器を供出しなければ「切り捨て御免」の命令を出した。その後、事態はようやく沈静化した。

4、共産党側の見解

無錫の先天道事件が発生した後、共産党の『蘇中報』五月二〇日の記事は「暴動」を高く評価した。記事のなかで、事件は共産党の視点から次のように整理されている(76)。

上元の節句に、無錫と常熟が隣接する安鎮付近で暴動の炎が燃え上がった。彼らは迷信の刀会（本来は反動派が農民の落後性を利用して人民を愚弄する政治的陰謀であったが、現在は彼らの邪魔物となった）の形で現れた。当地の人民は忠救軍（忠義救国軍）の包漢昇、章暁光、王平珊部隊にひどく蹂躙されたため、手始めに王平珊（部隊）を攻撃した。たたかれた王は日本軍・傀儡政権と結託した。これは日本軍・傀儡政権に対する人民の反抗を引き起こした。彼らは安鎮で一挙に十三人の日本軍と十数人の最も凶悪な手先を殺し、それ以外の大部分の兵士の武装を解除した。これは澄錫虞地区を沸き立たせた。各地の人民は老若男女を問わずみなこの運動に巻き込まれ、絶えず忠義救国軍・傀儡政権の警察・土匪と戦っている。（中略）参加した人民はおよそ五万人を超え、勢いは現在もまだ広がっている。この運動は京滬鉄道沿線地域を沸き立たせた。日本軍・傀儡軍・忠義救国軍はこれを恐れて、力で脅したり利益で釣ったりして、スパイを（先天道）内部に潜入させ、（先天道を）弾圧・分化・瓦解させることを企てている。

明らかに、事件に関する共産党の認識は日本軍・傀儡政権のそれと異なっている。共産党からみれば、事件は大刀会＝先天道が主導した民衆の反抗闘争であり、当初先天道の主要な敵は忠義救国軍であったが、忠義救国軍が日本軍・傀儡政権と手を組んだため、日本軍・傀儡政権も攻撃の対象となった。このような見解は遠く離れた延安の『解放日報』にも見られる。たとえば、「農民は日本軍・傀儡政権の圧迫に耐えられず、近頃大規模な蜂起を起こした[77]」。「江南農民蜂起の勢いは日に日に拡大している。五月七日、無錫農民の大刀会は日本軍・傀儡政権に対抗して、抗捐抗糧の運動を発動し、無錫城南にある傀儡政権の徴税所の七人を殺した[78]」。また、『蘇中報』のある記事は無錫地域の農民の生活について、次のように述べている。「蘇澄錫虞一帯の人民は日本軍・傀儡政権、忠義救国軍などさまざまな勢力の抑圧を受けて、息がつかないほど苦しんでいる。彼らは過去において絶えず消極的に反抗してきた。たとえば、数百人、数千人の自発的な違法暴動と合法的な請願があったが、すべて弾圧された[79]」。この地域の民衆は日本軍・傀儡政権、忠義救国軍との間に挟まれて、そのうちの一つあるいは複数の勢力に抑圧されていた。民衆にとって、日本軍・傀儡政権と、忠義救国軍はある種の「共犯」関係であった。

抗日戦争末期にも発生した先天道事件は、苦境に陥った新四軍にとって歓迎すべき出来事であった。しかし、皮肉なことに、建国後、事件の主役である先天道は多くの民間宗教結社と同様に、政治統合のプロセスのなかで「反動会道門」と見なされ、弾圧の対象となった。

むすび

以下、本章の考察をまとめておきたい。

まず、衝突・協力関係のほかに、新四軍と大刀会の関係にはもう一つの側面がある。すなわち、新四軍の「抗日根拠地」において、新四軍、日本軍・傀儡政権、および国民党地方軍隊の勢力が互いに争うなかで、郷村に対する新四軍の支配が弱いところでは、民衆は自らの財産、生命を守るために大刀会の旗印の下に結集した。共産党は大刀会を警戒すべき存在と見なし、大刀会を土匪と同様に「中間勢力」と位置づけた。一方、日本軍・傀儡政権の支配地域において、日本軍・傀儡政権、忠義救国軍による過酷な捐税負担などにより、無錫など各地の民衆は先天道という「合法的」な組織のもとに集まり、武装襲撃の形で反旗をひるがえした。ここで注意すべきは、日本軍・傀儡政権の許可を得た「合法的な」結社として、先天道はけっしてすべての外来勢力を排斥しようとする民間結社ではなかった。河北省の永清県先天道事件にも見られるように、先天道の政治行動を単純に「排他性」の視点から考察することには限界があるであろう。

なお、本章では、「幇会を利用すること」と「幇会になること」という二つの角度から共産党の秘密組織や新四軍と青紅幇との関係を考察した。一九二〇年代、共産主義知識人は「拝老頭子、做小兄弟」を通じて青紅幇内部に入り、青紅幇のネットワークを利用し、工作を展開した。このような共産党による幇会利用の方法は陝北、華北においても用いられた。それに対して、日本軍・傀儡政権による「清郷」の厳しい状況の下で、共産党・新四軍は幇会勢力が盛んな地域で生き残るために「幇会になる」という特殊な道を選んだ。中共の革命の歴史において、これはきわめて珍しいことであろう。この時期、淮北地域の共産党組織は、青紅幇出身の党員は批判、粛清の対象とされていた。[80]両者を照らし合わせれば、中共革命の地域的相違が浮き彫りにされている。そして、「幇会になる」という新四軍のやりかたは、中共中央が一九四〇年一二月に各地の共産党組織や軍隊に発布した「哥老会、青幇工作に関する初歩的指示」と比較すれば[81]、中共中央の方針と党の地方組織・軍隊の現実の行動との間には大きな隔たりがあることもうかがえる。

注

（1）新四軍の早期の歴史に関しては、以下の著書を参照されたい。Gregor Benton, *New Fourth Army, Communist Resistance Along the Yangtze and the Huai, 1938-1941*, Berkeley: University of California Press, 1999. 三好章『摩擦と合作・新四軍、一九三七～一九四一』、創土社、二〇〇三年。劉昶「在江南幹革命・共産党与農村、一九二七～一九四五」、『中国郷村研究』（第一輯）、商務印書館、二〇〇三年。

（2）周恩来「目前形勢和新四軍的任務」（一九三九年三月）、中共江蘇省委党史工作委員会・江蘇省檔案館編『蘇南抗日根拠地』、中共党史資料出版社、一九八七年、五九頁。

（3）『周恩来選集』（上）、人民出版社、一九八〇年、一〇八頁。

（4）鄧振詢「蘇南工作報告」（一九四二年一月二一日）、前掲『蘇南抗日根拠地』、一七七頁。

（5）『新四軍和華中抗日根拠地史料選』編写組編『新四軍和華中抗日根拠地史料選』（一九三七～一九四〇）、第七輯、上海人民出版社、一九八四年、一二六頁。

（6）古厩忠夫「日本軍占領地域の『清郷』工作と抗戦」、『日中戦争と上海、そして私――古厩忠夫中国近現代史論集』、研文出版、二〇〇四年。

（7）中共江蘇省委党史工作委員会・江蘇省檔案館編『蘇中抗日根拠地』、中共党史資料出版社、一九八九年。

（8）『葉飛回憶録』、解放軍出版社、一九八八年、一七二頁。
（9）「新四軍第三師一九四一年作戦概況報告」（一九四一年一二月）、中共江蘇省委党史工作委員会・江蘇省檔案館編『蘇北抗日根拠地』、中共党史資料出版社、一九八九年、一〇九頁。
（10）「路西工作報告」（一九四二年二月五日）、『淮南抗日根拠地』編審委員会編『淮南抗日根拠地』、中共党史資料出版社、一九八七年、一九三頁。
（11）陳雨田「浦六工委成立前後」、同右、三九四頁。
（12）Elizabeth Perry, *Rebels and Revolutionaries in North China, 1845-1945*, Stanford: Stanford University Press, 1980, p.229. Yung-fa Chen, *Making Revolution: The Communist Movement in Eastern and Central China, 1937-1945*, Berkeley: University of California Press, 1986, p.488.
（13）劉平「略論抗戦時期中共対蘇南幇会的改造」、『江蘇社会科学』、一九九五年第二期。
（14）「項英関於第一、第二支隊進入敵後的行動原則致陳毅信」（一九三八年六月二三日）、前掲『蘇南抗日根拠地』、二三頁。
（15）江渭清「蘇南敵後抗日闘争的回憶」、同右、四五六―四五八頁。
（16）石西民「江南遊撃区横断面」（一九三九年二月一二日）、前掲『新四軍和華中抗日根拠地』第二輯、四二五頁。
（17）施正東「人民不会忘記――記念横山戦闘五十五年」、『南京日報』一九九五年八月八日。ちなみに、この事件の半年前には、当地の新四軍指導者の間では、「我々の軍民関係は既に魚と水のようなものになった」との楽観論が主流を占めていた（廖海濤「四団的一年」、一九三九年一〇月一二日、前掲『新四軍和華中抗日根拠地』第二輯、二〇九頁）。
（18）陳毅「茅山一年」（一九三九年六月二一日）、前掲『蘇南抗日根拠地』、一〇一頁。
（19）『洪沢県志』編纂委員会編『洪沢県志』、中国大百科全書出版社、一九九九年、六六六頁。
（20）張勁夫「回憶淮宝抗日根拠地的開辟」、前掲『淮南抗日根拠地』、三二六―三二七頁。
（21）劉順元「路東工作補充報告」（一九四二年二月四日）、同右、一七八頁。
（22）以下の記述は次の文史資料に基づいて整理したものである。①蔣天然「林岩争取巣南大刀会抗日」、『皖江抗日根拠地』編

審委員会編『皖江抗日根拠地』、中共党史資料出版社、一九九〇年、三六七—三七五頁。②王徳培「王紀晴教育争取巣南大刀会記実」、『安徽文史資料』第二十一輯、三五—五四頁。周新武「争取巣南大刀会的片断回憶」、同書、五五—五八頁。趙鵬程「回憶抗戦時期和、合、無地区的闘争」、同書、五九—七四頁。

(23)『新四軍ノ現状』、興亜院華中連絡部、一九三九年一二月、一四頁。

(24)劉彬「塩阜区工作報告」(一九四二年一月三〇日)、前掲『蘇北抗日根拠地』、一一九—一二〇頁。

(25)金明「淮海区工作報告」(一九四二年二月)、同右、一六六頁。

(26)劉彬前掲文、同右、一一七—一一八頁。

(27)同右、一二二頁。

(28)日本側の資料では、「農民ガ新四軍ヲ支持シテイルト謂フヨリ(一)通報スルト後カテロヲ受ケルカラテアリ(二)更ニ戦闘デ家屋、田畑ノ荒廃スルノヲ怖レテイルカラテアル」(前掲『新四軍ノ現状』、一四頁)。

(29)劉彬前掲文、前掲『蘇北抗日根拠地』、一二〇頁。

(30)中共中央檔案館所蔵、「一九四一年新四軍敵偽軍工作総結」(一九四二年八月一日)。

(31)劉少奇「我們在敵後干些什麼」(一九四一年六月三日)、前掲『蘇北抗日根拠地』、七三頁。

(32)淮海区地委書記金明「淮海区工作報告」(一九四二年二月)、『蘇北抗日根拠地』、一六三頁。

(33)同右。

(34)同右、一六四頁。

(35)同右、一六六頁。

(36)同右、一六四頁。

(37)同右、一六六頁。

(38)抗日戦争期における新四軍と青紅幇との関係に関するこれまでの研究は、主に次の二点にまとめられる。すなわち、第一に、新四軍が青紅幇のネットワークを利用して抗日活動を展開し、戦争物資の購入・運送、逮捕された抗日分子の救援、保護に役立たせた。第二に、共産党が日本軍占領地域で山堂や香堂を開くことによって青紅幇を改造し、抗日運動に役立たせた。劉平前掲論文を参照のこと。

(39) 譚震林「江南反清郷闘争的経験教訓」（一九四一年一一月）、前掲『蘇南抗日根拠地』、一六二―一六三頁。

(40) 袁国平「論江南偽軍工作」、『抗敵』第一巻第三号、一九三九年。

(41) 鄧振詢「蘇南工作報告」（一九四二年一月二一日）、前掲『蘇南抗日根拠地』、一七九頁。

(42) 韋永義「抗日戦争時期我在丹北的五年」、同右、四九二頁。

(43) 程堂発「左右逢源的大亜山堂主朱亜雄」、江蘇省政協文史資料委員会編『江蘇文史資料集粋』（社会巻）、江蘇文史資料編輯部、一九九五年、九三頁。ちなみに、朱亜雄は「南京維新政府」内政部衛生司第二課課長の任期中で、衛生司のなかで「紅門会」を結成した（内藤署長より南京堀総領事宛「陳内政部長ヲ中心トスル秘密政治結社ニ関スル件」、昭和一四年八月一四日。外務省外交資料館所蔵「支那政党結社関係雑件」）。

(44) 前掲『葉飛回憶録』、一四三―一四四頁。黄達夫「陸洲航伝奇」、前掲『江蘇文史資料集粋』（社会巻）、一四九頁。

(45) これについて言及された資料は数多く存在している。例えば、呉心栄「利用『安清幇』開展対敵闘争」、江蘇省沭陽県委員会文史資料研究辦公室編『沭陽文史資料』第二輯、一九八五年五月。

(46) 趙鵬程前掲文。

(47) 前掲「一九四一年新四軍敵偽軍工作総結」。

(48) 「蘇中区党委関於在反清郷闘争中掌握青紅幇的指示信」（一九四三年一月二一日）、前掲『蘇中抗日根拠地』、二一八―二一九頁。

(49) 陳雨田前掲文、前掲『淮南抗日根拠地』、三九五頁。

(50) 同右、三九四頁。

(51) 劉平前掲論文。

(52) 同右。

(53)『丹徒革命資料選』第二輯、劉平前掲論文を参照。

(54) 汪精衛「二次巡視清郷区在常熟民衆大会訓詞」（一九四一年一二月四日）、前掲『汪精衛国民政府清郷運動』、二二頁。

(55) Yung-fa Chen, *Making Revolution: The Communist Movement in Eastern and Central China*, pp.491-492.

(56) 蔣順興「一九四五年春江南先天道群衆暴動」、江蘇省史学会『抗日戦争史実探索』、上海社会科学院出版社、一九八八年。邵雍『中国会道門』、上海人民出版社、一九九七年、三七六―三八〇頁。

(57) 江蘇省常熟市地方志編纂委員会編『常熟市志』、上海人民出版社、一九九〇年、二六頁。

(58) 汪曼云「千里哀鴻説清郷」、前掲『蘇南抗日根据地』、四三〇頁。

(59) 前掲「江南敵頑統治区五万人民的大暴動」、同右、三八〇―三八一頁。

(60)「江蘇省常熟県郷民李綏之等関於控訴当地郷長土豪徴捐税敲詐勒索的呈文」（一九四四年七月三日）、余子道他編『汪精衛国民政府清郷運動』（汪偽政権資料選編）、上海人民出版社、一九八五年、三五八頁。また中央檔案館・第二歴史檔案館・吉林省社会科学院編『日汪清郷』（中華書局、一九九五年、五八八―五九〇頁）を参照。

(61) 前掲「江南敵頑統治区五万人民的大暴動」、前掲『蘇南抗日根据地』、三八一頁。

(62) 同右、三八二頁。

(63) 前掲『常熟市志』、二六頁。

(64) 諸大覚・王鷹「抗日戦争時期的無錫先天道大暴動」、『無錫文史資料』第十三輯、一九八六年。前掲『江蘇文史資料集粋』（社会巻）に所収。

(65) 無錫市地方志編纂委員会編『無錫市志』（第三冊）、江蘇人民出版社、一九九五年、二三七八頁。

(66) 陸仲偉『中国秘密社会』第五巻・民国会道門、福建人民出版社、二〇〇二年、三四三―三四四頁。

(67) 諸大覚・王鷹前掲文。張年如「錫澄闘争回憶」、中共江蘇省委党史資料征集委員会所蔵。

(68) 同右。

(69) 陸仲偉前掲書、三四三頁。

(70) 同右。
(71) 「先天道邪教猖獗」、『申報』一九四五年五月二〇日。
(72) 「利用会門団結力量、江南農民紛起抗敵」、『解放日報』一九四五年六月一九日。
(73) 「常熟、無錫、江陰一帯、三万農民抗敵起義」、『解放日報』一九四五年五月三〇日。
(74) 陸仲偉前掲書、三四三頁。
(75) 同右、三四四頁。
(76) 「江南敵頑統治区五万人民的大暴動」(一九四五年五月二〇日)、前掲『蘇南抗日根据地』、三八三頁。
(77) 前掲「常熟、無錫、江陰一帯、三万農民抗敵起義」。
(78) 前掲「利用会門団結力量、江南農民紛起抗敵」。
(79) 前掲「江南敵頑統治区五万人民的大暴動」、前掲『蘇南抗日根据地』、三八二頁。
(80) Yung-Fa Chen, *Making Revolution: The Communist Movement in Eastern and Central China*, p.494.
(81) 「中央関於哥老会青幇工作的初歩指示」(一九四〇年一二月二五日)、『中共中央文件選集』(十二)、中共中央党校出版社、一九九一年、五八一―五八八頁。ちなみに、哥老会、青幇に関する中共のこの指示は、戦時中興亜院編纂の『情報』誌に翻訳掲載されている(興亜院『情報』第三二号、一九四四年九月一五日、六五―六九頁)。

1、安源鉱山と上海で秘密結社工作を行った李立三

2、井岡山の匪賊出身の紅軍将校袁文才（左）と王佐（右）

3、陝北革命の先駆者劉志丹（左）と謝子長（右）

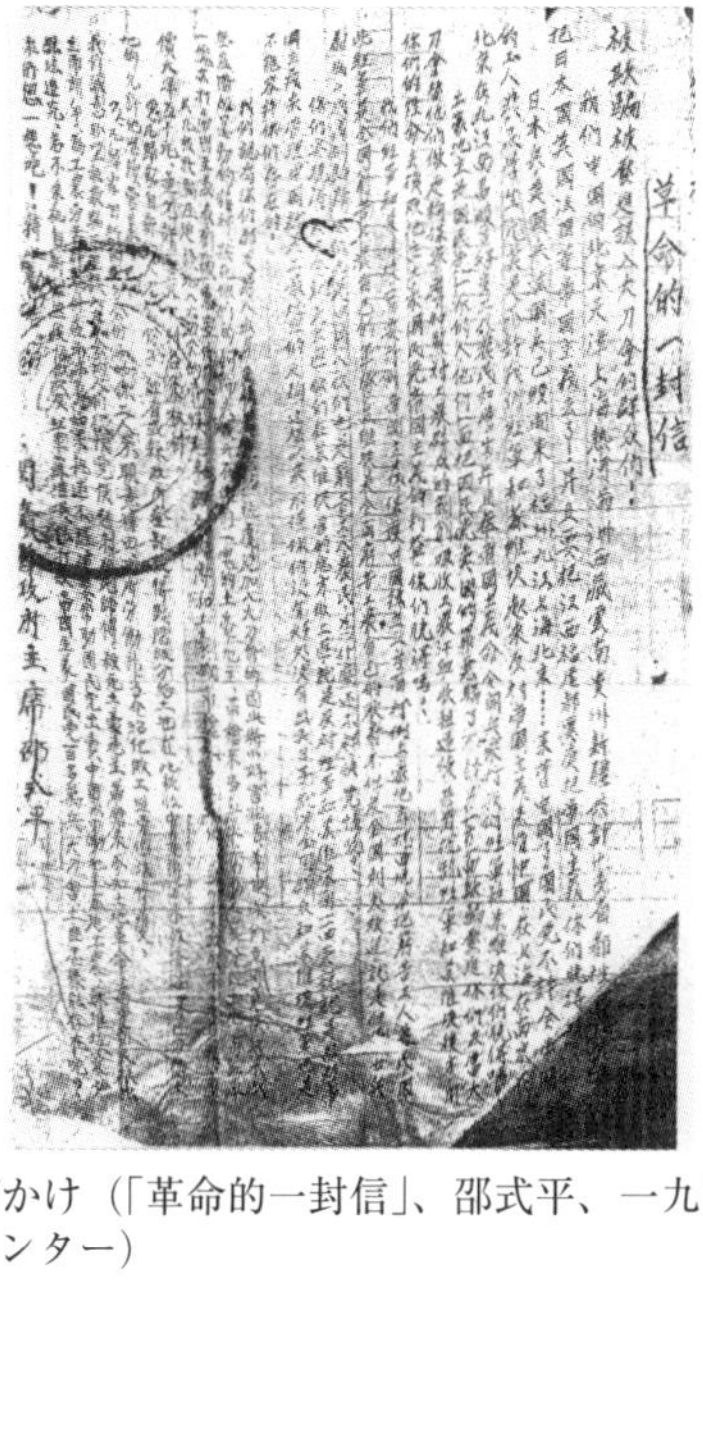

革命的一封信

4、大刀会に対する呼びかけ（「革命的一封信」、邵式平、一九三三年一〇月二一日。南京大学民間社会研究センター）

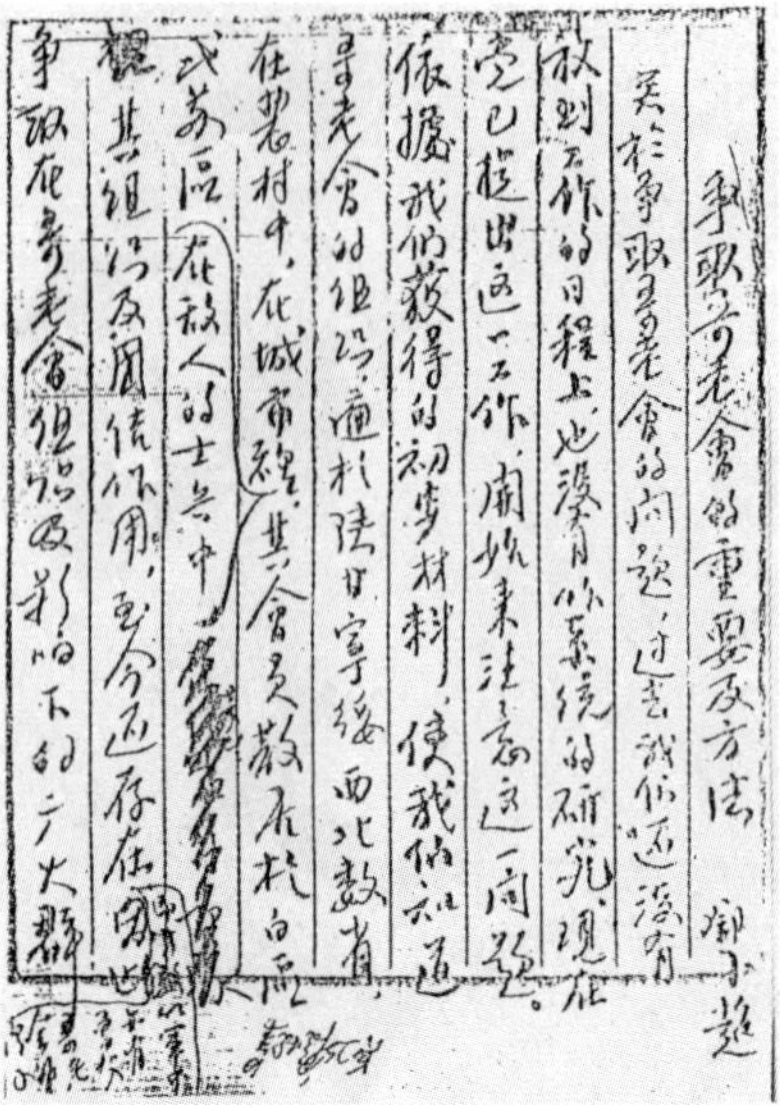

5、哥老会工作に関する鄧穎超の手紙、一九三六年（南京大学民間社会研究センター複写本）

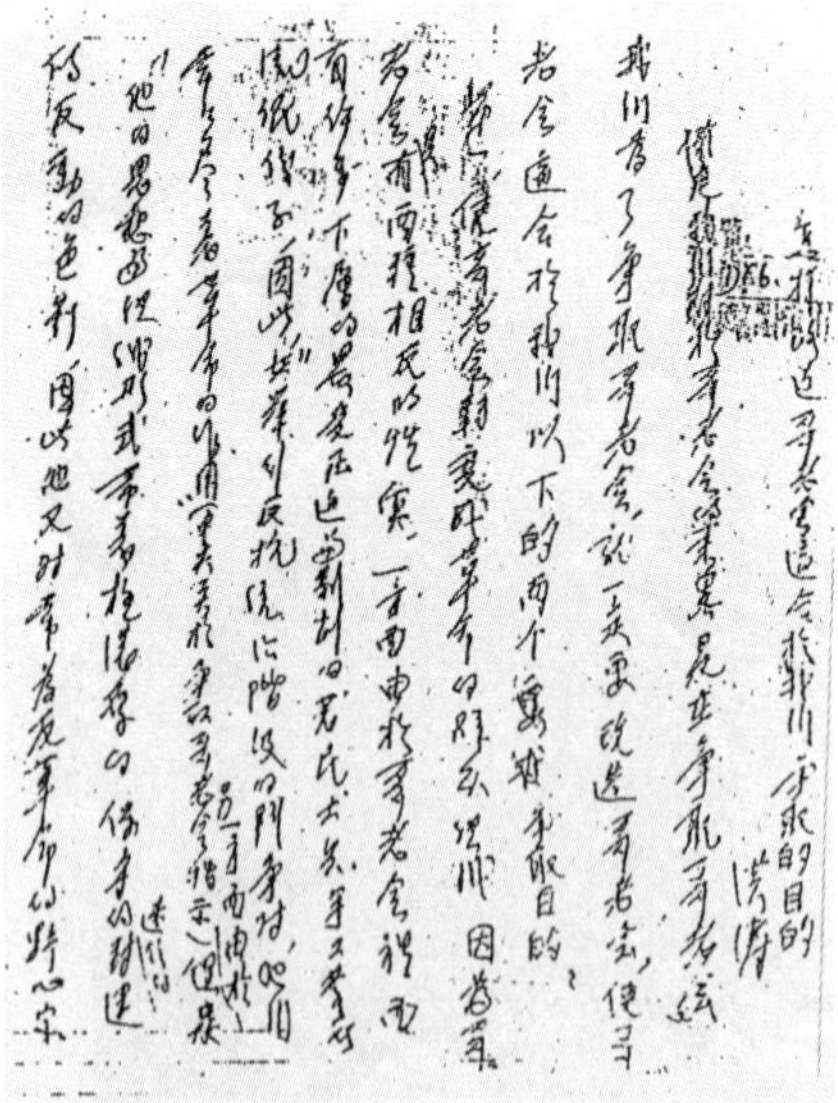

6、哥老会工作に関する郭洪濤の手紙、一九三六年（南京大学民間社会研究センター複写本）

第Ⅳ部

第十一章　建国初期における国家統合と秘密結社

はじめに

中国共産党が全国政権を獲得すると、党の政治的目標も自ずと従来の政権奪取から政権維持・政権建設へと転換した。中共建国初期の一連の社会改革に関して、従来の研究では、土地改革に関する研究が数多くあるのに比べて、同じ時期に行われた「剿匪」と「反革命の鎮圧」運動に関してはあまり注目されていない[1]。本章では、中共の〈革命／反革命〉言説の分析を通じて、「剿匪」と「反革命の鎮圧」運動に内包された中共による秘密結社弾圧の諸問題に光を当てたい[2]。以下ではまず、中共の「匪」と「反革命分子」の政治言説について検討する。続いて、中共による秘密結社弾圧を宗教結社弾圧と幇会結社弾圧に分けて、それぞれの弾圧が行われた理論的根拠や歴史的過程について検討する。最後に、秘密結社「消滅」の諸原因を探ってみたい。

一　「反革命の鎮圧」運動における秘密結社

中華人民共和国建国初期の秘密結社取締と弾圧を論ずるとき、中共がこの時期に行なった「剿匪」は避けて通れない重要な問題である。一九四九年三月に開かれた中共第七期二中全会における毛沢東の報告には、「剿匪」と「悪覇」(悪ボス)に対する鎮圧が農村地域における減租・土地分配の先決条件として強調されている。[3]中共の政治言説における「匪」は二重の意味を有する。すなわち、社会規範を逸脱した「土匪」と中共のイデオロギーに離反した「政治匪」である。「土匪」とは政治目標を有せず、農業を営みながら掠奪を行う典型的な「匪」である。「政治匪」とは、具体的には次の三種類の人間あるいは人間集団を指す。第一に、国民党軍隊の残部あるいは国民党政権が台湾に撤退する前に計画的に残した軍隊。第二に、国民党軍隊の「散兵游勇」と各地の土匪武装勢力。第三に、秘密宗教結社と秘密幇会結社。その一部が中共に反対する武装活動を行ったため、中共はこれらを国民党「スパイ」の影響と指示を受けた組織と見なしていた。中共華東軍区が提出した「剿匪」報告は、「政治匪」と地方の反動勢力の結合こそ、もっとも凶悪かつ残虐な武装勢力であると指摘している。それによれば、これらは中外反動派が解放区に派遣もしくは残存したスパイと土匪が、その地方の反革命的な民衆や反動的地主と結託し、封建迷信団体(宗教結社)を利用して民衆を脅迫して結成した反動武装勢力であった。[4]

中共の全国的な「剿匪」活動の終了後、各地からの報告をまとめて見ると、約二四〇万人の「匪」(東北地域を含めない)が「消滅」させられた。[5]資料によれば、秘密結社が活躍した地域では、武装化した秘密結社が中共「剿匪」の主要対象になった。一九四九年、中共の軍隊が四川省に進駐する直前に、国民党政権は「遊撃幹部訓練班」を通じて多くの「袍哥」(哥老会)頭目を訓練し、彼等を通じて四川各地で中共政権に反対する武装勢力を組織させた。国民党軍隊が中共に敗れた後、これらの袍哥武装勢力は中共に対抗する一連の軍事行動を起こした。[6]湖南省武岡県では、洪幇の「双鐘山」という山堂が「双鐘山反共自衛中隊」(八十人、銃六十丁)、「武勝山」と「安清山」が「武安反共自衛中隊」（六十人、銃五十丁）を結成し、中共軍隊と対戦した[7]。

「剿匪」が行われる最中、中共はその支配地域において、「反革命の鎮圧」を開始した。一九四九年三月に開かれた中共第七期二中全会の席上で、毛沢東は、軍事勝利を達成した後に「反革命勢力」について、「彼らのうち、多くのものは改造されるであろうし、一部のものは淘汰されるであろう。若干の強固な反革命分子は、鎮圧されるであろう」と述べている[8]。そして、毛沢東は同年六月三〇日の「人民民主独裁を論ず」と題した文章において、「反動派や反動階級の反動行為にたいしては、われわれはけっして仁政をほどこしはしない」と、人民民主独裁の必要性を論じている[9]。中華人民共和国成立直前の一九四九年九月二九日、政治協商会議第一回会議が公布した「共同綱領」において、「反革命分子」及びその活動は次のように定義されている[10]。

中華人民共和国は、すべての反革命活動を鎮圧し、帝国主義と結託し、祖国を裏切り、人民の民主事業に反対する国民党の反革命戦争犯罪人およびその他の罪悪をおかしながら改めようとしない、すべての反革命の主要分子を厳重に処罰しなければならない。一般の反動分子・封建地主・官僚資本家にたいしては、その武装を解除し、その特殊勢力を消滅したのち、法により、必要な期間、彼らの政治的権利を剥奪しなければならない。

「共同綱領」は中共建国初期のもっとも重要な政治綱領の一つである。ここで見逃してはならないのは、その人の行動だけではなく、その政治態度・階級身分も「反革命分子」と見なされる要素である、という点である。以下では、中共の当時の文献資料に依拠して「誰が反革命分子か」という問題についても見てみたい[11]。

「反革命分子」かどうかを判定するもっとも重要な基準は中共の階級革命の理論である。中共によれば、人民民主独裁は事実上工農民主独裁であり、その基盤は労働者・農民・民族ブルジョア階級である。中共はこれら以外の階級のうち封建地主と官僚資本家を「反革命分子」と見なしている。ここで、地主階級とは、「土地を占有しながら自らは耕作せず、あるいは補助的に耕作に参加するだけで、搾取を通じて生計を立てている者」である。[12] 官僚資本家とは、政治的背景をもつ資本家のことである。この二つの階級は中共の土地革命および都市部における改革の主要対象であり、「反革命分子」の主な階級基礎と目されていた。そのほかに、富農・ブルジョア階級も搾取階級と見なされ、「反革命分子」の温床とされていた。「反革命分子」を判定する第二の基準はその人の政治的立場である。共産党のいう「反動分子」・「特務（スパイ）」・「国民党員」・「三青団団員」、およびその他政治的に共産党と異なった立場にある人々は「反革命分子」の母体とされる。これらの人々はいわゆる「政治的問題」もしくは「歴史的問題」を理由に、中共「反革命の鎮圧」運動の粛清対象となった。「反革命分子」を判定する第三の基準はその人の現実的行動である。中共政権にとって、これらの人々は思想面において脅威的な存在であり、現実にも中共政権を転覆する行動を起こす危険な存在である。そのほかに、東西冷戦の時期において、西側の資本主義国家と何らかの関係をもつ人たちも「反革命分子」の疑いを持たれる。カトリック・プロテスタント信者の中にも「少数の分子」は帝国主義と関係をもち、スパイ活動を行う者と見なされている。[13]

以上述べた四つの基準からすると、「反革命分子」は膨大な数にのぼるはずであると考えられる。もちろん、このことは政権強化という中共当初の目的にふさわしいものではない。そこで、中共はしばしば統一戦線や政治闘争の必要に応じて「反革命分子」の判定基準を変更させている。統一戦線についていえば、中共は「剿匪」と「反革命の鎮圧」運動の対象を「首悪必辦」（首悪は必ず処分すべきである）や「少数の反動分子」に限定させ、「一人を殺して他の見せしめに」しようとした。つまり、中共政権が安定したときには、鎮圧される「反革命分子」の数は最小限に抑え、しかも法的な手続きに即して行われていた。それに対して、中共政権が外部の圧力を受けたときには、政権の基盤強化の手段として「反革命の鎮圧」を強化する傾向がある。その典型的な例が、前述の一九五〇年末から一九五一年初の「反革命の鎮圧」である。

一九五一年五月一五日に開かれた全国第三回公安会議の決議において、「現在一般の地域では、処刑された反革命分子の人数はすでに相当の数に達した。これを迅速に収縮し、左傾の傾向を矯正すべきである」と指摘され、犯人の処刑は人口の一定の割合（人口の千分の一以内）に制限するよう指示した。もし千分の一を平均値とすれば、当時全国およそ四億の総人口のうち四十万人が処刑されたことになる。[14] ここからも当時処刑された「反革命分子」の数の片鱗が窺われる。[15] また、処刑者が逮捕者の一〜二割という中共の基準からすれば、監禁・強制労働の処罰を受けたものは四〇〇万人に達すると推測される。[16] しかもこの中には、強制登録と在宅管制のもとにおかれた「反革命分子」は含まれていない。

二　秘密宗教結社の取締

中共は「剿匪」と「反革命の鎮圧」という二つの運動を通じて、国内における政治統合の目標を達成した。「剿匪」と「反革命の鎮圧」の対象には、「反動会道門」と呼ばれる秘密結社も含まれていた。中共の政治語彙に現れた「反動会道門」は、中共の公開出版物には正式な定義がないが、中共公安部門のある資料では、「秘密宗教」を指す用語として使われていた。この資料には三三四の「反動会道門」が列挙されている。その内訳をみると、「〇〇道」が一二八、「〇〇会」が六十六、「〇〇教」が四十三、「〇〇門」が二十七、「〇〇堂」が二十一、「〇〇社」が十、「〇〇派」が四、「〇〇壇」が十一、その他の結社が二十四となっている。[17] そのうち、安清幇（青幇）以外はすべて秘密宗教に分類される。

1、会道門弾圧の始まり

中共が秘密宗教結社を「反動的組織」と見なし弾圧を加えたことについては、一般に、一九四九年一月に華北人民政府が発布した会道門取締令がその始まりと考えられてきた[18]。しかし実際には、中共による秘密宗教結社の取締は、中共が日中戦争終結直後に華北の一部の地域を占領したときからすでに始まっていた。

戦後初期、中共の冀魯豫解放区などで土地改革を中心とした郷村社会の再編成が広く展開された。解放区の土地改革は農民と地主の階級対立を激化させ、一部の地域では宗教結社によるいわゆる「会門暴乱」が生じた。中共側の資料によれば、一九四六年に国共内戦が本格化した後、中共の冀魯豫解放区において会門の活動が盛んになり、魚台・南旺・滑県・嘉祥などの県で会門による武装叛乱が発生した。そのうち、一週間続いた魚台県の「暴動」では、中共幹部三十七人、工作員四人が命を失った。南旺県では「少数の村が必死に抵抗したため、悲惨な結果になった」。滑県では「暴動」に参加した者の数が一万人にのぼると報じられた[19]。

この種の事件が多く発生した原因について、中共側の調査報告は次の三点にまとめている。すなわち、第一に、政策を実施する際に一部の幹部のやり方が民衆の不満を招いた[20]。たとえば、「新解放区」の民衆は「婦女会」などの活動に消極的であったが、幹部は秋の収穫の季節に人々を強制的に会議に参加させた[21]。また、一部の村幹部の汚職行為も事件につながり、村幹部自身が会門「暴動」の中心人物であったケースもあるという[22]。第二に、国民党のスパイによる煽動。国民党のスパイは「万道帰一」、「万道帰中」などのスローガンを掲げ、土匪・ならず者・退役軍人、および土地改革で打撃を受けた地主などを集めて「暴動」を起こしたという[23]。これらの人々がいずれも土地改革で利益を損なわれた人々であったという点からみれば、国民党のスパイに煽動された可能性は否定しにくい[24]。第三に、中共による戦争動員。南旺県での調査によると、日本軍・傀儡軍支配期において民衆の負担は軽かったが、中共の軍隊が来た後、「公糧」や「村款」のほか、外から派遣されてきた民兵の飲食費も村民の大きな負担となり、中共の調査報告も「戦争による人員・家畜・物資の消耗は大衆の生産と生活に不利な影響をもたらした」と認めている[25]。直接に民衆の不満を招いたのは戦争のための「民夫」調用である。一九四五年九月、中共は「新解放区」において徴兵工作が困難であったことに鑑みて、これらの地域で性急な徴兵動員に歯止めをかけようとした[26]。しかし、内戦の本格化につれ、「新解放区」の中共地方幹部は強制的に「民夫」を徴用し、民衆の不満を招いた。これについては、当時の流言からもうかがえる。たとえば、「中央軍（国民党軍隊）の飛行機が恐ろしい。前線に行くのはむだ死ぬのだ」とか、「どうせ死ぬなら、外で死ぬよりは家で死んだほうがよい」などがある[27]。

ところで、前述の会門「暴動」から約二年後の一九四九年四月、曹県・復程・成武（現在山東省に属す）などの県で「中央無極聖道」（別名「快刀会」、自称「小快門」）による大規模な「暴動」が起きた。中央無極聖道は曹県付近の九つの県で大きな勢力を持つ宗教結社である。曹県の中共地方幹部が第八区王老荘の会門首領を強制的に登録させ、組織の解散を命じた。それに従わなかった九名の会衆が逮捕され、逆さ吊りにされて殴打された。これが「暴動」事件の導火線となった。中央無極聖道の道首潘孟勤は十六の村から三百人余りの会衆を集め、四月一四日に曹県・復程・成武の三県で一斉に行動し、中共の区・村幹部を多数殺害した。三県の会衆千五百人〜二千人が集まって、県・区・村の倉庫を閉鎖し、当時流通していた「冀幣」を廃止し、国民党政権の「法幣」を使用することを宣言した。事件は二日後に中共軍隊によって平定された[28]。

中共は事件の原因を国民党スパイによる煽動に帰した。中共の調査によると、曹県の国民党工作員や逃亡地主たちは地元の進歓道・聖賢道・玄武道などの会門を中央無極聖道に組み入れた[29]。しかし、これらの会門による「暴動」は、当時中共が解放区で実施した政策への反発と考えられる。たとえば、中共の徴兵に反対するものとして、「八路軍の拡兵の際に、上は自ら志願する者を取ると言っているが、下は強制（徴兵）をやっている。軍隊はいいが、地方工作員は悪い」とか、中共の食糧徴収に反対するものとして、「支払い渋りの分を清算するのは人を死なせることだ」。中共の地方幹部を糾弾するものとして、「（中共は）随意に人を捕まえたり殴ったりして、生きる道を絶たせるものだ」。中共の宗教政策を批判するものとして、「八路軍は会門を取り締まり、香をたてるのも許さない。これは前代未聞のことだ」といった、さまざまな流言が飛び交った[30]。これらの流言は一連の政策を強制する中共の地方幹部に対する民衆の不満を部分的に反映したものといえる[31]。上述の会門「暴動」が発生する以前の一九四八年六月、中共冀魯豫区党委は、管下の二十七県に「神水」・「神火」・「神土」、および「古廟」・「古塚」の霊験などの迷信事件が生じ、三十余りの会門が密かに活動していることに気づいた[32]。その原因について、土地改革などの政策を実施するなか、誤って中農に打撃を与えたこと、地域住民の負担の不合理、および中共下級幹部の更迭などとされている[33]。こうしたことが前述の会門「暴動」につながっていたと見てよいだろう。

2、会道門弾圧の展開

国共内戦期において、軍事的な勝利にともなう中共の支配地域の拡大につれ、南方地域における中共の秘密宗教弾圧は華北地域の会道門弾圧とは異なる様相を呈した。例えば、安徽省北部は従来大刀会・天門会などの結社が活躍する地域であった。一九四九年初、国民党残部はこれらの会門組織を利用して共産党政権に対抗する軍事行動を数回起こした。これに対して、中共華東局は皖北区党委員会に対して次のような指示を下した[34]。

国民党スパイに利用された会門による暴動が普遍化した今、会門を反動組織と宣言することが必要である。（中略）しかし、会門を反動組織と宣言するとき、これらの反動組織と会門の一般大衆とを区別させ、「首悪必辦、脅従不問、立功受賞」の方針を明確にしなければならない。区党委、行政公署は布告を遍く張るべきである。

また、一九四九年九月、華東軍区第三野戦軍政治部の「剿匪」工作指示も会道門に言及している[35]。

各種の会道門組織に関しては、その合法性を認めないこと。まだ設立されていないものはその設立を禁止し、すでに設立されたものに対しては、政治工作を通じてそれを瓦解させること。武器をもって反革命的な破壊活動を行うものに対しては軍事鎮圧を行うこと。断固としてその主要分子を鎮圧する一方、一般会衆に対しては寛大に処分すべきである。

なお、会門武装の問題について、華東軍区は次のような方針を決めた[36]。

会門の名義もしくは大衆自らが組織した武装勢力について、まだ設立されていないものに対してはその設立を阻止すること（ただし、我が党の指導の下で信頼すべき人民武装を組織することは例外である）。すでに設立されたものに対しては、その組織内部の瓦解工作を強化することによってその組織をコントロールすること。彼らが公然とわれわれに反対するのを防ぐために、その武器を取り上げずに我が政府の指導に従わせること。

要するに、内戦期の「旧解放区」において中共の会道門政策の重点がその組織の取締にあったのに対して、「新解放区」における会道門政策は、「その合法性を認めない」ことを前提とする会道門組織の改造、瓦解であり、組織に対する取締は公には行われなかった。

ところが、一九五〇年一〇月以降「反革命の鎮圧」運動が本格化するにつれ、中共の「反動会道門」政策は大きく転換した。一〇月二一日に開かれた第二回全国公安会議において、全国政法委員会副主任彭真と公安部長羅瑞卿は、ともに会道門取締を「反革命の鎮圧」運動と関連させて実施すべきことを強調した。彭真は次のように述べている[37]。

土地改革がすでに完成した地区において、国民党反動派は何の政治的資本ももっていない。そのため、彼らは大衆の立ち後れた迷信思想を利用して、会道門の形で大衆を取り入れようとしている。会道門はすでに反革命分子の重要な武器となっている。反革命分子が下層群衆の間で誹謗活動を行う際に主として会道門を利用している。一〇月二六日、羅瑞卿は会道門が「反革命的組織」であると発言した。それによると、[38]会門とりわけ一貫道は目下われわれの前にある最大の反革命組織である。東北地区ではすでにその組織を打ち壊した。華北地区では重点的に取締を行ってきたが、その潜伏勢力は依然として存在している。今後老区（旧解放区のこと）においては、正面から会門を攻撃し、偵察工作と結びつけ、党・政府・軍隊が一斉に取り組むことによってこの反革命組織を徹底的に打ち壊すべきである。（中略）新区（新解放区のこと）においては、順序を立てて進め、まず反動頭目を正面攻撃するための必要な条件を整えるべきである。

いうまでもなく、彭真と羅瑞卿の報告は、各地の「反動会道門」鎮圧を左右する決定的な影響力をもっていた。この時期中共の主要新聞には、このような「反動会道門」政策の実施と歩調を合わせ、各地の会道門鎮圧に関する報道が多く現れた。

「反革命の鎮圧」運動は一九五一年一〇月に収束段階に入った。その際、羅瑞卿は「偉大な反革命鎮圧運動」と題した文章のなかで、「反動的秘密結社の首領に対しても、一定の打撃を与えたが、反革命組織としての反動的秘密結社はまだ徹底的に壊滅されてはいない」と述べている。[39]つまり、「反革命の鎮圧」運動が終結した後も、「反動会道門」に対する弾圧はまだ十分ではない、ということである。それゆえ、翌年一〇月、羅は第五回全国公安会議において、「真剣に反動会道門の取締に取り組むことはこの時期の反革命鎮圧工作の中心であり、反革命鎮圧において徹底的な勝利を収める重要な標識でもある」と述べ、「反動会道門」に対する鎮圧の必要性を引き続き強調している。[40]

さらに、会議はそれまでの「反動会道門」弾圧の情況を分析し、運動継続の方針を定めた。それによると、全国の「反動会道門」弾圧は三つのパターンに分けられる。①華北・東北のような「旧解放区」の農村と若干の都市地域において、弾圧は比較的徹底して行われた。②「新解放区」においては十分な弾圧が行われていない。一部の会道門首領を逮捕したものの、大衆は基本的に動員されていない。③一部地域では、「反動会道門」に対する弾圧が全く行われていない。その対策として、①の地域では、引き続き大衆を誘導し、法の網を逃れた反動首領を偵察すること。②の地域では、公安部門による「反動会道門」に対する偵察・弾圧と同時に、大衆を誘導して「反動会道門」の首領を摘発し、脱退させること。③の地域では、反動会道門の取締と弾圧は農村の土地改革と都市部の「民主改革」が完成された後で行うこと、が決められた(41)。このような具体的な指示を受けて、全国の大部分の地域では、一九五三年の前半期までに「反動会道門」弾圧の目標はほぼ予定通り達成されたと見られる(42)。

3、「反動会道門」の中身

歴史的にみると、中共が「反動会道門」と認定した結社は、青紅幇などの幇会結社に比べ、大衆宗教の色彩が濃く、しかも独自の閉鎖的な宗教信仰をもっているため、現世批判の傾向をもつ。中共はこれらの「反動会道門」を社会統合とイデオロギー教育の大きな妨げと見なした。また、組織の性格からみれば、会道門は地域的・大衆的な結社であり、一貫道のような結社のなかにはいくつかの省に跨って存在し、強い組織力を持つものもあった。会道門の人数については統計資料が欠如するため不明であるが、中共側の推計によれば、華北の「新解放区」における数は二百万人余りである(43)。全国の総数は千三百万人余りであり、そのうち会道門の主要メンバーは約八十二万人である(44)。

中共は会道門の中心メンバーと一般会衆とを区別し、前者を「反革命分子」、後者を「騙された者」と見なした。しかし、実際に「反革命分子」と「騙された者」を明確に区別することは容易なことではない。一九五〇年一〇月に「反革命の鎮圧」運動が始まる以前は、中共は両者を区別しようとしていた。たとえば、一九四九年一二月一二日、天津軍事管制委員会が発した「反動会道門」一貫道を取り締まる布告のなかに、一貫道のメンバーは次の四つのタイプに分類され、それぞれに対する処罰の基準が定められている。①「逮捕法辦」。重大な罪を犯した少数の主要分子を逮捕し、処罰すること。②「寛大処理」。「点伝師」以上の幹部を公安局に登録させること。彼らがあらゆる活動を停止すれば、それに対する処分を寛大にすること。③「免予登録（登録する必要がない）」。一般の壇主が香堂を閉鎖し、活動を停止すれば、「登録」する必要はない。④「不予追究」。一般の会衆が一貫道から脱会し、活動を停止すれば一切追究しない(45)。つまり、「反革命分子」とされたのは①の「重大な罪を犯した少数の主要分子」と②の「点伝師以上の幹部」である。また、一九五〇年九月、中共西北局は一貫道弾圧の準備段階において、一貫道が違法組織であると判定された後も、政治的策略として、一般民衆が一貫道を信仰することを禁止してはならないことを管轄の各地方部門に指示していた(46)。

以上からみれば、「反動会道門」弾圧の早期段階において、中共の政策には一定の基準が設けられていた。逮捕者や政府機関に「登録」した人の数も後より少なかった(47)。しかし、大規模な「反動会道門」弾圧が始まると、「反革命分子」の範囲は著しく拡大した。これについては次の二つの側面から見ることができる。第一は法の基準である。「反革命の鎮圧」が狂気に走り、コントロールを失った時期の、一九五一年二月に「中華人民共和国反革命処罰条例」が公布された。その第八条には、会道門分子に対する処罰の基準が定められている。すなわち、「封建的結社を利用し、反革命活動を行った者は死刑または無期懲役に処す。その罪状の比較的軽い者は五年以上の懲役に処す(48)」。ここで注目すべきは、前述した天津における「反動会道門」の処罰基準と異なって、ここでは、処罰の対象となる「反動会道門」分子に対しては明確な基準が設けられていない、という点である。このことは、言うまでもなく、具体的な実施過程において弾圧の拡大化が避けられないことにつながっていく。

第二、弾圧の対象となった人の数について。「反動会道門」の弾圧に関する各地の統計データのなかで、会道門の

表一　会道門取締統計表

省名	処刑・監禁者	登 記 者	脱 会 者	統計時期	出典
河南	1,568	29,000	1,056,000	1953.3	①
山東	10,800	25,400	1,010,000	1953.12	②
四川	38,440	135,730	1,000,000	1953.12	③
江西	907（処刑のみ）	5,564	123,207	1953	④
安徽	4,395	75,714	602,060	1953.12	⑤

出典：①『河南省志』、「公安志」、河南省地方志編纂委員会編、河南人民出版社、一九九四年、五五頁。②『山東省志』、「公安志」、山東省地方志編纂委員会編、山東人民出版社、一九九五年、一九六頁。③『四川省志』、「公安司法志」、四川省地方志編纂委員会編、四川人民出版社、一九九七年、二八頁。④『江西省公安志』、江西省公安志編纂委員会編、方志出版社、一九九六年、一八七頁。⑤『安徽省志』、「公安志」、安徽省地方志編纂委員会編、安徽人民出版社、一九九三年、一九八頁。

脱会者に関する統計は「反動会道門」弾圧の成果を宣伝するために水増しされた可能性もあるが、一方の「殺・関・管」の対象に関する統計は公安部門が直接に把握した数字であったため、脱会者の数より比較的に信憑性が高いと見てよいであろう。これらの統計データは、大規模な「反動会道門」弾圧が始まった後に「反革命分子」の範囲が著しく拡大したことを裏付けている。平原省一九五二年一〇月の統計によると、「反動会道門」分子として処刑されたのが八五五人、監禁されたのが一九三六人、登録されたのが五六二七人、合計八四一八人である[49]。また、上海市一九五三年の統計によると、処刑・監禁されたのが三九四七人で、登録されたものが九七二八人で、合計一三六七五人である[50]。なお、近年出版された河南・山東・四川・江西・安徽省の地方志には、中共建国初期の「反動会道門」弾圧に関する統計数字が含まれている（表一）。

以上の五省は民国期においていずれも会道門の活動が活発な地域であった。そのため、中華人民共和国建国後、これらの地域で行われた「反動会道門」に対する弾圧も比較的に厳しいものであった。表一のうち、「処刑・監禁者」に関する数字は死刑あるいは監禁というもっとも直接的な形で弾圧された人の数である。それに対して、「登記者」は中共の地方政府に出頭し、名前を登録された者である。これらの人々は法的な処罰を直接には受けないものの、中共の基層組織の監視下に置かれていた。「脱会者」は「騙されて会道門に入った大衆」として、地方政府に会道門から脱会する意思を表明すれば、法的な処罰や監視などの処置を一切受けない者である。表一の数字はいずれも中共の「反革命の鎮圧」が収束期に入った一九五三年に統計されたものであり、この中にはその後摘発された会道門の「復辟案」に関する数字は含まれていない。

では、「反動会道門」分子のうちどのような人たちが「反革命分子」として処刑・監禁されたのか。「反動会道門」取締の具体的な過程からみれば、「反革命分子」として粛清された者のうち、地位の高さとは無関係に、会道門の幹部なら、前述の「反革命の鎮圧」基準のいずれかに触れた者は逮捕・監禁ないし処刑された。こうした「反動会道門」取締の拡大化の事実を裏付けるものとして、一九五三年二月の羅瑞卿の報告は注目に値する。(51)

すでに発覚した道首（会道門幹部のこと）、ことに点伝師以上の道首の多くは、出身階級が悪く、罪が深く、それに対する人民の恨みが大きい反革命分子である。その一部は他の反革命活動を兼ねている。たとえば、四川省璧山県四十六名の点伝師以上の道首のうち、二十七人は職業道首である。これに悪ボス・スパイ・反動将校・地主を加えれば、反革命分子は九八パーセントを占める。雲南沾益県の十六人の「前人」（点伝師）のうち、十三人はスパイ、悪ボス、反動将校である。南京市一一八三人の「三才」（天才・人才・地才のこと）以上の道首と一般会衆の伝道者のなかにも、一七〇人余りのスパイ・反動党（国民党）、傀儡軍政人員・地主・悪ボスが含まれている。これらはすべて反動会道門の中心メンバー、あるいはきわめて悪名高く、それに対する民衆の恨みが大きい反革命分子である。

羅は同報告のなかで点伝師以上の会道門幹部を一概に「反革命分子」と見なすべきではないことを強調しているが、(52)以上の引用からも明らかなように、これらの人たちは事実上「反革命分子」と見なされ、点伝師以下の「三才」の多くも「反革命分子」と目されていた。

ところで、一九五六年三月一〇日の中共中央の指示によれば、「反革命分子」とは一貫道およびその他の反動会道門（大刀会・九宮道・先天道・無極道など）の点伝師あるいは点伝師以上の中心メンバーを指す[53]。しかし、翌年六月二四日に出された中共中央の指示は、この定義に三つの重要な訂正を加えた。すなわち、第一に、反動会道門のなかで点伝師あるいは点伝師以上の職務を担当したが、封建迷信を行っただけで、犯罪行為がなく、大衆の恨みの的となっていない者は、反動会道門の頭目と見なさなくてもよい。第二に、当該地域で反動会道門の取締が始まる前に確実に反動会道門の活動を停止した反動会道門頭目（重い罪を犯して大衆の恨みの的となった者を除く）に対しては、適度な処分を与えるだけで、反動会道門の頭目としての処分は加えない。第三に、当該地域で反動会道門の取締が始まった後に反革命活動を停止した反動会道門頭目のうち、「反革命の鎮圧」運動開始以前にすでに自白、登録している者は、反動会道門の頭目と見なさなくてもよい、というものである[54]。一九五〇年代中期に出されたこの二つの文献は、その発表の時期は「反革命の鎮圧」運動からすでに数年隔たっている。そこには、中共が会道門を完全に制圧した後、弾圧の拡大傾向に歯止めをかけようとする意図があったことが示されている。

三　秘密幇会結社の取締

哥老会、青紅幇のような秘密幇会結社に対する中共の認識は、前述の秘密宗教結社を中心とした「反動会道門」に対する認識とほとんど同じである。しかし、弾圧の政策には共通する部分もあれば、異なった部分もある。共通面としては、結社の幹部に対してはそれを懲罰し、一般の会衆に対しては強制的に自白、登録させ、そして大衆による監視を行う、という点が挙げられる。異なった面として注目されるのは、中共中央の指示や中共指導者の談話のなかで秘密幇会結社が公には「反動的」組織とされていない点である。それゆえ、中共の秘密幇会結社に対する政策については、個々の具体例を検討する必要がある。

1、秘密幇会結社に対する中共の調査と政策

中華人民共和国建国前後、「解放区」における秘密幇会結社に対する調査・瓦解工作や取締は比較的早い時期に始まった。しかし、この時期中共は「剿匪」と「反革命の鎮圧」を重要課題としていたため、秘密幇会結社に対する取締が本格的に行われるようになったのは一九五〇年一〇月以降のことである。それ以前の秘密幇会結社政策には地域差が見られる。

まず、河北省張家口市の状況について見てみよう。第二次世界大戦終結直後、投降した日本軍が一九四五年八月二五日に河北省張家口市から撤退した後、中共の軍隊はここを接収した。一〇月、中共は青幇首領、日本軍の協力組織である民生会のリーダー祖呈焜、院子南を逮捕し、市内にいる三千人の青幇会衆（そのうち千人が民生会会員）を対象に「分化利用、打撃教育」を通じて安清幇の組織を打ち壊した(55)。張家口の青幇は張家口が日本軍に占領された後に親日の民生会を組織し、日本軍に協力した。そのため、日本軍が投降した後、組織の幹部三十余人が市外へ逃走し、その下層組織も姿を消した。また、中共は石家荘市を占領した後、一九四七年二月に城内の同善門と安清道義会の幹部らを逮捕し、自白を迫り、青幇組織に対する徹底調査を行った。「師匠が弟子を摘発し、弟子が師匠を摘発し、弟子同士が摘発し合う」ことが提唱された。調査の結果、安清幇の人数は市内総人口の五・二パーセントを占めることが分かった（当時石家荘市の総人口は一八九五一一人）。安清道義会に対して、中共は、「その組織を消滅させ、その会衆を

離反させ、その幹部を打撃し、その下層メンバーを教育し、その会衆を改造する」方針を掲げていた[56]。

国共内戦期、中共の華北軍事管理委員会政治工作部が北平解放後の一九四九年五月に北平を中心に華北地域の青幇を対象とした調査を行った結果によると、青幇の「大」・「通」・「悟」・「学」各字輩の人数は次のとおりであった。すなわち、北平市内には二八三〇〇人、天津市内には五五〇〇〇人、河北省東部各県には二八〇〇人、済南市内には二〇〇〇人、合計八八一〇〇人である[57]。この調査は後に北京市における秘密幇会結社弾圧の重要な手がかりとなった。これとほぼ同じ時期に、天津市でも秘密幇会結社に対する調査が行われた。それによれば、天津市内の洪幇人数は約一四九五〇人であった。青幇の人数については不明であるが、青幇の主要メンバーおよびその活動は詳細に把握されている[58]。同じ時期に上海で行われた青幇を対象とした調査によれば、上海青幇の人数は二〇万～三〇万人であった[59]。

上海にある中共の軍事管理委員会政治工作部は、青幇を「帝国主義・国民党勢力を後ろ盾に、ありとあらゆる悪事をし尽くした」「封建的な幇会組織」と見なした[60]。石家荘の青幇は「迷信的かつ反動的な封建組織[61]」、湖南省衡陽の幇会は土匪、国民党のスパイと「三位一体」的な存在と見なされたことから[62]、青幇に関するこのような認識は当時中共の一般的な見方であったと言ってよいだろう。

しかし、こうした認識の一致は必ずしも秘密結社に対する政策の一致を意味するものではない。なぜなら、政策には地域差があり、秘密幇会結社の勢力の強弱にも影響を受けるからである。たとえば、袍哥勢力の強い四川省では、中共軍隊は四川省に進駐した後、直ちに袍哥に対して調査を行った。それによれば、「青・紅と漢（漢流＝袍哥）は形は違うが、本質的にはみな封建的な組織である。スパイ・土匪は例外なく袍哥である[63]」。強い社会的影響力をもつ袍哥に対して、中共は慎重な政策をとった。一九五〇年二月九日、中共西南軍区「剿匪」会議において、第二野戦軍政治委員の鄧小平は「哥老会に対しては反対もせず賛成もしないという無視の態度取るべきである」という興味深い指示を出した(64)。このような幇会対策は、幇会の「反動性」を否定したものではなく、幇会取締の策略と見るべきであろう。これに対して、幇会組織の影響力が比較的に弱い一部の地域では、中共軍隊が進駐した後ただちに断固として袍哥弾圧を行う事例も見られる。たとえば、湖北省広済県では、中共地方政権は城内の「漢流」首領の一部を逮捕し、残りの一部を訓練班に集めて政治教育を行っている(65)。

以上のような幇会結社に対する中共の認識と政策のギャップは、後に大規模な「反革命の鎮圧」運動における幇会政策にも影響を及ぼしていった。中共の幇会政策をもっとも明確に表したものは、前述の第二回全国公安会議における彭真の報告である。そのなかに、次のような一節がある(66)。

（袍哥の）問題は青紅幇の問題と同様な性質を有する。袍哥の主要分子の多くは反動分子とならず者である。その下層の大多数は労働者である。その組織内部には搾取関係があり、行会（ギルド）のような性質もある。すなわち、会衆同士は義兄弟であり、経済的な互助関係がある。袍哥の問題を解決するには、都市部においては組合工作、農村では土地改革をうまく遂行させることである。なぜなら、組合工作と土地改革がうまくいけば、経済利益の問題が自然に解決され、残りは頭目たちによる搾取の問題のみである。そうなれば、袍哥と青紅幇の問題の解決も容易になるからである。

この一節について、特に次の二点が重要である。第一は幇会結社が経済互助・義兄弟の原則に基づいた組織であるという認識である。幇会結社に対しては、経済問題さえ解決すれば、その社会的な土壌は自ずと消滅する。すると、宗教信仰、さらには政治的な主張をもつ宗教結社との相違が明らかになる。第二は、階級闘争を通じて幇会首領と一般会衆との地位不平等の問題を解決するという原則である。彭真のこの報告は、中共の「反革命の鎮圧」運動がピークに達した時期のもので、幇会に公然とは反対しないという方針は、その後の幇会取締・鎮圧に多大な影響を与えた。

さらに、一九五二年一二月、中共中央が批准・転送した王首道の全国民船（河運業）工作会議での報告のなかに、青紅幇に関して次のような意見が出されている。(67)

青紅幇は水上運輸業において強い影響力をもち、参加する会衆の人数も多いため、それに対しては慎重に対処すべきである。民主改革においては、幇会に反対するというスローガンを掲げるべきではない。会衆に対しては忍耐強く教育を行い、彼等を脱会させ、反動頭目に対しては、その犯罪事実に応じてしかるべき懲罰を与えるべきである。

また、これと同様に、一九五三年二月、中共中央宣伝部、公安部が批准・転送した中南局の「反革命鎮圧の第三段階における宣伝工作に関する指示」にも、「悪質な幇会頭目に対しては、その具体的な犯罪事実に応じてしかるべき懲罰を与えるべきである。ただし、幇会に反対するというスローガンは掲げるべきではない」という方針が繰り返されている。(68)

以上のような認識と政策に基づいた中共の秘密幇会結社取締・弾圧は、次の二つの特徴を示している。すなわち、第一に、「反革命的な結社」に懲罰を与えること、第二に、反動幇会の主要メンバーを弾圧の対象と定めること、である。前述の秘密宗教結社に対する方針との相違は明らかであろう。

2、「反革命的な幇会結社」の弾圧

上記の第一の特徴について、西北地域を事例に見てゆきたい。表二が示すように、一九五一年七月、中共西北局が陝西・甘粛・新疆・青海四省の報告を取りまとめた結果、三十四の秘密結社（総人数十七万余り）の存在が確認された。

中共西北局によれば、幇会首領の多くが国民党の軍隊・警察・スパイや土匪・悪覇（悪いボス）であるため、それらの組織は自ずと「反動的な結社」である。したがって、幇会組織はもはや単純な封建団体ではなく、土匪・スパイ・

表二　西北地域幇会分布調査表

地域／人数	洪　幇	青　幇	白幇（在理教）	合　計	人口割合
陝西	101,989	9,407		111,396	1.1％弱
（西安）	30,900	9,000	1,000	40,900	6.8％強
甘粛	9,000			9,000	0.1％強
新疆	6,000			6,000	0.2％強
青海	3,194			3,194	0.24％強
合計	151,083	18,407	1,000	170,490	0.8％弱

出典：「西北幇会情況及今後意見」、一九五一年七月一六日。

反革命分子に利用される反革命の道具に転じてしまった(69)。

個別の省における秘密幇会結社弾圧の状況についていえば、甘粛省の報告によると、土匪・国民党のスパイが幇会結社を利用して起こした反動事件が一九五〇年に二十六件発生し、三五一人が参加した。翌年の一月から五月までの統計では、すでに二十五件の同類事件が発生し、参加者が六一〇人にのぼった。これをうけて、甘粛省は、幇会結社の害はすでに一貫道に匹敵するほどであるため、徹底的な調査を行い、その組織を消滅すべきであるという認識を示した(70)。なお、新疆地域では、一九世紀半ばに左宗棠が率いる湘軍が新疆に進駐したことをきっかけに、哥老会の活動が活発になった(71)。国民党軍隊が新疆に進駐した後、朱紹良部隊の将校および兵士の多くは幇会に入会した。朱本人が秘密結社「中華山」の山主であった(72)。中共の調査資料では、中共が新疆を「和平解放」した後、国民党の残部は洪幇の「天台山」を利用して、党・軍隊および国家を建設することを企てた。なお、「中華山」はウルムチ（廸化）で掠奪を行った。その活動を抑えるために、中共は新疆地域において幇会結社を厳しく弾圧した。三十四人に死刑、二六三人に労役の刑を施したほか、三一七人に登録、在宅監視の処罰を与えた(73)。なお、寧夏地域には八千人の哥老会メンバーがいたが、そのうちもっとも勢力の大きい組織は「西泉山」であった。解放後、山主畢前修は新聞広告を通じて「西泉山」の解散を宣言したが、実際には密かに活動を続けていた。このことは当然中共の関心を引いた。調査の結果、哥老会が洪幇と共産党が手を結んでいるというデマを飛ばしたことが明るみに出た。

中共はこれを哥老会の「反革命」的な組織としての証拠と見なした(74)。

西北地域の幇会結社を弾圧する理由として、中共はこれらの組織が中華人民共和国建国後に「反共活動」を行ったことを挙げている。しかし、実際には、数多くの秘密幇会結社が中共建国後活動を停止したにもかかわらず、「反動党団」などの罪で弾圧を受けていた。たとえば、上海市の公安部門は幇会と会道門を区別し、中共建国後活動を停止した「恒社」（リーダーは杜月笙）・「栄社」（リーダーは黄金栄）・「俠誼社」（リーダーは鄭子良）などの幇会結社の一部に対して、「反動的、封建的党派社団組織」、あるいはスパイの外廓組織という名を冠して弾圧を加えた(75)。

3、秘密幇会結社の主要メンバーに対する弾圧

中共はいわゆる政治的な色彩をもつ秘密幇会結社を弾圧すると同時に、数多くの一般幇会結社に対しては、その主要メンバーを悪ボス・土匪・スパイ・反動党団の主要分子・ならず者などの罪で「殺・関・管」の手法で弾圧した。その結果、これらの組織は消滅してしまった。弾圧の対象を定める準備として、中共はこれらの幇会結社の主要メンバーに対して、その出身・年齢・社会的地位・政治的背景などについて詳しい調査を行った。たとえば、すでに述べたように、中共軍隊が一九四九年に天津を占領した後、天津の幇会結社について調査が行われたが、青紅幇に対する分裂工作は予期した成果を得られなかった。K・リーバーサルの研究によれば、一九五〇年初、中共は天津運搬業（脚行）から青紅幇の勢力を排除しようとしたが、結局、元青紅幇の首領たちが新たに設立された運搬業労働組合と運搬公司の責任者になっていた(76)。

一九五〇年二月以降、幇会結社に関するより詳細な調査に基づいて、中共は幇会結社を次の四つのタイプに分類した。①国民党などに参加した「反動的党団」のメンバー、罪が深く民衆から恨みを買った者。これらの人々に対しては逮捕・処刑の処罰を加えること。②過去において罪を犯したが解放後に活動を停止した者。これらに対しては逮捕、

監禁・労役の処罰を加えること。③幇会結社のなかの用心棒・ならず者。これらに対しては在宅監視を行う。④幇会結社の一般会衆ですでに脱会した者。これらに対しては法的な処罰を加えないこと。(77) その結果、登録した九五八一一人の青幇メンバーのうち、幇会首領が二三二人、主要メンバーが一一九四人である。なお、登録した一万人の洪幇のうち、三五一人が首領と主要メンバーであった。(78)

天津の情況とやや異なって、上海における秘密幇会結社の弾圧は次の二つの段階に分かれている。第一に、一九五一年一月に発布された「反動的党・団のスパイの登記実施方法」では、市内の「反動的党・団」と「スパイ組織」に参加した人々は登録手続きを行わなければならないとされている。四月までの三ヶ月の間に、登録者の人数は二六八九六人に達した。登録を拒否する者は逮捕された。逮捕された者には前出の「俠誼社」のほか、「至光社」・「肇華体育会」・「永楽体育会」・「民治建国会」などの幇会組織の頭目も含まれている。(79)「俠誼社」と「至光社」は国民党の軍統組織と関わりをもつ鄭子良が率いる青幇・洪幇組織で、メンバーのほとんどは上海の「広東幇」と呼ばれる広東省の出身者である。(80)「肇華体育会」と「永楽体育会」の詳細については不明であるが、いずれも上海の「広東幇」の結社である。「民治建国会」は上海在住の外省人組織で、国民党の御用政治団体であった。以上からみれば、上海における秘密幇会結社弾圧はまず外省人団体から始まったものであることが分かる。第二に、一九五一年四月二七日、数万人の警察・警備部隊・民兵が市内各地域で一挙に八三五九人の幇会主要メンバーを逮捕し、上海の幇会組織に徹底的な打撃を与えた。(81)

さて、上海と天津以外の地域の幇会弾圧については、従来秘密宗教結社の活動が活発であった湖北省恩施専区の事例をみてみよう。恩施専区では、中共は「皇極道」・「聖教」・「大刀会」・「同善社」・一貫道などの「反動会道門」を弾圧すると同時に、(82) 秘密幇会結社に対しても調査・弾圧を行った。調査資料によると、各幇会の六三一名の主要メン

表三　湖北省恩施専区「漢流」（洪幇）主要メンバー統計表

県　名	労働者	農　民	軍　人	学　界	商　人	政　界	地　主	流　氓
恩　施	3	10	2		26	8	43	1
利　川	1	79	1	10	40	11	43	2
建　始	3	4	4	6	30	9	23	4
宣　恩	4	27	2	1	39	3	52	37
来　鳳	2	7	1		13	7	2	9
咸　豊	5	13	1	1	28	1	12	14
鶴　峰		10			2		12	3
合　計	18	150	11	18	178	39	187	70

出典：湖北恩施専区訓練班研究漢流組編「垃圾箱」、一九五〇年六月一〇日。
※女性「漢流」結社はこの表に含まれていない。「流氓」（ならず者）の欄には道士、「訴訟ごろ」も含まれている。

バーのうち、逃走者一名、逮捕者十五名、思想教育・在宅監視の対象が五十二名であった。弾圧を受けた幇会の主要メンバーは調査対象の約一割を占めている。[83]

幇会主要メンバーの階級身分と政治的背景に重点がおかれたこの調査は、中共が行った同類の調査のなかで代表的なものである。

ところで、湖南省水上運輸業の幇会結社はメンバーが激しく流動するという特徴があった。一九五三年七二の水上運輸業の幇会結社を対象に行われた調査の結果では、幇会の主要メンバー（龍頭大爺・二爺・三爺）が一二五人、一般会衆が六六四名であったことが分かった。そのほかに、二十五の迷信組織（会道門）が六五二人の会衆を抱えていた。「反革命の鎮圧」運動の際、長沙市で逮捕された八十二名の水上幇会結社の頭目のうち、ほかの県から逃げてきた地主、スパイ三十一名がそれぞれの出身県に送還された。残りの逮捕者のうち十七名が処刑されたが、そのうち十三名は国民党軍隊第八一四師の残部が組織した「反共自救隊」の隊員で、その他は二名が土匪、二名がスパイであった。そのほか、在宅監視された一九人はいずれも土匪、スパイ、誘拐事件に関わったとされ、一般の会衆と区別された。[84]

四　大衆動員による秘密結社の排除

中共は秘密結社の組織を根本から破壊するため、暴力による弾圧と同時に、イデオロギー教育と大衆動員を通じて、秘密結社の思想や信仰に対する徹底的な批判を行った。その結果、秘密結社が「反動的な結社」であるだけでなく、「封建迷信団体」や「封建思想の産物」であるという認識が社会全体に広がったのである。

秘密宗教結社の信仰のなかには、儒・仏・道の思想と民間の通俗信仰が混在している。ほとんどの場合、それが理論の厳密性に欠け、「迷信」の色彩が濃いため、しばしば近代主義者の批判の的となった。組織的には、秘密宗教結社の内部において、教主以下の幹部と一般信者が一つの完結した階層構造をなし、信者同士は擬似親族関係によって結ばれている。一貫道の信者同士が「道親」と呼び合うことはその典型例である。それに対して、秘密幇会結社の青幇と洪幇は、それぞれ独自の思想・組織構造を有する。青幇のルーツは民間宗教である羅教であるが、民国時期にはもはや従来の宗教的な色彩を薄めた幇会結社に変身した。青幇内部においては、儒教倫理がもっとも重要な原則として標榜され、メンバーは大字輩・通字輩・悟字輩・学字輩と垂直的に配列されている。洪幇は「異姓結拝」によって結成された組織で、メンバー同士は義兄弟の関係で結ばれる。秘密結社の共通点として注目すべきは、メンバー同士は一種の擬似親族関係によって結合されている、という点である。青幇の「師皆為師、師徒如父子。徒即為徒、同参如手足」という言葉はその恰好の例である。秘密結社のこうした倫理観念こそが、中共の秘密結社批判の焦点であった。これについては、以下の二点を通じて見てみよう。

第一に、大衆を動員し、倫理面において秘密結社の外から批判を加えること。中共の「反革命の鎮圧」運動のもう一つの目的は、一般民衆に自らの思想に存在する異質的な部分を取り除かせ、中共のイデオロギーを受け入れさせることにあった。秘密結社批判は主に秘密結社内部の男女関係の乱れと金銭の詐取の摘発である。これらは容易に大衆の関心を引き、しばしば怒りを誘う効果がある。第二に、秘密結社のメンバーを使ってその悪行と思想的虚偽性を暴き出すことである。「反革命の鎮圧」の際に、秘密結社のメンバーによる内部事情の告発と自白が奨励され、告発や自白を行った人は処分が軽減される。秘密結社のメンバーによる「現身説法」（我が身をもって話をする）は大衆批判より一層効果的であった。

具体的に、秘密結社に対する批判は、批判会・ビラ・街頭宣伝（壁新聞、横断幕）・新聞・ラジオ、映画・演劇などの形で行われた。こうした大衆宣伝を通じて中共のイデオロギーは日に日に人々の頭に注ぎ込まれ、意識しないうちに脳裏に染み込んでいった。たとえば、北京では「一貫道罪証展覧」と題した展示が市中心部の中山公園で開かれ、一ヶ月の間に二十万人もの見学者が訪れた。『人民日報』の記事によると、この展示は「民衆を教育し、敵に対する民衆の警戒心を高め」、人々は政府の「反動会道門」鎮圧の英断に深く感銘したという。[85] 一九五〇年代初期、『一貫害人道』（一貫して人を害する道）と題した映画が各地で上映され、大きな反響を呼んだ。貴州省の貴陽市では、市の総人口の七割に当たる十八万人が一貫道批判の展示会と映画を見た。[86]

中共は秘密結社批判で予期した通りの結果を得た。それればかりか、批判された対象のうち、自らの罪状を心から反省し、公の場で厳しく自己批判をした人も多数現れた。以下は一九五一年五月二〇日付けの『文匯報』に掲載されたかつて上海青幇の大ボスであった黄金栄の自白書の一節である。[87]

私は今年もう八十四才になり、すでに二十年以上世間のことに関わっていません。しかし、天地がひっくり返るような今回の変化を経て、私はこの目で偉大なる人民の力を見ました。私は六十才までの自分のあらゆる行動を反省し、心に大きな痛みを感じています。私は人民政府の寛大さによってはずかしさを感じ、深い感謝の意を表すと同時に、人民に対して自らの罪悪を自白し、過ちを悔い、懇切に自分の歴史的過ちを反省したいです。私に功を立てて罪の埋め合わせをさせてください。（中略）この場で私は上海市人民政府と上海人民の前で、高齢で（今年八十四才）過去の多くのことをはっきり思い出せないため、言葉は適切ではないかもしれないが、私の懺悔、恥ずかしさと感激の心がまことなものであり、けっしてうそではないことを誓います。

この一節がかつて上海で風雲を巻き起こした青幇「大亨」黄金栄の口から出されたものとはだれが想像しえただろうか。八十四才の老人がこのような悔恨の口調で自らの罪を悔いたことの背後に、中共の「反革命の鎮圧」運動の暴力の影があるだろうことは推測し難くない。他面、民衆を大規模に動員し、秘密結社を批判した結果、中共のイデオロギーが人々の心の奥に深く根ざしたことも否定できない。黄金栄の自白は彼自身の一生を締めくくるものであり、中国の秘密結社全体の歴史的帰結を象徴するものともいえよう。

むすび

中共が中華人民共和国建国後に行った大規模な政治統合と社会再編は、軍事的手段による「剿匪」、そして、大衆動員による「反革命の鎮圧」運動という順序で行われた。これと時期を同じくして、各省・市・県の政府機構、ことにそれぞれの公安部門は「反革命の鎮圧」運動の一環として秘密結社の問題に取り組んでいた。ここで強調したいのは、中共が建国初期に行った秘密結社の取締・弾圧は、つねに同じ時期に中共が発動した多くの政治運動を背景としている、という点である。農村において、土地改革はあらゆる問題を包括する最重要課題として推進されていた。中共軍隊が農村地域に進駐した後、中共は基層政権を建設すると同時に土地改革にも着手し、旧い階級関係を打破し、農民の支持を獲得した。このプロセスにおいて、中共の重要課題は秘密結社を含む農村社会の各種の勢力を新政権の支配下に統合することであった。この時期中共の秘密結社弾圧が「悪覇」(悪ボス)すなわち地主階級に対する弾圧に包摂されたことは留意すべきである。都市部においても同様な傾向が見られる。中共の秘密結社弾圧は都市部で進められていた「民主改革運動」の一環として位置づけられていた。都市・農村を問わず、中共政権はあらゆる反体制的(若しくは潜在的反体制的)勢力を「反革命」として排除・弾圧した。そのため、多くの秘密結社首領は強制労働ないし処刑され、中共の法の網にかかったのである。

本章はこれまでにほとんど知られていない中共建国初期における秘密結社弾圧の歴史的事実に光を当てた。秘密結社の状況と活動方式に応じて、秘密結社に対する中共の弾圧もいくつかの特徴を呈している。中華人民共和国建国後、秘密結社の一部が国民党の残余勢力と合流して、中共政権に対抗する軍事行動を起こした。これらの秘密結社は中共の軍事「剿匪」の目標となった。さらに、一部の秘密結社組織とその主要メンバーたちは、組織の利益と信仰維持のために、組織の解散や登録・自白を拒むなど中共新政権に協力せず、中共政権を標的とするデマを飛ばすなどの対抗行動を起こした。こうした行動はこれらの結社あるいは個人の「反革命的罪悪」の証拠とされた。秘密結社が弾圧を受けた原因について、これまでは秘密結社の反動的な性格と中共政権への敵対行動にあると考えられてきたが[88]、建国初期中共の社会的・政治的統合やイデオロギー教育からすれば、秘密結社に対する弾圧は不可欠な一環であったというべきであろう。

中共が秘密結社弾圧を含めた一連の政治運動を通じて政治的・社会的統合を達成し、政権の基盤を強化したとはいえ、なおいくつかの重要な問題が残されている。すなわち、第一に、中共政権の統合は暴力によって行われたものであり、そのプロセスにおいて、法的な制限のない暴力は革命の名の下で正当化され、社会の隅々に蔓延した。「反革命の鎮圧」運動の最中、中共は運動の拡大化を阻止し、暴力の氾濫にブレーキをかけようとしたが、結局政策の微調整に止まった。第二に、暴力の蔓延に関連して、中国社会従来の倫理観念、宗教信仰が大きく歪められた。暴力による社会統合の結果、中国人の日常生活の根底にある親縁・師縁・地縁関係が打破され、それに取って代わって、〈革命／反革命〉を基準に新しい人間関係が築かれるようになった。中華人民共和国の歴史において、娘が母親を「スパイ」として告白し、母親を処刑することを政府に求めるような事例があった[89]。中共はあらゆる民間宗教を「封建迷信」と見なし弾圧を加えただけではなく、法律で認められたキリスト教・仏教・道教に対してもコントロールを強化した。一九五〇年代初期、キリスト教界で行われた「三自運動」（自治・自養・自伝）・仏教・道教界で行われた再登録は、いずれもそのような動きの一環である。なかでも、仏教界・道教界に対する「整頓」は、同じ時期の「反動会道門」弾圧にもつながっていた[90]。

第三は中国社会全体の政治化の問題である。中共は建国後数多くの政治運動を発動し、それを通じて社会全体に対するコントロールを強化しようとした。こうしたなかで、革命はイデオロギーを達成する手段であると同時に、それ自体が一つの目的になってしまった。秘密結社を含めた様々な「反動的な組織」が一掃された中国社会は、一見安定度の高いもののように見えるが、その内部には種々の不安定要素が潜んでいる。そのため、中共による政治的コントロールが比較的弱い時期や地域においては、いわゆる会道門による「復辟事件」がしばしば発生したのである[91]。

注

（1）中共建国初期の「反革命の鎮圧」に関する研究は以下のものを参照されたい。Jerome A. Cohen, *The Criminal Process in th* e People's Republic of China, 1949-1963: An Introduction*, Cambridge Mass., Harvard University Press, 1968. Kenneth Lieberthal, *Revolution and Tradition in TienTsin, 1949-1952*, Stanford: Stanford University Press, 1980, pp.108-118. 浅野亮「中国共産党の『剿匪』と『反革命の鎮圧』活動（一九四九〜一九五二）」、『アジア研究』第三十九巻、第四号、一九九三年八月。小林一美「中国社会主義政権の出発――『鎮圧反革命運動』の地平」、神奈川大学中国語学科編『中国民衆史への視座――新シノロジー・歴史篇』、東方書店、一九九八年。白希編著『大鎮圧』（上、下）、金城出版社、二〇〇〇年。Julia C. Strauss, "Paternalist Terror: The Campaign to Suppress Counter-revolutionaries and Regime Consolidation in the People's Republic of China, 1950-1953", *Comparative Studies in Society and History*, Vol. 44, no.1, 2002. 楊奎松「新中国『鎮圧反革命』運動研究」、『史学月刊』二〇〇六年第一期。

（2）中華人民共和国建国初期の秘密結社について、邵雍『中国会道門』（上海人民出版社、一九九七年）は秘密宗教結社の弾圧に触れているが、資料の解読と問題意識はいずれも筆者と異なる。

（3）「中国共産党第七期二中全会における毛沢東主席の報告」（一九四九年三月五日）、日本国際問題研究所・中国部会編『新中国資料集成』第二巻、日本国際問題研究所、一九六四年、四三五頁。

（4）「華東軍区剿匪政治工作指示」、一九四九年九月、江蘇省檔案館編『剿匪粛特反覇彙輯』。

（5）土匪の数字に関しては各種の資料の統計は大きく異なる。それに関連する公開資料は次のとおりである。①毛沢東「為争取国家財政経済状況的基本好転而闘争」（一九五〇年六月六日）によると、一九四九年四月二一日〜一九五〇年六月六日の十三ヶ月の間に中共は一八三万人の国民党軍隊、九十八万人の土匪ゲリラを消滅した（『建国以来毛沢東文稿』第一冊、中央文献出版社、一九八七年、三九一頁）。②中共の軍事委員会作戦一局一九五〇年九月三〇日の統計では、全国土匪の数は二十六万九千二百人である（中国社会科学院・中共中央檔案館編『中華人民共和国経済檔案資料選編』総合巻、中国城市経済社会出版社、一九九〇年、一九頁）。

（6）趙清『袍哥与土匪』、天津人民出版社、一九九〇年、二二六—二四〇頁。王純五『袍哥探秘』、巴蜀書社、一九九三年、二〇八—二一四頁。

(7)「武岡県紅幇情況」、資江農民報研究組編『情況簡報』、一九五一年一二月二日。
(8) 前掲「中国共産党第七期二中全会における毛沢東主席の報告」、同書、四三三頁。
(9) 毛沢東「人民民主独裁を論ず」(一九四九年七月一日)、同右、五二七頁。
(10)「中国人民政治協商会議共同綱領」(一九四九年九月二九日)、同右、五九〇頁。
(11) 中共の「反革命」の言説はイデオロギーの要求や党内闘争、外部情勢の変化に応じていくつかの様相を呈している。これについては、以下の先行研究を参照のこと。Patricia E. Griffin, *The Chinese Communist Treatment of Counterrevolutionaries, 1924-1949*, Princeton University Press, 1976. 鈴木敬夫編訳『中国の死刑制度と労働改造』、成文堂、一九九四年。
(12)「政務院関於劃分農村階級成分的決定」(一九五〇年八月二〇日)、中共中央文献研究室編『建国以来重要文献選編』第一冊、中央文献出版社、一九九二年、三八三頁。
(13) 周恩来「関於基督教問題的四次談話」(一九五〇年五月二日～二〇日)、同右、二二〇―二二七頁。「中共中央関於天主教、基督教問題的指示」、同右、四〇八―四一二頁。
(14)「第三次全国公安会議決議」(一九五一年五月一五日)、『建国以来毛沢東文稿』第二冊、中央文献出版社、一九八八年、二九五―二九六頁。
(15) 処刑された地主だけで百万～二百万人に達すると言われる(Macfarquhar Roderick, and John Fairbank, ed., *The Cambridge History of China*, Vol.14, Cambridge University Press, 1987, p.87)。
(16)「反革命の鎮圧」運動の対象となった人の数に関して、『当代中国重大事件実録』によれば、管制、投獄、処刑されたものはそれぞれ二十三万人、一二七万人、七十一万人であった(華齢出版社、一九九三年、小林前掲論文、二五九頁を参照)。
(17) 公安部一局編『反動会道門簡介』、群衆出版社、一九八五年、九二―九四頁。
(18) 浅野亮前掲論文、一一―一二頁。Lev Deliusin, "The I-Kuan Tao Society", in Jean Chesneaux, eds., *Popular Movements and Secret Societies in Chinese, 1840-1950*, (Stanford: Stanford University Press, 1972, p.225) を参照。
(19)「冀魯豫党委関於防止会門暴乱的指示」(一九四六年一〇月五日)、中共冀魯豫辺区党史資料選編編輯組・中共冀魯豫辺区党史工作組辦公室編『中共冀魯豫辺区党史資料選編』第三輯・文献部分（上）、山東大学出版社、一九八九年、一四五頁。
(20) この問題に関して、天児慧、田中恭子は中共基層幹部の構成、土地改革の展開という角度から論じた。天児慧『中国革命と基層幹部』、研文出版、一九八四年。田中恭子『土地と権力――中国の農村革命』、名古屋大学出版会、一九九六年。
(21) 前掲「冀魯豫党委関於防止会門暴乱的指示」、前掲『中共冀魯豫辺区党史資料選編』第三輯・文献部分（上）、一四六頁。
(22) 「隴海戦役開始後四個月来的反奸工作」（一九四六年一二月一三日）、同右、一八八頁。
(23) 同右、一八七頁。
(24) 一九四八年、河北省遵化県に起きた収元門（大仏教）という秘密宗教結社による反乱はその一例である（河北省地方志編纂委員会編『河北省志』第七十一巻、「公安志」、中華書局、一九九三年、三七―三八頁。遵化県地方志編纂委員会編『遵化県志』、河北人民出版社、一九九〇年、一六七頁）。
(25) 前掲「冀魯豫党委関於防止会門暴乱的指示」、一四七頁。
(26) 「冀魯豫分局関於老区和新区発動群衆問題的工作通報」（一九四五年九月一四日）、前掲『中共冀魯豫辺区党史資料選編』第三輯・文献部分（上）、五頁。
(27) 前掲「冀魯豫党委関於防止会門暴乱的指示」、一四六―一四七頁。
(28) 「冀魯豫区党委社会部関於三、五地委平息曹県、復程、成武地区会門暴乱的初歩総結」（一九四九年五月一五日）、『中共冀魯豫辺区党史資料選編』第三輯・文献部分（下）、五三五―五三六頁。
(29) 同右、五三三―五三四頁。
(30) 同右、五三四―五三五頁。
(31) 「集訓村幹党員成績巨大全区受訓者達三万余人」（一九四九年一月一二日）、同右、三八五―三八七頁。
(32) 「冀魯豫区党委関於会門問題向中央局的報告」（一九四八年六月二七日）、同右、六六頁。
(33) 同右、六七頁。
(34) 「華東局関於会門問題給皖北区党委的指示」、一九四九年五月。

(35) 前掲「華東軍区剿匪政治工作指示」。
(36)「関於剿匪的政策問題――唐主任在華東剿匪工作会議上的報告」、一九四九年、江蘇省檔案館編『剿匪粛特反覇彙輯』。
(37) 彭真『論新中国的政法工作』、中央文献出版社、一九九二年、一〇頁。
(38)「中央公安部関於全国公安会議的報告」（一九五〇年一〇月二六日）、前掲『建国以来重要文献選編』（第一冊）、四四四―四四五頁。
(39) 羅瑞卿「偉大な反革命鎮圧運動」、前掲『新中国資料集成』第三巻、一九六九年、三五〇頁。
(40) 羅瑞卿「做好今春明冬的鎮反工作」、一九五二年一〇月一二日、『羅瑞卿論人民公安工作』、群衆出版社、一九九四年、一四七頁。
(41) 同右、一四七―一四八頁。
(42) 羅瑞卿「取締反動会道門工作初見成効」（一九五三年二月七日）、同右、一六九―一七三頁。「中共中央転発羅瑞卿関於取締反動会道門情況的報告」（一九五三年二月一八日）、『党的文献』一九九六年第四号、一八頁。
(43)「関於対反革命分子必須打得穏打得準打得狠的電報」（一九五一年一月一七日）、『建国以来毛沢東文稿』、第二冊、中央文献出版社、一九八八年、三六頁。
(44)『当代中国』叢書編輯委員会編『当代中国的公安工作』、当代中国出版社、一九九二年、六五頁。
(45)『天津日報』一九四九年一二月一五日。邵雍前掲書、四六八―四六九頁を参照。
(46)「西北局関於開展反対一貫道活動的工作指示」（一九五〇年九月二五日）、『党的文献』一九九六年第四号、一四頁。
(47) 華東地区において、一九五〇年一月から一一月までの間、山東省、江蘇省、安徽省の北部地域で逮捕された会道門幹部は三五九八人で、強制登録されたものは六〇七九人である。そのほかに、一万人近くの会道門会衆が検挙された（前掲『中華人民共和国経済檔案資料選編（一九四九～一九五二）〈総合巻〉』、三五九頁）。
(48)「中華人民共和国反革命処罰条例」（一九五一年二月二一日）、前掲『新中国資料集成』第三巻、二六三頁。
(49)『中共湖西地区党史文稿』編写組編『中共湖西地区党史文稿』、山東大学出版社、一九九〇年、三〇二頁。ちなみに、平原

省は一九四九年九月に中共華北局が冀魯豫区と太行区の豫北地域（現在の山西・山東・河南・河北四省の隣接地域）で設立した行政区である。省行政府の所在地は現在の河南省新郷に置かれていた（前掲『中共冀魯豫辺区党史資料選編』第三輯、文献部分〈下〉、五九八頁）。

(50) 蘇智良・陳麗菲『近代上海黒社会研究』、浙江人民出版社、一九九一年、一一三頁。邵雍前掲書、四五七頁。

(51)「中共中央転発羅瑞卿関於取締反動会道門情況的報告」、一九五三年二月一八日、『党的文献』一九九六年第四号、一九頁。羅瑞卿前掲書、一七一頁。

(52) 同右「中共中央転発羅瑞卿関於取締反動会道門情況的報告」、二〇頁、羅瑞卿前掲書、一七一頁。

(53)「中共中央批准中央十人小組関於反革命分子和其他壊分子的解釈及処理的政策界限的暫行規定」、『打撃「六害」違法犯罪実用法律手冊』、人民法院出版社、一九九二年、六八九頁。

(54) 同右、六九一頁。

(55)「張市清幇概況」、一九四六年二月八日。

(56)「石家荘幇会情況」、一九四七年。

(57)「北平青幇調査資料」、一九四九年五月七日。

(58)「天津市幇会調査」、一九四九年。

(59)「上海青幇調査資料」、一九四九年五月三〇日。この統計数字は第五章で言及された数字と比べるとやや多い。

(60) 同右。

(61)「石門市安清会概況」、一九四八年四月二三日。

(62)「衡陽専区幇会調査」、一九五〇年六月七日。

(63)「幇会材料」、重慶、一九五〇年一月一二日。

(64) 鄧小平「在西南局委員会第一次会議上的結論」、一九五九年二月九日。

(65)「広済漢流概況」、一九五〇年七月一二日。

(66) 彭真前掲『論新中国的政法工作』、一一頁。
(67)「幇会組織情況簡介」、湖南省、一九六五年一〇月二〇日。
(68) 同右。
(69)「西北幇会情況及今後意見」、一九五一年七月一六日。
(70)「関於幇会活動情況」、甘粛省、一九五一年七月一四日。
(71) 片岡一忠「新疆の哥老会」、『歴史における民衆と文化――酒井忠夫先生古稀祝賀記念論集』、国書刊行会、一九八二年、八四五―八五八頁。
(72)「新疆青、紅幇活動概況」、一九五一年一二月五日。「青紅幇在新疆活動概述」、一九五一年九月一七日。
(73)「新疆幇会情況彙編」、一九五一年九月一七日。
(74)「紅幇在甘（粛）寧（夏）活動情況」、一九五一年八月二〇日。
(75) 胡訓珉、賀建『上海幇会簡史』、上海人民出版社、一九九一年、二五六頁。
(76) Kenneth Lieberthal, "The Suppression of Secret Societies in Post-Liberation Tientsin", *The China Quarterly*, April/June, 1973, p.261.
(77)「天津市取締反動幇会組織」、一九五一年。
(78) 同右。
(79) 胡訓珉・賀建前掲書、二五六―二五七頁。
(80)「幇会組織参考資料」、浙江省、一九五一年。
(81) 胡訓珉・賀建前掲書、二五七頁。
(82) 冷勇「漫談恩施的反動会道門」、『恩施文史資料』第二輯、一九八八年、一六七―一七五頁。
(83) 湖北恩施専区訓練班研究漢流組編「垃圾箱」、一九五〇年六月一〇日。
(84)「一九五三年水上封建幇会名冊」、湖南省、一九五三年。

(85) 毛之範・張宗徳「記一貫道罪証展覧」、『人民日報』、一九五一年三月三日。
(86) 貴陽市公安局・史志辦「取締反動道門――一貫道」、『貴陽文史』第二十七・二十八合輯、七九頁。
(87) 「黄金栄自白書」、『文匯報』一九五一年五月二〇日。
(88) このような観点の代表は邵雍前掲『中国会道門』である。同書、五頁など多くの個所。
(89) 『人民日報』一九五一年四月七日、四月一八日の記事を参照。
(90) 中共甘粛省委統戦部編『甘粛宗教』、甘粛人民出版社、一九八九年、二〇八頁、二六九頁。
(91) たとえば、三年「自然災害」最中の一九六〇年に、全国各地で九〇〇件あまりの「復辟事件」が起きた（『当代中国』叢書編集部編『当代中国的公安工作』、当代中国出版社、一九九二年、六八頁）。四川省では、「反革命の鎮圧」運動以降の三十年間、摘発された「反動会道門」の「復辟事件」は千件にのぼる。そのうち、「封帥」・「拝相」・「称帝」などを敢行し、密かに中共政権を顛覆しようとするものは約四〇％を占めた（四川省地方志編纂委員会編『四川省志・公安司法志』、四川人民出版社、一九九七年、二九頁）。また、大里浩秋「『中国秘密社会の現段階』覚書」（神奈川大学人文学研究所編『秘密社会と国家』、勁草書房、一九九五年）も参照のこと。

第十二章　地域統合における秘密結社——西安市のケース・スタディ

はじめに

第二次世界大戦後、国民党と共産党が対立するなかで、国民党政権は秘密幇会結社の政治化を阻止するためにさまざまな手段を使って幇会結社を分化・解体させようとしたが、幇会結社勢力を自らの権力ネットワークから排除することはできなかった(1)。それに対して、中共は「反革命」の鎮圧運動を通じて、国民党政権が目指していた政治的・社会的統合の目標を達成した。その結果、秘密結社は社会的・政治的舞台から姿を消していったのである。

建国初期の中国共産党による秘密結社の取締は、新中国の国家建設において重要な位置を占めている。本章では、前章に続いて、陝西省西安市を事例として、秘密幇会結社に関する調査資料を用いて、建国初期幇会結社の実態や中共による弾圧の具体的な歴史過程について考察したい。

西安市は中国西北の交通の要衝にあり、西北地域最大の都市である。中共の軍隊は一九四九年五月二〇日に西安に進駐した。五月二四日、西安市軍事管制委員会が設立され、賀龍・賈拓夫がそれぞれ主任・副主任となった。その翌日、西安市人民政府が成立し、賈拓夫が市長に就任した。賀龍・賈拓夫はそれぞれの革命人生において秘密結社と深い関わりを持っていた。賀龍はかつて湖北省で哥老会のネットワークを利用しており、[2]賈拓夫は、第八章で触れたように「白区」工作の指導者の一人で、馬頭山の哥老会大会の主役であった。建国初期西北地域における中共の軍事、政治指導者であった賀、賈は、自らの体験から秘密結社にどう対応すべきかを知っていた。

西安を接収した後、共産党はただちには秘密結社を弾圧せず、政治運動の一環として秘密結社を対象とする調査、統合に着手した。六月六日、西安市軍事管制委員会は「国民党のスパイ人員を登録し、過ちを悔い改めさせることについての実施方法」を発布し、[3]その翌日から「反動的党・団のスパイ人員」の調査・登録作業を始めた。具体的に、国民党、三民主義青年団の他に、民主社会党・中国青年党・民主共進党などが対象になっている。[4]これらの調査・登録を経て、西安における秘密結社の状況が次第に明らかになった。このことは、その後に行われた秘密結社頭目に対する弾圧の準備となった。

西安の幇会結社に関して、本章では主に次の四種類の調査資料を使用する。[5]①「西安市幇会調査」（一九四九年一一月）。これは西安の幇会結社に関する調査資料のうち最も時期の早いものである。その内容は西安青紅幇の概況・活動範囲、およびこれらの幇会結社に対する調査者の認識などである。なかでも西安の青幇と洪幇の主要頭目の個人データに関する部分はほかの同類資料より詳しいものと見られる。②「幇会における国民党の活動」（一九五〇年八月）。この資料は西安青紅幇の主要人物と国民党軍統、中統との関係に関する調査資料であり、それぞれの人物の本籍・年齢・政治的背景に関する詳細な内容が記されている。③「理門情況」（一九五一年四月）。理門は理教とも呼ばれ、会道門に分類される宗教結社であるが、西安理教の主要メンバーのほとんどは青幇・洪幇と密接な関わりがあったため、理門調査の資料はしばしば幇会調査の資料と混在している。この資料は西安の理教組織の名称・人物などに関する調査である。④「西北幇会情況」（一九五一年七月）。この資料には西安の青幇・理教とそのほかの幇会結社の人数に関する調査資料が含まれている。以上の四つの調査資料はいずれも建国初期の地方政府が作成したもので、秘密結社に関する歴史的事実を示すものとしてきわめて高い価値を有するものと思われる(6)。

一　西安秘密結社の特徴

秘密結社について、上記の軍事管制委員会が一一月にまとめた調査報告には、次のように述べられている。「幇会は複雑な封建的集団である。その組織は各部門・各地区・各業界に遍在している。彼らは社会の各階層に存在し、すでに無視できない勢力になっている(7)」。幇会結社は西安の地域社会においてどのような位置を占めていたのか、そして中共にとって幇会結社はどのような存在であったのか、これらの問題を考える前に、西安の青幇・洪幇および理教の組織的特徴を見てみよう。

すでに述べたように、青幇は、擬似親族関係によって結ばれ、「師徒如父子、同参似手足」ともいわれるように、師弟間の伝承関係と義兄弟関係の両方を重んじる組織である。青幇には統一した組織はなく、メンバー同士の関係は家族制度に倣い、「字輩」という縦の序列でつくられている。「字輩」は一字で表わされるもので、西安青幇のメンバーは「通」・「悟」・「学」・「万」字輩などがあり、「興武六」・「興武四」・「嘉海衛」・「江淮泗」・「嘉白」および「杭三」などの「幇」に属している。

西安の青幇には、『十大幇規』・『十大禁止』・『十大要』・『十大戒』・『香堂十大規則』などの規約条例が設けられているが、その主な内容は、ほかの地域の青幇と同じく、儒教の倫理を守ること、祖（翁・銭・潘三人の祖）、師を欺かないこと、同門の兄弟が助け合うこと、組織内部の秘密を外部に漏らさないこと、などである。ほかに、西安の青幇では、抗日戦争や国民党の影響を受け、「要熱心愛国」（熱意をもって国を愛すべきである）という文句が『十要』のなかに含まれている。青幇の「開山門」（入会式）においても同じものが見られる。青幇では、入会を志望する人は二名以上の会員（「進家者」）の紹介を必要とする。紹介者は、師父に申込者の入会申込書とお礼を差し出し、そして師父は申込者の入会資格を審査するために「小香堂」を開く。弟子入りの申し出が認められると、続いて入会式の「大香堂」が開かれる。新しいメンバーはまず玄関から「引進師」によって室内に引率され、一定の儀式を経てから「伝導師」および「本命師」に青幇の規則を教わり、最後に、正式「師父」に受け入れられる。この入会式は、一般に言われる青幇の入会式とほとんど変わらないが、「小香堂」と「大香堂」に「慶賀中華民国万歳」が掲げられ、国民党が目指した近代国家の目標を自らの宗旨に取り入れる点に特色がある。(8)

西安青幇の場合、上述の入会式が終わった三日後、新弟子は師父に面会することを許される。その場で、師父は『通草』という青幇の書物を弟子に手渡す。その後師父と弟子の関係は「師父領進門、修行在個人」、「有恩三節両寿報万一、無恩五湖四海再不見」という言葉に象徴されるものになる。すなわち、師父の役割は弟子を青幇に引き入れるだけであって、入門した後の修行はもっぱら個人の努力次第であり、師父とは関係がない。師父となった人も自らの師父と同様な関係をもつ。また、師父の恩を忘れない弟子は「三節」（正月・端午の節句・中秋節）や「両寿」（孔子の誕生日と師父の誕生日）などの日に師父にお礼を送るが、師父の恩を忘れた弟子は、師父との関係は他人同様となる。

では、このような緩い人的つながりをもつ青幇は、なぜメンバーにとって魅力的存在なのだろうか。これについては、ある青幇メンバーが次のように語っている。「およそ青幇の人は外出し、商売・旅行・仕事・犯人捜査などを行う際に、幇内の連絡方法で同じ青幇メンバーにコンタクトする。連絡が取れれば、相手は家裡の義気から困窮や危難に陥る同幇のメンバーを助けなければならない。だから社会で活動を順調に展開できるため、数多くの人は入会しようとするのである」[9]。これと同じ理由で洪幇に参加した人は少なくないと思われる。

洪幇は擬似親族関係によって結ばれ、義兄弟関係を重んじる組織である。一般の洪幇の組織と同様に、西安の洪幇はいくつかの「山堂」（組織）に分かれ、「山堂」のメンバー同士は兄弟と呼び合う。「正龍頭」と「副龍頭」のほかに、「内八堂」と「外八堂」があり、「内八堂」には「佐堂」・「陪堂」・「刑堂」・「執堂」・「礼堂」・「官堂」・「監証」・「香長」などがあり、「外八堂」には「新副」・「聖賢」・「当家」・「紅旗」（「管事」）・「巡風」・「八徳」・「江口」・「幺満」などがある。そのほかに、「金鳳前山四姐」と「銀鳳後山七妹」のポストは孝・悌・忠・信・礼・義・廉・恥の順で並べられる。洪幇には「八大信条」・「十大禁止」・「新十条」・「旧十款」などの規約が設けられ、「四樑」・「四柱」と呼ばれるものを根本とする。「四樑」とは「〇〇山・〇〇堂・〇〇水・〇〇香」である。これは、入会者がどの組織に所属するかどうかを示すものである。「四柱」とは、「四大拝兄」のことを指す。「四大拝兄」とは、「恩拝兄」（山主）、「承拝兄」（舵把）「保拝兄」（保証人）と「薦拝兄」（紹介人）のことで、もし自分の所属を聞かれた時、「四大拝兄」の名前をはっきり述べなければ、組織の規約を破ったと見なされる。その結果、「私充光棍到処有、找不到拝兄要人頭」（密かに青幇のメンバーを装う人が至るところにいる。拝兄を見つけないと命を失う）という言い伝えに表されるように、厳しい処罰を受ける[10]。

西安の洪幇は青幇と深い関わりがあり、一部の洪幇は青幇とほとんど変わらない。例えば、金鼎山の「山主」劉海亭はもともと青幇の親方であり、元の組織のメンバーに青幇の呼称で呼ばれている。すでに言及したように、西安の洪幇には「新十条」という規則があり、その具体的な内容に関してはまだ不明であるが、その内容には上述の青幇の「要熱心愛国」（熱心に国を愛すべきである）という意味合いの文句が含まれていると推測される。国民党勢力の強い影響下におかれたため、多くの洪幇組織の内部関係は国民党の軍隊や「特務」組織のそれと同じものであった。組織自体は洪幇組織というよりも国民党の「特務機構」に近いものと見られる。後に触れる西安洪幇の最大の組織西華山、閻錫山の民衆山などはその典型的な例である。したがって、西安の洪幇組織は地域社会に密着する組織ではないように思われる。

例えば、西華山は西安最大を誇る幇会結社の組織であり、市内に八つの支部「朶」を設置し、それぞれの責任者「朶把子」を、李海帆（第一朶、甜水井一帯）、秦光濤（第二朶、車家巷）、葉新甫（第三朶、騾馬市街）、董文修（第四朶、尚仁路）、梁鼎臣（第五朶、書院門大吉廠）、李茂堂（第六朶、東柳巷）、耿宏章（第七朶、社会路）、姜雨林（第八朶、西関北火巷）が務め、高鳳翔などが総務（「通城管事」）となり、本部は北大街西華商行に置かれていた。しかし、「市の隅々までに人員が配置された」と言われた西華山は、地域社会とのつながりは弱く、戦後まもなく勢力が衰えた。

西安には、青幇・洪幇のほかに、「白幇」と呼ばれる組織も存在していたが、西安の「白幇」は「理教」・「理門」と呼ぶべきものであった。理教は、清朝初期に羊来如（教内では、羊祖と呼ばれる）によって創設された、儒・仏・道の三教を奉ずる民間宗教結社である。乾隆三十年（一七六五年）、理教の尹来鳳（教内尹祖と呼ばれる）は天津で最初の理教組織（「公所」）を設立した。以後、理教は次第に全国に広まり、民国二二年（一九三三年）に各地の理教組織を統一した中華全国理教聯合会が発足した。理教には『八大戒律』があり、そのうち最も重要なのはアヘンを吸飲しないこと、酒を飲まないことである。[11] 民国時代の理教は宗教的色彩が薄れ、衛生や慈善事業を営む組織となった。

西安の理教公所は中華全国理教聯合会の支部である。これらの公所の主な活動は資金を集めて戒煙薬を作り、アヘン吸飲者に無料で配ることであった。理教の多くの公所責任者は多かれ少なかれ幇会結社と密接に関わっていたため、解放後中共の調査・取締の対象となった。

二　青幇・洪幇・理教——調査資料について

1、青幇の概況

「西安市幇会調査」によると、西安の青幇は民国初期に端を発し、一九一九年に山東省馬車運輸業の青幇メンバー劉鳳山、康叔平、劉海亭が西安の労働者の間で結成した組織である。彼らは自ら香堂を開き、多くの弟子を招き、宝鶏、咸陽など交通の便利な都市に勢力を広げた。[12] 西安の青幇は「江淮泗」・「嘉白」・「嘉海衛」・「興武四」・「興武六」・「杭三」の六つの系統に分かれ、建国初期の総人数はすでに九千人に達した。しかし、そのうち幇会結社の意識をもつ者は数百人にすぎないと見られる。[13] 青幇の各字輩の主な情況は次のとおりである。

①「通」字輩の概況。「通」字輩の青幇メンバーは西安青幇のうちもっとも地位の高い人たちである。表一に列挙される二十五人は約千人の「通」字輩のうちの主要人物である。

この二十五名の青幇主要メンバーの個人データからみると、二名が陝西省出身で、五名が出身地不明であるのを除いてすべてが外省人である。また、青幇の主要メンバーが比較的高い社会的地位を有することも分かる。「通」字輩の劉海亭、葉新甫は市参議員という地位を利用して多くの弟子を抱えていた。そして、「通」字輩主要人物のうち国民党中統・軍統、およびかつて国民党軍人であったという政治的背景をもつ人が多いことも注目に値する。[14]

②「悟」字輩の概況。「悟」字輩は上の通字輩の弟子輩に当たり、「通」字輩に次ぐ青幇の重要メンバーである。西安市には約三千人の「悟」字輩がいる。

表二が示しているように、西安青幇「悟」字輩の五十四人のうち、三十二人の「政治背景」あるいは職業が記され

表一 青幇「通」字輩主要人物表

姓　　名	本　　籍	幇　　別	弟子数	政治背景	職　　業
劉海亭	山東	江淮泗	700	軍統	西安市参議員
常聖照	河南	嘉白	200	軍統	
孔炳尭	山西	杭三	200		在郷軍官
韓子安	山西	嘉白		中統	飲食店経営者
葉新甫	西安	嘉海衛	400	軍統	西安市参議員
李海帆	西安	杭三	700		
郭叔藩	山東	嘉白	30		
秦光濤	湖北	杭三	300		商人
侯雅軒	河北	江淮泗	200		商人
霍寿山		嘉白			
岳松儕	山東	興武六	20		
李宜亭		興武六			
黄硯耕		嘉白	20		
張恵民	山東	杭三	100		商人
張佐庭	河北			中統	西安市総工会理事長
侯守常	山西		200	閻錫山旧部	在郷軍官
栄鴻臚	山西	興武六		閻錫山旧部	西安綏靖公署参議員
張蘭亭	山西	嘉白	200		
乜玉嶺	河北		60		
張永年	山西			閻錫山旧部	退役軍人
董文修	河北		50		武器教官
呂紹亭	河北				飲食店経営者
朱閬仁	河北				医者
田韻青			20		軍隊師団長
劉公展					

出典：「西安市幇会調査」、一九四九年一一月。

ている。それを通じて、そのほとんどが中産階級もしくは国民党の党と政府機関の下級職員であったことが分かる。

③「学」字輩の概況。「学」字輩の地位は「悟」字輩に次ぐものである。西安の「学」字輩は約二千人で、そのうち主要メンバーは約六、七十人程度であった。

表二　青幇「悟」字輩主要人物表

姓　名	幇　別	弟子数	政　治　背　景	職　　　業
于原建	嘉海衛	200	民社党	省政府調査室
白慎修	嘉海衛	300	軍統	区長
李成章	嘉海衛	300		
趙端甫	江淮泗	300		
梁楽軒	嘉海衛	30		
王広田	嘉白			
高鳳翔	江淮泗	30		
黄漢城	嘉海衛	40		
侯長年	嘉海衛	200		
郭孟傑	江淮泗			医者
劉敬之				
李明義				飲食店経営者
李文仲				
李　[illegible]				
徐鳳岐			中統	
李文傑				住宅経営
姫万林		30		薬屋経営
銭古宜				煙草屋経営
張九如		30		店主
程瑞軒				鉄道局勤務
葉寿山	嘉海衛	100		歯医者
王樹甲				
梁鼎臣		20		
葉生林				
朱玉潤				郵政
劉玉鎖				
陸広鈞				郵政
蘇如海				郵政
李逢源				郵政
母金栄				郵政
李海亭				商人
周象賢				印字館経営
劉光璽				商人
何剣萍				鉄道局勤務
李振侠			軍人	商人
李子傑			軍人	
範長庚			軍人	商人

趙成業				学界
邱舫洲		50		保長
黄雲峰		100	軍統	警察局組長
顔連三		200		保安司令部特高組長
呉玉亭		20		商人
孫文明		300		
李天才		50		
黄輯五		80		商人
李省五		800		咸陽専署隊員
馬占楹		500		
冉維尭		100		
孟鈺児		200		
劉金華				
顔志遠				
高紹亭		50		文化日報社経営
呂明璋				
秦建勲				警察局総務課長

出典：前出「西安市幇会調査」。

表三では「学」字輩六九名の主要メンバーの職業・弟子数などについての調査データが示されている。これによれば、メンバーの中には行商人・農民・熟練工が多いことが分かる。彼らのほとんどは青幇組織を通じて職業、身の安全の保障などを求めていた。

④「万」字輩。「万」字輩の青幇メンバーは約千人あり、ほとんどが車夫・店員などの下層労働者である。「学」字輩と同様に、彼らは青幇に参加することによって官府、ことに警察の圧迫から身を守る以外には一般に政治的な意図を持っていない。

西安青幇の「通」・「悟」・「学」・「万」の四つの字輩に対する以上の概観から、中共が西安市に進駐してまもなく市内の青幇に関する詳しい情報を手に入れたことが分かる。これらの資料はいずれも青幇のメンバーあるいは青幇の内部事情に詳しい人から提供されたものである。これは国民党中央宣伝部が一九四二年に行った西安の青幇に関する調査（表四）より詳しいものである。

表四には十四人の青幇「通」字輩のメンバーに関するデー

表三　青幇「学」字輩主要人物表

姓　名	幇　別	弟子数	職　業
郝立緒	嘉白	200	副区長
王鴻臻	江淮泗	500	
賈守謙	杭三	200	四区戸籍主任
雷振宇		300	商人
蘇凌肖		300	商人
李振祥		300	商人
盧海湖			西服店経理
張福懐			教育
李春海			労働者
吉春栄			労働者
任子華			鑲牙館勤務
崔鴻俊			八百屋
遅雲峯			占い師
劉永福			労働者
王江海			農民
李春発			農民
任楽同			露天商人
王金華			商人
張信斎			商人
劉純益			労働者
李振乾			農民
張子財			農民
張宗英			農民
賈振発			農民
張景栄			鏡修理屋
単子忠			行商人
楊光明			食器修理屋
李娯亭			行商人
呉徳財			商人
曹満満			鑲牙館徒弟
梁国棟			新聞社労働者
康懐義			鑲牙館勤務
翟光裕			
寇志傑			
石福存			商人
趙思義			商人
馮進才			印刷所労働者

何玉璞			劇場管理人
汪忠発			印刷所労働者
王季高			印刷所労働者
霍翠娃			商人
張大正			新聞社労働者
苗子明			商人
王鳳琴			
張志高			農民
武徳軒			商人
王寿廷			商人
鄭兆林			商人
貢廷西			商人
貢廷玉			商人
王振海			商人
張金林			労働者
陳念貞			医者
厳興華			行商人
侯振海			行商人
雷忠義			農民
奚鮮米			農民
劉福寿			
雷西銘			
雷志清			
閻孝廉			農民
杜海平			行商人
任根成			行商人
雷文斌			農民
祝　林			表具師
単庭有			農民
単庭貴			農民
李天成			行商人
劉生安			行商人

出典：前出「西安市幇会調査」。

表四　一九四二年青幇「通」字輩主要人物表

姓名	幇別	職業	弟子数
康叔屏	嘉白幇	無	200～300
張自強	同	同	400～500
文明軒	同	同	100～200
劉海亭	興武四	公務員	700～800
張祖顕	同	同	300～400
楊慶銘	同	旅館経営	2000
劉鳳山	同	無	100～200
劉蔭遠	興武六	同	200～300
韓子安	同	旅館経営	200
葉新甫	同	公務員	200～300
李海帆	杭三	無	300～400
顔錫三	同	同	200～300
張恵民	同	同	200～300
秦光寿	同	同	100～200

出典：「西安市幇会活動情況調査報告」、一九四二年。

タが記されている。そのうち、六人の名前が表一と重なる（表四の秦光寿は表一で秦光濤と記されている）。二つの表を照らし合わせてみれば、これら六人の幇別・職業・弟子数に相違が見られる。幇別の相違は調査資料の入手ルートの違いによるものと見られるが、職業・弟子数の違いは、一九四二年から一九四九年までの七年間に生じた変化を反映するものと見てよい。表四のうち名前が表一と重ならない八人は死亡もしくは逃亡したと考えられる。たとえば、同資料には、楊慶銘が一九四二年の調査が行われる前の年にすでに死亡したことが記されている。なお、一九四二年に国民党が行った調査には、「悟」・「学」・「万」字輩に関するデータは含まれていない。後に見るように、中共の弾圧の対象となった西安青幇の主要人物は主に「通」字輩・「悟」字輩に属するものであった。弾圧の対象になる基準は「政治背景」すなわち国民党政権との関わりをもつことや、民衆の恨みを買っていたことであった。

2、洪幇の概況

第三章で触れたように、辛亥革命前、西安市の洪幇（哥老会）は反清排満の政治行動に一定の役割を果たしていた。民国期には西安洪幇の活動は停滞していたが、徐州—西安間の隴海鉄道の開通および日中戦争の勃発をきっかけに、陝西省の洪幇勢力は大幅に増大した。河北、山東・河南などの各地から商人が陝西省に入るや、陝西洪幇の活動は再び活発になった。統計によると、陝西洪幇の人数は約二万五千人、山堂の数は二十近くあった。また、同時に青幇・

表五 洪幇組織統計表

山名	山主	本籍	人数	職業	政治背景	成立年代	参考
西華山	鄭汝平	山東	1万余り	綏署参議員		1941	
五聖山	皐海瀾	江蘇	2千余り	退役軍人			
興中山	于原建	陝西	3百余り		民社党、軍統	1948	
金鼎山	劉海亭	山東	2千余り	市参議員	軍統	1941	
民衆山	斉継川	山西	5千余り			1945	斉＝閻錫山
西馬拉雅山	景梅九	山西	5百余り	国風日報社長		1943	一説1946年
民族復興山	王嗣昌	山西	2千余り	軍官	閻錫山	1945	
太行山	何東昇	湖北	千人余り			1946	
中華山	侯雅軒	山西	千人余り	商人		1943	
峨嵋山	郭永平	北平	千人余り	西安市党部書記	中統	1946	
紫陽山	田韻青	河北	3百余り				
萬寿山	姚寿山		5百余り			光緒年間	
太白山	侯守常	山西	4百人		閻錫山	1943	
復興民国山	羅海臣	河北	2百余り				
五龍山	蘇凌肖	河南	千人余り	商人	軍統	1940	
民族山	張率鉦		3千人余り		閻錫山	1947	
新華山	葉新甫	陝西	2百余り		中統		
千義山	熊正平	陝西	極めて少ない	行政専員		1935	日本に逃亡したと言われる
至聖山	田雲青			退役軍人		1948	

出典：［西安市幇会調査」、一九四九年一一月。「西安市洪幇概略」、一九五〇年三月。「西北幇会情況」、一九五一年七月。

洪幇に属する者もいて青・洪幇合流の現象もしばしばあった[15]。

表五からみれば、西安の洪幇結社は前述の青幇結社と共通する部分が多い。洪幇山主の多くが外省人であること（表五に列挙されている出身地の分かる十六名の洪幇山主のうち、陝西省出身の者はわずか三人に過ぎなかった）、山堂の成立時期が主として抗日戦争期であること、そして、戦後国民党の地方政権から支持を得て大きな発展を遂げたこと、などの点が挙げられる。

以上の十九の洪幇組織のうちもっとも規模の大きいものは一九四一年に設立された西華山である[16]。西華山の初代山主は国民党第十戦区司令部政治部主任趙海平、第二代山主は西安綏署参議鄭汝平である。この組織の参加者は合わせて一万人を超えると言われ、日中戦争期、西華山が西安市北大街に西華商行を設立したとき、その勢力は頂点に達した。戦後、西華商行は経営不良のため休業した。国共内戦期の一九四九年、国民党の将校胡宗南は国民党正規軍の腐敗に見切りをつけ、鄭汝平を誘い秘密結社を利用して「民軍」を組織しようとしたが、軍需品及び部隊の名称などが決められなかったため計画が中止された。その後、鄭は二、三千人規模の忠義軍を結成し、自らが司令官となった。中共軍隊が陝西を占領した後、忠義軍の参謀長（共産党員）は部下を率いて蜂起し、解放軍に加入した。鄭汝平も共産党に「起義人員」とされ、中共部隊のなかで再教育を受けた[17]。

西安「五聖山」の初代山主は明徳で[18]、その後任は李翼之、皐海瀾であった。この組織は主に隴海鉄道の沿線地域で活動し、メンバーの多くは鉄道労働者であった。

興中会の別名は興中学会陝西分会で、一九四七年に上海にいる興中学会理事長、秘密結社頭目楊虎の意を受けて、白冠五（軍統）、于原建（民社党）らによって設立された政治的色彩をもつ幇会結社であった。一九四八年六月六日、西安市社会処の許可を得て、于原建、白冠五などの十五人を理事、白慎修、王礼卿などの五人を監事に、合法的社会団体として活動したが、翌年三月に経費不足のため活動を停止した。

民衆山は山西軍閥閻錫山が日中戦争期に山西省で設立した幇会結社である[19]。民衆山の活動状況は資料の制限により不明であるが、国民党の情報機関中統の調査資料からその片鱗をうかがうことができる。「閻長官は最近民衆進歩社を組織し、高級幹部を各県に派遣し工作を行っている。三～五県を一つの区とし、それぞれ主任一人、少将級の幹部十余人を置く。県には分社を設け、社長一人（上校級）を置く。大同分社は紅幇の指導を名目に主に情報収集を行う。その組織構成は哥老会と同様に山と堂の名目を設けた。（中略）山は民衆山で、堂は進歩堂のことである。入社するには四人の紹介者がいる。一人は「恩兄」閻百川（閻錫山）、一人は「承兄」王靖国、一人は「保兄」謝応濂（謝濂）、もう一人は「引兄」趙承綬である。第二戦区に所属する官兵はみな入社したと言われる[20]」。民衆山に関しては、民衆山の会員で、戦後山西省に残った日本人吉岡二郎が所持していた洪幇の会員証「会簿」を含む二枚の貴重な写真（本書五二五頁写真4、五二六頁写真5）が残されている[21]。

これらの写真資料を関連の資料と照らし合わせると、山主閻錫山の仮名が斉継川、副山主王靖国の仮名が王夢飛であることが分かる。二枚の写真のうちの一枚にある「保兄」は矢田茂、「引兄」は広瀬賢治である。これを先に引用した中統の調査資料と照らし合わせれば、矢田茂と広瀬賢治がそれぞれ謝応濂と趙承綬である可能性が高い。そのほかに、吉岡の会員証には「孝悌忠信」、「礼義廉恥」、「進歩団結」、「復興民族」と書かれ、もう一枚の写真には孫文の「総理遺嘱」が書かれている。ここで閻錫山が、孫文がかつて洪門を利用して反清革命を起こしたことにまで遡っていることも興味深いことである。閻錫山の部下の一人王靖国がかつて部下に洩らしたように、「幇会をコントロールする目的は義気を講ずることではなく、幇会を通じて民衆を動員・組織することである」[22]。民衆山は具体的にどのような活動を行ったのだろうか。前出の中統の資料からみれば、民衆山の主なメンバーは主に閻錫山部下の官兵であり、各兵士招募所の職員のほとんどが民衆山に入会したことも分かる[23]。また、調査資料によると、民衆山は西安市の下層労働者の間にも組織を拡大し、構成員の数は約五千人で、そのうちほとんどは山西省出身であった[24]。

3、理教の概況

西安には「中華在理教陝西省支会」など十五の公所があり、それぞれ「会長」・「当家」・「看山」（工友とも言う）と称される人たちがいる。西安理教に関する調査結果は次の表六のとおりである。

表六のうち、劉海亭、張佐庭、李海帆、文朗軒、白慎修などは前出の西安青幇・洪幇の主要人物である。この点からみれば、西安の理教は青幇・洪幇と密接な関係をもっていたことが分かる。また、表六の理教主要人物の出身地をみると、陝西省以外の地域の出身者が多い。以下は侯雅軒（青幇「通」字輩・洪幇「中華山」山主）と王文瑞（洪幇メン

表六　理教公所表

名　称	会　長	本　籍	人数	社会背景
中華理教陝西支会	劉海亭 張佐庭	山東 河北		青紅幇
静善堂	呂紹亭	河北	200	
一善堂	文朗軒	陝西	200	
普雲堂	劉奉山	河北		青幇
普善堂	趙瑞甫	山東		青幇
静慈雲堂	王心白	陝西	200	
同善堂	華嗣雲			青幇
純徳堂	姚章甫	湖北		
普済堂	李海帆	陝西	200	
静修堂	白慎修	河北		軍統
福善堂	戚鳳山	河南		
正己堂	蒋士俊			
清静堂	姚章甫	湖北		
一善堂	張雲鵬	陝西		
同善堂	閻雲風	湖北		

出典：「理門情況」、一九五一年四月。「西北幇会情況」、一九五一年七月。

バー）の話に基づいて、表六に列挙されている十の理教公所の具体的な情況（調査時点）を見てみよう。(25)

普善堂。西安解放後に政府に登録手続きをした。会長趙瑞甫については不明であるが、「当家」斉奉川（六十才、青幇興武六の「学」字輩）は河北出身で、自ら戒煙薬を作り、無料でアヘン吸飲者に配った。人柄が正直なため、地元で声望が高い。

同善堂。解放後政府に登録手続きをした。「当家」華嗣雲（七十才、青幇興武六の「悟」字輩）は人柄が清廉高潔で、一九三一年に華山に出家し、四年後に西安に行った。堂の創設者は楊林甫で、劉海亭はそれに協力して副会長になった。劉が死去した後、会長を受け継いだ華は熱心に戒煙に従事していた。華は青幇・洪幇の多くの人物と往来があった。解放後、彼はもっぱらアヘン禁止に専念し、自らの青幇の経歴を人に語ろうとしなかった。

福善堂。解放後政府に登録手続きをした。一説によると、「当家」は江蘇省出身の李某である。メンバーの多くは売春婦であった。

普雲堂。「当家」劉奉山は河北省の出身で、一九四七年に死亡した。劉は天津嘉海衛青幇の通字輩に属し、弟子四〇〇人のほとんどが隴海鉄道で働く労働者であった。劉は西安青・洪幇主要人物と密接に往来があったが、調査時点で普雲堂はすでに活動を停止していた。

静修堂。調査時点ではすでに活動を停止していた。「当家」劉某は創設者の白慎修と反目し、堂を離脱した。白は理教の修行を行わず、募金を名目に私腹を肥やしたため悪名高く、解放後に処刑された。

静善堂。調査時点ではすでに活動を停止していた。「当家」張某は陝西省長安県出身である。

純徳堂。調査時点ではすでに活動を停止していた。「当家」白紅は北京出身で、道士でありながら青幇興武六の「悟」字輩に属していた。白は道場を開いて戒煙活動を行った。解放後、白紅は数ヶ月間拘禁されたが、罪状を自白した後釈放された。

清静堂。調査時点ではすでに活動を停止していた。「当家」馮増慧は河北省の出身で青幇「悟」字輩に属し、漢方医として名声が高く、戒煙を行って人を助けた。

静慈雲堂。調査時点ではすでに活動を停止していた。「当家」は高某である。

一善堂。早い時期に活動を停止した。

このほかにもいくつかの公所が存在していたが、資料不足のため、それらの状況については不明である。

以上からみると、中共による理教公所調査の重点はそれらの当家（会長）が幇会結社の背景をもつかどうかという点に置かれていた。幇会結社参加の経歴をもつこと自体が法的処罰を加える根拠ともなった。西安理教公所のほとんどが西安解放前あるいは解放時に活動を停止したが、ごく少数の組織は解放後も活動を続けていた。それらの公所はやがて鎮圧の対象となり、姿を消していったのである。

三　「反動党団」としての幇会結社

西安の幇会結社は国民党勢力と深い関係を持っていた。一九四二年、劉海亭（特務組長）は軍統陝西支部の責任者王鴻駿の命を受け、主要メンバー六十余人を招集し、「整理幇会委員会」を設立した。劉が主任、康叔平、張恵民が副主任となった。国民党政権は、日本軍の支配地域において幇会結社が傀儡政権の一翼を担っていたことから、自らの支配地域において幇会結社に対して締め付けを厳しく行おうとした。これが「整理幇会委員会」の設立の背景と見られる。一方、西安の幇会結社は「抗日愛国では、決して他人に遅れをとらない」という危機感を抱き、「忠義献機」（国に忠誠心を表すために、飛行機を買えるほどの資金を集める）などの抗日活動を開始した[26]。

西安の青幇と洪幇に関する調査資料には、もう一つ注目すべきものが存在する。前述の青幇と洪幇の一般状況に関する調査から約一年後に行われた青幇・洪幇と国民党軍統、中統との関係に関する調査である（表七—十）。青幇・洪幇の一般的な状況に関する調査と異なって、この調査はもっぱら青幇・洪幇の政治的側面を焦点に行われたものであった。つまり、中共による秘密幇会調査の重点が次第に青幇・洪幇の政治的側面に移されていった、ということである。

表七が示すように、青幇「通」字輩・「悟」字輩のうち二十九人が国民党の軍統と何らかの形で関係を保っており、表八からみれば、「通」・「悟」・「学」字輩の八人は中統と関わりを持っていた。以上の青幇メンバーには軍や警察の身分の者が多かったことから、西安市の治安維持は青幇ネットワークに多くを頼っていたことが推測される。

表九の十名と表十の十七名の洪幇主要メンバーは、それぞれ軍統と中統と関わりを持っていた。略歴からみれば、

表七　青幇と軍統との関係表

姓　名	本籍	年齢	幇　別	字輩	略歴
劉海亭	山東	58	江淮泗	通	北洋軍隊の営長・市議員・国大代表候補
常聖照	河南	59	嘉白	通	警察局監視組組長・偵察大隊長
李海帆	陝西	67	杭三	通	清朝新軍標統・陝西機器局副総辦
李樾村	河北	50		通	警備司令部督察処副処長
秦伯瀛	陝西	46		通	自衛団団長・保輯組組長
王嗣昌	山西	60		通	閻錫山部隊の副軍長・軍統三原県責任者
蕭炤文	湖南	42	興武六	通	西安市警察局局長
孔炳尭	山東	60		通	西安市警察局六分局局長
李耀先	陝西	31	杭三	悟	西安市警察局秘書・専員、李海帆の弟子
姫守礼	陝西	35	杭三	悟	県長・李海帆の弟子
任醒民	陝西	42	杭三	悟	西安市警察局三十分局局長
李友三	陝西	47	嘉白	悟	緝察処処長
馬志超	陝西		嘉海衛	悟	西安市警察局局長
陳大勲	浙江	42	嘉白	通	綏靖公署参謀
董海山	陝西	41	嘉白	学	輯察処副督察長・宝鶏緝察処督察長
孟成十	陝西	30	江淮泗	悟	刑警隊副隊長、劉海亭の弟子
宗子乾	陝西	40	江淮泗	悟	偵緝隊副大隊長、劉海亭の弟子
相于一	陝西	37	江淮泗	悟	刑警隊隊長、劉海亭の弟子
劉金華	河南	35	江淮泗	悟	軍統通信員、劉海亭の弟子
于原建	陝西	54		悟	軍法処処長、病気で退職
劉建英	陝西	31	興武六	学	刑警隊大隊長・保警隊隊長
張耀西	陝西	38	興武六	学	警察局勤務
栄鴻臚	山西	60		通	太原警備司令、1939年に西安に来た
白冠五	陝西	43	嘉白	悟	省保安処主任科員
焦梏栩	陝西	47	嘉白	通	胡宗南部処長
丁善慶	湖南	50	嘉海衛	通	胡宗南部処長
張公熙	河北	40	嘉白	悟	河南省政府調査室科長
龔西岑	山東	42	興武六	通	国民党隴海鉄道党部委員
耿克恭	陝西	45	江淮泗	悟	偵緝隊第二区隊長、劉海亭の弟子

出典：「国民党在幇会中的活動」、一九五〇年八月。

表八　青幇と中統との関係表

姓　名	本籍	年齢	幇　別	字輩	略　　歴
宋志先	山東	47	嘉海衛	悟	国民党陝西省党部委員・専員など
張佐庭	河北		興武六	通	陝西省総工会理事長・市議員・国大代表
郝立緒	河南	43	嘉海衛	学	国民党西安市党部幹事・区長、旅店業公会理事長
楊志倹	陝西	47		悟	国民党陝西省党部執行委員・専員
李硯田	山東	38	嘉白	通	隴海局総務処処長・党務委員
王憲民	陝西		嘉白	学	三原県などの警察局局長を歴任
韓子安	江蘇			通	西安市商会理事・総工会常務理事
曹承德	陝西	53	嘉白	通	西安市婦運会主任委員

出典：「国民党在幇会中的活動」、一九五〇年八月。

彼らのほとんどは国民党政権の党務と政務に携わっていた。彼らは青幇とはやや異なり、国民党によって情報収集の役目を与えられていたと推測できる。西安に数多くの洪幇山堂が存在しているにもかかわらず、国民党軍統・中統と関わりを持ったのは金鼎山・峨嵋山・西華山・五聖山などの五つの組織だけであった。以上の調査資料のみに依拠して西安青幇と洪幇のその後の行方を辿ることは困難であるが、これらの名簿に名前が載っている幇会頭目の多くは、幇会活動を行ったという理由ではなく、国民党軍統・中統と関わりを持ったことによって「反革命分子」と断定され、弾圧の対象となったことが推測される。

最後に補足しておきたいのは、「反動的な党・団」と見なされた幇会結社は、国民党のほか、民社党・青年党などとも関係を持っていた点である。同時に、一部の幇会結社は伝統的幇会ではなく、近代的政治・社会団体に発展したものである。上述の「興中学会陝西分会」はその内の一つであった。また、国民党と距離を置いた幇会政党として、民生共進党の名があげられる。民生共進党は一九四六年三月に洪門五聖山の樊松甫（当時国民党軍事委員会軍風紀第二巡察団の中将主任委員）によって西安で設立された組織で、鄭州を中心に河南省で勢力を拡大していた。その後、その総部は上海に移り、江蘇・浙江地域で勢力を拡大していた。[27] しかし、党内部の結束力が弱く、樊松甫の後継者馬青宛のリーダー意識が低かったため、結局、西安地域では民生共進党の組織は国民党によって

表九　洪幇と軍統との関係表

姓　名	本籍	山　名	略　　歴
劉海亭	山東	金鼎山	表六と同じ
明徳	湖北	五聖山	軍統上将参議、戴笠によって暗殺
王鴻駿	上海	五聖山	軍統晋陝区責任者
虞定邦	山西	五聖山	軍統晋陝区秘書
蕭漫留	江西	五聖山	軍統陝西省調査室主任
丁敏之	浙江	五聖山	軍統晋陝区司法股長
劉銘虎	河南	五聖山	陝西省民政庁警保処副処長
汪克毅	江蘇	金鼎山	軍統陝西省調査室科長
鄭汝平	江蘇	西華山	師団長、陝西省国術館副館長
聞謀尭	湖北	五聖山	軍統晋陝区通信員

出典：「国民党在幇会中的活動」、一九五〇年八月。

表十　洪幇と中統との関係表

姓　名	本籍	年齢	山　名	略　　歴
郭永平	北京	42	峨嵋山	陝西省党部調査統計室秘書
孫権東	東北	45	峨嵋山	西安綏署少将参議
王富水	陝西	38	峨嵋山	陝西省党部調査統計室科長
楊順卿	山東	40	峨嵋山	陝西省党部調査統計室幹事
顔連三	河北	50	峨嵋山	陝西省保安司令部特務組組長
李彦章	河北	42	峨嵋山	陝西省保安司令部情報員
汪新民	江蘇	58	五聖山	隴海鉄道警務処潼関段段長
李学治	河北	45	五聖山	隴海鉄道鄭州辦事処処長
田性源	河南	42	五聖山	陝西省省税局局長
高銘亭	陝西	39	五聖山	国民党『西北文化日報』経理副社長
陳建中	陝西	41	五聖山	陝西省党部執行委員、『西北文化日報』社長
趙仲倫	河南	45	五聖山	隴海鉄道党部指導員
雷景義	陝西	42	五聖山	陝西省党部調査統計室主任
杜宝田	河南		五聖山	隴海鉄道党部執行委員
王応有	遼寧	50	西華山	隴海鉄道党部秘書
劉蔭遠	安徽		西華山	陝西省参議員
武懋興	陝西	40	五聖山	隴海鉄道調査統計室主任

出典：「国民党在幇会中的活動」、一九五〇年八月。

瓦解させられた[28]。

四　秘密結社の取締

西安の幇会結社に関するこれまでの考察からは、次のようなことが明らかになる。すなわち、西安における青幇の総人数は約九千人、洪幇の総人数は約三万九百人で、両者を合わせて約四万人である。さらに、理教の約千人を含めて全体で約四万一千人にのぼる。この数字は当時の西安市総人口の六・八パーセント強と推定される[29]。西安幇会結社メンバーの出身地は河南省がもっとも多く、陝西・河北・江蘇・山西省がそれに次ぎ、そして甘粛・湖北・四川省の順となる。そのうち、陝西省出身の幇会結社メンバーの場合、高い地位にいた少数を例外として、ほとんどが一般メンバーであった。

なお、幇会結社メンバーの職業をみると、ほとんどが工場労働者・車夫・運搬者などの下層労働者である。中共は彼らを「圧迫される階級」、「搾取される階級」と見なしていた。商人、特に行商人が多いことも注目に値する。一方、国民党の軍・警察・スパイおよび官僚・政客は、人数としては少ないものの、幇会結社の組織において中心的な地位を占めていた。

幇会結社メンバーの入会動機と意識について、中共は次のように分析していた。すなわち、第一に、四〇パーセントの人は行動の利便性のために幇会結社に入会した。彼らは幇会結社のネットワークを利用して、貨物を運んだり、各地の間を往来したりして、幇会結社の保護を受けていた。第二に、三〇パーセントの人は職業保障のために幇会結社に加入したものである。たとえば、工場の労働者・旅館・茶屋・劇場の小遣い・軍人・警察は、彼らは親方・経営者が幇会結社に入会したため、自分もその弟子になって入会した。第三に、約五パーセントの人がいわゆる「喫徒弟」、つまり財を集めるために幇会結社に入会した。第四に、同じく約五パーセントの人は資本家で、彼らは自らの財産を保護するために入会した。そして、第五、第六には、一部の官僚・政客が自らの名声を高めるため、また、国民党政権のスパイが幇会結社内部に潜入するために入会し、これもそれぞれ約五パーセントを占める。最後に、幇会結社を通じて土匪や泥棒になろうとした者が約一〇パーセントを占める。[30] 中共の階級理論からすれば、全体の七割を占める第一、第二タイプの人たちは圧迫・搾取される階層に属するものと見なされるので、政府に登録手続きさえすれば処分を受けずに済むとされ、残りの三割が処罰の対象となった。

西安地方政府は、幇会結社の内部構造およびその活動情況を分析し、「青幇も洪幇もすでに従来の民族的気概と正義を完全に失ってしまい、卑しくて汚いくずのような連中になった」とし、幇会結社を「反動的党・団」と性格付けたうえで、[31] 幇会結社の上層部の「反動性」に特に注目した。歴史的にみれば、幇会結社が西安に現れて以来、国民党政権はその活動を抑制し、その組織の蔓延を阻止しようとしてきたが、実際には、前述のように、幇会結社の中心メンバーの多くは国民党の軍統・中統と関わりをもち、国民党と幇会結社とは互いに結合していた。[32] 中共にとって、両者の密接な関係は幇会結社の「反動性」の表われであり、それは必然的に中共新政権の破壊を目的とする「反革命活動」につながるものであった。それゆえ、幇会結社を根本から取り除くことは政権の基盤を強化するために不可欠であった。

一九五〇年代の中共側の調査資料には、幇会結社による新政権批判やデマ流布、および破壊活動に関する記録が多数存在するが、中共建国後、西安幇会結社の主要メンバーは逃亡したり、名前を変えて隠居したり、あるいは中共の基層組織の監視下におかれたりして、ほとんどの組織が活動できない状態にあったというのが実情であった。

幇会結社に対して、西安市政府は次の二つの段階に分けて取締を行った。まず、秘密結社のメンバーを通じてその内部の状況を次のような方針に従って調査した[33]。

われわれはしばらくの間秘密結社の主要メンバーを利用して整理・調査を行うべきである。これらの人たちには何の名誉、待遇も与えず、彼らが勝手に行動することも許さない。われわれが派遣した人は、西安青幇の「通」字輩・「悟」字輩・洪幇の各山主および弟子を含む重要分子を指導し、国民党の重要分子と同様に登録を履行させるべきである。その上で状況に応じて処分を与える。一般の会衆は登録の手続きを通じて再教育を施し、彼らの思想観念をゆっくり変える。このようにして、時期がくれば、我が政府の秘密結社解散の命令がスムーズに実施されるであろう。

このような方法を通じて、中共は西安幇会結社の内部状況、とりわけ幇会結社の中心メンバーに関する情報を全面的に把握することができた。そのうえで、中共による幇会結社弾圧が実施段階に入った。中共の青幇取締に関する資料によれば、青幇組織の取締およびその中心メンバーに対する弾圧は、中共の「反革命の鎮圧」がもっとも厳しく実施された時期に行われていた。西安市政府は彼らに「革命を害する者」と「人民を害する者」という二種類の罪名を付けた。前者は「歴史反革命分子」とも言い、後者はいわゆる「流氓・反革命分子」であり、その罪名は麻薬密売・賭博経営・強制・強姦・汚職であった[34]。これらの人々がすべて弾圧されたかどうかは資料の制限により不明であるが、「反革命分子」の罪状を冠せられたことから、彼等が革命の法網から身を逃れ得た可能性はきわめて低いと考えられる[35]。

むすび

これまでの事例研究を通じて、従来まったく知られていなかった西安の幇会結社の実態、幇会結社と国民党政権との関係、および中共による幇会結社取締の具体的な過程が部分的ながら明らかになった。総じていえば、西安の幇会結社のネットワークは、西安地域内および西安とほかの地域の間のつながりにおいて無視できない存在である。国民党政権側は積極的に幇会結社に浸透し、その組織をコントロールしようとした。注目すべきことは、その際に国民党のスパイ組織や地方軍閥出身者は幇会結社の組織原理に倣って自ら幇会結社的な組織を作った、ということである。それゆえ、中共軍隊が西安を制圧した後に実施した幇会結社弾圧は単なる社会統合の一環としてだけではなく、政治統合の意味合いをも持っていた。第十一章で明らかにされたように、中共による宗教結社＝「反動会道門」取締は、具体的な結社を名指しで批判し、一般大衆を批判キャンペーンに参加させる方法で行われていた。それに対して、幇会結社に対する弾圧は具体的な結社を名指しせず、「反動的党・団」などの罪で処罰を加えるという方法で行われていた。後者の具体的な状況については、資料の制約のため、本章で行ったように、当面は零細かつ個別的事例に関する考察を通じて全体像をうかがうより他に方法はないであろう。

注

（1）　拙稿「戦後権力再建における中国国民党と幇会（一九四五〜一九四九）」（一）、『愛知大学国際問題研究所紀要』第一一四号、二〇〇〇年一二月。（二）一一六号、二〇〇一年五月。

(2) 斯諾『毛沢東自伝』、解放軍文芸出版社、二〇〇一年、四七頁。
(3) 「西安市国民党特務人員申請悔過登記実施辦法」(一九四九年六月六日)、西安市檔案局・西安市檔案館他編『西安解放檔案史料選輯』、陝西人民出版社、一九八九年、三〇六—三〇八頁。
(4) 「西安市国民党・三青団・民社党・青年党・民主共進党登記実施辦法」(一九四九年六月七日)、同右、三〇九—三一〇頁。
(5) これらの資料は南京大学民間社会研究センターに所蔵されているものである。筆者はこれらの資料の閲覧に際して南京大学蔡少卿教授から多大なご配慮を頂いた。ここに記して感謝の意を表したい。
(6) その内容は一九四二年に国民党が西安で行った幇会調査（中国第二歴史檔案館国民党中央執行委員会宣伝部檔「西安市青紅幇調査」、一九四二年）により詳しい。この資料の大部分は中国第二歴史檔案館編『民国幇会要録』(檔案出版社、一九九三年、一五八—一六二頁) に収録されているが、人名・幇会名に関する誤植が多数存在する。
(7) 「西安市幇会調査」、一九四九年一一月。
(8) 「西安市青幇幇規」、一九五〇年代初期。
(9) 同右
(10) 前掲「西安市幇会調査」。
(11) 李世瑜「天津在理教調査研究」、『民間宗教』第二号、南天書局、一九九六年。
(12) 前掲「西安市幇会調査」。
(13) 同右。
(14) ある回想文によれば、葉新甫は「葉鑫甫」ともいい、かつて警察総局の科長をつとめていた。なお、この回想文の著者は調査資料に登場していない康叔平にも言及している。それによれば、康は北京大学の卒業生で、かつて国民党の省政府の秘書をつとめた。康の弟子の多くは知識人である（郭叔蕃「簡話青、紅両幇」、『西安文史資料』第四輯、一九八三年六月、一六一頁)。
(15) 前掲「西安市幇会調査」。「西安市洪幇概略」、一九五〇年三月。「西北幇会情況及今後意見」、一九五一年七月。

(16)「西安市青紅幇調査」(一九四二年)には、西華山は一九三八年秋楊慶山によって設立されたと記されている。
(17)一説によれば、その後鄭汝平は数年の刑を受けたという。前掲郭叔蕃「簡話青、紅両幇」、一六八頁。
(18)明徳は五聖山礼徳堂の堂主で、抗日戦争勝利後、戴笠によって暗殺された(樊松甫「我所知道的洪門史実」、『河北文史資料』編輯部編『近代中国幇会内幕』下巻、群衆出版社、一九九二年、三五頁)。
(19)前掲拙稿「戦後権力再建における中国国民党と幇会」(二)を参照。また、趙瑞・張栄汎「閻錫山的反動組織概況」(『山西文史資料』第十輯、一九六四年一月初版、一九八四年三版、七二—七三頁)を参照。
(20)「晋閻組織民衆進歩社」、一九四五年一〇月二七日。中央情報統計局編『党政情報』、台湾法務部調査局図書室所蔵。
(21)吉岡二郎「会簿」の写真は元駒沢大学教授渡辺惇先生が筆者に提供して下さったものである。ここに記して感謝の意を表したい。残留日本人と幇会の関係ついて、以下の資料を参照。中央檔案館他編「河本大作与日軍山西『残留』」、中華書局、一九九五年、五二八—五三三頁。「永富博之筆供」(一九五四年)、中央檔案館整理『日本侵華戦犯筆供』(影印本)、中国檔案出版社、二〇〇五年。
(22)前掲「西安市紅幇概略」。
(23)同右。
(24)前掲「西安市幇会調査」。
(25)「理門情況」、一九五一年四月。
(26)「幇会調査報告」、一九五一年五月。
(27)『中国党派』、中央聯秘処、一九四八年、二二七—二三七頁。樊松甫前掲「我所知道的洪門史実」、前掲『近代中国幇会内幕』下巻、一九—四二頁。
(28)前掲郭叔蕃「簡話青、紅両幇」、一六二頁。
(29)前掲「西安市幇会調査」。当時の西安市の人口については、二つの調査結果が存在している。一九四八年四月『群衆日報』の記載によると、西安市の人口総数は五九万人(前掲『西安解放檔案史料選輯』、七頁)。西安市統計局編『西安歴史統計資料匯編』（第一分冊、中国統計出版社、一九九一年、四六頁）によると、一九四九年、西安市の人口総数は二百二十万三千二百七十六人であり、前者の数字より、四倍近く多い。

(30) 前掲「西安市幇会調査」。

(31) 同右。

(32) 「国民党在幇会中的活動」、一九五〇年八月。

(33) 前掲「西安市幇会調査」。

(34) 「西安市青幇的幇規及活動情形」、一九五一年。

(35) 前述した西安市総工会理事長張佐庭は処刑され、市参議員劉海亭は逃亡先の上海で逮捕され、労働改造所で病死した。前掲郭叔蕃「簡話青、紅両幇」、一六二頁。

第十三章　地域統合における秘密結社——湖南省のケース・スタディ

はじめに

前章で考察した西安市の事例とは対照的に、中華人民共和国建国初期の南方地域における中共による秘密幇会結社の統合は、逆に都市部から農村地域へ拡大させていく傾向を有していた。一九四九年八月、湖南省駐在の国民党将校陳明仁、程潜が中共軍隊に投降し、中共軍隊は無血で長沙に進駐した。中共は社会秩序を安定させるために「剿匪安民」と「交通回復」を目標としたが、いくつかの困難に直面していた。これについては、当時の長沙駐在の中共主要幹部王首道が後に以下のように振り返っている。「第一に、正規の部隊は分散編成を嫌がっていた。郷村では秩序はまだ整っておらず、仕事を全面的に展開することはきわめて困難であった。第二に、北方から来た幹部はなかなか新しい地に根付かなかった。地元の幹部が仕事に従事しなければ、（共産党の）政策はなかなか民衆に受け入れられない。そのため、地元の幹部を抜擢し育て上げることに力を入れなければならなかった」[1]。王は林彪の率いる第一六〇師団、鄧小平の率いる第一六二師団を増援部隊として湖南省に派遣し、地方軍事機構の指揮下に置くよう中共中央に建言すると同時に[2]、地方の治安維持において「大胆に旧警察人員を利用しながら、彼らに対するコントロールと改造に力を入れなければならない。このことは速やかに都市秩序を安定させるために有効である」と述べている。[3] つまり、各地における中共軍隊を増強することによって農村地域に対するコントロールを強化する一方、都市部においては国民党時代の警察制度を利用して治安維持に役立たせるべきである、としたのである。

政権確立と政権の基盤強化の段階において、中共は四つの敵対勢力に遭遇した。すなわち、①土匪、②国民党の残余部隊、③在郷軍人、④秘密結社、である。この四つの勢力は孤立的に存在したのではなく、互いに何らかの形でつながっていた。なかでもとりわけ注目に値するのは一部の「山主」と呼ばれた洪幇のリーダーたちが土匪・在郷軍人・国民党の残余勢力を結び付ける役割を果たしていた、ということである。これらの反対勢力を弾圧するために、中共は大規模な「剿匪」を行った。一九四九年の時点で、湖南省には各種の土匪や中共勢力に敵対する武装勢力が二十万人近くあったと見られるが、翌年六月には、改編・解散されたものを除いて、十万人近くの土匪が中共部隊の攻撃によって壊滅させられ、残りの一万三千人余りの土匪が活動を続けていた。[4]「剿匪」の段階において、中共は秘密幇会結社を政治統合の視野に入れていた。幇会結社の統合を重視する理由として、王首道は次のように指摘している。「現在、一部の地域になお政治的性格をもつきわめて反動的な土匪が部分的に残っている。彼らは郷村の悪ボス・地主・反動会党のスパイと手を結んで破壊活動を行い、引き続き人民に敵対することを企てている」[5]。中共からみれば、幇会結社を消滅させることは、共産党に敵対する各種の勢力を消滅させる一環として重要な政治的意味を持っていたのである。

では、中共は具体的にどのように幇会結社の弾圧に着手したのであろうか。第十一章ですでに述べたように、一般的に、中共は個々の秘密結社を名指しして批判することはしなかった。近年出版された湖南省の県・市地方志を見れば、ほぼ全てのものに「反動会道門」に対する取締の項目が設けられている。具体的に、湖南省の「反動会道門」とは、一貫道・同善社・宗教哲学研究社・紫霞教・三期普渡・帰根教・白蓮教などの秘密宗教結社を指す。しかし、これらの地方志を含むこれまでの出版物では、青幇・洪幇などの秘密幇会結社に対する弾圧についてほとんど言及していない。それゆえ、青幇・洪幇に対する弾圧という歴史の一ページは、今日に至ってもなお闇の中に隠されたままである。(6)

本章で使用する調査資料は主に次の六つである。①「封建組織洪幇概況介紹」（一九五〇年一月）。②「平江県洪幇調査資料彙結」（一九五〇年二月）。③「衡陽専区幇会調査」（一九五〇年六月）。④「封建会門与社団情況」（一九五〇年八月）。⑤「湖南省幇会調査」（一九五二年一〇月）。⑥「幇会組織情況簡介」（一九六五年一〇月）。内容からみれば、これらの資料は一九四〇年代国民党政権が湖南省の幇会結社を対象に行った同類の調査と比べ、より詳細なものである。(7)これらの資料を通じて、これまでほとんど知られていない、建国初期湖南省における洪幇組織の実態や活動をうかがうことができる。(8)

一　湖南省の幇会結社

湖南省はかつて哥老会、哥弟会が盛んに活動した地域であり、さまざまな洪幇――義兄弟組織が存在していた。(9)異なった地域に存在し、異なった名前を持つ洪幇組織の間に相違があることは言うまでもないが、たとえ同一の地域・同一名称の組織の間でも根本的な相違はありうる。一九五〇年代初期に行われた調査から、湖南省の洪幇組織について、以下のようないくつかの共通点を見いだすことができる。(10)

1、山堂の首領。洪幇山堂の首領は、「正龍頭」・「副龍頭」・「山主」・「副山主」・「龍頭大爺」・「副龍頭大爺」などと呼ばれる。

2、「内八堂」と「外八堂」。これは「山主」・「副山主」以下、「香長」・「坐堂」・「盟証」・「陪堂」・「管堂」・「執堂」・「礼堂」・「刑堂」（護印・護剣）などからなる組織の中核である。「外八堂」は「心腹」・「聖賢」・「当家」・「総管事」・「花官」・「賢牌」・「江口」・「幺満」などによって構成される。「外八堂」は四、七の数字を不吉とし、ほとんどの場合、この二つのポストを空けている。これらのポストにつくのは女性であった。「内八堂」は「外八堂」を指揮する上部組織である。「内八堂」・「外八堂」のすべてのポストにそれぞれ数人から数十人を当てはめることが可能である。実際に責任を負うのはそのうちの一人もしくは二人であった。

3、「四大盟兄」。「盟兄」は「四柱」ともいい、「恩兄」・「承兄」・「保兄」・「引兄」のことである。「恩兄」は新メンバー入会を受け入れる兄貴分で、「承兄」は新メンバーに幇会の歴史と規則を教える役割をする。「保兄」は新メンバー入会の際に保証人をつとめる人で、「引兄」は新メンバー入会時の紹介人をつとめる。一部の地域では、「四大盟兄」の権威は絶対的であり、「山主」とほぼ同等の支配権をもつ[11]。

4、入会手続き。一般に、幇会への入会手続きは複雑である。入会希望者は「引兄」の推薦を受けてから誓約書を提出し、香堂に入り、位牌の前に線香をあげ、誓約や規則を守ることを誓い、「腰凭」（入会証明）を受け取ってから正式なメンバーになる。湖南省の洪幇では、内部の結束を固め、秘密を外に漏らさないように「三十六誓」・「十禁」などが強調されていた。

以上は洪幇組織から抽出したいくつかの共通点である。実際には、各地の洪幇組織の構成はもっと単純である。例えば、邵陽専区の武岡県の洪幇組織は、大哥（最高位）・二哥（神を敬うこと）・三哥（財務）・四姉（女性）・五哥（紅・黄・藍と黒四人、内外関係）・六哥（情報収集）・七妹（女性）・八哥（僧侶・道士）・九哥（新メンバー）・十哥（以上の人たちに仕える人）の十段階に分けられる。「龍頭大哥」は新入会員にその社会的・経済的地位に応じて上述のポストを与える。地位の高い官僚や郷紳のために「新大爺」というポストを設けることもある。入会儀式の際に、「左伯桃」・「羊国哀」・「関公」などの位牌を設けて、線香を点てる。入会者は位牌の前に立って次のように誓約を述べる。「上に青天があり、下に黄土がある。上に三十六の兄があり、下に七十二の弟がある。私は某年某月某日生まれ、洪家の兄弟たちと義を結び、これからお互いに助け合う。もし兄を敬わず、弟を愛護しなければ、紅香のような運命に遭わされる。紅香が折れると、人頭が地に落ちる。以上」。入会後、新人メンバーは「単片」（入会証明書）を渡される。ポストに応じて入会費を払う。毎年五月一〇日（陰暦）、武岡地域の各幇会は「単刀会」と呼ばれる全体会議を開く。[12]会員は別の場所で山堂を開き、会員を招集することができるが、その際に、元の「山」や「堂」の名前を用いる。これによって同一の「山」や「堂」を中心とした人的ネットワークが広がっていくのである。

日中戦争が勃発する以前から、国民党政権は一貫して湖南省の洪幇に対して取締を行っていた。長沙市が一九四四年に日本軍に占領された後、唐天徳、葉寅亮は「中国洪門協会」を組織し、占領軍の統治の下で合法的に活動を行った。戦後、国民党政権は幇会の政党結成の動きを食い止めるため、「中国新建設協会」を通して幇会を統合しようとした。[13]湖南省にも「中国新建設協会」の分会が設置された。一九四六年、陳浴新（乾坤山山主）、張光国、黄一欧、焦達悌（楚荊山）、張伯林、周士儀（青幇）など五十名の洪幇代表が「中国新建設協会」湖南分会の準備大会に出席した。湖南分会の初代責任者（書記長）は段復であった。しかし、まもなく楚荊山の山主焦達人がそれに取って代わった。焦達人の死後、弟の焦達悌が山主の座についた。「中国新建設協会」湖南分会は、同協会の総会と同様、成立後ほとんど活動することなく解散した。国民党政権は洪幇を禁止・統合しようとしたが、結局のところ、国民党政権自体が洪幇のネットワークと密接な関係を持つようになった。

では、湖南省の洪幇組織に対して、中共政権はどのような態度を取っていたのであろうか。以下、湖南省の二つの「専区」と一つの県を事例に、建国初期中共が行った洪幇を対象とした調査を通じて中共の洪幇取締について考察したい。[14]「専区」とは、中国共産党が全国を掌握した後、国民党時代の行政督察区を踏襲して省と市・県の間に設けた行政区画である。県の下には「区」、「郷」などの行政機構が設けられた。

二　調査と取締（1）――「専区」レベルの事例

長沙「専区」における幇会結社弾圧は「清匪」（土匪粛清）、「反覇」（地主階級鎮圧）と「双減」（減租・減息）の三大運動の一環として行われていた。筆者が見た調査資料のなかでも、一九五〇年一月に作成された「封建組織『洪幇概況』介紹」と題した報告書はその最初にしてかつ詳細なものである。[15]洪幇の歴史、組織と信仰に関する一般的な紹介に続いて、洪幇の政治的傾向、「犯罪行為」、および解決策などが記されている。それによると、中共建国初期、長沙「専区」には百近くの洪幇結社が存在していた。表一に列挙されているのはそのうち比較的規模の大きい八つの結社である。

なお、この資料のなかには、名称の分からない洪幇結社とそれらが関与した政治事件に関する記述が含まれている。たとえば、瀏陽県ではわずか四ヶ月の間に三十三の土匪案件が摘発され、そのうち十九件に洪幇が関わっていた。建国直後の中共の地方政権の基盤がまだ弱かったのに対し、従来から存在していた洪幇はすでに地域社会に根を下ろし、一定の支持基盤を持っていた。こうした状況に鑑み、中共長沙専区当局は次のような方針を打ち出した。すなわち、第一に、洪幇の性格を明確に認識すること。それによると、洪幇は立ち後れた封建社会の産物であり、その規約から

表一　長沙「専区」主な洪幇組織

地　区	名　称	頭目名	リーダー	備　考
瀏陽	楚荊山	山主	焦達悌	前保安司令、県長、専員。部隊を率いて中共に投じた
瀏陽	洪幇	山主	劉義秋	湖南農民解放社を結成
湘江	洪幇	山主	楊敏嘉・郭大徳	土匪と結託し、叛乱を計画
臨湘	武當山	山主	陳咸達・沈万選	食糧徴収を妨げ、銃を出すのを拒む
岳陽	洪幇	山主	周烈	武器を蓄え、ゲリラ戦を計画
水渡河	騰龍起鳳山	山主	馬鳳鮫	土匪集団
湘潭易俗区	洪幇	山主	周輔、鄧乾生	土匪と結託し、民衆を圧迫
湘江	金陵岱戴山	山主	王賓	戴笠を記念し、蔣介石を崇拝

出典：「封建組織『洪幇概況』介紹」、一九五〇年一月。

みるとこれらの組織は明らかに社会の不安定要素である。歴代の統治者はみな洪幇を利用したことがあるが、洪幇の信仰は合法的な信仰の自由とは違って、社会にとって害のあるものである。第二に、洪幇の罪を明らかに示すこと。それによれば、洪幇はすでに「仁義道徳」や義侠の性質を失い、スパイ・土匪・地主・旧軍人と「五位一体」的な存在であり、社会の治安を攪乱し、人民の生命財産を損なう組織になっている、ということである。第三に、大衆を動員し洪幇反対の運動を引き起こすこと。その理由は、洪幇は思想的に反動的であるだけではなく、新政権に対する大衆の不満を利用して大衆を惑わし、共産党の軍隊による食糧徴収に抵抗しようとしているからである。第四に、秘密結社禁止令の発布を準備し、重点となる対象を決め、計画的にその組織を打ち壊すこと[16]。

この時期、中共は洪幇に対する初歩的な調査を行い、その主要人物に関する資料を入手したが、具体的な対応としては、「暴乱」を起こしたとされる洪幇組織に限って取締を行った。たとえば、臨湘県の洪幇組織「武當山」の山主沈万選は「湘鄂反共救国軍」を組織し、中共部隊と戦ったとして弾圧された[17]。これに対して、かつて国民党の保安司令・専員・県長をつとめた楚荊山の山主焦達悌は部隊を率いて中共に投降した[18]ため、焦は法的な処置を受けなかった。その後、彼は中南軍政大学湖南分校で思想改造を受けた[19]。

右の調査はまだ部分的なものであるため、多くの地域における幇会の具体的な状況はまだ解明されていない。たとえば、湘潭県に関するデータは一つの区に関するものだけである。『湘潭県志』によれば、戦争期には県内に四十の山堂が存在し、そのうち「もっとも規模の大きいのは集中・桐柏・五聖・楚南・鳳之などの堂であった」という[20]。しかし、幇会の具体的な状況については言及されていない。

次に、衡陽専区の状況について見てみよう。衡陽専区管下の八つの県のうち、交通の利便性が高い衡陽県・衡山県、耒陽県と江西省に接する茶陵県・安仁県は洪幇が活発に活動する地域であった。衡陽専区には青幇組織のほかに、二十八の洪幇組織が存在し、そのうちの六つは軍統・復興社・三青団などの国民党勢力によってコントロールされていた。表二はこの二十八の洪幇組織に関する調査データである。

一九四七年四月二三日の『湖南日報』に掲載された衡陽市・衡陽県・衡南県の洪幇に関する調査結果ではその人数が四十六万人であったことからみれば[21]、表二の数字はかなり少ないように思われる。これらの洪幇結社のうちもっとも勢力の大きいのは「五聖山」である。衡陽県には二十一の幇会結社があり、そのうち十の結社の人数が確認されている。衡山県には十の幇会結社があり、それらの結社の主要人物あるいは一般メンバーの半数はかつて軍統に属した者が占めていた。安仁県には八つの洪幇結社があったが、それらの組織の政治的背景については不明である。攸県には八つの幇会結社があり、その首領はいずれも「反動頭子」とされる余公債という人物であった。耒陽県では、段人範の率いる青紅幇合流の正義社は確認された中での唯一の幇会結社である。常寧県の四つの洪幇組織のうち、「南華山」の山主は中共の秘密党員であった。中共部隊は「漢族山」の協力を得て平和的に常寧県を占領した。酃県では四つ、茶陵県では五つの洪幇結社の存在が確認された。

建国初期衡陽専区における幇会結社の活動情況には次の二つの特徴がある。第一に、耒陽県をはじめ、衡陽・酃県・

表二　衡陽専区洪幇調査統計表

山名・人数	衡陽	衡山	安仁	攸県	耒陽	常寧	酃県	茶陵	合計
太行山	?	?	?	?					
太華山	?	100	×		×	×	×		100
松柏堂	?	×	×	?	×	×	×	×	
崑崙山	?	5000	?	×	×	×	×	×	5000
復興中華山	3700	×	×	×	×	×	?	×	3700
錦宝山	30000	×	×	×	×	×	×	×	30000
保華山	40000	×	×	×	×	×	×	×	40000
天定山	2000	600	×	×	×	×	×	×	2600
五聖山	50000	6000	×	×	×	×	×	×	56000
漢室山	3000	×	400	×	×	×	×	×	3400
雁峰山	100	×	×	×	×	×	×	×	100
漢族山	1000	×	2000	×	×	?	×	×	3000
仁和山	3000	×	?	×	×	1000	×	×	4000
双中山	1000	×	×	×	×	×	×	×	1000
楚荊山	?	3000	4300	3000	?	×	?	×	10300
斉天山	?	×	×	×	×	×	×	×	
金龍山	?	×	×	?	×	×	×	?	
乾坤山	?	×	×	?	×	×	×	?	
南岳山	?	2000	×	×	×	×	×	×	2000
吾華山	×	300	×	×	×	×	×	×	300
天桂山	?	500	×	×	×	×	×	×	500
福龍山	?	100	2000	?	×	×	?	?	2100
衡岳山	×	×	200	×	×	×	×	×	200
昌台山	×	×	×	1500	×	×	×	×	1500
西華山	×	×	×	50	×	×	×	×	50
招賢山	×	×	×	×	×	×	×	×	×
民族山	×	×	×	×	×	?	×	×	×
南華山	×	×	×	×	×	×	?	×	×
合　　計	133800	17600	8900	4550		1000			165850

出典：「衡陽専区幇会調査」、一九五〇年六月。
※［？］は該当組織の存在が確認されたがその人数が不明であることを意味する。
　［×］は該当組織の存在が確認されていないことを示す。

衡山などの県では秘密幇会結社の活動が活発であり、いずれもある程度反中共政権の傾向があった。第二に、活動としては、山堂を設立して組織を拡大し、反政府の武装活動を行ったり、一部の幇会メンバーが中共の基層組織・農民協会などに参加したり、中共の食糧徴収・「減租」・「減息」、「悪覇」反対の運動に抵抗したり、中共の幹部を襲撃したりしていた。こうした活動のうち、中共にとってもっとも

表三　衡陽専区洪幇主要人物統計表

山名	保華山	大華山	漢室山	錦宝山	天定山	天斉山	仁和山	五聖山	漢族山	中華山	雁峰山	双峰山	楚荊山	太行山	九龍山	大漢山	合計
背景	三青団・軍統	三青団	三青団	三青団	三青団	三青団	三青団	国民党・中統	国民党	国民党	国民党	不明	不明	無	無	無	
山主	2	1	3	2	1	1	1	1		1	1			1	1	1	17
副山主	2						1			2							5
総坐堂	1																1
坐堂	12	5	10	13	9		1	17	2	6	3	6		1			85
陪堂	33	13	6	8	3			6			2	2					73
刑堂	4	3		1													8
執堂	2																2
礼堂	14			1	2			1	1								19
香長																	
盟証			1														1
護剣	2							1									3
護印	1																1
管堂	1																1
その他								6		1		3	7				17
合計	74	22	20	25	15	1	3	32	3	10	6	11	7	2	1	1	233
人数	1万2千	八千	千2百	1万6千	2千		1千2百	8千	5百	2千	5千	5百		2百	2百		5万6千2百

出典：「衡陽幇会組織概況及分類統計表」、一九五〇年六月。

衡撃的な事件だったのは、衡山県洪幇の主要人物陳桂昇の部下が、陳を批判する大会の会場を襲撃し陳を救出した事件であった[22]。

　前述の長沙専区の状況と同様に、衡陽専区管下の各県における幇会結社弾圧の具体的な状況については、資料の制約で解明することは困難である。『衡山県志』によれば、一九四九年九月一三日に衡山県人民政府が設立され、その下に七つの行政区が設置された。区の下には従来の保甲制度に従って二九七の保、二九七〇の甲が置かれた。一九五〇年三月に保甲制度が廃止され、村レベルには村人民政府が

表四　衡陽専区洪幇主要人物出身統計表

	スパイ	土　匪	軍　官	悪ボス	地　主	平　民	流　氓	その他	合　計
山主	7	2		1		7			17
副山主	5								5
総坐堂	1								1
坐堂	27	5	2	6	4	1	20	20	85
陪堂	13	1	3		6	1	12	37	73
刑堂	1							7	8
執堂	1							1	2
礼堂	5							14	19
香長									
盟証	1								1
護剣	1						1	1	3
護印					1				1
管堂						1			1
その他	5			2			7	3	17
合計	67	8	5	9	11	10	40	83	233

出典：「衡陽幇会組織概況及分類統計表」、一九五〇年六月。

設立された。その後区の数は十二に増え、全部で三二一の村、五つの街を管轄した[23]。さらに一九五二年八月の時点では、衡山県には十七の区、二七〇の郷、および区が直接管轄する四つの鎮と県が直接管轄する一つの鎮がある[24]。その後、まもなく「反革命の鎮圧」運動が開始され、一九五三年四月までに、衡山県では二二五三名の「反革命分子」が逮捕された。その中には幇会結社の頭目も含まれていたと推測される[25]。県以下の郷村社会における行政再編は、秘密幇会結社の取締において大きな役割を果たしたと考えられる。

三　調査と取締（２）――「県」レベルの事例

県レベルの情況については、以下、湖南省平江県の事例を通じて見てゆくこととする。湖南・湖北・江西の省境にある平江県は中共革命の発祥地の一つであった。一九二八年七月、中共早期指導者の一人彭徳懐がここで反国民党の「平江蜂起」を策動した。失敗後、彭は主力部隊を率いて井岡山にいた毛沢東、朱徳の部隊と合流し、残りの部隊は平江県でゲリラ戦を続けた。抗日戦争勃発後、一九三七年九月、国共合作という新しい情勢の下で、平江地域の共産党軍隊は国民党に対抗する軍事行動を停止した。一九四九年八月、中共勢力は再び平江県に戻り、全県を六つの区に分け、それぞれの下にいくつかの郷を設けた。郷の下では従来の保甲制度を継承し、二五三の保、三四九二の甲を置いた。その後一九五〇年に保甲制度が廃止され、郷・村の人民政府が設立されることとなり、県人民政府の下に、十二の区、一五二の郷、六五二の村が置かれた。(26) これと同時に、中共平江県公安局は県内の幇会結社に対する調査・取締を開始した。

一九四二年以降、平江県の洪幇は国民党の郷公所、警察所の取締を受けて、一部は地下の秘密活動に転じ、一部は活動を停止した。中共建国初期には平江県で二十二の洪幇組織が活動していた。表五はその名称・人数・活動などを示すものである。

平江県二十二の洪幇組織の頭目の個人経歴からみれば、なかには国民党の県長・国民党軍隊・傀儡軍の将校であった者、共産党の革命に参加したことのある者、そして土匪・占い師も含まれている。なお、年齢が分かる十人の平均年齢は四八・五才（最年長は六十才で、最年少は三十四才）である。(27) 以下、表五のうちのいくつかの洪幇結社を通じてその実態をみることにする。

まず、南江の「乾坤山」について見てみよう。一九三九年、平江県出身の王治輝、劉元成、陳仕珍の三人が漢口で洪幇に参加し、その後平江に戻り、抗日の名の下で新たに九人を集め、組織を拡大した。組織内部の方針は「親愛精誠」で、外部に対しては「同心協力」のスローガンを掲げた。一九四九年現在、「乾坤山」のメンバーはすでに百人を超えていた。中共の調査資料によれば、「乾坤山」の会衆の多くは地主と富農とされるが、「乾坤山」の「外八堂」十一人の頭目は労働者・農民・学生・教員などであり、地主・富農は一人もいない。「乾坤山」所持の二十三丁の銃のうち十九丁は政府に没収され、四丁は土匪に渡された。副山主陳仕珍は派出所に登録するよう共産党の公安部門に

表五　平江県洪幇組織統計表

地域	名称	龍頭	背　景	人　数	活動事実	備　考
一区、東南郷	大西山	袁隆瑞				1935年に山主とメンバーの多くは国民党に殺された
二区、思安郷	九龍山	羅法妙	魔術師	9	羅はかつて洪幇が四百万人あり、九路軍、解放軍はみな洪幇であると称した。	長沙に拠点を置いた
二区	紫金山	袁愚蓀	かつて軍閥楊森の部下	100	1948年中共の弾圧によって解散	
三区	双龍山	姜武		100	1949年7月に10人、12月に10余人を拡大	
三区	西華山	鄭盤根	かつて楊森の部下	400	解放後組織が拡大	姜武の弟子
三区金寿郷	微儀山	呉桂生		50	解放後組織が拡大、1949年7月28日に集会し新しい組織の設立を計画	
三区金寿郷	象羊山	楊院君		50	解放後2回会議を開き、メンバーは40人増加、大多数はならず者	
三区木竜郷	中華山	蒋俊	ならず者、軍人出身	20	解放後人数が増加。密告者を殺すと揚言	
三区金寿郷	崑崙山	周安享			共産党に参加したければ、まず洪幇に入会する、と称した	
三区金寿郷	紫金山	呉梅仙				
五区	大西山	方文斗	かつて楊森の部下	20		
五区献衡徐家洞	烏龍山	劉炳礼			洪幇に入ると強盗の侵害から守られると称した	
三区金寿郷	富有山	呉海清	占い師	90	双龍山以外の山	

					堂はすべて呉が設立	
四区張岑郷	紫金山	呉思敬	国民党書記長設計委員に任ずる	9	長沙麗文中学の校長	国民党によってメンバー4人が殺害された
五区南江橋	乾坤山	陳仕珍	士紳	100	平江県解放後陳は革命に参加し、洪幇メンバー十数人を招集した。発覚された後除名された	1936年に漢口で洪幇に参加
南江郷	大西山	王斌	ならず者。革命に参加したことがある	39		
南江郷	混隆山	欧陽斌	革命に参加したことがある。	50		
南江郷	鳳陰山	李義卿		50		
五区天岳十八保	九炎山	方文斗				
六区平綏郷	鳳凰山	姚文華		180	解放後二回秘密会議を開き、28名のメンバーを招集。	
六区平綏郷二保一帯	崑崙山	呉漢章		89	解放後密かに会議を開き、数十名のメンバーを招集。	湘陰新市出身、洪幇組織の拡大を計画。
六区西陽郷	中華山	凌盛斌	土豪。かつて国民党軍の将校	140	大地主、1930年に青幇を設立、後に洪幇に参加。家は長沙にある。	
合　計	22	22		1496		

出典：「平江県洪幇調査材料彙結」、一九五〇年二月。

命じられたが、病気を装って拒否した[28]。

「九龍山」は一九一四年に広西省で成立したもので、湖南「九龍山」の設立者は周伸屏であり、メンバーの多くは江湖間を渡り歩く者であった。抗日戦争期、「九龍山」は「民族を団結し国家を救い、日本帝国主義を打倒せよ」というスローガンを打ち出した。中共建国後、「九龍山」は規約を改正し、中国共産党と人民解放軍を擁護し、国民党に反対することを宣言した。平江県「九龍山」の「内八堂」の山主羅法妙は自ら公安局に登録し、共産党の政策や綱領を宣伝することを進んで求めた[29]。

これらと比べて、平江県六区の「鳳凰山」の状況はより複雑であった。「鳳凰山」の創設者姚文華は地主の出身で、かつて国民党軍統のメンバーであった。一九三〇から一九三五年までの間、鳳凰山は国民党の「剿共」部隊に協力し、平江県ソビエト政府主席姚興徳ら十五人を殺害した。中共建国初期、「鳳凰山」は引き続き政治活動を行い、多くの「反動分子・不良分子・ならず者」をメンバーとして吸収した[30]。「鳳凰山」「外八堂」の主要人物のほとんどは農民、知識人であったことからみれば、この組織のメンバーの大多数が「反動分子」であるという共産党側の判断はイデオロギー的なものであった。「鳳凰山」に対する中共の対応は以下の三点にまとめられる。すなわち、第一に、山主姚文華に恨みのある「ならず者」を「鳳凰山」に派遣し、その組織内部の状況を把握させること。第二に、幇会結社の隠語に通ずる中共の幹部を「鳳凰山」に潜入させて情報を収集し、姚文華に公安部門に登録することを促すこと。第三に、ただちに姚を逮捕するのではなく、彼を中共の基層幹部に任命し、中共の食糧徴収に協力させると同時に、群衆を通じて姚の行動を監視すること、である[31]。これらの方法は、ある意味で解放初期の中共の秘密結社政策の代表的なものと見られる。

以上の三つの事例に示されているように、建国初期中共による秘密幇会結社調査は、主としてこれらの結社の内部情況及び破壊活動に集中していた。事実、平江県の二十二の秘密幇会結社のうち、実際に活動していたのはわずか八つにすぎなかった。その活動の目的は中共政権を破壊するというよりも、むしろ新しい政治的条件下での結社の生き残りと発展にあったというべきであろう。一方、中共がもっとも懸念したのは幇会結社の政治的活動、あるいは政治的な結果をもたらす活動である。その際に、幇会結社主要メンバーの身分と社会的地位はその組織の性格を把握する重要な指標となっていた。

四　「反動党団」としての幇会結社

中共による幇会結社弾圧は秘密結社に関する中共の基本認識に基づいたものである。中共にとって、秘密結社は封建的・時代遅れの組織であるがゆえに、「反動勢力」に利用されやすいものであり、「反動分子」が秘密幇会に入り、その主導権を握れば、組織全体が反動組織に変質してしまいかねない。従ってこのような「反動」的な幇会結社は中共の秘密結社弾圧の主な対象となったのである。

本書第十一章で指摘したように、全国的にいえば、中共による秘密結社弾圧は中共中央が一九五〇年一〇月一〇日に発した「反革命活動の鎮圧に関する指示」によってスタートを切った。しかし、統合の進展状況については地域差があった。近年出版された湖南省各市や県の地方志ではほとんど触れられていないが、湖南省では、一九四九年に「剿匪」が開始したのと同時に、秘密結社に対する弾圧がすでに始まっていた。たとえば、『瀘渓県志』の著者は、「反革命の鎮圧」の歴史的過程を次のように整理している。一九五〇年一一月、「減租」と「反覇（悪ボスに反対すること）」運動とともに、反動的な党や団の組織に関する調査を行い、翌年一一月、土地改革とともに「反革命の鎮圧」

を行った。そして、一九五二年九月、土地改革の状況に関する調査とともに、民兵を動員して反革命の残余勢力の粛清に力を入れ、最後に、一九五三年三月、上級機関の指示にしたがって土匪・スパイを鎮圧した、という。[32]この時系列が示しているように、瀘渓県における秘密幇会結社の弾圧は基本的に一九五二年九月までに終結し、それ以降はいわゆる残余の反革命分子の粛清の段階であった。長沙専区の状況もほぼ同様であった。『瀏陽県志』によれば、一九四九年一〇月に「反動的党・団」の登録が始まり、一九五〇年一一月から「反革命の鎮圧」が始まった。その対象の重点は土匪・スパイ・「悪覇」・「反動的党・団」の中心メンバーおよび「反動会道門」の首領という五種類の「反革命分子」にあった。会道門を主な対象とする「反革命の鎮圧」は一九五三年四月以降に始まった。[33]また、長沙専区管轄の長沙県の状況については、『長沙県志』によれば、一九五一年に長沙県第五回人民代表大会が開かれ、五種類の「反革命分子」に対する鎮圧を開始した。一九五一年一一月から一九五二年五月にかけて、土地改革の状況に関する調査とともに、第二段階の「反革命の鎮圧」運動が開始した。一九五二年一二月から一九五三年五月の間には、「反革命の鎮圧」が徹底的に行われなかった郷・鎮や船の上で生計を立てる「船民」の間で「反革命の鎮圧」を行った。[34]なお、『湘潭県志』によれば、湘潭県では、一九五〇年一一月から「反革命の鎮圧」が始まり、一九五三年八月に終結したという。[35]一九五三年以降における「反革命の鎮圧」は主に会道門を対象に行われたことから見れば、幇会結社に対する弾圧は一九五二年秋以降に基本的に終結したと見られる。

表六は一九五二年一〇月に湖南省各専区・県・市で行われた幇会調査の結果の集計である。

表六によると、洪幇に関しては、組織の数が一二八、主要メンバーが九四九人、一般メンバーが約六七万人いた。青幇に関しては、主要メンバーが約二〇〇〇人、一般メンバーが五八四〇〇人余りで、幇会結社総数の一割弱を占め、主に長沙・津布・慈利など川沿いの地域に分布していた。残りの九割余りは洪幇結社であり、湖南省各地域に分布し

表六　湖南省青幇、洪幇統計表

地　区	主要メンバー	会　衆	活動範囲
長沙専区	211	88230	八県一市
衡陽専区	541	164961	八県
郴州専区	15	23977	八県
常徳専区	37	116672	八県一市
益陽専区	4	2291	五県一市
邵陽専区	108	51589	六県一市
零陵専区	6	75756	五県
永順専区	17	127829	六県
沅陵専区		18000	三県
会同県	3	600	一県
南密特区	7	716	
合　計	949	670621	54県1特区4市

出典：「湖南省幇会調査」、一九五二年一〇月。

ていた。[36]

この調査資料で留意すべき点は、同じ名称の結社が複数の地域に存在し、活動していた、ということである。これは調査の際に、組織の名称とは関係なく、地区ごとに組織の数を単純に総計する方法が取られたからである。のべ二七〇の秘密幇会結社のうち、五十五の中心メンバーが国民党の将校・党員・県長・スパイおよび土匪出身であり、幇会結社全体の二〇パーセント強を占めている。この二〇パーセント強の幇会結社が中共による幇会弾圧の主な目標になったと見られる。

一九五〇年代初期、まっさきに中共の政治運動の矢面に立たされたのは地主や国民党出身の秘密幇会結社の主要メンバーである。長沙専区の平江・瀏陽・湘潭・醴陵四県の調査によると、中共の土地改革と「反革命の鎮圧」運動が始まる前に、秘密幇会結社の主要人物一九四三名のうち二六五人が処刑され、十一人が自殺、一六二人が逃亡、三一八人が一時拘禁、六十二人が監禁された。残りの一一二五人は処分を受けなかったが、共産党の基層組織の監視下に置かれていた。そのほか、大多数の一般メンバーについては、共産党に敵対する叛乱行動に参加したとされた者、土匪になったために処刑された者を除いて、処分は受けなかった。[37]

湖南省の事例から明らかなように、農村部における秘密結社弾圧の結果、幇会結社の主要人物は処刑・監禁・監視され、その結社自体も組織としては姿を消してしまった。と同時に、中共は都市部の幇会首領に対しても厳しく弾圧した[38]。一九五二年夏、湖南省各都市の工場・鉱山・港において民主改革運動が推し進められ、各行会の把頭（親方）および秘密幇会結社の首領が鎮圧、監禁された。これを通じて、中共は幇会だけではなく、農村・都市部の敵対分子をも一掃した。その結果、湖南省では、一九五二年八月から九月にかけて干ばつが発生した際に、一部の農村地域で幇会結社が民衆を集めて雨乞いを行ったのを除いて、幇会結社による「反動活動」は完全に姿を消した。

むすび

以上、湖南省の事例を通じて中共建国初期に行われた秘密結社弾圧の状況について考察してきた。総じていえば、湖南省における秘密幇会結社弾圧は「剿匪」と「反革命の鎮圧」という軍事的・政治的統合の一環として展開されていた。中共は幇会結社取締と同時に、「首謀者は必ず処罰する」という原則に基づいて、幇会結社の首領に処罰を加えることによって、幇会結社そのものを消滅させた。強調すべきは、中共は軍事的・政治的統合を行う際に幇会結社の組織だけではなく、その社会的ネットワークをも壊滅させた、ということである。その背景として、当時中共が推し進めていた経済革命・社会革命の影響を無視することはできない。なお、本章の課題からはそれるため、議論することはできなかったが、近年各地で出版された地方志をひもとくと、「反革命分子」や幇会結社に対する弾圧に関して、同時に行われた戸籍管理や職業管理にも、ほぼ例外なく言及されている。湖南省の多くの県や市では一九五〇年から農業・非農業人口の戸口登録が始まった[39]。こうした社会全体に対する革命を通じて、中共は幇会組織の頭目を含む「地主・富農・反動派・不良分子」を新しい秩序の外に位置づけ、これらの「反革命分子」に絶えず打撃を与えることによって、新たに建設された社会の内部において高度の一致性を保持した。中共は絶えず軍事的・政治的闘争を通じて敵対勢力を徹底的に壊滅させ、自らの絶対的な支配権を樹立すると同時に、経済革命・社会革命を通じて、人々を政治・経済と一体化した新しい人間関係のネットワークに組み入れたのである。一方、「反革命分子」とされた人々が一般的な意味での中華人民共和国の国民になるには、少なくとも三十年の歳月を経なければならなかった。[40]

注

(1) 王首道「我入長沙情況報告」(一九四九年八月二〇日)、『王首道文集』、中国大百科全書出版社、一九九五年、一〇二頁。
(2) 同右。
(3) 「長沙和平接管」(一九四九年一〇月二六日)、同右、一一五頁。
(4) 「湖南省人民政府工作報告」(一九五〇年六月二七日)、同右、一三四頁。
(5) 「関於当前形勢和農民運動的任務」(一九五〇年四月一日)、同右、一二五頁。
(6) これについて、彭先国は『湖南近代秘密社会研究』(岳麓書社、二〇〇一年)の中で、簡単に触れている。
(7) 中国第二歴史檔案館所蔵「湖南省各県市幇会負責人調査名冊」(一九四八年)を参照。
(8) 湖南省にはそれほど青幇の組織はなかった。たとえば、辰渓県の青幇メンバーは一般に湖南省以外のところで青幇に加入して、後に湖南省に戻った人々である(辰渓県志編纂委員会編『辰渓県志』、三聯書店、一九九四年、七四〇頁)。日中全面戦争勃発後の一九三八年以降、上海、湖北、山東などからの難民流入にともなって、湖南省における青幇の人数が増えたが(湖南省懐化地区地方志編纂委員会編『懐化地区志』、巻三〇、三聯書店、一九九九年、二二九一頁)、戦争終結後、難民の帰還にともなって、一部の地域では青幇の組織が姿を消している(湖南省瀘渓県志編纂委員会編『瀘渓県志』、社会科学文献出版社、一九九三年、五五七頁)。

(9) 徐安琨『哥老会的起源及其発展』、台湾省立博物館、一九八九年。
(10) 「封建組織洪幇概況」、一九五〇年一月。「幇会組織情況簡介」、一九六五年一〇月。
(11) 前掲『懐化地区志』、二二九〇頁。
(12) 「武岡幇会材料」、一九五〇年。
(13) 拙稿「戦後権力再建における中国国民党と幇会（一九四五～一九四九）」（二）、『愛知大学国際問題研究所紀要』第一一四号、二〇〇〇年一二月。（二）一一六号、二〇〇一年五月。
(14) 劉泱泱『近代湖南社会変遷』、湖南人民出版社、一九九八年、一七頁。
(15) 「封建組織洪幇概況」、一九五〇年一月。
(16) 同右。
(17) 宋斐夫主編『湖南通史』（現代巻）、湖南出版社、一九九四年、五八八―五八九頁。
(18) 瀏陽県地方志編纂委員会編『瀏陽県志』、中国城市出版社、一九九四年、二四三―二四四頁。
(19) 「封建会門与社団情況」、一九五〇年八月。
(20) 湘潭県地方志編纂委員会編『湘潭県志』、湖南出版社、一九九五年、二四四頁。
(21) 胡偉「衡陽幇会的演変」、『衡陽文史』第十一輯。
(22) 「衡陽専区幇会調査」、一九五〇年六月。
(23) 湖南省衡山県志編纂委員会編『衡山県志』、岳麓書社、一九九四年、五九頁。
(24) 同右、六〇頁。
(25) 同右、二三五頁。
(26) 湖南省平江県志編纂委員会編『平江県志』、国防大学出版社、一九九四年、五八頁。
(27) 「平江県洪幇調査材料彙結」、一九五〇年二月。
(28) 同右。

(29)　同右。

(30)　鳳凰山組織拡大の軌跡を辿ると、おおよそ次の四つの時期がある。すなわち、①中共政権設立された直後の秩序混乱期に、民衆が共産党による「共産共妻、拉夫拉兵」を恐れたことに乗じて、一九四九年八月にメンバー三十八人を招集した。②同九月には、鳳凰山は地主・富農・一般民衆が共産党の地方政権が食糧を借りるのに不満を持つのを利用してさらに三十二人、③同一〇月、共産党が食糧徴収を行う時期に新たに三十五人、④政府に登録するのを拒否した鳳凰山が勢力を充実させるため三十九人、合わせて一四四人のメンバーを招集した（「封建会門与社団情況」、湖南長沙、一九五〇年八月）。

(31)　同右。

(32)　前掲『瀘渓県志』、一六六頁。

(33)　前掲『瀏陽県志』、二四七―二四八頁。

(34)　湖南省長沙県志編纂委員会編『長沙県志』、三聯書店、一九九五年、二一八頁。

(35)　前掲『湘潭県志』、二四二頁。

(36)　「湖南省幇会調査」、一九五二年一〇月。

(37)　同右。

(38)　もちろん、異なる例もある。乾坤山山主陳浴新は安化県出身、保定軍校と陸軍大学を卒業した後、湖南軍閥何健の軍隊で参謀長などの職を経て、福建省南屏警備司令となった。彼は後に共産党の呼びかけに応じて、共産党側に投じた。解放後、湖南省人民政府顧問を務めた。陳は湖南省の幇会について「湖南会党与辛亥革命」（『文史資料選輯』第三十四輯）と題した回想文を著した。

(39)　『沅陵県志』によれば、沅陵県公安局は無線電信業・旅行業（浴場経営）・中古品業・印判業・修理業を特殊な業種として管理し、「不法分子」がこれらの業界を利用して違法活動を行うことを防ごうとした。これらの特殊な業界を経営する人たちは県公安局に登録手続きをしなければならなかった。一九五〇年には、五七〇人が政府から特殊業種営業許可書を発給されている（沅陵県地方志編纂委員会編『沅陵県志』、中国社会出版社、一九九三年、一八六頁）

（40）　溆浦県県志編纂委員会編『溆浦県志』、社会科学文献出版社、一九九三年、一九〇頁。ちなみに、一九八三年、県内の「地主・富農・反動派・不良分子」は、新たな刑事判決を受けた者を除いて、すべて名誉回復された。

第十四章　「反動会道門」としての一貫道

はじめに

秘密幇会結社に対する政策とは異なって、秘密宗教結社に対する中共の取締・弾圧はきわめて厳しいものであった。本章で取り上げる一貫道は、二〇世紀前半の中国においてもっとも勢力を有した宗教結社の一つであり、「反動会道門」鎮圧の矢面に立たされた存在であった。当時各地で発布・刊行された「反動会道門」に関する数多くの布告や宣伝小冊子をみれば、一貫道はいずれも「反動的組織」とされており、これが一貫道が鎮圧される要因となっていたことは明らかである。北京市公安局の「反革命の鎮圧」に関する資料に基づいて書かれた宣伝小冊子『一貫道是什麼東西』では、一貫道の罪状は次の三点にまとめられている。すなわち、第一に、一貫道が邪教であること。この冊子によると、一貫道は邪悪な組織で、「教主もいなければ、たしかな伝道史もなく、一定の教理や教典もない。崇拝対象には愚かな大衆がよく知っている中国の神仙からキリストのような西洋の神まで取り入れている。それは人民、社会、国家を害して反革命の目的を達成するために門戸を広く開放して大衆を騙そうとする集団にほかならない」とされている。[1]第二に、一貫道が日中戦争期において日本軍及び傀儡政権に協力した漢奸組織であり、国民党政権の上層部と関わりをもつ国民党のスパイ・手先でもあったこと[2]。第三に、一貫道が共産党政権を敵視し、デマを飛ばして反共産党の暴動を起こしたこと[3]、である。このような一貫道批判は一貫道の「反革命」的な歴史を公にするものであるが、同時に中共の一貫道弾圧の理論的な根拠を示すものでもあった。

中共による一貫道弾圧は、中共の「反動会道門」弾圧の歴史の重要な部分であるため、長い間多くの研究者に注目されてきた。しかし、資料上の制約により一貫道の実態や一貫道弾圧の過程などの問題は長い間謎に包まれている[4]。一九九八年、陸仲偉はその著『一貫道内幕』において、一貫道の内部文書や逮捕された一貫道幹部の供述書などを用いて、それまでに知られていない一貫道に関する多くのことを明らかにした[5]。二年後、陸氏が使用した資料と同類の資料に基づいた二冊の著作——路遙の『山東民間秘密教門』と秦宝琦・晏楽斌の『地下秘密王国一貫道的興衰』が出版された[6]。周知のように、民間宗教結社に関する檔案資料のうち、清朝・中華民国期に関するものはほとんど公開されているが、中華人民共和国成立後のものは未公開のままである。陸仲偉らの研究の最大の意味は建国後の一貫道に関する未公開資料を使用した点にあるといえる。なかでも、張天然の息子張孝騫（英誉）の供述書はもっとも価値が高い[7]。本章では、一貫道の教義と組織を概観したうえ、従来の研究でほとんど取り上げられていない一貫道弾圧をめぐる中共の諸言説を分析し、建国後の中共による一貫道弾圧の歴史的過程の一側面を明らかにしたい。

一　教義と組織——民国期における一貫道の広がり

一貫道は清朝時代に存在した数多くの民間宗教結社の一つである。「一貫道」という名は孔子の「吾道一以貫之」（『論語』里仁）から借用したものである。一貫道の教義において、孔子のいう「道」は天地開闢から一貫道の第十八代教祖張天然までの系譜と付会されている。[8]なお、この系譜には、儒・仏・道および中国歴史上の多くの人物が混じっている。しかし、歴代の一貫道教祖とされる人物のなかに、その存在が実証できるのはせいぜい第八代教祖羅蔚群以降の数人である。[9]民国初期において、路中一（第十七代教祖）は従来の儒・仏・道「三教合一」の教義に回（イスラム教）、耶（キリスト教）の教義を加えて、一貫道を「五教合一」の新しい宗教結社に改造し、[10]科学的知識を用いて自らの教義を広げようとした。[11]日中戦争期に、一貫道は華北地域を中心に組織を拡大し、国民党支配の地域にも勢力を伸ばし、一躍中国最大の民間宗教結社になった。この時期における一貫道の発展状況について、一九四〇年初作成された、山東省の宗教結社に関する興亜院の調査報告は、次のように述べている。[12]

一貫道は民国二一年、済寧に発生し、須臾にして山東省に流行を見たる宗教的秘密結社中の尤なるものである。現在に於ても、済南・青島・芝罘等の都市をはじめとして、山東全県下に普及している外、北京・天津地方に於ても流行している。信徒数は已に三十余万と称せられ、目下益々増加の傾向にある。随って、その動向は十分注意する要がある。

一貫道が一九三二年に結成されたという指摘は正確ではないが、この年に一貫道組織が勢力を伸ばして、広く注目されたことは事実である。なお、山東省の宗教結社に関する興亜院の調査は、一貫道の「迷信」の内容について次のようにまとめている。それによれば、一貫道は「明明上帝」を崇拝し、各信者の家庭には「明明上帝無量清虚至尊至聖三界万霊真宰」と記された神牌を供奉する。「一貫道の宗旨は独立せる哲学を根拠としているものではなくして、儒仏道回耶の五教の一般的共通的理論に迷信的要素を結び付けて造成せる所謂不中不西不儒不僧不道の教旨を以ている、とされる。[13]また、興亜院宗教協会編纂の『華北宗教年鑑』は、山東省・山西省の資料に基づいて、一貫道の組織、特にその宗教儀式・規約を簡単に紹介している。[14]

一九四八年、李世瑜はその著『現在華北的秘密宗教』のなかで、一貫道信仰に関するいくつかの重要な概念を詳細に紹介している。それによれば、一貫道の教義は儒・道・仏の思想と術語を交えて迷信と結び付け、無生老母（即ち「明明上帝」）を最高の神として崇拝するものである[15]。また、一貫道信仰の根幹は「三期末劫」にあり、すなわち、天地開闢以来の歳月を青陽・紅陽・白陽の三期に分け、各期の末に劫が下って世界が根本的に破壊され、悪人が滅ぼされる、とされた。一貫道の教義によれば、天地創造の主「無生老母」は自分の子供である九十六億の「原来子」を地上に遣わして「下生」させ、人類の文化的水準を高めるためにさまざまなことを教えさせた。しかし、「下生」した「原来子」は悪人の影響を受けて、彼らと同様に物欲のとりことなり、次第に元来の霊性を失ってしまった。それゆえ、「無生老母」は悪人を滅ぼし世界を破壊する一方、同時に、「大道」を下して善人たちを救うことにした、とされる[16]。

「無生老母」の信仰は一貫道独特のものではなく、明清期の民間宗教に広く見られるが[17]、一貫道が「三期末劫」を中国の歴史に当てはめたことは注目に値する。それによると、天地開闢以来すでに「二期二劫」を経ており、第一期青陽期の終わりに青陽劫があって、それはすなわち中国歴史上の伏羲氏の時代に相当する。第二期紅陽期の終わりに紅陽劫があり、それはすなわち周の昭王の時代に当たる[18]。この二つの時期において、「無生老母」は二億ずつの「原来子」を呼び戻した。それに続いて、「無生老母」は第三期の終わりの白陽劫の際に、残り九十二億の「原来子」を一挙に呼び戻そうとした。第三劫には以前の二劫と比べものにならないほど激しい破壊が予測される。それを逃れる唯一の方法は劫と同時に下る「大道」に入ることである。この「大道」がすなわち一貫道である[19]。日中戦争の混乱期において、一貫道のこのような「末劫」の信仰は、戦乱から逃れようとする一般大衆の心理的希求に呼応して、広く受け入れられていた。

一貫道勢力拡大の原因について、山東省滋陽県の一貫道に関する興亜院の調査には、「今次事変後入道する者増加せり。其の因は一貫道に入道すれば、財産及身体安全なるためなりとの迷信的結果によるものなり」との指摘がある。[20]このような状況は、けっして滋陽県に限るのではなく、前出の山東全省の宗教結社に関する興亜院の調査にも同様な結論が出されている。それによると、「現在に於ても入道するものの多いのは、張が清末来の支那政局の不安動揺、限り無き社会的不安等より民衆生活の逼迫せる混乱期に当って救生救死を説く宗教に対して、愚昧なる民衆の心理を能く把握せるに因るものである。茲に彼の民心収攬の関鑰がある」とある。[21]これは当時一貫道が華北地域で広く勢力を伸ばしたことに対する適切な解釈と言ってよい。一九五〇年三月、山東省済南市を中心に伝道活動を行った一貫道の「点伝師」岳之謙が逮捕された後、盧溝橋事変以降における一貫道の急速な発展について語っている。それによると、一貫道の伝道者が掲げた「脱劫避難」（劫を脱し難を避ける）というスローガンは戦争中の一般民衆の不安な心理に合致していたため、入道を希望する者は「点伝師」が受け入れきれないほど多かった。[22]

もし「末劫」が単なる神秘的な説教に止まるならば、日常の経験や倫理規範から物事を把握しがちな中国の一般民衆に受け入れられるのは困難であったろう。そこで、一貫道は伝道の際に、人間の世界と神仏の世界とを結び付けるために、「飛鸞宣化」を伝道の重要な手段として用いた。「飛鸞宣化」は「扶乩」とも言い、元来唐宋時代以降民間に流行した占いの一種であり、明清期に民間宗教はこれを神仏と交通する手段として広く取り入れた。[23]前出の岳之謙の供述によれば、一貫道が初めて「扶乩」を伝道の手段として用いたのは路中一が第十七代教祖在任中のころであった。一貫道の「扶乩」は通常訓練を受けた「三才」と呼ばれる三人の子供たちによって行われる。儀式の際、一人は砂盤に字を書く（「天才」）、一人はそれを読み、砂盤をならす（「人才」）、もう一人は記録をする（「地才」）。[24]一貫道は「扶乩」を神との唯一の交通手段とし、占いや病の治療などに応用していた。各地の一貫道支部（壇）では「三才」を訓練す

図一　一貫道の組織系統

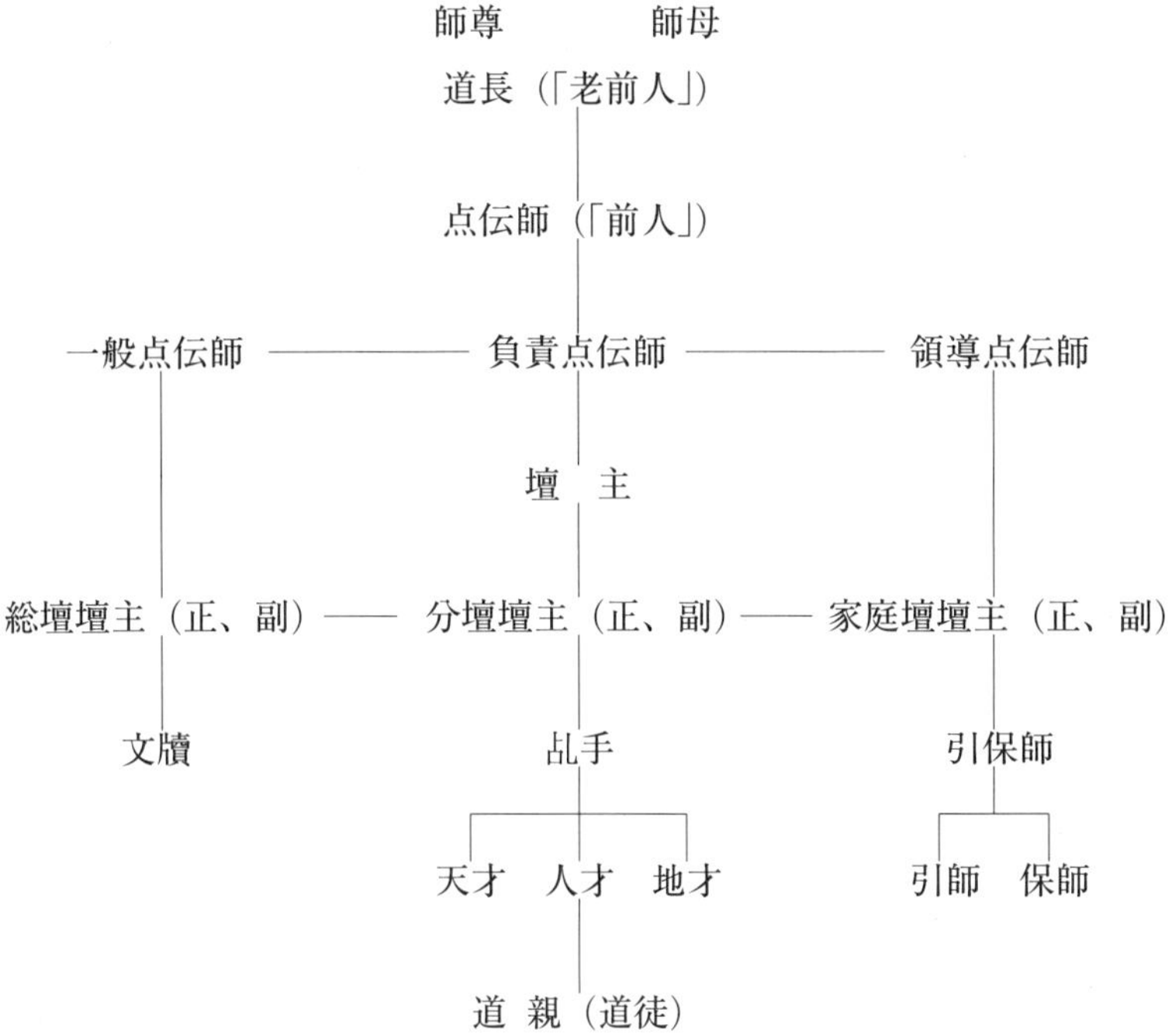

ることが重要な位置を占めていた。

次に、一貫道の組織構成・リーダー・布教方式について見てみよう。一貫道の歴史に関する従来の研究では、張天然が一貫道の第十八代教祖になった後に行った組織の改革と伝道方法の改革はあまり注目されていない[25]。しかし、実はこの二つの改革こそ、一貫道が山東省から華北全域へ、さらに全国的に広がる宗教結社となった根本的な原因であった。図一は張天然時代の一貫道の組織図である。

図からみると、一貫道の組織は膨大かつ厳密で、教祖以下の幹部の役割分担も明確である[26]。図の上位にある「師尊」は張天然で、「師母」はその正妻（劉率貞）、めかけ（孫素真）である。教祖の下にはそれぞれの教区を管轄する「道長」がいて、その下に伝道する「点伝師」（一般点伝師・負責点伝師・領導点伝師に分かれる）がおり、下にはその補佐として「壇主」がおかれている。

「道長」は「点伝師」のなかで名声の高い年配者から選ばれる。「壇主」以下は一般事務を担当する者である。そのうち、「文牘」は一つもしくは複数の壇の文書を管理する人で、「引保師」は「引師」と「保師」のことで、新しい人が一貫道に入るときの紹介者と保証人である。

　前述のように、張天然時代の一貫道の組織や伝道方式はそれまでのものと大きく異なっていた。一貫道第十七代祖路中一の弟子郝宝山（山西省介休県出身）は、一九三二年に教祖の継承をめぐって張天然と争って敗北した。その後、郝は堂を開いて個人伝承という従来の一貫道方式で孝義・介休・霊石などで伝道し、[27]一九四一年に太原に徳善堂を設けた。[28]図一の組織図が示しているように、張天然時代の一貫道は整然とした垂直的な組織を持っている。一貫道の組織力が十分に発揮された原因は、速やかに願いの達成を求める一般民衆の心理に応じて作り出された「三宝」という伝道方法の創造的応用にある。「三宝」とは「玄関」（「点伝師」が指で入道者の印堂＝眉間を軽く押すこと）、「合同」（仏像に跪くとき左手で右手を握り、右手の親指が薬指の付け根の部分を押す。左手の親指が右手の親指の付け根の部分を押す独特の姿勢）、「五字真言」（「太無仏弥勒」の五字口訣）のことである。なお、一貫道では、幹部を養成するために各種の訓練班が設けられていたが、[29]これらの訓練班を通じて張は多くの弟子を育成し、さらに、彼らを通じて各地で弟子を招集し、雪だるま式に組織を拡大させた。

　一貫道が張天然時代において大きく勢力を伸ばしたのは、張のカリスマ性や張の妾である孫素真の存在が大きかった。張天然（一八八八〜一九四七）は本名張光璧、山東省済寧の出身で、幼少のころ私塾に入り、若くして商人や兵士の経験を積んだ。[30]豊富な人生経験と優れた弁才をもつ張は、一貫道第十七代教祖路中一の門下に入り、間もなく頭角を現した。一貫道第十五代以降の教祖の出身をみると、第十五代教祖王覚一・第十六代教祖劉清虚は知識人出身で、彼らのもとに信者になった者には知識人や裕福な人が多い。しかし、第十七代教祖路中一以降、状況は一変した。路中一（一八五一〜一九二五）の経歴については諸説があるが、甥の陳恩覃によれば、路は農村出身であり、二十八才から一時従軍した[31]。また、前出の山東省一貫道の主要幹部岳之謙によれば、路は一貫道に入信する前に日雇いをしていたが、入信後は、劉清虚の「仏堂」の厨房で働いていたという[32]。主として労働者・農民を対象に伝道活動を行ったため、路は一般民衆の間で多くの信者を集めた。一方、張天然は元兵士という点において路中一と似た経歴をもっているが、彼はかつて商売に従事した経験を生かし、商人を中心に伝道活動を行った。そのため、「点伝師」になった一貫道信者の中には商業に従事する人が多く、彼らは各地で商売をやりながら多くの人を一貫道組織に取り込んだ[33]。一九四七年一月、一貫道は国民政府の許可を得て「中華道徳慈善会」と名を改めて、合法的な組織となった。当時、中華道徳慈善会の六十人の理事、監事のうち五十人が職業の欄に「商業」と記している[34]。

一九二四年に路が死去した後、張は路の愛弟子郝宝山を退け、さらに路の妹路中節の反対をも押し切って[35]、一九二八年に「扶乩」を通じて「奉天承運」（天から与えられた命令）と称し、自ら一貫道の第十八代教祖の座に登った。その後、張は孫素真と出会い、孫を妾とし、一貫道の組織拡大に力を入れた[36]。その結果、一九三六年頃までに、一貫道は次第に組織を整えていった[37]。張天然は一貫道が社会団体として国民政府に申請登録をする必要はないと語っていたが[38]、政治的人脈を持つことの重要性は十分認識しており、日本軍占領時期においても、国民党支配時期においても、政界の要人を弟子として入道させることに力を入れた。その結果、一貫道は教義・組織・信者面においてきわめて複雑な構成をもつ宗教結社になったのである。

一九四七年九月に張天然が重慶で死去した後、一貫道は孫素真が率いる「金線派」（真理派・西線派・暗線派ともいう）と張の正妻劉率貞・息子張英誉が率いる「正義派」（師兄派・東線派・明線派ともいう）に分裂し、それぞれ成都と杭州を中心に布教活動を行うようになった[39]。

以上見てきたように、一貫道の思想と信仰は儒・仏・道・回・耶の各宗教の信仰をそれぞれ一部取り入れ、民衆の心理的なニーズに合わせて形成されていった。同時代のほかの民間宗教結社と比べ、一貫道の信仰に特に目新しいものはない。一貫道の特徴はむしろその組織の構成と伝道方式にあると言うべきであろう。一九三〇～一九四〇年代における急速な発展を経て、一貫道は、それまでの山東省における地域的宗教結社から一躍全国的規模に拡大し、当時最大規模の民間宗教結社となった。しかし、以下に見るように、急速に発展するにつれて、一貫道の組織的欠陥も次第に露呈し、教祖をはじめとする指導層やメンバーの素質も世間の批判の的となっていった。さらに、当時の複雑な政治的背景のなかで、一貫道は政治に無関心と言いながらも、張天然を含む指導層の多くは日本軍や国民党政権に深い関わりを持っていた。このことは後に中共の一貫道に対する批判と弾圧の重要な理由となった。

二　一貫道をめぐる政治言説

一貫道が中共の「反動会道門」の典型として弾圧を受けたのは、その教義や組織的特徴のほかに、その政治的立場が重要な原因と見られる。本章の冒頭で述べたように、一九五〇年代初期の「反革命の鎮圧」運動を背景に、中共は一貫道の罪状を①漢奸（日本軍との関係）、②スパイ（国民党との関係）、③暴乱（中共への敵対行動）の三点にまとめた。[40]これらの批判は中共の政治言説の産物としての部分もあるが、歴史事実に一致する部分もある。一貫道の政治的イメージに関しては、中国大陸の研究者がしばしば歴史事実と政治言説とを混同させて批判するのに対して、台湾の研究者や一貫道関係者は一貫道を弁護する傾向を有する。[41]以下、一次資料に基づいて、建国初期一貫道が「反動会道門」とされた中共の政治的言説を検討してみたい。

1、一貫道と日本軍との関係

前出の『一貫道是什麼東西』の著者春陽は、次の三点を根拠に一貫道を「漢奸」組織と見なしている。第一、一貫道の教祖張天然は、日本帝国主義のスパイの巨頭頭山満の命令を受けて、「万教帰一」の旗印のもとで大いに組織をひろめ、日本軍のために積極的に働いた。第二、日本軍と傀儡政権が大いに一貫道を支持し、傀儡政権が県・区・郷政府や保甲長を通して脅したり、利益で釣ったりして一貫道の勢力を伸ばした。さらに、一貫道の多くの「点伝師」や「壇主」が、保甲長、警備隊長、連保主任や日本軍のスパイの手先となっていた。第三、張天然が南京の汪兆銘政権と緊密に結託していた。その証拠として、後に「大漢奸」と呼ばれた褚民誼、周仏海、王揖堂、胡毓坤、江朝宗、梅思平などが一貫道の信者であったこと（周は壇主、褚は点伝師）、とりわけ一貫道と褚との関係は密接で、褚が汪兆銘政権の外交部長在任中、張天然を外交顧問に招いたことが指摘されている。(42)

ここで注目すべきは、張天然以下の一貫道幹部と日本軍や傀儡政権上層部との関係、および日本軍占領地域の一貫道の政治的性格、の二点である。前者については、張天然らと日本軍や傀儡政権との間に深い人的つながりがあったことは否定できない。日本側の資料によれば、済南において一貫道が四万人の信者を抱えるほどの規模に発展し得たのは、郝書暄（日本軍占領下の山東省教育庁の庁長）などのバックアップがあったからである。(43) また、汪兆銘政権の外交部長褚民誼、警政部次長李麗久は江蘇省、上海市における一貫道の布教に力を入れた。(44) この時期、日本軍占領地域において、一貫道はその組織力を利用して、傀儡政権の有力者を抱え込み、彼等の影響力を利用して組織の発展をはかった。(45) 傀儡政権の大物たちは戦後日本軍に協力する「漢奸」とされたことから、一貫道も国民党と共産党の両方から日本軍に協力した「漢奸会道門」と見なされたのである。(46)

では、一貫道について日本側はどのように見ていたのであろうか。当時興亜院が行った青島の宗教結社に関する調査中には、以下の興味深いコメントが含まれている[47]。

（一貫道は）三教の真髄を集めたる利剣なれば、一見難攻不落の堅城の如く見ゆれ共、一と度其内面を探求するに及んで、彼等の信仰の的を外れる事が甚だしきを見るのである。即ち彼信者達は、神仏の信仰を売物に、ある種の利益を獲得せん事を目的とする、謂ゆる迷信者の集合なれば、表面に被りたる利剣を奪ふて立ち向へば、以外に早く落城降参するにあらずやと、思考するものである。

つまり、一貫道信者のなかに日本軍と傀儡政権に協力する人がいたにもかかわらず、日本側は一貫道を単なる利益を追求する迷信者の集合体に過ぎないと見ていた。一貫道を漢奸組織と見なすことに対しては、一部の学者たちは疑問を示した。たとえば、北平輔仁大学教員、カトリック教神父グロータスは、「天津・南京地方の一貫道は大体において日本と協力していたが、山西省・チャハル方面では協力せず、大同では民国三三年に日本軍から迫害された」と述べている[48]。また、グロータス門下の李世瑜は、一貫道の各仏堂は信者たちによって設置されたもので、「日本当局とはまったく関係がない」と指摘している[49]。両説にはそれぞれ根拠があるが、その根拠の説得力には疑問の余地がない訳ではない。たとえば、グロータスは山西省の一貫道は日本軍に協力しなかったと言っているが、実際には、日本軍の山西占領期に、山西省一貫道の幹部郝宝山らは警察署に登録の手続きを行った。その後、山西省の一貫道組織が日本軍および傀儡政権管轄下の乙種宗教として活動を続けていたことも事実である[50]。

以上からみれば、日中戦争期には一貫道の上層人物が日本軍に協力していたことは確かなことである。しかし、だからといって、一貫道そのものが日本軍の支配体制に組み入れられ、日本軍の意思に従って行動するものであったまでということは困難であろう。

2、一貫道と国民党との関係

一貫道が「スパイ」組織であったという点について、春陽は、梁輔臣（壇主）、劉瑞庭（点伝師）、張五福（道長）ら五人が国民党政権と関わりがあったことから、一貫道が国民党の手先であったと説いた。[51] しかし実際には、国民党政権は終始一貫道の活動を警戒し、一貫道の名を掲げた宗教結社に合法的な地位を与えなかった。

一九二七年、南京国民政府成立後、国民政府は社会再編のなかで民間宗教結社を取り込もうとした。一九二九年、国民政府は「迷信打破」運動を行い、一〇月二一日の布告で「悟善社、同善社及道院などの迷信機関は、祭壇を設け、扶乩を行い、迷信を宣伝した。彼らの妖言は単に人心を惑わすだけなく、進化の理にも逆らう」と述べている。[52] また、翌年五月二四日に発布された宗教結社禁止令には、「上海同善社及済南道院並に北平悟善院等は、慈善の団体の名義を籍りて、迷信を提唱し、祭壇を設け、衆人を惑はしめ社会に害毒を貽し民衆を欺罔或は其の間軍閥・土豪劣紳等は、自党を増加し、実力の拡張に努め居れり」とある。[53] ここで、直接に言及された宗教結社のなかには一貫道は含まれていない。一貫道と国民党政権との関わりは一九三五年春に一貫道の教祖張天然が南京で逮捕された事件からはじまった。当時、伝道のために各地を奔走していた張は南京駅で逮捕され、投獄された。しかし、調査の結果、一貫道がただ迷信を宣伝し、妖言をもって衆を惑わし、金を騙し取るという会道門の活動を行うだけであったことが明らかにされたため、張は無罪釈放されたという。[54] 事件の経過の真偽を見極めるにはより直接的な資料が必要であるが、南京国民政府は民間宗教結社を邪教と見なしていたため、一貫道が首都南京で伝道活動を行おうとすれば、当然当局の弾圧対象となったであろう。[55]

戦時中、重慶国民政府の軍、警察および特務機関の幹部の一部が一貫道に参加した。[56] しかし、これは国民政府がそれまでの一貫道取締政策を変えたことを意味するものではない。事実、一方では雲南省・湖北省で一貫道の幹部が伝道という罪名で逮捕・処刑される事件も起きた。[57]

戦後、国民党の政治的中心が重慶から南京に移った後、国民政府は社会再編と政治統合のために秘密幇会結社に対する統合政策を進め[58]、かつて日本軍占領地域で活動していた一貫道などの秘密宗教結社を警戒し、その組織の取締に乗り出した[59]。一九四六年一月、国民政府社会部は、一貫道が迷信を宣伝し、人を騙し、戦時中日本軍のためにスパイ活動を行ったなどを理由に、一貫道取締令を発した[60]。社会部の調査報告によれば、「信者は毎日迷信の世界に迷い込んでおり、国家や民族のことにまったく関心を持っていない。一貫道の思想的中心は、時代に逆戻りし革命政治に反対することである」とされた[61]。つまり、この時期、一貫道は依然として「邪教」として扱われていた[62]。

国民政府の取締令を受けて、一貫道側はさまざまなコネを通じて水面下の工作を展開し、取締令の取り下げを求めた。その結果、一九四七年一月六日、国民政府社会部部長谷正綱は、一貫道が「中華道徳慈善会」に改名することを条件にその組織の存続を許した[63]。一九四七年八月一日、一貫道は「中華道徳慈善会」という名称で国民政府社会部に正式に登録し、合法的な宗教組織となった[64]。しかし、「中華道徳慈善会」の成立を許可したとは言え、国民政府が一九二〇年代末以来の秘密宗教結社に対する弾圧の方針を変えたとは言えない。

一九四八年九月七日、国民政府内政部は各省・市に「査禁民間不良習俗辦法」を発布し、「神権迷信」・「邪教」・「秘密結社」などに対する弾圧の態度を明らかにした。そのうち、一貫道に当てはまるものとして、次の内容が注目される。すなわち、「邪教を奉じて、堂を開いて人を惑わす者」（第二条）、「壇を設けて鸞を講じて扶乩を行う者」（第四条）、が弾圧の対象となっていた[65]。国民政府による一貫道弾圧の具体的な事例としては、一九四九年一月一八日、江蘇省呉江県当局が、集賢郷で布教していた浙江省出身の一貫道メンバー朱慶遠らを「郷民を惑わし、金を騙し取る」ことを理由に逮捕した、という一件がある。省政府への報告のなかで、呉江県政府は次のように述べている[66]。

兼ねてから該一貫道に対して厳しく禁止する命令を受けている。この動乱期に際して、該教は郷民を惑わし、日夜を通じて集会し、男女が混雑し、甚だ社会の治安を害する。地方のあらゆる政治の遂行を妨げるだけではなく、兵役や食糧の徴収に与えた影響はなおさら大きい。

つまり、国民党政府は「中華道徳慈善会」の合法化を認めたものの、一貫道を依然として邪教と見なしていた。ここからも明らかなように、一貫道そのものが国民党政権のスパイであったと断定するには根拠が十分ではない。後の国共内戦期において、冀魯豫地域内にある黄県の一貫道は、「共産党はよく人を騙し、人を殺す。国民党は百姓のものを掠奪する。だからどちらも天下を取ることができないはずである。一貫道が発した兵が来たら、国共両党の軍隊は戦わずに退くに違いない」(67)と、共産党、国民党のいずれに対しても対立的な政治的姿勢を取っていた。

興味深いことに、一貫道が中国大陸で国民党の手先やスパイとして弾圧を受け、公の場から姿を消したのとほぼ同じ時期、中国国民党支配下の台湾においても、一九五一年以降一貫道は同様な運命に見舞われていた(68)。一九六三年五月一〇日付けの『中央日報』に掲載された「査禁一貫道等邪教」と題した社説では、一貫道などの組織が宗教の名をかりて違法活動に従事し、社会秩序を乱している、とされ、さらに、一貫道は邪教であり、迷信を利用して人心を惑わし、厳しい誓約によって信徒を拘束し、各地農村で秘密に壇を設けて衆を集めて金銭を巻き上げている、甚しきはデマを飛ばして反動的な主張を伝播するので、中共に利用される恐れもある、とされている(69)。

3、一貫道と共産党との関係

一九五一年前半期の『人民日報』記事をみると、この時期に処刑された一貫道頭目の罪名は、ほとんど、一貫道が日本軍に協力し、国民党の手先として中共政権に反対した、という「歴史反革命罪」であった。と同時に、中共による一貫道弾圧のもう一つの根拠はいわゆる「現行反革命罪」――「応考」・「暴乱」・「造謡」――であった。

「応考」は一貫道内部で使われた言葉で、簡単にいえば、信者が堅い信念をもち、苦難の試練に耐えることである。

一貫道は中共の統治による変化、特に中共の「反革命の鎮圧」運動を「魔考」と見なし、そこから身を逃れるために、道首と組織の名称を変えたり、組織の規模を縮小したりした。たとえば、一九四九年、重慶一貫道の幹部何倜文は信者たちに「応考」の具体的な方法を伝えた。すなわち、①農村地域に入って伝道し、中共政権がまだ設立されていない地域、あるいは設立したばかりの地域において一貫道の勢力を拡大すること。②仏壇を撤去し、道首の姓名・住所を変え、店舗を設けることによって身を隠すこと。道首のうち影響力が大きくて隠蔽しにくい者は別の地域に潜伏すること。③道首同士は普段顔を合わせず、必要なときに手紙や商業用語・隠語を使って連絡をとる。たとえば、弟子を招くことを「進貨」、逮捕されたことを「風邪を引いて病気になった」、と。[70]また、一九五〇年一月、孫素真は一貫道内部で指導層の階級を増やし、道首と信者の間の距離を拡大させることや「新人が表に出て、旧い人が裏で指揮を取る」ことを指示した。[71]一貫道の上層部は、壇主の登録、信者の脱会という中共の命令に対して、「長期隠蔽活動計画草案」や「応付魔考十九条」をもって対応した。[72]寧夏一貫道のある「点伝師」は信者に対して、「明には脱会するが、暗には脱会しない。口では脱会するが、心では脱会しない」と指示し、修行する者は試練に耐え、秘密を漏らしてはいけないと命じ、「脱会しようと企てる者は、夜中、戸も窓も開かないのに首が地に落ちるだろう」と信者達を恐喝した。[73]

一貫道のさまざまな「応考」は、中共の「反革命の鎮圧」運動の最中における一貫道の消極的な自己保存策であり、真向から中共政権に対抗するものであないことは明らかである。しかし、中共からみれば、一貫道のこのような対応は「現行反革命的な」行動であり、一貫道を「反動会道門」として断罪する根拠であった。

次に、一貫道の「暴乱」活動についてであるが、すでに述べたように、中共建国初期の「剿匪」と「反革命の鎮圧」運動の対象には「反動会道門」も含まれていた。一九五一年には、北京近郊通県の一貫道暴動、四川省涪陵県の一貫道暴動（首領李蓬仙）事件が摘発された[74]。しかし、全国的にみれば、一貫道が実際に起こした「暴乱」事件はごく少数であった。そのほとんどは一貫道の組織的な行動ではなく、中共政権に不満をもつ一貫道のリーダーたちがほかの「反革命的な事件」に参加したケースである。たとえば、一九五一年五月八日に、甘粛省平涼県で「叛乱事件」が起きた。この事件の主役は一貫道ではなかったが、八名の一貫道幹部がそれに参加し、そのうち一人が大隊長、一人が中隊長、一人が特務長の重要な役目を果たした[75]。一貫道の活動は壇を中心に展開されたため、地域の大多数の民衆を動員するのは困難であったことが、一貫道主導の「暴動」事件が全体として少なかった理由の一つと考えられる。

最後に、一貫道の「造謡」（デマを飛ばすこと）という罪名についてであるが、中共建国初期、各地に中共政権への敵意を表わすさまざまな政治的「謡言」が流布していた。一九五一年三月三日の『人民日報』の記事によれば、その多くは一貫道が飛ばしたものであるという[76]。その真偽を判明することはきわめて困難であるが、以下、一貫道が飛ばしたと言われる謡言を三つのタイプに分類し、箇条書きにして分析してみたい。

（1）中共新政権に対する呪い。

①「紅五星、黄辺辺、解放軍幾天天」（赤い五角星、黄色い縁、解放軍は何日もつか[77]）。

②「五星不作主、共字是廿八」（「五角星は主人になれない。共という字は二十八を意味する」）。共産党の天下が「共」という字に示されたように、わずか二十八日で終わる[78]）。

③「民国三十八年是末劫年、民国三十九年要刮黒風四十九日。天昏地暗、飛沙走石、天翻地覆」（「民国三八〈一九四九〉年は最後の災難がやってくる年だ。民国三九年に黒い風が四十九日間吹く。天も地も暗くなり、砂が舞い上がり石が転がり、天地がひっくり返る」[79]）。

④「九九八十一劫、災難多如牛毛」（「九九八十一劫、災難は数え切れない」）。「八一」＝八月一日は中共の「建軍節」である[80]。

⑤「脚下踏着一只鶏、大地人群漸漸稀。只有加入一貫道、大災大難才過去」（「足もとに一羽の鶏に踏みつけ、地上にある人の群れが次第に少なくなっていく。一貫道に入らなければ、大きな災難を耐えしのぐことはできない」）。中国の地図は鶏の形をしている[81]。

⑥「五星紅旗、五心不定、五魔鬧中華」（「五角星の旗、五つの心が揺れ、五つの悪魔が中華を大騒ぎする」）。「五星」と「五心」は同じ発音[82]。

（2）中共指導者に対する呪い

①「八牛鬧、中華戦、黎民遍地叫皇天」（「八頭の牛が騒ぎ、中華に戦が起き、庶民が遍く天に叫ぶ」）。「八」と「牛」を合わせれば朱徳の「朱」になる[83]。

②「猪死猫滅、天下泰平」（「豚が死に猫が滅べば、天下は泰平になる」）。「猪」＝朱〈徳〉、猫＝毛〈沢東〉、同音異字[84]。

③「魚行山辺止、反手衝霄漢、牛里跨下人、最凶彪虎将」（「魚が山の麓に泳いでくると止まり、逆手が天を衝く。牛に跨がった人で、彪虎の将校が最も恐ろしい」）。「反手」＝毛〈沢東〉。〈手〉が逆方向にはねると〈毛〉になる。牛人＝朱〈徳〉、彪＝林彪[85]。

（3）中共が実施した具体的な政策に対する呪い

①「空空空、糧食谷米要集中、整死貧窮漢、気死富豪翁」（中共による食糧徴収への不満[86]）。（「からっぽ、からっぽ、からっぽ、食糧米穀を集め。貧しい人を死ぬほど苦しめ、金持ちを死ぬほどいじめる」）

②「昔日田為富字足、今日田為累字頭。拖下脚来当甲長、伸出頭来不自由」。（「昔は田が富という字の足の部分であり、今は田が累という字の頭である。（田という字の）縦の棒を下へ伸ばすと（保）甲の長になり、上へ伸ばすと不自由の由となる」）。

中共の土地改革への不満[87]。

③「文化武化、徳威鎮圧、暴虐無道、怎服天下」(「文をもって教化し、武をもって教化する。徳と威をもって鎮圧する。このような暴虐無道ではどうして天下の人を服従させることができるか[88]」)。

これらのデマは、内容からみれば、中共政権や中共の軍隊そのものに反対するものもあれば、中共が実施した具体的な政策に反対するものもある。これらのデマが実際に一貫道信者によって製作・流布されたのかどうか、そして、当時の人々の中共政権に対する認識をどこまで反映しているのか、これらの問題についてはここで議論する余裕はない。しかし、これらのデマについて確実に言えるのは、中共批判のデマの製作者・流布者とされる一貫道は、中共政権に反対する勢力の象徴と見なされ、そして、このことが中共の一貫道弾圧の重要な根拠となった、ということである。

三　一貫道弾圧の過程

中共による「反動会道門」弾圧は中華人民共和国建国初期の「剿匪」と「反革命の鎮圧」運動とほぼ同時に行われた。中共による一貫道弾圧は三つの時期に分けられる。すなわち、第一期は、一九四五年八月に日本軍が敗退した後、中共が華北、東北地域を占領し、各地域の具体的な状況に応じて、一貫道などの会道門に対して取締を行った時期である。第二期は、一九五〇年一〇月に「反革命の鎮圧」運動が始まった後、一貫道を「反動会道門」の典型として全国各地で一斉に取締を始めた時期である。そして第三期は、一九五三年一〇月以降、「反革命の鎮圧」運動の重点が

「反動会道門」に移った時期である。各時期に中共は世論を動員して一貫道を邪教として批判し、その組織を徹底的に打ち壊した。以下、それぞれの時期の特徴を踏まえた上で、中共による一貫道弾圧を具体的に分析する。

一貫道取締の第一期において、中共は新政権の基盤を強化するため、一貫道を中共政権に反対する勢力として取締を行うことを布告で広く宣伝した。一九四九年一月四日、華北人民政府は一貫道を含めた会道門に対する取締を宣告し、一貫道に対する調査を行い、最終的に一貫道を消滅するよう命じた。[89] 一二月、中共占領下の東北地域で会道門反対の運動が始まった。[90] 華北地域では、一貫道に対する取締はほかの「迷信会門」に対する取締と同時に行われた。その方針は、土地改革を中心に、「大衆の認識を高めることによって、彼らを自発的に道門から離脱させ、その首領を孤立させ」、政治的色彩や「反動武装」に関わりをもつものには重点的に打撃を与える、というものである。[91] 一貫道の最大の拠点と見られる天津では、一九四九年一二月一五日から一貫道に対する取締が始まった。軍事管制委員会は二十五名の一貫道幹部を逮捕し、数千人の主要メンバーを強制的に登録させた。北京では、一貫道に対する調査は一九四九年八月に始まったが、大規模な本格的調査は一九五〇年七月の「反革命の鎮圧」運動の開始を待たなければならなかった。[92]

第十一章で見たように、国共内戦期において、中共の土地改革の際に生じた民衆と中共基層幹部との対立、および民衆による中共の戦争動員への反発などから、華北の一部の地域では民衆は会道門を中心に再び結集し暴動を起こした。一貫道もこの時期に起きた一連の会道門の暴動に関わっていた。邵雍はその著『中国会道門』において、山西省のある村で土地改革が行われるなか、それに反対する村民数百人が一貫道に参加したという事例に言及している。それによれば、一九四七年に代県上花荘で土地改革が行われる以前は、二百余人しかいなかった一貫道メンバーが、土地改革の後、六一八人に急増した。[93] 表一と表二には、この村の一貫道メンバーの入会動機・人数・一貫道頭目の階級身分などに関する調査データをまとめたものである。

なお、該村の一貫道頭目の階級身分は表二のとおりである。

二つの表から次の三点が読み取れる。①村民の一貫道入会の動機はさまざまであるが、ほとんどは個人的なものである。②上花荘の一貫道は村の有力者（地主・富農）を中心に形成した宗教結社である。③多くの村民にとって、中共の土地改革は彼等に利益をもたらすものではなかった。自らの土地が奪い取られる恐怖と不安から一貫道に参加したのである。

代県の事例は中共の一貫道弾圧の第一時期においては典型的なケースとはいえないが、第二、第三の時期に関しては一定の象徴的意味がある。中共の一貫道弾圧の目的は自らの支配に対抗する勢力としての一貫道を打ち壊し、中共自らの政治的・社会的・イデオロギー的な統合を実現させようとすることにあった。代県の事例が示したように、社会改革だけで宗教結社を壊滅させるのは不可能であり、代県の一貫道組織は「反革命の鎮圧」運動において弾圧されたのである。[94]

中共の「反革命の鎮圧」運動は一九五〇年一〇月に始まった。その一ヶ月前の一九五〇年九月、中共西北局は一貫道に関して次のような指示を下した。すなわち、一貫道は陝甘寧大部分の漢民族地域にかなり多くのメンバーを抱えており、その勢力が青海・新疆の少数民族地域に拡大する傾向を示している。村人全員が一貫道に参加したところもあり、一貫道メンバーの人数が一万人を超えた県もある。また、中共西北局は一貫道勢力拡大の原因につ

表一　山西省代県上花荘一貫道調査

一貫道入道の動機	人数
災難を逃れる	230
金持ちになる	72
子供が長生きする	45
兵隊になった息子の身の安全	42
死んだ家族に会える	38
子供がほしい	23
アヘン・賭博の嗜好をやめる	21
病気を治す	15
夫が無事に家に戻る	11
家庭が睦まじい	5
合　計	502

出典：天津市檔案館蔵「山西省関於代県上花荘取締一貫道的経験通報」、邵雍『中国会道門』、上海人民出版社、一九九七年、四四二頁より。

いては次のように分析している[95]。

従来の生活から得た各種の災難や脅威への恐怖心をもつ多くの民衆は、依然として伝統的な方法で、神権迷信の幻境に解脱を求めていた。そこで、一貫道が宣伝した「消災免難」（災難除け）や「保祐平安」（平穏な生活を保つこと）は一時的に民衆の精神的なアヘンとなった。しかし、（一貫道発展の）最も重要な原因は、過去において人民政府が真正面から系統的に一貫道反対の闘争を行わなかったことにある……。敵特組織（敵対勢力のスパイ）と封建地主が一貫道内部において活動を加速したため、実際に社会生活における一貫道の影響はほかの迷信団体をはるかに超えている。

表二　山西省代県上花荘一貫道頭目調査

職務	人数	構　　成	人数
老前人	1	地主	1
点伝師	12	地主、富農	7
		中農	5
乩主	2	地主	1
		貧農	1
領袖	2	中農	2
護佐	2	地主	1
		富農	1
領袖	10	富農	4
		中農	6
壇主	40	中農が多数を占める	40

出典：天津市檔案館蔵「山西省関於代県上花荘取締一貫道的経験通報」、邵雍前掲書、四四三頁。

ここで特に注目すべきは、中共が一貫道との対立はヘゲモニーをめぐる対立であり、中共政権とそれに対抗するスパイ、反革命分子、地主との対立の一環であると見なしていた点である。一方、一貫道弾圧の第二の段階においては、中共はこのような対立のイデオロギー的な色彩よりも、その政治的な意義を強調していた。劉少奇は、上述の西北局の認識について、「公の宣伝においては、一貫道が地主・スパイ・反革命分子に利用されて反革命的な活動を行う組織であることを強調すべきである」と指示した[96]。一九五〇年一〇月に全国第二回公安会議で一貫道が反革命的な組織と断定されたことをきっかけに、中共による一貫道弾圧は政治運動として本格的な段階に突入した。

一貫道取締の具体的な方法について、毛沢東は一九五一年一月二四日に「一貫道の取締に関しては、山西の経験はもっとも完全、正確かつ徹底的なものである」と述べた[97]。山西省では、一九五〇年一一月中旬から一貫道に対する全面的な取締が始まった。具体的には、まず一貫道の中心メンバーを逮捕し、その組織を打ち壊す。一般幹部に対しては教育・訓練を行い、登録・自白を通じて改造する。そして、一般メンバーを組織し、幹部の罪悪を徹底的に告発させた上で脱会させる。(98) 表三は筆者が近年出版された山西省の地方志から抽出した山西省の一貫道取締の状況に関するデータに基づいて作成したものである。

表三の統計数字は一九五〇～一九五三年の「反革命の鎮圧」時期の一貫道弾圧に関するものであり、その前とその後の時期の関連データは含まれていない。統計の対象となる三十一の県のうち、「信者数」・「脱会者数」・「逮捕者数」・「処刑者数」と「監禁者数」の統計があるのはそれぞれ十一県、十四県、十県、十三県、八県である。この表について次の二点が注目される。第一に、信者数と脱会者数（登録者数を含む）を合わせると、四十万人を超える。これらの人々は「騙された民衆」と見なされ、直接には法的な処罰を受けていない。第二に、直接に法的な処罰を受けた「逮捕者」については、統計数字のある十県の合計は一六八二人で、一県に平均十七人弱である。彼らに対する処罰は死刑・監禁・「管制」（強制労働）の三つに分けられる。処刑者に関しては、統計データのある十三県の処刑者の合計は四十四人で、一県に平均三・四人である。また、「監禁者」に関する統計データのある八県の合計は三〇〇人で、一県に平均三七・五人である。

具体的に、山西省忻県を例にしてみると、一貫道勢力が一九四〇年に忻県に入ってから一九五〇年の取締までの十年間、会衆は十二万人余りにのぼり、「点伝師」は二十七人、「壇主」は一七五人であった。(100) 一九五〇年六月一日、中共忻県委員会書記、副書記は毛沢東への手紙のなかで、忻県の「反革命の鎮圧」の具体的な内容について報告した。それによれば、一九五一年二月二三日、忻県では三名の地主を処刑する前に、二万人の群衆が参加する批判大会を開いた。人々は次から次へ演壇に上がり、自分がいかに地主にいじめられ、苦しめられたかを告発し、その地主が死ん

表三　山西省一貫道取締統計表

県名	信者数	道会首数	逮捕者数	監禁者数	処刑者数	退道者数	統計時期	出典(頁)※
盂県	4000	150					1950	440
蒲県			7			2200	1955	391
曲沃	13976	783	775	80			1950	353
原平			587			5800	1950	328
応県	4205	58					1950	630
文水		217				30000	1952	695
永済					5	30000	1953	314
孝義	28199	495	22		4		1953	559
陽城					2		1951	264
霊石						13000	1950	394
陽高	20000	1372						611
寧郷		220	19					520
沁水	1000				2		1951	286
広霊			93		4	4768	1951	428
保徳			15	5	3		1953	251
平陸					8		1951	349
交城	12287	268					1950	759
太谷	11460	431	35				1962	600
石楼					1	219	1951	323
和順				3	1		1950	359
偏関	401	12		5	1		1950	684
聞喜		366	33			12288	1950	322
平定				3	4		1958	414
五寨						11360	1952	393
忻県				169		121638	1951	414
嵐県	3867	109		10	8		1951	408
中陽						1863	1950	526
臨猗			96			28000	1950	426
寧武	5361						1950	588
稷山				25	1	14124	1951	393
楡次		576				30000	1951	793
合計	104756	5057	1682	300	44	305260		

※「出典」欄に記されているのはそれぞれの県市（県名欄と同じ）の新地方志のページ数である。(99)

でもなお罪を償うことができないと語った。それ以降、忻県ではほぼ週一回のペースで一万人が参加する批判大会が開かれたが、その様子は、「大会の時は毎回告発する時間が足りません。そこで告発書を書くことにしました。会議が終わった後デモ行進を行います。これは未曽有のことです」と報告されている[101]。忻県の共産党指導部は五月はじめに「反革命の鎮圧」運動を振り返り、「最大の問題は一貫道に対する取締が徹底的に行われなかったことです。組織的に脱会したのが五万人余りで、信者の三分の一にも及びません」と述べている[102]。忻県は「打頭」（主要幹部を処刑すること）、「斬首」（一般幹部を集中教育すること）と「挖根」（会衆に出頭・脱会させること）の方法で、「点伝師」以上の一貫道幹部二十人を逮捕し、七十五人を強制的に出頭させた。公安局が一般会衆に対しては追及しないと明言したため、四二四九人が政府に出頭した。一年余りの取締期間を経て、忻県では一貫道幹部三二三人を逮捕し、そのうち三十二人を処刑、一三七人に監禁、六十三人に強制労働の処罰を与えた[103]。脱会を宣言した信者の数は一二一六三八人にのぼった[104]。

ただし右に言及された忻県の一貫道脱会信者十二万人余りという数字については疑問の余地があろう。自らの功績を讃える手紙を毛沢東に送った忻県共産党委員会の二人の書記の報告に、数字の偽りがなかったと言えるかは疑わしい。二人はさらにこう述べている。「目下われわれは大衆的な脱会を促すために努力しています。今月（六月）上旬、反革命の鎮圧（運動）はだいたい終わる予定です[105]」。最終的な脱会者の人数が十二万人だとすれば、手紙が書かれた一九五一年六月一日現在の脱会者数五万人を除くと、わずか十日足らずの間に残りの七万人余りの脱会手続きを完了させなければならない。何という高い効率であろうか。なお、脱会者の数に関する疑問に関連して、忻県で一貫道以外の宗教結社の信者も一貫道信者として数えられた可能性がないわけではない。しかし、いずれにせよこれらの問題については、ここで論じる余裕はない。

山西省に続いて、毛沢東は察哈爾省の一貫道取締の活動を評価した[106]。察哈爾省では、一九五〇年一一月から一九五一年二月五日までの間、各地で一斉に一貫道に対する捜査を行った。さまざまな形での民衆動員を通じて「一貫道の反革命罪行を暴き」、会衆を脱会させ、法の網から逃れた者を摘発させた[107]。旧察哈爾省の一部であった現在河北省宣化県の場合、一貫道の布教は一九四〇年に始まり、七つの公壇、六十の家壇、二つの総壇が設けられた。五〇四名の「点伝師」の下で、三四五七六名の信者が集まっていた。信者数は県の総人口の一九・五パーセントを占めていた。一九五一年に一貫道取締が開始した後、二三〇名の一貫道主要メンバーが逮捕され、そのうち五十七名が処刑された[108]。

首都北京市では、一九五〇年一二月一九日に一貫道取締の布告が発布されてから、翌年の一月八日までの二〇日間に、二八五五人の「点伝師」・「壇主」・「三才」が政府機関に登録手続きをした。また、九八〇〇〇人余りのメンバーが自主的に脱会した。出頭を拒否し、メンバーの登録を妨害した劉采芹ら二十七名の「点伝師」・「壇主」・「三才」が逮捕された[109]。その後、脱会者の数は一七八〇七四人にのぼり、さらに六一五八人の一貫道主要メンバーが出頭した。また、一貫道頭目のうち、三八一人が逮捕され、四十二人が処刑された[110]。調査の結果、共産党・青年団、および政府機関・企業のなかに一三三五六人の一貫道メンバーがいることが分かり、そのうち、首領が三八〇人、党員七八一人、青年団員一五〇〇人がいた[111]。中共による一貫道弾圧の具体的な措置は処刑・監禁と在宅監視であった。北京市の例では、北京のある刑務所から入手した二百ページに及ぶ建国初期の手記に基づくディケター（F. Dikötter）の最近の研究によれば、収監された四〇〇名の男性犯人は政治犯と一般犯人に分けられ、政治犯の中に一貫道の壇主以上の者が十人含まれていたという。そのうちの一人劉子遠（Liu Ziyuan）は一貫道の教義を宣伝し、九〇〇人の群衆を組織したという罪で十二年の刑を言い渡された。残りの九人の状況も劉と大体同じであった、という[112]。

一九五一年四月、天津市では一貫道に対する厳しい弾圧が始まった。具体的には「控訴会」・宣伝などを通じて一貫道メンバーを脱会させる方式であった。リーバーサル（K. Lieberthal）の研究によれば、この時期天津の会道門脱会者の統計は表四のとおりである。

また、リーバーサルは、四月から五月初めまでの脱会者一五五〇〇人のうち一二六〇六人が一貫道メンバーで、一二月末までの脱会者二十八万人のうち二十一万人が一貫道メンバーであったことも指摘している[113]。

中共の「反革命の鎮圧」が収束段階に入るにつれ、華北地域における一貫道取締は一九五二年にほぼ終結した。しかし、東北・華北以外の地域では、「反動会道門」弾圧はこの時期に本格的に始まった。一九五二年一〇月の全国第五回公安会議において、会道門は「反革命の鎮圧」の重点対象と定められた。中共第三期の「反動会道門」弾圧の進展状況には地域差が見られる。東北地区と華北地区の大部分の地域においては「反動会道門」鎮圧が早い時期に始まったため、この時期は主に「復査」（再審査）・「補課」（追加的弾圧）が行われた。一方、華東地区では、「反動会道門」弾圧が本格的に行われた。安徽省では、一九五四年の統計によると、一貫道は一六一〇の壇と堂、道首五三九六人、道衆一三一八五三人を擁し、省内八つの市、六十以上の県に分布していた[114]。また、中南地区と西南地区では「反動会道門」弾圧の開始が比較的に遅かった。江西省の統計では、七十一の県、市で六三〇〇〇余りの道衆が摘発された[115]。

一貫道弾圧が進むにつれ、一貫道会衆の人数は事前の調査で得た数字をはるかに上回った。四川省では、「点伝師」レベル以上の一貫道幹部の人数は当初一〇七七人と見られたが、一九五三年二月までに、九つの専区と二つの市を対象とした不完全な統計では、

表四　一九五一年四月～一二月天津会道門脱会者数統計

時　期	脱会者数	毎日平均数	累計総人数
4月6―14日	70,000	8,750	70,000
4月15―16日	30,000	15,000	100,000
4月17日―5月4日	55,000	3,055	155,000
5月7日―6月10日	54,000	1,459	209,000
6月11日―12月28日	71,000	355	280,000

出典：Lieberthal, Kenneth G., *Revolution and Tradition in Tientsin*, 1949-1952, Stanford University Press, 1980, p.115.

この数字は当初の約六倍の六五五九人にのぼった(116)。また、会道門は中共の基層部門に食い込んでいる事実も明らかになった。たとえば、南京市郊外の郷村幹部、共産党員、共青団員のうち六九四人が一貫道に参加していた。そのうち、二十五人が「壇主」・四人が「三才」・六六五人が会衆であった。河北省呉橋健達観李村は四人の党支部委員すべてが一貫道に入道しており、「三才」・分壇主などとなっていた。村内十一名の共産党員のうち一貫道に入っていないのはわずか二人であった。こうした状況に鑑み、中共は一貫道組織を徹底的に消滅させるためには長期戦が必要であると認識し、終始一貫道に対する調査・弾圧を「反動会道門」鎮圧の中心に据えたのである。

むすび

以上見てきたように、一貫道組織の源流は明末清初期に遡ることができる。一九三〇年代以降、一貫道は数多くの宗教結社のなかから一躍最大の規模を誇るようになった。その原因は張天然による組織と伝道方法の改革にあると見られる。一貫道組織の拡大は日中戦争の混乱期を背景としたものである。戦時中、一貫道は日本軍の支配下において合法的な地位を与えられなかったが、民間社会において伝道活動を行いながら、各地の傀儡政権の有力者を信者として引き入れた。一方、国民党と共産党は一貫道を「漢奸組織」と見なし、一貫道取締政策を打ち出した。国共両党はいずれも一貫道を政敵の手先と見なしており、双方の一貫道弾圧をめぐる言説には重要な共通点がある。すなわち、一元的な政治体制の確立と、「迷信」打破という近代主義の視点からの一貫道批判・弾圧である。

一九五〇年以降、一貫道は中国大陸と台湾でそれぞれ異なる道を歩んだ。台湾では、紆余曲折を経て、一九八〇年代中期における民主化の進展にともない、それまでは「邪教」と見なされてきた一貫道は合法的な宗教団体としての地位を与えられた。[117]一方、大陸では、一九五〇年代初期、中共が強力な政治統合を通じて自らのイデオロギーを社会の末端に浸透させ、一貫道を「反動会道門」の典型として批判し、それを公の場から排除した。しかし、一九八〇年代以降、中共の強力な支配体制は従来のような社会に対する拘束力を維持することがもはやできなくなった。こうしたなかで、一時期姿を消した一貫道は再び活動するようになった。各地の公安部門によって摘発された「反動会道門」事件のうち、一貫道に関するものがもっとも多い。[118]また、近年一部の地域における一貫道の活動が報じられている。このように、「反動会道門」の典型として厳しい弾圧を受けたにもかかわらず、一貫道は完全に消滅したわけではなく、一部の地域で復活の勢いを見せている。このことは、一元的な政治体制による社会統合の限界を物語ると同時に、一貫道を含む中国の民間宗教結社を研究する人々に新たな課題を提起しているのではなかろうか。

注

（1）　春陽『一貫道是什麼東西』、工人出版社、一九五一年、二頁。訳文は窪徳忠「一貫道補考——『一貫道是什麼東西』の紹介」（『東洋文化研究所紀要』第十一冊、一九五六年一一月）を参照した。

（2）　同右、二三—二五頁。

（3）　同右、三三—三七頁。

（4）　一貫道弾圧に関する一九九八年以前の研究には次のようなものがある。
①窪徳忠「一貫道について」、『東洋文化研究所紀要』第四冊、一九五三年三月。この論文の主な内容は、李世瑜の一貫道研究（李世瑜『現在華北的秘密宗教』、華西協合大学中国文化研究所・四川大学史学系刊行、一九四八年）の紹介である。
②窪徳忠前掲「一貫道補考——『一貫道是什麼東西』の紹介」。
③Lev Deliusin, "The I-kuan Tao society", in Jean Chesneaux (ed.), *Popular Movements and Secret Societies in China*, 1840-

1850, Stanford: Stanford University Press, 1972, pp.225-233. この論文は前出の李世瑜研究を紹介するほか、中共による一貫道鎮圧にも触れている。
④David Jordan, "The Resent History of the Celestial Way: A Chinese Pietistic Association", *Modern China*, Vol.8, No.4, October, 1982, pp.435-462. この論文は台湾でのフィールド・ワークに基づいて書かれたもので、一貫道の歴史にも言及している。
⑤邵雍『中国会道門』、上海人民出版社、一九九七年。この書物は「文史資料」や新聞記事などに基づいて書かれた概説書である。

（5）陸仲偉『一貫道内幕』、江蘇人民出版社、一九九八年。

（6）路遙の『山東民間秘密教門』、当代中国出版社、二〇〇〇年。秦宝琦・晏楽斌『地下秘密王国一貫道的興衰』、福建人民出版社、二〇〇〇年。

（7）張英誉は一九五一年四月に逮捕されてから一九五三年六月に処刑されるまでの二年あまりの間に、およそ二十万字の供述書を自筆し、張天然の家庭、一貫道の組織・活動・主要幹部について詳細に記している。この供述書を含む一貫道幹部の供述書は、台湾で出版された一貫道の歴史に関する書物に記載された事実を覆すに足る貴重な資料である。筆者はこれらの資料の閲覧に際して陸仲偉先生から多大なご配慮を頂いた。ここに記して感謝の意を表したい。

（8）南屏道済『一貫道疑問解答』上巻、山東桓台崇華堂印、年代不明、二―三頁。なお、李世瑜は前掲著書においてこの本に言及しているが、李が読んだのは一九三七年天津崇徳堂刊行のものである。

（9）李世瑜によると、一貫道第八祖以降の順序は次のとおりである。羅蔚群（八代祖）、黄徳輝（九代祖）、呉紫祥（十代祖）、何了若（十一代祖）、袁退安（十二代祖）、楊還虚（十三代祖）、徐還虚（十三代祖）、姚鶴天（十四代祖）、王覚一（十五代祖）、劉清虚（十六代祖）、路中一（十七代祖）、張光壁（十八代祖）、である。十三祖と十四祖の間は陳火精、宋木成、安士道、彭水徳、林金秘の「五老」が共同で司った。馬西沙は、これらの人々のうち、姚鶴天を除いてすべてが実在した人物であると指摘し、一貫道が羅教の一支派である東大乗教と円頓教に由来したと断定している（馬西沙・韓秉方『中国民間宗教史』、上

海人民出版社、一九九〇年、一〇九二―一一六七頁)。

　日本人研究者の間では一貫道の起源について意見が分かれている。佐藤公彦は、一貫道は清朝の同治、光緒年間一貫道第十五代祖王覚一によって、先行する金丹道・青蓮教・八卦教の伝統を基礎として創設した民間宗教であると指摘している(佐藤公彦「清代白蓮教の史的展開――八卦教と諸叛乱」、青年中国研究者会議編『続中国民衆叛乱の世界』、汲古書院、一九八三年)。それに対して、浅井紀は一貫道は清中期嘉慶・道光年間に「林依(金)秘以後青蓮教より分派したもの」と考える(浅井紀『明清時代民間宗教結社の研究』、研文出版、一九九〇年、四二三頁)。
(10)　一貫道がいつ「五教合一」の思想を教義に取り入れたかは資料の制約により不明である。私見によれば、これは路中一が教祖になってからのことと思われる。
(11)　無線痴人(郗書暄)『一貫道新介紹』、崇華堂、一九四〇年、一―二頁。
(12)　「山東に於ける宗教結社の現勢」、興亜院『情報』第十二号、一九四〇年二月一五日、六三頁。
(13)　同右、六四頁。
(14)　興亜院宗教協会編『華北宗教年鑑』、一九四一年、四九八―五〇四頁。
(15)　李世瑜前掲書、四五頁。
(16)　前掲『一貫道疑問解答』、上巻、二三―二四頁。窪徳忠前掲「一貫道について」、一九四―一九五頁。
(17)　鄭志明『無生老母信仰溯源』、台湾文史哲出版社、一九八五年。
(18)　一貫道が刊行した著作のなかでは一貫道の系譜を古代まで遡るものが多い。しかし、そのほとんどの記載は歴史的事実とは思えない。この点については、一貫道を弁護する立場を取る台湾の宋光宇も認めている(宋光宇『天道鈎沉』、出版社不明、一九七三年、一〇一頁)。
(19)　無線痴人前掲書、七―八頁。
(20)　「山東省魯西道各県事情」(下)、興亜院『調査月報』第二巻第四号、一九四一年四月、一二七頁。
(21)　前掲「山東に於ける宗教結社の現勢」、六五頁。

(22)「岳之謙筆供」、一九五〇年三月一一日。
(23)「扶乩」については、許地山『扶箕迷信的研究』（商務印書館、一九九九年）を参照。
(24)前掲『一貫道疑問解答』上巻、一九頁。
(25)張天然の改革は主に教義の通俗化と儀式の規範化の二つの面から行われた。それについては前掲『一貫道疑問解答』と『暫定仏規』（崇華堂、一九三九年）を参照のこと。
(26)秦宝琦・晏楽斌前掲書、三八〇—三九一頁。
(27)無線痴人前掲書を参照。
(28)中国第二歴史档案館所蔵華北政務委員会総署檔「華北乙種宗教団体調査表・山西省」、一九四二年。
(29)「仙仏班」、「炉会」、「三才訓練班」などについて、秦宝琦・晏楽斌前掲書（三九二—三九八頁）を参照。
(30)張光華「一貫道大道首張天然」、『河北文史資料』編輯部編『近代中国幇会内幕』（下巻）、群衆出版社、一九九二年、一三七頁。
(31)「陳恩覃悔過書」、一九五〇年六月一七日。
(32)「岳之謙筆供」、一九五〇年三月一一日。
(33)陸仲偉前掲書、一一九頁。
(34)南京市檔案館所蔵「中華道徳慈善会理監事姓名簡歴名冊」、一九四七年八月六日。
(35)古肱「重慶的『一貫道』」、『重慶文史資料』第二十三輯、一九五頁。王同「反動一貫道及其罪悪活動」、『済寧文史資料』第一輯、一九八五年、一二七頁。
(36)孫素真を妾に迎えた後、張天然は本妻および息子張英誉と激しく対立した。張英誉の自白書によれば、張天然は死ぬまで二人の妻の間で揺れ動いていた。
(37)李世瑜前掲書、三二頁、四九頁。
(38)前掲『一貫道疑問解答』上巻、六—七頁。

（39）「張英誉自白書」を参照。古肱前掲文、一九七頁。王同前掲文、一三二頁。

（40）一貫道の三つの「罪状」は、一九八〇年代中国各地の文史資料に掲載されている解放初期の一貫道に関する九十五篇の文章（筆者の統計による）にも共通して見られる。

（41）台湾では一貫道関係の著作が数多く出版されている。代表的なものとして、宋光宇前掲『天道鈎沈』と林万伝『先天道研究』（靝巨書局、一九八六年）を参照のこと。

（42）春陽前掲書、二三—二五頁。

（43）前掲「山東に於ける宗教結社の現勢」、六四頁、六六頁。また、王同の「反動一貫道及其罪悪活動」（『済寧文史資料』第一輯、一二八頁）にも同様な内容が言及されている。しかし、一貫道側の史料によると、郝書暄は、「漢奸」になってから一貫道の組織と距離をおくようになったという（前掲「岳之謙筆供」）。

（44）「李麗久自白書」による。秦宝琦・晏楽斌前掲書付録三を参照。David Jordan, op. cit., pp.444-445. 漸佳「鎮江『一貫道』真相」、『鎮江文史資料』第十三輯、一九五頁。

（45）ただし、これらの協力者が一貫道に入信した動機はさまざまである。たとえば、李麗久、褚民誼は「漢奸」としての苦悶を解消するために入信した。これについては「李麗久自白書」を参照のこと。

（46）一貫道と傀儡政権上層部との人的なつながりも否定できないが、この点に関する解放後の一貫道批判には事実に反するものも含まれている。たとえば、春陽前掲書には江朝宗が一貫道の一員であったとの記述があるが、江はかつて北京政府の国務院総理代理で、戦時中北京市長に就任した人物である（『華北各界主要人物略歴』、茂川機関、一九三七年、九〇頁）。また、江本人は秘密宗教結社悟善社の首領であった。悟善社は一貫道と性格が異なった結社であり（末光高義『支那の秘密結社と慈善結社』、満州評論社、一九三二年）、その首領が一貫道に入道することは常識として考えにくいものである。

（47）「青島に於ける支那側宗教活動情況調査」、興亜院『調査月報』第三巻第四号、一九四二年四月、一一二頁。

（48）Willem A. Grootaers, Une société secrète moderne I-kuan Tao: bibliographie annotée, *Folklore Studies* 5: 1946. p.316. 窪徳忠前掲「一貫道について」、一七四—一七五頁を参照。

(49) 李世瑜前掲書、八頁。
(50) 「山西省に於ける教育宗教の現況」、大東亜省『調査月報』第一巻第六号、一九四三年六月、一八九—一九四頁)。
(51) 春陽前掲書、二七—二八頁。
(52) 第二歴史檔案館所蔵内政部史料、「査禁邪教布告」(一九二八年一〇月二二日)。
(53) 末光高義前掲書、二〇九頁。
(54) 「張英誉自白書」を参照。張光華「一貫道大道首張天然」、『河北文史資料』編輯部編『近代中国幇会内幕』(下巻)、群衆出版社、一九九二年、五五七頁。なお、この事件について、春陽前掲書は張が「邪教活動を宣伝し拘禁された」としている。春陽前掲書、四〇頁。一方、一貫道の「老前人」であった王効峰は後に書いた回想文のなかで、国民党政権が一貫道を「一心天道龍華聖教会」と間違えて、張天然を逮捕したと記述している(王効峰「一貫道内幕」、『湖北文史資料』第四十五輯、一九九四年)。
(55) 「神祠存廃標準」、一九二八年一一月、内政部、立法院編訳処編『中華民国法規彙編』、一九三四年、八一二頁。また、南京国民政府の宗教認識に関しては、張振之『革命与宗教』(民智書局、一九二九年)を参照のこと。
(56) 秦宝琦・晏楽斌前掲書、二七五頁。
(57) 前掲「岳之謙筆供」。
(58) 戦後の中国国民党政権と秘密結社との関係については、筆者の以下の論文を参照。「戦後権力再建における中国国民党と幇会(一九四五～一九四九年)」(一)、(二)『愛知大学国際問題研究所紀要』第一一四号(二〇〇〇年一二月)、第一一六号(二〇〇一年九月)。
(59) 第二歴史檔案館所蔵社会部史料、「趙裕波借崇華堂之名暗中進行一貫道活動的報告」(鎮江県政府、一九四五年一一月二〇日)。
(60) 第二歴史檔案館所蔵社会部史料、「社会部都字第二五四〇号取締一貫道密令」(一九四六年一月一一日)。
(61) 第二歴史檔案館所蔵社会部史料、「一貫道内幕調査情形」(一九四六年一月)。また、この調査の内容は「一貫道罪悪滔天」を題して『救国日報』に掲載された。『救国日報』一九四六年一月一四日。

(62)「浙余華発現邪教一貫道」、一九四六年一月二〇日、中央情報統計局編『党政情報』。
(63)南京市檔案館所蔵社会部史料、「発文京組四字第〇二〇一七三号準予組織中華道徳慈善会」(一九四七年一月六日)。
(64)古肱前掲文、一九六―一九七頁。
(65)第二歴史檔案館所蔵内政部史料、「査禁民間不良習俗辦法」、一九四八年九月七日。
(66)江蘇省呉江県檔案館蔵「為呈一貫道領袖朱慶遠、孫瑞堂二名仰祈鑑賜訊辦由」、呉江県政府、一九四九年一月。
(67)「冀魯豫区党委関於会門問題向中央局的報告」、中共冀魯豫辺区党史工作組辦公室編『中共冀魯豫辺区党史資料選輯』第三輯文献部分(下)、山東大学出版社、一九八九年、六七頁。
(68)何鳳嬌編『台湾省警務檔案彙編』(民俗宗教篇)、国史館、一九九六年。
(69)窪徳忠・西順蔵編『中国文化叢書』(六)、「宗教」、大修館書店、一九六七年、三〇三頁。
(70)古肱前掲文、二一五頁。また、周子懐「旧衡陽的一貫道活動概況」(『衡陽文史資料』第八輯、一九八八年、二二六頁)も参照のこと。
(71)同右、二一六頁。
(72)「厳懲怙悪不悛的一貫道道首」、『人民日報』一九五一年一月一一日。
(73)「甘寧青道会門組織与活動情況」、一九五一年八月一八日。
(74)「河北人民擁護政府堅決鎮圧反革命」、『人民日報』一九五一年四月七日。「漏網的反動会道門頭子的陰謀」、『人民日報』一九五一年六月五日。
(75)前掲「甘寧青道会門組織与活動情況」。
(76)毛之範・張宗徳「記一貫道罪証展覧」、『人民日報』一九五一年三月三日。
(77)前掲「甘寧青道会門組織与活動情況」。
(78)古肱前掲文、二一七頁。
(79)張永海「一貫道在我県的活動情況及取締経過」、『老河口文史資料』第三輯、一九八一年、六九頁。

(80) 漸佳前掲文、一九六頁。
(81) 宋清雲・呂静「棗強県『一貫道』概況」、『棗強県文史資料』第四輯、一九九〇年、二一六頁。
(82) 貴陽市公安局、史志辦「取締反動道門——一貫道」、『貴陽文史資料選輯』第二十七・二十八合輯、七五頁。
(83) 前掲「甘寧青道会門組織与活動情況」。
(84) 林偉森「一貫道在撫順的活動」、『撫順文史資料選輯』第十輯、二九一頁。
(85) 周子懐前掲文、二二五頁。
(86) 龍正中「大足取締一貫道簡述」、『大足文史資料』第四輯、一九八八年、九七頁。
(87) 張永海前掲文、七〇頁。
(88) 龍正中前掲文、九七頁。
(89) 「解散所有会道門封建迷信組織的布告」、一九四九年一月四日。
(90) Kenneth G. Lieberthal, *Revolution and Tradition in Tientsin*, 1949-1952, Stanford: Stanford University Press, 1980, p.109.
(91) 「冀魯豫区党委関於安定社会秩序保衛生産建設的指示」、一九四九年三月三日、前掲『中共冀魯豫辺区党史資料選輯』第三輯文献部分（下）、四八三頁。
(92) 李万啓「北京取締一貫道全過程紀実」、趙凱編『民国幇会：秘聞与紀実』、団結出版社、一九九四年、一五九—一六〇頁。
(93) 邵雍『中国会道門』、上海人民出版社、一九九七年、四四二頁。
(94) 代県地方志編纂委員会編『代県志』、書目文献出版社、一九八八年、四七五頁。
(95) 「西北局関於開展反対一貫道活動的工作指示」（一九五〇年九月二五日）、『党的文献』一九九六年第四期、一一頁。
(96) 劉少奇「関於開展反対一貫道活動給西北局的信」（一九五〇年一〇月一九日）、同右、一〇頁。
(97) 「中央転発山西省委関於取締一貫道的情況報告的批語」（一九五一年一月二四日）、『建国以来毛沢東文稿』第二冊、中央文献出版社、一九八八年、七一頁。
(98) 同右、七一—七二頁。

（99）新地方志の書名は以下の通りである。
盂県史志編纂委員会編『盂県志』、方志出版社、一九九五年。
曲沃県志編纂委員会編『曲沃県志』、海潮出版社、一九九一年。
蒲県県志編纂委員会編『蒲県志』、中国科学技術出版社、一九九二年。
原平県志編纂委員会編『原平県志』、中国科学技術出版社、一九九一年。
応県志編纂委員会編『応県志』、山西人民出版社、一九九二年。
李培信主編『文水県志』、山西人民出版社、一九九四年。
永済県志編纂委員会編『永済県志』、山西人民出版社、一九九一年。
孝義県志編纂委員会編『孝義県志』、海潮出版社、一九九二年。
陽城県志編纂委員会編『陽城県志』、海潮出版社、一九九四年。
山西省霊石県志編纂委員会編『霊石県志』、中国社会出版社、一九九二年。
郭海主編『陽高県志』、中国工人出版社、一九九三年。
寧郷県志編纂委員会編『寧郷県志』、新華出版社、一九九二年。
沁水県志編纂辦公室編『沁水県志』、山西人民出版社、一九八七年。
山西省広霊県県志編纂委員会編『広霊県志』、人民出版社、一九九三年。
保徳県志編纂辦公室編『保徳県志』、山西人民出版社、一九九〇年。
平陸県志編纂委員会編『平陸県志』、中国地図出版社、一九九二年。
交城県志編写委員会編『交城県志』、山西古籍出版社、一九九四年。
太谷県志編纂委員会編『太谷県志』、山西人民出版社、一九九三年。
石楼県志編纂委員会編『石楼県志』、山西人民出版社、一九九四年。
和順県志編纂委員会編『和順県志』、海潮出版社、一九九三年。

山西省偏関県志編纂委員会編『偏関県志』、山西経済出版社、一九九四年。
聞喜県志編纂委員会編『聞喜県志』、中国地図出版社、一九九三年。
平定県志編纂委員会編『平定県志』、社会科学文献出版社、一九九二年。
山西省五寨県志編纂辦公室編『五寨県志』、人民日報出版社、一九九二年。
山西省忻州市地方志編纂委員会編『忻県志』、中国科学技術出版社、一九九三年。
康茂生主編『嵐県志』、中国科学技術出版社、一九九一年。
中陽県志編纂委員会編『中陽県志』、山西人民出版社、一九九六年。
臨猗県志編纂委員会編『臨猗県志』、海潮出版社、一九九三年。
寧武県志編纂委員会辦公室編『寧武県志』、山西人民出版社、一九八九年。
稷山県志編纂委員会編『稷山県志』、新華出版社、一九九四年。
山西省楡次市志編纂委員会編『楡次市志』、中華書局、一九九六年。

(100)　山西省忻州市地方志編纂委員会編『忻県志』、中国科学技術出版社、一九九三年、四一四頁。王子成、陳継栄「就忻県鎮反工作情況給毛主席的信」（一九五一年六月一日）、『忻州文史資料』第五輯、一九八九年一〇月、三八頁。

(101)　王子成・陳継栄「就忻県鎮反工作情況給毛主席的信」、同右、三七頁。

(102)　同右、三八頁。

(103)　武秉謙・于顕「一貫道在忻県的活動及被取締情況」、『忻州文史資料』第五輯、一九八九年一〇月、五九—六一頁。

(104)　前掲『忻県志』、四一四頁。

(105)　王子成・陳継栄前掲「就忻県鎮反工作情況給毛主席的信」、同書、三八頁。

(106)　「中央転発察哈爾省関於取締一貫道的情況報告的批語」（一九五一年二月二一日）、前掲『建国以来毛沢東文稿』第二冊、一三三頁。

(107)　同右、一三二—一三三頁。

（108）宣化県地方志編纂委員会編『宣化県志』、河北人民出版社、一九九三年、六八九—六九〇頁。

（109）「京逮捕劉采芹等二十七人」、「厳懲怙悪不悛的一貫道道首」、『人民日報』一九五一年一月一一日。

（110）李万啓前掲文、一六八頁。

（111）Frank Dikötter, "Crime and Punishment in Post-Liberation China: The Prisoners of a Beijing Gaol in the 1950s", *The China Quarterly*, March 1997, No.149, p.151.

（112）Ibid.

（113）Kenneth G. Lieberthal, *Revolution and Tradition in Tientsin*, p.116.

（114）安徽省地方志編纂委員会編『安徽省志・公安志』、安徽人民出版社、一九九三年、一八七頁。

（115）江西省公安志編纂委員会『江西省公安志』、方志出版社、一九九六年、一八九頁。

（116）「中共中央転発羅瑞卿関於取締反動会道門情況的報告」（一九五三年二月一八日）、『党的文献』一九九六年第四期、一八頁。

（117）林本炫「一貫道与政府之関係——従査禁到合法化」、鄭志明編『宗教与文化』、台湾学生書局、一九九〇年、三一五—三三六頁。

（118）一九八〇年以降、一貫道の活動は再び活発になった。公安部門の統計によると、一九八三年に全国一九の省、市で摘発された四四の「反動会道門」案件の約三分の一が一貫道に関するものである（公安部一局編『反動会道門簡介』、群衆出版社、一九八五年、六〇—六一頁）。また、譚松林・彭邦富主編『当代会道門・当代黒社会組織』（『中国秘密社会』第七巻、福建人民出版社、二〇〇二年）も参照のこと。

1、晩年の黄金栄――かつて自らが経営した上海「大世界」娯楽場の前で掃除する姿（上海市檔案館所蔵）

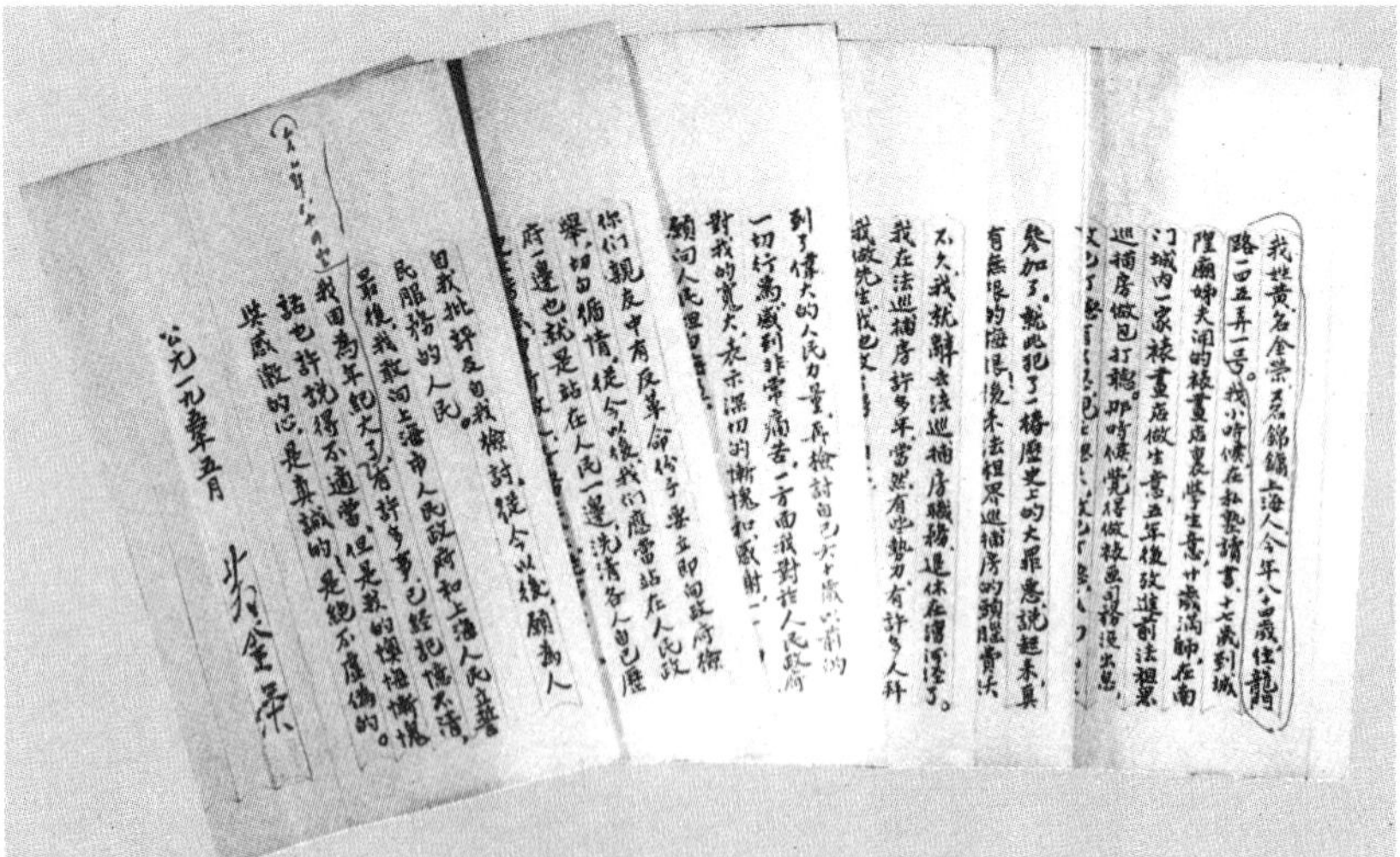

2、黄金栄の自白書（上海市檔案館所蔵）

3、一貫道批判大会の光景（白希編著『大鎮圧』、金城出版社、二〇〇〇年）

4、閻錫山「民衆山」のメンバー吉岡二郎氏が所蔵した会簿（表）

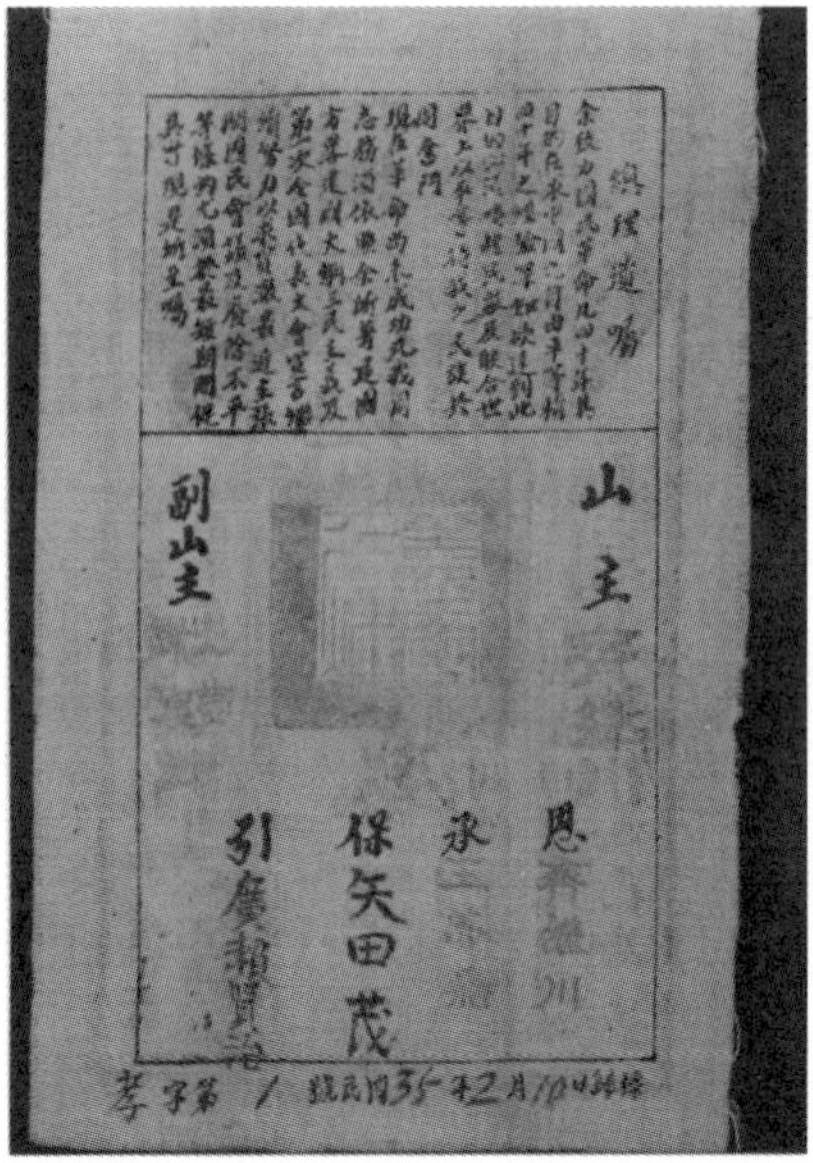

5、吉岡二郎氏所蔵会簿（裏）

終章

以上、本書は中国／中共革命と秘密結社との関係を切り口に、二〇世紀前半期の中国における革命の起源と展開の歴史の表象の一側面を描いた。

カルヴァート（P. Calvert）はその著『革命と反革命』の冒頭で、「重要な概念であるほど濫用されがちである」と述べている。[(1)] 「革命」という言葉もその一つである。中国では、一九世紀末に“revolution”＝「革命」という言葉が社会的、政治的意味を賦与され、現代中国語の単語として広く使われ始めてから、この言葉は二〇世紀中国の歴史を理解するうえでもっとも重要な概念の一つとなった。二〇世紀前半期における中国の革命の歴史は、長い間、中共指導下の大衆動員による暴力革命から未曾有の社会大変革までのプロセスとして描かれてきた。しかし、中国革命をその発生・展開の歴史的文脈の中でもう一度考察してみれば、そのような明晰な「革命像」には曇りが生じてくる。本書の考察からいえば、中共の秘密結社言説は「革命」／「反革命」の二律背反を内包しており、中共と秘密結社との関係は「動員」／「弾圧」の主旋律に沿って展開されていた。なぜ中共革命がこのような自己矛盾の性格を持っているのか。これについて、筆者は序章のなかで革命言説、場の革命および革命史の叙述という三つの問題を提起した。

以下では、各章の内容を総括しながら、これらの問題について、本書を通じて得た知見を述べたい。

一　革命言説の「緊張」

本書の第Ⅱ部では、革命という言葉の定義の不確定性の問題を提起した。秘密結社と近代中国の革命との関係は、清末の「排満革命」に端を発した。満州人支配の打倒を目指す革命派は、秘密結社を反満革命の戦略に取り入れるため、秘密結社の「反清復明」の伝統を誇張し、秘密結社に新たな民族・種族の要素を注ぎ込んだ。民国成立後も、孫文は袁世凱の独裁支配を打倒するため、海外の洪門を「政治革命」の性格を有する組織と見なした。清末民初期において、革命派は秘密結社に「革命性」を賦与することによって、秘密結社の組織を革命の原動力に転じようとした。しかし、強調しなければならないのは、辛亥革命前後の秘密結社は、「実体」としても、人間関係のネットワークとしても、真の意味での「大衆運動」であったとは言えない、ということである。

一九二〇年以降、共産主義知識人はマルクス主義理論を用いて中国社会をいくつかの階級に分類し、そのうち人口の大多数を占める民衆を動員しようとしたが、多くの近代的工場が立ち並ぶ上海で階級理論だけで労働者を動員することはできなかった。彼らにとって、労働者のなかの幇会結社は避けて通れない存在であった。幇会結社について、当時の共産主義知識人は次のような認識を持っていた。すなわち、幇会結社のメンバーの大多数は工場で働く労働者であり、これらの群衆の階級意識を呼び起こすことができれば、彼らを通じて労働組合を結成し、ストライキ闘争を行うことができる、ということである。このように、「幇会結社」は中共の革命言説の一部になったのである。

共産党の革命路線が都市中心から農村中心に転換した後、中共は農村地域でさまざまな秘密結社と関わりを持つようになった。本書第三部は、異なる時期の五つの歴史的断面を通じて、秘密結社をめぐる中共の革命／反革命言説について検討した。総じていえば、中共の階級分析の理論において、秘密結社はルンペン・プロレタリアート階級と農民階級の二つに分類された。まず、第一に、ルンペン・プロレタリアートおよび彼らを主体とする秘密結社・土匪に対する基本的な認識は、毛沢東の一九二六年一月の「中国農民各階級の分析および革命に対する態度」と題した文章に端的に表わされている。それによれば、中国の農村には次の八つの階級が存在している。①大地主、②小地主、③自耕農、④半自耕農、⑤半益農（農具を有する小作農）、⑥貧農、⑦雇農と郷村手工業者、⑧遊民。そのうち、①と②は反革命的な階級であり、③〜⑦は革命の階級であり、⑧は革命と反革命の間で揺れ動く階級である。また、⑧の遊民階級に含まれる兵（元兵士）・匪（匪賊）・盗（盗賊）・丐（乞食）・娼（売春婦）は「もっとも生活の不安定な人々であり、各地に組織を持っている。たとえば福建・広東の三合会、湖南・湖北・貴州・四川の哥老会、安徽・河南・山東などの大刀会、河北と東三省（遼寧省・吉林省・黒龍江省）の在理会、上海などの青幇である。これらの組織は彼らの政治的、経済的闘争の相互扶助的機関である」、という。[2]しかし、本書の第一章で見たように、三合会・哥老会・大刀会などの組織はすべて遊民を主体とするものとは限らないし、各組織の構成や信仰も大きく異なっている。秘密結社＝遊民の組織という毛沢東の分類法は、少なくとも秘密結社に関しては、そのまま適用することは困難である。

しかし、秘密結社をルンペン・プロレタリアートを主体とする組織と規定したことは、中共の革命において重要な意味を持っている。ルンペン・プロレタリアートが革命と反革命との間で揺れ動く存在であるならば、彼らを主体とする秘密結社も当然革命的と反革命的との両面性をもつ組織になる。第六章と第七章で見たように、一九二七年、国共両党の合作関係が決裂し、中共が国民党への武装抗争に方針転換したことを背景に、上述の毛沢東の秘密結社認識は一時期中共党内において主流を占めることになった。ところが、一九二八年に開かれた中共「六大」において階級革命のイデオロギー的な側面が強調されたことから、ルンペン・プロレタリアートを主体とする秘密結社・土匪は反革命的な存在と見なされ、革命から排除されるようになった。無論、革命言説の転換が必ずしもただちに革命の実践に反映されるとは限らない。実際に、第六章、第八章の事例分析が示したように、中共の多くの地方組織は依然として「六大」以前の路線を踏襲していた。

一九三五年一二月、毛沢東が率いる紅軍は「長征」を終えて陝北高原に到達した。それ以前、劉志丹をはじめとする陝西省、甘粛省出身の共産党幹部は哥老会や土匪と密接な関係を持っていた。哥老会や土匪の革命性をめぐって、劉志丹と中共中央の路線を代表する陝西省委員会の幹部は激しく対立した。これに対し毛沢東はそれまでの陝甘革命の路線を柔軟に受け継ぎながら、革命部隊の土着化をはかった。具体的には、抗日ナショナリズムを通じて哥老会メンバーを中共の革命運動に参加させようとしたのである。

日中戦争勃発後、華北（第九章）・華中（第十章）地域に入った中共はルンペン・プロレタリアートを動員し、彼らを抗日戦争に参加させようとした。彭真は、抗日根拠地建設の初期段階に一般民衆が観望していたのと対照的に、ルンペン・プロレタリアートは「情報の獲得が早く、嗅覚が鋭く、家族の累もなく、社会に対する期待も少ないため、率先して少数の積極的な革命分子と合作し、革命の先駆けとなった」と述べ、彼らの革命的な性格を評価した。(3) しかし、ソビエト政権期と同様に、抗日戦争期においても、中共の根拠地が建設されると、中共はイデオロギーの統一性と組織の整合性を維持するため、再びルンペン・プロレタリアートの反革命的な性格を強調するようになった。

第二に、農民階級が革命の主体であるという毛沢東と中共中央の認識からすれば、農民を主体とした秘密結社も、当然革命的な性格を有することになる。しかし、実際には、第六章で見たように、中共の革命に対して、紅槍会のような農民を主体とした秘密結社の態度は消極的で、時には中共に対立的であった。中共によれば、その原因は次の二点にある。一つは、紅槍会の政治的態度は紅槍会をコントロールした地主に左右されていた。もう一つは、農民たちは明確な階級意識を持たず、支配階級のイデオロギーにコントロールされていた、ということである。毛沢東によれば、農民階級は政権・族権・神権・夫権に束縛されている。[4]一九三五年、中共の著名な革命家方志敏は獄中で次のように鋭く指摘している。すなわち、農民階級が反抗することを知らず、反抗する勇気を持たないのは、根本的には、支配階級が宗教・文化・教育などあらゆる「精神的アヘン」をもって農民を支配しているからである。[5]農民の階級意識の欠如に悩まされた中共は、ここでグラムシ（A. Gramci）の言う文化的ヘゲモニーの問題に直面していたのである。革命の主体となるはずの農民階級が中共の革命に対して消極的な態度を示した時、中共は階級分析の方法を用いて、秘密結社の内部を革命と反革命の二つに分類した。その一例として、中共は紅槍会の少数の首領に対する一般メンバーの宗教的な迷信を打破し、紅槍会内部において階級闘争を引き起こすために宣伝を繰り返していた。

言うまでもなく、中共の秘密結社動員の理論的根拠となった階級理論は、中共のイデオロギーの産物である。これに対して、中共の秘密結社認識はそれぞれの時期の中共の革命戦略と密接に絡み合っていた。革命戦略が変わるたびに、革命の担い手も変化する。陳永発は、中共は人々の経済的地位よりも、彼らの政治的意識と現実の行動を基準に階級区分を行っていたと指摘した。[6]この点は本書においても証明されている。ただし、一つ補足しておきたいのは、中共は秘密結社の政治的態度と行動だけではなく、革命闘争の現実的ニーズからも秘密結社に革命／反革命の性格を賦与していた、ということである。八路軍（第九章）・新四軍（第十章）が根拠地の紅槍会・大刀会を反革命的組織、日本軍占領地域の紅槍会を革命的組織と見なしたことからも分かるように、中共の秘密結社政策は一貫したものではなく、その時その時の具体的な政治的状況に応じて変化している。硬直したイデオロギー原則と変化に富む現実的策略との間のこのような「緊張」関係を反映して、中共革命の各段階において、秘密結社に対する中共の政策は「革命／反革命」、「動員／弾圧」の繰り返しという様態を呈している。実際に、秘密結社が中共革命の一員になった後、このような緊張関係は中共革命の「内部問題」に転じることになる。そのため、ほとんどすべての革命根拠地は二つの難しい問題に直面していた。第一は、イデオロギーをめぐる政治的正確さ（political correctness）を代表する中共中央とそれぞれの地域の独自性を代表する党の地方組織との間の対立である。第七章で扱った井岡山根拠地の袁文才・王佐殺害事件、第八章で取り上げた劉志丹らの逮捕、殺害事件は、いずれもこのような緊張関係の現れである。とりわけ袁文才・王佐殺害事件は、イデオロギーをめぐる対立が地域社会に存在していた従来の対立と絡み合った時に、中央と地方の党組織間の関係が一層緊張を増すことを背景としている。第二に、秘密結社をめぐる中共の革命言説は頻繁に起こる党内の「政治闘争」にも反映されている。中共の革命叙述において、党内の政治闘争はしばしば「左傾」と「右傾」の間の路線闘争として解釈されている。革命の「純潔性」を保つために、イデオロギーをめぐる政治的正確という立場から、秘密結社を含む党内のあらゆる立ち遅れた政治意識の影響を受けたルンペン・プロレタリアート、農民を革命組織のなかから取り除こうとする時には、「左傾」の革命言説が用いられることになる。

革命言説の緊張は以下の三つの対立を孕んでいる。①革命言説と革命現実との間の緊張。言い換えれば、それは、いかに革命を社会化しながらも革命が社会に同化されるのを防ぐべきか、という問題である。②中央―地方の革命言説の間の緊張。具体的には、中共中央の革命言説は一元的、均質的な革命を目標としていたのに対して、地方の党組織はそれぞれの地域の多様性と差異性の問題に直面していた。③中央―地方の党組織間の革命言説をめぐる緊張は、党内の政治闘争の形で表されている。秘密結社との関係についていえば、革命言説における以上の三つの緊張は、「革命／反革命」、「動員／弾圧」の二律背反の形で現れる。革命言説に内在したこのような緊張関係が緩和された時、中共革命は柔軟かつ開放的な性格を呈する。その場合、中共は複雑な情勢に対応し、革命と関わりをもつ人々や組織を革命運動のなかに取り入れることによって革命を広げようとした。逆に、革命言説に内在する緊張関係が強化された時には、中共革命は硬直かつ閉塞的な一面を露呈する。その場合、中共は革命の方向性を失うのを防ぐために、地域社会の特徴に基づいて革命の実践を疑問視する傾向が顕著である。前者は、革命がいかに秘密結社を含む大衆と関わりをもち、革命を社会運動に発展させるべきか、という問題である。それに対して、後者は、革命組織の「真正さ」を保ち、革命の目標を実現させるために、いかに秘密結社のメンバーを含む「大衆」を教育・訓練すべきか、という問題である。

本書の実証分析が示したように、革命言説の緊張は強化と緩和を交互に出現した。中共の革命叙述のなかではそれぞれ「左傾」（党内闘争の拡大化）と「右傾」（革命の土匪化）と表現されている。こうした左右の両極をもつ党の組織はつねに高度な緊張状態にあり、このことは党の組織にプラスな効果をもたらした。共産党という政治組織の本質に由来した革命言説の緊張が中共の組織を作りあげたのであり、中共そのものも革命言説の緊張の産物と言っても過言ではなかろう。そして、それは中共が絶えず党の路線や策略を調整する手段でもあった。これは中共がさまざまな変化に対応でき、戦闘力を保つ秘密でもあった。

二 「媒介」としての秘密結社

中共の革命実践において、秘密結社をめぐる革命言説の緊張に由来した「革命／反革命」の二律背反は、秘密結社に対する「動員／弾圧」の繰り返しをもたらした。このような言説と実践の自己矛盾が生じたのは、前述の「革命言説」に内在した緊張に由来したほか、「差異装置」としての秘密結社が革命の実践において異なる「媒介」としての意味を賦与されたこととも関係している。

社会学者ギデンス（A. Giddens）が指摘したように、革命は「大衆運動の指導者が多くの場合、暴力の使用を通じて政治的権力を奪取し、その結果、奪取した権力を用いて大規模な社会変革を起こすことである」[7]。これについて、前出のカルヴァートは、ギデンスの「革命」定義は中共の革命に相応しいものであると指摘した[8]。確かに、ギデンスの定義は中共革命にも適用できるものである。しかし、「大衆運動」はどのように発生したのだろうか。指導者や政党と「大衆運動」との間に「媒介」が存在したのだろうか。もし存在したとすれば、大規模な「社会変革」はどのような媒介を通じて展開されたのだろうか。ギデンスの「革命」定義からは、これらの問題の解答を引き出すことはできない。

本書の序章で筆者は「場」の問題について言及している。筆者のいう「場」は実体としての地域社会ではなく、ある種の「社会的結合」や「社会的関係」を意味する。中共は革命の「社会的結合」や「社会的関係」を構築する際に、つねにある種の「媒介」を必要とした。革命言説のなかで、差異装置としての「秘密結社」は「革命／反革命」の意義を賦与されるだけではなく、革命の実践においても革命の動員と統合の媒介としての意義を賦与されていた。

まず、民衆動員の媒介としての秘密結社について見てみよう。革命の指導者や政党と大衆との間に「媒介」というものが存在するかどうかという問題は、従来の研究では言及がないわけではない。それは、現在も主流を占めている「反乱―革命」をめぐる歴史叙述である。しかし本書第一章で指摘したように、「反乱」と「革命」はけっして直線的な関係ではない。また、「反乱」は秘密結社の「伝統」の一つの特殊な側面に過ぎず、秘密結社が「反乱」を起こしたからといって秘密結社を一概に「反社会的」、「反体制的」な存在と見なすべきではない。

本書でいう「媒介」作用はより広汎な民衆動員に対応するものである。本書では、差異装置としての秘密結社の概念を中立化し、秘密結社を「人間関係のネットワークの結節点」と定義している。中共は、秘密結社が下層社会もしくは社会の周縁的な存在であるという認識から秘密結社に関心を示した。しかし、より重要なのは、中共が、社会の主流と周縁をまたがる秘密結社の人的ネットワークに注目していた、ということである。第五章の考察が示したように、一九二〇年代初期、李啓漢と李立三は青幇と洪幇の「拝老頭子、做小兄弟」を通じて、労働者に接近することに成功した。しかし、労働組合が設立され、勢力が拡大すると、共産党は労働組合を拠点に労働運動を行うようになったことを意味する。中共が一九三六年に西北地域で哥老会大会を開いたことも、哥老会のネットワークを通じて革命の土着化をはかった。馬頭山大会後、中共は「蘇区」と「白区」を空間的に区分し、哥老会に対して異なる戦略を練った。中共は根拠地内の哥老会を「蘇区」の支配秩序に統合する一方、「白区」の哥老会にはエールを送った（第八章）。このような秘密結社戦略は、抗日戦争期の華北・華中地域における中共革命の実践に影響を与えた。八路軍が活動する華北地域において、中共は日本軍占領地域とその隣接地域で秘密結社と秘密結社のネットワークを利用して日本軍と戦った（第九章）。一方、政治的関係がより複雑であった長江下流地域では、勢力が弱かった新四軍は幇会を利用して敵の勢力を分裂させ、極端な場合は組織の安全のために自ら幇会組織の結成まで行っていた（第十章）。

本書は革命動員を行う際の秘密結社の「媒介」作用について論じる際、中共と秘密結社の双方向的な選択を強調した。従来の研究では、第六章で引用したホブスボームの「社会的土匪」という概念をめぐって意見が分かれてきた。一部の先行研究と同様に、筆者は「社会的土匪は拒んで屈従しない農民であって、革命者ではない」というホブスボームの主張に否定的な態度を持っている。私見によれば、「社会的土匪」という概念は異なる土匪集団を区別する際の分析方法としては有効であるが、ホブスボームがイメージしたような典型的な「社会的土匪」はおそらく現実の社会には存在しない。したがって、「社会的土匪」は実質的な概念として用いるべきではない[9]。土匪が革命陣営の一員になれるか否かをめぐって議論するよりも、土匪がどのような社会的・政治的・思想的背景の下で革命陣営の一員になれるかについて議論すべきであろう。もしなれるとすれば、土匪はどのような意味で革命陣営の一員になれるのだろうか。本書第七章で取り上げた井岡山根拠地の袁文才・王佐殺害事件を例にしていえば、二人は一九二〇年代末のソビエト革命期に毛沢東の影響を受けて、共産党部隊の一員となった。袁文才・王佐の死には、井岡山地域における従来の「土籍」と「客籍」との対立が影を落としていた。

もう一つ大きな分岐点は、革命に対して紅槍会のような秘密結社がどのような態度を持っていたかをめぐるものである。中共の革命において、紅槍会のような秘密宗教を精神的な支えとする農民の自衛組織はより重要な位置を占めていた。従来、中共の革命動員期において、紅槍会はその「排他的な性格」から中共を排斥する政治的傾向があるとされてきた。その結果、紅槍会同士の性格の相違や、それらの組織がおかれた社会的・政治的状況の相違はしばしば見逃された。事実、異なる時期、異なる地域の政治的力学の在り方によって、紅槍会の政治的選択はさまざまであり、その組織が独自性・中立性を保つことはきわめて困難であった。中共の勢力が比較的強い地域では、紅槍会は自発的に解散するか中共軍隊に改編・吸収される。そうでない場合は、紅槍会が中共に対抗する態度を取ることもある。それは、中共根拠地の周辺地域の農民が中共による負担増に不満を持ち、宗教組織のリーダーに従って中共に抵抗したからである。秘密結社が中共に反対する立場を選択した例として、山西省盂県の紅槍会による反八路軍事件や、国共内戦期において中共の冀魯豫解放区で起こった秘密結社の反中共「暴動」に見られるように、秘密結社が中共による負担増や中共の土地改革に反発したケースは少なくない（第九章、十一章）。

さらに、中共の民衆動員における秘密結社の「媒介」作用は、中共と実体としての秘密結社、および人間関係のネットワークとしての秘密結社との関係に限らず、秘密結社がよりどころにした社会的・文化的資源も、「象徴的資本」として中共の革命に役立ったことからも見て取れる。一九三六年、陝北地域の哥老会を動員するために、中共は自らが主張した抗日ナショナリズムと階級闘争理論を哥老会の「反清復明」や「劫富済貧」（金持ちを略奪し貧しい人を救済する）の言説と結びつけ、両者の共通性を強調した（第八章）。そして、清末の革命派（第三章）と同様に、中共は秘密結社動員の際にも「血を歃って盟約を結ぶ」という幇会結社の儀式や組織原理を用いた（特に第五章、第十章を参照）。

一九三〇年代初期、中共の高級将校の一人賀龍がかつて活躍していた湘鄂川黔ソビエト根拠地では、賀龍の功績を讃える歌が流行っていた。歌の冒頭には、次のような文句がある。「太陽が現れて満天が赤い。槍を担いで賀龍に従え」[10]。この文句は、実は清代の民間秘密結社白陽教の経典「太陽経」のなかの「太陽が現れて満天が赤い。家々の門前を通る」という詩句に由来していた[11]。白陽教の教義からすれば、この文句は「末劫」の来臨を意味しているが、その主眼は人々に清朝の支配に対抗するよう呼びかけることにあると見られる[12]。中共はこうした民間宗教の経典の表現と意味を「再創造」し、それを革命のための文化的資源に転換させた。秘密結社がよりどころとしたこのような社会的・文化的資源は、共産党の民衆動員においても重要な「媒介」作用を発揮したのである。

次に、政治統合の「媒介」としての秘密結社について見てみよう。これは本書第四部の主題である。中共革命が政権奪取の時期から政権建設の時期に入った後、中共と秘密結社との関係は、それまでの「動員／被動員」の関係から、「支配／被支配」の関係に変わった。一九五〇年代初期、中共は全国的に「反動党団」、「反動会道門」に対して厳しい弾圧を行った。実は、中共による秘密結社弾圧はけっして建国後にはじめて行われたものではなく、ソビエト政権期、抗日戦争期、および国共内戦期にも行われていた。歴史的にみると、中共による秘密結社弾圧は、いずれもある地域で中共の支配が確立された後、イデオロギーの統一性と社会の整合性を保つために行われた。中共による秘密結社弾圧には、秘密的「結社」の組織を消滅させることと、秘密結社の組織原理や宗教信仰の影響を取り除くことという二重の目的があった。

秘密結社の組織的消滅について、中共は「秘密宗教結社」と「秘密幇会結社」をともに「封建的、立ち後れた反動的な」組織と見なしたが、両者に対する具体的な政策は異なっていた。幇会結社に対する弾圧は「匪」と「反革命の鎮圧」の一環として行われており、幇会結社の主要人物に対する法的処罰も、「悪覇」(悪ボス)・「反動的な党や団」などの罪名の下で施されていた。一方、宗教結社に対する弾圧はより大規模なもので、「匪」と「反革命の鎮圧」運動が収束した後も続けられていた。なかでも、とりわけ注目すべきは「反動会道門」とされた一貫道に対する弾圧である。中共の政治言説において、一貫道はかつて国民党政権、日本軍と関わりをもった宗教結社とされ、国民党の「スパイ」、日本軍に協力する「漢奸」、および中共政権に反対する「反革命」的組織であった。中共が一貫道に壊滅的な打撃を与えた目的は、当時中国でもっとも多くの信者を有する宗教結社一貫道の組織を消滅することだけではなかった。中共は一貫道弾圧を通じて、社会に対してより強力な政治的なメッセージを発しようとしたのである。それは、秘密結社は「公会」としてはもとより、「私会」としてもその存在を許さない、というメッセージである。つまり、高度に政治化された社会において、秘密結社は「私的領域」からも排除されるべきである、とされたのである。

中共が秘密結社を政治的・社会的統合の「媒介」としたのにはもう一つの意図があった。それは、秘密結社などの組織や団体を社会一般の人々と区別させ、一般の大衆を中共の社会変革に引きつけようとしたためである。「訴苦」(集会などの場で自分が相手から受けた抑圧や苦しみを語ること)に関する近年の研究において解明されたように、「訴苦」は中共のイデオロギー原理にしたがって敵の「悪行」を暴くための武器として使われ、そして、人民大衆の階級意識や連帯感を呼び起こし、民衆を共産党側に立たせるための有効な手段でもあった[13]。同じことは中共が民衆を動員して一貫道を批判した運動のなかにも見られる。中共は暴力による一貫道弾圧と同時に、大衆を動員して「反動会道門」に対する批判をも行った。これには、民衆の心のなかに潜んでいた「秘密結社」とそれに付随した「象徴的資本」を取り除く効果があった。

要するに、「革命／反革命」の媒介としての秘密結社は、革命の動員期においては「革命」の性格を賦与された。中共は秘密結社を革命陣営の一員に取り入れることによって、自らの勢力を拡大し、より広汎な民衆動員の「媒介」と基礎にした。それに対して、革命の統合期においては、秘密結社は「反革命」の性格を賦与された。その場合、秘密結社は弾圧の対象だけではなく、中共の大衆動員の有効な手段にもなった。結果的に、一九五〇年代初期の「反革命の鎮圧」を通じて、帝政時代からの一元的・均質的な統治を実現するという政治的目標と多元的・非均質的な社会の現実との間の軋轢が次第に弱まり、高度に一体化された政治社会が出現したのである。

二〇世紀前半期に起きた中国革命は、ある意味で中国の歴史の「断絶」をもたらした。しかし、歴史には終わりはない。ポスト革命時代において、革命時代の「秘密結社」問題は依然として尾を引いている。⑭確かに、中共は社会の政治化を通じてイデオロギーの統一性と社会の多元性との矛盾を解消させ、秘密結社を公の場から排除することに成功した。しかし、秘密結社がよりどころとした民間信仰・口承知識・経典などの「象徴的資本」は完全に消滅したわけではない。中共による大規模な「反革命の鎮圧」運動以降も、秘密宗教結社の「復辟」に関する事件はしばしば起こった。今日、中国社会は劇的に変化し、脱政治化の方向に進んでいるなかで、中共はもはや従来のように社会、とりわけ個人に対する拘束力を維持することが困難になってきている。こうしたなか、一時期姿を消した秘密結社は再び公の舞台に登場している。中共は再三、秘密結社取締を行い、合法的な宗教団体に対するコントロールを強化したが、⑮かつて清朝がやむをえず「その人が入信したかどうかを問わず、匪徒であるかどうかのみを追及する」のと同様に、中共も事実上民間宗教結社の存在を容認せざるをえなくなっている。来るべき中国の政治的・社会的構造において、「差異装置」としての秘密結社――「私会」がどのような位置を占めるか、この問題はますます重要性を増している。これは、中共自体の変化、および将来の中国の政治的状況によって決定される事柄であろう。

三　「革命」に抗して叙述すること

以上、中共の革命言説に内在した「緊張」と「革命／反革命」の媒介とした秘密結社という二つの角度から本書の内容を総括してきた。

方法論的にいえば、本書は従来の革命史叙述における「大文字の革命叙述」を修正しようとする研究、「革命の地域性」を重視する研究のいずれとも研究の手法が異なる。「大文字の革命叙述」を修正しようとする研究は革命叙述の多様性を示したが、結局のところ「大文字の革命叙述」の枠組みを脱出することはできなかった。一方、「革命の地域性」を重視する研究は、中共の革命実践を具体的な歴史的文脈のなかで考察し、互いに関連性のない「複数の」革命史を描くことによって「大文字の革命叙述」を解体させた。しかし、革命の「地域性」と中共を勝利に導いた革命の「整合性」との間の矛盾をどう解釈すべきか、課題は残っている。

それに対して、本書は一連の実証研究を通じて、「言説」としての革命と「実体」としての「革命」を区別しながら、両者のギャップを埋めることを試みた。本章第一節で見たように、緊張に満ちた革命言説のなかで、三つの矛盾の絡み合いや相互作用を導入することによって、二元対立の分析枠組みを脱構築し、「革命」というカテゴリーを差異性と同一性に満ちた言説の緊張感のなかに取り入れた。第二節では、革命／反革命の「媒介」としての秘密結社に関する「場」の分析を通じて、「脱構築」を経た革命史が系譜学的に革命史の再構築の可能性を模索し、「革命に抗して叙述すること」（writing against revolution）という方法を提起した。このことは、革命というカテゴリーに内包されている「均質的」「抑圧的」な内容を切り捨て、すでに「名詞化」された「革命」を再び「動詞化」させ、「革命」を構成するさまざまな関係の結びつきや言説を通じて「革命とは何か」を読み解くことである。

筆者にとって、この研究は骨の折れるかつ収穫の少ない仕事である。本書においては公開された史料はいうまでもなく、可能な限り未公開の史料も使用したが、実証研究を終えてからも、筆者はなお表象化された歴史に悩まされている。革命家や近代主義者の叙述において、歴史はイデオロギーの色に染まり、史料のなかで秘密結社は「被写体」として登場している。それゆえ、秘密結社をめぐる複雑な歴史を究明することはいっそう困難なものとなっている。

では、実証主義歴史学の方法にしたがって史料をこつこつ発掘すれば、秘密結社の「真の歴史」(authentic history)を明らかにすることはできるのであろうか。否、答えは否定的である。これまでに指摘してきたように、「秘密結社」は絶えず生産・再生産される「差異性」のカテゴリーである。中国／中共革命についていえば、「秘密結社」は客観的な事実に基づいて生まれた固定不変の概念ではなく、「秘密結社」の革命性／反革命性も相対的かつ流動的である。一般的にいえば、革命家たちは革命のニーズに応じて秘密結社に革命／反革命の性格を付与した。したがって、「秘密結社」という概念自体は「差異化」に基づいて構築されたものである。これに鑑みて、われわれは歴史的実証研究を行う以前に、認識論の観点から秘密結社という概念に内包される「政治性」をあばきだし、秘密結社という概念を「脱構築」すべきである。これは「革命」そのものの脱構築とも密接に関わる問題である。

今から百年前に、欧榘甲は『新広東』のなかで秘密結社を「私会」と称している。「私会」という概念はこれまでの研究でほとんど注目されていない。「私会」と「公会」がどのような関係にあるか、「私会」が中国における公共圏(public sphere)をめぐる議論にとってどのような意味があるか。これらはいずれも中国社会の性格を解明するうえで重要な問題である。(16) 究極的に、われわれは中国において近代権力の下で「私会」はどのように「秘密結社」になったかという問題を解明しなければならない。それは筆者の今後の課題でもある。それを解明するためには、近代権力と秘密結社との関係に関する二つの研究を行わなければならない。

第一は国民党政権と秘密結社との関係を解明することである。これは十年前に完成され、本書の原型となった博士論文の一部分において行われた。そのなかで、筆者は近代権力／知識という角度から、「下江政権」（南京国民政府期）と「上江政権」（重慶国民政府期）における近代国家建設と青幇・哥老会、および宗教との関係について検討した。今後はさらに研究を深め、その成果を本書の姉妹編として刊行したい[17]。第二は近代国民国家の枠組みを超えて、東アジアの「近代性」（modernity）という角度から近代権力と民間宗教との関係を解明することである。これは筆者が博士論文完成後に着手した研究である。具体的には、これまでに、日本近代国家と民間宗教（「類似宗教」とも称される）とはどのような関係であったのか、このような関係はどのように傀儡国家「満州国」や日本軍占領下の華北・華中地域に移植され、どのように変容し、そして日本の植民地支配においてどのような役割を果したのか、などの問題を考察した[18]。

本書は、筆者がこうした長い道のりを歩き出した最初の証にすぎない。「革命いまだ成らず」（孫文）、この仕事は筆者にとっても今後も続けなければならない課題である。

注

（1）Peter Calvert, *Revolution and Counter-Revolution*, Open University Press, 1990, p.1.

（2）毛沢東「中国農民中各階級的分析及其対於革命的態度」、竹内実監修『毛沢東集』一、北望社、一九七二年、一五八頁。なお、一ヶ月後、毛沢東は「中国社会各階級の分析」と題した文章を発表した。この文章に現れた階級区分の基準は前文とやや異なるが、秘密結社に対する認識はほぼ変わっていない（毛沢東「中国社会各階級的分析」、同右、一七一—一七二頁）。

（3）　彭真『関於晋察冀辺区党的工作和具体政策報告』、中共中央党校出版社、一九八一年、一五頁。

（4）　毛沢東「湖南農民運動考察報告」、前掲『毛沢東集』一、二三六頁。

（5）　方志敏「贛東北蘇維埃創立的歴史」（一九三五年六月一九日）、江西省档案館編『閩浙贛根拠地史料選編』（下）、江西人民出版社、一九八七年、五一八—五一九頁。

（6）　Yung-fa Chen, *Making Revolution: The Communist Movement in Eastern and Central China, 1937-1945*, Berkley: University of California Press, 1986, p.183.

（7）　Anthony Giddens, *Sociology*（*third edition*）, Polity Press, 1997, p.503. 松尾精文他訳『社会学』、而立書房、一九九九年、五七三頁。

（8）　Peter Calvert, *Revolution and Counter-Revolution*, p.4.

（9）　拙稿「土匪政治——从檔案史料看民国初期華北的土匪」、「一九一〇年代的中国国際学術研討会」、北京：二〇〇六年八月二五～二八日。

（10）『湘鄂川黔蘇区革命文化史料彙編』編輯組編『湘鄂川黔蘇区革命文化史料彙編』、中国書籍出版社、一九九五年、三九二頁。

（11）中国第一歴史檔案館所蔵「録副奏摺」、乾隆三八年二月二九日河南巡撫何煟奏。

（12）拙稿「太陽的記憶——関於太陽三月十九日誕辰話語的知識考古」、黄東蘭主編『身体・心性・権力』（「新社会史」2）、浙江人民出版社、二〇〇五年。“The Memory of the Sun: An Archaeological Study of Knowledge Concerning the Discourse on the Birth of the Sun on the Nineteenth Day of the Third Month（Lunar Calendar）”, *Chinese Sociology and Anthropology*（M. E. Sharpe, New York）, Winter2004-5/Spring, 2005, Vol. 37, Nos.2-3.

（13）郭于華、孫立平「訴苦：一種農民国家観念形成的中介機制」、楊念群、黄興濤、毛丹主編『新史学：多学科対話的図景』、中国人民大学出版社、二〇〇三年。

（14）拙稿「創造耶蘇——当代中国基督教異端結社素描」、「中国近代社会与秘密結社史国際学術討論会」、上海師範大学、二〇〇四年一二月。

(15)「宗教社会団体登記管理実施辦法」（一九九一年五月六日）、中共中央文献研究室総合研究組・国務院宗教事務局政策法規司編『新時期宗教工作文献選編』、宗教文化出版社、一九九五年、二二二—二二四頁。

(16)「私会」と「公会」の問題に関しては、「江湖」に関する日本史研究者の研究が示唆に富んでいる。東島誠『公共圏の歴史的創造——江湖の思想へ』（東京大学出版会、二〇〇〇年）を参照。

(17) すでに発表された研究として、以下の論文を参照。拙稿「戦後権力再建における中国国民党と幇会（一九四五〜一九四九）」(一)、『愛知大学国際問題研究所紀要』第一一四号、二〇〇〇年一二月。(二) 一一六号、二〇〇一年五月。

(18) すでに発表された研究として、以下の論文を参照。拙稿「宗教結社、権力と植民地支配——『満州国』における宗教結社の統合」、『日本研究』（国際日本文化研究センター紀要）第二十四集、二〇〇二年二月。

引用文献一覧

一、檔案・未公開資料

1、中文檔案資料

①中国第一歴史檔案館

「朱批奏摺」に見られる「牛八教案」関連檔案

――嘉慶二一年二月二一日馬慧裕等奏。

――嘉慶二一年八月二八日孫玉庭等奏。

――道光一九年八月二六日周天爵等奏。

――道光二〇年正月二〇日周天爵等奏。

「録副奏摺」に見られる「白陽教案」、「如意門教案」、「哥老会案」関連檔案

――乾隆一八年八月二五日方観承奏。

――乾隆三八年二月二九日河南巡撫何煟奏。

――嘉慶一九年三月二二日英和等奏。

――嘉慶一九年三月二七日山東巡撫同興奏。

――嘉慶一九年四月初五日山東巡撫同興奏、付単。

――嘉慶一九年五月二八日山東巡撫同興奏。

――道光三年一二月一五日山東巡撫琦善奏。
――光緒二年七月二五日御史文格奏。
――光緒四年九月初九日丁宝楨奏。
②中国第二歴史檔案館
陸軍部檔案
――灌雲県議会等致大総統及陸軍部参衆両院電」、一九一三年九月一一日。
――蒋雁行致大総統及陸軍部総長密電」、一九一三年九月二三日。
――「蒋雁行致大総統及陸軍部総長寒電」、一九一三年一〇月六日、一〇月七日。一九一三年一〇月一一日。
――「徐州巡閲使張勲東電」、一九一四年三月一日。
――「李紹臣牛維霖電」、一九一四年五月三日。
――「倪嗣衝致大総統密電」、一九一四年八月一二日。
――「張勲致大総統統率辦事処密電」、一九一四年八月二〇日。
――「沭陽電局致交通部総次長電」、一九一四年八月二三日。
――「宿遷電局致交通部管理局電」、一九一四年八月二三日。
――「馮国璋致陸軍部密電」、一九一四年八月二八日。
――「張勲致統率辦事処陸軍部電」、一九一四年九月一日。
――「張勲致大総統密電」、一九一四年九月四日。
――「広東南韶連鎮守使提訓逮案欧龍盧百妹李道新供詞」、一九一五年三月二八日。

華北政務委員会総署檔案

——「夏津県知事王晋卿呈山東省公署」、一九四三年五月。

——「未来和平宗教会呈山東省公署」、一九四三年八月九日。

——「天津特別市乙種宗教団体調査表」、一九四二年。

——「内務総署処理地方宗教等会諮詢事項答案」、一九四二年。

——「華北乙種宗教団体調査表・山西省」、一九四二年。

——「先天道会山東省泰安県分会調査表」、一九四二年。

——「永清県知事郭長年篠代電」、一九四三年三月。

——「先天道総会会長江洪濤呈内務総署報告」、一九四三年。

——「河北省公署民政庁視察王徳輝、警務庁綏靖科長宋甲三、津海道道尹李少微聯合調査報告」、一九四三年。

内政部・社会部檔案

——「査禁邪教布告」（一九二八年一〇月二一日）。

——「甘粛省最近匪患実況及剿辦情形調査表」、一九三二年八月。

——「甘粛省最近匪患実況及剿辦情形調査表」、一九三二年九月。

——「趙裕波借崇華堂之名暗中進行一貫道活動的報告」（鎮江県政府、一九四五年一一月二〇日）。

——「社会部都字第二五四〇号取締一貫道密令」（一九四六年一月一一日）。

——「一貫道内幕調査情形」（一九四六年一月）。

——「発文京組四字第〇二〇一七三号準予組織中華道徳慈善会」（一九四七年一月六日）。

――「査禁民間不良習俗辦法」、一九四八年九月七日。
国民党中央執行委員会宣伝部檔案
――「西安市青紅幇調査」、一九四二年。
――「湖南省各県市幇会負責人調査名冊」、一九四八年。
③その他
江蘇省檔案館編『剿匪粛特反覇彙輯』

――「関於剿匪的政策問題――唐主任在華東剿匪工作会議上的報告」、一九四九年。

――「華東及華東軍区対蘇南区党委関於建立地方武装与粛清残匪的覆示」、一九四九年。

――「華東局関於会門問題給皖北区党委的指示」、一九四九年五月。

――「華東軍区剿匪政治工作指示」、一九四九年九月。

南京市檔案館社会局檔案
――「中華道徳慈善会理監事姓名簡歴名冊」、一九四七年八月六日。

――「発文京組四字第〇二〇一七三号準予組織中華道徳慈善会」、一九四七年一月六日。

江蘇省呉江県檔案館所蔵「為呈一貫道領袖朱慶遠、孫瑞堂二名仰祈鑑賜訊辦由」、一九四九年一月。

陝西省檔案館
――「熊寿祺談関於袁文才・王佐的情況」、黄有益他整理、一九六〇年一二月。

――「利用閣老会関係発動民団家属写信争取民団」、一九三六年九月。

上海市檔案館

――「黄金栄自白書」、一九五一年五月。
中央檔案館
――「争取哥老会的重要及方法」、鄧顥超、一九三六年。
――「関於争取閣老会的経過」、一九三六年。
――「恩来対哥老会工作指示信」、一九三六年一〇月六日。
――「怎様改造哥老会適合於我們争取的目的」、郭洪濤、一九三六年一〇月二日。
――「在敵占区行動部隊的政治工作」、陸定一、一九四〇年六月。
――「一九四一年新四軍敵偽軍工作総結」、一九四二年八月一日。
――「関於敵軍工作的指示」、一九四二年一月一日。
――「敵偽軍工作」、一九四二年二月七日。
――冀魯豫辺区党委「敵占区与接敵区工作的方針与政策」、一九四二年五月。
――「冀南区偽軍工作経験介紹」、一九四三年三日。

2、日本文檔案資料

外務省外交資料館所蔵「各国内政関係雑集・支那之部・革命党関係・革命党ノ動静探査員派遣」

――山口昇「清国情勢及秘密結社」、明治四三年。

――西本省三「江蘇安徽両地方会匪視察報告」、明治四三年。

外務省外交資料館所蔵「支那政党及結社状況調査一件」第五巻

――「哥老会即同胞社解散ニ関シ報告ノ件」、在沙市領事館事務代理橋口貢、大正二年二月二七日。

――「中華国民共進会」、著者不明、大正二年。

外務省外交資料館所蔵「支那政党結社関係雑件・宗教類似結社ノ行動査報関係」

――「黄紗会擾乱状況」、在博山日本総領事館出張所町田萬二郎、昭和五年八月。

――「博山県ニ於ケル黄紗会ノ行動」、昭和五年九月一一日。

――外務省より在支各公館長宛「宗教類似結社ノ行動ニ関スル件」、昭和五年九月一八、一九日。

――「在天津総領事代理田尻愛義」、昭和五年一一月一〇日。

――「在青島総領事川越茂」、昭和五年一一月一九日。

――「在済南総領事西田畊一」、昭和五年一一月二四日。

――「在芝罘領事田五郎」、昭和五年一二月四日。

――「在南京領事上村伸一」、昭和五年一二月一二日。

外務省外交資料館所蔵「支那政党結社関係雑件」

――内藤署長より南京堀総領事宛「陳内政部長ヲ中心トスル秘密政治結社ニ関スル件」、昭和一四年八月一四日。

防衛庁防衛研究所戦史資料室
――「西北哥老会ニ就テ」、包頭陸軍特務機関員西村透、年代不明。

――「第二十師団管内晋南治安状況」、昭和一四年一月一日、「支那・支那事変・北支・一八二」。

――「華北における思想作戦指導要綱」北支那方面軍司令部、昭和一五年四月二十日、「支那・支那事変・北支・七〇〇」。

3、その他の未公開資料

「幇会組織参考資料」、浙江省、一九五一年。
「幇会組織情況簡介」、湖南省、一九六五年一〇月二〇日。
「北平青幇調査資料」、一九四九年五月七日。
「封建会門与社団情況」、湖南長沙、一九五〇年八月二〇日。
「封建組織『洪幇概況』介紹」、長沙、一九五〇年一月一六日。
「甘寧青道会門組織与活動情況」、一九五一年八月一八日。
「関於幇会活動情況」、甘粛、一九五一年七月一四日。
「広済漢流概況」、一九五〇年七月一二日。
「衡陽専区幇会調査」、一九五〇年六月七日。
「紅幇在甘（粛）寧（夏）活動情況」、一九五一年八月二〇日。
湖北恩施専区旧人員訓練班研究漢流組編「垃圾箱」、一九五〇年六月一〇日。
「国民党在幇会中的活動」、一九五〇年八月一一日。
「晋閻組織民衆進歩社」、一九四五年一〇月二七日。中央情報統計局編『党政情報』。
「理門情況」、一九五一年四月。
「青紅幇在新疆活動概述」、一九五一年九月一七日。
「石家荘幇会情況」、一九四七年。

「石門市安清会概況」、一九四八年四月二三日。
「上海青幇調査資料」、一九四九年五月三〇日。
「天津市幇会調査」、一九四九年。
「天津市取締反動幇会組織」、一九五一年。
「武岡県紅幇情況」、資江農民報研究組編『情況簡報』、一九五一年一二月二日。
「西安市幇会調査」、一九四九年一一月二九日。
「西安市洪幇概略」、一九五〇年三月。
「西安市青幇的幇規及活動情形」、一九五一年。
「西北幇会情況及今後意見」、一九五一年七月一六日。
「新疆幇会情況彙編」、一九五一年九月一七日。
「新疆青、紅幇活動概況」、一九五一年一二月五日。
「一九五三年水上封建幇会名冊」、湖南省、一九五三年。
「浙余華発現邪教一貫道」、一九四六年一月二〇日。中央情報統計局編『党政情報』。
「張市清幇概況」、一九四六年二月八日。
「革命的一封信」、邵式平、一九三三年一〇月二一日。

二、中文資料

1、新聞・雑誌資料

『八路軍軍政雑誌』
『晨報』
『大公報』
『東方雑誌』
『紅的江西』
『紅色中華』
『解放』
『解放日報』
『江西民国日報』
『晋察冀日報』
『救国日報』
『抗敵』
『民立報』
『群衆』
『人民日報』
『申報』
『神州日報』
『上海民国日報』

『時報』
『順天時報』
『嚮導』
『新華日報』（重慶）
『新民叢報』
『新青年』
『新中華』
『星期評論』
『庸言』

2、地方志（一九九〇年代に出版された地方志）

安徽省地方志編纂委員会編『安徽省志』、安徽人民出版社、一九九三年。
保徳県志編纂辦公室編『保徳県志』、山西人民出版社、一九九〇年。
辰渓県志編纂委員会編『辰渓県志』、三聯書店、一九九四年。
代県地方志編纂委員会編『代県志』、書目文献出版社、一九八八年。
郭海主編『陽高県志』、中国工人出版社、一九九三年。
河北省地方志編纂委員会編『河北省志』、中華書局、一九九三年。
河南省地方志編纂委員会編『河南省志』、河南人民出版社、一九九四年。

和順県志編纂委員会編『和順県志』、海潮出版社、一九九三年。
『洪沢県志』編纂委員会編『洪沢県志』、中国大百科全書出版社、一九九九年。
湖南省長沙県志編纂委員会編『長沙県志』、三聯書店、一九九五年。
湖南省衡山県志編纂委員会編『衡山県志』、岳麓書社、一九九四年。
湖南省瀘渓県志編纂委員会編『瀘渓県志』、社会科学文献出版社、一九九三年。
湖南省平江県志編纂委員会編『平江県志』、国防大学出版社、一九九四年。
稷山県志編纂委員会編『稷山県志』、新華出版社、一九九四年。
江蘇省常熟市地方志編纂委員会編『常熟市志』、上海人民出版社、一九九〇年。
江西省公安志編纂委員会編『江西省公安志』、方志出版社、一九九六年。
交城県志編写委員会編『交城県志』、山西古籍出版社、一九九四年。
康茂生主編『嵐県志』、中国科学技術出版社、一九九一年。
李培信主編『文水県志』、山西人民出版社、一九九四年。
臨猗県志編纂委員会編『臨猗県志』、海潮出版社、一九九三年。
瀏陽県地方志編纂委員会編『瀏陽県志』、中国城市出版社、一九九四年。
南皮県地方志編纂委員会編『南皮県志』、河北人民出版社、一九九二年。
寧武県志編纂委員会辦公室編『寧武県志』、山西人民出版社、一九八九年。
寧郷県志編纂委員会編『寧郷県志』、新華出版社、一九九二年。
平定県志編纂委員会編『平定県志』、社会科学文献出版社、一九九二年。

平陸県志編纂委員会編『平陸県志』、中国地図出版社、一九九二年。
蒲県県志編纂委員会編『蒲県志』、中国科学技術出版社、一九九二年。
沁水県志編纂辦公室編『沁水県志』、山西人民出版社、一九八七年。
山西省広霊県県志編纂委員会編『広霊県志』、人民出版社、一九九三年。
山西省霊石県志編纂委員会編『霊石県志』、中国社会出版社、一九九二年。
山西省偏関県志編纂委員会編『偏関県志』、山西経済出版社、一九九四年。
山西省五寨県志編纂辦公室編『五寨県志』、人民日報出版社、一九九二年。
山西省忻州市地方志編纂委員会編『忻県志』、中国科学技術出版社、一九九三年。
山西省楡次市志編纂委員会編『楡次市志』、中華書局、一九九六年。
石楼県志編纂委員会編『石楼県志』、山西人民出版社、一九九四年。
四川省地方志編纂委員会編『四川省志』、四川人民出版社、一九九七年。
太谷県志編纂委員会編『太谷県志』、山西人民出版社、一九九三年。
曲沃県志編纂委員会編『曲沃県志』、海潮出版社、一九九一年。
聞喜県志編纂委員会編『聞喜県志』、中国地図出版社、一九九三年。
無錫市地方志編纂委員会編『無錫市志』、江蘇人民出版社、一九九五年。
湘南省懐化地区地方志編纂委員会編『懐化地区志』、三聯書店、一九九九年。
湘潭県地方志編纂委員会編『湘潭県志』、湖南出版社、一九九五年。
孝義県志編纂委員会編『孝義県志』、海潮出版社、一九九二年。

溆浦県県志編纂委員会編『溆浦県志』、社会科学文献出版社、一九九三年。

宣化県地方志編纂委員会編『宣化県志』、河北人民出版社、一九九三年。

陽城県志編纂委員会編『陽城県志』、海潮出版社、一九九四年。

応県志編纂委員会編『応県志』、山西人民出版社、一九九二年。

永済県志編纂委員会編『永済県志』、山西人民出版社、一九九一年。

盂県史志編纂委員会編『盂県志』、方志出版社、一九九五年。

沅陵県地方志編纂委員会編『沅陵県志』、中国社会出版社、一九九三年。

原平県志編纂委員会編『原平県志』、中国科学技術出版社、一九九一年。

『志丹県志』編纂委員会編『志丹県志』、陝西人民出版社、一九九六年。

中陽県志編纂委員会編『中陽県志』、山西人民出版社、一九九六年。

遵化県地方志編纂委員会編『遵化県志』、河北人民出版社、一九九〇年。

3、その他の史料

『白崇禧先生訪問紀録』、台湾中央研究院近代史研究所口述歴史叢書四、一九八四年。

『包恵僧回憶録』、人民出版社、一九八三年。

陳独秀「四論上海社会」、『新青年』第八巻第四号、一九二〇年一二月一日。

陳独秀「紅槍会与中国的農民暴動」、『嚮導』第一五八号。

陳奇涵「興国的初期革命闘争」、『星火燎原』第一集、上冊、人民文学出版社、一九五八年。

陳天華「警世鐘」、中国史学会主編『辛亥革命』(二)、上海人民出版社、一九五七年。
陳浴新「湖南会党与辛亥革命」、『文史資料選輯』第三十四輯。
陳言『陝北調査記』、北方雑誌社、一九三六年。
『陳再道回憶録』、解放軍出版社、一九八八年。
陳正人「毛沢東同志創建井岡山革命根拠地的偉大実践」、『江西文史資料』第一輯、江西人民出版社、一九八〇年。
陳衆喜『衆喜粗言宝巻』、張希舜等主編『宝巻』初集(二十)、山西人民出版社、出版年月不明。
程堂発「左右逢源的大亜山堂主朱亜雄」、江蘇省政協文史資料委員会編『江蘇文史資料集粋』(社会巻)、江蘇文史資料編輯部、一九九五年。
程子華「我対聶洪鈞同志文章有些歴史不符的説明」、『革命資料』三、一九八一年。
春陽『一貫道是什麼東西』、工人出版社、一九五一年。
崔錫麟「我所知道的青洪幇」、河北文史資料編輯部編『近代中国幇会内幕』上巻、群衆出版社、一九九三年。
『大清会典』(雍正朝)巻一九四、「刑部・奸徒結盟」、近代中国史料叢刊、文海出版社。
『戴天仇文集』(呉相湘主編『中国現代史料叢書』第一輯、「建立民国」)、文星書店、一九六二年。
戴執礼編『四川保路運動史料』、科学出版社、一九五九年。
『当代中国』叢書編集委員会編『当代中国的公安工作』、当代中国出版社、一九九二年。
鄧文翬「共進会的原起及其若干制度」、『近代史資料』一九五六年第三期、科学出版社。
鄧小平「在敵後方的両個路線」、『八路軍軍政雑誌』第一巻・第五号、一九三九年五月一五日。
鄧中夏「労働運動復興期中的幾個重要問題」、『中国工人』第五号、一九二五年五月。

――『中国職工運動簡史（一九一九～一九二六）』、人民出版社、一九五七年。
丁国屏修、陳家駿纂『寧岡県志』、一九三七年、成文出版社影印本、一九七五年。
杜春和編『白朗起義』、中国社会科学出版社、一九八〇年。
『鄂豫皖蘇区歴史簡編』編写組編『鄂豫皖蘇区歴史簡編』、湖北人民出版社、一九八三年。
方志敏「贛東北蘇維埃創立的歴史」（一九三五年六月一九日）、江西省檔案館編『閩浙贛根拠地史料選編』（下）、江西人民出版社、一九八七年。
馮自由『華僑革命開国史』、商務印書館、一九四六年。
――『革命逸史』初集、中華書局、一九八一年。
傅況麟主編『四川哥老会改善之商榷』、四川地方実際問題研究会叢刊之三、一九四〇年五月。
「哥老会説」、『辟邪紀実』附巻、同治年間刻。
『革命史資料』第六号、上海人民出版社、一九八七年。
『革命文献』、台北文物供応社、一九六九年。
公安部一局編『反動会道門簡介』、群衆出版社、一九八四年。
「工部局捕房刑事股副探長致警務所報告」、一九三八年一一月、『檔案与歴史』、一九八九年第二号。
故宮博物院明清檔案部編『義和団檔案史料』、中華書局、一九五九年。
古肱「重慶的『一貫道』」、『重慶文史資料』第二十三輯。
広東農民運動講習所旧址記念館編『広東農民運動資料選編』、人民出版社、一九八六年。
貴陽市公安局・史志辦「取締反動道門――一貫道」、『貴陽文史資料選輯』第二十七・二十八輯。

国家檔案局明清檔案館編『宋景詩檔案史料』、中華書局、一九五九年。
郭洪濤「陝北烽火」、『革命資料』五、文史資料出版社、一九八一年。
――「第二次国内革命戦争時期陝北革命斗争史実回憶」、『陝西文史資料』第十二輯、陝西人民出版社、一九八二年。
郭沫若「請看今日之蔣介石」、一九二七年四月九日、『四・一二反革命政変資料選編』、人民出版社、一九八七年。
郭叔蕃「簡話青、紅両幇」、『西安文史資料』第四輯、一九八三年六月。
韓山文「太平天国起義記」、中国史学会主編『太平天国』(六)、神州国光社、一九五二年。
河北省社会科学院歴史研究所他編『晋察冀抗日根拠地史料選編』、河北人民出版社、一九八三年。
何海鳴「討袁計画書」、『近代史資料』総六十一号、中国社会科学出版社、一九八六年。
『何長工回憶録』、解放軍出版社、一九八七年。
賀長齢輯『皇朝経世文編』巻八十九、兵政二十剿匪。
『賀龍年譜』、中共中央党校出版社、一九八八年。
『賀龍軍事文選』、解放軍出版社、一九八九年。
湖南省・湖北省・四川省・貴州省檔案館・湖南省湘西土家族苗族自治州党史辦公室編『湘鄂川黔根拠地歴史文献彙編(一九三四～一九三六)』、湖南人民出版社、一九八四年。
湖南省社会科学院編『黄興集』、中華書局、一九八一年。
湖南之湖南人「新湖南」、一九〇三年、張枏・王忍之編『辛亥革命前十年間時論選集』第一巻、三聯書店、一九六〇年。
胡寿山「自治学社与哥老会」、『辛亥革命回憶録』(三)、中華書局、一九六二年。

華中師範学院歴史系編『江湖会資料選輯』、一九六一年。
『淮南抗日根拠地』編審委員会編『淮南抗日根拠地』、中共党史資料出版社、一九八七年。
黄達夫「陸洲航伝奇」、江蘇省政協文史資料委員会編『江蘇文史資料集粋』(社会巻)、一九九五年。
黄三徳『洪門革命史』、出版元不明、一九三六年。
黄彦・李伯新編『孫中山蔵檔案選編』、中華書局、一九八六年。
黄遵憲『日本国志』、近代中国史料叢刊続編第十輯、文海出版社、一九八一年。
冀熱遼人民抗日闘争史研究会編輯室編『冀熱遼人民抗日闘争』(文献・回顧録)、第三輯、天津人民出版社、一九八七年。
『江湖漢流宗旨』、著者、出版元不明、一九一二年。
江蘇省檔案館編『江蘇農民運動檔案史料選編』、档案出版社、一九八三年。
江蘇省政協文史資料委員会編『江蘇文史資料集粋』(社会巻)、一九九五年。
蒋作新「韓恢事略」、中華民国史事紀要編輯委員会『中華民国史事紀要』(初稿)、中華民国史料研究中心、一九八三年。
漸佳「鎮江『一貫道』真相」、『鎮江文史資料』第十三輯。
江西省檔案館編『井岡山革命根拠地史料選編』、江西人民出版社、一九八六年。
江西省檔案館・中共江西省委党校党史教研室選編『中央革命根拠地資料選編』、江西人民出版社、一九八二年。
江西省檔案館編『閩浙贛根拠地史料選編』、江西人民出版社、一九八七年
金陵大学農学院農業経済系『安徽宿県原有郷村組織之概況』、一九三三年六月。

康有為「致欧榘甲書」、一九〇〇年六月二〇日、上海市文物保管委員会編『康有為与保皇会』、上海人民出版社、一九八二年。
隗瀛濤・趙清主編『四川辛亥革命史料』、四川人民出版社、一九八一年。
李赤然「紅二十七軍戦闘歴程的片断回憶」、『陝西文史資料』第六輯、陝西人民出版社、一九七九年。
――「紅二十七軍八十一師在東征、西征中」、『陝西文史資料』第十輯、陝西人民出版社、一九八一年。
「李楚江為革命犠牲発還遺産」、『江蘇省政府公報』第四十一号、一九二八年七月九日。
『李大釗選集』、人民出版社、一九五九年。
李景漢編『定県社会概況調査』、中国人民大学出版社、一九八六年。
「李立三同志対二月罷工和五卅運動的回憶」、上海社会科学院歴史研究所編『五卅運動史料』第一巻、上海人民出版社、一九八一年。
李立森「回憶我参加馬頭山哥老会大会的情況」、一九八六年。志丹県党史辦公室所蔵。
李夢齢「冀中区争取連庄会的経験教訓」、『八路軍軍政雑誌』第一巻、第九号、一九三九年九月二五日。
李維漢『回憶与研究』、中共党史資料出版社、一九八六年。
――『李維漢選集』、人民出版社、一九八七年。
李子峰『海底』、澳門興華印物公司、出版年代不明。
李宗仁口述・唐徳剛撰写『李宗仁回憶録』、広西人民出版社、一九八八年。
『聯共、共産国際与中国（一九二〇―一九二五）』第一巻、李玉貞訳、東大図書公司、一九九七年。
林山「怎様接近群衆」、『八路軍軍政雑誌』第一巻、第二号、一九三九年二月一五日。

林偉森「一貫道在撫順的活動」、『撫順文史資料選輯』第十輯。
劉宝璋「陝甘寧区二十九軍紀事」、『陝西文史資料』第十四輯、陝西人民出版社、一九八四年。
劉錦藻『清朝続文献通考』、台湾商務印書館、一九八七年。
劉少奇・朱少連「安源路鉱工人倶楽部略史」、中共萍郷市委『安源路鉱工人運動』編纂組編『安源路鉱工人運動』（下）、中共党史資料出版社、一九九〇年。
劉守義「参加碼頭山哥老会大会的情況回憶」、一九八六年、志丹県党史辦公室所蔵。
劉型「争取偽軍反正的幾点意見」、『八路軍軍政雑誌』第一巻、第八号、一九三九年八月二五日。
劉志丹紀念文集編委会編『劉志丹紀念文集』、軍事科学出版社、二〇〇三年。
龍正中「大足取締一貫道簡述」、『大足文史資料』第四輯、一九八八年。
羅爾綱『天地会文献録』、正中書局、一九四三年。
羅夢鴻『正信除疑無修証自在宝巻』、王見川、林万伝主編『明清宗教経巻文献』（一）、新文豊出版有限公司、一九九九。
――『破邪顕証鑰匙』（開心法要版）、王見川、林万伝主編『明清宗教経巻文献』（二）。
『羅瑞卿論人民公安工作』、群衆出版社、一九九四年。
馬塞北主編『清実録穆斯林資料輯録』上巻、寧夏人民出版社、一九八八年。
『馬文瑞文選』第一巻、陝西人民出版社、一九九八年。
馬雲沢「創建陝甘寧地区革命武装的一些情況」、『陝西文史資料』第十四輯、陝西人民出版社、一九八四年。
南屏道済『一貫道疑問解答』、山東桓台崇華堂印、年代不明。

聶洪鈞「劉志丹同志寃案的産生」、『革命資料』一、文史資料料出版社、一九八〇年。
――『聶洪鈞回憶与文稿』、中共党史出版社、二〇〇五年。
欧榘甲「新広東」、張枏・王忍之編『辛亥革命前十年間時論選集』第一巻、三聯書店、一九六〇年。
裴周玉「劉志丹同志犠牲紀実」、『革命資料』八、一九八二年。
『彭徳懐自述』、人民出版社、一九八一年。
『平江起義』選編組『平江起義』（資料選編）、中共中央党校出版社、一九八四年。
彭真『関於晋察冀辺区党的工作和具体政策報告』、中共中央党校出版社、一九八一年。
――『論新中国的政法工作』、中央文献出版社、一九九二年。
『欽定大清会典事例』（十九冊）、新文豊出版有限公司。
『瞿秋白文集』（政治理論編）、第四巻、人民出版社、一九九三年。
人民出版社編輯『第一次国内革命戦争時期的農民運動資料』、人民出版社、一九八三年。
時光主編『星火燎原』（一九二七～一九三二）、上海人民出版社、一九九四年。
『陝北共産党発展的概況』、東洋文庫所蔵筆写史料。
「陝北共産党発展的概況」、著者不明、一九三五年、東洋文庫所蔵筆写史料。
「陝甘寧辺区実況」、著者、作成年代不明、東洋文庫所蔵筆写史料。
山西省史志研究院『太岳革命根拠地人民武装闘争史料選編』、山西人民出版社、二〇〇三年。
陝西省檔案館・陝西省社会科学院編『陝甘寧辺区政府文献選編』第一輯、檔案出版社、一九八六年。
陝西省革命烈士事跡編纂委員会編『魏野疇伝略・回憶・遺文』、陝西人民出版社、一九八一年。

陝西省中共党史人物研究会編『陝西近現代名人録』、西北大学出版社、一九八八年。
陝西省中共党史人物研究会編『陝西近現代名人録』(続集)、西北大学出版社、一九九一年。
上海社会科学院歴史研究所編『五卅運動史料』第一巻、上海人民出版社、一九八一年。
――『五卅運動史料』第二巻、上海人民出版社、一九八六年
上海市檔案館編『上海工人三次武装起義』、上海人民出版社、一九八三年
上海市檔案館編『五卅運動』、上海人民出版社、一九九一年。
上海市檔案館編『日本帝国主義侵略上海罪行史料匯編』、上海人民出版社、一九九七年。
沈葆楨「設法厳拿哥老会匪片」、『沈文粛公政書』巻六。
宋清雲・呂静「棗強県『一貫道』概況」、『棗強県文史資料』第四輯、一九九〇年。
斯諾『毛沢東自伝』、解放軍文芸出版社、二〇〇一年。
『孫中山全集』(一～九巻)、中華書局、一九八一～一九八六年。
孫玉貴「回憶我保護馬頭山会議的情況」、一九八六年、志丹県党史辦公室所蔵。
『譚平山文集』、人民出版社、一九八六年。
湯志鈞編『陶成章集』、中華書局、一九八六年。
陶成章『教会源流考』、国立中山大学語言歴史学研究所、一九二八年。
『皖江抗日根拠地』編審委員会編『皖江抗日根拠地』、中共党史資料出版社、一九九〇年。
王徳培「王紀晴教育争取巣南大刀会記実」、『安徽文史資料』第二十一輯。
『汪東興日記』、中国社会科学出版社、一九九三年。

『王首道回憶録』、解放軍出版社、一九八七年。
『王首道文集』、中国大百科全書出版社、一九九五年。
王同「反動一貫道及其罪悪活動」、『済寧文史資料』第一輯。
王時沢「回憶秋瑾」、中国人民政治協商会議全国委員会文史資料研究委員会編『辛亥革命回憶録』(四)、中華書局、一九六二年。
王効峰『一貫道内幕』、『湖北文史資料』第四十五輯、一九九四年。
王子成・陳継栄「就忻県鎮反工作情況給毛主席的信」、一九五一年六月一日、『忻州文史資料』第五輯、一九八九年一〇月。
武秉謙・于顥「一貫道在忻県的活動及被取締情況」、『忻州文史資料』第五輯、一九八九年一〇月。
無線痴人(郝書暄)『一貫道新介紹』、崇華堂、一九四〇年。
呉壇『大清律例通考』。馬建石、楊育棠主編、(清)呉壇『大清律例通考』校注、中国政法大学出版社、一九九二年。
呉心栄「利用『安清幇』開展対敵闘争」、江蘇省沭陽県委員会文史資料研究辦公室編『沭陽文史資料』第二輯、一九八五年五月。
西安市檔案局・西安市檔案館他編『西安解放檔案史料選輯』、陝西人民出版社、一九八九年。
西安市統計局編『西安歴史統計資料匯編』第一分冊、中国統計出版社、一九九一年。
「西安市人民政府関於取締一貫道組織的布告」、府秘字第四零三号、一九五一年三月八日、『西安文史資料』第十五輯、一九八九年。
「西北局関於開展反対一貫道活動的工作指示」、一九五〇年九月二五日、『党的文献』、一九九六年第四号。

西北五省区編纂領導小組・中央檔案館編『陝甘寧辺区抗日民主根拠地』文献巻、中共党史資料出版社、一九九〇年。
閑云「白朗始末記」、『近代史資料』一九五六年第三期、科学出版社。
『新四軍和華中抗日根拠地史料選』編写組編『新四軍和華中抗日根拠地史料選』（一九三七〜一九四〇）、上海人民出版社、一九八四年。
『湘鄂川黔蘇区革命文化史料彙編』編輯組編『湘鄂川黔蘇区革命文化史料彙編』、中国書籍出版社、一九九五年。
『湘鄂贛革命根拠地文献資料』編選組編『湘鄂贛革命根拠地文献資料』第一輯、人民出版社、一九八五年。
蕭一山『近代秘密社会史料』、国立北平研究院、一九三五年。
星火燎原編輯部編『星火燎原』（六）、解放軍出版社、一九八七年。
行政院農村復興委員会編『陝西省農村調査』（一九三三年）、近代中国史料叢刊三編第八十輯、文海出版社。
徐松編『宋会要輯稿』第七冊、北京図書館影印本、一九五七年。
閻崇階「貴州陸軍小学辛亥革命活動回憶」、貴州社会科学院歴史研究所編『貴州辛亥革命資料選編』、貴州人民出版社、一九八一年。
『葉飛回憶録』、解放軍出版社、一九八八年。
余子道他編『汪精衛国民政府清郷運動』（汪偽政権資料選編）、上海人民出版社、一九八五年。
袁国平「論江南偽軍工作」、『抗敵』第一巻第三号、一九三九年。
惲代英「評国民党政綱」、『中国青年』第十八〜十九号、一九二四年二月。
『曾文正公全集』（雑著）巻二、「営規・禁洋煙等事規」。
章伯鋒・李宗一編『北洋軍閥』第二巻、武漢出版社、一九九〇年。

章炳麟「革命軍序」、張枏・王忍之編『辛亥革命前十年間時論選集』第一巻、三聯書店、一九六〇年。
張崇徳「参加碼頭山山堂大会情況的回憶」、一九八七年。志丹県党史辦公室所蔵。
張鈁『風雨漫漫四十年』、中国文史出版社、一九八六年。
張光「劉志丹改造哥老会」、陝西省文史研究館編『三秦軼事』、上海書店、一九九四年。
張光華「一貫道大道首張天然」、『河北文史資料』編輯部編『近代中国幇会内幕』下巻、群衆出版社、一九九二年。
張謇研究中心他編『張謇全集』第五巻、「芸文」上、江蘇古籍出版社、一九九四年。
「張維楨同志談五卅運動」、『党史研究資料』第一集、四川人民出版社、一九八二年。
張永海「一貫道在我県的活動情況及取締経過」、『老河口文史資料』第三輯。
張培礼「劉志丹競選民団団総」、陝西省文史研究館編『三秦軼事』、上海書店、一九九四年。
張振之『革命与宗教』、民智書局、一九二九年。
趙凱編『民国幇会：秘聞与紀実』、団結出版社、一九九四年。
趙了空口述・趙玉珂整理「日本侵華時期石家荘的反動道会門内幕」、『石家荘文史資料』第二輯。
趙鵬程「回憶抗戦時期和、合、無地区的闘争」、『安徽文史資料』第二十二輯。
趙瑞・張栄汎「閻錫山的反動組織概況」、『山西文史資料』第十輯、一九六四年一月初版、一九八四年三版。
鄭敦謹・曾国荃纂輯『胡文忠公遺集』(四)、台湾華文書局影印版、一九六五年。
中国人民政治協商会議全国委員会文史資料研究委員会編『辛亥革命回憶録』(五冊)、中華書局、一九六二〜一九六三年。
中華蘇維埃共和国中央革命軍事委員会編『遊撃隊怎様動作』、一九三二年九月。

中共中央党史資料征集委員会編『共産主義小組』、中共党史資料出版社、一九八七年。

中共江蘇省委党史工作委員会・江蘇省檔案館編『蘇南抗日根拠地』、中共党史資料出版社、一九八七年。

中共江蘇省委党史工作委員会・江蘇省檔案館編『蘇中抗日根拠地』、中共党史資料出版社、一九八九年。

中共江蘇省委党史工作委員会・江蘇省檔案館編『蘇北抗日根拠地』、中共党史資料出版社、一九八九年。

中央檔案館、第二歴史檔案館・吉林省社会科学院編『日汪的清郷』、中華書局、一九九五年。

中共党史人物研究会編『中共党史人物伝』第三巻、陝西人民出版社、一九八一年。

中央檔案館・陝西檔案館編『陝西革命歴史文件彙集』（一九二五～一九三六）乙一、一九九二年。

中央檔案館・陝西省檔案館編『中共陝甘寧辺区党委文件彙集』（一九三七―一九三九年）、甲一、出版元不明、一九九四年。

『中共中央北方局』資料叢書編審委員会編『中共中央北方局』（土地革命戦争時期巻）、下冊、中共党史出版社、二〇〇〇年。

「中共中央批准中央十人小組関於反革命分子和其他壊分子的解釈及処理的政策界限的暫行規定」、『打撃「六害」違法犯罪実用法律手冊』、人民法院出版社、一九九二年。

『中共冀魯豫辺区党史資料選編』工作組辦公室・中共河南省党史工作委員会編『中共冀魯豫辺区党史資料選編』第二輯、文献部分（上）、河南人民出版社、一九八九年。

中共冀魯豫辺区党史資料選編編輯組・中共冀魯豫辺区党史工作組辦公室編『中共冀魯豫辺区党史資料選編』第三輯、文献部分、山東大学出版社、一九八九年。

――『中共冀魯豫辺区党史資料選編』第二輯、専題部分、山東大学出版社、一九九〇年。

中共萍郷市委『安源路鉱工人運動』編纂組編『安源路鉱工人運動』、中共党史資料出版社、一九九〇年。
中共上海市党史資料徴集委員会編『上海郊県抗日武装闘争史料』、上海社会科学院出版社、一九八六年。
中共中央檔案館編『中共中央文件選集』（十八冊）、中共中央党校出版社、一九八九〜一九九二年。
「中共中央転発羅瑞卿関於取締反動会道門情況的報告」、一九五三年二月一八日、『党的文献』第四号、一九九六年。
中共中央文献研究室編『建国以来重要文献選編』（二十冊）、中央文献出版社、一九九二〜一九九八年。
中共中央文献研究室総合研究組、国務院宗教事務局政策法規司編『新時期宗教工作文献選編』、宗教文化出版社、一九九五年。
中共中央文献研究室・中央檔案館編『共和国走過的路——建国以来重要文献専題選集（一九四九〜一九五二）』、中央文献出版社、一九九一年。
中央檔案館・湖北省檔案館編『湖北革命歴史文件彙集』（省委文件、一九二七〜一九三二年）、湖北人民出版社、一九八五年。
中央檔案館・湖北省檔案館・湖南省檔案館編『湘鄂西蘇区革命歴史文件彙集』甲（四）、湖北人民出版社、一九八七年。
中央檔案館・福建省檔案館編『福建革命歴史文件彙集』（福州市委文件、一九三三年〜一九三四年）、（甲十三）、福建人民出版社、一九八七年。
中央檔案館・河南省檔案館編『河南革命歴史文件彙集』（省委員会文件、一九二五年〜一九二七年）、（甲二）、河南人民出版社、一九八七年。
中央檔案館他編『河本大作与日軍山西「残留」』、中華書局、一九九五年。

中央檔案館整理『日本侵華戦犯筆供』（影印本）、中国檔案出版社、二〇〇五年。
中央調査統計局編「半年来陝甘寧及川康辺境赤匪之竄擾概況」、一九三七年、東洋文庫所蔵筆写史料。
中央調査統計局編「各辺区赤匪流竄之概況」、一九三七年、東洋文庫所蔵筆写史料。
中国共産党陝西省委員会党史資料徴集研究委員会編『共進社和「共進」雑誌』、陝西人民出版社、一九八五年。
中国第一歴史檔案館・北京師範大学歴史系編『辛亥革命前十年間民変檔案史料』、中華書局、一九八五年。
中国第二歴史檔案館編『中華民国史檔案資料彙編』第三輯、江蘇古籍出版社、一九九一年。
——『民国幇会要録』、檔案出版社、一九九三年。
中国人民大学歴史系・中国第一歴史檔案館編『清代農民戦争史資料選編』第一冊、中国人民大学出版社、一九八四年。
中国人民大学清史研究所・中国第一歴史檔案館編『天地会』（七冊）、中国人民大学出版社、一九八〇年～一九八八年。
中国人民政治協商会議上海委員会文史資料工作委員会編『旧上海的幇会』、上海人民出版社、一九八六年。
中国社会科学院歴史研究所清史室・資料室編『清中期五省白蓮教起義資料』第一冊、江蘇人民出版社、一九八一年。
中国社会科学院、中共中央檔案館編『中華人民共和国経済檔案資料彙編』総合巻、中国城市経済社会出版社、一九九〇年。
——『中華人民共和国経済檔案資料選編、一九四九～一九五二』（農村経済体制巻）、社会科学文献出版社、一九九二年。
中国之新民（梁啓超）「釈革」、『新民叢報』第二十二号、光緒二八年一一月一五日。
中華民国開国五十年文献編纂委員会編『中華民国開国五十年文献』第二編第三冊、「各省光復」（上）、正中書局、一九六三年。

中華全国総工会・中国職工運動史研究室編『中国工会歴史文献』(一)、工人出版社、一九五八年。
中央檔案館編『秋収起義』、中央党校出版社、一九八二年。
『周恩来選集』、人民出版社、一九八〇年。
『周恩来統一戦線文選』、人民出版社、一九八四年。
『周恩来書信選集』、中央文献出版社、一九八八年。
『周恩来年譜』、中央文献出版社・人民出版社、一九八九年。
周新武「争取巣南大刀会的片断回憶」、『安徽文史資料』第二十二輯。
周子懐「旧衡陽的一貫道活動概況」、『衡陽文史資料』第八輯、一九八八年。
朱邦興・胡林閣・徐声編『上海産業与上海職工』上海人民出版社、一九八四年。
諸大覚・王鷹「抗日戦争時期的無錫先天道大暴動」、『無錫文史資料』、第十三期、一九八六年。
朱学範「上海工人運動与幇会二三事」、『旧上海的幇会』、上海人民出版社、一九八六年。
竹内実監修『毛沢東集』(十冊)、北望社、一九七二年。
子虚子「湘事記」、中国史学会主編『辛亥革命』(六)、上海人民出版社、一九五七年。
鄒容「革命軍」、張枏・王忍之『辛亥革命前十年間時論選集』第一巻、三聯書店、一九六〇年。
「鄒永成回憶録」、『近代史資料』一九五六年第三期、科学出版社。
薛畊莘「我接触過的上海幇会人物」、前掲『旧上海的幇会』。

三、日本文資料

荒尾精『対清意見』、博文館、一八九四年。『東方斎荒尾精先生遺作復刻出版』(靖亜神社先覚志士資料出版会、一九八九年一月)に収録。

「井上雅二日記」、『国家学会雑誌』、第九十八巻、一～二合併号。

池上留義『紅槍会指導の一考察』、『新民運動』九月号、一九四二年九月一一日、新民書局刊行。

池田昭編『大本史料集成』Ⅱ運動編、三一書房、一九八五年八月。

大谷孝太郎「上海における同郷団体及び同業団体」、『支那研究』、東亜同文書院支那研究所、一九二八年一二月。

『華北各界主要人物略歴』、茂川機関、一九三七年。

「華北京漢沿線各市県に於ける社会団体、政治団体及其他分化団体竝に宗教調査」、『調査月報』、第二巻、第二号、一九四一年二月、華北連絡部。

「甘粛に於ける哥老会中心の叛乱」、大東亜省編『情報』、第八号、一九四三年九月一五日。

興亜院宗教協会編『華北宗教年鑑』、一九四一年。

「紅槍会の背景とその現状」、ノルマン・D・ハンウエル述『エシア・マガジン』所載、『情報』、第三号、一九三九年一〇月一日。

佐佐木正哉編『清末の秘密結社』(資料編)、近代中国研究委員会、一九六七年。

「山西省に於ける教育宗教の現況」、『調査月報』、第一巻、第六号、一九四三年六月。

「山東省魯西各県事情(下)」、『調査月報』、第二巻、第四号、一九四一年四月、華北連絡部。

「山東に於ける宗教結社の現勢」、『情報』、第十二号、一九四〇年二月一五日。

『支那秘密結社ノ新情勢・抗日テロを中心トシテ観ル』、中国通信社(上海)、一九三六年一二月二五日。

「支那に於ける秘密結社」、『調査月報』、第三巻、第二号、一九四二年二月、華北連絡部。

『支那社会組織の単位としての幇・同郷会・同業公会について――上海を中心として』、太平洋協会調査局、一九四四年六月。

上海日本商業会議所編『五卅事件調査書』、第二輯、一九二五年一一月三〇日。

「山西省に於ける教育宗教の現況」、『調査月報』、第一巻、第六号、一九四三年六月。

「山東省に於ける教育宗教の現況」、『調査月報』、第一巻、第七号、一九四三年七月。

『新四軍ノ現状』、興亜院華中連絡部、一九三九年一二月。

末光高峯「青幇の在家裡が満州に政治的活動を始めた」、『満州評論』第五巻、第一号、一九三四年七月一日。

――「秘密結社の指導原理」、『満州評論』第五巻、第五号、一九三三年七月二九日。

「青幇の過去と現在」、『情報』、第二十九号、一九四〇年一一月一日。

「西北地区哥老会暴動情況」、『情報』、第十一号、一九四三年一一月一日。

「青島に於ける支那側宗教活動情況調査」、『調査月報』、第三巻、第四号、一九四二年四月。

「青島に於ける青幇」、『情報』、第十九号、一九四〇年六月一日。

橘樸「在満企業家の労働政策定立に就て」(下)、『満鉄調査時報』、第六巻、第三号、一九二六年三月。

――「土匪とギャング」、『満州評論』第二巻、第十九号、一九三二年五月一四日
利部一郎『満州国家理教』、泰山房、一九三三年十二月。

武田熙「支那宗教の実態及其の対策」、皇典講究所華北総署庁『惟神道』、第二巻、第二冊、一九四三年二月。

中国農村慣行調査刊行会編『中国農村慣行調査』(全六巻)、岩波書店、一九八二年。

日本国際問題研究所・中国部会編『新中国資料集成』、第二巻、日本国際問題研究所、一九六四年。第三巻、一九六九年。

平山周「支那革命党及秘密結社」、『日本及日本人』第五六九号、一九一一年一一月一日。長陵書林覆刻、一九八〇年。

「北京・天津思想団体調査（上）（中）（下）」、『調査月報』第二巻、第四号、一九四一年四月。第二巻、第五号、一九四一年五月。第二巻、第六号、一九四一年六月。

彭阿木「上海の一考察」（社会悪に就きて）、『卅周年記念論文集』、上海東亜同文書院支那研究部、一九三〇年。

防衛庁防衛研修所戦史室『北支の治安戦』（二）、朝雲新聞社、一九七一年。

北支那方面軍司令部「軍人軍隊ノ対住民行為ニ関スル注意ノ件通牒」、一九三八年六月二七日、吉見義明編『従軍慰安婦資料集』、大月書店、一九九六年。

まこと生「哥老会」、『黒龍』第十四号、一九〇三年七月一日。

――「湖南の曾游」、『黒龍』第十六号、一九〇三年九月一日
――「支那の革命党興中会」、『黒龍』第十五号、一九〇三年八月一日。

『満州及支那に於ける地下秘密団体に就いて』、一九三五年一〇月。

宗方小太郎「支那に於ける秘密結社」、神谷正男編『宗方小太郎文書――近代秘録』（上）、報告第二一四号、一九〇七年九月二八日、原書房、一九七五年。

『宮崎滔天全集』第一巻、平凡社、一九七一年。

四、中国文研究書・論文

白希編著『大鎮圧』（上、下）、金城出版社、二〇〇〇年。
蔡少卿『中国近代会党史研究』、中華書局、一九八七年。
——主編『民国時期的土匪』、中国人民大学出版社、一九九三年。
——「掃黒必先反腐」、『中国新聞週刊』二〇〇〇年九月。
——「当代中国的黒社会」（未刊）
曹新宇・宋軍・鮑斉『中国秘密社会』第三巻、清代教門、福建人民出版社、二〇〇二年。
陳紅星・戴晨京主編『法輪功与邪教』、宗教文化出版社、一九九九年。
陳剣安「民国時期孫中山与会党関係研究」、『歴史研究』、一九九〇年第二期。
陳建華『「革命」的現代性——中国革命話語考論』、上海古籍出版社、二〇〇〇年
陳少白『興中会革命史要』、中央文物供応社、一九五六年。
陳旭麓「秘密会党与中国社会」、中国会党史研究会編『会党史研究』、学林出版社、一九八六年。
陳耀煌『共産党・地方菁英・農民——鄂豫皖蘇区的共産革命（一九二二〜一九三二）』、国立政治大学歴史系、二〇〇二年。
陳永発『延安的陰影』、中央研究院近代史研究所、一九九〇年。
戴玄之『中国秘密宗教与秘密会社』、台湾商務印書館、一九九〇年。
鄧嗣禹「海内外会党対於辛亥革命的貢献」、呉相湘『中国現代史叢刊』、第五冊、台北文星書店、一九六〇年。
馮爾康「擬制血親与宗族」、『中央研究院歴史語言研究所集刊』第六十八本第四分、一九九七年一二月。
高華『紅太陽是怎麼昇起的：延安整風運動的来龍去脈』、香港中文大学出版社、二〇〇〇年。

古僧編『戴笠将軍与抗日戦争』、華新出版有限公司、一九七六年。
郭華倫編著『中共史論』第三冊、中華民国国際関係研究所、一九六九年。
郭于華・孫立平「訴苦：一種農民国家観念形成的中介機制」、楊念群、黄興濤、毛丹主編『新史学：多学科対話的図景』、中国人民大学出版社、二〇〇三年。
赫治清『天地会起源研究』、社会科学文献出版社、一九九六年。
――「清代『邪教』与清政府対策」、『清史論叢』二〇〇三～二〇〇四年号。
何頻・王兆軍『中国大陸黒社会』、時報出版公司、一九九三年。
黄東蘭主編『身体・心性・権力』(新社会史2)、浙江人民出版社、二〇〇五年。
黄金麟『政体与身体――蘇維埃的革命与身体、一九二八―一九三七』、聯経出版事業股份有限公司、二〇〇五年。
黄仲芳・李春祥『王佐将軍伝』、解放軍出版社、一九九一年。
黄宗智『華北的小農経済与社会変遷』、中華書局、一九八六年。
胡縄武「民初会党問題」、中国会党史研究会編『会党史研究』、学林出版社、一九八七年。
胡珠生『清代洪門史』、遼寧人民出版社、一九九六年。
華南農学院馬列主義教研室・広東海豊県紅宮記念館『彭湃伝』編写組編『彭湃伝』、北京出版社、一九八四年。
黄建淳『新加坡華僑会党対辛亥革命影響之研究』、新加坡南洋学会、一九八八年。
姜豪「洪門歴史初探」、中国人民政治協商会議上海市委員会文史資料工作委員会編『旧上海的幇会』、上海人民出版社、一九八六年。
江紹原「『盟』与『詛』」(一九二六年)、『江紹原民俗学論集』、上海文芸出版社、一九九八年。

蒋順興「一九四五年春江南先天道群衆暴動」、江蘇省史学会『抗日戦争史実探索』、上海社会科学院出版社、一九八八年。
李達『抗日戦争中的八路軍一二九師』、人民出版社、一九八五年。
李世瑜『現在華北的秘密宗教』、華西協合大学中国文化研究所、四川大学史学系、一九四八年。
――「天津在理教調査研究」、『民間宗教』第二号、南天書局、一九九六年。
李沢厚、劉再復『告別革命――回望二十世紀中国』、香港天地図書有限公司、一九九七年。
梁景之『清代民間宗教与郷土社会』、社会科学文献出版社、二〇〇四年
劉昶「在江南幹革命：共産党与農村、一九二七～一九四五」、『中国郷村研究』(第一輯)、商務印書館、二〇〇三年。
劉平「略論抗戦時期中共対蘇南幇会的改造」、『江蘇社会科学』、一九九五年第二期。
――『文化与叛乱』、商務印書館、二〇〇二年。
劉毅翔「略論貴州自治学社与憲政予備会」、『辛亥革命与近代中国』上、記念辛亥革命八十周年国際学術討論会論文集、中華書局、一九九四年。
劉錚雲「清代会党時空分布初探」、『中国近世社会文化史論文集』、中央研究院歴史語言研究所、一九九二年。
――「金銭会与白布会――清代地方政治運作的一個剖面」、『新史学』第六巻、第三号、一九九五年九月。
路遙『山東民間秘密教門』、当代中国出版社、二〇〇〇年。
羅爾綱「明亡後漢族的自覚和秘密結社」、『益世報』、一九三五年四月三〇日。
陸立之「我在『四・一二』政変前後」、『百年潮』二〇〇〇年五月号。
陸象賢『中国労働協会簡史』、上海人民出版社、一九八七年。

陸仲偉『一貫道内幕』、江蘇人民出版社、一九九八年。
――『中国秘密社会』第五巻、民国会道門、福建人民出版社、二〇〇二年。
呂芳上『朱執信与中国革命』、東呉大学中国学術著作奨助委員会、一九七八年。
馬超俊主編『中国労工運動史』、中国労工福利出版社、一九五九年。
馬西沙・韓秉方『中国民間宗教史』、上海人民出版社、一九九〇年。
喬培華『天門会研究』、河南人民出版社、一九九三年。
秦宝琦『清前期天地会研究』、中国人民大学出版社、一九八八年。
――『洪門真史』（増補版）、福建人民出版社、二〇〇〇年。
――・晏楽斌『地下秘密王国一貫道的興衰』、福建人民出版社、二〇〇〇年。
――『中国地下社会』第一巻、学苑出版社、二〇〇四年。第二巻、二〇〇五年。
彭先国『湖南近代秘密社会研究』、岳麓書社、二〇〇一年。
朴尚洙「二〇世紀三四年代中共在陝甘寧辺区与哥老会関係論析」、『近代史研究』二〇〇五年第六期。
濮文起主編『中国民間秘密宗教辞典』、四川辞書出版社、一九九六年。
――『秘密教門――中国民間秘密宗教溯源』、江蘇人民出版社、二〇〇〇年。
三谷孝「抗日戦争中的紅槍会」、南開大学歴史系中国近代史教研室編『中外学者論抗日根拠地』、檔案出版社、一九九三年。
――『秘密結社与中国革命』、中国社会科学出版社、二〇〇二年。
上海社会科学院政治法律研究所社会編写組『大流氓杜月笙』、群衆出版社、一九六五年。

邵雍『中国会道門』、上海人民出版社、一九九七年。
——『中国秘密社会』第六巻、民国幇会、福建人民出版社、二〇〇二年。
申仲銘編著『民国会門武装』、中華書局、一九八四年。
沈志華『毛沢東、斯大林与朝鮮戦争』、広東人民出版社、二〇〇三年。
宋斐夫主編『湖南通史』(現代巻)、湖南出版社、一九九四年。
宋光宇『天道鈎沉』、出版社不明、一九七三年。
宋軍『清代弘陽教研究』、社会科学文献出版社、二〇〇二年。
蘇智良、陳麗菲『近代上海黒社会研究』、浙江人民出版社、一九九一年。
孫江『十字架与龍』、浙江人民出版社、一九九〇年。
——子浩(孫江)「欧美語境里的狂信与反狂信運動」、社会問題研究叢書編輯委員会編『論邪教』、広西人民出版社、二〇〇一年。
——「後現代主義、新史学与中国語境」、楊念群他編『新史学・多学科対話的図景』、中国人民大学出版社、二〇〇三年。
——『事件・記憶・叙述』(新社会史1)(編著)、浙江人民出版社、二〇〇四年。
——「想像的血——異姓結拝与公共記憶的創造」、『事件・記憶・叙述』(新社会史1)、浙江人民出版社、二〇〇四年。
——「革命、土匪与地域社会——井岡山的星星之火」、『二十一世紀』、香港中文大学、二〇〇三年一二月号。
——「太陽的記憶——太陽三月十九日誕辰話語的知識考古」、『南京大学学報』、二〇〇四年第四期。黄東蘭主編『身体・心性・権力』(新社会史2)、浙江人民出版社、二〇〇五年。

――「近代中国的『亜洲主義』話語」、『上海師範大学学報』、二〇〇四年第三期。中国社会科学院近代史所編『近代中国与世界――第二届近代中国与世界学術討論会論文集』第一巻、社会科学文献出版社、二〇〇五年。
――「岳飛叙述、公共記憶与国族認同」（共著）、『二十一世紀』、香港中文大学、二〇〇四年一二月号。
――「話語之旅――関於中国叙述中秘密結社話語的考察」、『中国学術』第十八輯、商務印書館、二〇〇四年。
――「創造耶蘇――当代中国基督教異端結社素描」、「中国近代社会与秘密結社史国際学術討論会」、上海師範大学、二〇〇四年一二月。
――「教派叙述与反教派叙述」、『文史哲』二〇〇六年第一期。
――「土匪政治――从檔案史料看民国初期華北的土匪」、「一九一〇年代的中国国際学術研討会」、北京・二〇〇六年八月二五―二八日。
――「没有暴動的事件――関於抗日戦争時期先天道事件的表述問題」『新史学』第一巻、中華書局、二〇〇七年
譚松林・彭邦富主編『中国秘密社会』第七巻、当代会道門・当代黒社会組織、福建人民出版社、二〇〇二年。
湯志鈞『近代経学与政治』、中華書局、二〇〇〇年。
魏建猷「試論社団改進会」、中国会党史研究会編『会党史研究』、学林出版社、一九八七年。
許玉芳・卞杏英編著『上海工人三次武装起義研究』、知識出版社、一九八七年。
王純五『袍哥探秘』、巴蜀書社、一九九三年。
王爾敏「秘密宗教与秘密会社之生態環境及社会功能」、『中央研究院近代史研究所集刊』第十期、台湾中央研究院近代史研究所、一九八一年。中国文化復興運動推進委員会主編『中国近現代史論集』第二編、「教乱与民変」、台湾商務印書館、一九八五年。

王熙遠『桂西民間秘密宗教』、広西師範大学出版社、一九九四年。
衛大法師『中国的幇会』、説文社、一九四九年。
魏宏運・左志遠編『華北抗日根拠地史』、檔案出版社、一九九〇年。
魏建猷『中国会党史論著彙要』、南開大学出版社、一九八五年。
温雄飛『南洋華僑通史』、東方印書館、一九二九年。
呉恵芳『民初直魯豫盗匪之研究（一九一二～一九二八）』、学生書局、一九九〇年。
――「社会盗匪活動的商榷――以臨城劫車案為中心之検討」、『近代史研究』、一九九四年第四期。
呉直雄・郭徳宏「王佐伝略」、『革命資料』十一、党史資料出版社、一九八三年。
顔清湟著、李恩涵訳『星、馬華人与辛亥革命』、聯経出版事業股份有限公司、一九八二年。
楊奎松『走近真実――中国革命的透視』、湖北教育出版社、二〇〇一年。
――「新中国『鎮圧反革命』運動研究」、『史学月刊』二〇〇六年第一期。
楊念群・黄興濤・毛丹主編『新史学：多学科対話的図景』、中国人民大学出版社、二〇〇三年。
余伯流・夏道漢『井岡山革命根拠地研究』、江西人民出版社、一九八七年。
余伯流・陳鋼『喋血井岡山――毛沢東的崛起』、中国人事出版社、一九九三年。
于本源『清王朝的宗教政策』、中国社会科学出版社、一九九九年。
喩松青『明清白蓮教研究』、四川人民出版社、一九八七年。
章君谷著、陸京士校訂『杜月笙伝』、伝記文学叢刊之九、栄泰印書館、一九六八年。
張晋藩主編『清朝法律史』、法律出版社、一九九四年。

張俠他編『北洋陸軍史料』(一九一二～一九一六)、天津人民出版社、一九八七年。
張俠・李海量『湘贛辺秋収起義研究』、江西人民出版社、一九八七年。
張玉法『清季的革命団体』、中央研究院近代史研究所専刊、一九七五年。
趙清『袍哥与土匪』、天津人民出版社、一九九〇年。
鄭志明『無生老母信仰溯源』、文史哲出版社、一九八五年。
——主編『宗教与文化』、学生書局、一九九〇年。
『中国幇会』、現代出版社、一九八〇年。
周建超「『秘密社会与中国民主革命』、福建人民出版社、二〇〇二年。
周尚文・賀世友『上海工人三次武装起義史』、上海人民出版社、一九八七年。
周育民・邵雍『中国幇会史』、上海人民出版社、一九九三年。
朱浤源『同盟会的革命理論——「民報」個案研究』、台湾中央研究院近代史研究所専刊、一九八五年。
荘吉発『清代天地会源流考』、台湾故宮博物院、一九八一年。
——『清代秘密会党史研究』、文史哲出版社、一九九四年。
——『清史随筆』、博揚文化事業有限公司、一九九六年。
荘正『国父革命与洪門会党』、正中書局、一九八一年。
鄒讜『中国革命再闡釈』、香港牛津大学出版社、二〇〇二年。

五、日本文研究書・論文

浅井紀『明清時代民間宗教結社の研究』、研文出版、一九九〇年。

天児慧『中国革命と基層幹部』、研文出版、一九八四年。

網野善彦『増補　無縁・公界・楽――日本中世の自由と平和』、平凡社、一九八七年。

池上良正他編『宗教とはなにか』、岩波書店、二〇〇三年。

石川禎浩『中国共産党成立史』、岩波書店、二〇〇一年。

飯塚浩二『満蒙紀行』、筑摩書房、一九七二年。

今井駿「白朗の乱についての一考察――白朗集団の組織的実態について」、静岡大学人文学部『人文論集』第四十二号、一九九一年。

――「土匪と革命――王佐小伝」、『人文論集・静岡大学人文学部社会学科・言語文化学科研究報告』四十五～一、一九九四年七月。

大里秋浩「陶成章年譜（稿）」（上）、（中）、中国民衆史研究会編『老百姓の世界――中国民衆史ノート』第二号、一九八四年。第三号、一九八五年。

――「日本人は秘密結社をどう見たか」、『現代中国』、第六十二号、一九八八年。

――『中国秘密社会の現段階』覚え書き」、神奈川大学人文学研究所編『秘密社会と国家』、勁草書房、一九九五年。

尾崎秀実「現代支那論」、『尾崎秀実著作集』第二巻、勁草書房、一九七七年。

緒形康『危機のディスクール――中国革命、一九二六～一九二九』、新評論、一九九五年。

菊池一隆「陝西省の民衆運動とその背景――土匪反乱の史的意義」、青年中国研究者会議編『続中国民衆反乱の世界』、汲古書院、一九八三年。

――「劉志丹与陝北革命」、『中国近現代史の諸問題――田中正美先生退官記念論集』、国書刊行会、一九八四年。

菊池秀明『広西移民社会と太平天国』（本文篇）、風響社、一九九八年。

岸本美緒『明清交替と江南社会――一七世紀中国の秩序問題』、東京大学出版会、一九九九年。

北村稔『第一次国共合作の研究』、岩波書店、一九九八年。

北山康夫「辛亥革命と会党」、『辛亥革命の研究』、筑摩書房、一九七八年。

草野文男『支那辺区の研究』、国民社、一九四四年
窪徳忠「一貫道について」、『東洋文化研究所紀要』第四冊、一九五三年三月。

――「一貫道補考――『一貫道是什麼東西』の紹介」、『東洋文化研究所紀要』第十一冊、一九五六年一一月。

窪徳忠・西順蔵編『中国文化叢書』六、『宗教』、大修館書店、一九六七年。

黒山多加士「朱学範―労働運動と秘密結社」、日本上海史研究会編『上海人物誌』、東方書店、一九九七年。

小島晋治「農民戦争における宗教――結社宗教」、窪徳忠、西順蔵編『中国文化叢書』六、大修館書店、一九六七年。

――『太平天国革命の歴史と思想』、研文出版、一九七八年。

――『太平天国運動と現代中国』、研文出版、一九九三年。

小島淑男「民国初期における江浙地域地区の会党――中華国民共進会を中心に」、『中嶋敏先生古稀記念論集』（下巻）、汲古書院、一九八一年。

小谷冠桜『支那の秘密結社――青幇、紅幇に就て』（青年叢書第五号）、上海青年団本部、一九四一年。

小林一美「義和団の民衆思想」、野沢豊、田中正俊編『講座中国近現代史』（二）、東京大学出版会、一九七八年。

――「構造的負性の反乱」、『歴史学の再建に向けて』（四）、一九七九年。

――「中華帝国と秘密社会――中国にはなぜ多種多様の宗教結社が成長、発展したか」、神奈川大学人文学研究所編『秘密社会と国家』、勁草書房、一九九五年。

――「中国社会主義政権の出発――『鎮圧反革命運動』の地平」、神奈川大学中国語学科編『中国民衆史への視座』、東方書店、一九九八年。

今防人「中国における新しい宗教集団の出現――『気功集団』をめぐって」、『社会学部論叢』（流通経済大学社会学部）、一〇～一、一九九九年。

黄東蘭『近代中国の地方自治と明治日本』、汲古書院、二〇〇五年。

小島祐馬「儒家と革命思想」（上）、『支那学』第二巻、第三号、一九二一年一一月。（下）、第二巻、第四号、一九二一年一二月。

左久梓『中国の秘密宗教と秘密結社』、心交社、一九九三年。

酒井忠夫『近代支那に於ける宗教結社の研究』、東亜研究所、一九四四年。

――『中国善書の研究』、弘文堂、一九六〇年。

――『中国民衆と秘密結社』、吉川弘文館、一九九二年。

――『中国幇会史の研究・青幇篇』、国書刊行会、一九九七年。

――『中国幇会史の研究・紅幇篇』、国書刊行会、一九九八年。

――『増補　中国善書の研究』、国書刊行会、二〇〇〇年。

――『近現代中国における宗教結社の研究』、国書刊行会、二〇〇二年。

佐々木正哉「咸豊四年広東天地会の反乱」、『近代中国研究センター彙報』二～三、一九六三年。

里井彦七郎『近代中国における民衆運動とその思想』、東京大学出版会、一九七二年。

佐藤公彦「初期義和団運動の諸相――教会活動と大刀会」、『史潮』新第十一号、一九八二年。

――「華北農村社会と義和拳運動――梨園庄村の反教会闘争」、東京外国語大学アジア・アフリカ言語文化研究所編『アジア・アフリカ言語文化研究』第四十五号、一九九三年。

――『義和団の起源とその運動――中国民衆ナショナリズムの誕生』、研文出版、一九九九年。

沢田瑞穂『増補宝巻の研究』、国書刊行会、一九七五年。

坂野良吉「白朗起義の歴史的意義をめぐって――民国初年の反軍閥闘争」、『歴史評論』二四三号、一九七〇年一〇月。

末光高義『支那の秘密結社と慈善結社』、満州評論社、一九三二年。

鈴木中正『中国史における革命と宗教』、東京大学出版会、一九七四年。

――編著『千年王国的民衆運動の研究―中国・東南アジアにおける―』、東京大学出版会、一九八二年。

宍戸寛『中国紅軍史』、河出書房新社、一九七〇年
宍戸寛他編『中国八路軍・新四軍』、河出書房新社、一九八九年。

滋賀秀三『中国家族法の原理』、創文社、一九六七年
清水稔「貴州における辛亥革命――哥老会と革命派との出会い」、『名古屋東洋史研究報告』(四)、一九七六年。

嶋本信子「白朗の乱にみる辛亥革命と民衆」(上)、青年中国研究者会議編『中国民衆反乱の世界』、汲古書院、一九七四年。

篠原寿雄『台湾における一貫道の思想と儀礼』、平河出版社、一九九三年。

青年中国研究者会議編『続中国民衆反乱の世界』、汲古書院、一九八三年。

相田洋「白蓮教の成立とその展開」、青年中国研究者会議編『中国民衆反乱の世界』、汲古書院、一九七四年。

――「羅教成立とその展開」、青年中国研究者会議編『続中国民衆反乱の世界』、汲古書院、一九八三年。

――『中国中世の民衆文化』、中国書店、一九九四年。

孫江「『九龍山』秘密結社についての一考察」、『中国研究月報』第五五三号、一九九四年三月。

――「清末民初期における民間秘密結社と政治との関係」、神奈川大学人文学研究所編『秘密社会と国家』、勁草書房、一九九五年。

――「日中戦争期における華北地域の紅槍会――日本軍・八路軍との関係を中心に」、『東洋学報』第八十二巻三号、二〇〇〇年一二月。

――「中国共産党の政治統合における『秘密結社』（一九四九～一九五五）」、『愛知大学国際問題研究所紀要』第一一三号、二〇〇〇年九月。

――「戦後権力再建における中国国民党と幇会（一九四五～一九四九）」（その一）、『愛知大学国際問題研究所紀要』第一一四号、二〇〇〇年一二月。

――「戦後権力再建における中国国民党と幇会（一九四五～一九四九）」（その二）、『愛知大学国際問題研究所紀要』第一一六号、二〇〇一年五月。

――「辛亥革命期における『革命』と秘密結社」、『中国研究月報』第六四五号、二〇〇一年一一月。

――「近代中国におけるアジア主義言説」、『日本・東アジア文化研究』（静岡文化芸術大学）第一号、二〇〇二年一月。

――「宗教結社、権力と植民地支配――『満州国』における宗教結社の統合」、『日本研究』（国際日本文化研究センター紀要）、第二十四集、二〇〇二年二月。

――「土匪、革命と地域社会――袁文才・王佐の死をめぐって」、『現代中国』第七十六号、二〇〇二年一〇月。

――「中国の国家と秘密結社」（小島晋治、小林一美、馬場毅、孫江）、『中国21』（愛知大学現代中国学会編）第十三号、二〇〇二年四月。

――「一九五〇年代初期中国の政治統合における秘密結社――西安のケーススタディ」、『愛知大学国際問題研究所紀要』第一二一号、二〇〇三年九月。

――「中国共産党の革命と農村社会――ソビエト運動における紅槍会と土匪」、『日本・東アジア文化研究』第三号、二〇〇四年三月。

――「一九五〇年代中国の政治統合における幇会――湖南省のケーススタディ」、『愛知大学国際問題研究所紀要』第一二四号、二〇〇四年九月。

――「一貫道と近代政治――『反動会道門の鎮圧』を中心に」、『中国研究月報』第六七九号、二〇〇四年九月。

――「一九二〇年代中国の労働運動における幇会結社」、『駒沢史学』第六十四号、二〇〇五年十二月。

――「『洋教』という他者――一九世紀後半におけるキリスト教と中国社会」、『歴史学研究』八〇八号、二〇〇五年一一月。

――「民国初期における秘密結社と政治」、『愛知大学国際問題研究所紀要』第一二八号、二〇〇六年九月。

――「日中戦争期における新四軍と秘密結社」、『愛知大学国際問題研究所紀要』第一二九号、二〇〇七年三月。

高橋伸夫「中国共産党の組織と社会――河南省、一九二七年～一九二八年」、『法学研究』第七十巻、第六号、一九九七年六月。

――「中国共産党組織の内部構造――湖北省、一九二七年～一九三〇年」、『法学研究』、第七十一巻、第五号、一九九九八年五月。

――「中国共産党、革命、国民国家」、富田広士、横手慎二編『地域研究と現代の国家』、慶応義塾大学出版会、一九九八年。

――「根拠地における党と農民――鄂豫皖根拠地、一九三一～一九三四年」(一)、(二)、慶応義塾大学『法学研究』第七十三巻、第三、四号、二〇〇〇年三月、四月。

武内房司「清代プイ族の社会変容――嘉慶王嚢反乱をめぐる一考察」、『季刊中国研究』第四号、一九八六年。

――「清末苗族反乱と青蓮教」、『海南史学』第二十六号、一九八八年。

――「『明王出世』考――中国的メシアニズムの伝統」、『老百姓の世界』第七号、一九九一年。

田中恭子『土地と権力――中国の農村革命』、名古屋大学出版会、一九九六年。

田中仁『一九三〇年代中国政治史研究――中国共産党の危機と再生』、勁草書房、二〇〇二年。

田中忠夫『革命支那農村の実証的研究』、衆人社、一九三〇年。

中村哲夫『同盟の時代――中国同盟会の成立過程の研究』、人文書院、一九九二年。

陳徳仁、安井三吉『孫文と神戸』(補訂版)、神戸新聞総合出版センター、二〇〇二年。

二宮宏之編訳『歴史・文化・表象』、岩波書店、一九九九年。

――「戦後歴史学と社会史」、歴史学研究会編『戦後歴史学再考――「国民史」を超えて』、青木書店、二〇〇〇年。

馬場毅「中共と山東紅槍会」、『中嶋敏先生古稀記念論集』(下巻)、汲古書院、一九八一年。

――「山東抗日根拠地と紅槍会」、『中国研究月報』第五五三号、一九九四年三月。

――「会党・教門」、辛亥革命研究会編『中国近代史研究入門――現状と課題』、汲古書院、一九九二年。

――『近代中国華北民衆と紅槍会』、汲古書院、二〇〇一年。

馬場春吉『支那の秘密結社』、東亜研究会、一九四三年。

長野朗『支那の社会組織』、行地社出版部、一九二六年。

――長野朗『土匪・軍隊・紅槍会』、支那問題研究所、一九三一年。

並木頼寿「清末皖北の捻子について」、『東洋学報』第五十九巻三―四号。

――「著名の匪を撫す――挙人朱鳳鳴の捻軍招撫論について」、『洵沫集』(三)、一九八一年一二月。

――「明治訪華日本人の会党への関心について」、神奈川大学人文学研究所編『秘密社会と国家』、勁草書房、一九九五年。

西川正夫「辛亥革命と民衆運動――四川保路運動と哥老会」、野沢豊、田中正俊編『講座中国近現代史』(三)、東京大学出版会、一九七八年。

西順蔵『満州国の宗教問題』、国民精神文化研究所、一九四三年五月。

野口鉄郎『明代白蓮教史の研究』、雄山閣出版、一九八六年。

――「中国宗教の正統と異端――明・清の場合」(平成二年度科学研究費補助金総合研究(A)研究成果報告書「中国史上における正統と異端」二、平成三年三月、研究代表者：安藤正士)。

――「秘密結社研究を振り返って」、森正夫他編『明清時代史の基本問題』、汲古書院、一九九七年。

――「『乱』の研究――これまでとこれから」、『中国史学』第六巻、一九九六年一二月。

――野口鉄郎編『結社が描く中国近現代』、山川出版社、二〇〇五年。

野村浩一『近代日本の中国認識――アジアへの航跡』、研文出版、一九八一年。

東島誠『公共圏の歴史的創造――江湖の思想へ』、東京大学出版会、二〇〇〇年。

深町英夫『近代中国における政党・社会・国家』、中央大学出版部、一九九九年。

福本勝清『中国革命を駆け抜けたアウトローたち――土匪と流氓の世界』、中公新書、一九九八年。

古厩忠夫『日中戦争と上海、そして私――古厩忠夫中国近現代史論集』、研文出版、二〇〇四年。

溝口雄三『方法としての中国』、東京大学出版会、一九八九年。

三谷孝「国民革命時期における中国共産党と紅槍会」、『一橋論叢』第六十巻、第五号、一九七三年。

――「伝統的農民の闘争の新展開」、野沢豊、田中正俊編『講座中国近現代史』(五)、東京大学出版会、一九七八年。

――「戦前期日本の中国秘密結社についての調査」、平成七～九年度科学研究費補助金研究成果報告書「戦前期中国実態調査資料の総合的研究」〈研究代表者・本庄比佐子〉、一九九八年四月。

――「反革命鎮圧運動と一貫道」、『近代中国研究彙報』第二十六号、東洋文庫、二〇〇四年。

宮原民平『支那の秘密結社』、東洋研究会、一九二四年。

三好章「平江暴動――湘鄂贛ソビエト区成立前史」、『中嶋敏先生古稀記念論集』(上巻)、汲古書院、一九八一年。

――『摩擦と合作――新四軍、一九三七～一九四一年』、創土社、二〇〇三年。

村田雄二郎「孔教と淫祠――清末廟産興学思想の一側面」、『中国――社会と文化』、第七号、一九九二年六月。

森正夫他編『明清時代史の基本問題』、汲古書院、一九九七年。

リュシアン・フェーヴル『歴史のための闘い』(長谷川輝夫訳)、平凡社、一九九五年。

山田賢『移住民の秩序――清代四川地域社会史研究』、名古屋大学出版会、一九九五年。

――『中国の秘密結社』、講談社、一九九八年。

横山宏章「中国の共和革命運動と秘密結社——孫中山の興中会を中心に」、明治学院大学『法学研究』(三七)、第三九六号、一九八六年四月。

渡辺惇「清末揚子江下流域における私塩集団」、『社会文化史学』六、一九七〇年。

——「清末長江下流域における青幇・私塩集団の動向——私塩流通との関係を中心に」、『歴史における民衆と文化——酒井忠夫先生古稀祝賀記念論集』、国書刊行会、一九八二年。

——「近代中国における秘密結社——青幇・紅幇」、『中国近現代史論集——菊池貴晴先生追悼論集』、汲古書院、一九八五年。

——「近代天津の幇会」、『駒沢史学』第五十二号、一九九八年六月。

吉沢誠一郎『天津の近代——清末都市における政治文化と社会統合』、名古屋大学出版会、二〇〇二年。

六、韓国語著作

유장근『근대 중국의 비밀결사』고려원 1996
(俞長根『近代中国の秘密結社』高麗院)
박상수『중국혁명과 비밀결사』심산출판사 2006
(朴尚洙『中国革命における秘密結社』深山出版社)

七、欧文論文・著作

Antony, Robert J., “Brotherhood, Secret Societies, and the Law in Qing-Dynasty China”, in David Ownby and Mary

Somers Heidhues eds., *"Secret Societies" Reconsidered: Perspectives on the Social History of Modern South China and Southeast* Asia, New York: M.E. Sharpe, Inc. 1993.

Arendt, Hannah, On Revolution, Penguin Books, Lotte Koeler, 1991. 志水速雄訳『革命について』、筑摩書房、ちくま学芸文庫、一九九五年。

Averill, Stephen, *Revolution in the Highlands: China's Jinggangshan Base Area*, Rowman & Littlefield Publishers, Inc. 2006.

Benton, Gregor, *New Fourth Army, Communist Resistance Along the Yangtze and the Huai, 1938-1941*, Berkeley: University of California Press, 1999.

Berkhofer, Robert F., Jr., *Beyond the Great Story: History as Text and Discourse*, Cambridge, Mass., Harvard University Press, 1995.

Bianco, Lucian, "Secret Societies and Peasant Self-denfense, 1921-1933", in Jean Chesneaux, eds., *Popular Movements and Secret Societies in China, 1840-1950*, Stanford: Stanford University Press, 1972.

Billingsley, Phil, *Bandits in Republican China*, Stanford: Stanford University Press, 1988. 山田潤訳『匪賊——近代中国の辺境と中央』、筑摩書房、一九九四年。

Blythe, Wilfred, *The Impact of Chinese Societies in Malaya: A Historical Study*, London: Oxford University Press, 1969.

Braudel, Fernand., *La méditerranée: et le monde méditerranée à l'époque de Philippe*, 浜名優美訳『地中海』、藤原書店、一九九九年。

Brian, Martin, *The Shanghai's Green Gang: Politics and Organized Crime: 1919-1937*, Berkeley: University of California

Press, 1996.

Chalmers, Johnson A., *Peasant Nationalism and Communist Power: The Emergerce of Revolutionary China*, Stanford: Stanford University Press, 1962. 田中文蔵訳『中国革命の源流』、弘文堂新社、一九六七年。

——“Peasant Nationalism Revisited: The Biography of a Book”, *The China Quarterly*, No.72, December 1977.

Chartier, Roger, “Le monde comme représentation”, in *Annales ESC*, 1989, No.6.

Calvert, Peter, *Revolution and Counter-Revolution*, Open University Press, 1990.

Chen, Yung-fa, *Making Revolution: The Communist Movement in Eastern and Central China, 1937-1945*, Berkeley: University of California Press, 1986.

Chesneaux, Jean, *The Chinese Labor Movement, 1919-1927*, Stanford: Stanford University Press, 1968.

——*Secret Societies in China in the Nineteenth and Twentieth Centuries*, tr. Gillian Nettle, Ann Arbor: University of Michigan Press, 1971.

——ed., *Popular Movements and Secret Societies in China, 1840-1950*, Stanford: Stanford University Press, 1972.

——*Peasant Revolts in China, 1840-1949*, tr. C. A. Curwen, London, Thames and Hudson, 1973.

Cohen, Paul A., *Discovering History in China*, New York: Columbia University Press, 1984. 佐藤慎一訳『知の帝国主義——オリエンタリズムと中国像』、平凡社、一九八八年。

——*History in Three Keys: The Boxers as Event, Experience, and Myth*. New York: Columbia University Press, 1997.

Cohen, Jerome Alan, *The Criminal Process in the People’s Republic of China, 1949-1963: An Introduction*, Cambridge, Mass., Havard University Press, 1968.

Davis, Fei-Ling, *Primitive Revolutionaries of China*, London: Rout Ledge and Kegan Paul, 1971.

De Groot, J. J. M., *Sectarianism and Religious Persecution in China*, 2vols., Amsterdam, 1903-1904. 牧尾良海訳『中国における宗教受難史』、国書刊行会、1980年。

Deliusin, Lev, "The I-kuan Tao society", in Chesneaux Jean, ed., *Popular Movements and Secret Societies in China, 1840-1850*, Stanford: Stanford University Press, 1972.

Dikötter, Frank., "Crime and Punishment in Post-Liberation China: The Prisoners of a Beijing Gaol in the 1950s", *The China Quarterly*, March 1997, No.149.

Dirlik Arif, *Anarchism in the Chinese Revolution*, Berkeley: University of California Press, 1991.

——and Maurice Meisner, *Marxism and the Chinese Experience: Issues in Contemporary Chinese Socialism*, New York: M. E. Sharpe. Inc, 1989.

Duara, Prasenjit, *Culture, Power and the State: Rural North China, 1900-1942*, Stanford: Stanford University Press, 1988.

——*Rescuing History From The Nation: Questioning Narratives of Modern China*, Chicago: University of Chicago Press, 1995.

Eberhart, Wolfram, *The Local Cultures of South and East China*, Translated from the German by Alide Eberhart. Leiden. E. J. Brill, 1968.

Esherick, Joseph, *Reform and Revolution in China, The 1911 Revolution in Hunan and Hubei*, Berkeley: University of California Press, 1976.

——*The Origins of the Boxer Uprising*, Berkeley: University of California Press, 1987.

Fairbank, J. K., *China: A New History*, Cambridge Mass., Harvard University Press, 1992.

Freedman, Maurice, *Lineage Organization in Southeastern China*, London: Athlone, 1958. 末成道男他訳『東南中国の宗族組織』、弘文堂、一九九一年。

——*Chinese Lineage and Society: Fukien and Kwangtung*, London: Athlone Press, 1966.

Friedman, Edward, *Backward Toward Revolution: The Chinese Revolutionary Party*, Berkeley: University of California Press, 1974.

Friedman, Edward, Pickowicz, Paul G. and Selden, Mark, *Chinese Village, Socialist State*, New Haven: Yale University Press, 1991.

Galbiati, Fernando, *P'eng P'ai and the Hai-Lu-Feng Soviet*, Stanford: Stanford University Press, 1985.

Giddens, Anthony, *Sociology*（*third edition*）, Polity Press, 1997. 松尾精文他訳『社会学』、而立書房、一九九九年。

Goodman, Bryan, *Native Place, City, and Nation: Regional Networks and Identity in Shanghai, 1853-1937*, Berkeley: University of California Press, 1995.

Goodman, David S. G., *Social and Political Change in Revolutionary China: The Taihang Base Area in the War of Resistance to Japan, 1937-1945*, New York: Rowman and Littlefield, 2000.

Griffin, Patricia E., *The Chinese Communist Treatment of Counterrevolutionaries, 1924-1949*, Princeton: Princeton University Press, 1976.

Grootaers, Willem A. Une société secrète moderne: I-kuan Tao: bibliographie annotée. *Folklore Studies* 5, 1946.

Hartford, Kathleen, and Goldstein, Steven M., "Introduction: Perspectives on the Chinese Communist Revolution," in Kathleen Hartford and Steven M. Goldstein, ed., *Single Sparks: China's Rural Revolutions*, New York: M. E. Sharpe, INC, 1989.

Heckethorn, Charles W., *The Secret Societies of All Ages and Countries*, New York, University Books INC, 1965.

Heidhues, Mary Somers, "Chinese Organizations in West Borneo and Bangka: Kongsi and Hui", in David Ownby a nd Mary Somers Heidhues eds., *"Secret Societies" Reconsidered: Perspectives on the Social History of Modern South China and Southeast Asia*, New York: M. E. Sharpe, Inc. 1993.

Hershatter, Gall, *The Workers of Tianjin, 1900-1949*, Stanford: Stanford University Press, 1986.

James, F. H., "The Secret Sects of Shantung, With Appendix", *Records of the General Conference of Protestant Missionaries of China*, May 7-20, 1890. Shanghai, 1890.

Hobsbawm, Eric, "From Social History to the History of Society," *Daedalus*, Winter, 1971.

——*Primitive Rebels: Studies in Archaic Forms of Social Movement in the 19th and 20th Centuries*, Manchester: University of Manchester Press, 1959.

——*Bandits*, London: Weidenfeld and Nicolson, 1969. 斉藤三郎訳『匪賊の社会史』、みすず書房、一九七二年。

Honig, Emily, *Creating Chinese Ethnicity: Subei People in Shanghai*, New Haven: Yale University Press, 1992.

Hsueh, Chun-tu, *Huang Hsing and the Chinese Revolution*, Stanford: Stanford University Press, 1961.

Huang, Philip, "Intellectuals, Lumpenproletarians, Workers and Peasants in the Communist Movement: the Case of Xingguo County, 1927-1934", in Philip Huang, Lynda Bell and Kathy Walker, eds., *Chinese Communists and Rural Society, 1927-1934*, Berkeley: University of California Press, 1978.

Jordan, David, "The Resent History of the Celestial Way: A Chinese Pietistic Association", *Modern China*, Vol.8, No. 4, October, 1982.

Kataoka, Tetsuya, *Resistance and Revolution in China: The Communist and the Second United Front*, Berkeley: University of California Press, 1974.

Koselleck, Reinhart, *Futures Past: On the Semantics of Historical Time*, translated by Keith Tribe, New York: Columbia University Press, 1985.

Kuhn, Philip, *Soul Stealers: the Chinese Sorcery Scare of 1768*, Cambridge, Mass., Harvard University Press, 1990. 谷井俊仁・谷井陽子訳『中国中世の霊魂泥棒』、平凡社、一九九六年。

Lau-Fong, Mak, *The Sociology of Secret Societies: A Study of Chinese Secret Societies in Singapore and Peninsular Malaysia*, Kuala Lumpur: Oxford University Press, 1981.

Lieberthal, Kenneth, "The Suppression of Secret Societies in Post-Liberation Tientsin", *The China Quarterly*, April/June, 1973.

——*Revolution and Tradition in Tientsin, 1949-1952*, Stanford: Stanford University Press, 1980.

Liu Kwang-Ching, ed., *Orthdoxy in Late Imperial China*, Berkeley: University of California Press, 1990.

Liu, H. Lydia, *Translingual Practice: Literature, National Culture and Translated Modernity*, Stanford University Press, 1995.

Luk Michael Y. L., *The Origins of Chinese Bolshevism, An Ideology in the Making, 1920-1928*, Hong Kong: Oxford University Press, 1990.

Lupo, Salvatore, *Storia Della Mafia.* 北村暁夫訳『マフィアの歴史』、白水社、一九九七年。

Lyman P. Van Slyke, *Enemies and Friends: The United Front in Chinese Communist History*, Stanford: Stanford University Press, 1967.

Milne, W. C., “Some Account of a Secret Association in China, entitled the Triad Society”, *Transactions of the Royal Asiatic Society of Great Britain and Ireland*, vol.1 (1827). *Chinese Repository* Vol. 14, Feb. 1845.

Murray, Dian, *The Origins of the Tiandihui, The Chinese Triads in Legend and History*, Stanford: Stanford University Press, 1994.

Nathan, Andrew and Rawski, Evelyn, eds., *Popular Culture in Late Imperial china*, Bekerley: University of California Press, 1985.

Newbold, T. J. and Wilson, F. W. “The Chinese Traid Societies of the Tien-ti-huih,” *Journal of the Royal Society-Great Britain and Ireland*, VI (1841).

“Oath taken by members of the Triad Society, and notices of its origin,” *Chinese Repository*, Vol. 18, No.6., June, 1849.

Ownby, David, and Heidhues, Mary S. eds., *“Secret Societies” Reconsidered: Perspectives on the Social History of Modern South China and Southeast Asia*, New York: M. E. Sharpe, Inc. 1993.

Ownby, David, *Brotherhood and Secret Societies in Early and Mid-Qing China: The Formation of a Tradition*, Stanford: Stanford University Press, 1996.

Overmyer, Daniel L., *Folk Buddhist Religion: Dissenting Sects in Late Traditional China*, Cambridge, Mass., Harvard University Press, 1976

——Alternatives: Popular Religions Sects in Chinese Society, *Modern China*, Vol.7, No.7, April 1981.

Perry, Elizabeth, *Rebels and Revolutionaries in North China, 1845-1945*, Stanford: Stanford University Press, 1980.

——“Social Banditry Revisited: The Case of Bailang, a Chinese Brigand”, *Modern China*, Vol.9, No.3, July 1983.

——*Shanghai on Strike: The Politics of Chinese Labor*, Stanford: Stanford University Press, 1993.

——“Studying Chinese Politics: Farewell to Revolution?” (Unpublished).

Pickering, W. A., “Chinese Secret Societies and Their Origin,” *Journal of the Straits Branch of the Royal Asiatic Society*, 1878-1879.

Rankin, Mary, B., *Early Chinese Revolutionaries: Radical Chinese Intellectuals in Shanghai and Chekiang, 1902-1911*, Cambridge, Mass., Council on East Asian Studies, Harvard University, 1971.

Raz, Jacob, *Anthropology of Yakuza: Japeanes Seen from Its “Back Door”*. 高井宏子訳『ヤクザの文化人類学——ウラから見た日本』、岩波書店、一九九六年。

Rowe, William, *Hankow: Conflict and Community in a Chinese City, 1796-1895*, Stanford: Stanford University Press, 1989.

Saich, Tony and van de Ven, Hans J., eds., *New Perspectives on the Chinese Communist Revolution*, New York: M. E. Sharpe, 1995.

Schiffrin, Harold, *Sun Yat-Sen and the Origins of the Chinese Revolution*, Berkeley: University of California Press, 1968.

Seldon, Mark, *The Yenan Way in Revolutionary China*, Cambridge, Mass., Harvard University Press, 1970. 小林弘二・加々美光行訳『延安革命』、筑摩書房、一九七六年。

——*China in Revolution: The Yenan Way Revisited*, New York: M. E. Sharpe, Inc, 1995.

Schlegel, Gustave, *Tian Ti Hwui, The Hung League or Heaven-Earth-League: A Secret Society with the Chinese in China and India*, Batavia: Lange & Co., 1866.

Schoppa, R. Keith, *Blood Road: The Mystery of Shen Dingyi in Revolution China*. Berkeley: University of California Press, 1995.

Schram, Stuart R., *The Political Thought of Mao Tse-tung*, Harmondsworth, Middlesex: Penguin Books, 1969.

——"Mao Tse-tung and Secret Societies", *The China Quarterly*, No.27, July-September, 1966.

Scott, Joan W., *Gender and the Politics of History*, New York: Columbia University Press, 1988. 荻野美穂『ジェンダーと歴史学』増補新版、平凡社、二〇〇四年。

"Secret Associations", *The Chinese Repository*, vol 1., 1833.

Shahar, Meir and Weller, Robert P., *Unruly Gods: Divinity and Society in China*, Honolulu: University of Hawai' I Press, 1996.

Skinner G. William, *Chinese Society in Thailand*, Ithaca, N.Y.: Cornell University Press, 1957.

——*Leadership and Power in the Chinese Community of Thailand*, Ithaca, N. Y.: Cornell University Press, 1958.

——"Market Town and Social Structure in Rural China," *Journal of Asian Studies*, Vol.44, No.2, Feb, 1985.

Slawinski, Roman, "The Red Spears in the Late 1920's", in Jean Chesneaux, ed., *Popular Movements and Secret Societies in China, 1840-1950*, Stanford: Stanford University Press, 1972.

Smedley, Agnes, *The Great Road: the Life and Times of Chu The*, New York, 1972（阿部知二訳『偉大なる道——朱徳

の生涯とその時代――』、岩波書店、1977年。

Smith, Richard J., "Ritual in Ch'ing Culture", in Kwang-Ching Liu, ed., *Orthodoxy in Late Imperial China*, Berkeley: University of California, 1990.

Snow, Edgar, *Red Star Over China*, New York: Random House, 1938. 斯諾『毛沢東自伝』、解放軍文芸出版社、二〇〇一年。

Stanton, William, *The Triad Society or Heaven and Earth Association*, Hongkong: KELLY & Walsh, LTD., 1900.

Strauss, Julia C., "Paternalist Terror: The Campaign to Suppress Counter-revolutionaries and Regime Consolidation in the People's Republic of China, 1950-1953", *Comparative Studies in Society and History*, Vol.44, no.1, 2002.

Sun jiang, "The Memory of the Sun: An Archaeological Study of Knowledge Concerning the Discourse on the Birth of the Sun on the Nineteenth Day of the Third Month (Lunar Calendar)", *Chinese Sociology and Anthropology*, Winter 2004-5/Spring, 2005, Vol.37, Nos.2-3, M. E. Sharpe, New York.

――"Imagined Blood: The Creation of a Community of Memory through Sworn Brotherhood", *Chinese Sociology and Anthropology*, Winter 2004-5/Spring, 2005, Vol.37, Nos.2-3, M. E. Sharpe, New York.

Teng, Ssu-yu, *Protest and Crime in China: A Bibliography of Secret Associations, Popular Uprisings, Peasant Rebellions*, New York: Garland Publishing, INC, 1981.

Thaxton, Ralph A., *Salt of the Earth: The Political Origins of Peasant Protest and Communist Revolution in China*, Berkeley: University of California Press, 1997.

ter Haar, Barent, *Ritual and Mythology of the Chinese Triads: Creating an Identity*, *Sinica Leidencia* Vol. 43, Leiden: Brill,

1998.

——*The White Lotus Teaching in Chinese Religious History*, Honolulu: University of Hawai' i Press, 1999.

Topley, Marjorie, "The Great Way of Former Heaven: A Group of Chinese Secret Religious Sects", *in Bulletin of the School of Oriental and African Studies University of London*, Vol. XXVI, Part 2, 1963.

Trevelyan, G. M., *English Social History*, Longmans, 1946. 林健太郎訳『英国社会史』、山川出版社、一九四九年。

Vaughan, J. D., *The Manners and Customs of the Chinese of the Straits Settlements*, Singapore: Mission Press, 1879.

Wakeman, Frederick and Grant, C, (ed.), *Conflict and Control in Late Imperial China*, Berkeley: University of California Press, 1975,

Wakeman, Frederick, "Rebellion and Revolution: The Study of Popular Movement in Chinese History", *Journal of Asian Studies*, Vol.36, No.2, Feb. 1977.

——*Policing Shanghai: 1927-1937*, Berkeley: University of California Press, 1995.

Wang, Y.C. "Tu Yueh-Sheng (1888-1951): A Tentative Political Biography," *Journal of Asian Studies*, Vol.26, No.1-4 (1966-1967).

Wang Di, *Street Culture in Chengdu, Public Space, Urban Commoners, and Local Politics, 1870-1930*, Stanford: Stanford University Press, 2003.

Wasserstrom, Jeffrey N., "Toward a Social History of the Chinese Revolution: A Review", *Social History* Vol.17: No. 1, January 1992, No.2, May 1992.

Watson, James, "Standardizing the Gods: The Promotion of Tien'hou 〈Empress of Heaven〉 along the South China

Coast, 960-1960", in Andrew Nathan and Evelyn Rawski, eds., *Popular Culture in Late Imperial china*, Bekerley: University of California Press, 1985.

Wei, William, *Counterrevolution in China: The Nationalists in Jiangxi during the Soviet Period*, Ann Arbor: Michigan University Press, 1985.

Weller, Robert, "Sectarian Religion and Political Action in China", *Modern China*, Vol.8, No.4, October 1982.

Williams, Raymond, *Keywords, A Vocabulary of Culture and Society*, New York: Oxford University Press, 1985.

Wylie, Alexander, *Chinese Researches*, Shanghai, 1897.

Yang, C. K. *Religion in Chinese Society: A Study of Contemporary Social Functions of Religion and Some of Their Historical Factors*, Berkeley: University of California Press, 1961.

——"Some Preliminary Statistical Patterns of Mass Action in Nineteenth Century China", in F. Wakeman and C. Grant, eds., *Conflict and Control in Late Imperial China*, Berkeley: University of California Press, 1975.

あとがき

本書は、私が一九九九年に東京大学に提出した博士学位の申請論文を加筆修正したものである。一九九七年に博士論文が一応の完成をみてから今日まで、十年もの歳月が過ぎ去ろうとしている。放っておかれた原稿を見直し、このような形で世に送り出そうとする時、私の気持ちは喜びというよりも、長い孤独な旅の途中で乗り換え駅に到着した時の、とりあえずの安堵感というのが正直である。

本書は私が構想している「二〇世紀中国における近代権力の社会的起源」という研究の「革命編」にあたる部分である。この研究を続けてきた今日までの長い月日において、私は数え切れないほど多くの方々のお世話になった。まず、南京大学時代の恩師蔡少卿先生に心から感謝を申し上げたい。大学入学時から、修士課程を経て、南京大学歴史系の助手を退職するまでの十一年間、私は蔡先生から直接ご指導を頂いた。私が留学のために日本に来た後も、蔡先生は革命と秘密結社の関係を博士論文のテーマにしたいという私の話をお聞きになると、ご自分が長年集めてこられた未公開の資料を喜んで提供してくださった。本書の出版が些かでも先生のご恩情への報いになれば幸いである。

つぎに、博士論文を指導してくださった東京大学の並木頼寿先生に感謝を申し上げたい。先生について勉強した六年余りの間、私は論文の構成から日本語の表現まで先生から手取り足取りのご指導を頂いた。先生は私を含むゼミ生の論文指導のために昼食の時間を削られることもしばしばあった。先生はいつも穏やかな口調で私の研究についてご意見を述べられた。その多くは本書の随所に反映されている。先生の学恩にはつくづく感謝しております。

このお二人の先生以外にも多くの方々から学恩を頂いた。南京大学在職中、私は南京大学訪問中の多くのアメリカ人学者に接する機会があり、彼らとの交流は私の学問の視野を広げてくれた。なかでも特に感謝したいのはペリー（E. Perry）教授と亡きウェイクマン（F. Wakeman）教授である。

日本に来てから、私は実証主義に徹するという日本の東洋史研究の学問的雰囲気に接し、それまでの自分の学問は宙に浮いた空論が多いことを痛感した。しかし、それと同時に、私は実証研究と理論問題への関心との間に大きなギャップを感じ、戸惑った。そんな時、ドゥアラ（P. Duara）教授と亡き二宮宏之教授の著作に出会い、その著作ばかりでなく、直接の交流を通じて多くの学問的刺激を得た。

日本に来てからの長い間、私は中国幇会史研究、道教研究の大家酒井忠夫教授から多くのご教示を頂いた。先生は私の研究が助成金がないために出版できないことをお聞きになって、わざわざ電話で汲古書院の編集者に私の研究を推薦してくださった。先生には心から感謝を申し上げたい。この場を借りて、本書の編集を担当してくださった汲古書院の坂本健彦氏に感謝の意を表したい。

また、博士論文の口頭試問の際には、岸本美緒教授、村田雄二郎教授、馬場毅教授、高橋均教授から貴重なご意見を頂いた。村田教授にはゼミなどでたいへんお世話になった。そのほか、小島晋治教授、大里浩秋教授、武内房司教授、渡辺惇教授、白川知多教授、笹川裕史教授からも多くのご教示を頂いた。そして、東京大学大学院の矢野裕氏、宮田義矢氏、倉田明子女史、静岡文化芸術大学の元同僚青山政雄教授がそれぞれ本書の一部分の日本語の文章に手を加えられた。本書が上梓される前に、長年の友人茂木敏夫教授が原稿に目を通してくださった。これらの方々に心からお礼を申し上げたい。

ここ数年、私は学問の拠点を日本に置きながらも、中国の研究者たちと学術交流を続けてきた。本書に関しては李世瑜教授、路遙教授、譚松林教授、秦宝琦教授、蘇智良教授、邵雍教授、陸仲偉教授、劉平教授から多くのご教示を頂いた。長年の友人楊念群教授、王笛教授および研究仲間劉建輝教授、陳力衛教授、林少陽教授、陳継東教授は本書の出版を励ましてくださった。台湾の許育銘教授、黄克武教授、潘光哲教授からもご助力を頂いた。潘教授は資料を提供してくださって、中央研究院近代史研究所を訪問する機会を与えてくださった。そのお陰で、私は台北を訪問した時陳永発教授から直接ご教示を頂くことができた。また、本書の原稿を出版社に提出する直前には、韓国の朴尚洙教授が貴重な調査資料をコピーしてくださった。

亡き木村尚三郎学長は学長特別研究費から出版助成を与えてくださった。それがなければ、本書は今でも埃のなかに埋もれているであろう。そして、同僚の山本幸司教授との交流をきっかけに、私は日本史、とりわけ日本の社会史研究に関心を持つようになった。そこから学んだものはすでに研究仲間たちと中国で創刊した学術誌『新社会史』（浙江人民出版社）、『新史学』（中華書局）に役立っている。私が所属する文化政策学部の勝俣鎮夫教授、小池正行教授、上野征洋教授は、一貫して私の研究に理解を示し、励ましてくださった。これらの方々に心から感謝を申し上げげたい。

最後に、長年孤独な研究を続けている私を理解し、支えてくれた妻黄東蘭に感謝したい。

本書の主な内容は、以下の論文の形で発表された。

① 「『九龍山』秘密結社についての一考察」、『中国研究月報』第五五三号、一九九四年三月。

② 「清末民初期における民間秘密結社と政治との関係」、神奈川大学人文学研究所編『秘密社会と国家』、勁草書房、一九九五年。

③「日中戦争期における華北地域の紅槍会――日本軍・八路軍との関係を中心に」、『東洋学報』第八二巻三号、二〇〇〇年一二月。
④「中国共産党の政治統合における『秘密結社』(一九四九～一九五五)」、『愛知大学国際問題研究所紀要』第一一三号、二〇〇〇年九月。
⑤「辛亥革命期における『革命』と秘密結社」、『中国研究月報』第六四五号、二〇〇一年一一月。
⑥「土匪、革命と地域社会――袁文才・王佐の死をめぐって」、『現代中国』第七十六号、二〇〇二年一〇月。
⑦「一九五〇年代初期中国の政治統合における秘密結社――西安のケース・スタディ」、『愛知大学国際問題研究所紀要』第一二一号、二〇〇三年九月。
⑧「中国共産党の革命と農村社会――ソビエト運動における紅槍会と土匪」、『日本・東アジア文化研究』(静岡文化芸術大学)第三号、二〇〇四年三月。
⑨「革命、土匪与地域社会――井岡山的星星之火」、『二十一世紀』(香港中文大学)、二〇〇三年十二月号。
⑩「一九五〇年代中国の政治統合における幇会――湖南省のケース・スタディ」、『愛知大学国際問題研究所紀要』第一二四号、二〇〇四年九月。
⑪「一貫道と近代政治――『反動会道門の鎮圧』を中心に」、『中国研究月報』第六七九号、二〇〇四年九月。
⑫「一九二〇年代中国の労働運動における幇会結社」、『駒沢史学』第六十四号、二〇〇五年二月。
⑬「想像的血――異姓結拝与公共記憶的創造」、拙編著『事件・記憶・叙述』(新社会史1)、浙江人民出版社、二〇〇四年。
⑭「話語之旅――関於中国叙述中秘密結社話語的考察」、『中国学術』(商務印書館)、第十八輯、二〇〇四年。

⑮ "Imagined Blood, The Creation of a Community of Memory through Sworn Brotherhood", *Chinese Sociology and Anthropology*, Winter 2004-5/Spring 2005, nos2-3. New York: M. E. Sharpe.
⑯「民国初期における秘密結社と政治」、『愛知大学国際問題研究所紀要』第一二八号、二〇〇六年九月。
⑰「日中戦争期における新四軍と秘密結社」、『愛知大学国際問題研究所紀要』第一二九号、二〇〇七年三月。
⑱「没有暴動的事件――関於抗日戦争時期先天道事件的表述問題」、『新史学』第一巻、中華書局、二〇〇七年。

私は鑑真和尚の故郷揚州に生を受けた。生まれて一ヶ月も経たないうちに、両親の仕事の関係で、母親に抱かれて新疆ウィグル自治区の伊寧市への長い旅に出た。一九七九年二月、中ソ国境地帯の緊張が高まるなか、十六歳の私は親元を離れて一人で揚州に向かう帰郷の旅に出た。赤ん坊の時と同じバス三日間、汽車四日間の長い、長い旅だった。二〇〇四年、母親は突然病に襲われ、一言も告げずに静かに逝った。悲しみと絶望に包まれた私は、不思議に何度も新疆からの長旅の夢を見た。ふと気がつくと、この世にはもう母はいない。嗚呼！「子欲養而親不在」。謹んで本書を母に捧げたい。

二〇〇六年九月　母親の二周忌にて

二〇〇七年一月　修正

汲古叢書

1	秦漢財政収入の研究	山田　勝芳著	本体 16505円
2	宋代税政史研究	島居　一康著	12621円
3	中国近代製糸業史の研究	曾田　三郎著	12621円
4	明清華北定期市の研究	山根　幸夫著	7282円
5	明清史論集	中山　八郎著	12621円
6	明朝専制支配の史的構造	檀上　寛著	13592円
7	唐代両税法研究	船越　泰次著	12621円
8	中国小説史研究－水滸伝を中心として－	中鉢　雅量著	8252円
9	唐宋変革期農業社会史研究	大澤　正昭著	8500円
10	中国古代の家と集落	堀　敏一著	14000円
11	元代江南政治社会史研究	植松　正著	13000円
12	明代建文朝史の研究	川越　泰博著	13000円
13	司馬遷の研究	佐藤　武敏著	12000円
14	唐の北方問題と国際秩序	石見　清裕著	14000円
15	宋代兵制史の研究	小岩井弘光著	10000円
16	魏晋南北朝時代の民族問題	川本　芳昭著	14000円
17	秦漢税役体系の研究	重近　啓樹著	8000円
18	清代農業商業化の研究	田尻　利著	9000円
19	明代異国情報の研究	川越　泰博著	5000円
20	明清江南市鎮社会史研究	川勝　守著	15000円
21	漢魏晋史の研究	多田　狷介著	9000円
22	春秋戦国秦漢時代出土文字資料の研究	江村　治樹著	22000円
23	明王朝中央統治機構の研究	阪倉　篤秀著	7000円
24	漢帝国の成立と劉邦集団	李　開元著	9000円
25	宋元仏教文化史研究	竺沙　雅章著	15000円
26	アヘン貿易論争－イギリスと中国－	新村　容子著	8500円
27	明末の流賊反乱と地域社会	吉尾　寛著	10000円
28	宋代の皇帝権力と士大夫政治	王　瑞来著	12000円
29	明代北辺防衛体制の研究	松本　隆晴著	6500円
30	中国工業合作運動史の研究	菊池　一隆著	15000円
31	漢代都市機構の研究	佐原　康夫著	13000円
32	中国近代江南の地主制研究	夏井　春喜著	20000円
33	中国古代の聚落と地方行政	池田　雄一著	15000円
34	周代国制の研究	松井　嘉徳著	9000円
35	清代財政史研究	山本　進著	7000円
36	明代郷村の紛争と秩序	中島　楽章著	10000円

37	明清時代華南地域史研究	松田　吉郎著	15000円
38	明清官僚制の研究	和田　正広著	22000円
39	唐末五代変革期の政治と経済	堀　敏一著	12000円
40	唐史論攷－氏族制と均田制－	池田　温著	近　刊
41	清末日中関係史の研究	菅野　正著	8000円
42	宋代中国の法制と社会	高橋　芳郎著	8000円
43	中華民国期農村土地行政史の研究	笹川　裕史著	8000円
44	五四運動在日本	小野　信爾著	8000円
45	清代徽州地域社会史研究	熊　遠報著	8500円
46	明治前期日中学術交流の研究	陳　捷著	16000円
47	明代軍政史研究	奥山　憲夫著	8000円
48	隋唐王言の研究	中村　裕一著	10000円
49	建国大学の研究	山根　幸夫著	8000円
50	魏晋南北朝官僚制研究	窪添　慶文著	14000円
51	「対支文化事業」の研究	阿部　洋著	22000円
52	華中農村経済と近代化	弁納　才一著	9000円
53	元代知識人と地域社会	森田　憲司著	9000円
54	王権の確立と授受	大原　良通著	8500円
55	北京遷都の研究	新宮　学著	12000円
56	唐令逸文の研究	中村　裕一著	17000円
57	近代中国の地方自治と明治日本	黄　東蘭著	11000円
58	徽州商人の研究	臼井佐知子著	10000円
59	清代中日学術交流の研究	王　宝平著	11000円
60	漢代儒教の史的研究	福井　重雅著	12000円
61	大業雑記の研究	中村　裕一著	14000円
62	中国古代国家と郡県社会	藤田　勝久著	12000円
63	近代中国の農村経済と地主制	小島　淑男著	7000円
64	東アジア世界の形成－中国と周辺国家	堀　敏一著	7000円
65	蒙地奉上－「満州国」の土地政策－	広川　佐保著	8000円
66	西域出土文物の基礎的研究	張　娜麗著	10000円
67	宋代官僚社会史研究	衣川　強著	11000円
68	六朝江南地域史研究	中村　圭爾著	15000円
69	中国古代国家形成史論	太田　幸男著	11000円
70	宋代開封の研究	久保田和男著	10000円
71	四川省と近代中国	今井　駿著	15000円
72	近代中国の革命と秘密結社	孫　江著	15000円

（表示価格は2007年３月現在の本体価格）

〈著者略歴〉
孫　江（そん　こう）

1963年　中国揚州生れ
1985年　南京大学歴史系卒業
1988年　南京大学歴史系修士課程修了
1999年　東京大学総合文化研究科博士課程修了（学術博士）
1988～1992年　南京大学歴史系助手
2000年　静岡文化芸術大学文化政策学部助教授
現　在　静岡文化芸術大学文化政策学部准教授、山東大学歴史文化学院兼任教授など

（主要論著）

『十字架与龍』、浙江人民出版社、1990年。

『秘密社会と国家』（共著）、勁草書房、1995年。

Social Memory and Identity in China, (ed.), Chinese Sociology and Anthropology (New York: M. E. Sharpe), Winter 2004-5/Spring 2005, nos2-3.

汲古叢書72

近代中国の革命と秘密結社
――中国革命の社会史的研究（一八九五～一九五五）

二〇〇七年三月三十一日　発行

定価一五〇〇〇円＋税

著　者　孫　江
発行者　石坂叡志
整版印刷　富士リプロ

発行所　汲古書院
〒102-0072 東京都千代田区飯田橋二-五-四
電　話　〇三（三二六五）九七六四
FAX　〇三（三二二二）一八四五

©二〇〇七

ISBN978-4-7629-2571-9 C3322

索　　引

人 名 索 引

事 項 索 引